Walter Kohl/Die Pyramiden von Hartheim

Walter Kohl

Die Pyramiden von Hartheim

„Euthanasie" in Oberösterreich
1940 bis 1945

Edition
Geschichte der Heimat

Vom gleichen Autor ist in der
Edition Geschichte der Heimat
erschienen:
**Spuren in der Haut
Eine Expedition nach Gestern**

Die Deutsche Bibliothek - CIP-Einheitsaufnahme

Kohl, Walter:
Die Pyramiden von Hartheim : "Euthanasie" in Oberösterreich 1940
bis 1945 / Walter Kohl. - Grünbach : Steinmaßl, 1997
   (Edition Geschichte der Heimat)
   ISBN 3-900943-51-6

Copyright © 1997
bei Franz Steinmaßl, Edition Geschichte der Heimat
A-4264 Grünbach
Alle Rechte vorbehalten, Nachdruck, auch auszugsweise, verboten.
Lektorat: Dr. Andreas Wolkerstorfer
Layout: Fritz Fellner
Umschlaggestaltung: Herbert Friedl
Ausführung: Gerhard Weinmüller
Druck: Print-X, Budapest
ISBN 3-900943 51 6

INHALT:

I.	Annäherung	7
II.	1938	28
III.	Die Organisation	63
IV.	Das Morden beginnt	79
V.	Vom Pflegebett in die Donau	127
VI.	Hartheimer Alltag	144
VII.	Niedernhart. Im Schatten von Hartheim	179
VIII.	Drei Opfer	215
IX.	Das Leben rund um Hartheim	249
X.	Widerstand	268
XI.	Das Hartheimer Grauen über der Ostmark	323
XII.	Mauthausen in Hartheim	342
XIII.	Das Ende	386
XIV.	Die Hartheimer Statistik	414
XV.	Die Prozesse	424
XVI.	Wunden, die nicht heilen	475
XVII.	Epilog	508
	Quellen	518

I. Annäherung

Hildegard Jungmayr ist müde, doch sie sagt nichts. Die Achtjährige hat sich an diese Art von Müdigkeit gewöhnt, seit sie gehen kann. Immer ist es der Vater, der schräg vor ihr geht, mit sich kaum verändernder Geschwindigkeit, und sie stolpert mehr hinter als neben ihm durch die Ortschaften zwischen Wilhering und Eferding. Der Schritt des Vaters ist am Abend genauso stetig und gleichmäßig, wie er es am Morgen gewesen ist. Hildegard aber, das jüngste Kind, die einzige Tochter neben drei Söhnen, wird müder und müder, es scheint ihr, als würde der Vater noch mehr hetzen, je später es wird. Ein Ziehen in den Beinen, ein unangenehmes Gefühl in den Muskeln von Waden und Oberschenkeln setzt schon am Vormittag ein, wenn sie noch keine drei Stunden gegangen sind. Nach der Mittagsrast, kaum mehr als eine halbe Stunde irgendwo in der Scheune eines Bauern, der einen Korb gekauft hat, oder, wenn es ein besonders guter Tag ist, in der Stube, am Tisch der Knechte und Mägde zwar, aber unter Dach und in der Nähe der Herdwärme, nach dieser Rast wächst sich das unangenehme Ziehen aus zu einem schmerzenden Brennen, das eine Stunde lang in den Beinen tobt.

Gleichmäßige Schritte machen, sagt der Vater, dann kannst du ewig dahingehen.

Hildegard nickt schweigend, sagt nichts und fragt nichts. Wie denn das gehen soll, will sie eigentlich fragen, gleichmäßige Schritte machen, wo doch die Wege so holprig sind. Auf der Bundesstraße geht es noch, die dicke Schotterschicht ist seit undenklichen Zeiten von zahllosen Fuhrwerken und seit – ja, seit Jahrzehnten schon von Lastwägen und Automobilen zu einer steinharten, beinahe ebenen Decke zusammengepreßt worden, und darüber bildet der festgetretene Schnee einen harten Untergrund. Die Nebenstraßen, die Karrenwege zwischen den Feldern, die der Vater zwischen den Dörfern benutzt, weil sie, so man sie genau kennt, die Gehzeiten zwischen den Gehöften, Weilern und Keuschen um vieles verkürzen, sind schlimm. In den zwei parallelen Furchen, von den Rädern schwerer Heuwägen tief in das Erdreich gepreßt, steht an warmen Wintertagen eine matschige und rutschige Mischung aus schmelzendem Schnee und schlammiger, dunkler Erde. Der feuchte, weiche Schnee gibt den derben Holzschuhen nie wirklich Halt, sie rutschen im Matsch. An frostigen Tagen gefriert der feuchte Schneegries zu einer Haut aus blankem Eis, auf der die Holzsohlen unkontrollierbar dahinschlittern. Und der Buckel zwischen den Fahrrinnen ist uneben und mit einer hohen Schneehaube bedeckt.

Hildegard geht dennoch meistens oben. Warme Tage haßt sie. Wenn es taut, stehen in den Räderfurchen große Wasserlachen. Der Vater stapft mit seinen Stiefeln durch sie durch, als ob sie nicht da wären. Wenn Hildegard unten geht, schöpft sie ihre kleinen Schuhe voll. Wenn sie aber oben geht, dann hemmt der tiefe weiche Schnee ihren Schritt, das Dahintrotten ist noch anstrengender als sonst. Und überdies rutscht sie doch immer wieder hinunter in die linke oder rechte Schlammfurche.

Heute ist es trocken. Kalt zwar, doch die Sonne scheint. Hildegard balanciert oben auf der Kuppe im Schnee. Der Vater geht zügig voran, als ob er das Gewicht des Schlittens und der darauf gestapelten Holzzuber, Fäßchen und Weidenrutenkörbe gar nicht spüren würde.

Hildegards Vater ist Faßbinder. Es ist ein armseliges Geschäft, das die sechsköpfige Familie kaum ernährt. Im Sommer und im Herbst geht es noch am besten, wenn die Bauern der Gegend zum Mostpressen anfangen. Da bestellen viele neue Fässer, große, die zwei Eimer und mehr fassen. Oder sie kommen mit den Pferdefuhrwerken, auf denen sie die Bestandteile auseinandergefallener Fässer mitführen, bloß ein Haufen Faßdauben und ein paar angerostete Eisenringe. Dann hämmert der Vater mit dem ältesten Sohn den ganzen Tag über in dem Holzschuppen hinter dem Haus, den er „die Werkstatt" nennt. Manchmal ist er im Herbst tagelang weg, packt Hämmer und Reifmesser in eine hölzerne Rückentrage und geht „auf Stör", das heißt, er repariert zerbrochene Fässer direkt auf den Bauernhöfen.

Wenn das Mostpressen dann richtig losgeht, ist der Bindermeister schon wieder arbeitslos. Darum hat er sich eine Art zweites Geschäft eingerichtet. Er flicht Körbe aus Weidenruten, und Schwingen. Schwingen, so heißen in dieser Gegend die großen flachen Körbe aus kleinfingerdicken gespaltenen Weidenruten, mit zwei starken

Hildegard Jungmayr Ende der 30er Jahre, als sie erstmals das Schloß Hartheim von innen kennenlernte.

Handgriffen. In diesen Schwingen tragen die Frauen die Scheiter aus den Holzhütten oder von den an den Wänden aufgestapelten Holzstößen in die Stuben hinein, zweimal am Tag, wenn es sehr kalt ist. Lieber sind dem Bindermeister die kleinen Butterfäßchen und Holzkübel, die er genauso anfertigt wie die großen Fässer. Und stundenlang kann er an hölzernen Schöpfkellen herumschnitzen.

Dieses Kleinzeug stapelt er dann auf den Schlitten und marschiert los, über die Gemeindegrenzen hinaus. Die Bauern aus Schönering, seinem Heimatort, und aus der Gemeinde Wilhering kommen sowieso zu ihm, wenn sie Holzkübel oder Schwingen brauchen. Darum geht er weit in die verstreuten Ortschaften der Gemeinde Alkoven hinein. In Straßham fängt er an, dem Ort, der Schönering am nächsten liegt, dann marschiert er hinauf nach Annaberg und kommt von oben, von der „hinteren Seite", nach Hartheim und Alkoven. Im Schloß, da ist es gut, da kaufen sie sicher etwas.

Hildegard stapft durch den trockenen griffigen Schnee in der Wagenspur, meist blickt sie zu Boden, um nicht auf glatte Stellen zu geraten oder über vom Regen freigeschwemmte und jetzt mit

Eis überzogene Ausläufer des Wurzelwerks weit entfernt stehender Bäume zu stolpern. Die Eintiefung des Hohlwegs verflacht sich in Richtung Alkoven, ein weit entfernt stehender Beobachter würde nun den Kopf des Mannes auftauchen sehen, den des Kindes erst eine Zeitlang später, wenn die beiden Wanderer hundert Meter weiter gekommen sind. Der Blick über die abgeernteten weißen Felder aus dem Blickwinkel von Vater und Tochter, die Augen in Höhe des Ackerbodens, ist ein seltsamer, doch die zwei Menschen beachten ihn nicht. Zu oft sind sie diesen Weg gegangen.

Von dort aus, wo der Hohlweg endet und zu einem zweigleisig ausgetretenen Pfad auf einem breiten Ackerrain wird, können es die zwei Wanderer erstmals sehen.

Das Schloß.

Die Idiotenanstalt.

Hildegard blickt auf. Sieht die Silhouette des Schlosses deutlich in der klaren Luft. Schaut hinüber zum Vater. Der starrt vor sich hin und geht unbeirrt weiter.

Für das Mädchen ist das Schloß nur die Idiotenanstalt. Nicht nur für das Kind allein, alle nennen es so. Die Hartheimer, die Alkovener, die Straßhamer, die Annaberger, die Schöneringer, die in der Thürnau.

Die Idiotenanstalt. Für das Gebäude selbst haben die Menschen aus den Dörfern rund um Hartheim keinen Blick. Daß sie in der Nachbarschaft eines der bedeutendsten profanen Bauwerke der Renaissance in Oberösterreich leben, ist ihnen egal. Für sie ist dies hier nur die Idiotenanstalt, war es schon immer. Obwohl sich die Alten noch an die Zeit erinnern können, als das Haus noch den Starhembergern gehörte, von diesen aber nicht wirklich so genutzt wurde, wie sich das einfache Leute von einem Schloß vorstellen. Dabei stand schon vor mehr als 1000 Jahren hier ein Schloß. Nicht jenes, das heute zu sehen ist, ein kleineres Gebäude bloß, über dessen Geschichte und Funktion wenig bekannt ist. Im 12. Jahrhundert belehnten die Passauer Bischöfe die Herren der Burg von Edramsberg mit Hartheim, diese durften sich fortan „von Hartheim" nennen, als Gegenleistung mußten sie die bischöfliche Burg in Eferding schützen. Burg und Geschlecht von Edramsberg, heute eine Ortschaft in der Gemeinde Wilhering, sind spurlos aus der

Geschichte verschwunden. Vom Jahr 1287 an wechselten mehrmals die Besitzer des Hartheimer Schlosses, Geschlechter mit Namen wie „die Steinbäcke", „Aspan zu Hag", die „Herren von Kuefstein" scheinen in der Liste der Eigentümer auf. Im 16. Jahrhundert entsteht der Renaissancebau in seiner heutigen Form. 1728 geht das Haus durch Erbschaft in den Besitz des Grafen Wilhelm von Thürheim, 1799 kaufen die Fürsten von Starhemberg das Schloß. Sie sind 99 Jahre lang die Hausherren.

Das Amtsjubiläum von Kaiser Franz Josef ist die Ursache dafür, daß aus dem Schloß des in Oberösterreich mächtigen Geschlechts der Starhemberger die Idiotenanstalt wird. Der Monarch im fernen Wien ist ein halbes Jahrhundert lang im Amt. Am 1. Dezember 1848 wurde der 18 Jahre und dreieinhalb Monate alte Franz Josef für volljährig erklärt. Der Hof ist nach Olmütz gezogen, beinahe geflüchtet vor den Unruhen in Wien, die in der Ermordung des Kriegsministers Latour gipfeln. Am 2. Dezember überrascht Kaiser Ferdinand I. sogar einen Teil seiner Verwandten: Um acht Uhr morgens verliest er im erzbischöflichen Palais zu Olmütz seine Abdankung. Weil das Land einen jungen, tatkräftigen und reformwilligen Herrscher brauche. Der eigentliche Thronfolger, Erzherzog Franz Karl, verzichtet zugunsten seines erstgeborenen Sohnes, Erzherzog Franz Josef, der umgehend als Kaiser von Österreich und König von Ungarn und Böhmen proklamiert wird.

Fünfzig Jahre später wird das Jubiläum in den Ländern der Monarchie – mit unterschiedlicher Begeisterung – gefeiert. Schon am Vorabend, am 1. Dezember 1898, läuten in Linz alle Kirchenglocken den Abend ein, der Landesausschuß und der Linzer Gemeinderat halten Sondersitzungen ab. Eine Deputation des Landes überbringt dem k.k. Statthalter die Bitte, die Glückwünsche des Landes an den Stufen des Thrones niederzulegen. Am 2. Dezember, es ist ein Freitag, sind alle Ämter geschlossen. Die Tageszeitungen erscheinen mit mehr oder weniger kitschigen großformatigen Abbildungen des Kaisers auf den Titelseiten. Am Abend brennen in ganz Oberösterreich hunderte Freudenfeuer auf den Bergen. Dutzende Landesbürger werden zu diesem Termin in den Adels-, Ritter-, Freiherrn- oder Ratsherrnstand erhoben. Alle Häftlinge, die wegen Majestätsbeleidigung einsitzen, werden amnestiert.

Das Landestheater erhält zum Festtag einen neuen prunkvollen Bühnenvorhang. In Linz sind Fahnenschmuck und Festbeleuchtung angesagt, die jedoch nicht so eindrucksvoll ausfallen wie erwartet. Zigtausende wälzen sich am Abend durch die Stadt, der Menschenstrom bleibt in der Landstraße und auf dem Franz-Josefs-Platz immer wieder stecken. Der Kaiser selbst verbringt den Jubiläumstag in aller Stille bei seiner Tochter, der Hofdame Marie Valerie, in Wallsee. Marie Valerie hat vom Linzer Katholischen Preßverein eine große Menge von Jubiläumserinnerungsbildern bestellt. Die Blättchen, ein Bildnis des Monarchen und ein Gedicht beinhaltend, gehen auch im Einzelverkauf, je nach Größe zu vier, fünf oder sechs Kreuzer, reißend weg.

Das Kaiserjubiläum ist schon monate-, ja jahrelang Anlaß für rege Spendentätigkeit. Zahlreiche, durchwegs kirchliche Einrichtungen kommen in den Genuß der mildtätigen Stimmung; an Großprojekten werden in Linz etwa der Bau des Domes und die Errichtung des Petrinums gefördert. Und auch die siechen und idiotischen Kinder profitieren von der Spendenwelle. Zweieinhalb Jahre früher schon, am 26. März 1896, schreibt Camillo Fürst von Starhemberg dem Linzer Bischof Franz Maria Doppelbauer, daß er bereit sei, anläßlich des Jubiläums seiner kaiserlichen Hoheit das Schloß Hartheim für einen wohltätigen Zweck zu verschenken. Der Bischof weiß gleich einen Verwendungszweck: Der Oberösterreichische Landeswohltätigkeitsverein sucht seit Jahren ein Haus.

Die erste Besprechung, die zur Gründung dieses Vereins führte, fand am 22. März 1892 im Hotel Schiff an der Linzer Landstraße statt. Dazu einberufen hatte der Gemeinderat Georg Obermüller. Es versammelten sich einige ehrenwerte Herren. Man war sich einig, daß es ein Gebot der Nächstenliebe sei, sich der kretinösen, bresthaften und idiotischen Kinder des Landes anzunehmen. Karl Stieglechner, Beamter der Stadt Linz, war besonders rührig. Er warb für die Idee eines Vereins, er suchte Sympathisanten, Spender, Mitglieder. Noch im Jahr 1892 hatte Stieglechner mehr als ein Dutzend Männer gefunden, ein Gutteil von ihnen Priester, die bereit waren, Geld, Zeit und Arbeitskraft einzusetzen. Am 10. Mai 1893 wurde der „O.Ö. Landeswohltätigkeitsverein" offiziell gegründet.

Drei Jahre später wird groß gefeiert, als der Fürst von Starhemberg die Schenkung des Schlosses ankündigt. Weitere zwei Jahre später, am 24. Mai 1898, mehr als ein halbes Jahr vor dem Kaiserjubiläum, wird die Pflegeanstalt im vorerst kaum adaptierten Schloß eröffnet. Der Anfang ist bescheiden: Drei Schwestern betreuen vier Pfleglinge. Doch die Zahl der Anstaltsinsassen steigt rasch, vier Jahre später sind es mehr als 60, dann steigt die Kapazität bis zum Ausbruch des Ersten Weltkrieges langsam auf 110 Betten.

Schon im Jahr des Einzugs der ersten Patienten zeigt sich, daß die Starhembergsche Schenkung einen Haken hatte: Die fürstliche Wohltätigkeit beinhaltete nur das Schloß alleine, die ausgedehnten Ländereien, die dazugehörten, hatte Fürst Camillo behalten. Deshalb beginnt der Landeswohltätigkeitsverein noch vor der Jahrhundertwende, Grundstücke rund um das Schloß zu kaufen. Pfleglinge, die arbeiten können, werden auf diesen Flächen beschäftigt, anfangs mit Gemüsebau, der eher einer Liebhaberei gleicht. Der Gartenbau wächst sich allerdings rasch aus zu einer richtigen Landwirtschaft und leistet ansehnliche Beiträge zur Lebensmittelversorgung des Schlosses.

Der große Krieg wirft alles zurück. Es gibt einen enormen Mangel an Nahrungsmitteln, Kleidern, Bettwäsche, Heizmaterial. Wie groß dieser Mangel gewesen sein muß, läßt sich nur erahnen. Die Folgen sind grausam. Es habe im Ersten Weltkrieg eine stark erhöhte Sterblichkeitsquote unter den Zöglingen gegeben, vermerkt das Archiv des Landeswohltätigkeitsvereins. Genaueres ist nicht überliefert; Generalstatistiken berichten von einem Anstieg der Sterblichkeitsrate in den Pflegeanstalten um mehr als 15 Prozent.

Vielen von den „Normalen" ist die Sterblichkeit unter den Idioten bei weitem nicht hoch genug. Der Erste Weltkrieg ist für die Eugeniker und Sozialdarwinisten, die menschlichem Leben unterschiedlichen Wert beimessen, ein Wendepunkt, von dem an sie immer lauter in der Öffentlichkeit argumentieren. Am deutlichsten spricht es der Freiburger Arzt Alfred Hoche aus in dem Buch „Die Freigabe der Vernichtung unwerten Lebens. Ihr Maß und ihre Form", das er zusammen mit dem Leipziger Juristen Karl Binding 1920 in Leipzig herausgibt:

„Denkt man sich gleichzeitig ein Schlachtfeld bedeckt mit Tausenden toter Jugend, und stellt man in Gedanken unsere Idioteninstitute mit ihrer Sorgfalt für ihre lebenden Insassen daneben – und man ist aufs tiefste erschüttert von diesem grellen Mißklang zwischen der Opferung des teuersten Gutes der Menschheit im größten Maßstabe auf der einen und der größten Pflege nicht nur absolut wertloser, sondern negativ zu wertender Existenzen auf der anderen Seite."

Hoche, der Akademiker, der Psychiater und Verfasser von Gedichten, benutzt dasselbe Wort wie die Knechte und Mägde auf den Feldern des Eferdinger Beckens: Idioteninstitut.

Neu sind die Ideen von Hoche und Binding nicht. Darüber nachgedacht, ob sie andere am Leben erhalten sollen, die nur Kosten verursachen, nur Belastung sind, haben Menschen wahrscheinlich, seit sie denken können. Und seit Gedanken festgehalten werden können, sind derartige Gedanken auch festgehalten worden. Etwa von Plato: *„Wer siech am Körper ist, den sollen sie sterben lassen; wer an der Seele mißraten und unheilbar ist, den sollen sie sogar töten."*

Plato ist nicht der einzige Philosoph in dieser Zitatensammlung. Friedrich Nietzsche hat dazu in seiner „Fröhliche Wissenschaft" das Gleichnis von der heiligen Grausamkeit geschrieben:

„Zu einem Heiligen trat ein Mann, der ein eben geborenes Kind in Händen hielt. ‚Was soll ich mit dem Kinde machen?' fragte er, ‚es ist elend, mißgestaltet und hat nicht genug Leben, um zu sterben.' ‚Töte es', rief der Heilige mit schrecklicher Stimme, ‚töte es und halte es dann drei Tage und drei Nächte lang in deinen Armen, auf daß du dir ein Gedächtnis machtest – so wirst du nie wieder ein Kind zeugen, wenn es nicht an der Zeit für dich ist, zu zeugen.' – Als der Mann dies gehört hatte, ging er enttäuscht davon; und viele tadelten den Heiligen, weil er zu einer Grausamkeit geraten hatte, denn er hatte geraten, das Kind zu töten. ‚Aber ist es nicht grausamer, es leben zu lassen?' sagte der Heilige."

Im „Zarathustra" äußert sich Nietzsche ebenfalls zu diesem Thema, anhand eines Bildes faulender Äpfel:

„Mancher wird nie süß, er fault im Sommer schon. Feigheit ist es, die ihn an seinem Aste festhält. Viel zu viele leben und viel zu lange

hängen sie an ihren Ästen. Möchte ein Sturm kommen, der all dies Faule und Wurmfreßne vom Baume schüttelt! Möchten Prediger kommen des schnellen Todes! Das wären mir die rechten Stürme und Schüttler an Lebensbäumen! Aber ich höre nur den langsamen Tod predigen und Geduld mit allem Irdischen."

Passagen wie diese zitieren die Anhänger von Auslese und Rassenreinheit gerne – daß Nietzsche selbst die letzten zehn Jahre seines Lebens in geistiger Umnachtung verbracht hat, erwähnen sie nicht. Dabei wäre der Propagandist des Übermenschen, hätte er ein halbes Jahrhundert später gelebt, mit hoher Wahrscheinlichkeit von den selbsternannten Übermenschen und Betreibern der Vernichtungsanstalten mittels Kohlenmonoxid kurzerhand „vom Lebensbaum geschüttelt" worden.

Oder Charles Darwin in „Die Abstammung des Menschen":

„Unter den Wilden werden die an Körper und Geist Schwachen bald eliminiert; die Überlebenden sind gewöhnlich von kräftigster Gesundheit. Wir zivilisierten Menschen tun dagegen alles mögliche, um diese Ausscheidung zu verhindern. Wir erbauen Heime für Idioten, Krüppel und Kranke. Wir erlassen Armengesetze, und unsere Ärzte bieten alle Geschicklichkeit auf, um das Leben der Kranken solange als möglich zu erhalten. Wir können wohl annehmen, daß durch die Impfung Tausende geschützt werden, die sonst wegen ihrer schwachen Widerstandskraft den Blattern zum Opfer fallen würden. Infolgedessen können auch die schwachen Individuen der zivilisierten Völker ihre Art fortpflanzen. Niemand, der etwas von der Zucht der Haustiere kennt, wird daran zweifeln, daß dies äußerst nachteilig ist für die Rasse des Menschen. Ausgenommen im Falle des Menschen wird auch niemand so töricht sein, seinen schlechtesten Tieren Fortpflanzung zu gestatten."

Der Gerechtigkeit halber muß erwähnt werden, daß Darwin daraus kein Plädoyer ableitete für das Sterbenlassen oder Töten von Behinderten, er meinte im Gegenteil, die Erhaltung der Schwachen „zeichne die edle Natur des Menschen aus."

Derartiges Gedankengut kursiert auch in linken Kreisen. Der Wiener Mediziner und sozialdemokratische Politiker Julius Tandler, nach dem ein Platz in Wien benannt ist, schrieb 1924 in seinem Buch „Ehe und Bevölkerungspolitik" etwa:

„Welchen Aufwand übrigens die Staaten für vollkommen lebensunwertes Leben leisten müssen, ist zum Beispiel daraus zu ersehen, daß die 30.000 Vollidioten Deutschlands diesen Staat zwei Milliarden Friedensmark kosten. Bei der Kenntnis solcher Zahlen gewinnt das Problem der Vernichtung lebensunwerten Lebens im Interesse der Erhaltung lebenswerten Lebens an Aktualität und Bedeutung. Gewiß, es sind ethische, es sind humanitäre oder fälschlich humanitäre Gründe, welche dagegen sprechen, aber schließlich und endlich wird auch die Idee, daß man lebensunwertes Leben opfern müsse, um lebenswertes zu erhalten, immer mehr und mehr ins Volksbewußtsein dringen."

Hildegard Jungmayr weiß von all dem nichts. Sie sieht die Idiotenanstalt, sieht den zielstrebigen Schritt des Vaters und weiß, daß sie auch diesmal hinein muß in den Hof zu den Irren, die sie so fürchtet. Wir gehen in das Schloß, oder, sagt sie fragend.

Wir gehen in das Schloß. Dort kaufen sie die Körbe sicher, sagt der Vater halblaut. Sie gehen weiter. Die Idiotenanstalt ist ein guter Kunde. Wenn er überall vergeblich bei den Bauern und bei den Greißlern geklopft hat, und niemand wollte einen Korb oder ein Fäßchen, und niemand hatte Kleinzeug, das er ihm zum Reparieren mitgab, dann verliert er seine Zuversicht dennoch nicht, wenn am Ende seiner Tagestour Hartheim steht. Dort kaufen sie ihm das meiste ab. Dort brauchen sie Zeug, weil dort wird viel gearbeitet. Man schreibt das Jahr 1937. Die Pflegeanstalt Hartheim ist in jenen Jahren ein florierender Betrieb, der es mit jedem der Großbauern in der Gegend aufnehmen kann. Eine Musterlandwirtschaft, heißt es in der Chronik des Vereins. Die ehrenamtliche Leitung des Wohltätigkeitsvereins hat von 1918 bis 1938 Regierungsrat Direktor Karl Mittermayr inne, in seiner Ära erlebt das Schloß einen großen Aufschwung, Dutzende Ärzte und Schwestern betreuen in Spitzenzeiten mehr als 200 behinderte Kinder.

Schon von weitem meint Hildegard, die Schreierei zu hören. Wie sie an den Holzgittern stehen und die Arme über die Brüstung strecken und kreischen. Die Elfjährige hat vor einem Jahr die Narren von Hartheim das erste Mal gesehen. Es war früher Nachmittag, eine Stunde vor dem Dunkelwerden, eigentlich hätte der Vater den Schlitten schon Richtung heimwärts ziehen müssen, aber weil er an dem Tag noch kaum etwas verkauft hatte, riskierte er es, möglicherweise beim Heimgehen in die Dunkelheit zu geraten, und ging von Alkoven nach Hartheim hinüber. Sie gingen durch das Holztor an der Straße über den freien Vorplatz und hinein durch den Torbogen ins Innere des Schlosses.

Der Vater sprach kurz mit dem Pförtner, der sagte ihm, der Herr Soundso, der für die Einkäufe zuständig ist, hat drüben beim Wagenschuppen zu tun. Da hatten ein paar Pfleglinge, die auf den Arkaden oben im ersten und zweiten Stock herumstanden, schon bemerkt, daß Fremde im Haus waren. Sie begannen gegen die Holzpfosten zu klopfen und riefen leise lockende Worte. Der Vater sagte zu Hildegard, sie solle hier beim Pförtner warten, er werde mit dem Herrn Soundso sprechen und bald wieder da sein. Dann drehte er den Schlitten mit den Körben und Holzeimern herum und zog ihn zu den Wirtschaftsgebäuden.

Hildegard stand steif und starr, mit einem Fuß noch in der Toreinfahrt, mit dem anderen auf dem Pflaster des Innenhofes. Oben hatte der anschwellende Lärm andere Pfleglinge angelockt, die begannen dem blonden Mädchen mit den Zöpfen unverständliche Worte zuzurufen, und weil es immer mehr wurden und gleich gar nichts mehr zu verstehen war, schrie jeder einzelne lauter und lauter. Um die Aufmerksamkeit des Kindes zu finden, trommelten einige gegen die Holzstäbe, andere vollführten groteske Tänze. Der Lärm und Trubel regte die Pfleglinge auf, einem verzog es das Gesicht vor lauter Hektik. Eine Teufelsfratze, dachte Hildegard. Ein anderer hielt es nicht mehr aus, der packte mit beiden Händen eine der steinernen Säulen, die die Arkadenrundgänge trugen, und schlug seine Stirn gegen den kalten Granit, wieder und wieder.

Der Pförtner sah, daß das Mädchen zu weinen begonnen hatte. Die sind eh eingesperrt, sagte er zweimal hintereinander zu dem Kind, brauchst dich nicht fürchten, die können nicht heraus. Hildegard hörte ihn nicht. Sie hörte nur das Gebrüll und Getobe, sah die verzerrten Gesichter, die Hände, die sich auf zwei Stockwerken durch die Holzgitter in den Innenhof reckten. Daß ein Mensch so sein kann, so – so –, sagt sie 60 Jahre später und findet noch immer kein Wort, keinen passenden Ausdruck für das, was sie damals für die Behinderten von Hartheim empfand, und ein wenig hat sie Angst, die naheliegenden Worte zu sagen, denn sie würden sich anhören wie jene, die die Mörder der Behinderten drei Jahre nach ihren, Hildegards, Besuchen im Schloß gebrauchten: Daß ein Mensch so wenig menschenähnlich sein kann!

Damals begann die Tochter des Faßbinders selbst zu toben, sie stampfte mit den Füßen und hielt sich die Ohren zu und schrie, es war ein kläglicher Versuch, das Geschrei der Narren zu übertönen, ein Versuch, der nicht gelingen konnte. Aber er führte dazu, daß der Pförtner hinüber lief in die Küche und eine der Schwestern holte, und die nahm Hildegard bei der Hand, führte sie in den großen Raum links vom Tor und setzte sie an einen der großen Holztische, an denen sonst die Küchenmädchen arbeiteten. Die Schwester gab dem Kind ein Glas lauwarme Milch und redete beruhigend auf es ein. Daß sie das ja verstünde, wenn man die Armen da auf der Arkade das erste Mal sehe, sagte sie, aber das Mädchen solle sich nicht erschrecken lassen, denn es seien doch die meisten harmlose arme Wesen. Und Angst brauche die kleine Besucherin überhaupt nicht haben, weil die Stiege zu den Arkaden hinauf sei ja versperrt, es könne ihr also niemand was tun. Hildegard klammerte sich an der dickwandigen Milchtasse fest, hielt den Blick gesenkt, schaute von unten zu dem riesigen Herd in der Mitte der Küche, auf dem mehrere große Töpfe standen, sah das Flackern des Holzfeuers durch die Ritzen der eisernen Ofentür, und sagte kein Wort. Erst nach einer Ewigkeit holte sie der Vater ab.

Ein Jahr später. Der Schritt der Elfjährigen wird langsamer, als sie um die Ecke des letzten Hofes biegen und jetzt nur noch das Schloß vor sich haben. Keine Angst, sagt der Vater. Sie gehen durch das äußere und durch das innere Tor. Die Pfleglinge auf der Arkade fangen an mit ihrem Rufen und dem Trommeln auf die Gitter. Der Vater stellt den Schlitten beim Portier ab, nimmt Hildegards Hand und geht mit ihr schnell in die Küche. Ob das Kind wohl hier warten könne, während er seine Geschäfte erledige, fragt er eines der Küchenmädchen. Die Frau nickt, wischt die nassen Hände in der Schürze ab, rückt dem Mädchen einen Stuhl zurecht und bringt ihr eine Schale Milch. Während der Vater weg ist, antwortet Hildegard nur einsilbig auf die Fragen der Küchenmädchen, die sich meist um ihre Erlebnisse in der Schule drehen.

Die Zehnjährige hat Angst. Weil die Menschen hinter den Holzgittern laut sind und kreischen, oder weil sie blöd und abwesend irgendwohin starren, weil ihnen der Speichel aus den Mundwinkeln rinnt, weil sie die Gliedmaßen grotesk verrenken. Weil sie anders sind.

Hildegard Jungmayr hat vor Menschen Angst, die anders sind als sie. Daraus kann man ihr keinen Vorwurf machen. Viele Menschen hatten und haben vor Mitmenschen Angst, die anders sind.

Drei Jahre später waren diese Irren, vor denen die kleine Hildegard Angst hatte, alle tot. Sie wurden im Schloß, in dem sie lebten, manche von ihnen jahrzehntelang, zu Tode gebracht. Hätte man Hildegard gefragt, und die anderen, die die Idioten fürchteten, wenn sie in einer langen Schlange, an deren Anfang und Ende ein Pfleger schritt, durch den Ort torkelten, hätte man die gefragt, ob man die Idioten beseitigen sollte, indem man sie tötet, dann hätten sie entrüstet geschnaubt und die Köpfe geschüttelt.

Aber ein Mord besteht nicht aus der Tathandlung alleine. Ein Mord findet, bevor das tatsächliche Umbringen mit Messer, Gewehr, Axt, Gas, Sprengstoff, Spritze oder bloßen Händen geschieht, bereits im Kopf des Mordenden statt. Die Idee, jemandes Leben ein Ende zu bereiten, taucht nicht blitzartig auf, sondern verfestigt sich erst allmählich. Der Boden muß bereitet sein. Doch wo soll man im Fall Hartheim zu deuten beginnen, wann denn dieser Boden bereitet wurde? Im Falle Bernburg, Brandenburg, Hadamar, Grafeneck, Sonnenstein, im Falle Tiergartenstraße 4 in Berlin-Charlottenburg? Angefangen hat ja alles schon lange vor dem Jänner 1940, als die Mordanstalten zu arbeiten begannen, und lange vor dem Mai oder Juni 1940, als in Hartheim der Schlot das erste Mal rauchte, lange vor dem 1. September 1939, mit dem der entsprechende Führererlaß Hitlers datiert ist, lange schon vor Hitlers Machtergreifung.

Wo beginnen? Bei Plato, Nietzsche, Darwin? Bei Namen wie Alexander Tille, Landwirt, Selektions-Ideologe und selbsternannter „Sozialaristokrat", der das Elend in Londons Eastend als „Nationalheilanstalt" lobpries, da dort nur die tüchtigsten überleben, und der 1893 in seiner Schrift „Volksdienst" forderte: *„Opfern wir unse-*

re Krüppel und Angeseuchten und deren Nachkommen, damit Raum bleibt für die Söhne der Gesunden und Starken und keine Vermischung mit erblich Belasteten ihnen schleichendes Gift in die Adern trage. Opfern wir das Schwache dem Starken, das Häßliche dem Schönen, und seien wir uns bewußt, daß wir nur wissentlich tun, was der Wettbewerb um die nötigen Daseinsmittel blind ebenfalls erreicht."

Und was ist der Beitrag von Konrad Lorenz, des späteren Nobelpreisträgers, der 1940 in seiner Dissertation schrieb: „*So müßte die Rassenpflege dennoch auf eine noch schärfere Ausmerzung ethisch Minderwertiger bedacht sein, als sie heute schon ist, denn sie müßte in diesem Falle buchstäblich alle Faktoren ersetzen, die im natürlichen Freileben die Auslese besorgten ... Dennoch muß diese Rolle* (der „Auslese"; A.d.V.) *von irgendeiner menschlichen Körperschaft übernommen werden, wenn die Menschheit nicht mangels auslesender Faktoren an ihren domestikationsbedingten Verfallserscheinungen zugrundegehen soll."*

Hildegard Jungmayr verstünde Worte wie „domestikationsbedingte Verfallserscheinungen" nicht, sollte sie sie je zu Gehör kriegen. Aber sie sieht an jenem Wintertag des Jahres 1937 diese Art von Menschen, die der spätere Nobelpreisträger damit wohl gemeint hat. Und obwohl sie Angst hat vor den Nicht-Normalen, denkt sie nicht an Ausmerzung, sondern es regt sich im Herz der Zehnjährigen Mitgefühl. Das heißt, genau genommen kann nur eindeutig gesagt werden, daß sich 60 Jahre später, also im Herzen der 70jährigen Hildegard, Mitgefühl regt. Getan haben sie ja niemandem etwas, sagt sie, sehr nachdenklich geworden durch das Erzählen über ihre frühe Kindheit. Und nach einer Pause: Im Grunde waren das alles sehr arme Menschen. Selbst war man ja auch arm und hat nichts gehabt, aber die waren wirklich arm. Wenn sie einen Fremden gesehen haben, dann haben sie halt geschrien und geredet, die haben das wahrscheinlich eh gut gemeint. Die wollten einen Kontakt haben mit irgendwem. Aber als Kind bist du halt verschreckt. Es wird so gewesen sein, daß sie aus Freude geschrien haben, wegen mir, daß die sich freuen, wenn sie einmal ein anderes Gesicht sehen. Aber ich habe mich so gefürchtet, weil das so einen Lärm gemacht hat. Die waren ja harmlos, eigentlich arme Leute.

20

Damals, im Winter von 1937 auf 1938, kommt der Vater nach einer Viertelstunde, die dem Mädchen wie eine Ewigkeit erscheint, zurück von dem Mann, der ihn hinübergeführt hatte in die Gutsverwaltung. Der Vater schaut zufrieden. Hildegard steht auf von dem riesigen Holztisch, dankt noch einmal artig für die Tasse Milch und läuft hinaus. Die Idioten kreischen wieder, als sie in den Arkadenhof hinausgeht, aber nicht mehr so laut wie bei der Ankunft. Der Vater schaut nicht einmal hinauf zu den Holzgittern, gelassen zieht er seinen Schlitten hinaus in den Vorgarten und durch den Torbogen auf die Straße.

Langsam gehen der alte Mann und das zehnjährige Mädchen vom Schloß weg in Richtung Alkoven. Der Vater ist gutgelaunt, Hildegard ist froh. Sie haben wirklich zwei Weidenschwingen und ein paar Fäßchen und Holzkrüge verkaufen können im Schloß. Sie werden nicht mehr hinaus in die Auen nach Gstocket ziehen, sondern direkt nach Hause gehen. Eine schwache halbe Stunde, und die Geherei wird vorbei sein. Für heute.

Die Idioten sind schon ganz verschwunden aus dem Kopf des Mädchens. Es denkt an die Spiele, die es daheim spielen wird, an das Abendessen, an das Hineinkriechen in das kalte klamme Bettzeug, an das schöne Spüren, wie Tuchent und Leintuch allmählich von der eigenen Körperwärme aufgeheizt werden, an das sanfte Hineingleiten in diese Wärme und in den Schlaf. Aber die Idioten sind für heute noch nicht erledigt.

Hansi, Hansi, kommst eh wieder am Sonntag, hört Hildegard helle Stimmen krächzen. Sie blickt auf. Vorne, dort, wo die Straße über das Gleis der Lokalbahn geht, trottet ein Bub, vielleicht 13 oder 14 Jahre alt. Zehn oder 15 Meter hinter ihm ist eine Reihe von Kindern aufgefädelt, mongoloide Gesichter, tolpatschige Bewegungen. Schneider Hansi, rufen ein paar von den Behinderten, wart auf uns. Ein vielleicht zwanzigjähriger Hinkender tritt aus der Reihe, will nach vorne laufen, zum Hansi. Die Ordensfrau an der Spitze des Zuges nimmt ihn sachte bei der Hand, redet leise auf ihn ein, freiwillig geht der Hinkende zurück in die Kette. Der Bub reagiert kaum, einmal dreht er sich um und winkt wie nebenbei, dann geht er mit unveränderter Geschwindigkeit weiter. Er grüßt die beiden Leute aus dem Nachbarort nur kurz.

Hildegard drückt sich eng an den Vater, als sie an den behinderten Spaziergängern vorbeikommen. Brauchst keine Angst haben, sagt der Vater leise, die tun nichts. Er spricht eine Zeitlang vor sich hin, achtet nicht darauf, ob ihm seine Tochter überhaupt zuhört. Die meisten sind harmlos, sagt er, und die haben ja körperlich nichts. Darum dürfen sie mit den Pflegern spazierengehen. Der eine Bauer aus Annaberg, bei dem wir letzte Woche waren, der hat ja geschimpft. Dauernd rennen die Depperln durch den Ort! Aber den meisten Leuten ist es egal. Man gewöhnt sich dran. Der eintönige Singsang der Stimme des Vaters führt Hildegard zurück in das halbschlafene Dahingehen, im Kopf die Vorfreude auf Essen und Spielen und Schlafen. Die Wege von Vater und Tochter Jungmayr und Hans Schneider trennen sich.

Hansi Schneider, damals 14 Jahre alt, lebt unmittelbar neben dem Schloß. Wenn man von Alkoven her kommt, geht es nach links hinein zum väterlichen Anwesen, genau da, wo rechts das große östliche Hauptportal der Schloßanlage liegt. Die Idioten aus der Anstalt sind ihm vertraut, er kennt viele beim Namen. Und die Pfleglinge ihrerseits kennen ihn auch. Der Hansi, so heißt er bei ihnen. Sein Vater, Hans Schneider senior, der Leiter des Alkovener Kirchenchores, hält jedes Jahr eine Weihnachtsfeier im Schloß für die Pfleglinge und die Schwestern. Mit einigen der Patienten, den großen, bärenstarken, ist die Familie Schneider vertraut von der Arbeit her. Wann dieser Brauch genau angefangen hat, weiß eigentlich niemand mehr zu sagen. Wird wohl bald nach dem Ersten Weltkrieg gewesen sein, als überall auf den Höfen die Arbeitskraft der im Feld gebliebenen Söhne und Knechte schmerzhaft fehlte, daß einer von den Bauern zu Direktor Karl Mittermayr gekommen ist und angefragt hat, ob nicht von denen da im Schloß einige zur Bauernarbeit geeignet wären. Sind ja viele dabei, wird dieser Bauer gesagt haben, die nur ein bißchen geistig behindert sind, aber körperlich so gut beisammen wie du und ich. Da sind ja bärenstarke Kunten dabei, wird er gesagt haben. Kunten, so nennt man im Voralpenland junge kräftige Männer. Und der Direktor hat genickt und gesagt, warum nicht.

Seitdem leihen sich die Bauern aller Alkovener Ortschaften im Hochsommer und im Herbst, wenn die meiste Arbeit anfällt, häufig Pfleglinge aus dem Schloß aus. Als Helfer beim Dreschen sind sie besonders gefragt. Den ganzen Tag über Haufen um Haufen Garben auf die haushohe Maschine hinaufzugabeln, das braucht starke Leute. Diese Leiharbeiter bekommen von den Bauern dafür ein wenig Taschengeld, über das sie selbständig verfügen können. Und sie bewegen sich nach dem Dienst völlig frei im Ort, wie die anderen Knechte auch. Hansis Vater, Hans Schneider senior, hat gelegentlich derartige Leiharbeiter beschäftigt. Es sind sanfte Riesen, tun alles, was man ihnen anschafft. Hansi arbeitet gerne mit ihnen, weil sie ihm manchmal eine schwere Last abnehmen, wenn sie sehen, daß der Bub überfordert ist.

An den Sonntagen warten die Pfleglinge schon auf den Hansi. Er ist Ministrant, vom Empfang der Erstkommunion an bis hoch hinein in das Burschenalter. Während der Woche ministriert er zwei- bis dreimal in der Alkovener Pfarrkirche. Am Sonntag braucht er nur über die Gemeindestraße hinüberzugehen in das Schloß hinein. Der große Raum im zweiten Stock, der über zwei Etagen reicht, und der heute, 1997, von einem Künstler als Atelier genützt wird, war 1937 die hauseigene Kapelle der Pflegeanstalt Hartheim. Jeden Sonntagmorgen kommt ein Priester aus Linz und feiert den Gottesdienst für die Pfleglinge und das Personal.

Hans Schneider grinst, wenn er durch den Torbogen geht und dann die paar Schritte über den hartgetretenen Boden zum eigentlichen Eingang des Schlosses. Das Geviert innen, vier Säulen auf den schmalen, sieben auf den breiten Seiten, ist mit einem hölzernen Gitter eingezäunt. Zum Stiegenaufgang hin gibt es eine Tür, mehr ein Gatter, das Stiegenhaus selbst, gleich rechts neben dem Tor, ist dann frei zugänglich bis zum Dachboden hinauf. Dort muß der Hans hinauf. Hinter den Gittern stehen die Pfleglinge, haben teils schon eine halbe Stunde auf den Hansi gewartet. Bereits während er unten auf das Gatter zugeht, fangen die ersten, die zu ebener Erde hinter den Latten stehen, zu schreien an, dann wissen die oben, daß er jetzt kommt, und sie fallen ein in das Gebrüll: Schwester, Schwester, aufsperren, der Schneider Hansi ist da! Der Halbwüchsige muß sich gefreut haben über diese allsonntägliche Toberei auf drei Stockwerken, über das Geplärre, in dessen Zentrum sein Name stand.

Zumindest bekommt sein Gesicht, als er diese Geschichte 60 Jahre später erzählt, einen hellen Glanz, und er hält inne und lacht zärtlich. Und flüstert beinahe: Haben sich halt gefreut, wenn jemand von draußen gekommen ist, und weil sie mich ja gekannt haben.

Dann stapft er langsam hinauf zur Kapelle. In jedem Stockwerk das gleiche Bild: Der Treppenaufgang ist frei zugänglich, um die Arkadenbögen läuft ein Holzgitter, eine Gittertür, ebenfalls aus Holzlatten, trennt die eigentliche Anstalt vom Stiegenhaus. Der Schneider Hansi bleibt in jedem Stockwerk stehen, ruft ein paar Pfleglingen etwas zu, nichts Besonderes, nur einen Gruß, ihre Namen, belanglose Fragen. Na, Bertl, kommst heute eh in die Messe. Jö, Konrad, einen schönen neuen Rock hast du aber. Dann lachen sie alle, blöd zwar, ja, aber es ist ein Lachen.

Die Messen sind anders als jene in der Alkovener Pfarrkirche. Laut geht es zu, die Pfleglinge fangen immer wieder einfach miteinander zu reden an, oder sie rufen dem Pfarrer etwas zu. Der ist das gewohnt, und auch die Pfleger und Ordensschwestern tun, als ob nichts wäre. Die Predigten sind kurz, weil der Priester weiß, daß die Fähigkeit zum aufmerksamen Zuhören bei diesen seinen Schützlingen nicht sehr groß ist. Was der Pfarrer gepredigt hat, daran kann sich Hans Schneider nicht mehr erinnern. Es werden wohl Worte über die Notwendigkeit von Barmherzigkeit gewesen sein, über Verdienste, die wir Gesunden uns erwerben können, wenn wir auf unsere kranken Brüder und Schwestern schauen, oder Gedanken über Gleichnisse wie jenes von den Lilien auf dem Felde.

In der Welt draußen sind die Töne rauher. Viel rauher. Diejenigen, die bald schon dieses Schloß übernehmen werden, reden und schreiben schon seit einem Jahrzehnt und länger von Rasse und Reinheit. Von zarten Vögeln, die ohne eigene Anstrengung vom Himmel genährt werden, ist da nichts zu hören oder zu lesen. Die Reinheit der Rasse wird beschworen, der Nutzen für das Volksganze. Wer wollte, brauchte nur die Bücher kaufen. Da stand drin, was geplant war.

Adolf Hitler, der Führer, schrieb schon 1924 in der Festungshaft zu Landsberg am Lech in „Mein Kampf":

„*Nein, es gibt nur ein heiligstes Menschenrecht, und dieses Recht ist zugleich die heiligste Verpflichtung, nämlich: Dafür zu sorgen, daß das Blut rein erhalten bleibt, um durch die Bewahrung des besten Menschentums die Möglichkeit einer edleren Entwicklung dieser Wesen zu geben. Der völkische Staat hat die Rasse in den Mittelpunkt des allgemeinen Lebens zu setzen. Er hat für ihre Reinerhaltung zu sorgen. Er hat das Kind zum kostbarsten Gut eines Volkes zu erklären. Er muß dafür Sorge tragen, daß nur wer gesund ist, Kinder zeugt; daß es nur eine Schande gibt: bei eigener Krankheit und eigenen Mängeln dennoch Kinder in die Welt zu setzen, doch eine höchste Ehre: darauf zu verzichten. Er hat die modernsten ärztlichen Hilfsmittel in den Dienst dieser Erkenntnis zu stellen. Er hat, was irgendwie ersichtlich krank und erblich belastet und damit weiter belastend ist, zeugungsunfähig zu erklären und dies praktisch auch durchzuführen."*

Und: *"Der völkische Staat muß von der Voraussetzung ausgehen, daß ein zwar wissenschaftlich wenig gebildeter, aber körperlich gesunder Mensch mit gutem, festem Charakter, erfüllt von Entschlußfreudigkeit und Willenskraft, für die Volksgemeinschaft wertvoller ist als ein geistreicher Schwächling. Ein verfaulter Körper wird durch einen strahlenden Geist nicht im geringsten ästhetischer gemacht, ja, es ließe sich höchste Geistesbildung gar nicht rechtfertigen, wenn ihre Träger gleichzeitig körperlich verkommene und verkrüppelte, im Charakter willensschwache, schwankende und feige Subjekte wären."*

Daß derartige Ziele drastische Methoden erfordern, sprach der damalige gescheiterte Kopf eines Putsches einer rechtsnationalen Splitterpartei und nachmalige Führer auch schon 1924 aus:

"Es kann sich dabei nicht um halbe Maßregeln handeln, sondern auch hier wird man zu den schwersten und einschneidendsten Entschlüssen kommen müssen. Es ist eine Halbheit, unheilbar kranken Menschen die dauernde Möglichkeit einer Verseuchung der übrigen gesunden zu gewähren. Es entspricht dies einer Humanität, die, um dem einen nicht wehe zu tun, hundert andere zugrunde gehen läßt. Die Forderung, daß defekten Menschen die Zeugung anderer ebenso defekter Nachkommen unmöglich gemacht wird, ist eine Forderung klarster Vernunft und bedeutet in ihrer planmäßigen Durchführung die humanste Tat der Menschheit. Sie wird Millionen von Unglück-

lichen unverdiente Leiden ersparen, in der Folge aber zu einer steigenden Gesundung überhaupt führen. Hier wird man, wenn nötig, zur unbarmherzigen Absonderung unheilbar Erkrankter schreiten müssen – eine barbarische Maßnahme für den unglücklich davon Betroffenen, aber ein Segen für die Mit- und Nachwelt. Der vorübergehende Schmerz eines Jahrhunderts kann und wird Jahrtausende vom Leid erlösen."

Schwäche und falsch verstandene Humanität werden zu folgendem führen, prophezeite der Führer: *„Das Ende aber wird sein, daß einem solchen Volke eines Tages das Dasein auf dieser Welt genommen werden wird; denn der Mensch kann wohl eine gewisse Zeit den ewigen Gesetzen des Forterhaltungswillens trotzen, allein die Rache kommt früher oder später doch. Ein stärkeres Geschlecht wird die Schwachen verjagen, da der Drang zum Leben in seiner letzten Form alle lächerlichen Fesseln einer sogenannten Humanität der einzelnen immer wieder zerbrechen wird, um an seine Stelle die Humanität der Natur treten zu lassen, die die Schwäche vernichtet, um der Stärke den Platz zu schenken. Die Natur kennt keine politischen Grenzen. Sie setzt die Lebewesen zunächst auf diesen Erdball und sieht dem freien Spiel der Kräfte zu. Der Stärkste an Mut und Fleiß erhält dann als ihr liebstes Kind das Herrenrecht des Daseins zugesprochen."*

Alfred Rosenberg, Chefideologe der Nazipartei, formulierte in seinem „Mythus des 20. Jahrhunderts" noch drastischer als sein Führer:

„Entweder steigen wir durch Neuerleben und Hochzucht des uralten Blutes, gepaart mit erhöhtem Kampfwillen, zu einer reinigenden Leistung empor, oder aber auch die letzten germanisch-abendländischen Werte der Gesittung und Staatenzucht versinken in den schmutzigen Menschenfluten ..."

Rosenberg kannte das Rezept für die Zukunft:

„Das Wesen der deutschen Erneuerung besteht deshalb darin, sich einzufügen in die ewigen aristokratischen Naturgesetze des Blutes und nicht die Auslese des Kranken durch Schwächlichkeit zu fördern, sondern im Gegenteil durch eine bewußte Auslese das willensmäßig Starke und Schöpferische wieder an die Spitze zu führen, ohne Rückschau darauf zu halten, was zurückbleibt."

In Hartheim, ja in ganz Alkoven, liest vor dem März 1938 wohl kaum jemand die Bücher der Männer, die bald schon die Machthaber sein werden. Und wenn sie doch einer gelesen haben sollte – daß die Umsetzung solch mörderisch kühner Ideen in die Tat demnächst vor den eigenen Haustüren stattfinden würde, das hätte keiner glauben wollen und können.

Hansi, Hansi, schreien die Idioten hinter den Holzgittern, wenn der Nachbarbub nach der Messe hinter dem Pfarrer die Stufen hinunter geht. Bleib noch ein bissel bei uns, Hansi, rufen sie. Bis bald, sagt Hans Schneider und grinst, und bis ins Frühjahr 1938 hinein stimmt das auch. Er kommt ja bald wieder, nächsten Sonntag ist er erneut im Haus.

II. 1938

Das Unheil kommt von Westen. Zwei Tage lang zieht in der zweiten Märzwoche des Jahres 1938 der Troß der neuen Herren auf der Nibelungen-Bundesstraße durch Alkoven. Am Anfang steht der halbe Ort am Straßenrand, Heil, Heil schreien sie, bis sie heiser werden. Die uniformierten jungen Männer in den Beiwagenmaschinen, auf den Lastwägen und Pferdegespannen lachen und winken zurück. Einen Kilometer östlich von Alkoven verfahren sich die Deutschen, ihr Kartenmaterial ist nicht auf dem letzten Stand, sie lenken ihre Fahrzeuge in Richtung Straßham, auf die alte Bundesstraße, die sie in den Süden von Linz führt. Erst als ein Kradmelder die vor kurzem fertig gewordene neue Straße erforscht, die mit langen geraden Strecken über Wilhering geht und dann, eng an den Kürnberg gedrängt, der Donau folgt, zieht der Troß auf dieser Nibelungen-Route direkt in das Zentrum von Linz. Der Führer, wann kommt der Führer, rufen einige Alkovener den Soldaten zu. Die zucken lachend die Achseln.

Es gibt in Alkoven einige Nazis aus der illegalen Zeit. Junge Burschen meist, die sich in den Jahren vor dem Anschluß etliche Schlägereien mit anderen jungen Burschen anderer Weltanschauung geliefert haben. Meistens waren „Hahnenschwanzler" die Gegner, eher selten Rote. Unter den Illegalen genießt Alkoven einen gewissen Ruf. Am 26. Juli 1934, also einen Tag nach der Ermordung von Kanzler Dollfuß, als der Naziputsch in Wien bereits gescheitert war, besetzte eine Gruppe Illegaler aus Alkoven und Wilhering eine Anhöhe an der Bundesstraße in der Nähe der Donaufähre zwischen Wilhering und Ottensheim. Ihr Auftrag war, den erwarteten Einmarsch bayrischer Legionäre Richtung Linz zu dekken. Es kam zu einer Schießerei mit den Ordnungskräften, bei der ein Wilheringer Gendarm getötet wurde. Zwar nicht als Todesschütze, aber als Rädelsführer des Aufstands wurde im Oktober 1934 ein Alkovener von einem Linzer Militärgericht zu acht Jahren Kerker verurteilt. Derselbe Mann faßte sechs Wochen später von einem Welser Schwurgericht eine lebenslange Haftstrafe aus: In den Alkovener Donauauen fand man in einem Strohhaufen fünf Kisten

Hiltler in Linz, 13. März 1938

mit Sprengstoff. Damit sollten Strommasten beim Donaukraftwerk Partenstein gesprengt werden.

Die Gedankenwelt, die mit der braunen Flut aus dem Westen kam, war also nichts Neues für die Alkovener, wie sie für alle anderen Gemeinden in der nunmehrigen Ostmark auch nichts Neues war. Umso größer daher die Enttäuschung, als bekannt wird, daß der Führer nicht über die Nibelungen-Bundesstraße in die Stadt seiner Jugend einziehen wird. Hitler überquert die Grenze bei Braunau, über Wels führt ihn sein Triumphzug auf der Bundesstraße 1 nach Linz.

Hochrangige Nazis sind schon früher hier gewesen: In den Wochen vor der Nationalratswahl im November 1930 sprachen Himmler und Göring bei Massenversammlungen. Großaufmärsche der Nazis über die Linzer Landstraße mit mehr als 5000 Teilnehmern gab es bereits 1932. Vor dem Anschluß im Jahr 1938 wurden schon im Februar rund um die Landeshauptstadt zahlreiche Hakenkreuz-Höhenfeuer entzündet, die Polizei schritt gegen Demonstrationen der – formell noch immer verbotenen – NSDAP nicht mehr ein. Am 10. März 1938 fand eine Großdemonstration der Nazis auf dem Hauptplatz statt, in der Urfahrer Hauptstraße schossen braune und rote Jugendliche aufeinander. Odilo Globocnik, einer der Führer der illegalen Nazis, später kurze Zeit zweiter Gauleiter in Wien und dann Chef der Hartheimer Euthanasie-Mörder bei ihren Aktionen in den polnischen Todeslagern, überbrachte dem oberösterreichischen NSDAP-Führer und späteren Gauleiter August Eigruber Direktiven aus Berlin: Er habe freie Hand für Aktionen gegen die Regierung.

Am Abend des 11. März tritt Kanzler Schuschnigg zurück. Im ganzen Land tauchen Nazifahnen in den Fenstern auf, in Linz marschieren die Nazis mit einem Fackelzug über die Landstraße und versammeln sich auf dem Hauptplatz – an die 50.000 Menschen, die Hälfte der damaligen Einwohnerzahl. Am 12. März ziehen kurz nach elf Uhr vormittags die ersten deutschen Soldaten auf der Nibelungen-Bundesstraße durch Alkoven, zu Mittag gelangen sie nach Linz. Der Ex-Sicherheitsminister Seyß-Inquart und Himmler kommen per Flugzeug aus Wien und treffen sich mit den deutschen Wehrmachtskommandanten im Linzer Rathaus. Gegen 15 Uhr wird über Lautsprecherwagen bekanntgegeben, daß Hitler kommen würde. Entlang der Fahrtroute sammeln sich die Neugierigen und Anhänger. Auf dem Linzer Hauptplatz stehen um 16 Uhr schon 60.000 Menschen. Himmler und lokale Nazigrößen halten eine Rede nach der anderen, um die Wartezeit auf den Führer zu überbrücken. Über die Lautsprecher gibt es ständig – laut bejubelte – Meldungen, wo Hitler gerade ist: Braunau, Ried, Grieskirchen, Wels. Um 19 Uhr zieht der Führer triumphal auf den Hauptplatz ein.

Im Schloß Hartheim geht das Leben vorerst unverändert weiter. Direktor Mittermayr, die rund 20 Barmherzigen Schwestern und die Hilfskräfte betreuen die 200 Pfleglinge so wie immer. Die Musterlandwirtschaft und die effiziente Verwaltung durch Mittermayr hat der Anstalt eine solide wirtschaftliche Basis geschaffen. Man ist selbstbewußt: Der Wohltätigkeitsverein ist aus dieser starken Position heraus den alten Politikern nie als Bittsteller gegenübergetreten, er wird es auch gegenüber den neuen Herren nicht notwendig haben. Als Hitler seine Ansprache auf dem Linzer Hauptplatz hält, der bald darauf seinen Namen tragen wird, nehmen sich ein paar Hilfspfleger frei, um in die Stadt zu fahren. Den Führer sehen.

Doch die Ruhe ist trügerisch. Aloisia Ehrengruber betreut die Pfleglinge in der Krankenabteilung des Schlosses. Sie ist wie alle in diesen Tagen aufgewühlt von den großen Ereignissen, die über das Land hereinbrechen. Aber sie bewahrt sich auch den Blick für die kleinen Veränderungen. Ihr fällt bald auf, daß sich irgend etwas tut. Autos mit Berliner Kennzeichen fahren vor, fremde Männer steigen aus, marschieren durch das Schloß. Hohe Herren sind das, in Zivil, aber jeder vom Betreuungspersonal und von den Gutsarbeitern weiß, daß die von der Partei sein müssen, oder von der SS. Direktor Mittermayr empfängt die Herren mit kühlem Respekt, dann schließen sich die Türen der Direktionskanzlei für lange Zeit hinter dem Hartheimer Direktor und den Besuchern. Danach bleiben die hohen Herren noch eine Weile, gehen durch alle Räume, klopfen gegen Mauern, Decken und Fußböden, um sich ein Bild zu machen vom baulichen Zustand des Renaissanceschlosses.

Bereits im Jahr 1938 waren diese neugierigen Gäste das erste Mal da, glaubt Aloisia Ehrengruber, als sie später, viel später, zum Thema Hartheim interviewt wird. Sie kommen ein paarmal nach Hartheim, messen alles aus, legen Skizzen und lange Inventarlisten an. Direktor Mittermayr beobachtet mit eisigem Schweigen. Möglicherweise waren seine Gäste sehr hochrangig, ohne daß es ihm gesagt wurde. Unter diesen Kommissionen, die Hartheim auf seine Eignung als Vernichtungsstätte untersuchten, könnten sich die späteren führenden Köpfe der Aktion T4 befunden haben: Victor Brack, Chef des Hauptamtes II der Kanzlei des Führers, Reinhold Vorberg, der Leiter des Amtes IIc in der Kanzlei des Führers, Gerhard Bohne, Leiter der Reichsarbeitsgemeinschaft Heil- und Pflegeanstalten, und Werner Heyde, Obergutachter von T4. Verbürgt ist, daß dieses Quartett Grafeneck bei Stuttgart, jene Vergasungsanstalt, die als erste in Betrieb ging, inkognito ganz genau in Augenschein genommen hat, ehe die Umbauten begannen. Die Wahrscheinlichkeit ist groß, daß einer oder mehrere dieser hohen Herren auch in Hartheim waren.

Jedenfalls wurde schon im Sommer 1938 die Idiotenanstalt Hartheim aufgelöst. Die Pfleglinge wurden nach Niederhart in Linz oder in andere Anstalten gebracht. Die bürokratische Umsetzung dauerte etwas länger: Mit Stichtag 17. Februar 1939 wurde der Oberösterreichische Landeswohltätigkeitsverein durch die NSDAP aufgelöst und seine Stiftung enteignet. Der Vermögensstand betrug mit diesem Datum 265.768 Reichsmark. Kurz danach begannen die umfangreichen Umbauarbeiten. Ein gutes Jahr später, in der Karwoche 1940, wurde das Schloß wie alle Fürsorgeanstalten dem Amte von Ministerialrat Linden im Reichsinnenministerium unterstellt, und zwar durch einen Pachtvertrag, der vorerst auf fünf Jahre befristet war.

Dieser Freitag, der 17. Februar 1939, ist jedoch nicht der Punkt, der für das Schloß Hartheim den Beginn jener Barbarei markiert, die sich euphemistisch Euthanasie nannte. Begonnen hat das alles viel früher. Es ist wie bei einem Mosaik, das anfangs, solange nur wenige Teile zusammengelegt sind, nichts zeigt von seinem Aussehen und seinem Charakter, das nur Ahnungen zuläßt, und das sein wahres, endgültiges Bild erst zeigt, wenn die letzten, entscheidenden Steine eingefügt werden. Einer der wichtigen ersten Steine in diesem Mosaik ist sicherlich Charles Darwins „Die Entstehung der Arten durch natürliche Zuchtwahl oder Die Erhaltung der begünstigten Rassen im Kampfe ums Dasein", das am 24. November 1859 in London erschienen ist. Die Kernaussage: Das schlecht Angepaßte, das Schwache wird durch natürliche Auslese, durch Selektion ausgemustert.

Die Begriffe Zuchtwahl und Auslese kreisten schon lange vor der Nazizeit in den Hirnen und in den Zirkeln der Wissenschaftler. Den Darwinismus hatte in Deutschland Ernst Haeckel salonfähig gemacht. Der Zoologe übertrug in seiner 1868 erschienenen Schrift „Natürliche Schöpfungsgeschichte" die Selektionsprinzipien aus dem „Kampf ums Dasein", die Darwin für Pflanzen und Tiere gemeint hatte, auf die Völkergeschichte. Er plädierte für die künstliche Züchtung von Menschen, mit Hinweis auf die Spartaner, die alle schwächlichen, kränklichen, mit irgendeinem körperlichen Gebrechen behafteten Kinder getötet hatten. Was dieses Volk, so Haeckel, zu auserlesener Kraft und Tüchtigkeit geführt habe.

Rassenhygiene, vor dem Ersten Weltkrieg noch Sache einzelner, etablierte sich in den 20er Jahren als Fach an Hochschulen und Universitäten. Rassen- und Sozialhygiene verschränkten sich dabei immer mehr. Mit einbezogen wurde die Psychiatrie. Der Psychiater Emil Kraepelin schuf ein Konzept, demzufolge sich schädliche Umwelteinflüsse erst bei Vorhandensein von miesen Erbanlagen und angeborenen Schwächen zeigen. Kraepelins Konklusio: Die Gesellschaft muß sich gegen Geisteskranke wehren wie gegen Verbrecher.

Der Psychopathiebegriff, also die Vorstellung davon, was psychisch abnorm ist, wurde immer weiter ausgedehnt, machte Randgruppen zu „Gemeinschaftsunfähigen". In der Medizin und Wissenschaft ging ein schleichender Wechsel vor sich, von der Heilbehandlung zur Prävention zwecks Volksgesundheit. Das Ziel: Menschen sollen möglichst lange arbeitsfähig sein.

Aus einem Debattierklub in Berlin, dem sogenannten „Züricher Kreis", entstand 1904 das „Archiv für Rassen- und Gesellschaftsbiologie". Daraus wurde rasch eine wissenschaftliche Gemeinschaft. Am 22. Juni 1905 gründete der Universitätsprofessor Alfred Plötz – er gilt als der Erfinder des Begriffes Rassenhygiene – mit seinen honorigen Wissenschaftlerkollegen Rüdin, Nordenholz und Thurnwald die „Berliner Gesellschaft für Rassenhygiene". In der Folge entstanden Ortsgruppen in München, Freiburg und Stuttgart. Daraus wurde 1910 die „Deutsche Gesellschaft für Rassenhygiene". In den 20er Jahren kam es zur Zusammenarbeit mit dem 1923 gegründeten „Reichsbund der Kinderreichen Deutschlands", 1931 zum Zusammenschluß mit dem „Bund für Volksaufartung und Erbkunde", der seit 1925 auf eher populär-einfachem Niveau argumentierte, zur „Deutschen Gesellschaft für Rassenhygiene (Eugenik)". Mit der Machtübernahme der Nazis im Jahr 1933 trat deren eher „eugenisch" eingestellter Vorstand zurück, an seine Stelle traten rassistische Theoretiker wie Rüdin, die etwa die Mendelschen Gesetze auf die Psychiatrie anwandten. Die neue Führung der Gesellschaft verpflichtete sich zur Unterstützung der Regierung, sie nahm Einfluß bis in das Euthanasieprogramm hinein. Die Richtung hatte der geistige Vater dieser Gesellschaft, Alfred Plötz, ja schon in seiner 1895 entstandenen Fortpflanzungslehre vorgegeben: Nicht lebensfähigen Neugeborenen sollte ein Ärztekollegium einen sanften Tod bereiten, „sagen wir durch eine kleine Dosis Morphium ..."

Die erste bekannte rassenhygienisch motivierte Sterilisierung führte der Schweizer Psychiater Auguste Forel, in der Fachwelt gerühmt als bester Kenner des Instinktverhaltens der Ameisen, 1892 in einer Schweizer Klinik durch. In Deutschland war man nicht so weit. Noch 1897 kam es zu einem Prozeß gegen einen Heidelberger Arzt, der eine erbkranke Frau unfruchtbar machte. Die „Deutsche Gesellschaft für Rassenkunde" hielt zahllose Vorträge zur Legalisierung von Sterilisation. Besonders intensiv für die Rassenreinheit kämpfte der Medizinalrat Gustav Boeters aus Zwikkau. Er reichte zwischen 1923 und 1932 zahlreiche Gesetzesvorlagen ein. Sterilisiert werden sollten nach seinen Vorstellungen: Menschen mit angeborener Blindheit und mit angeborener Taubstummheit, „Blödsinnige", Epileptiker, Geisteskranke, Drogensüchtige, Landstreicher und Zigeuner. Der deutsche Reichstag beziehungsweise das Reichsgesundheitsamt wiesen alle diese Anträge zurück.

Am 2. Juli 1932 legte der Ausschuß für Bevölkerungswesen und Eugenik des preußischen Gesundheitsrates den Entwurf zur Sterilisierung bei Einwilligung der Betroffenen vor. Es gab Debatten um den Passus der Freiwilligkeit.

Am 30. Jänner 1933 wurde Hitler Reichskanzler, bei der Reichstagswahl im darauffolgenden März erreichte die NSDAP 44 Prozent der Stimmen, zusammen mit den acht Prozent der konservativen „Kampffront Schwarz-Weiß-Rot" war die parlamentarische Mehrheit gegeben.

Die NSDAP hatte die Rassenhygiene bereits 1931 in ihr Programm aufgenommen. Im Juni 1933 berief der neue Innenminister Wilhelm Frick einen „Reichsausschuß für Bevölkerungsfragen" ein, in dem Rassenhygieniker, Rassenkundler, Ärzte, Beamte und Politiker (Heinrich Himmler, Baldur von Schirach) saßen. Nach nur sechs Wochen, am 14. Juli 1933, war das „Gesetz zur Verhütung erbkranken Nachwuchses" erlassen. In Kraft trat es mit 1. Jänner 1934. Der entscheidende Unterschied zum Entwurf vom 2. Juli 1932 wird von jenen Kommentatoren gerne außer acht gelassen, die behaupten, das Sterilisierungsgesetz der Nazis basiere auf einem preußischen Gesetzesentwurf: Im preußischen Entwurf war die Einwilligung der zu Sterilisierenden zwingend vorgeschrieben.

In jener Kabinettssitzung vom 14. Juli 1933 wurde übrigens auch das Konkordat mit dem Heiligen Stuhl gebilligt. Aus Rücksichtnahme gegenüber dem Vatikan, und um den Abschluß des Konkordats nicht zu gefährden, wartete man mit der Bekanntgabe des Sterilisierungsgesetzes zwei Wochen zu. Ob diese Rücksichtnahme notwendig gewesen wäre, sei dahingestellt. Der größte Befürworter des Konkordats im Vatikan war nämlich Kardinal Eugenio Pacelli, von 1920 bis 1929 Nuntius für das Deutsche Reich. Dieser Kardinal wurde am 2. März 1939 als Papst Pius XII. Oberhaupt der katholischen Kirche – und er ließ jene bereits fertige Enzyklika „Humani generis unitas" (Die Einheit des Menschengeschlechts) in den Schubladen verschwinden, die sein Vorgänger, der am 10. Februar 1939 gestorbene Papst Pius XI., herauszugeben beabsichtigte. Dieses Werk sollte sich dezidiert gegen Rassismus und Antisemitismus und damit gegen die Nationalsozialisten richten – was dem einstigen deutschen Nuntius und nunmehrigen Papst nicht in den Kram paßte. In Teilen wurde der Text der verschwundenen Enzyklika 1972, zur Gänze erst 1997 publiziert.

Ebenfalls am 14. Juli beschloß das Kabinett weiters ein „Gesetz gegen gefährliche Gewohnheitsverbrecher und über Maßregeln der Sicherung und Besserung" – eine Nebenlinie im Vorfeld der Euthanasie: Die Nazis sahen auch die Anlagen zum Verbrecher als erblich bedingt an. Und die politischen Gegner schaltete Hitler in der gleichen Kabinettssitzung aus. Alle anderen Parteien hatten sich bereits aufgelöst oder waren wie Kommunisten und Sozialdemokraten verboten worden. Das Kabinett verbot nun per Gesetz die Neubildung von Parteien.

Frick wie Hitler und die offiziellen Kommentatoren Rüdin, Gütt und Ruttke hielten sich in ihren Begründungen zum Sterilisierungsgesetz ausschließlich an die Argumente der Rassenhygieniker aus der zweiten Hälfte des 19. Jahrhunderts, im Gesetzestext wurde NS-Terminologie strikt vermieden. Mit diesem juristischen Instrument wurden nun Erbkranke unfruchtbar gemacht, „wenn nach den Erfahrungen der ärztlichen Wissenschaft mit großer Wahrscheinlichkeit zu erwarten ist, daß ihre Nachkommen an schweren körperlichen oder geistigen Erbschäden leiden werden." Als Erbkrankheiten galten: angeborener Schwachsinn inklusive dem sogenannten moralischen Schwachsinn, Schizophrenie, manisch-depressives Irresein, erbliche Fallsucht (Epilepsie), erblicher Veitstanz (Chorea Huntington), erbliche Blindheit, erbliche Taubheit und auch Schwerhörigkeit, schwere körperliche Mißbildungen erblicher Art (Osteoporose, Zwergwuchs, Klumpfuß, Hüftluxation). Ein wichtiges Kriterium war die Fähigkeit, „in einem geordneten Berufsleben seinen eigenen Unterhalt zu verdienen" und sich „sozial einzufügen". An letzter Stelle der Liste von meldepflichtigen Erbkrankheiten wird „schwerer Alkoholismus" genannt.

Rund 400.000 Menschen wurden zwischen Januar 1934 und Mai 1945 zwangssterilisiert, drei Viertel davon zwischen 1934 und 1939. Von diesen Opfern fielen 96 Prozent unter die ersten vier Diagnosen, die größte Gruppe machten die sogenannten Schwachsinnigen aus. Den Antrag auf Sterilisierung konnten die Betroffenen selbst stellen, aber auch deren gesetzliche Vertreter, Amts- und Gerichtsärzte und die Leiter von Heil-, Pflege- und Strafanstalten. Die Entscheidung lag bei Erbgesundheitsgerichten, die bei den Amtsgerichten angegliedert waren. Die Sterilisierungen erfolgten chirurgisch, bei den Frauen wurden die Eileiter, bei den Männern die Samenleiter durchtrennt. Ab Februar 1936 wurde auch mit Röntgenstrahlen sterilisiert. Im März 1934 legalisierten die Nazis die Abtreibung aus eugenischer Indikation, mit Einwilligung der Schwangeren bis zum sechsten Monat, wenn die Entscheidung auf Sterilisierung durch ein Erbgesundheitsgericht vorlag. Gleichzeitig wurde 1933 das Abtreibungsverbot, der berüchtigte § 218 des deutschen Strafgesetzbuches, verschärft.

Reichsärzteführer Gerhard Wagner erreichte 1937 die Einrichtung einer inoffiziellen Schiedsstelle, des „Reichsausschusses für Erbgesundheitsfragen", der über strittige Urteile, eugenische Abtreibungs-Indikationen, Eheverbote und ähnliches entschied. Er wurde von Psychiatern, Gynäkologen, Neurologen und Mitarbeitern der Kanzlei des Führers besetzt. Damit gewann die Kanzlei des Führers entscheidenden Einfluß auf diese Materie.

Auch die Debatte um die Euthanasie gab es parallel zum Sterilisierungs-Thema schon lange vor den Nazis, als Motiv wurde das „Volkswohlergehen" genannt. Die Kosten für die Betreuung Schwerkranker wurden dem „Schaden für den Volkskörper" gegenübergestellt, ein weiteres Schlagwort und Motiv zur Euthanasie hieß: Tötung aus Mitleid. Die vielen Gefallenen des Ersten Weltkrieges wurden gegen immer mehr „Lebensunwerte" in den Anstalten aufgerechnet. Die Kosten für die Erhaltung der Lebensunwerten seien zu hoch, so die durchgängige Argumentation.

Der Jurist Alfred Jost forderte 1895 die Freigabe der Tötung auf Verlangen in der Publikation „Das Recht auf den Tod", und er ließ dabei die Forderung nach Tötung Geisteskranker „nach Ermessen des Arztes auch unter Zwang" einfließen. Gleich nach der Jahrhundertwende gab es mehrere Gesetzesentwürfe zur Sterbehilfe, erstellt etwa vom „Monistenbund", dem Haeckel als prominentes Mitglied angehörte.

Der „Lebenswert" wurde gemessen an körperlicher Gesundheit, der Kreis der Betroffenen weitete sich allmählich aus durch die zunehmende Pathologisierung von Randgruppen. Vor dem Ersten Weltkrieg wurde keiner dieser Gesetzesentwürfe realisiert. Nach dem Krieg verschärfte sich die Diskussion.

Die bekannteste Programmschrift zur Vernichtung unwerten Lebens stammt von einem Duo, dem Leipziger Juristen Karl Binding und dem Freiburger Arzt Alfred Erich Hoche: „Die Freigabe der Vernichtung unwerten Lebens. Ihr Maß und ihre Form", erschienen in Leipzig im Jahr 1920. Der Pfarrerssohn und Gelegenheitsdichter Hoche und der Reichsgerichtspräsident und Universitätsprofessor Binding zählten zu den angesehensten Wissenschaftlern ihrer Zeit. Binding, der den Hauptteil der 62seitigen Schrift verfaßt hat, ging die Thematik aus einer rechtspositivistischen Sicht an. Seine Frage: „Gibt es Menschenleben, die so stark die Eigenschaft des Rechtsgutes eingebüßt haben, daß ihre Fortdauer für die Lebensträger wie für die Gesellschaft dauernd allen Wert verloren hat?" Seine Antwort als führender Vertreter des wissenschaftlichen Rechtspositivismus, der lehrte, daß das vom Staat verordnete Recht keiner Begründung bedürfe, also auch keines verfassungskonformen Entstehens, da der Wille des Staates allein Recht schaffe, war natürlich Ja. Und Hoche, der die ärztlichen Aspekte des Themas behandelte, kam zum selben Ergebnis: „Diese

Frage ist im allgemeinen zunächst mit Bestimmtheit zu bejahen."
Die Kernaussage von Binding und Hoche: Der Wert eines Menschenlebens berechnet sich aus dem Wert für die Gesellschaft. Und darauf beriefen sich später die Nationalsozialisten ausgiebig.

In „Die Freigabe der Vernichtung unwerten Lebens. Ihr Maß und ihre Form" zählten die Autoren drei Gruppen auf, deren Leben zur Vernichtung freigegeben werden dürfe: Geistig Gesunde, die (etwa durch Unfälle) bewußtlos geworden sind, und die, sollten sie wieder erwachen, nur „namenloses Elend" zu erwarten hätten. Dann Menschen, die wegen einer Krankheit oder Verwundung unrettbar verloren sind und den dringenden Wunsch nach Erlösung zu erkennen gegeben haben. Die dritte Gruppe bilden die unheilbar Blödsinnigen. Binding: „Wieder finde ich weder vom rechtlichen, noch vom sozialen, noch vom sittlichen, noch vom religiösen Standpunkt aus schlechterdings keinen Grund, die Tötung dieser Menschen, die das furchtbare Gegenbild echter Menschen bilden und fast in jedem Entsetzen erwecken, der ihnen begegnet, freizugeben (sic!) – natürlich nicht an jedermann! In Zeiten höherer Sittlichkeit – der unseren ist aller Heroismus verloren gegangen – würde man diese armen Menschen wohl amtlich von sich selbst erlösen."

Hoche hat 1920 in dieser Broschüre jene Begriffe kreiert, die zwei Jahrzehnte später als Todesurteile verwendet werden: „geistig Tote" und „Ballastexistenzen". Der Neuropathologe Hoche, in seinen Anfängen als Forscher bekannt geworden durch medizinische Versuche an den noch warmen Leibern Hingerichteter, brachte in die Broschüre intensiv jene Denkweise ein, die den Wert der für die Heimat auf den Schlachtfeldern Gefallenen gegen den Unwert der in Anstalten „Dahinvegetierenden" aufrechnet. Es spielte persönliche Betroffenheit mit: Er verlor einen Sohn im Ersten Weltkrieg. Mit dem Regime, das sein Werk als wichtigstes Argumentationsmittel nutzte, wollte Hoche allerdings nichts zu tun haben: Er zählte zu den wenigen deutschen Hochschullehrern, die bei der Machtübernahme der Nazis im Jahr 1933 ihren Lehrstuhl räumten. Und gegen Ende seines Lebens wurde seine Familie selbst Opfer der Euthanasie. 1940 traf der 75jährige Alfred Hoche in einer Straßenbahn in Baden-Baden den Direktor der Heilanstalt Emmendingen, Viktor Mathes, den er von früher gut kannte. Hoche erzählte Mathes voller Bitterkeit, daß er soeben die Asche einer Verwandten aus einer Pflegeanstalt zugesandt bekommen habe, die man der Euthanasie unterzogen habe. Als Mathes erkennen ließ, daß er gegen derartige „Transporte" aus seiner Anstalt Sabotage betreibe, ging Hoche aus sich heraus und brachte zum Ausdruck, so Mathes, daß er diese Maßnahmen „auf das schärfste mißbillige."

Karl Binding erlebte die Wirkungsgeschichte seiner schmalen Broschüre nicht mehr mit, er starb noch vor dem Erscheinen der Schrift. Damit bekam das Werk allerdings zusätzliches Gewicht als Vermächtnis eines der bedeutendsten Rechtsgelehrten.

Radikal war der Abgeordnete Gerhard Hofmann, er brachte vier „Forderungen der Barmherzigkeit" 1922 vor den Reichstag: Vernichtung der Geisteskranken, Sterbehilfe für Todkranke, Sterbehilfe für Lebensmüde und die Tötung verkrüppelter und unheilbar kranker Kinder. Unter dem Pseudonym Ernst Mann forderte er in Schriften wie „Die Moral der Kraft" (1920) und „Die Erlösung der Menschheit vom Elend" (1922), daß die gesamte Bevölkerung regelmäßig zur Gesundheitskontrolle vor aus Bezirksärzten gebildeten „Selektionskommissionen" erscheinen solle, dabei werde „der Gesundheitszustand des gesamten Volkes überprüft und die mit unheilbaren Krankheiten Behafteten ausgeschieden." Und: „Hier verbindet sich Härte mit Barmherzigkeit ..." Sind doch „die Unheilbaren die größten Feinde kraftvoller Entfaltung der Menschheit, ihre Vernichtung ein Gebot der Selbsterhaltung und der Arterhaltung."

Ganz grob läßt sich nach dem Ersten Weltkrieg diese Entwicklungslinie in der wissenschaftlichen Diskussion ausmachen: Die Juristen wie Ärzte waren für Sterbehilfe, lehnten aber Vernichtung lebensunwerten Lebens ab. Mit der nationalsozialistischen Machtübernahme kippte ab 1933 die Stimmung, und zwar bei den Juristen sofort. Die Euthanasie wurde unter Ärzten erst in den 40er Jahren akzeptiert.

Der Berufsstand der Mediziner verschrieb sich mehr als andere Gruppen dem braunen Regime. Dieses tat sehr viel, um sich die Ärzte gewogen zu machen. Das Resultat: Die reichsdeutschen Ärzte waren zu 45 Prozent Mitglieder der Partei. Von den Akademikern in der NSDAP stellten die Ärzte mit 22,5 % die größte Berufsgruppe. Dies resultiert vor allem aus einer Beitrittswelle von Jungärzten in den 20er Jahren, die sich von der Partei Aufschwung erhofften. Junge wie alte Mediziner erwarteten von den Nazis eine Erneuerung der Verhältnisse, nach der Ärzte eine führende Rolle spielen würden.

Um die „Gesundheitsführung" kämpften Staat, vor allem in der Person von Artur Gütt, Ministerialdirektor im Reichsministerium des Inneren, dem die Gesundheitsämter unterstanden, und Partei, vertreten durch Gerhard Wagner, Vorsitzender des Nationalsozialistischen Deutschen Ärztebundes (NSDÄB) und Reichsärzteführer. In dieser Funktion wurde er 1939 von Leonardo Conti abgelöst. 1933 wurden die auf Vereinbarungen aus dem Jahr 1803 basierenden Krankenhausselbstverwaltungen aufgelöst. Das Kassenarztwesen wurde neu geordnet, und zwar so, daß die Ärzte erheblich mehr Einkommen aus ihrer Tätigkeit lukrierten. Durch die Gründung des Hartmannbundes stiegen die Möglichkeiten zur Mitbestimmung der Ärzte. 1935 wurde die Reichsärztekammer gegründet, damit war die Gleichschaltung auch in diesem Bereich gegeben. In der Praxis bedeutete das Zwangsmitgliedschaft und Berufsgerichtshoheit, die NS-dominierte Kammer hatte das letzte Wort bei Erteilung und Entzug von Approbationen und hohen Einfluß auf das Niederlassungsrecht. Jüdische, sozialistische und kommunistische Ärzte wurden ab 1933 von der Kassenzulassung ausgeschlossen, ab 1935 gab es die Approbation nur bei Vorliegen eines Ariernachweises.

In Österreich geschahen mit dem Anschluß im Jahr 1938 diese Umwälzungen mit erdrutschartiger Wucht und Geschwindigkeit. Von den 4900 Wiener Ärzten wurden nach dem Anschluß 3200 als Juden im Sinne der Nürnberger Rassegesetze betrachtet. Ab 1. Juli 1938 verloren sie ihre Kassenverträge, ab dem 1. Oktober durften sie auch keine Privatpraxen mehr betreiben. Für die jüdische Bevölkerung Wiens wurden lediglich 373 sogenannte „Krankenbehandler" zugelassen. Die Gleichschaltung der Medizin betraf auch die Universitäten. Von den 197 Universitätslehrern, die an der Wiener medizinischen Fakultät unterrichteten, wurden 1938 genau 153 entlassen, in Innsbruck wurden 43 Professoren entlassen, in Graz 35. In Niederösterreich verloren 170 jüdische Ärzte, das waren 15 Prozent aller Mediziner, ihre Existenz. In den anderen Bundesländern gab es nur einzelne jüdische Ärzte – nach dem Kommentar eines nationalsozialistischen Gesundheitspolitikers habe es außerhalb der Großstadt Wien eben schon vor dem Anschluß eine „instinkthafte Abwehr" in der Bevölkerung gegeben. Jüdische und politisch unliebsame Mediziner wurden aus ganz Österreich vertrieben: 1946 lebten in den USA 2014 österreichische Ärzte, 350 in England und viele weitere in der Schweiz, Frankreich, Palästina, Indien, Bolivien, China und afrikanischen Ländern. Bei Kriegsende gab es in Wien noch 519 praktische Ärzte und 211 Fachärzte.

Mit diesen Fakten tut sich die Standesvertretung der österreichischen Ärzteschaft noch heute schwer. Ende 1991 feierte die Wiener Ärztekammer ihr 100jähriges Bestehen. Aus diesem Anlaß erschien eine 88 Seiten umfassende Broschüre, in der die NS-Zeit auf nicht einmal einer halben Seite abgehandelt wird. Die Beteiligung österreichischer Mediziner an den T4-Morden wird dabei gar nicht erwähnt. Und die Tatsache, daß zwei Drittel der Wiener Ärzte im Jahr 1938 in die Emigration oder in Konzentrationslager getrieben wurden, schlägt sich in der Jubiläumsbroschüre in folgendem einen fatalen Satz nieder: „Durch die Ereignisse des Jahres 1938 und die vielen Ärzte, die zum Heer eingezogen worden waren, entstand für die Zivilbevölkerung sehr rasch ein Mangel an Ärzten."

Rassenhygienische Lehrstühle wurden an den deutschen Universitäten ab 1933 eingerichtet, ab 1939 war Rassenhygiene medizinisches Pflichtfach. 1933 entstanden zwei staatsmedizinische Akademien in Berlin und München, die alle im öffentlichen Dienst beschäftigten Ärzte in Rassenhygiene und Bevölkerungspolitik unterrichteten.

Zugleich gab es eine „erbbiologische Bestandsaufnahme". Durchgeführt wurde die Erfassung des Erbgutbestands des deutschen Volkes durch eigens an den Gesundheitsämtern eingerichtete „Beratungsstellen für Erb- und Rassenpflege". Diese erstellten Sippentafeln, aus denen später Erbarchive und Erbkarteien wurden. Es gab eine „Reichssippenstatistik", zugleich wurden ab Frühjahr 1933 umfassende personenbezogene Daten in Heil- und Pflegeanstalten, Heimen, Gefängnissen, Sonderschulen, Sanatorien und Asylen erhoben.

Bereits im Juni 1933 präsentierte Reichsinnenminister Frick auf diesen Erhebungen basierende Berechnungen, denen zufolge die „Geisteskranken, Verbrecher und Taubstummen" im Verhältnis den Staat wesentlich mehr kosten als seine Beamten. Reichsärzteführer Wagner rechnete vor, daß der Staat jährlich für Geisteskranke, Fürsorgezöglinge, Behinderte, Trinker und Hilfsschüler 1,2 Milliarden Reichsmark aufzuwenden habe. Folgerichtig wurden die Pflegesätze in Heil- und Pflegeanstalten drastisch gekürzt, die kirchlichen Träger wurden allmählich aus der Anstaltspflege gedrängt.

In den Heil- und Pflegeanstalten stiegen schon vor den Euthanasieaktionen die Todesraten beträchtlich. Zum einen floß Geld ab in die Rüstung, zum anderen wurden obskure und gefährliche Heilmethoden brutal angewandt, die viele Todesopfer forderten: „Dämmerschlafkuren", Kardizol-, Elektro- und Insulinschocks. Die „E-Kost" – Entzugskost – war Folge der Sparmaßnahmen, die vor allem in Eglfing-Haar und Kaufbeuren-Irsee exzessiv betrieben wurden. In beiden Anstalten stiegen die Sterberaten allein durch die Hungerkuren um mehrere 100 Prozent.

Und auch diese Maßnahmen sind als Vorläufer der Euthanasie zu sehen: „Asoziale", darunter verstanden die Nazis Bettler, Landstreicher, Zigeuner, Landfahrer, Arbeitsscheue, Müßiggänger, Prostituierte, Querulanten, Gewohnheitstrinker, Raufbolde, notorische Verkehrssünder, Psychopathen und Geisteskranke, wurden zwischen 1936 und 1938 in großer Zahl in KZs geschafft, wo sie schwerste Arbeit verrichten mußten.

Die Absicht Hitlers und damit der NSDAP war von Anfang an die Ausmerzung lebensunwerten Lebens. Darauf deutet eine Aussage von T4-Obergutachter Hermann Paul Nitsche hin, der wenige Tage, bevor er am 25. März 1948 unter der Guillotine starb, folgendes zu Protokoll gegeben hat: „Gleich nach der Machtübernahme sind von vielen NSDAP-Gauleitern, wie ich annehmen muß, heimlich Euthanasiemaßnahmen in einzelnen Irrenanstalten veranlaßt worden." Belege für diese Aussage gibt es nicht.

Verbürgt ist, daß Hitler selbst bereits im Jahr 1935 über konkrete Maßnahmen zur Euthanasie gesprochen hat. Zu Reichsärzteführer Wagner sagte Hitler am Rande des Nürnberger Parteitages, daß er Pläne zur Vernichtung lebensunwerter Existenzen habe, die er im nahenden Krieg zu verwirklichen gedenke. Doch wolle er, Hitler, diese Frage erst aufgreifen, wenn Krieg sei, da die offenen Widerstände, die von kirchlicher Seite zu erwarten seien, in dem allgemeinen Kriegsgeschehen nicht diese Rolle spielen würden wie sonst.

Mit Wagner und Walter Groß, dem Leiter des Aufklärungsamtes für Bevölkerungspolitik und Rassenpflege, diskutierte der Führer dann, wie man das Volk am besten auf die kommenden Ungeheuerlichkeiten vorbereiten könnte. Hitlers Anregung: In den Irrenhäusern, in denen wegen der Kürzung der Tagsätze und des Lebensmittelmangels ohnehin katastrophale Zustände herrschten, sollen schreckenerregende „Aufklärungsfilme" gedreht werden. Dem Volke sollte angesichts dieser Bilder die Euthanasie als Wohltat für die Kranken erscheinen. Es gab dann tatsächlich einen gräßlichen Dokumentarfilm mit dem Titel „Dasein ohne Leben", in dem „Ballastnaturen" in herrlichen Schlössern gezeigt wurden, während das gesunde deutsche Volk die Last des Krieges tragen mußte. Und es gab einen Spielfilm namens „Ich klage an" (mit Heidemarie Hatheyer, Regie: Wolfgang Liebeneiner), basierend auf dem Roman des Augenarztes Helmut Unger „Sendung und Gewissen", in dem ein Arzt als Held dargestellt wird, der seiner unheilbar kranken Frau Gift gibt.

Der Boden war bereitet. Jetzt fehlte den Nazis ein Anlaß. Der trat irgendwann Ende 1938 oder Anfang 1939 ein, und er wird von vielen Historikern als „bestellt" gewertet: Der Fall des Kindes Knauer. Der Vorname des Kindes ist ebensowenig überliefert wie eine genaue Beschreibung seiner Behinderung. Das Kind dürfte von Geburt an blind und geistig behindert gewesen sein, es fehlten ihm ein Bein und ein Teil eines Armes. Das schwer geschädigte Kleinkind lag in der Universitätskinderklinik Leipzig. Der Direktor der Klinik, Universitätsprofessor Werner Catel, hatte um eine Aussprache mit den Eltern gebeten. Sein Rat als Arzt: Das beste für das Kind und für die Eltern wäre der Tod des Kindes. Die Eltern widersprachen nicht nur nicht, der Vater Willi Knauer fragte vielmehr, ob es möglich sei, das Kind zu „erlösen". Catels Antwort: Nach noch geltendem Recht wäre das Mord. Helfen könne nur der Führer. An ihn beziehungsweise seine Kanzlei möge man sich wen-

Reichsleiter Philipp Bouhler, Chef der Kanzlei des Führers

Karl Brandt, der Leibarzt des Führers, Hauptverantwortlicher der Aktion T4

den. Das taten die Eltern Knauer. Und so kommt die „Kanzlei des Führers der NSDAP", KdF im allgemeinen Sprachgebrauch, ins Spiel, die damit zur eigentlichen Zentrale der Euthanasie wird.

Die Kanzlei des Führers, entstanden in den 20er Jahren, war ursprünglich ein kleines Amt, das Hitlers Privatangelegenheiten und alle an ihn persönlich gerichteten Eingaben bearbeitete. Einer der ersten Leiter war Rudolf Heß. 1939 war die KdF (neben der Präsidialkanzlei und der Reichskanzlei) bereits eines der wichtigsten Instrumente, mit denen der Führer seine Diktatur aufrecht erhielt. Die Kanzlei war nun eine große Behörde, gegliedert in fünf Hauptämter und geführt von Reichsleiter Philipp Bouhler. Das Hauptamt II, genannt Parteipolitisches Amt, war zuständig für die Erledigung von Eingaben, die Staat und Partei betrafen. An der Spitze stand Oberdienstleiter Victor Brack. Bouhler und Brack waren schon früh der Partei beigetreten, beide arbeiteten Anfang der 30er Jahre im „Braunen Haus", der Nazi-Zentrale in München, Bouhler als Reichsgeschäftsführer. Als er 1934 zum Chef der KdF ernannt wurde, nahm er Brack mit nach Berlin.

So war die Kanzlei des Führers strukturiert: (Ausgeführt sind die für die Euthanasie wichtigen Abteilungen, nicht angegeben sind die Hauptämter I, III, IV und V sowie das Amt IId, Parteiangelegenheiten, die in diesem Zusammenhang keine Rolle spielen)

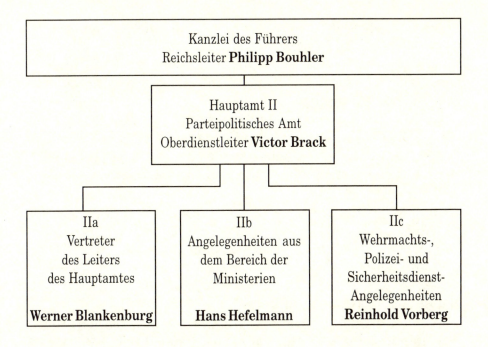

Willi Knauer schrieb an die KdF und bat, der Führer möge „gnadenweise der Erlösung des mißgebildeten Kindes zustimmen." Der Brief landete kompetenzgemäß auf dem Schreibtisch des Leiters des Amtes IIb, Hans Hefelmann. Der schickte das brisante Schreiben weiter nach oben: Da es sich um einen „reinen Gnadenakt" handle, schien Hefelmann die Beteiligung von Innen- und Justizministerium nicht erforderlich. Er leitete den Brief zu Albert Bormann, den Leiter des Hauptamtes I, das ausschließlich für Hitlers Privatangelegenheiten zuständig war. Hefelmann 20 Jahre später zu einem Frankfurter Untersuchungsrichter: „Es war meines Erachtens zunächst festzustellen, welche Stellung Hitler zu dieser Frage einnehmen werde."

Hitler nahm sich umgehend der Sache an. Er beauftragte seinen Leibarzt Karl Brandt, „die erforderlichen Feststellungen in Leipzig zu treffen und das Weitere zu veranlassen." Brandt, seit 1932 Mitglied der Partei und seit 1934 SS-Mann, hatte die Position des Begleitarztes des Führers erhalten, weil er bei einem Autounfall dem Adjutanten und einer Verwandten Hitlers geholfen hatte. Brandt fuhr nach Leipzig. Er war – laut eigener Aussage vor dem Nürnberger Militärgerichtshof im November 1946 – vom Führer beauftragt, Catel die Euthanasierung des Kindes Knauer zu erlauben, falls er dessen Diagnose bestätigt fände. Und er teilte Catel namens des Führers mit, daß jegliches Verfahren niedergeschlagen werde, falls der Euthanasie-Arzt „durch diese Maßnahme in irgendein juristisches Verfahren verwickelt würde." Hefelmann stellte die Sache später anders dar: Brandt sei nicht „beauftragt" gewesen, sondern habe vom Führer eine Art Blankoermächtigung gehabt.

Brandt führte ein Konzilium mit Catel durch. Danach wurde das Kind Knauer in der Universitätsklinik Leipzig eingeschläfert. Wer die konkrete Handlung vorgenommen hat, Brandt, Catel, irgendein anderer Arzt oder eine Pflegerin, ist nicht übermittelt. Anschließend erstattete Brandt dem Führer Bericht über die Erledigung des „Leipziger Falles."

Schon anläßlich dieser Berichterstattung ermächtigte Hitler Brandt und Bouhler, in Fällen ähnlicher Art analog dem Falle Kind Knauer zu verfahren. Ob diese erste Ermächtigung jemals schriftlich ausgefertigt wurde, ist nicht eruierbar. Gleichzeitig ordnete der Führer an, daß alle Gesuche dieser Art, an welches Ministerium oder welche Justizbehörde auch immer sie gerichtet seien, in alleiniger Zuständigkeit der KdF zu bearbeiten seien. Im Reichsinnenministerium wurde Ministerialrat Herbert Linden, zuständig für Gesundheitswesen und Volkspflege, in Kenntnis gesetzt. Die Sache wurde von Anfang an zur Geheimen Reichssache erklärt. Hefelmann wurde von Brandt beauftragt, ein beratendes Gremium von Ärzten zusammenzustellen. Er möge, so Brandt zu Hefelmann, nur solche Ärzte wählen, von denen bekannt sei, daß sie „positiv eingestellt" seien. Hitler befahl strikt, daß seine Dienststelle, also die Kanzlei des Führers, nach außen hin „als die in diesen Dingen bearbeitende Behörde" nicht in Erscheinung treten dürfe.

Im Februar 1939 trafen Victor Brack, Hans Hefelmann und Herbert Linden zu einer Besprechung zusammen. Dabei bereiteten sie die Kinder-Euthanasie vor, den gräßlichen Auftakt zum Morden in den Heil- und Pflegeanstalten. Sie setzten ein Gremium ein, dem unter anderen Kinderarzt Catel und Autor Unger angehörten. Schon im Mai 1939 waren die Beratungen dieses Stabes abgeschlossen. Man war sich einig, in tausenden Fällen behinderter Kinder genau so vorzugehen wie im Fall Kind Knauer. Um die KdF aus der Sache herauszuhalten, und um dem ganzen einen wissenschaftlichen Anspruch zu verleihen, wurde eine Tarn-Institution geschaffen, der „Reichsausschuß zur wissenschaftlichen Erfassung von erb- und anlagebedingten schweren Leiden". Am 18. August 1939 erließ der Reichsminister für Inneres einen streng vertraulichen Runderlaß, demzufolge Ärzte und Hebammen alle Neugeborenen an die Gesundheitsämter melden mußten, die an einem der folgenden schweren Gebrechen litten: Idiotie, Mongolismus, Mikrocephalie (abnormer Kleinwuchs des Schädels), Hydrocephalus (Wasserkopf), Mißbildungen jeder Art, Spaltbildungen des Kopfes und der Wirbelsäule oder Lähmungen. Den Hebammen wurde pro Meldung eine „Entschädigung für die Mühewaltung" in Höhe von zwei Mark zugestanden. Weiters wurden sämtliche deutschen Ärzte verpflichtet, alle Kinder bis zum dritten Lebensjahr zu melden, wenn sie davon Kenntnis erhielten, daß diese mit einem dieser Gebrechen behaftet waren. Zum Zwecke dieser Meldungen wurden Formblätter ausgeteilt. Diese waren an die jeweiligen örtlichen Amtsärzte zu schicken, welche sie an den „Reichsausschuß" in Berlin W 9, Postschließfach 101, weiterleiteten. Hinter dieser Adresse stand das Hauptamt II der KdF; dessen Chef Victor Brack betraute Hans Hefelmann, den Leiter des Amtes IIb, mit der Geschäftsführung der Tötungsaktion.

Die Meldebögen wurden in Hefelmanns Amt vorsortiert, dann gingen sie an drei Gutachter: Den Leipziger Kinderarzt und vom Fall Knauer bekannten Werner Catel, den Direktor der Landesanstalt Görden-Brandenburg Hans Heinze und den Berliner Kinderarzt Ernst Wentzler. Im Beibrief war ein kleines Kästchen freigehalten, in dem die drei Professoren ihr Urteil abgaben. Denen wurden keine überflüssigen Schreibereien zugemutet, ihr Gutachten bestand lediglich aus zwei verschiedenen simplen Zeichen: Ein Minuszeichen (–) dann, wenn keine Tötung in Betracht kam, ein Pluszeichen (+) wenn das betreffende Kind zur „Behandlung" freigegeben wurde. Victor Brack unterschrieb als letzte Instanz die

„Ermächtigung zur Behandlung". Karl Brandt hat im Nürnberger Prozeß ausgesagt, daß das Einverständnis der Eltern nötig war. Die tatsächliche Zustimmung der Eltern ist aber in keinem einzigen Fall dokumentiert, es gibt im Gegenteil von allen Anstalten, wo die Kinder-Euthanasie praktiziert wurde, ausführliche Briefwechsel mit besorgten und bestürzten Eltern, denen von den Ärzten hinhaltende und ausweichende Auskünfte gegeben wurden. Und es existieren Aktennotizen, denen zufolge Eltern, die ausdrücklich und auf dem offiziellen Wege um Euthanasie baten, mit Hinweis auf die Gesetzeslage abgewiesen wurden. Sehr wohl eingeholt wurden aber Einverständniserklärungen der Eltern zu Verlegungen der Kinder in „Fachabteilungen des Reichsausschusses", deren therapeutische Qualität überschwenglich hervorgehoben wurde.

In rund 30 Heil- und Pflegeanstalten wurden solche „Kinderfachabteilungen" eingerichtet, die 1944 den neuen Namen „Heilerziehungsanstalten" bekamen. Laut den Protokollen von Hefelmanns Vernehmungen gab es drei solche Abteilungen nach dem Anschluß auch in Österreich, und zwar in Graz, Klagenfurt und Wien. Der Leiter der Wiener Fachabteilung des Heimes „Am Spiegelgrund" in der Anstalt Steinhof, Dr. Erwin Jekelius, betätigte sich auch als T4-Gutachter. In diesen Fachabteilungen fanden die Tötungen statt. Ärzte und Pflegepersonen, die jegliche aktive Teilnahme verweigerten, blieben unbehelligt, wurden allerdings eindringlich zu Stillschweigen verpflichtet.

Um eine allzu auffällige Häufung von Todesfällen in einzelnen Anstalten zu vermeiden, erstellten die Eingeweihten in jeder Tötungsanstalt Terminkalender. Zu jedem Monatsersten legte der Leiter der „Fachabteilung" mit den Sonderpflegerinnen den Zeitpunkt des Eingriffs bei jedem einzelnen Opfer fest, um der Sterbekurve einen möglichst flachen Verlauf zu geben.

Getötet wurde anfangs ausschließlich mit dem Narkotikum Luminal. Die Kinder bekamen zwei- oder dreimal in Abständen von je einer Stunde ein halbes Gramm. Als Maximaldosis für Erwachsene gelten 0,4 Gramm, für Kinder 0,1 Gramm, für Kleinkinder 0,05 Gramm. Schlafenden Opfern wurde die Dosis mittels Einlauf verabreicht. Die Methode bewirkte, daß der Tod nicht plötzlich eintrat, sondern die Kinder in einen Zustand des lange Zeit benommen vor sich hin Dämmerns versetzt wurden. Das gab den Ärzten die Gelegenheit, Lungenentzündung oder Bronchitis als scheinbar natürliche Todesursache zu diagnostizieren. Diese wurde den Eltern mit einigen tröstenden Worten mitgeteilt. Später wurden die Kinder auch mit einem aus Morphium, Dionin und Skopolamin zusammengesetzten Präparat umgebracht, einzelne Anstalten praktizierten dazu die Methode des Aushungerns.

Bereits im Dezember 1940 gab es anläßlich einer Dienstbesprechung in Hefelmanns Amt die Erweiterung, daß bei gegenständlicher Aktion „gegebenenfalls das dritte Lebensjahr zu überschreiten" sei. Aus dem November 1942 datiert eine Fürsorgerechtsverordnung, welche die Einstellung jeglicher ärztlichen Behandlung in den „Kinderfachabteilungen" verlangt. Zu dieser Zeit und bis zum Ende des Krieges wurden „lebensunwerte" Kinder ohnehin bereits in die Anstalten für Erwachsenen-Euthanasie gebracht, parallel dazu war der „Reichsausschuß" bis in die letzten Kriegstage hinein tätig. Einzelne fanatische Ärzte agierten darüber hinaus: Im Kinderhaus Kaufbeuren wurde am 29. Mai 1945 um 13.10 Uhr der vierjährige Richard aus Ihringen in Baden getötet – 33 Tage, nachdem die Amerikaner die Stadt besetzt hatten!

Die Zahl der Opfer der Kinder-Euthanasie beträgt mindestens 5000, wahrscheinlich ist sie wesentlich höher. Unrechtsbewußtsein bei den Tätern gab es auch nach dem Ende der braunen Herrschaft kaum. So sagte Hans Hefelmann bei der erwähnten Vernehmung im Jahr 1960: „Über die rechtliche Seite ist im Rahmen des Gremiums nicht gesprochen worden. Man war davon ausgegangen, daß diese Frage, nachdem Hitler aus Anlaß des Falles Kind Knauer die bereits geschilderte Ermächtigung erteilt hatte, nicht mehr diskutabel sei. Uns ist damals gesagt worden, daß wir, die wir mit der Aktion befaßt waren, durch die von Hitler erteilte Ermächtigung von Strafe freigestellt seien."

Die Erwachsenen-Euthanasie trat Anfang 1939 in das Stadium konkreter Vorbereitungen. Es sind aus dieser Zeit landesrätliche Weisungen an die Standesämter in Nordhessen erhalten, die den Zweck hatten, Todesfälle von Anstaltsinsassen zu verschleiern, und die nur dann Sinn ergeben, wenn man sie als Vorbereitung für die Tötungen interpretiert. Es erfolgten die Besuche der Kommissionen in Grafeneck. Es fand im Februar die Requirierung des Schlosses Hartheim statt.

In den ersten Julitagen 1939 begann in Berlin der Aufbau der Euthanasie-Organisation. Auftakt war ein Ränke- und Intrigenspiel, das im Rückblick nur schwer zu durchschauen ist. Offensichtlich kämpften das Innenministerium, vertreten durch Staatssekretär Leonardo Conti (der kurze Zeit später Reichsärzteführer wurde) und Philipp Bouhlers Kanzlei des Führers um den Mordauftrag. Ursprünglich hatte Hitler Conti mit der Durchführung der Erwachsenen-Euthanasie beauftragt. Über den Euthanasie-Autor Helmut Unger erfuhr dies der Leiter des Hauptamtes II, Victor Brack, und der informierte umgehend seinen Vorgesetzten, den KdF-Chef Bouhler. Brack nannte seinem Chef eine ganze Reihe von Argumenten, warum nur das Hauptamt II mit der Erwachsenen-Euthanasie betraut werden könne: Die Geheimhaltung sei wesentlich leichter zu garantieren, es bestehe Erfahrung aus der Kinder-Euthanasie, und die erforderliche Organisation sei vorhanden. Bouhler ließ sich diese Argumente als Aktennotiz vorlegen und eilte damit bereits einen Tag später zu Hitler. Er konnte den Führer überzeugen, Conti war „ausgebootet", wie sich Hefelmann 20 Jahre später noch mit spürbarem Stolz ausdrückte, der Führer persönlich entzog ihm den Auftrag „zur Lösung dieses Problems" wieder. Bouhler beauftragte Brack und Hefelmann, „rasch und unbürokratisch" an die Lösung der Aufgabe zu gehen, und er betonte, daß wie bei der Tätigkeit des Reichsausschusses auch hier „strengste Geheimhaltung" zu beachten sei.

Bouhler und Hitlers Arzt Karl Brandt suchten nun eine Gruppe zuverlässiger Ärzte, die bereits Ende Juli 1939 zu einer Besprechung nach Berlin geladen wurden. Es waren an die 20 Personen, von denen nur teilweise die Namen überliefert sind: Die Ordinarien für Neurologie und Psychiatrie Max de Crinis (Berlin), Carl Schneider (Heidelberg), Berthold Kihn (Jena) und Werner Heyde (Würzburg). Auch ein österreichischer Ordinarius war dabei, dessen Name nicht überliefert ist. Dazu kamen die aus der Kinder-Euthanasie bekannten Herren Unger, Wentzler und Heinze sowie die Anstaltsdirektoren Hermann Pfannmüller (Eglfing-Haar) und Dr. Bender (Berlin-Buch). Später wurde in den Kreis Hermann Paul

Nitsche von der Anstalt Sonnenstein aufgenommen, der rasch zum T4-Obergutachter aufstieg. Als medizinischer Leiter designiert wurde Heyde, sein Stellvertreter wurde dann Nitsche.

Bouhler erklärte den Herren, daß man beabsichtige, durch die Tötung Geisteskranker Lazarettraum für den bevorstehenden Krieg zu schaffen. Aus außenpolitischen Gründen lehne Hitler eine gesetzliche Regelung ab, es seien jedoch alle Beteiligten vor Strafverfolgung geschützt. Zum Mitmachen gezwungen werde niemand, betonte Bouhler. Mit Ausnahme von de Crinis sagten alle die aktive Teilnahme zu – und der berief sich auch bloß auf den Umfang seiner sonstigen Arbeit und nahm an den Beratungen weiterhin teil. Bouhler ging bald ins Detail und erklärte, daß man wegen der Geheimhaltung die Euthanasie nicht in den jeweiligen Heimen durchführen werde, sondern eigene Anstalten schaffen wolle. Die Herren Wissenschaftler ihrerseits warteten – unaufgefordert – mit Vorschlägen auf, welche Gruppen von Geisteskranken vorrangig zu beseitigen seien.

Anschließend präsentierte Leonardo Conti die Gruppe von Euthanasie-Psychiatern dem Reichsinnenminister Frick. Die kehrten mit dem Auftrag in ihre Anstalten zurück, sich nach geeignetem Personal für die Euthanasie-Anstalten umzusehen. Innerhalb weniger Tage meldeten die Herren Listen mit Namen von Pflegern nach Berlin, die sie für tauglich hielten, an der Tötung Geisteskranker teilzunehmen. Als es um die Technik ging, waren es wiederum die Psychiater, an die sich die Verwalter ratsuchend wandten: Bouhler und Brack befragten die Ärzte, welche Tötungsart am geeignetsten scheine. Rasch, schnell und schmerzlos sollte das Mittel wirken. Die Psychiater und Kinderärzte kannten aus ihrer Praxis so ein Mittel nicht, und sie hielten es auch nicht für zweckmäßig, mit Überdosen von Narkotika zu vorzugehen. Professor Nitsche war anderer Meinung, er machte in seiner Anstalt Leipzig-Dösen Versuche: Vor dem Ermittlungsrichter für das Volksgericht Sachsen gab er im März 1946 zu, daß er über Auftrag von Brack an „schätzungsweise 60 schwer Geisteskranken Sterbehilfe mit Luminal geleistet" habe. Nitsche plädierte in mehreren Sitzungen des Gremiums für die „Behandlungsart durch Injektionen", konnte sich aber nicht durchsetzen.

Bracks Amt holte dazu auch die Meinung von Pharmakologen ein, und es befaßte das Kriminaltechnische Institut (KTI) im Reichssicherheitshauptamt mit dem Thema. Drei führende Pharmakologen nannten einhellig als bestes Mittel Kohlenmonoxid (CO). Ähnlich fiel die Stellungnahme der Kriminaltechniker aus. Im Kriminaltechnischen Institut kam es dabei zu einer makabren Besprechung zwischen Kripo-Chef Arthur Nebe und dem Leiter der chemisch-physikalischen Abteilung im KTI, Albert Widmann, auf der einen Seite und den KdF-Leuten Brack und Hefelmann.

Nebe: „Widmann, kann das KTI in größeren Mengen Gift beschaffen?"

Widmann: „Wozu? Zum Töten von Menschen?"

Brack oder Hefelmann: „Nein."

Widmann: „Zum Töten von Tieren?"

Brack oder Hefelmann: „Nein."

Widmann: „Wozu dann?"

Brack oder Hefelmann: „Zum Töten von Tieren in Menschengestalt ..."

Widmann empfahl schließlich Gifte wie Kohlenmonoxid, Morphium, Scopolamin oder Zyankali. Hitler persönlich fällte schließlich die Entscheidung für das CO-Gas. Im Dezember 1939 oder Anfang 1940 wurde die Wirkung von Kohlenmonoxid erstmals getestet. Der Versuch fand in der Heilanstalt Brandenburg bei Berlin statt. Anwesend waren KdF-Chef Bouhler, Hitlers Leibarzt Brandt, der nunmehrige Reichsärzteführer Conti (Wagner war verstorben), der Chef des Parteipolitischen Amtes Brack und Kriminalkommissar Christian Wirth, damals Leiter der Mordkommission des Polizeipräsidiums Stuttgart, der wenige Monate später Büroleiter und Polizeichef der Euthanasie-Anstalt Hartheim werden sollte. Ebenfalls eingeladen waren die Leiter der künftigen Mordanstalten Brandenburg und Grafeneck, Irmfried Eberl und Horst Schumann. Brack sagte später vor den Nürnberger Richtern, es seien dabei vier Geisteskranke getötet worden. August Becker, Chemiker des Reichskriminalpolizeiamtes, sprach von 18 bis 20 Getöteten.

Tatsächlich fanden zwei Versuche statt. Vier bis sechs Patienten wurden durch Injektionen von Morphium-Skopolamin und einem zweiten, nicht mehr feststellbaren Medikament getötet. Die

Injektionen nahmen Conti und Brandt vor – als „symbolischen Ausdruck dafür, daß die höchstverantwortlichen Ärzte im Reich sich selbst der praktischen Durchführung der Führeraufgabe unterzogen." Vor allem Brandt war für die Tötung durch Injektionen, da er die Euthanasie für eine ärztliche Maßnahme hielt, die auch ärztlicher Mittel bedürfe. Doch diese Opfer starben viel zu langsam. Dann wurde das Gas ausprobiert.

Die Versuchsanlage war so konstruiert, wie sie später in sechs Anstalten zum Einsatz kam: Ein gefliestes Zimmer, das wie ein Duschraum aussah, vorgebliche Wasserleitungsrohre, die an Gasflaschen angeschlossen waren, die außerhalb des Raumes standen. Der Leiter der chemisch-physikalischen Abteilung im Kriminaltechnischen Institut, Albert Widmann, bediente angeblich persönlich die Gashebel und regulierte die Gaszufuhr. Zumindest hat dies Becker ausgesagt, der allerdings selbst als Täter in Frage kommt. Widmann jedenfalls hat diese Beteiligung später energisch bestritten.

Die 18 oder 20 Männer gingen völlig ruhig in den Gasraum. Widmann oder Becker drehte den Hahn auf. Das Gas strömte ein. Nach etwa einer Minute kippten die Opfer um. Ihre Körper lagen auf dem Boden oder auf Holzbänken, die entlang der Wände standen. Es haben sich nach Aussagen der Beobachter, die durch ein Guckloch in der Tür zusahen, „keinerlei Szenen oder Tumulte" abgespielt. Die Herren draußen waren hochzufrieden. Die Opfer wurden umgehend in herbeigeschafften fahrbaren Öfen verbrannt. Brack und Brandt hielten kurze Ansprachen. Beider Hauptaussage: „Die Spritze gehört in die Hand des Arztes!" Sprich: Diese Aktionen dürfen nur von Ärzten ausgeführt werden – eine Vorgabe, an die man sich später erwiesenermaßen in Hartheim nicht immer hielt.

Die Entscheidung Gas oder Injektionen fällte Hitler allerdings schon mehr als einen Monat vor diesem Probelauf in Brandenburg. Der wahre Zweck dieses Versuchs dürfte es gewesen sein, die als Tötungsärzte vorgesehenen Teilnehmer in ihre künftigen Aufgaben einzuweisen, und Kapazität und Funktion der Gaskammer auszuprobieren.

Gleichzeitig bemühten sich die Beamten aus der Kanzlei des

Führers nach wie vor um eine gesetzliche Deckung der Angelegenheit. Hans Hefelmann und Hans Heinrich Lammers, Chef der Reichskanzlei, arbeiteten eine Reihe von Gesetzesentwürfen aus, die der Führer aber alle verwarf. Hefelmanns Sekretärin Hermine Wolf, die über die umfangreiche Arbeit mit den Entwürfen klagte, erzählte nach dem Krieg: „Immer wenn die Ablehnung bekannt wurde, hingen bei uns allen die Köpfe ..." Hitler glaubte, daß im Volk wegen der Belastung durch den Krieg so ein Gesetz auf Widerstand stoßen könnte, er vertröstete alle jene, die eine rechtliche Abdeckung wollten, auf die Zeit nach dem Krieg. Und, so der Führer: „Das würde der Feindpropaganda nur Material bieten."

Von den diversen Gesetzesentwürfen sind einige in Rekonstruktionen erhalten. Das sah dann so aus:

„Präambel:

Die Erhaltung des Lebens von Menschen, die wegen einer unheilbaren Krankheit ein Ende ihrer Qual herbeisehnen oder infolge unheilbaren chronischen Leidens zum schaffenden Leben unfähig sind, ist mit den sittlichen Normen der Volksgemeinschaft nicht zu vereinbaren.

§ 1:

Wer an einer unheilbaren, sich oder andere stark belästigenden oder sicher zum Tode führenden Krankheit leidet, kann auf sein ausdrückliches Verlangen mit Genehmigung eines besonders ermächtigten Arztes Sterbehilfe durch einen Arzt erhalten.

§ 2:

Das Leben eines Kranken, der infolge unheilbarer Geisteskrankheit sonst lebenslänglicher Verwahrung bedürfen würde, kann durch ärztliche Maßnahmen, unmerklich für ihn, beendet werden."

Hitler sagte Bouhler und Brandt allerdings die Erteilung einer Ermächtigung zu. Bereits während der Besprechungen des Sommers 1939 haben die beiden Herren erstmals eine Skizze dieser Ermächtigung gesehen. An dem Werk, das schlußendlich nur einen einzigen Satz enthalten sollte, wurde von einem zehnköpfigen Gremium lange herumredigiert. Bouhler, Brandt, Brack, Blankenburg und einige Psychiater stritten monatelang über die Formulierung. Mitte oder Ende Oktober ging die endgültige Fassung an Hitler, der sie zu diesem Zeitpunkt unterschrieb. Das Dokument

NS-Propagandaplakat gegen „unwertes Leben"

wurde auf den 1. September 1939 rückdatiert, den Tag des Kriegsbeginns. Dies sollte wohl symbolisch gemeint sein: Hitler wollte immer schon die Vernichtung „lebensunwerten Lebens" mit dem Kriegsbeginn in Gang setzen. Und wahrscheinlich sollten auch alle Maßnahmen zur Vorbereitung der Euthanasie, die zu jener Zeit schon angelaufen waren, nachträglich durch die Ermächtigung Hitlers gedeckt werden.

Die Ermächtigung des Führers hat folgenden Wortlaut:

„Adolf Hitler
Berlin, den 1. September 1939
Reichsleiter Bouhler und Dr. med. Brandt sind unter Verantwortung beauftragt, die Befugnisse namentlich zu bestimmender Ärzte so zu erweitern, daß nach menschlichem Ermessen unheilbar Kranken bei kritischster Beurteilung ihres Krankheitszustandes der Gnadentod gewährt werden kann.
gez.: Adolf Hitler"

Der Satz ist auf privates Briefpapier Hitlers geschrieben, in der linken oberen Ecke prangt der Hoheitsadler in Gold. Die Urschrift blieb in den Händen Bouhlers, der sie nur Brack und Hefelmann zeigte. Später wurden einige Fotokopien hergestellt, um hochrangigen Zauderern und Zweiflern, vor allem aus dem Bereich der Justiz, deutlich zu machen, daß die Euthanasie zwar keine gesetzliche Grundlage habe, aber dennoch rechtens – weil der Wille Hitlers – sei.

Zurück in die Ortschaft Hartheim. Hans Schneider hat nie den Hauch einer Ahnung von den oben geschilderten Vorgängen gehabt. Aber er sieht ihre Auswirkungen auf Hartheim. Irgendwann früh im Sommer herrscht auf der sonst ruhigen Dorfstraße reger Verkehr. Ein Bus nach dem anderen kommt von der Bundesstraße draußen und fährt durch den äußeren Torbogen hinein in das Schloß. Es dauert nicht lange, dann fahren die Busse schon wieder hinaus, vollbesetzt mit Pfleglingen, auf dem Dach in schäbigen Koffern und verschnürten Schachteln die Habseligkeiten. Hans und seine Schwester Maria laufen bei den ersten Bussen noch hinaus aus dem väterlichen Hof und die paar Schritte hinüber zur Dorfstraße, da stehen die zwei Halbwüchsigen und schauen und verstehen nicht, was passiert. Manchmal sehen sie Bekannte hinter den Busfenstern, dann schreit Hans: Konrad, was ist? Oder: Bert, wo geht es hin? Die Behinderten hinter den Scheiben gestikulieren und winken und lachen. Sie haben keine Angst.

Die Krankenpflegerin Aloisia Ehrengruber macht sich Sorgen. So schnell, wie die weggebracht werden! Was soll sie hier noch arbeiten im Schloß, wenn keine Pfleglinge mehr da sind? Sie weiß nicht, wen sie fragen soll. Innerhalb weniger Tage sind alle Behinderten weg. Die Buben und Männer werden nach Niedernhart in Linz geschafft, die Mädchen und Frauen nach Baumgartenberg. Ein Teil der Mädchen und die Ordensschwestern kommen nach Engelhartszell. Direktor Mittermayr und seine Bürokräfte erscheinen eines Tages nicht mehr. An ihrer Statt ziehen fremde Männer ein, von draußen, aus dem Altreich. Im Schloß herrscht nun strenger Befehlston. Männer in Uniformen haben das Sagen, in ihrem Gefolge tauchen vierschrötige Arbeiter auf. Die beginnen hektisch an allen Stellen Gerüste aufzustellen und Zwischenmauern im Erdgeschoß einzureißen. Der ganze Innenhof ist eine einzige Baustelle und zugleich Lagerplatz für Ziegel, Schotter, Sand und Zement. Aloisia ist schließlich die letzte, die vom alten Betreuungspersonal noch übrig ist. Sie hat eine Zeitlang eine neue Beschäftigung: In der Küche links vom Portal kocht sie für die Maurer, Zimmerer und Hilfsarbeiter, und auch für die Arbeiter aus der Landwirtschaft, die nahtlos in die Hände der neuen Eigentümer übergeht.

Die Veränderungen nach dem März 1938 betreffen alle Bereiche des Lebens, und sie reichen in den Alltag der kleinsten Leute in den entlegensten Dörfern hinein. Diese Änderungen und das neue Denken über Wert und Unwert von Leben, das im Altreich draußen schon länger als ein halbes Jahrzehnt gilt, berühren auch die Kinder in ihren Schulen. Draußen im Reich standen Aufgaben wie die folgende schon vor drei, vier Jahren in den Rechenbüchern: „In einer Provinz des Deutschen Reiches sind 4400 Geisteskranke in staatlichen Heilanstalten untergebracht, 4500 in der Obhut der öffentlichen Fürsorge, 1600 in örtlichen Heilanstalten, 2000 in Heimen für Epileptiker und 1500 Personen in Wohltätigkeitsheimen. Der Staat allein zahlt mindestens 10 Millionen Reichsmark im Jahr für die angeführten Institutionen. a) Was kostet durchschnittlich ein Patient dem Staat im Jahr? Zusatzangaben: 868 Patienten blieben länger als zehn Jahre (Gruppe I); 260 Patienten blieben mehr als 20 Jahre (Gruppe II); 112 Patienten länger als 25 Jahre (Gruppe III). b) Was kostet ein Patient der Gruppe I (II, III) dem Staat während des ganzen Zeitraumes seiner Unterbringung nach den niedrigsten Durchschnittszahlen wie unter a) aufgeführt?"

Und gleich die nächste Aufgabe aus dem Lehrbuch der Mathematik des Jahres 1935/36: „Der Bau einer Irrenanstalt erfordert sechs Millionen Reichsmark. Wieviel neue Wohnblocks à 15.000 Reichsmark würden für diese Summe gebaut werden können?"

Daraus atmet der gleiche Geist, der im „Lehrplan des SS-Hauptamtes für die weltanschauliche Erziehung in der SS und in der Polizei" weht. Dort heißt es: „Es ist ein unhaltbarer Zustand, wenn in einem Staate das Verhältnis zwischen den Schaffenden und den Kranken ungesunde Formen annimmt. Für Schwachsinnige, Sittlichkeitsverbrecher, Gemeinschaftsunfähige (Asoziale) muß das Volk an Kräften und Mitteln viel aufwenden. Durch die Ausschaltung dieser Träger faulen Erbgutes können gewaltige Summen erspart und anderen Zwecken nutzbar gemacht werden. Jedes Naturvolk merzt in richtiger Erkenntnis das Minderwertige aus. Bei den sogenannten Kulturvölkern hat eine falsche Nächstenliebe, vor allem von kirchlichen Kreisen in die breite Masse getragen, eine Gegenauslese geradezu gefördert."

In der Ostmark fand so etwas umgehend Einzug in die Schulbücher. Im „Mathematischen Unterrichtswerk" des Jahrgangs 1941 findet sich dieses Rechenbeispiel: „Die Bedeutung des Gesetzes zur Verhütung erbkranken Nachwuchses kann man aus folgenden Angaben erkennen: Im Jahr 1935 gab es in Deutschland rund 600.000 Geisteskranke und Schwachsinnige, 150.000 Trunksüchtige und 20.000 Verbrecher. Diese Minderwertigen verursachten täglich folgende Kosten: 1 Geisteskranker oder Schwachsinniger 4,50 RM, 1 Trunksüchtiger 4,80 RM und ein Verbrecher 3,50 RM. Wie hoch war 1935 der Gesamtaufwand für diese Personen? Vergleiche damit, daß ein Arbeitsloser für sich, seine Frau und 4 Kinder täglich 2,90 RM erhält."

Zu jener Zeit, als diese Überlegungen den Buben und Mädeln in den Schulen der Ostmark eingebleut wurden, setzten die neuen Herren diese Kosten-Nutzen-Sicht auf menschliches Leben längst in die grausige Realität um. Und die Berechnungen waren außerhalb des Lehrbetriebs keine theoretischen Annahmen mehr, sondern konkrete und penible Aufzeichnungen über die Ersparnisse, die durch die Beseitigung unnützer Esser tatsächlich erzielt wurden. Gefunden wurde so ein Dokument, die sogenannte Hartheimer Statistik, wenige Wochen nach Kriegsende in einem Stahlfach im Hartheimer Bürotrakt. Die Gesamtersparnis, die alle sechs Vernichtungsanstalten der Aktion T4 dem Staate gebracht haben, betrug zum Jahresende 1941 laut dieser Unterlage 885 Millionen und 439.800 Reichsmark. Doch davon später mehr.

Die Veränderungen im Schloß Hartheim betreffen auch Hildegard Jungmayrs Vater unmittelbar und empfindlich: Mit dem Einzug der SS und dem Auszug der einstigen Insassen fällt auch einer seiner besten Abnehmer für die Winterarbeit – Kleintröge, Fäßchen, Weidenkörbe – weg. Von 1938 auf 1939 und noch zwei Kriegswinter hindurch geht er noch seine Routen durch das westliche Gemeindegebiet von Wilhering und durch Alkoven. Hartheim weicht er aus. Lieber gar nicht in die Nähe kommen. Weil die Bauern immer weniger kaufen, noch weniger als früher, hört er schließlich ganz auf mit dem „in´s Stör Gehen".

Von den vielen Umbauten im Schloß bekommt der alte Faßbinder gar nichts mit. Und auch die Familie Schneider, die unmittelbar daneben wohnt, bemerkt kaum etwas. Von außen sieht man ja fast nichts. An der Westseite entsteht ein Vorbau aus Holz, mit riesigen Toren, der bis in das erste Stockwerk hinaufreicht. Sieht aus wie eine überdimensionale Holzhütte, oder ein kleiner Stadel. Aber die Bauern in der Gegend zimmern solche Schuppen nicht direkt an die Mauern ihre Höfe, sondern stellen sie freistehend auf. Die Zimmerleute hämmern und nageln den riesigen Verschlag an die Außenwand, der bis weit über das erste Stockwerk hinaufreicht. Im Norden und Süden bleiben große Öffnungen ausgespart, wie bei den Scheunen auf den Höfen ringsum, wo die Bauern mit den Heufuhren auf einer Seite einfahren und nach dem Entladen auf der anderen Seite hinaus. Große Scheunentorflügel werden beidseitig eingehängt.

Vor die Hauptzufahrt von der Dorfstraße zum Schloßgelände auf der Ostseite kommt ein großes hölzernes Tor. Darüber prangt in riesigen Lettern das Wort Erholungsheim. Im Schloß selbst und im Innenhof reißen die Arbeiter vor allem im Erdgeschoß fast alles um. Aloisia Ehrengruber, die vis-à-vis in der Küche werkt, versteht nicht, warum die Maurer den Wasserspeier in der Südostecke des Hofes abmontieren. In dem Raum gleich neben der Pförtnerloge, rechts vom Zugang in den Arkadenhof und neben dem Stiegenhaus, da, wo früher der Backofen der Idiotenanstalt stand, mauern die Arbeiter etwas ähnliches neu auf. Es wird auch ein Ofen, aber einer, der nicht mit Brotteig beschickt wird. Und außerhalb der Backstube, direkt an das Dreieck der drei Arkadensäulen in der Südostecke des Hofes angemauert, entsteht der große Kamin, der bis in Dachhöhe reicht. Jetzt weiß Aloisia, weshalb denen der Speier im Weg war. Rasch wächst der Schlot hinauf in die Höhe des Dachfirstes. Die Arkade an der Nordseite des Innenhofes wird bis in die Höhe des ersten Stockes mit Holzplanken verkleidet. Vom stadelartigen Vorbau an der Westfront brechen die Maurer einen Durchgang durch die einstige Kammer neben der Zentralheizung, der direkt zu diesem bretterverschlagenen Arkadengang führt, und weiter in den riesigen Raum im nordöstlichen Erdgeschoßerker. So entsteht ein Gang, der vom Brettervorbau quer durch das Schloß bis in den Erkerraum führt, ohne einen Blick in den Säulenhof oder in irgendeinen anderen Raum zu erlauben. Die Räume oben, wo früher die Schlafräume der Pfleglinge waren, werden jetzt Büros und Zimmer für das künftige Personal. Aus der Kapelle im zweiten Stock wird ein Festsaal. Und sogar eine kleine Bar richten sich die neuen Schloßherren im Obergeschoß ein.

Dem alten Stammpersonal ist es streng verboten, bei den Umbauarbeiten zuzusehen. Menschen wie Aloisia Ehrengruber, die selbst im Inneren des Schlosses arbeiten, kann man aber schlecht fernhalten, sie sieht also einiges. Aber wie das eigentliche Kernstück, das eisige Herz der künftigen Vernichtungsanstalt entsteht, das sieht auch Aloisia nicht. Das Zimmer neben dem Backofen wird der Totenraum. Hier wie in der Gaskammer bleibt vorerst der alte Holzboden drinnen, er wird erst nach Beginn der Tötungen durch Beton ersetzt, als sich die Heizer beschweren, daß die Leichen auf dem holprigen Boden so schwer zu schleifen sind. Als auch das nichts hilft, wird der Boden so wie die Wände mit Fliesen ausgelegt.

Im Anschluß an den Totenraum wird mit Zwischenmauern eine kleine Kammer geschaffen. Hier werden bald die Gasflaschen stehen. Eine Stahltür mit einem Guckloch trennt diesen Raum vom nächsten: der Gaskammer. In der ersten Ausbauphase wird aus dem sechs Meter sechzig mal vier Meter zwanzig breiten und drei Meter hohen Raum lediglich das Mobiliar entfernt. Rohre, die Wasserleitungen vortäuschen sollen, kommen an die Decke, inklusive dreier vorgetäuschter Brauseköpfe. An den Wänden entlang werden Holzbänke aufgestellt. Unter diesen Bänken läuft wenige Zentimeter über dem Boden über drei der vier Wände ein Rohr mit zahlreichen Löchern. Aus diesen wird das Gas ausströmen. In einer zweiten Ausbauphase wird der Holzboden durch Beton und dann durch Fliesen ersetzt, und auch die Seitenwände werden bis in die Höhe von 1,70 Meter verfliest. Es sind rote Fliesen, die Wände und Boden bedecken.

Wieder eine Stahltür mit einem Guckloch führt in den nächsten Raum, das große Nordost-Turmzimmer. Dieser Raum wird „Aufnahmeraum" heißen. Hier werden die Opfer den Ärzten, die mit Pflegern und Schreibkräften an einem breiten Tisch sitzen, gegenübertreten, hier werden sie scheinhalber untersucht werden, hier werden die Ärzte Lonauer oder Renno innerhalb von Sekunden sich Todesarten einfallen lassen und auf die Karteikarten schreiben, während der Mensch, dessen Name auf der Karteikarte steht, noch lebend vor ihnen sich krümmt. Im Erkerrund dieses Raumes wird eine kleine Zelle abgetrennt, in denen die Totgeweihten wenige Minuten vor ihrem Ende noch von vorne, im Profil und in der Ganzansicht fotografiert werden. Und hier wird 30 Jahre später eine sehr bescheidene Gedenkstätte eingerichtet.

Die Kammern an der Nordseite des Innenhofes, entlang der mit Brettern verschlagenen Arkade, werden zu Auskleideräumen umgebaut. Es wird später nur kurze Wege geben, es soll ja alles sehr schnell gehen. Vom Verschlag an der Westseite, wo die Busse, geschützt vor den Blicken der Ortsbewohner, anhalten, bis in den Aufnahmeraum und in die Gaskammer sind es keine zwei Dutzend Meter. Ein Zimmer an der Westfront, dessen Fenster vom Holzverschlag draußen verdunkelt werden, bekommt einen ganz speziellen Zweck, den auch die Umbauarbeiter nicht kennen: Es wird der Sezierraum, in dem Organe und Körperteile anatomisch interessanter Opfer entnommen werden. Hier, oder in einem Kellerraum, sollen auch medizinische Versuche mit Behinderten durchgeführt worden sein, allerdings gibt es dazu keine eindeutigen Belege.

Schon in dieser frühen Euthanasie-Phase, in der nicht mehr als der Umbau der Mordanstalt passiert, kursieren unter den wenigen Menschen vom alten Personal, die im Schloß verblieben sind, dunkle Gerüchte. Einer der Arbeiter von der Landwirtschaft des Schlosses kommt aufgeregt zu Aloisia Ehrengruber, der einzigen im Schloß, die er von früher kennt und mit der er sich reden traut. Der Mann hat etwas gesehen. Trotz des Verbotes hat er bei einem Gang durch das Schloß den Verbrennungsofen angeschaut.

Es ist eh wie ein Backofen, sagt er zu Aloisia, nur viel größer. Da ist etwas, das sieht aus wie eine riesige Pfanne, und das läuft auf Schienen in den Ofen hinein.

Sei still, sagt Aloisia.

Es geht wie mit Brotlaiben, sagt der Mann, die kannst du da drauflegen und sie in den Ofen schieben und drinnen ablegen neben dem Feuer. Aloisia sieht zu Boden. Sie will das nicht hören. Der Arbeiter redet weiter. Aber es ist nicht für Brot, sagt er. Der Ofen ist dermaßen groß, da könntest du vier Menschen auf einen Schlag hineinschieben.

Der Arbeiter der Schloßlandwirtschaft täuscht sich. Die Hartheimer Brenner, so hießen die Bediener der Öfen, haben in Spitzenzeiten bis zu acht Leiber gleichzeitig in das Krematorium geschoben.

Aloisia Ehrengruber schweigt. Was anderes bleibt ihr nicht übrig. Schweigen und düster schauen. So schweigt sie und schaut düster, als die Umbauarbeiten allmählich dem Ende zugehen und die fremden Arbeiter beginnen, im einst so schönen Arkadenhof einen riesigen Haufen von Koks aufzutürmen.

III. Die Organisation

Weit weg vom oberösterreichischen Hartheim, im fernen Berlin, arbeiten die Bonzen in der Kanzlei des Führers fieberhaft am Aufbau einer Euthanasie-Organisation. Als erstes gilt es, einen politisch zuverlässigen Psychiater als ärztlichen Leiter zu finden. Reichsleiter Bouhler und Hauptamtsleiter Brack konferieren am 28. Juli 1939 in der Kanzlei des Führers. Beiden fällt als geeignetster Mann Werner Heyde ein. Der Privatdozent für Psychiatrie und Neurologie an der Universität Würzburg, geboren am 25. April 1902 als Sohn eines Tuchfabrikanten in Forst an der Lausitz, ist ein exzellenter Schüler gewesen: Stets Klassenbester an der höheren Schule, und auch das Staatsexamen legte er 1925 mit „sehr gut" ab.

Heyde macht Karriere als Günstling von SS-Chef Heinrich Himmler. Dies resultiert aus dem März 1933. Zwischen Bürckel, dem Gauleiter des Saargebietes, und SS-Standartenführer Theodor Eicke ist es vor den Augen der Öffentlichkeit zu einer Schlägerei gekommen. Eicke landet als „gemeingefährlicher Geisteskranker" an der Würzburger Psychiatrischen Klinik. Heyde ist dort Stationsarzt – und er empfiehlt dem Ludwigshafener Polizeipräsidenten, Eicke zu entlassen, da dieser nicht gemeingefährlich sei. Der Präsident reagiert nicht. Heyde wendet sich an Reichsführer SS Himmler, der sofort dafür sorgt, daß Eicke auf freien Fuß kommt. Eicke macht in der Folge eine steile Karriere: Am 26. Juni 1933 wird er der erste Kommandant des KZs Dachau, ein Jahr später avanciert er zum Inspekteur aller Konzentrationslager und damit zum Führer der SS-Totenkopfverbände (Wachverbände). In der sogenannten Röhm-Affäre tut sich Eicke hervor, indem er den SA-Stabschef eigenhändig erschießt.

Dieser Eicke empfiehlt Heyde, in die Partei einzutreten, was der Arzt am 1. Mai 1933 tut. Danach macht er ebenfalls schnell Karriere. Anfang 1934 wird er zum Oberarzt befördert. 1935, nach Reformvorschlägen zur Sterilisierung lebensunwerter Existenzen, wird er Kreisamtsleiter im rassenpolitischen Amt und Beisitzer beim Erbgesundheitsgericht. Im Juni 1936 wird Heyde in die SS-

Totenkopfverbände aufgenommen und zum Hauptsturmführer ernannt. Er wird mit erbbiologischen Untersuchungen in den KZs betraut. Zusätzlich arbeitet er auch noch als psychiatrischer Gutachter für die Gestapo.

An diesen 37jährigen ehrgeizigen SS-Arzt, der Anfang 1939 selbst seine Berufung zum außerplanmäßigen Professor beantragt hat, denken Bouhler und Brack. Heyde ist geschmeichelt, bereit und willens. Am 16. August 1939 wird er in die Kanzlei des Führers „zur Durchführung eines Sonderauftrages" abkommandiert. Heyde besorgt als erstes die Rekrutierung von Ärzten und Psychiatern, die sich einerseits als Gutachter, andererseits als Akteure in den Vernichtungsanstalten zur Verfügung stellen. Dann übernimmt er die Position des Obergutachters, dem die letzte Entscheidung über Leben und Tod obliegt. Vor Heyde hat dies Ministerialrat Herbert Linden persönlich besorgt, der verlängerte Arm von Innenminister Frick in der Euthanasieaktion. Im Dezember 1939 hält Heyde die ersehnte Ernennungsurkunde zum Professor in der Hand. Und im Mai 1940 wird ihm die medizinische Leitung von T4 übertragen.

Heydes Stellvertreter als ärztlicher Führer der Euthanasieaktion und als Obergutachter, und dann auch noch sein Nachfolger, wird der bereits mehrmals erwähnte Professor Hermann Paul Nitsche. Nitsche kam zur Welt am 25. November 1876 in Colditz bei Leipzig, als Sohn von Wilhelm Hermann Nitsche, der sich selbst als „Irrenarzt" bezeichnete. Auch der Sohn studierte Psychiatrie und Neurologie. Von 1908 bis 1913 war er Arzt in der Heil- und Pflegeanstalt Dresden, 1913 ging er als stellvertretender Leiter an die Anstalt Sonnenstein bei Pirna, dem Dresdener Nachbarort, 1918 bis 1928 war er Direktor der Anstalt Leipzig-Dösen, danach bis 1939 Chef der Anstalt Sonnenstein und gleichzeitig psychiatrischer Referent der Medizinalabteilung des Ministeriums des Inneren in Dresden. Am 1. Jänner 1940 übernahm er wieder Leipzig-Dösen als Direktor.

In jungen Jahren war Nitsche von renommierten Kollegen gelegentlich ausdrücklich gelobt worden, weil er sich „besonders mit schwer zu behandelnden, namentlich erregten Kranken alle nur erdenkliche Mühe" gegeben habe, und weil er sich gegen die damals weitverbreitete Zwangsanwendung gegen renitente Patienten einsetzte. Was den Gesinnungswandel in späteren Jahren bewirkte, ist nicht bekannt. Im Mai 1947, beim Prozeß gegen den einstigen Kollegen Heyde, erklärte Nitsche: „Für uns war die Sache wirklich vom Kranken aus gesehen und bedeutete für diesen einen Gnadentod, eine Befreiung aus dem Leben, das für ihn und seine Angehörigen nur noch eine Qual darstellen konnte." Die Tarnung der Aktion habe er „als notwendiges Kriegsübel in Kauf genommen" und „im Vertrauen auf die Anordnung des Führers mitgearbeitet."

Nitsche trat 1933 der NSDAP bei. Schon um diese Zeit erklärte er, sich im Kriegsfall als Chefarzt der kämpfenden Truppe zur Verfügung stellen zu wollen. Tatsächlich nahm Nitsche beim Überfall der 10. Armee auf Polen als Stabsarzt teil – im Alter von 63 Jahren.

Am 7. November 1939 wurde Nitsche zu einer Unterredung mit Bereichsleiter Brack in die Kanzlei des Führers beordert. Brack weihte Nitsche in die Details der geplanten Euthanasieaktion ein. Der war ohne Vorbehalte zur Mitwirkung bereit. Nitsches erste Aktivität: Er testete, angeregt von Brack, in den ersten drei Monaten des Jahres 1940 in seiner Anstalt Leipzig-Dösen an 60 Patienten die Tauglichkeit von Luminal als Tötungsmittel. Am 6. Mai 1940 wurde Nitsche in den innersten Führungskreis der Aktion T4 aufgenommen. Er war von Anfang an Stellvertreter des obersten T4-Arztes Heyde, formal war er Heydes Stellvertreter in der Leitung der Tarnorganisation „Reichsarbeitsgemeinschaft für Heil- und Pflegeanstalten". Daneben wurde Nitsche gleichrangig mit Heyde als Obergutachter eingesetzt. Und als sich Heyde Ende 1941 mit Brack überwarf und aus der T4-Zentrale ausschied, rückte Nitsche an die Spitze: Nun war er der medizinische Leiter.

Ende 1939, Anfang 1940 wurden die Ärzte gesucht und gefunden. Eine Aufstellung Nitsches über das medizinische Euthanasie-Personal ist erhalten geblieben. Es sind lange Listen von Männernamen. Unter dem Titel „Ärzte in den Anstalten" – gemeint: in den Vernichtungsanstalten – sind die Hauptakteure aufgezählt. Für Hartheim angeworben wurden Dr. Rudolf Lonauer und Dr. Georg Renno. Für Grafeneck Dr. Ernst Baumhardt, Dr. Horst Schumann und Dr. Günther Hennecke, als Schumann nach Sonnenstein kommt. Für Brandenburg Dr. Irmfried Eberl und Dr. Aquilin Ullrich. Für Brandenburg und kurzzeitig Bernburg Dr. Heinrich Bunke. Für Sonnenstein Dr. Ewald Worthmann, der aber nach fünf Monaten wieder aufhört. Für Sonnenstein Dr. Klaus Endruweit, der ebenfalls vorzeitig wieder ausscheidet. Für Sonnenstein und Bernburg Dr. Kurt Borm. Für Hadamar Dr. Friedrich Berner und Dr. Hans Bodo Gorgaß, wobei letzterer seine „Einschulung und Ausbildung" in Hartheim erhält. Als „Ärzte in der Zentrale" sind genannt: Prof. Nitsche. Prof. Heyde. Dr. Müller. Dr. Hebold. Dr. Gust. Schneider. Dr. Ratka. Dr. Wischer. Dr. Straub. Dr. Schmalenbach. Dr. Runckel. Dr. Becker (Herbert). Unter dem Stichwort „Forschung" aufgezählt sind: Dr. Heinze. Dr. Schumacher. Dr. Assmussen. Prof. Schneider. Dr. Schmorl. Dr. Suckow. Dr. Rauch. Dr. Wendt. Dr. Schmieder.

Die Liste der T4-Gutachter mit dem jeweiligen Datum des Wirkungsbeginns umfaßt eine ganze Seite: Dr. Pfannmüller. Dr. Wagenknecht. Dr. Hefter. Dr. Heinze. Dr. Kaldewey. Dr. Rodenberg. Dr. Schreck. Dr. Steinmayer. Prof. Nitsche. Dr. Mennecke. Prof. Dr. Panse. Prof. Dr. Schneider. Prof. Dr. Pohlisch. Prof. Dr. Zucker. Dr. Renno. Prof. Dr. Reisch. Dr. Hebold. Dr. Lonauer. Dr. Schmitz. Prof. Kihn. Dr. Munkwitz. Dr. Schumacher. Dr. Begusch. Dr. Sorger. Dr. Schmidt. Prof. Mauz. Dr. Faltlhauser. Dr. Heene. Dr. Fehringer. Dr. Bertha. Dr. Jekelius. Dr. Müller. Prof. Villinger. Dr. Straub. Dr. Wischer. Dr. Schmalenbach. Dr. Ratka. Dr. Runckel. Dr. Schulz. Dr. G. Schneider. Was auffällt: Die „Ärzte in den Anstalten" sind blutjunge Männer, alle um die dreißig, manche erst 27 Jahre alt, als sie in die T4-Dienste treten. Unter den Gutachtern dagegen finden sich viele ältere Herren, teilweise renommierte Mediziner. Wie ja auch der zweite Chef, Prof. Nitsche, im Vorkriegsdeutschland eine der Koryphäen der Psychiatrie war.

Man konnte der Kanzlei des Führers auch absagen. Getan hat dies Prof. Dr. Gottfried Ewald, Ordinarius für Psychiatrie und Neurologie an der Universität Göttingen. Er sagte am 15. August 1939 dezidiert bei einer Versammlung zu Heyde, der ihn anwerben wollte, daß er für diese „Euthanasie, die nichts mit Euthanasie zu tun hat", nicht zur Verfügung stehe. Heyde bekundete Respekt für diese „aufrechte Stellungnahme" und bat Ewald, die Versammlung zu verlassen, da man deren Geheimhaltung sichern müsse. Dr. Werner Kirchert, dem Referenten des höchsten SS- und Polizeiarztes Reichsarzt Ernst Grawitz, bot Brack im September 1939 die Leitung der Vernichtungsanstalt Grafeneck an. Er lockte mit einem Monatsgehalt von 1500 Reichsmark – doppelt soviel wie Kircherts bisheriges Einkommen. Nach einer Woche Bedenkzeit sagte Kirchert ab. Für beide hatte diese Weigerung keine Konsequenzen.

Überliefert ist auch diese Begebenheit: Bracks Stellvertreter Werner Blankenburg, Leiter des Amtes IIa in der Kanzlei des Führers, empfing am 4. Jänner 1940 in Berlin jene 24 Pflegerinnen und Pfleger, die als erste den Dienst in einer Vernichtungsanstalt antreten sollten. Blankenburg sagte ihnen ausdrücklich, daß sie noch zurücktreten könnten, und daß ihnen daraus keine Nachteile erwachsen würden. Eine Viertelstunde Bedenkzeit verstrich, keiner der Vorgeladenen, die warme Wintersachen, festes Schuhwerk und Wäsche bereits dabei hatten, trat zurück.

Von Ministerialrat Linden kam irgendwann im Herbst 1939 der Vorschlag, analog zum „Reichsausschuß", welcher die Kindereuthanasie tarnte, auch für das neue, viel größere Vorhaben eine eigene Gesellschaft einzurichten. Zu „Geheimhaltungszwecken", war die Begründung, was so viel hieß wie: Die Kanzlei des Führers durfte in diesem Zusammenhang nicht aufscheinen. Es entstand die erste Scheinorganisation, die „Reichsarbeitsgemeinschaft Heil- und Pflegeanstalten". Sie wurde auch räumlich von der Kanzlei des Führers getrennt und im Columbushaus am Potsdamer Platz untergebracht. Zum Leiter dieser Reichsarbeitsgemeinschaft wurde kein Arzt berufen, sondern ein Jurist: Gerhard Bohne.

Bohne wurde am 1. Juli 1902 in Braunschweig als Sohn eines Bahnbeamten geboren. Nach dem Abitur in Köln studierte er Rechtswissenschaften, als Student war er engagiertes Mitglied des „Deutsch-Völkischen Schutz- und Trutzbundes", eine der Vorläufer-Organisationen der NSDAP. 1930 ließ er sich als Anwalt in Berlin nieder. Am 1. August jenes Jahres trat er in die NSDAP ein. Er war aktiv unter anderem als Gauredner des „NS-Rechtswahrerbundes" und in der SA. Im Jahr 1932 war Bohne in Devisenbetrügereien mit einem emigrierten jüdischen Kaufmann verwickelt, was ihm eine Verurteilung zu neun Monaten Haft und 5000

Reichsmark Geldstrafe wegen fortgesetzter vorsätzlicher Devisenvergehen einbrachte. Hochrangige Leumundszeugen erreichten beim preußischen Justizminister, daß das Urteil gegen den „zuverlässigen Nationalsozialisten" Bohne, der „rastlos und unermüdlich für die NSDAP" arbeite, 1934 auf die bloße Geldstrafe von 5000 Reichsmark reduziert wurde. Bohne avancierte in der Folge durch Protektion seiner NS-Freunde zum Untersuchungsrichter des Ehrenrates des „Deutschen Reichsbauernrates". In dieser Eigenschaft tat er den Nazis einen Gefallen, indem er in einer Streitsache die Entlassung eines den Nazis mißliebigen stellvertretenden Reichsbauernführers bewirkte. Dabei wurde Hans Hefelmann, Leiter des Amtes IIb in der Kanzlei des Führers und Bracks Stellvertreter, der in diese Verhandlung involviert war, auf Bohne aufmerksam. Als Brack die Frage nach einem Juristen für die Führung der Reichsarbeitsgemeinschaft aufwarf, nannte Hefelmann den Namen Bohnes. Im Einvernehmen mit Bouhler und Brandt wurde der Jurist berufen.

Damit stand die erste Führungsmannschaft der Euthanasieaktion. Die oberste Leitung hatten Bouhler und Brandt inne. Die ärztlichen Leiter waren Heyde und Nitsche. Für die Ausführung zuständig waren vier Herren aus der Kanzlei des Führers: Brack, Blankenburg, Hefelmann und Reinhold Vorberg. Die juristische Leitung hatte Bohne inne. Für Ministerialrat Linden, von Innenminister Frick mit einem Sonderauftrag für die Kanzlei des Führers freigestellt, wurde die Funktion des „Reichsbeauftragten für Heil- und Pflegeanstalten" geschaffen, er stellte die Verbindung zum Reichsinnenministerium dar.

Reinhold Vorberg ist eine weitere Protektionsfigur in dieser Geschichte. Er war ein Neffe zweiten Grades von Victor Brack. In den 30er Jahren versuchte er auf verschiedenste Art und Weise in Deutschland, Spanien und Südafrika Geschäfte zu machen, die aber allesamt fehlschlugen. So scheiterte er etwa mit einer Farmgründung in der Kolonie Südwestafrika, in Deutschland ging er mit Schmuck- und Feuerzeugproduktionen pleite. Dieser Vorberg erhielt die Gelegenheit zu gelegentlichen – ehrenamtlichen – Arbeiten für die Kanzlei des Führers, woraus sich dann eine hauptamtliche Anstellung ergab.

Schon in dieser Phase agierten die leitenden Köpfe mit Decknamen. Brack etwa nannte sich nach dem bayrischen Wilderer „Jennerwein", sein Vertreter Blankenburg benutzte das Pseudonym „Brenner", und Vorberg nannte sich – wenig einfallsreich – „Hintertal".

Vorberg war in der Euthanasie für das Transportwesen zuständig. Am 18. November 1939 wurde eine weitere Tarngesellschaft gegründet, die Gekrat (Gemeinnützige Krankentransport GmbH), der Vorberg vorstand. Die Gekrat stellte die Busse zur Verfügung und besorgte die Transporte der Opfer zu den Vernichtungsanstalten. Vorbergs Name als Geschäftsführer wurde im April 1940 aus der Eintragung im Handelsregister gestrichen, wahrscheinlich um die Tarnung als „Hintertal" zu wahren. De fakto blieb er aber weiter der zuständige Mann.

Zum Schein wurde eine seltsame Figur als Geschäftsführer eingetragen: Hermann Schweninger, gescheiterter Vertreter und verhinderter Filmregisseur. Daß er seinen Namen für die Gekrat hergab, verschaffte ihm später einen Filmauftrag: Er filmte die Euthanasieopfer zu Propagandazwecken für den schon erwähnten Film „Dasein ohne Leben".

Erst am 1. April 1941 kam ein weiterer hochrangiger Akteur zur Euthanasie, Dietrich Allers. Er wurde Geschäftsführer der Zentraldienststelle von T4. Der Sohn eines Staatsanwaltes kam durch puren Zufall und Protektion zu diesem Amt. Bei Kriegsausbruch arbeitete er als Jurist im Innenministerium. Er wurde zur Wehrmacht einberufen, ging als Unteroffizier nach Polen, wo er Rekruten ausbildete und bereitete sich zur Offiziersausbildung vor. Im November 1940 traf seine Mutter zufällig Bracks Stellvertreter Werner Blankenburg in Berlin auf der Straße. Blankenburg erkundigte sich, was sein früherer SA-Kumpan Dietrich denn so mache. Als er vom Poleneinsatz hörte, rief er: „Aber das ist doch unsinnig. Ich habe in meiner Kanzlei einen Posten für einen Juristen. Ich werde das arrangieren." Einen Monat später wurde Allers von Brack und Blankenburg in die Euthanasieaktion eingeweiht. Er hatte keine Bedenken, da mitzumachen: „Lieber Gott, Euthanasie ist doch schon seit Jahrhunderten diskutiert worden und zu erwarten gewesen." So kam Allers in die Kanzlei des Führers und an die Spitze von T4. Auch seine Frau, die zuvor in einem Modegeschäft gearbeitet hatte, erhielt einen Posten als Bürokraft bei T4, den sie bis zum Schluß beibehielt.

Im Februar 1940 übersiedelte die Zentralstelle in eine alte herrschaftliche Villa in die gutbürgerliche Wohngegend Berlin-Charlottenburg. Die Adresse lautete Tiergartenstraße 4. Von da an erhielt die Euthanasieaktion den Namen T4. Die Immobilie war ursprünglich jüdisches Eigentum, sie gehörte einem gewissen Georg Liebermann, der sie seinen Kindern Hans und Eva vererbte. Diese verloren Haus und Grund durch Arisierung. Offiziell wurde der Raub erst gemacht, als die Euthanasiezentrale schon monatelang im einst jüdischen Haus operierte: Laut Eintragung im Grundbuch Tiergarten, Blatt 833, wurde das Grundstück am 24. August 1940 vom Reichsfiskus Heer übernommen. Den Umbau leitete übrigens der damals 31jährige Maurermeister Erwin Lambert, der dann auch die Krematorien und Kamine in Hartheim, Sonnenstein, Bernburg und Hadamar errichtete. Und seine Karriere als Erbauer von Vernichtungsanlagen war damit nicht zu Ende: Er baute später die Gaskammern von Treblinka und Sobibor, und er war bei Arbeiten für das Vernichtungslager San Saba bei Triest dabei, in derselben Gegend, wo das Leben einiger Hartheimer Euthanasie-Akteure zu Ende ging.

Die Struktur von T4 ist wegen der Geheimhaltung, der verschiedenen Tarnorganisationen und der Überlappung im personellen und kompetenzmäßigen Bereich mit der Kanzlei des Führers sehr verschachtelt. Das Organsationsschema sah etwa so aus:

```
┌─────────────────────────────────────────────────────────┐
│                     Adolf Hitler                        │
├─────────────────────────────┬───────────────────────────┤
│ Reichsleiter Philipp Bouhler│      Karl Brandt          │
│    Kanzlei des Führers      │   Leibarzt des Führers    │
└─────────────────────────────┴───────────────────────────┘
```

Hauptamt II der Kanzlei des Führers
Leiter: **Victor Brack**
Reichsbeauftragter f. d. Heil- und Pflegeanstalten: **Dr. Linden**

Amt IIa **Blankenburg** zuständig für nichtärztliches Personal u. Büroorganisation	Amt IIb **Hefelmann** zuständig für ärztliches Personal	Amt IIc **Vorberg** zuständig für das Transportwesen

Zentraldienststelle T4
Geschäftsführer (ab 1.4.1941): **Allers**

Medizinische Abteilung Leiter: **Heyde**, ab 41: **Nitsche**	Büroabteilung Leiter: **Bohne**, ab Mitte 40: **Tillmann**	Transportabteilung Leiter: **Vorberg**	Hauptwirtschaftsabt. Leiter: **Schneider**, ab 41 **Schmiedel**, ab 42: **Lorent**	Personalabteilung Leiter: **Haus**, **Oels**	Inspektionsabteilung Leiter: **Kaufmann**
fungierten nach außen als: RAG; Reichsarbeitsgemeinschaft Heil- und Pflegeanstalten	nach außen: Gekrat Gemeinnütz. Krankentransport GmbH		fungierten nach außen als: „Stiftung" Gemeinnützige Stiftung für Anstaltspflege		nach außen: Zentralverrechnungsstelle (ab 42)

Die Aktivitäten von Reichsarbeitsgemeinschaft und Gekrat, die in der Öffentlichkeit wahrnehmbar waren, bestanden in den sogenannten „Krankenverlegungen". Die Gemeinnützige Stiftung für Anstaltspflege, in der Wirtschafts- und Personalabteilung zusammenfielen, fungierte als Arbeitgeber des T4-Personals, überwies dessen Gehälter und nahm die Mittel vom Reichsschatzmeister der NSDAP entgegen. (Die Aktion T4 wurde von der Kanzlei des Führers und damit von der NSDAP finanziert.) Die Inspektionsabteilung besorgte die Einrichtung der Euthanasieanstalten und deren regelmäßige Inspektion, und sie trat bei Verhandlungen mit Behörden und Parteidienststellen als Vertreterin der Tiergartenstraße auf. Ab 1941 besorgte sie auch die Kostenverrechnung, ab dem Frühjahr 1942 unter dem Namen „Zentralverrechnungsstelle".

Am 9. Oktober 1939, einem Montag, hielten Brack, Blankenburg, Hefelmann, Vorberg, Heyde, Nitsche, Bohne, Linden und der Kripomann Oberregierungsrat Werner in der Kanzlei des Führers eine Arbeitsbesprechung. Hauptfrage war die „Zahl der voraussichtlich zu behandelnden Fälle". Brack trug eine Berechnung vor, die er mit der Formel tausend zu zehn zu fünf zu eins einleitete. Seine Erklärung: Von 1000 Menschen bedürfen zehn psychiatrischer Betreuung, davon fünf stationär. Von denen fällt ein Kranker unter die „Aktion". Daß heißt, von je 1000 Bewohnern des Großdeutschen Reiches wird einer Opfer der Euthanasie werden. Aus der damaligen Bevölkerungszahl ergibt dies 70.000 Fälle. Eine Zahl, an die sich die T4-Bürokraten in ihren Statistiken sklavisch hielten – eine ist nach dem Krieg aufgetaucht –, obwohl sie in Wahrheit mehr, viel mehr Menschen in ihren Anstalten umbrachten. Dann gab es eine kurze Diskussion über das „Wie" des Tötens. Nitsche machte sich für Luminal-Injektionen stark. Heyde und Werner plädierten für CO, Kohlenmonoxid.

Parteigenosse Linden lieferte einen Beitrag zum Thema „Wer wird getötet". Er meldete, daß mit Datum 9. Oktober ein Runderlaß des Reichsministeriums für Inneres an alle Heil- und Pflegeanstalten gehe. Es würden dabei zwei Meldebogen ausgesandt. Im Meldebogen 1 sind alle Kranken anzugeben, die an Schizophrenie, Epilepsie, senilen Erkrankungen, Paralyse und anderen Lues-Erkrankungen, Schwachsinn jeder Ursache, Huntington und anderen neurologischen Endzuständen leiden oder sich seit mindestens fünf Jahren dauernd in Anstalten befinden oder als kriminelle Geisteskranke verwahrt sind oder nicht die deutsche Staatsangehörigkeit besitzen oder nicht deutschen oder artverwandten Blutes sind. Aus einem mitgesandten Merkblatt wird deutlich, daß die Frage, ob ein Patient „nützliches Mitglied" der Volksgemeinschaft war, einen sehr hohen Stellenwert besaß: Gleich unter Punkt 1 wird verlangt, daß jene Patienten zu melden sind, die in den Anstalten nicht arbeiten oder nur „mit mechanischen Arbeiten (Zupfen u.ä.) beschäftigt" sind. 1941 wird dieser Meldebogen 1 leicht abgewandelt, es wird nun auch gefragt, ob der betreffende Kranke Kriegsteilnehmer war und ob seine Geisteskrankheit mit einer Kriegsbeschädigung in Zusammenhang steht. Die Fragen auf Meldebogen 2 beziehen sich auf die Größe der Anstalt, in der der betreffende Kranke liegt, ihre Aufnahmekapazität, Personalstand, Rechtsträgerschaft und Finanzierung, den baulichen Zustand und ähnliches. Damit sollte in erster Linie ermittelt werden, welche Anstalten am besten taugten, um enteignet und zu Euthanasieanstalten umfunktioniert zu werden. Auf Grund der Meldebögen 2 wurde auch erhoben, welche weiteren Häuser gänzlich „geräumt" werden konnten, um Platz für Wehrmachtslazarette zu schaffen. Später kam auf Meldebogen 2 auch die Frage, ob die Anstalt einen eigenen Gleisanschluß („Voll- oder Schmalspur?") aufweist, und wie weit die nächste Bahnstation entfernt liegt. Insgesamt wurden aufgrund der so erhobenen Daten 1940 und 1941 18 Anstalten aufgelöst, die als Flüchtlingsunterkünfte (vor allem für Bessarabier), Lazarette und SS-Quartiere dienten.

Die Meldebögen 1 und 2 erreichten auf dem Dienstweg in der zweiten und dritten Oktoberwoche alle Anstalten im Reich. Als Begründung wurde die „planwirtschaftliche Erfassung der Heil- und Pflegeanstalten" vorgetäuscht. Die Frist, um die Dateiblätter für jeden einzelnen unter die Kriterien fallenden Anstaltsinsassen auszufüllen, war denkbar knapp: Die Rücksendung der ersten Tranchen wurde bis spätestens ersten November verlangt. Ob folgender Effekt geplant war, läßt sich nicht nachweisen, er ist aber eine Realität: Wegen dieser extrem knappen Frist gab es Ärzte, die in drei Wochen bis zu 1500 Meldebögen 1 ausfüllten. Da war es natürlich völlig unmöglich, die betreffenden Kranken auch nur flüchtig zu untersuchen.

Die meisten der Ärzte oder Laien, die die Meldebögen ausfüllten (in den nichtstaatlichen Einrichtungen waren die Mediziner häufig zur Wehrmacht eingezogen, weshalb Verwaltungsleute die Erhebungsblätter bearbeiteten), haben zu dieser Zeit wohl nicht geahnt, welchem Zweck die Fragen wirklich dienten. Das bedeutete aber für viele Patienten, die eigentlich die T4-Kriterien nicht erfüllten, das Todesurteil: In allen Anstalten gab und gibt es Pfleglinge, die den Häusern als Arbeiter sehr nützlich sind und die sich so eingewöhnt haben, daß sie nicht weg wollen. Da etliche Anstaltsärzte fürchteten, mit Meldebogen 1 sollten die arbeitsfähigen Patienten erfaßt und für kriegswichtige Zwecke eingesetzt werden – womit sie selbst billige Arbeitskräfte verloren hätten –, trugen sie deren Arbeitskraft sehr niedrig ein. Womit Menschen, die eigentlich entlassungsreif gewesen wären, zu Todeskandidaten wurden. In anderen Anstalten wurden gemäß veralteten Kriterien leicht Schwachsinnige mit dem Wort „Idiotie" gemeldet, was ein sicheres Todesurteil war. Andererseits gab es etliche Ärzte, die den T4-Zweck ahnten, und die selbst die Euthanasie befürworteten und den Vernichtungsanstalten mittels übertriebener Diagnosen möglichst viele Kranken zuführten. Gelegentlich räumten auch Politiker mißliebige Personen aus dem Weg, indem sie diese in Anstalten einweisen ließen. Erhalten sind mehrere Bittschreiben an die Kanzlei des Führers, wo Leute schriftlich in einer „nicht zu mißverstehenden Weise" baten, bestimmte, namentlich aufgeführte Personen der Euthanasie zuzuführen. Tragische Fälle betrafen sogenannte „kriminelle Geisteskranke", also Menschen, die in ordentlichen Gerichtsverfahren als nicht zurechnungsfähig erkannt wurden. Es sind Fälle überliefert, wo wohlwollende Gutachter Menschen, die wegen Anti-NS-Propaganda angeklagt waren, schützen wollten, indem sie ihnen Unzurechnungsfähigkeit attestierten und sie in Heilanstalten bringen ließen. Dort fielen sie dann der Aktion T4 zum Opfer. De fakto zum Tode verurteilt und hingerichtet wurden auf diesem Weg etwa Menschen, die im Zustand der Unzurechnungsfähigkeit unberechtigt Parteiuniform trugen, sich „vor einem Führerbild auffällig benahmen", Sittlichkeitsdelikte setzten und ähnliches.

Die von den Anstalten ausgefüllten Meldebögen gingen auf dem Dienstweg an die Gesundheitsabteilung des Innenministeriums, zu Handen Ministerialrat Herbert Linden. Der war aber nur eine Durchlaufstelle, unbearbeitet gingen die Bögen an die Euthanasiezentrale im Columbushaus beziehungsweise dann in die Tiergartenstraße. Dort wurde für jeden Meldebogen eine Einzelakte und eine Karteikarte angelegt, von jedem ausgefüllten Meldebogen 1 wurden fünf Fotokopien hergestellt. In der T4-Registratur bearbeiteten die Notdienstverpflichteten Johannes Heck und Kurt Neumann, im Zivilberuf Bankkaufmann beziehungsweise Drogist, den Papierberg.

Heck und Neumann sandten an drei Gutachter aus der Ärzteliste je eine Fotokopie. Die Gutachter, die ja alle noch einen Hauptberuf als Arzt hatten, erledigten zum Teil ein enormes Pensum, es sind Erledigungen von 2000 Meldebögen in nur drei Wochen durch einen einzelnen Arzt aktenkundig. Das schlug sich in der Entlohnung nieder: Die Gutachter enthielten Entschädigungen, die nach Arbeitsanfall gestaffelt waren: 100,- Reichsmark für die Begutachtung von monatlich 500 Fragebögen, 200,- Reichsmark für bis 2000 Fragebögen, 300,- Reichsmark für bis 3500 Fragebögen, 400,- Reichsmark für mehr als 3500 Fragebögen. Obwohl es dabei um Leben oder Tod ging, kann bei derartiger Gutachtertätigkeit für ärztliche Sorgfalt keine Zeit geblieben sein.

Die Gutachter trugen ihre Entscheidungen in den mit einem dicken schwarzen Rahmen versehenen Raum links unten auf den Meldebogen ein. Und zwar in derselben einfachen Form wie auf den Erhebungsblättern der Kindereuthanasie: Wenn der Patient nach Ansicht des Gutachters getötet werden sollte, trug er mit Rotstift ein Pluszeichen ein. Wenn er glaubte, der betreffende Pflegling sollte am Leben bleiben, so trug er ein blaues Minuszeichen ein. Wenn eine Entscheidung nicht möglich war, so wurde ein Fragezeichen eingetragen. Dazu schrieben manche Ärzte Kürzest-Bemerkungen, am häufigsten war diese: „Arbeiter?" Daneben setzte der Gutachter sein Kürzel, in aller Regel den Anfangsbuchstaben des Nachnamens. Danach gingen die Kopien wieder nach Berlin.

Heck und Neumann faßten die drei Fotokopien wieder zusammen und übertrugen die Gutachter-Urteile auf den Originalmeldebogen. Das gesamte Material ging dann an einen Obergutachter, am Anfang war das Linden alleine, dann Linden und Heyde, und nach einem halben Jahr wurde Linden durch Nitsche ersetzt. Der Obergutachter verwendete für sein endgültiges Urteil dieselben Plus- und Minus-Zeichen wie die Gutachter. Er setzte sie neben das schwarz umrandete Feld und zeichnete ebenfalls mit Kürzel. Das Fragezeichen war für die Obergutachter nicht mehr erlaubt. In Einzelfällen schrieben die Obergutachter ein „zurückgestellt" neben den schwarzen Rahmen, dann wurde das endgültige Urteil vom Nicht-Mediziner Brack gefällt. Erst viel später ließen sich die Obergutachter in Zweifelsfällen Krankenakte schicken. Persönlich in Augenschein genommen haben sie aber keinen der zu begutachtenden Menschen.

Vom Obergutachter kamen die Meldebögen wieder zu Heck und Neumann in die Tiergartenstraße. Die sortierten die Gutachten mit den roten Pluszeichen aus und übermittelten sie zusammen mit den bislang beim Akt verbliebenen zwei weiteren Kopien an die Kanzlei des Führers zu Reinhold Vorberg, den Leiter der Transportorganisation Gekrat. Vorbergs Amt stellte anfangs Verlegungslisten zusammen, die von Sonderkurieren mit je einer Kopie an die zuständigen Tötungsanstalten gebracht wurden. Dort nahmen sie die jeweiligen Transportstaffeln der Gekrat entgegen, die dann von sich aus die zur Tötung vorgesehenen Patienten aus deren jeweiligen Stammanstalten abholten. Kopien der Transportlisten aus dem Amt Vorbergs gingen über das Innenministerium an die Stammanstalten der Abzuholenden, welche die Verlegung vorzubereiten hatten.

Dieser Ablauf war jedoch nicht geeignet, die gewünschte Geheimhaltung zu gewährleisten. Deshalb wurden im gesamten Reich sogenannte „Zwischenanstalten" eingerichtet. Die Patienten mit den roten Pluszeichen wurden nun zuerst in diese Zwischenanstalten gebracht, wo sie ein paar Tage blieben. Von dort aus wurden sie dann von der Gekrat in die Vernichtungsanstalten geschafft.

Die Meldebögen 2, die der Erhebung der Eignung der Anstalten für pflege-fremde Zwecke dienten, wurden von der Abteilung für Planungsmaßnahmen der T4-Zentraldienststelle ausgewertet, der die Ärzte Dr. Herbert Becker und Dr. Curd Runckel angehörten.

Zu der Zeit, in der die ersten Meldebögen an alle Anstalten des Reiches hinausgingen, begann die Erwachsenen-Euthanasie bereits in Pommern und Westpreußen. Und zwar nicht mit Gas, auch nicht mit Luminalspritzen, sondern mit Pistolen 08 der SS. Franz Schwede-Coburg, einer der ältesten Parteigänger Hitlers und Gauleiter von Pommern, hatte kurz nach Kriegsbeginn den Entschluß gefaßt, die ihm unterstehenden Heil- und Pflegeanstalten für SS-Kasernen und Lazarette freizumachen. Im Oktober bekam der Danziger SS-Sturmbahnführer Kurt Eimann den Befehl, die „übelsten Kranken" aus den fünf pommerschen Anstalten abzuholen und zu erschießen. Eimann suchte ein Waldlichtung bei Piasznicz im Kreis Neustadt, die mit Lastwagen erreichbar, aber schwer einsehbar war. Polnische Häftlinge des KZs Stutthof mußten Massengräber ausheben. Dann wurden durch Wochen hindurch Kranke erschossen.

Die Lastwagen blieben etwa 50 Meter von den Gruben entfernt stehen. Fünf bis zehn SS-Kommandos waren im Einsatz. Die Trupps bestanden jeweils aus drei Mann: Zwei führten den Kranken an den Rand des Grabes, der dritte tötete ihn mit einem Pistolenschuß in das Genick. Innerhalb der Dreiergruppen wurden die Funktionen ständig gewechselt. Die SS-Leute hatten Befehl, mit den Opfern harmlose Gespräche zu führen: „Behandelt sie nett als Kranke." Eimann wollte von seinen Männern nichts verlangen, was er nicht selbst tun würde: Den ersten Geisteskranken erschoß er selbst. Als letzte starben die polnischen KZ-Häftlinge: SS-Männer luden sie auf den LKW-Ladeflächen zum Saufen ein und gaben ihnen Schnaps, der mit einem Betäubungsmittel versetzt war. Die benommenen Polen wurden dann zu den Massengräbern geschleppt und erschossen. Die Zahl der Opfer ist nicht genau bekannt, es dürften mehr als 3000 gewesen sein.

Vielbeschäftigt war in dieser Anlaufphase der Euthanasie der Chemiker August Becker, der Zeuge – nach anderen Aussagen Akteur – der Probevergasung in Brandenburg. Becker hatte die Ärzte in der Bedienung der Vergasungsanlagen einzuschulen. An sich „keine große Sache", wie der Hartheimer Arzt Georg Renno 30 Jahre später sagte. Es kam dennoch zu Pannen, etwa Anfang 1940 in Grafeneck. Der dortige ärztliche Leiter Dr. Schumann drehte den Gashahn so weit auf, daß das Gas hörbar in den „Duschraum" zischte. Becker: „Die Manometer wurden unruhig, und die Delinquenten in der Zelle drohten unruhig zu werden." Der Chemiker nahm die Vergasung selbst vor und zeigte anschließend dem Arzt, wie die Ventile korrekt zu bedienen waren.

August Becker war auch derjenige, dem die Versorgung der Vernichtungsanstalten mit Kohlenmonoxidflaschen oblag. Er kaufte vom Werk Buss an der Saar der Mannesmann-Röhrenwerke hundert Stahlflaschen in „handelsüblicher Ausfertigung" mit 40 Liter Rauminhalt, die jeweils sechs Kubikmeter Kohlenmonoxid aufnehmen konnten. Die notwendigen Bezugsscheine und Dringlichkeitsbestätigungen steuerte die Kanzlei des Führers bei. Becker stattete die Gasflaschen mit Manometern aus und ließ die Verschlußgewinde ändern, um eine sparsamere Handhabung zu erreichen.

Das Gas kam von der IG-Farbenindustrie (BASF), Werk Ludwigshafen, das die Flaschen im Auftrag und für Rechnung des Kriminaltechnischen Instituts lieferte. Die Bestellungen kamen allerdings von der Hauptwirtschaftsabteilung von T4. Als die 100 Flaschen nicht ausreichten, stellte die IG-Farbenindustrie dem guten Kunden zusätzliche Leihflaschen zur Verfügung.

Damit waren die organisatorischen und personellen Vorbereitungen abgeschlossen. Die Aktion konnte beginnen.

IV. Das Morden beginnt

Sie kommen zurück, sagt Hans Schneider mit einem Lächeln. Vater, Mutter, Bruder Ignaz und Schwester Maria schauen fragend auf von ihren Tellern.

Wer, fragt der Vater.

Die Depperl, sagt Hans, sie bringen die Depperln wieder zurück in das Schloß.

So?

Ja. Ich habe heute einen Bus gesehen. Da waren 30 oder 40 von ihnen drinnen. Die meisten habe ich erkannt. Der Konrad war auch dabei, und der große Dicke, der immer beim Bauern drüben in Annaberg gearbeitet hat.

Gut, sagt der Vater.

Jetzt führen die wohl die Idiotenanstalt doch weiter, sagt Ignaz.

Der Vater zuckt die Achseln. Alle schweigen. Irgend etwas stimmt nicht. Der Bus ist gekommen, und dann haben sie eingeheizt drüben im Schloß, aber das wäre nicht notwendig gewesen, es ist ein warmer Frühsommertag. Heizen tun sie, als wenn sie das Schloß nach drei Wochen Frost auftauen müßten, hatte die Mutter gemurmelt. Und der seltsame Gestank.

Hans junior bricht das Schweigen. Es ist komisch, sagt er. Am Nachmittag ist noch ein Bus gekommen. Es müßten schon wieder 70 oder 80 oder mehr da sein. Aber es ist totenstill. Niemand ist zu sehen.

Früher, da hockten immer ein paar von den Pfleglingen an den Fenstern, die zur Straße gehen, klammerten sich an die Gitter und warteten, ob nicht jemand vorbeikam, mit dem sie ein paar Worte wechseln konnten. Und an schönen Tagen wie heute hörte man, wenn man auf der Dorfstraße am Schloß vorbeiging, das Reden und Lachen und gelegentliche Schreien von ein paar Dutzend Pfleglingen, die im Vorhof des Schlosses spazieren gingen. In diesem Vorhof waren drei Plätze eingezäunt, damit auch jene Pfleglinge, die man nicht so ohne weiteres ins Freie lassen konnte, ein wenig frische Luft bekamen.

Es ist jetzt ein Erholungsheim, sagt Maria.

Es ist absolut nichts zu hören, sagt Hans. Und komisch ist auch, wie sie jetzt alle Tore rundherum zugesperrt haben. Früher hast du doch einfach hineingehen können zum Pförtner, oder?

Laß gut sein, brummt der Vater. Sie schweigen wieder.

Das muß im Mai oder Anfang Juni 1940 gewesen sein. Einer der Hartheimer Heizer, Vinzenz Nohel, sagte bei einer Einvernahme durch Kriminalbeamte nach dem Krieg, die ersten Vergasungen seien etwa sechs Wochen nach Ostern erfolgt, was Mitte Mai bedeuten würde. Hans Schneider kann sich 55 Jahre später nicht mehr an das Datum erinnern. Ein konkreter Termin für den Beginn des Mordens in Hartheim ist der 6. Juni 1940. Dieser Tag fällt in den Archiven des Wagner-Jauregg-Krankenhauses in Linz auf. Die Heil- und Pflegeanstalt Niedernhart, wie das Haus damals hieß, war von ihrem Chef Primar Rudolf Lonauer im Frühjahr 1940 bereits als Durchgangsstation für Hartheim eingerichtet worden. Aus den Aufzeichnungen über die Belagzahlen von Niedernhart geht hervor, daß an jenem 6. Juni erstmals eine größere Anzahl von Patienten, nämlich 56 Personen, gleichzeitig abtransportiert wurde. Und auch der Niedernharter Oberpfleger Johann Baumgartner sagte im Juli 1945 vor der Linzer Kriminalpolizei aus, daß an jenem 6. Juni 1940 der erste Transport Geisteskranker „angeblich in das Altreich" verschickt wurde. Als Zielort für die „Transferierung" war die Heil- und Pflegeanstalt Brandenburg bei Berlin angegeben. Im Juni fand noch eine Reihe solcher Transporte statt, alle mit dem angeblichen Zielort Berlin, im Juli kam als Reiseziel Grafeneck bei Ulm dazu, im Herbst dann die Pflegeanstalt Sonnenstein bei Dresden. Alle diese Zielorte stimmten nicht, in Wahrheit gingen die Transporte in das nahe Hartheim. Ab Ende 1940 machte man sich in Niedernhart gar nicht mehr die Mühe, die Namen der anderen Vernichtungsanstalten in die Listen einzutragen, die Busse wurden nur noch als „Sammeltransporte" abgefertigt.

Andererseits gibt es eine offizielle Statistik der T4-Bürokratie, in der ganz genau die Aktivitäten der einzelnen Mordanstalten aufgelistet sind. In diesen Tabellen scheint die „Anstalt C", das ist Hartheim, erstmals im Mai 1940 auf, und zwar mit 633 Vergasten. Diese Zahl steigt dann rapide auf 982 im Juli, 1449 im August und 1740 im September. Und in den Niedernharter Transportlisten gibt es Aufzeichnungen, daß etwa in den letzten beiden Märzwochen 1940 acht Patienten nach Hartheim gebracht wurden, zwölf am 23. Mai und einer am 1. Juni.

Hans Schneider und Maria Schneider ahnen, daß es nicht mehr so ist wie vor einem Dreivierteljahr, als die Pfleglinge abtransportiert wurden. Daß es nicht mehr ratsam ist, einfach hinauszugehen auf die Dorfstraße, gleich gegenüber der Einfahrt zum Schloß, und zu schauen, was denn da passiert. Im Juni 1940 schlendern der mittlerweile 19jährige Hans und seine Schwester zum erstenmal hinüber in den Schweinestall, obwohl sie gar keine Arbeit haben. Möglichst unauffällig gehen sie über den Hof, Maria schlüpft langsam in den Stall, Hans drückt sich an der Bretterwand entlang zum Zaun, der den Hof von der Dorfstraße trennt, tut, als ob er eine schadhafte Stelle in Augenschein zu nehmen hätte. Dann dreht er sich um und schaut zum Stallfenster. Bist du da, sagt er. Jemand klopft von innen gegen die Scheibe. Hans tritt ganz nahe an das Fenster heran. Es ist nichts zu sehen. Dann tritt er pfeifend in den Stall ein, zieht die Tür hinter sich zu. Er huscht hin zu dem kleinen, schmutzigen Stallfenster im Westen.

Und, fragt Maria.

Man sieht überhaupt nichts, sagt Hans. Im Stall ist es so finster, daß das Fenster von außen ausschaut wie ein Spiegel.

Ich bin die ganze Zeit an der Scheibe gestanden, habe sogar ein paarmal gewinkt, sagt Maria.

Ich bin ganz nahe herangetreten, sagt Hans, aber ich habe dich nicht gesehen.

Gut, sagt Maria.

Sie stellen sich zum Fenster, und dort stehen sie lange Zeit, gebückt, nur ihre Haarschöpfe ragen über die Unterkante des Fensters, obwohl sie wissen, daß sie von draußen nicht gesehen werden können, stehen da, wie in den kommenden Jahren immer wieder Mitglieder der Familie Schneider stehen werden und ungläubig hinüberstarren auf das Schloß und das große Erholungsheim-Tor.

Ein Bus kommt, als Hans gerade von der Feldarbeit heimgeht zur Jause. Es ist ein ganz normaler Postbus. Langsam lenkt der Fahrer Franz Hödl um die enge Stelle kurz vor dem Schloß, er muß bremsen wegen des Fußgehers. Der 35jährige Hödl sollte eigentlich unbekümmert durch diese Gegend fahren. Er stammt aus dem nahen Aschach an der Donau und wohnt in Linz. Bis vor kurzem war er Postbusfahrer zwischen Linz und Passau und kennt als solcher alle Straßen genau. Aber in diesen Tagen ist er nervös und fährt besonders vorsichtig. So eine Fracht, das ist doch etwas ganz anderes.

Wie der Bus so langsam vorbeirollt an Hans, fangen drinnen die Insassen plötzlich zu gestikulieren an. Einer beginnt, Hansi, Hansi, schreit er so laut, daß es Schneider draußen hört, dann erkennen die anderen den früheren Ministranten und klopfen gegen die Scheiben. Hans winkt zurück. Bert, murmelt er, grüß dich Bert. Bist auch wieder da. Der eine drin, der Hans als erster erkannt hat, der Bert, hört nicht auf mit dem Winken und Rufen, als der Bus schon vor dem Schloßtor angehalten hat und Hans abgebogen ist von der Dorfstraße und hineingegangen ist in den väterlichen Hof.

Man könne sich das nicht wirklich vorstellen, was das für ein Gefühl gewesen sei, erzählt Hans Schneider 55 Jahre später. „Wie diese Leute wieder hergebracht wurden, wie die sich gefreut haben, daß sie endlich zurückkommen in ihr altes Quartier. Die sind ja Menschen gewesen, die haben ja auch denken können, die haben ja geglaubt, jetzt geht das Leben einfach weiter in Hartheim."

Der Bert und der Konrad und der hünenhafte Aushilfsarbeiter des Annaberger Bauern und der Großteil der vormaligen 200 Insassen der einstigen Heil- und Pflegeanstalt Hartheim sind die ersten, die den kurzen Weg durch das Schloß in den Tod gehen. Im Holzschuppen steigen sie aus den Bussen oder werden herausgetragen, wenn sie nicht selber gehen können, dann treibt oder schleppt man sie durch den Gang im Raum neben dem früheren Heizraum, dann kommen sie in den Bretterverschlag. Diejenigen von ihnen, die „ja auch denken können", wie es Hans Schneider nennt, schauen staunend auf die Planken, dahinter ist der Arkadenhof, warum läßt man sie da nicht hinein und dann drüben die Treppe hinauf zu ihren Zimmern, es bleibt keine Zeit zum Nachdenken, und die fremden Pfleger beantworten solche Fragen nicht. In einem Raum, der früher zum Wirtschaftstrakt zählte, ziehen sie sich aus oder werden ausgezogen, dann geht es wieder hinaus auf den Plankengang und hinein in das Turmzimmer. Dort sitzt ein Arzt an einem Tisch, den sie aus Niedernhart kennen, Dr. Lonauer, der Herr Primar höchstpersönlich, neben ihm ein paar Frauen und Männer in Pflegertracht. Warum fotografiert man uns, ist wieder so eine Frage. Und wieder: Keine Antwort. Und dann die letzte Frage: Aber in dem Raum, in den wir jetzt gehen sollen, da war doch nie ein Bad. Seit wann ist da jetzt ein Bad? Keine Antwort. Vierschrötige Männer mit groben Gesichtern schließen die Stahltür des Bades hinter dem letzten Businsassen.

Vor den einstigen Pfleglingen waren nach und nach die Männer und Frauen in das Schloß gekommen, die das neue Personal bildeten. Sie richteten sich die Zimmer in den oberen Stockwerken wohnlich ein. Ihre Zeit verbrachten sie, zumindest in den ersten Wochen oder gar Monaten des Mordbetriebs, ausschließlich in diesen Wohnungen oder unten im Erdgeschoß des Schlosses. Aus anderen Vernichtungsanstalten ist belegt, daß das Personal vorerst einmal strikt in den jeweiligen Häusern kaserniert war und keinerlei Kontakt mit der ortsansässigen Bevölkerung aufnehmen durfte. Für Hartheim ist dazu nichts überliefert, weil der Chef, Dr. Lonauer, praktisch das gesamte belastende Material im Jahr 1945 vernichtet hat. Man darf aber annehmen, daß die Männer der SS-Wachmannschaften und die Pflegerinnen und Pfleger von Hartheim, die durchwegs von auswärts kamen, zu Beginn ebenfalls kaserniert wurden. Und daß sie sich wahrscheinlich ohnehin sehr fremd vorgekommen wären in den hauptsächlich von Bauern besuchten Wirtshäusern Alkovens. Später dann, und das ist überliefert, sind die „Hartheimer" in den Wirtsstuben gesessen. Es gibt Geschichten über Liebesaffären von SS-Männern mit jungen Frauen aus der Gegend. Vergasungsarzt Renno hat in einem Verhör nach dem Krieg von regelmäßigen Besuchen bei einigen Alkovener Familien erzählt. Doch davon mehr an anderer Stelle.

Die mündlichen Überlieferungen, die in Alkoven und Umgebung zum Thema Hartheim existieren, sind äußerst spärlich, und ein fremder Fragender bekommt meist gar nichts zu hören, wenn erkennbar wird, daß er die Sache aus publizistischem Interesse angeht. Im Kanon der wenigen örtlichen Erzählungen über das Euthanasie-Schloß nimmt diese eine prominente Stellung ein: Unter dem Personal seien keine Leute aus der Gegend gewesen, ja, praktisch überhaupt keine Österreicher, die seien alle von draußen, aus dem Altreich, hereingeholt worden. Das stimmt jedoch nur zum Teil. Der stellvertretende ärztliche Leiter Georg Renno und der erste Verwaltungs- und Polizeichef Christian Wirth kamen ebenso aus dem Altreich wie ein Großteil der SS-Mannschaften und des Pflegepersonals. Aber der Kopf der Euthanasieanstalt Hartheim, der ärztliche Leiter Rudolf Lonauer, kam aus Linz. Franz Stangl, einer der Nachfolger Wirths und später für mindestens eine halbe Million Tote in Sobibor und Treblinka verantwortlich, kam aus Linz. Der Brenner Vinzenz Nohel kam aus Ansfelden. Der Brenner Hermann Merta kam aus Ybbs. Der Busfahrer Franz Hödl kam aus Aschach, sein Kollege Franz Mayrhuber aus Neumarkt am Hausruck, die zwei weiteren Fahrer, Johann Lothaller und Anton Gezinger, aus Linz. Die leitende Bürokraft Helene Hintersteiner, angeblich Sekretärin Lonauers, was aber nicht zu belegen ist, kam aus Linz. Anna Griessenberger, geborene Aichinger, kam aus Mehlberg bei Ybbs. Hermine Gruber und Maria Hammelsböck, geborene Auer, kamen aus Dorfstetten bei Ybbs. Maria Raab, geborene Draxler, kam aus Ybbs. Hermine Zehetner, Wirtschafterin der Hartheim-Nebenstelle Gschwendt, angebliche Geliebte Lonauers und dessen letzte Quartiergeberin, kam aus Neuhofen an der Krems. Franz Gindl kam aus Alkoven. Margarete Haider kam aus Kematen bei Ybbs. Franz Sitter, einer der wenigen, von denen bekannt ist, daß sie nicht in Hartheim arbeiten wollten und der dies auch sagte und seine Versetzung durchsetzte, kam aus Ybbs. Maria Wittmann kam aus Ybbs. Anton Schrottmayer kam aus Ybbs.

Hinter all diesen Namen stehen Vorgeschichten. Sie sind nicht aus dem Nichts gekommen und waren plötzlich Mörder und Mittäter und Schreibtischtäter in Hartheim. Sie alle sind auf verschiedenen Wegen nach Hartheim gekommen. Ihre Geschichten sind verschieden ausführlich dokumentiert. Das hat nichts zu tun mit Rang und Bedeutung der jeweiligen Person, sondern damit, wie häufig und ausführlich sie im erhaltenen und zugänglichen dokumentarischen Material vorkommen. Relativ ausführlich bekannt ist die Geschichte des Heizers Nohel.

Vinzenz Nohel, geboren am Heiligen Abend des Jahres 1902 in Sedlnitz in Mähren als Sohn eines Bauern, verflucht sein Leben lang das Jahr 1919. Da war er Lehrling bei der Firma Steininger in Ebelsberg gewesen. Das war eine Schlosserei. Täglich geht der Siebzehnjährige aus Freindorf bei Ansfelden, wo er bei seinen Eltern wohnt, zu Fuß fast eine Stunde lang die Traun entlang, hinüber in den Süden von Linz, am Abend eine Stunde zurück. An einem stürmischen Herbstabend reißt der Wind an den Allebäumen der Landstraßen. Laub und kleine Zweige fliegen schräg daher, schlagen den wenigen Fußgehern gegen Gesichter und Kleidung. Vinzenz Nohel hat den Kragen hochgeschlagen und hält den Kopf tief gesenkt. Er hört das Krachen hoch oben nicht, das heißt, er hört es wohl, doch mißt er ihm keine Bedeutung bei, denn die Bäume ächzen und knarren alle rund um ihn. Er hört, und nimmt doch nicht wahr, wie der eine Baum neben ihm, der mit dem oberschenkeldicken Stamm, in zwei mal Mannshöhe abbricht. Langsam, in einer perfekt geschwungenen Zeitlupenkurve, schweben der Stamm und die Krone schräg von hinten auf den ahnungslosen Fußgeher zu.

Der Stamm streift Nohels Schulter. Ein armdicker Ast trifft seinen Kopf. Schädelgrundbruch, diagnostizieren die Ärzte im Allgemeinen Krankenhaus in Linz. Die langwierige Operation verläuft erfolgreich. Nach zwei Wochen sind die ärgsten Schmerzen überwunden und die Todesangst. Der Siebzehnjährige beginnt, sich nach draußen zu sehnen, will weg aus dem stinkenden Raum mit fünf dauernd jammernden und stöhnenden Männern. Es dauert weitere sechs Wochen, bis Nohel entlassen wird, danach kann er neun Monate überhaupt nicht arbeiten.

Sein Leben lang, das noch 28 Jahre währen soll, leidet Vinzenz Nohel an diesem Unfall. Er kann sich nichts mehr richtig merken. Gedächtnisschwäche nennen es die Ärzte. Die rechte Körperhälfte ist teilweise gelähmt. Er schließt die Lehre ab beim Steininger und arbeitet dort noch sechs Jahre, aber viel verdienen kann er nicht. Zu ungeschickt für den gutbezahlten Akkord, sagt der Meister. Zu ungeschickt, bedauern später der Reihe nach die Schmiede und Schlossermeister in Linz und Umgebung, Nohels rechte Hand läßt sich nicht so bewegen, wie es für einen Schlosser notwendig wäre. Nohel heiratet am 10. Februar 1929 in der Stadtpfarrkirche Urfahr

Juliane Derntl, eine einfache Frau, und zeugt mit ihr zwischen 1930 und 1939 vier Kinder, die er kaum ernähren kann, weil er in dieser Zeit tiefer und tiefer nach unten rutscht. Mit Hilfsarbeiten verdient er sich sein Einkommen, zuletzt bei der Firma Lell in Freindorf bei Ansfelden.

Der Anschluß bringt Hoffnung. Nohels Bruder Gustav, vor Jahren hinaus ins Reich gegangen, kehrt 1938 als SA-Brigadeführer zurück nach Linz. Gustav Nohel, am 19. Juli 1896 im mährischen Sedlnitz geboren, ist ein bedeutender Mann in der Partei. Schon 1921 trat der Filialleiter der Firma Meinl in Linz in die NSDAP ein, mit der niedrigen Mitgliedsnummer 11 in Österreich. Er saß für die Nationalen von 1921 bis 1933 im Linzer Gemeinderat, 1925 wurde er Landesführer der SA, die damals noch „Vaterländischer Schutzbund" hieß. Nach dem Verbot übernahm er die Führung der illegalen NSDAP des Gaues Oberösterreich. Immer wieder war er in Polizeigefängnissen oder im Anhaltelager Wöllersdorf eingesperrt, insgesamt acht Monate lang. 1935 flog ihn der bekannte oberösterreichische Pilot Veß Wannek von Wels aus nach Deutschland.

Gustav Nohel übernimmt führende Positionen bei SA-Gruppen in Dresden, Magdeburg, Düsseldorf und Stettin und in der Österreichischen Legion. 1938, nun wieder in Linz als SA-Brigadeführer, wird der Träger des goldenen Parteiabzeichens Mitglied des Berliner Reichstages. Er stellt das Sudentendeutsche Freikorps/ Abschnitt Oberdonau auf, leitet zeitweise die SA von Oberösterreich, Salzburg, Tirol und Vorarlberg, wird Ratsherr der Gauhauptstadt Linz.

Der Bittgang zum Bruder fällt Vinzenz Nohel schwer. Steif und stockend spricht er zu dem Mann mit den vertrauten Gesichtszügen und der fremden braunen Uniform. Dürre Worte wechseln die Brüder, als ob sie in einer Amtssache miteinander zu tun hätten. Ob es nicht möglich sei, daß er einen besseren Arbeitsplatz zugewiesen bekomme, denn mit 25 Reichsmark wöchentlich könne er kaum die Familie ernähren, murmelt Vinzenz. Gustav nickt. Er werde sehen, sagt er kurz. Die Brüder trennen sich grußlos. Viel später erst, im Frühjahr 1940, geschieht wirklich etwas: Der SA-Brigadeführer Gustav Nohel läßt den Bruder in seine Kanzlei in der Freiheitsstraße in Linz bestellen.

Es ist ein Montag. Vinzenz Nohel zieht seinen besten Anzug an, schäbig genug ist der immer noch, und das sauberste Hemd. Es ist nur ein Treffen mit dem Bruder, ja, aber zugleich gehört dieser doch zu den neuen Herren, und die Art der Aufforderung zu einem Treffen hat nicht wie eine Einladung geklungen, sondern wie eine Vorladung. In der Kanzlei des Brigadeführers ist Vinzenz Nohel froh, sich wie für einen sonntäglichen Kirchgang gekleidet zu haben. Er ist nicht allein. Ein halbes Dutzend Männer, von denen er keinen kennt, warten mit ihm auf den Bruder. Später lernt Nohel die Namen der Männer kennen, einige werden seine Kollegen, und wieder eine kleine Weile später vergißt er wieder, daß er sie gekannt hat. Gustav Nohel begrüßt die Männer ernst, aber herzlich, sein Umgang mit Vinzenz läßt nicht erkennen, daß sie Brüder sind.

Er habe sie hinüber in das Landhaus zu bitten, sagt Gustav Nohel. Die Männer gehen schweigend die wenigen Schritte. In einem Raum im zweiten Stock stellt der Brigadeführer die Bewerber einem gewissen Herrn Kaufmann vor, einem Mann in den Vierzigern, ohne zu sagen, wer oder was dieser Mann ist.

Später erfährt Vinzenz Nohel von Kollegen, daß Adolf Gustav Kaufmann, der so bemüht preußisch spricht, damit aber die österreichische Färbung seiner Sprache nicht übertünchen kann, der Leiter der Inspektionsabteilung in der Tiergartenstraße 4 ist. Als solchem obliegen ihm Einrichtung, Ausbau und Rekrutierung von Personal aller Euthanasieanstalten.

Kaufmann, ein gebürtiger Linzer, war bereits im Jänner 1923 in die NSDAP und die SA eingetreten. Er lebte bei Kriegsbeginn in Pommern und war Angestellter der dortigen Gauleitung. In den Jahren 1940 und 1941 wurde er formell beurlaubt zur Dienstleistung in der Kanzlei des Führers, Verwendungszweck Euthanasiemaßnahmen, weshalb er im Frühjahr 1940 hektisch von einer Anstalt zur nächsten reiste.

Was verdienen Sie in Ihrem jetzigen Beruf, fragt Kaufmann in der Karwoche des Jahres 1940 im Linzer Landhaus einen nach dem anderen. Die meisten verdienen nicht viel mehr als Vinzenz Nohel. Trotzdem fallen alle in Kaufmanns schallendes Lachen ein, als Nohel an der Reihe ist.

Wieviel verdienen Sie?

Fünfundzwanzig Reichsmark wöchentlich.

Da prustet Kaufmann los, so lächerlich erscheint ihm diese Summe, und die Männer lachen verlegen mit. Kaufmann lockert seine angespannt militärische Haltung, er entspannt den Körper und signalisiert so entgegenkommende Vertraulichkeit. Sie kommen nach Hartheim, sagt er, dies ist ein Schloß bei Alkoven, keine 20 Kilometer von Linz.

Und was wird unser Dienst sein, fragt der Mutigste.

Verschiedene Arbeiten, sagt Kaufmann, man wird Sie an Ort und Stelle genau instruieren.

Die Männer schweigen. Arbeitgeber sei die Gemeinnützige Stiftung für Anstaltspflege, die ihrerseits im Auftrag der KdF tätig werde, sagt Kaufmann.

Der Mutigste fragt zögerlich: KdF?

Kanzlei des Führers, bellt Kaufmann.

Die Neugier der Männer ist mit Händen zu greifen, doch nun will keiner mehr nachfragen, auch läßt Kaufmann deutlich spüren, daß er keine weiteren Fragen wünscht.

Sie werden dort mehr verdienen, sagt er schließlich, wesentlich mehr. Da sind Vinzenz Nohel und die anderen zufrieden. Sie willigen ein, nach Hartheim zu gehen. Die Brüder Nohel sehen einander nicht ins Gesicht, als sie sich mit Handschlag verabschieden.

Bereits am Dienstag, den 2. April 1940, tritt Nohel den Dienst an. Er fährt mit der Bahn, die nach Eferding und Waizenkirchen führt, bis nach Alkoven. Zu Fuß geht er vom kleinen Lokalbahnhof nach Hartheim. Der große klobige Bau, der schon vom Bahnübergang aus sichtbar wird, sieht nicht aus wie ein Schloß. Ein Vierkanthof, aufgestockt, mit Erkern, die sich eine feinsinnige Bäurin einbildete, die etwas Besseres sein wollte als die anderen, und mit einem lächerlichen Türmchen. So wirkt das Schloß auf Nohel.

Zwei Wochen lang weiß Nohel nicht, warum man ihn eigentlich eingestellt hat. Er wird für verschiedenste Hilfsarbeiten eingesetzt. Die anderen, die mit ihm kamen, zweifeln ebenso, doch sie sprechen nicht darüber. Wollte einer ehrlich sein, müßte er sagen: Es ist keine richtige Arbeit. Die Entlohnung ist richtig: 170 Reichsmark erhält Nohel, dazu fünfzig Mark Trennungszulage, Unterkunft und Verpflegung sind frei. Dazu verspricht man ihm eine

Zulage von 35 Reichsmark monatlich als „Stillprämie". So nennt es Nohel fünf Jahre später gegenüber den Linzer Kriminalbeamten Breitschopf und Haas. Damit sollen seine Mühen, die die Arbeit als Heizer ihm bringt, abgegolten werden. Die Berliner halten ihr Wort. Vor Weihnachten 1940 erreicht Nohel ein Schreiben aus der Tiergartenstraße 4. Die Gemeinnützige Stiftung für Anstaltspflege freut sich, Herrn Vinzenz Nohel anläßlich des bevorstehenden Weihnachtsfestes die Höhe seiner Treueprämie, „welche von der Stiftung im Laufe des Jahres zusätzlich und freiwillig für Sie gezahlt wurde", mitteilen zu können.

Und weiter schreibt ein gewisser Jennerwein: „Ihr Guthaben beträgt zum Jahresabschluß 1940   RM 315.–.

Bei dieser Gelegenheit möchte ich Ihnen für Ihre treue Mitarbeit danken und der Hoffnung Ausdruck geben, daß Sie auch im kommenden Jahr Ihre Arbeitskraft voll der Stiftung zur Verfügung stellen", schreibt Jennerwein. Dann ermahnt er Nohel – und alle anderen, denn der Brief ist ein Vordruck, in dem nur die Namen der Anstalt und des jeweiligen Mitarbeiters, die Höhe der Prämie, das Datum und die Signatur variieren: „Über die Höhe Ihres Guthabens ist gegenüber Ihren Arbeitskameraden Stillschweigen zu bewahren. Berlin, den 10. Dezember 1940. Gezeichnet: Jennerwein." Daß ihm da der Chef selbst schreibt, weiß Nohel nicht. Jennerwein, den legendären bayrischen Wilderer, der 1877 in einer hinterhältigen und zur Volkslegende gewordenen Aktion erschossen wurde, hat sich Viktor Brack als Tarnnamen gewählt, der Chef des Hauptamtes II der Kanzlei des Führers.

Nohel macht sich in diesen zwei Wochen zu schaffen in der Werkstätte, die neben dem Heizraum im nordöstlichen Erker liegt, möglichst umständlich, damit der ganze Tag mit Beschäftigung ausgefüllt ist. Wenn keiner von den Männern in SS-Uniform zu sehen ist, geht Nohel über den Hof hinüber zur Küche, links vom südlichen Haupttor. Schnell hastet er durch den Arkadengang; falls ihm doch jemand zusieht aus einem Fenster der oberen Stockwerke, soll es aussehen, als ob der Hilfsarbeiter einen eiligen dienstlichen Weg hätte. Dann redet er ein wenig mit den Küchenmädchen, nicht viel, dazu ist er zu ernst. Darüber, was die Gemeinnützige Stiftung für Anstaltspflege eigentlich vorhat im Schloß, fällt kein Wort.

Am 15. April beginnt Nohels dritte Arbeitswoche in Hartheim. Daß sie anders sein wird, daß es mit der Ruhe vorbei ist und mit dem sich der Form halber Beschäftigen, ahnt, nein, weiß Vinzenz Nohel ebenso wie die anderen. SS-Sturmbannführer Christian Wirth hat das Personal zu einer Ansprache zusammenrufen lassen. Knapp ein halbes Hundert Menschen steht im Saal oben, der einmal die Kirche war, zum Großteil Männer, von denen wieder viele in SS-Uniformen. Die paar Frauen, die Pfleger und die Hilfsarbeiter tragen Zivil.

Wirth pflanzt sich breit vor den ihm Untergebenen auf, stellt die Beine auseinander, verschränkt die Hände im Rücken. Seine Stimme ist markig und laut.

Kameraden,

brüllt er,

Kameraden, ich habe euch heute da zusammengerufen, um euch die jetzige Lage im Schloß zu erklären. Was jetzt passieren wird! Ich habe den Auftrag bekommen von der Reichskanzlei, das weitere im Schloß hier zu leiten. Ich als Hauptmann habe alles unter mir. Wir müssen hier ein Krematorium bauen, um die Geisteskranken aus der Ostmark hier zu verbrennen.

Leise Unruhe kommt auf bei den Zuhörern. Wirth spricht schneller:

Es sind fünf Ärzte bestimmt, die die Geisteskranken untersuchen, um festzustellen, was zu retten ist und was nicht zu retten ist. Was nicht zu retten ist, kommt ins Krematorium und wird verbrannt.

Wirth macht eine Pause, um zu sehen, wie das Personal, das künftige Personal einer Vernichtungsanstalt, auf diese Ankündigung reagiert. Die Männer stehen in militärischer Haltung und geben sich Mühe, ungerührt zu wirken. Zwei der Frauen haben den Blick zu Boden gesenkt.

Die Geisteskranken sind eine Last für Deutschland, sagt Wirth leise und eindringlich, und wir wollen doch nur gesunde Menschen. Die Geisteskranken sind ja nur eine Last für den Staat.

Wirth räuspert sich, strafft den Körper, wird mit einem kaum merklichen Ruck zum „wilden Wirth", so nennen ihn die SSler, der wilde Wirth, der keinen Widerspruch duldet. Nun informiert er nicht mehr, nun erteilt er Befehle und droht unverhohlen: Einige Männer werden bestimmt, welche im Krematorium zu arbeiten haben. Vor allen Dingen heißt es schweigen bei Todesstrafe. Wer nicht schweigt, kommt ins KZ oder wird erschossen!

Dann läßt Wirth Papiere unter dem Personal verteilen. Es sind Verpflichtungserklärungen. Langsam liest der Sturmbannführer die fünf Punkte vor:

1. Mir ist bekannt, daß ich über alle mir im Zusammenhang mit meiner dienstlichen Tätigkeit bekannt werdenden Angelegenheiten gegenüber jedermann und gegenüber jeder Stelle des Staates wie auch der Bewegung unbedingte Verschwiegenheit zu wahren habe und daß mich von dieser Verpflichtung niemand anderer entbinden kann als der Reichsstatthalter und Gauleiter beziehungsweise Leiter der Anstalt Dr. Lonauer.

2. Ich weiß, daß mir diese auf das unbedingteste einzuhaltende Verpflichtung deshalb auferlegt wird, weil sich unter den zu meiner Kenntnis gelangenden Tatsachen Vorgänge befinden, welche „Geheime Reichssache", also Staatsgeheimnisse sind.

3. Ich weiß, daß auf Verrat von Geheimen Reichssachen die Todesstrafe steht und daß auch versuchter oder nur fahrlässiger Verrat mit der Todesstrafe geahndet werden kann.

4. Ich weiß, daß alle Angelegenheiten, die mit der Transferierung der Patienten in andere Anstalten zusammenhängen, als Geheime Reichssache anzusehen sind.

5. Ich weiß, daß diese Verpflichtung auch für die gesamte Zeit nach eventueller Beendigung meines Dienstverhältnisses gilt.

Ich habe den Inhalt der vorstehenden Erklärung, nachdem er mir vorher mündlich erläutert worden ist, genau durchgelesen und eigenhändig wie folgt unterschrieben.

Wirth fragt, ob jemand eine mündliche Erläuterung benötige. Schweigen. Unaufgefordert wiederholt er den Punkt der Erklärung, der ihm – und auch seinen Zuhörern – als der wesentliche erscheint: Auf Verrat von Geheimen Reichssachen steht die Todesstrafe.

Nohel schreibt langsam mit seiner störrischen rechten Hand sein Vinzenz Nohel auf das Papier. Alle anderen unterschreiben ebenfalls. Wirths Männer sammeln die Erklärungen ein. Die ruhige Zeit im Schloß ist vorbei. Die Bauarbeiten werden hektischer.

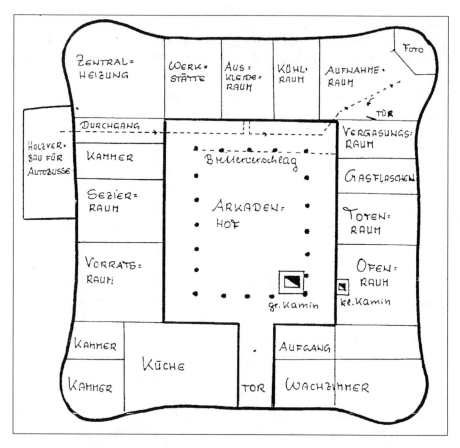

Diese Skizze des Hartheimer Schlosses wurde von der Kripo Linz kurz nach dem Krieg angefertigt, wahrscheinlich nach Angaben der ersten einvernommenen Pfleger und „Brenner". Die Skizze ist fehlerhaft: Die Arkaden im Norden und Süden bestehen nicht aus fünf, sondern aus vier Säulen.

Nohel, Hermann Merta, Kurt Bolender und einige weitere Männer werden zu Brennern bestimmt. So heißen die Heizer des Krematoriums, nicht nur in Hartheim, auch in Bernburg, Brandenburg, Hadamar, Grafeneck, Sonnenstein. Zum Oberheizer wird ein Mann bestimmt, von dem praktisch nichts überliefert ist, man weiß nur aus einer 20 Jahre später erfolgten Aussage des stellvertretenden ärztlichen Leiters Georg Renno, daß dieser Mann Vallasta oder Valaster hieß. Sogar die Schreibweise des Namens ist unklar, der Protokollführer des Frankfurter Gerichts hat ihn einmal so, einmal so geschrieben. Franz Hödl aus Linz, der wahrscheinlich bei der Anwerbung des Personals durch Kaufmann im Linzer Landhaus dabei war, wird zum Garagenmeister bestimmt, Franz Mayrhuber, Hans Lothaller und Anton Gezinger zu Fahrern der Busse.

Nach seiner eigenen Erinnerung währt die Frist bis zu jenem Tag, an dem Nohel wirklich als Heizer, als Brenner zu arbeiten beginnt, nicht mehr als vier Wochen. Nach der Aktenlage dürfte das Krematorium zum ersten Mal im Mai 1940 eingeheizt worden sein, keine zwei Monate nach dieser Instruktion durch Wirth.

Nohel ist also noch einen oder zwei Monate einfacher Hilfsarbeiter, der den Maurern und Zimmerern Material zuträgt, während sie große Löcher in die Wände reißen, Türrahmen einmauern, schwere massive Stahltüren einpassen, Zwischenwände im Nordosterkerbereich wegreißen, damit ein großer Raum entsteht. Die schwerste Arbeit ist das Schleppen der Ziegel im Innenhof, wo der große Kamin in rasendem Tempo in die Höhe wächst, nach zwei Wochen schon das Dach des Schlosses überragt. Steine, Steine, brüllen die Maurer oben auf dem Gerüst in einer endlosen Litanei. Unten, beim Seilkran, den ganzen Tag nur Rennen und Drängen mit den Schubkarren voller Steine. Am meisten brüllt der Polier, ein Berliner namens Lambert, der den ganzen Tag über die Maurer und Hilfsarbeiter antreibt.

Ein Hauch der künftigen Aufgabe streift Vinzenz Nohel und die anderen Männer, die als Heizer eingeteilt sind, als die Lastwagen Fuhren mit Schamotteziegeln bringen. Feuerfeste Backsteine, mit denen in einem großen Raum rechts vom südlichen Haupttor, neben dem Stiegenaufgang zu den Arkaden des Innenhofs und angrenzend an das Wachzimmer, ein dunkler klobiger Block gemauert wird. Der Ofen. Das Krematorium. Für die Ofenmaurer ist es eine vergleichsweise schöne Arbeit, weil sie bei ihrer sonstigen Arbeit in Heizkellern von Schulen, Mietwohnbauten oder Kleinindustriebetrieben Öfen zu setzen haben, die viel kleiner sind als der hier. Das ist dort ein mühseliges Hineinkriechen durch enge Ofenlöcher, kaum kann man sich im Brennraum bewegen, das Hantieren mit Mörtel und Innenverkleidungsziegeln geht nur im Liegen, dabei schlafen die Füße ein, und das Kreuz schmerzt bald auf der harten Unterlage. Hier, in Hartheim, ist das Mauern leicht, wie wenn man ein Haus baute. Der Brennraum ist riesig groß, ein Maurer und ein Helfer können drin arbeiten, die Innenwände schamottieren, ohne einander zu behindern. Es sieht aus wie ein riesiger Backofen, denkt Nohel, nur daß hier nicht gewaltige Mengen Brot hineingeschoben werden. Die Körper von vier Menschen haben gleichzeitig Platz.

Lieber als in diesem düsteren Raum ist Nohel bei den Zimmerern draußen an der Westseite des Schlosses. Es ist ein angenehmer Frühling, an manchen Tagen arbeitet er im Hemd. Die wirkliche Arbeit der Heizer beginnt, als die Umbauten irgendwann Ende Mai, Anfang Juni abgeschlossen sind. Die Tätigkeit der Brenner setzt ein, als die früheren Pfleglinge zurück ins Schloß kommen.

Bei seiner Einvernahme durch die Beamten Breitschopf und Haas vor der Kriminalpolizei in Linz am 4. September 1945 schilderte Nohel die Ereignisse wie oben angeführt. Er betonte ausdrücklich, daß er sich nicht freiwillig zum Brenner gemeldet habe, sondern daß er wie die anderen von Hauptmann Wirth dazu eingeteilt wurde. Ob dies den Tatsachen entspricht, ist nicht eruierbar.

Hermann Merta, geboren am 12. Jänner 1904, lebt bis Anfang Mai 1940 in Angern, einem kleinen Dorf in der Nähe seines Geburtsortes Ybbs an der Donau. Er hat den Beruf eines Maschinenschlossers gelernt und auch lange Zeit ausgeübt. Dann aber, 1934, ging er in die Heil- und Pflegeanstalt Ybbs an der Donau. Sein Vorgesetzter war Chefarzt Max Thaller, ein fanatischer illegaler Nazi, der in seiner Anstalt „wilde Euthanasie" betrieb. Dutzende, ja hunderte seiner Patienten sollen unerklärlichen „Herzschlägen" zum Opfer gefallen sein. Merta dürfte in seinem Reden und Handeln in der Ybbser Anstalt auf der Linie seines Vorgesetzten gelegen sein. Deshalb wohl hat man ihn gefragt, ob er nicht nach Oberösterreich gehen wolle, nach Hartheim, wo eine neue Anstalt mit besonderen Aufgaben entstehe. Die gute Bezahlung wurde als Lockmittel in Aussicht gestellt, und wahrscheinlich wurde auf Merta auch mehr oder weniger sanfter Druck ausgeübt. Bei den ersten Verhören durch die Ybbser Gendarmerie, die ihn im Oktober 1945 verhaftete, sagte Merta, im Mai 1940 sei er vor der Alternative gestanden: Hartheim oder Einrücken zur Wehrmacht. Bei seinem Prozeß in Linz im November 1947 stritt er diese seine eigene Aussage energisch ab: Er sei, so wie viele Pflegerinnen aus Ybbs, dienstverpflichtet worden, sei also nicht freiwillig nach Hartheim gekommen. In den Linzer Gerichtsakten scheint Merta jedenfalls auf einer Liste der nach Hartheim notdienstverpflichteten Personen auf, allerdings als „Hermann Mertz" und mit dem Geburtsdatum 2. Februar 1904 angeführt. Andererseits ist die große Gruppe junger Frauen, die aus Ybbs dienstverpflichtet wurde, erst im November 1940 nach Hartheim versetzt worden, als es in Ybbs immer weniger Arbeit gab, weil der „verrückte Thaller" die Patienten reihenweise entweder selbst umbrachte oder sie nach Hartheim bringen ließ; Merta jedoch kam schon im Mai in das Euthanasieschloß.

Merta wurde wie alle von Wirth über die wahre Funktion Hartheims aufgeklärt und zur Verschwiegenheit verpflichtet. Wirth soll sich recht drastisch ausgedrückt haben, als Merta einmal andeutete, er wolle nicht mit den Transporten mitfahren: „Im Weigerungsfall wirst du über den Haufen geknallt oder kommst ins KZ!" Was genau Mertas Funktion in Hartheim war, ist nicht eindeutig zu sagen. Das Linzer Gericht, das ihn 1947 verurteilte, befand als wahr, daß Merta Brenner gewesen sei, daß er beim Auskleiden der Opfer geholfen habe, daß er dann deren Leichen in den Krematoriumsofen gesteckt habe. Merta selbst sagte, er habe lediglich in der Waschküche und im Garten gearbeitet und nur in den letzten paar Tagen, bevor er im Herbst 1943 nach Rumänien einrücken mußte, sei er als Hilfskraft beim Leichenschleppen eingesetzt worden. Richter Mittermayr konterte beim Volksgerichtsverfahren 1947: Das Beweisverfahren habe ergeben, daß es damals in Hartheim gar keinen Garten gab! In einem Zeitungsbericht von Ende 1945, dessen Umgang mit den Fakten allerdings nicht sehr vertrauenswürdig erscheint, heißt es, daß Merta „mit der Leitung der Gaskammer betraut" gewesen sei, und daß er derjenige gewesen sei, der die Namenstafeln für die Urnen angefertigt habe.

Franz Hödl wurde am 1. Jänner 1905 in Aschach an der Donau geboren. Seine Eltern übersiedelten nach Linz, als er noch ein kleines Kind war. Zuerst wohnten sie in der Rudolfstraße in Urfahr, dann in der Wiener Reichsstraße. Hödl war kein besonders guter Schüler, er absolvierte fünf Klassen Volksschule und eine Klasse Bürgerschule. Erwachsen geworden, ließ er sich zum Kraftfahrer ausbilden und trat in den Postdienst ein. Der Postler war ein überzeugter illegaler Nazi. Im April 1937 trat er in die NSDAP ein, formell aufgenommen wurde er mit Datum 1. Mai 1938 unter der Mitgliedsnummer 6,308.421. Schon am 1. Juli 1933 ging Hödl zur SA, am 1. Februar 1938 wurde er Mitglied der SS. Der „Alte Kämpfer" blieb vorerst bei der Post, seine letzte Position war die eines Linienbusfahrers zwischen Linz und Passau.

Im April 1940 wird Hödl in die Personalstelle des Kraftfahrbetriebes in Linz beordert. Man sagt ihm dort nicht, warum er zu erscheinen hatte, sondern schickt ihn mit den zwei Kollegen Lothaller und Gezinger, die ebenfalls herbestellt wurden, weiter zur Gauleitung ins Landhaus. Hödl kennt die beiden Kollegen gut, es sind Parteigenossen, wie bei ihm selbst steht in ihren Dienstbeschreibungen, daß sie „politisch zweifellos verläßlich" sind. Im Landhaus treffen sie auf eine kleine Gruppe von Männern. SA-Brigadeführer Gustav Nohel und Adolf Gustav Kaufmann, Leiter der Inspektionsabteilung in der Kanzlei des Führers, informieren. Es ist die oben geschilderte Veranstaltung, an der auch Vinzenz Nohel teilnimmt.

Hödl schilderte die Abläufe sieben Jahre später genauso wie Nohel und die anderen. Kaufmann habe ihnen in Linz nicht eröffnet, worum es eigentlich gehe, sondern nur gesagt, daß man sie aufgrund der politischen Zuverlässigkeit „für besondere Einsätze" ausgesucht habe. Unmittelbar nach diesem Termin bei der Gauleitung seien sie alle nach Hartheim gekommen. Noch am Abend des Ankunftstages empfängt sie Christian Wirth. Er hat uns auf Verschwiegenheit vereidigt, und dann hat er uns eingeweiht, sagt Hödl später vor Gericht aus. Daß sie die Geisteskranken ausmerzen, die eine Last für das Volksganze seien, habe Wirth gesagt, und er habe auch das Wort Euthanasie verwendet. An Hödl, Mayrhuber, Lothaller und Gezinger direkt gewandt richtet Wirth diese Worte: „Und ihr müßt die Geisteskranken herbringen."

Hödl unterschreibt wie die anderen die Verpflichtungserklärung.

Er wird der erste Fahrer und Garagenmeister, dem die drei anderen unterstehen. Vorerst gibt es ein paar Wochen lang fast nichts zu tun. Die Fahrer übernehmen irgendwann im Mai ihre Fahrzeuge, „ganz normale Omnibusse von der Reichspost". Dann warten sie wieder. Die Busse werden grau gestrichen. Ende Mai oder Anfang Juni geht es endlich los. Die ersten Fahrten führen nach Linz, in die Heilanstalt Niedernhart, und zu den Idiotenanstalten von Baumgartenberg und Engelhartszell. Die früheren Pfleglinge werden abgeholt. Es sind turbulente Fahrten: Sobald die Businsassen bemerken, daß es zurück geht in das Schloß, in ihre alte Anstalt, werden sie immer aufgeregter vor lauter Freude. Die zwei Pflegerinnen oder Pfleger, die bei jeder Fuhre mitfahren, können kaum für Ruhe sorgen.

Der Fahrer Franz Mayrhuber, geboren am 11. November 1908, stammt aus Neumarkt am Hausruck, Bezirk Grieskirchen. Mit 26 Jahren, im Juli 1933, tritt er der SA bei, seine Mitgliedsnummer lautet 3089. Am 28. Februar 1934 geht der fanatische illegale Nazi über die Grenze. Er bricht alles hinter sich ab, nicht einmal seinen Paß nimmt er mit. Später hat Mayrhuber erzählt, er habe dies nur getan, weil er in Österreich keine Arbeit fand, Nazi sei er nie gewesen, sondern sei erst, so wie die meisten vom Personal, 1941 in Hartheim gleichsam automatisch und ohne eigenes Zutun Mitglied der NSDAP geworden. Das Linzer Volksgericht glaubte ihm dies im Jahr 1948. Erst der Oberste Gerichtshof forschte genauer nach und fand heraus, daß Mayrhuber bereits im März 1933 NSDAP-Mitglied wurde.
Bis zum Jahr 1937 dient er den Nazis im Reich als Angehöriger der Österreichischen Legion, und zwar als Kraftfahrer ohne Dienstgrad. Dann wird er beurlaubt, als nächstes arbeitet er erneut als Kraftfahrer, diesmal für eine Dienststelle der Hitlerjugend. Nach dem Anschluß kehrt er nach Österreich zurück und wird Kraftfahrer in der SA-Gruppenschule Offenhausen bei Lambach. Sein höchster Dienstgrad in der SA ist Scharführer. Man darf annehmen, daß der „Alte Kämpfer" Mayrhuber als politisch zuverlässig galt und deshalb das Angebot erhielt, bei sehr guter Entlohnung als Fahrer nach Hartheim zu gehen.

Helene Hintersteiner wurde am 1. August 1909 in Linz geboren. Schon in jungen Jahren trat sie dem „Turnverein 1862" bei. Ihr älterer Bruder ist ein überzeugter illegaler Nazi. Nur seinetwegen, so sagte sie später vor dem Richter, habe sie sich nach dem Anschluß um die Aufnahme in die NSDAP bemüht. Sie sei mit Datum 1. Mai 1938 aufgenommen worden, und zwar mit einer Mitgliedsnummer, die auf jeden Fall über sechs Millionen lag. Das Gericht scheint ihr dies 1947 nicht ohne Mißtrauen abgenommen zu haben: Wäre die Hintersteiner tatsächlich erst nach dem Anschluß Parteigenossin geworden und nicht schon lange vorher, hätte es keinen Sinn ergeben, den Mitgliedsausweis verschwinden zu lassen und sich die Mitgliedsnummer nicht zu merken, wie es Helene Hintersteiner tat. Staatsanwalt Dr. Staffelmayr, der die Anklage gegen diese Frau vorbereitete, ließ jedenfalls ausheben, daß Hintersteiner nach den Erfassungsvorschriften der NSDAP als „Altparteigenossin" anerkannt worden war, und er ließ einen Bericht der Polizei einholen, in dem Hintersteiner als eingefleischte und fanatische Nationalsozialistin bezeichnet wird.

Im Frühjahr 1940 arbeitet Helene Hintersteiner als Buchhalterin bei einer Firma Haas in Linz. Die junge Frau ist ehrgeizig, und sie nützt die eigenen Kontakte und die ihres Bruders zu den lokalen Größen der Partei. Irgendwann um Ostern kann jemand aus der Gauleitung einen für sie wichtigen Termin arrangieren: Helene trifft sich mit Adolf Gustav Kaufmann, dem hohen Herrn aus der Kanzlei des Führers, der um diese Zeit auf der Suche nach Personal für Hartheim ist. Kaufmann kann der ehrgeizigen Frau helfen: „Wollen Sie nicht nach Alkoven, es gibt dort eine Anstalt, wo sie stellvertretende Verwaltungsführerin werden können?"

„Was für eine Firma?"

„Das kann ich nicht sagen. Geheime Reichssache."

Helene nickt. Das wäre schon etwas.

Kurze Zeit später erhält sie aus der Gauleitung die Anweisung, sich in Hartheim zum Dienst zu melden. Sie erhält die übliche Einweihung durch Christian Wirth und unterschreibt die Verschwiegenheitsverpflichtung. Wirth erklärt ihr noch, die Euthanasieaktion beruhe auf einem „geheimen Reichsgesetz, das aus außenpolitischen Gründen noch nicht zur Veröffentlichung gekommen" sei.

Der Sachlage nach zu urteilen, war die Linzerin mit dieser Erklärung zufrieden. Sie begann jedenfalls ihren Dienst am 15. April 1940, und zwar laut ihrer Aussage mit „primitiven Büroarbeiten". Sie habe sich „sogleich bemüht, wieder wegzukommen", sagte sie sieben Jahre später vor Gericht, doch ohne Erfolg. Tatsächlich stieg sie schon fünf Wochen nach Dienstbeginn auf zur leitenden Kanzleiangestellten und Sekretärin des Chefs Rudolf Lonauer. „Einfach deshalb, weil ich die älteste war", erklärte sie das später. Und die spezielle Sekretärin Lonauers sei sie nicht gewesen, sie habe für alle leitenden Herren die Korrespondenzen erledigt.

Helene Hintersteiner blieb jedenfalls am längsten von allen im Schloß. Zwischen Juni 1943 und Juli 1944 kam sie weg. Wohin, das hat sie dem Linzer Richter nicht erklärt, und der hat auch nicht nachgefragt. Möglicherweise war die Hintersteiner so wie ein Gutteil des Hartheimer Personals in dieser Zeit bei Vernichtungsaktionen im Osten eingesetzt. Dies ist aber eine bloße Mutmaßung. Danach kehrte sie ins Schloß zurück. Bei der Auflösung der Euthanasieanlagen Anfang 1945 und der Einrichtung eines Kinderheimes, das der Stätte des Grauens einen harmlosen Anschein geben sollte, war sie dabei: Ab Jänner 1945 war sie Verwaltungsführerin dieses Kinderheimes. Sie blieb sogar nach dem Ende des Krieges im Schloß wohnen. Im Linzer Volksblatt erschien am 20. Oktober 1945 unter dem Titel „Reaktion aus der Bevölkerung" folgender Beitrag:

„Zur Empörung der ganzen Bevölkerung Hartheims wohnt im Schloß noch immer eine junge Frau namens Hintersteiner, die jahrelang Angestellte der dort wütenden SS war und nach Angaben der Bewohner sich auch heute noch stolz als Nationalsozialistin bekennt!" Diese Frau, so der Vorwurf in dem kurzen Artikel, soll die Filme aus der Photozelle verschwinden lassen haben, bevor sie den Amerikanern in die Hände fielen.

Und es gibt einen Bericht der Alkovener Gendarmerie vom Kriegsende, in dem Hintersteiner als besonders gefährlich bezeichnet wird: Sie soll die Vergasungen mit besonderem Wohlgefallen betrachtet haben. Im Prozeß gegen Hintersteiner schwächte Franz Steininger, seit 1943 Postenkommandant der Gendarmerie in Alkoven, diese Angaben aber erheblich ab. Diese Einschätzung

Hintersteiners komme daher: Hauptmann Wirth habe gegen die Alkovener Bevölkerung massive Drohungen ausgesprochen, wenn die Gerüchte um das Schloß nicht aufhörten. Deshalb habe die Bevölkerung alle in Hartheim beschäftigten Personen als gefährlich angesehen. Steininger setzte allerdings diesen Satz nach: „Die Bevölkerung wurde vom Hartheimer Personal eingeschüchtert, und die Hintersteiner soll sich dabei besonders hervorgetan haben."

Wie die Hauptpersonen der grausigen Geschichte dazu kamen, in Hartheim zu arbeiten, ist nicht so ausführlich überliefert wie bei einigen Figuren aus der mittleren und unteren Ebene. Von wem und wie etwa Rudolf Lonauer als Euthanasie-Arzt angeworben wurde, ist nicht bekannt. In den internen T4-Listen ist er jedenfalls unter der Rubrik „Ärzte in den Anstalten" ab dem 1. April 1940 geführt.

Die Werber werden wahrscheinlich unter den Spitzen der Berliner Zentrale zu finden sein. Lonauer dürfte von der Partei und/oder der SS als höchst zuverlässiger Parteigenosse empfohlen worden sein.

Der gebürtige Linzer ist strammer Parteigenosse schon lange vor dem Anschluß. Seine Mitgliedsnummer bei der NSDAP lautet 1,620.228 – eine niedrige Zahl für einen Österreicher; die niedrigen Nummern unter den Parteigenossen, die nach dem Anschluß beitraten, liegen irgendwo um die sechs Millionen. Dementsprechend hat er nach dem März 1938 den privilegierten Status eines „Alten Kämpfers". In der SS bringt es Lonauer bis zum Hauptsturmführer. Und er erfüllt ein Kriterium, das der Kanzlei des Führers bei der Rekrutierung der T4-Ärzte offensichtlich besonders wichtig ist: Er ist jung, 33 Jahre, als er den Dienst in Hartheim antritt.

Rudolf Lonauer ist der Haupttäter bei der Vernichtung lebensunwerten Lebens in Österreich gewesen. Er hat die Mordanstalt Hartheim geleitet, und er hat in Niedernhart die „wilde Euthanasie" praktisch im Alleingang durchgezogen – und dabei an die 1000 Menschen eigenhändig mittels Injektionen getötet. Dennoch bleibt seine Person in dieser Geschichte blaß. Es ist wenig von ihm überliefert, und das meiste besteht aus Aussagen von Angeklagten, die möglicherweise versuchten, die Verantwortung auf Lonauer abzuwälzen, der sich den Richtern durch Selbstmord entzogen hat.

Rudolf Lonauer kam am 9. Jänner 1907 in Linz zur Welt, als Sohn des Obermagistratsrates Rudolf und der Anna, geborene Almeslechner. Er wuchs in deutschnationaler Umgebung auf: Der Vater gehörte der Großdeutschen Partei an, später dann, noch vor dem Anschluß, den Nationalsozialisten. Die Mutter Anna dagegen scheint eher christlich-sozial eingestellt gewesen zu sein: Sie trat nie der NSDAP bei, und sie weigerte sich auch, wie ihr Mann aus der katholischen Kirche auszutreten. Die Familie lebte in einem Haus in der Greilstraße 9, das ihr gehörte.

Rudolf Lonauer heiratete in den 30er Jahren die Grazerin Maria Hofer und zog mit ihr in eine Wohnung unter der Linzer Adresse Waldegg 419. Es trafen sich da zwei Fanatiker. Rudolf Lonauer war NSDAP-Mitglied und lange vor dem Anschluß illegaler SS-Mann. Maria Lonauer war, glaubt man den Erhebungen der Kriminalpolizei, die diese kurz nach dem Krieg unter Bekannten der Familie anstellte, um einiges schärfer: Die „fanatische Nationalsozialistin habe auf ihren Ehemann stets eingewirkt", heißt es in einem Polizeibericht, „daß er den nationalsozialistischen Grundsätzen treu bleibe." Der Ehe entstammten zwei Kinder: Rosemarie, geboren am 13. Dezember 1938, und Petra, geboren am 2. März 1943.

Was für ein Mensch der Naziverbrecher Lonauer war, wie er fühlte, was er liebte, was er in der Freizeit unternahm, ist nicht nachvollziehbar. Man muß ihn sich wohl als ehrgeizigen jungen Menschen vorstellen, der von den braunen Ideen überzeugt war, und der die Chance sah, innerhalb dieses Systems, das er bejahte, eine steile und schnelle Karriere zu machen. Ein Sadist, der Menschen aus Leidenschaft quälte und tötete, dürfte er nicht gewesen sein, eher einer, der die Ausmerzung der „Ballastexistenzen" bejahte, und der konsequent seine Arbeit leistete, nachdem er sich verpflichtet hatte, an dieser Ausmerzung mitzuwirken. Es gibt Zeugenaussagen von Pflegern in Niedernhart, denen zufolge dem Primar Lonauer über Mißhandlungen von Pfleglingen berichtet wurde, die in die Busse nach Hartheim verladen wurden. Lonauer habe daraufhin, so der Zeuge, angeordnet, daß dieses rohe Verhalten einzustellen sei. Pflichterfüllung dürfte Lonauer das oberste

Gebot gewesen sein: Noch einen Tag vor seinen Tod, am 4. Mai 1945, wollte er gegen die Russen ziehen, um als aufrechter Mann den Heldentod für den Führer zu sterben – zog es dann aber doch vor, seine Frau, seine Töchter, sieben und zwei Jahre alt, und sich selbst zu vergiften.

Es gibt ein Foto, das aus 1942 stammen muß, aus der Zeit der Selektionsreisen durch die KZs. Lonauer sitzt mit fünf weiteren Männern auf einer Bank unter den dichtbelaubten Ästen eines mächtigen Baumes. Die anderen – ein Chauffeur und die T4-Gutachter Ratka, Mennecke, Nitsche und Wischer – sind ältere zusammengekauerte Männer. Lonauer, die Arme lässig auf die Rückenlehne der Bank gestützt, eine Aktentasche und eine dicke Ledermappe neben sich, sticht hervor: Ein großer schlanker Mann, sich seines attraktiven Äußeren bewußt, schaut da kühl in die Kamera.

Aus Lonauers Vorgeschichte gibt es einen einzigen Beleg, der auf eine frühe Konfrontation mit dem Thema Geisteskrankheit hinweist. Im Niedernharter Aktenlager befindet sich ein unvollständiger und nicht registrierter Erhebungsbogen, der einen Bruder Rudolf Lonauers betrifft. Dieser Bruder wurde 1913 geboren, da war Rudolf sechs Jahre alt. 1916, Rudolf war neun, der jüngere drei Jahre alt, erkrankte der Bruder schwer und litt von da weg an massiven epileptischen Störungen. Die Eltern reisten mit dem Kind von einem Arzt zum anderen, der Zustand des Kindes verschlechterte sich aber ständig. Im Jahr 1924 waren sie auch bei Franz Schnopfhagen, dem damaligen Direktor von Niedernhart. Aus nicht eruierbaren Gründen wurde der epileptische Bruder Lonauers allerdings nicht in Niedernhart aufgenommen. Irgendwann während des Krieges, das Datum ist nicht übermittelt, starb dieser Bruder.

Vierzehn Jahre später kommt Lonauer als bewährter Nationalsozialist und neuer Chef nach Niedernhart. Hofrat Dr. Josef Böhm, Schnopfhagens Nachfolger, führt ihn ein. Gleich am ersten Tag lädt Lonauer die „Gefolgschaftsmitglieder", also alle Ärzte und Pfleger, zu einem Appell. Das klingt martialisch, scheint aber nach Aussagen Beteiligter relativ amikal abgelaufen zu sein. Lonauer stellt sich als neuer Direktor vor und bittet die Gefolgschaft ausdrücklich um Mitarbeit. Er kündigt an, den Betrieb wie der bisherige Direktor Böhm führen zu wollen. Anfänglich ändert sich auch gar nichts am Dienstablauf in Niedernhart. Später, vor Gericht, sagen jedoch Mitärzte und Pfleger aus, Lonauer sei „barsch und kurz angebunden" gewesen.

Im Frühjahr 1940, Primar Lonauer hat seine speziellen Abteilungen in Niedernhart schon installiert, bleibt der Chef immer öfter tagelang dem Haus fern. Er hat einen zusätzlichen Posten bekommen: die Leitung Hartheims. Mit 1. April 1940 tritt er den Dienst formell an. Wahrscheinlich war er schon vor diesem Datum häufig in Alkoven, um darauf zu achten, daß bei den Umbauarbeiten im Schloß die „ärztlichen Bedürfnisse" berücksichtigt werden. Noch bevor in Hartheim die ersten Menschen getötet werden, ist Lonauer bereits in der Aktion T4 aktiv: Ab 9. Mai 1940 fungiert er als Gutachter. Die Anstalten Grafeneck und Brandenburg arbeiten bereits. Lonauer hat wahrscheinlich auf hunderten Meldebögen von Geisteskranken aus dem ganzen Reich mittels rotem Tintenkreuz das Todesurteil gesprochen, ehe er Ende Mai oder Anfang Juni erstmals selbst am Gashahn drehte und durch das Guckloch sah.

Lonauers Stellvertreter wurde im Mai 1940 der elsässische Arzt Dr. Georg Renno. Er ist vier Tage jünger als sein Chef. Zwischen den beiden jungen Herren, die beide langjährige Parteigenossen sind, entsteht bald eine Männerfreundschaft unter Gleichgesinnten. Renno, geboren am 13. Jänner 1907 in Straßburg als Sohn eines kaufmännischen Angestellten bei der Raiffeisengenossenschaft, nennt Lonauer Rolf. Er vertritt den Linzer nicht nur in der Leitung von Niedernhart und Hartheim, sondern führt auch dessen Privatordination an der Mozartstraße in Linz, während Lonauer zwischen 1943 und 1944 ein Jahr lang an die Front beordert wird.

Georg Renno besucht die Volksschule und die ersten Klassen der Oberrealschule im Geburtsort Straßburg. Im Jahr 1919 werden die Eltern als Reichsdeutsche ausgewiesen. Sie ziehen ins Reich, zunächst nach Dörnbach bei Bergzabern im Saarland. Ein Jahr lang geht Georg Renno an die Lateinschule in Bergzabern. Dann übersiedeln die Eltern nach Ludwigshafen. Dort kommt Georg an die Oberrealschule, wo er im Jahr 1929 maturiert. Er beginnt ein Medizinstudium an der Universität Heidelberg, wechselt nach

Dr. Georg Renno in jungen Jahren, als er seinen „Dienst" in der Vernichtungsanstalt Hartheim antrat.

München und schließt die Ausbildung 1931 in Heidelberg ab. Das medizinische Staatsexamen und auch die Doktorprüfung absolviert Renno mit der Note Gut. Neben seinem Studium pflegt er seine Leidenschaft, das Flötenspiel. Am liebsten spielt er Stücke von Friedrich dem Großen.

1929 sucht der Elsässer Anschluß an national gesinnte Kreise in Heidelberg, er schließt sich dem NSDSTB an, dem Nationalsozialistischen Deutschen Studentenbund. Diese Gesellschaft scheint ihm doch zu derb zu sein, er gehört dem Bund nur kurze Zeit an. 1930 bewirbt er sich um die Mitgliedschaft in der NSDAP, mit 1. August wird er aufgenommen. Renno erhält eine niedrige Mitgliedsnummer: 288.710. Im Spätsommer 1931 tritt er, angeworben vom späteren ersten KZ-Inspekteur Theodor Eicke, in die SS ein. Renno wird Mitglied der SS in Ludwigshafen, als Angehöriger des Musikzuges spielt er auf seiner geliebten Querflöte nun eher martialische Weisen. Seltsamerweise sind in den SS-Karteikarten für Georg Renno zwei Mitgliedsnummern vermerkt, 12.526 und 14.975. Bei den Verhören in Frankfurt im Februar 1965 hat er das nicht erklären können oder wollen.

Ende 1934 wird Renno in Leipzig zum SS-Unterscharführer befördert. Er hat dort die Funktion eines Staffelarztes für eine SS-Motorstandarte. Am 10. März 1935 die nächste Beförderung, zum Untersturmführer. Am 20. April 1943 schließlich erreicht er in Linz den höchsten Rang seiner SS-Karriere: Er wurde Obersturmführer.

Vor seinem Einsatz in Hartheim und Niedernhart arbeitete Georg Renno mit einer der späteren Hauptfiguren der Euthanasie zusammen: Er war Arzt unter Professor Hermann Paul Nitsche, dem nachmaligen T4-Obergutachter, in der Heilanstalt Leipzig-Dösen, die Nitsche leitete. Renno war früh eingeweiht in die Pläne der Nazis mit den Geisteskranken. In Dösen assistierte er angeblich Anfang 1940 Nitsche bei dessen Versuchen mit Luminal, denen 60 Menschen zum Opfer fielen. Nitsche verabreichte dabei Patienten, die mangelhaft ernährt und daher geschwächt waren, leichte Überdosen des Betäubungsmittels, für gewöhnlich dreimal täglich 0,3 Gramm. Renno bestritt zeitlebens, an diesen „Luminal-Tests" teilgenommen zu haben. Für die Aktion T4, die Massenvernichtungen vorsah, setzte sich diese Methode nicht durch. Für die „wilde Euthanasie", die bis zum Ende des Dritten Reichs in zahlreichen Heilanstalten praktiziert wurde, kam aber dieses Luminal-Schema Nitsches sehr wohl zum Einsatz. Nitsche rechtfertigte gegenüber Renno diese mörderische Versuchsreihe mit einem „nicht veröffentlichten Gesetz".

Den Einsatz Rennos in Hartheim veranlaßte Nitsche höchstpersönlich. Der Chef der Anstalt Leipzig-Dösen empfahl seinen Assistenten nach Berlin. Irgendwann früh im Jahr 1940 beorderte Werner Heyde, Chef der Aktion T4, den jungen elsässischen Arzt zu sich in die Kanzlei des Führers. Mitspracherecht und endgültige Entscheidungsgewalt hatte Victor Brack, Oberdienstleiter des Hauptamtes II in der Kanzlei des Führers. Ausschlaggebend für die Auswahl der Tötungsärzte war, so Nitsche später vor Gericht, die „stärkste Berücksichtigung politischer Gesichtspunkte". Nitsche erzählte auch, daß sich sehr viele Ärzte geradezu gedrängt hatten, an der Euthanasie mitzuwirken. Ob Renno dazu zählte, ist nicht bekannt, wegen seiner Nähe zu Nitsche, seinem Ehrgeiz und seiner Eitelkeit darf man dies aber wohl annehmen.

Renno nahm Heydes Angebot an. Er war unter den rund 40 Psychiatern, Kinderärzten und sonstigen Medizinern, die an jener Versammlung im April 1940 in der Kanzlei des Führers teilnahmen, bei der Reichsleiter Bouhler und Hitlers Leibarzt Brandt die Ärzteschaft einweihten. Bouhler scheint bei diesem Anlaß gegenüber Renno in einem Einzelgespräch ebenfalls von einem Gesetz gesprochen zu haben, das „noch in der Schublade" liege. Erst ein Jahr später, im Frühjahr 1941, sah Renno persönlich die juristische Grundlage seiner Arbeit: Bei einem Besuch in Hartheim zeigte Hauptamtsleiter Brack dem Elsässer eine Fotokopie der Führerermächtigung vom 1. September 1939.

Am 6. Mai 1940 war es dann soweit. Georg Renno traf in Hartheim ein. Der Chef, Rudolf Lonauer, begrüßte ihn herzlich. Für die Ärzte gab es zu dieser Zeit nicht viel zu tun. Die meiste Zeit dürfte Renno damit verbracht haben, die neue Umgebung kennenzulernen, gesellschaftliche Kontakte zu den Nazigrößen in Linz und möglicherweise auch schon zu national gesinnten Familien in Alkoven zu knüpfen. Erst Anfang Juni, als die Vergasungen begannen, zog er in das Schloß. Renno bewohnte ein Zimmer im Turm rechts neben dem Haupteingang. Gleich an einem der ersten Arbeitstage wurde Renno in seine künftige Tätigkeit eingeschult: Das Aufdrehen des Gashahnes. Es könnte Christian Wirth gewesen sein, der ihm das zeigte, sagte Renno 25 Jahre später, möglicherweise habe ihn aber auch August Becker unterwiesen, der Diplomchemiker und Gas-Fachmann aus dem Reichskriminalpolizeiamt, der bei der Probevergasung in Brandenburg eine wichtige Rolle gespielt hatte. Brack oder Heyde hatten Renno persönlich die Anordnung bekanntgegeben, daß der Gashahn grundsätzlich nur von einem Arzt bedient werden dürfe. Renno nahm das aber später nicht so genau, zwischen ihm und der T4-Zentrale entspann sich ein Zwist, weil Renno es als ausreichend erachtete, wenn ein Arzt einen Heizer, der den Gashahn öffnet, überwache.

Renno war verheiratet, seine Frau und seine drei Töchter der Geburtsjahrgänge 1937, 1939 und 1941 lebten zeitweise im Schloß Hartheim. Er dürfte sich in der Rolle des kunstsinnigen Schöngeistes gefallen haben: Des öfteren gab er für Gäste und Kollegen in Hartheim Flötenkonzerte. Und er spielte auch viel in seinem Zimmer, wenn seine Familie nicht bei ihm im Schloß war. Es müssen gespenstische Nächte gewesen sein: Die leeren Arkadengänge, die ihren Rausch ausschlafenden SS-Männer und Heizer, die nach jeder Vergasung Extrarationen Schnaps bezogen, die in ihren Zimmern weinenden Ybbser Krankenschwestern, und darüber hallten Flötentöne aus Werken Friedrichs des Großen.

Daß Georg Renno ein eitler Mensch war, belegen indirekt einige Aussagen, die er selbst 25 Jahre später vor Untersuchungsrichtern machte. So bestritt er etwa, seinen Namen in der französischen Form, also „Renaux", geführt zu haben, was mehrere Zeugen behaupteten. Renno stellte dies mit solcher Vehemenz in Abrede, daß sich die Vermutung aufdrängt, er habe sich zumindest nicht dagegen gewehrt, wenn bei gesellschaftlichen Anlässen von lokaler NS-Prominenz oder von den Mauthausener SS-Größen eine edle französische Abstammung des „Dr. Renaux" vermutet wurde. Und für einen Propagandafilm der Nazis über die Euthanasie ließ sich Renno von T4-Chef Werner Heyde persönlich in dessen Wagen von Weißenbach am Attersee (wo die Aktion T4 in einem Jagdschloß aus Starhembergschen Besitz ein Erholungsheim für die Mitarbeiter betrieb) nach Sonnenstein bei Dresden chauffieren, wo die Aufnahmen stattfanden. Renno ließ sich bei Untersuchungen und Visiten filmen und sprach Kommentare. Befragt darüber, warum man ausgerechnet ihn als Mediziner für den Film ausgesucht habe, sagte er: „Es wurde ein Arzt gesucht, der ein verhältnismäßig gutes Hochdeutsch sprach." Der wirkliche Grund, warum nicht der Chef der Anstalt Sonnenstein, Horst Schumann, als Film-Arzt agieren durfte, dürfte darin liegen, daß es zwischen Heyde und Schumann starke Animositäten gab.

Über das Herkommen einer der ekelhaftesten Figuren, die im Schloß Hartheim tätig war, ist wenig bekannt: Christian Wirth, von Beginn der Euthanasie bis zu ihrem offiziellen Ende im August 1941 Büroleiter in Hartheim. Im Ersten Weltkrieg machte er sich als Unteroffizier verdient und erhielt hohe Auszeichnungen. Seine Funktion in Hartheim muß man sich vorstellen als eine Mischung aus Geschäftsführer der Verwaltung und Polizeichef. Das erste Mal taucht Wirth im Jänner 1940 auf, bei der Probevergasung in Brandenburg. Damals war er Kriminalkommissar und Leiter des Mordkommissariats beim Polizeipräsidium Stuttgart. Beim Aufbau der Vernichtungsanstalt Brandenburg in einem ehemaligen Gefängnis und beim Anlaufen des Mordens dort fällt Wirth erstmals durch seinen Sadismus und seine ausgesprochene Gemeinheit auf: Im ersten Vergasungsraum fehlen während der ersten Wochen die

Duschköpfe, die ein Bad vortäuschen sollen. Wirth macht den Opfern weis, sie kämen in einen Inhalierraum. Er fordert sie scheinheilig auf: Atmet besonders tief! Danach leitet Wirth kurze Zeit das „Standesamt" in der Anstalt Hadamar.

Wenige Monate später ist er Chef in Hartheim. Angeblich soll er als eine Art „Läuterungskommissar" nach Hartheim versetzt worden sein, weil es am Anfang ein „undisziplinierter Saustall" war. Zumindest behauptete das nach dem Krieg der T4-Fotograf Franz Suchomel. Wirth fällt sofort auf durch seine Grausamkeit und durch seinen rüden Umgangston, den er dem Personal gegenüber pflegt. Sein Spitzname ist bald der „wilde Wirth". Sein Nachfolger Stangl beschreibt ihn als „ordinär aussehenden Menschen mit rot unterlaufenem Gesicht". Die Frau von Dietrich Allers (seit März 1941 Geschäftsführer der T4-Zentraldienststelle), die sechs Wochen lang als Sekretärin in Hartheim gearbeitet hat, nennt Wirth einen „ordinären, ekelhaften Menschen". Er ist der Mann, vor dem sich die Hartheimer und Alkovener Bevölkerung fürchtet, weil er in eigenen Informationsveranstaltungen mit dem KZ droht, falls irgend jemand Gerüchte über Hartheim verbreite. Praktisch alle in Hartheim Beschäftigten, die nach dem Krieg zu ihrer Tätigkeit Aussagen machten, gaben an, irgendwann einmal von Wirth mit dem „Abknallen", Vergasen oder Abtransport ins KZ bedroht worden zu sein.

Von Christian Wirth ist glaublich überliefert, daß er im Schloß Hartheim vier Frauen eigenhändig mit der Pistole erschossen hat – ein in den Euthanasieanstalten einmaliger Gewaltakt, der allerdings bloß einen Rüffel vom ärztlichen Leiter Rudolf Lonauer nach sich zog. Wenn es im Euthanasiebetrieb besonders üble Veranstaltungen gab, war Wirth dabei. So zählte er zu den Gästen jener makabren Festlichkeit in der Vernichtungsanstalt Hadamar bei Frankfurt, wo im August 1941 die „zehntausendste Leiche gefeiert" wurde. Das gesamte Personal versammelte sich damals am Abend auf dem Flur und faßte pro Kopf eine Flasche Bier aus. Dann marschierten Personal und ausgesuchte Gäste in den Keller. Auf einer Liege war ein großer nackter toter Mann mit einem enormen Wasserkopf aufgebahrt. Während die Brenner die Leiche auf einen Trog legten und in den Ofen schoben, hielt ein Verwaltungsange-

Christian Wirth, der Sadist: Polizeichef von Hartheim, später Kommandeur der Vernichtungslager im Osten

stellter namens Märkle, zurechtgemacht wie ein Priester, eine Art Leichenrede. Es wurde Musik gemacht, danach gab es, so Augenzeugen, eine „Mordssauferei", die in einen Umzug über das ganze Gelände ausartete. Und mitten drin in dieser perversen Orgie der Gast aus Hartheim, Christian Wirth.

Wirth war bis zum Sommer 1941 Verwaltungschef in Hartheim. Dann kam er mit einem Großteil des T4-Personals in den Osten, um im Zuge der „Aktion Reinhard" die Erfahrungen mit dem Massenmorden bei der Errichtung von Vernichtungslagern einzusetzen. Wirth wird Leiter des ersten Vernichtungslagers, Belzec, das ab Herbst 1941 gebaut wird, und in dem im März 1942 das Töten beginnt. In den Lagern Sobibor und Treblinka organisiert Wirth die Probevergasungen und fungiert als Inspekteur der Lager. Sogar hier fällt er durch extreme Grausamkeit auf. Sein Ende findet er am 26. März 1944 in der Nähe von Triest, unter ungeklärten Umständen rund um das wenig erforschte Vernichtungslager San Saba.

Vergleichsweise kurze Zeit war Wirths Nachfolger, der SS-Mann Franz Reichleitner, einer der führenden Köpfe von Hartheim. Reichleitner kam wie später Stangl von der Linzer Polizei. Zentraldienststellen-Geschäftsführer Dietrich Allers sagte später dazu, solche Leute seien wahrscheinlich einfach von ihren Polizeichefs ausgesucht worden, weil sie „robuste Burschen" und für solche schwierigen Aufgaben geeignet gewesen wäre. Oder weil sie, wie Stangl, Beziehungen gehabt hätten. Man habe eben grobe Leute gebraucht, die grob reden und grob handeln. Schon während der Ära Wirth ist Reichleitner in der Verwaltung tätig gewesen, er war einer der „Standesbeamten", die die Sterbeurkunden der Euthanasieopfer aus Hadamar, Sonnenstein oder Grafeneck ausfüllten (die Anstalten tauschten die Akten aus, um Nachforschungen Hinterbliebener allein durch räumliche Entfernung zu erschweren). Reichleitner, der während seiner Hartheimer Zeit eine blasse Beamtenfigur bleibt, erwies sich beim Erfinden von Decknamen als nicht sehr einfallsreich: Er signierte die Verständigungen an die Angehörigen Verstorbener mit „Reichl".

Die genauen Kompetenzverteilungen in der Hartheimer Verwaltung sind nicht eindeutig nachvollziehbar. Nach Wirths Abgang nahm offensichtlich Reichleitner dessen Funktion als Büroleiter bis zum Eintreffen Stangls wahr. Wirths Aufgabe als Polizeichef ging aber nicht auf den Linzer Polizeimann über; mit dem Eintreffen Franz Stangls befand sich Reichleitner anscheinend wieder im zweiten Glied der Hierarchie. Reichleitners Name taucht als nächstes im Frühsommer 1942 auf: Der Linzer wird kurz nach dessen Inbetriebnahme Kommandant des Vernichtungslagers Sobibor. Danach kommt er an die Adriaküste, wird Kommandant einer von drei Einheiten (neben Wirth und Stangl), die zur Partisanenbekämpfung und zum Betrieb eines Vernichtungslagers eingesetzt sind. Wie sein einstiger Chef Wirth kommt auch Reichleitner in der Nähe von Triest um, und zwar bereits im Jänner 1944.

Von August 1943 bis Herbst 1944 beherbergt das Schloß Hartheim die „Zentralverrechnungsstelle Heil- und Pflegeanstalten". Damit kommt der „Millionen-Becker" nach Oberösterreich. Hans-Joachim Becker, Berliner Verwaltungsfachmann, ist im Februar

1941 auf ungewöhnliche Art zur Zentraldienststelle der Aktion T4 gestoßen: Er hat eine Schwester, die an epileptischen Anfällen leidet. Aus Angst, daß sie der Euthanasie zum Opfer fallen könnte, die zu jener Zeit zumindest unter den Angehörigen Geisteskranker kursierte, wandte sich Becker an den ihm bekannten Professor Nitsche. Und Becker hatte auch Protektion: Seine Cousine ist mit Herbert Linden verheiratet, dem Ministerialrat im Innenministerium und damals Reichsbeauftragter für die Heil- und Pflegeanstalten. Dies erklärt Beckers rasche Karriere. Gemeinsam mit Dietrich Allers, dem neuen Geschäftsführer der Zentraldienststelle, gründet Becker im April ein weiteres Scheininstitut von T4, die „Zentralverrechnungsstelle Heil- und Pflegeanstalten". Wegen des Kriegsverlaufs wechselt diese Stelle öfters ihren Standort, und von 1943 bis 1944 ist sie in Hartheim untergebracht.

Formeller Leiter der Zentralverrechnungsstelle ist Allers, als sein Stellvertreter agiert Becker weitgehend selbständig. Unter Becker ist diese Institution, die rasch von fünf auf 20 Mitarbeiter anwächst, eine sprudelnde Einnahmequelle: Allers und Becker haben die Abrechnungsverfahren der Pflegeanstalten neu geregelt. Ab April 1941 müssen die Kostenträger für jeden einzelnen Pflegling die Pflegegelder zentral nach Berlin zahlen. Weil für die Euthanasieopfer häufig fingierte – und immer spätere – Todesdaten angegeben wurden, flossen in die Zentralverrechnungsstelle also Gelder, obwohl gar keine Kosten mehr anfielen. Besonders hoch war dieser als „Verwahrgelder" bezeichnete Gewinn bei jüdischen Geisteskranken, deren Sterbedatum man auf den Urkunden eines Scheinstandesamtes namens „Cholm" sehr weit hinausschob. Becker selbst gab bei seinem Prozeß 1969 in Frankfurt zu, daß man an der „Juden-Euthanasie zwei- bis dreihunderttausend Reichsmark verdient" habe. Er selbst nannte als „Gesamtgewinn" einige hunderttausend Reichsmark. Sein Mitangeklagter Friedrich Lorent, Hauptwirtschaftsleiter von T4 und Beschaffer des Gas-Nachschubes, sprach dagegen von 14 Millionen Reichsmark. Diese Zahl dürfte eher stimmen, und sie macht auch den Spitznamen „Millionen-Becker" sinnvoll, den Allers seinem Stellvertreter gegeben hat.

Eine weitere Gewinnquelle von Beckers Zentralverrechnungsstelle war die Nachlaßverwaltung der Habseligkeiten der Opfer und die Verwertung des Zahngoldes. Über diese Agenden informierte man den „Millionen-Becker" erst, nachdem er seinen Dienst bereits angetreten hatte.

Als er die Büroräume bezog, die im April 1940 in einem T4-Gebäude an der Kanonierstraße 39 in Berlin lagen, fand sein persönlicher Referent beim Einrichten der Schränke mehrere Bündel mit Kleidern und eine Kiste mit Goldzähnen. In diesem Augenblick kam Victor Brack, Leiter des Parteipolitischen Amtes in der Kanzlei des Führers, mit seinem Stab angerauscht, um die Herrschaften der neuen Abteilung zu begrüßen. Als Brack merkte, daß sich alle, einschließlich Becker, vor den Zähnen ekelten, griff er tief in die Kiste, ließ die Goldklumpen durch die Finger rieseln und erklärte kühl: „Da ist doch nichts dran". Dann informierte er Becker davon, daß auch dies zu seinen Aufgaben gehöre.

Die Zentralverrechnungsstelle übersiedelte zweimal innerhalb Berlins, als das Haus in der Kanonierstraße bei einem Bombenangriff zerstört wurde, und landete schließlich in einer Baracke hinter der Zentrale in der Tiergartenstraße. Am 8. August 1943 zogen Becker und seine Leute in Hartheim ein. Ihre Behörde hieß im internen Jargon „Dienststelle Hartheim". Hans-Joachim Becker war nun zuständig für die bereits beschriebene Zentralverrechnung, in seine Agenden fielen weiters die Fotoabteilung, das Nachlaßwesen und die sogenannten „Abwicklungsstellen" Bernburg, Brandenburg, Grafeneck, Hadamar, Sonnenstein und das fiktive Cholm. Dies war eine gefinkelte Tarnkonstruktion: Obwohl die gleichsam offizielle Aktion T4 schon mehr als zwei Jahre lang gestoppt war, trafen nach wie vor Anfragen von Angehörigen Gestorbener ein. Um den Eindruck aufrechtzuerhalten, daß diese Kranken in voneinander völlig unabhängigen Anstalten eines natürlichen Todes gestorben waren, wurde in Hartheim jede Anfrage unter dem Namen der Anstalt beantwortet, wo der Betreffende seinerzeit euthanasiert worden war. Dies wurde auch bei nachträglich verlangten Sterbeurkunden praktiziert.

In Beckers Hartheimer Mannschaft gab es eigene Kuriere, die mit diesen Antwortschreiben losfuhren zu den Orten, in denen die angegebenen Anstalten lagen, und die diese Briefe bei der dortigen Post aufgaben – denn wenn alle Anfragen aus dem gesamten Reich aus Hartheim beantwortet worden wären, hätte dies zu Spekulationen und Gerüchten geradezu eingeladen.

Eine der prominentesten Figuren der nationalsozialistischen Massenvernichtungsaktionen lernte das Mordhandwerk in Hartheim, und zwar als Verwaltungschef: Franz Stangl, geboren am 26. März 1908. Mit 26 Jahren fiel er als kleiner Polizist erstmals auf: Bei den Februarkämpfen des Jahres 1934 war er an der Belagerung der Sozialdemokraten beteiligt, die sich im Linzer Hotel Schiff (heute: Zentralkino) verschanzt hatten. Noch 40 Jahre später erzählte Stangl voll Stolz, daß er damals derjenige gewesen sei, der bei den „Sozialistenaufständen nach zwölfstündigem Kampf die letzten herauskriegte aus dem Zentralkino". Tatsächlich hatte dieser Kampf allerdings wesentlich kürzer gedauert. Stangl wurde für diese Leistung mit der Silbernen Verdienstmedaille ausgezeichnet. Doch nicht nur im Kampf gegen die Sozialisten machte sich der junge Polizist verdient, sondern auch gegen die Nationalsozialisten. Ein paar Tage nach der Ermordung von Kanzler Dollfuß am 25. Juli 1934 durch putschende illegale Nazis fand Stangl in Linz ein Waffenversteck der Nazis. Das brachte ihm einen weiteren Orden ein, den Österreichischen Adler am grün-weißen Band, und eine Beförderung zur Kriminalpolizei. Als Kripomann war Stangl zuerst in Wels, dann wieder in Linz im Einsatz.

Dann kam der Anschluß. Stangl war in Panik. Was, wenn die neuen Herren erführen, daß seine ganze Karriere darauf beruhte, daß er vier Jahre früher einen Schlag gegen die Nazis geführt hatte? Die Panik stieg, als innerhalb weniger Tage drei von fünf Polizisten aus Stangls Abteilung, die ebenfalls den „Österreichischen Adler" erhalten hatten, verhaftet wurden. Der Kripomann Stangl ließ den Adler verschwinden. Im Prozeß, der ihm 1970 in Düsseldorf gemacht wurde, ging das Gericht davon aus, daß Stangl damals bereits illegaler Nazi gewesen sei. Er bestritt das bis zu seinem Lebensende vehement. Vielmehr habe er aus lauter Angst, seinen Beruf zu verlieren, einen befreundeten Rechtsanwalt in Linz kontaktiert, von dem bekannt war, daß er „etwas machen" könne. Dieser Anwalt habe es so drehen können, daß Stangl bei den neuen Herren als Mann galt, der schon vor 1938 NS-Sympathisant war.

Was wirklich wahr ist, bleibt im Dunkeln. Bei jenem Volksgerichtshofverfahren in Linz im Jahre 1948, dem sich Stangl durch Flucht entzog, ging Staatsanwalt Wilhelm Größwang in seiner Anklageschrift davon aus, daß Stangl seit 1936 Mitglied der NSDAP war, und daß er seit 1935 für den Nachrichtendienst der reichsdeutschen SS tätig war. Diese Daten stammten aus einem Lebenslauf Stangls, den dieser selbst als erlogen bezeichnete. Größwang glaubte das nicht, weil sich Stangl bereits 1938 auf eine Zeugenschaft von Gauleiter August Eigruber berufen hatte, und weil er ohne weiteres als Scharführer in die SS und zur Gestapo übernommen wurde.

In einem ausführlichen Interview, das Stangl 1971, kurz vor seinem Tod, der amerikanischen Publizistin Gitta Sereny gab, stellte er seine Sorge um den Beruf in der Zeit nach der Machtübernahme der Nazis als eigentlichen Auslöser für seine spätere Karriere in den Vernichtungslagern des Dritten Reiches dar. Tenor seiner Rechtfertigung: Er habe sich, um seinen – anfangs relativ kleinen – Posten als Kripomann nicht zu verlieren, den Nazis angedient, habe sich zur Gestapo verpflichten lassen, und er habe nach diesem ersten Schritt zu jeder weiteren Beförderung Ja gesagt, ohne es eigentlich wirklich zu wollen. Wenn man seine Aussagen auf ihren Kern reduziert, so stellt sich Stangls Leben so dar: Er hat die Verantwortung für 900.000 Morde auf sich geladen, nur damit nie herauskommt, daß er im Juli 1934 als österreichischer Polizist ein Nazi-Waffenlager ausgehoben hat. „Meine Schuld ist, daß ich noch da bin. Ich hätte sterben sollen, damals", sagte er 1971, wobei nicht ganz klar ist, ob er mit „damals" 1938 oder 1945 meinte.

Im März 1938 gelang es Stangl jedenfalls, sich den Nazis anzudienen. Er wurde Gestapomann in Linz. Seine Frau Theresa, geborene Eisenböck, eine gläubige Katholikin, die erst nach dem Krieg von den Ungeheuerlichkeiten erfahren haben will, die ihr Mann verübte, aber dennnoch zu ihm hielt, sagte schon im Monat des Anschlusses zu Stangl: „Du hast mich mit diesen Schweinen verraten." Stangl scheint eineinhalb Jahre in ständiger Unsicherheit und Angst gelebt zu haben. Anscheinend setzte ihm ein Kollege namens Prohaska zu, der von seiner anti-nationalsozialistischen Vergangenheit wußte, und auch ein Disziplinarverfahren in einer nicht nachvollziehbaren Sache dürfte im Herbst 1940 als Damoklesschwert über ihm geschwebt sein.

Da traf ihn im November 1940 ein Ruf nach Berlin. Es war ein von Himmler persönlich unterschriebener Befehl, der besagte, Stangl sei zur „Gemeinnützigen Stiftung für Anstaltspflege" versetzt, und er habe sich bei Kriminalrat Werner bei der Reichskriminalpolizei am Werderschen Markt 5 zu melden. Der Linzer Polizist fuhr wie befohlen umgehend nach Berlin. Werner teilte Stangl mit, was seine zukünftige Aufgabe sei: Polizeiverwalter eines Spezialinstituts. Stangl gab später an, damals noch nichts von der Euthanasieaktion T4 gehört zu haben. Werner ging ins Detail: Russen und Amerikaner hätten schon längere Zeit ein Gesetz, das es ihnen ermögliche, hoffnungslos Geisteskranken den Gnadentod zu gewähren. So ein Gesetz werde, wie in jedem zivilisierten Land, auch in Deutschland bald durchgesetzt. Aus Rücksicht auf die Bevölkerung müsse man aber sehr langsam vorgehen. Man habe diese „schwierige Aufgabe" bereits begonnen, müsse sie aber vorerst geheimhalten.

Stangl war sprachlos. Dann sagte er, sich so einer Aufgabe keinesfalls gewachsen zu fühlen. Werner zeigte Verständnis, machte aber gleich Druck: Stangl sei sich ja wohl klar, was für ein Beweis eines außerordentlichen Vertrauens in seine Fähigkeiten dieses Angebot sei. Und er lockte: Stangl werde mit den „eigentlichen Aktionen" nichts zu tun haben, seine Verantwortung erstrecke sich lediglich auf „Gesetz und Ordnung".

Der Linzer zögerte immer noch. Er habe gehört, daß er in Linz nicht so ganz glücklich sei, sagte Kriminalrat Werner. Und er betonte, daß das Disziplinarverfahren selbstverständlich sofort eingestellt werde, falls Stangl die Versetzung akzeptiere. Er könne auch wählen, ob er an ein Institut in Sachsen oder eines in der Ostmark gehen wolle. Da sagte Stangl Ja. 30 Jahre später suchte er Erklärungen: Er wollte einfach aus Linz wegkommen, wo dieser Prohaska eine Gefahr für ihn bedeutete. Und: „Schließlich wußte ich seit März 1938, daß es in Deutschland leichter war, umzukommen, als irgendwo sonst."

Direkt vom Werderschen Markt ging Stangl in die Tiergartenstraße 4 und wurde von Victor Brack, dem Leiter des Hauptamtes

II in der Kanzlei des Führers, persönlich in seine Pflichten eingeweiht. Dies war nicht weiter ungewöhnlich, die T4-Größe Brack pflegte alle neuen Mitarbeiter, bis hinunter zur Putzfrau, in Augenschein zu nehmen. Brack informierte Stangl, daß er Polizist bleiben werde. Sein Amt erfordere aber einen Rang über dem Chef der nächstgelegenen Ortspolizei. Das war Alkoven, und deren damaliger Kommandant hieß Hartmann. Stangl wurde also in den Rang eines Leutnants befördert. Erst um Weihnachten 1942 wurde er in Polen der SS angeschlossen und wechselte von der grünen Polizei- in die graue SS-Felduniform.

Brack gab Stangl detaillierte Anweisungen: Er solle zurückfahren, in Linz in das Gasthaus Drei Kronen an der Landstraße gehen und die Telefonnummer Alkoven 913 anrufen. Dann werde er weitere Anweisungen erhalten. Stangl salutierte und trat ab. Noch am gleichen Tag fuhr er mit dem Zug zurück nach Linz.

Bereits am übernächsten Tag ging Stangl in das Gasthaus Drei Kronen. Er rief die Telefonnummer Alkoven 913 an. Ein Mann meldete sich, ohne sich vorzustellen. Stangl nannte seinen Namen. Die Stimme am Telefon sagte: Ja. Ich weiß. Bleiben Sie, wo Sie sind, ich komme Sie abholen. Etwa eine Stunde später kam ein Lieferwagen, der Fahrer trat in das Gasthaus ein, erkannte Stangl an der Polizeiuniform und lud ihn ein zur Mitfahrt. Der Fahrer, ein Zivilist in grauem Anzug, sprach kaum. Stangl fragte einmal, wo genau sie denn nun hinführen. Der Lenker antwortete unbestimmt: In Richtung Eferding.

Knapp eine Stunde später stieg Stangl vor dem Hartheimer Innentor aus. Der erste Mensch, den er dort sah, war ein Freund, ein früherer Kollege von der Linzer Polizei: Franz Reichleitner. Der scheint sich unter den vielen SS-Leuten und Beamten aus dem Altreich nicht besonders wohl gefühlt zu haben. Er begrüßte Stangl überschwenglich. Sie hätten ihm gesagt, daß er komme, sagte Reichleitner, und darum habe er schon beim Tor auf ihn gewartet. Und: „Ich habe dafür gesorgt, daß wir gemeinsam ein Zimmer haben." Reichleitner führte Stangl in ihr Zimmer im ersten Stock, dann stellte er ihn Lonauer und Renno und schließlich Wirth vor. Später sagte Stangl über Wirth: „Mein Mut sank, als ich ihn das erste Mal sah. Diese ekelhafte ordinäre Ausdrucksweise!" Kriminalrat Werner hatte über die Euthanasie in „menschlichem Sinne" gesprochen und ihm so seinen Entschluß leichter gemacht. Wirth aber, so Stangl, habe über die „unnützen Fresser" nur gelacht und sich jede „Gefühlsduselei" verbeten.

Nach drei Tagen in Hartheim nahm Stangl seinen Freund Reichleitner zur Seite.

„Ich halte es nicht mehr aus", flüsterte er.

„Was?"

„Du weißt was!"

Reichleitner erzählte von einem Polizeibeamten aus dem Altreich, der bis vor kurzem im Schloß war, und der sich wegen eines angeblichen Magenleidens hatte versetzen lassen.

„Ich kann nicht mehr essen," sagte Stangl, „ich bringe keinen Bissen hinunter. Dieser Gestank."

Reichleitner: „Was glaubst du, was sie dir antun werden, wenn du auch mit diesem Märchen kommst. Denke nur an Ludwig Werner!"

Dieser Werner war ein Polizist und Freund Stangls, der in ein KZ gekommen war. Allerdings nicht wegen Befehlsverweigerung, sondern weil er Geschäfte mit einem Juden gemacht hatte.

Stangl schwieg. Er kannte die Umstände von Werners Fall. Dennoch hatte er Angst. 30 Jahre danach sagte er: „Ich hatte keinen Grund zu zweifeln, was mit mir geschehen würde, wenn ich nach Linz und zu Prohaska zurückkehren würde."

Stangl tat seine Pflicht in Hartheim. Er war eineinhalb Jahre lang so etwas wie Ortspolizist, Büroorganisator und Standesbeamter in Hartheim. Informell wurde er als Polizeichef bezeichnet. Seiner Frau Theresa erzählte er nichts von seiner Arbeit, sie wußte nicht einmal, wo er im Einsatz war, obwohl seine Dienststelle keine 30 Kilometer von der Wohnung in Linz entfernt war. Im August 1941 hörte die Katholikin in der Kirche von der Predigt des Münsteraner Bischofs Galen gegen die Euthanasie. Sie sprach ihren Mann darauf an. Was Franz Stangl antwortete, ist nicht überliefert. Theresa Stangl über ihren Gatten: „Es gehörte zum Charakter, zur Disziplin meines Mannes, zu Hause nicht über dienstliche Dinge zu sprechen." Der Hartheimer Polizeichef kam jedes zweite oder dritte Wochenende nach Hause, manchmal blieb er nur eine Nacht oder fuhr gar noch nach Mitternacht zurück. Stangl muß ein pflichtbewußter und effizienter Mitarbeiter gewesen sein. Man schickte ihn einmal, im Oktober 1941, sogar in die Euthanasieanstalt Bernburg bei Hannover, um „alles mögliche richtigzustellen". Nach seiner eigenen Darstellung gab es in Bernburg Schlampereien beim Umgang mit dem Vermögen der Opfer, mit der Auflösung von Versicherungen und ähnliche Probleme. Wenn Opfer minderjährige unversorgte Kinder hinterließen, habe es niemanden gegeben, der sich um diese kümmerte. Stangl: „In Bernburg war ein richtiges Durcheinander." Möglicherweise hängt sein Aufenthalt in Bernburg aber damit zusammen, daß um diese Zeit begonnen wurde, KZ-Insassen in den Euthanasieanstalten zu vergasen.

Der pflichtbewußte Österreicher brachte die Dinge in Bernburg jedenfalls in Ordnung. Im Februar 1942 kam er zurück nach Hartheim. Dort herrschte Ruhe: Das Personal war noch da, aber es gab keine Aktivitäten. „Keine Patienten", sagte Stangl. Er erhielt die Anweisung, sich bei der T4-Zentrale zu melden. Dort stellte man ihn vor die Alternative: Entweder zurück zur Gestapo in Linz, zurück zu Prohaska, oder in den Osten, nach Lublin. Im März fuhr Stangl mit dem Zug von Linz nach Berlin. Seine Frau kam zum Welser Bahnhof. Franz Stangl stieg aus. Die beiden unterhielten sich kurz. Ich muß nach Berlin, für neue Befehle, sagte er, dann umarmte er Theresa „sehr fest". In Berlin habe man ihm nichts Genaues über den Einsatz im Osten gesagt. Es gehe um irgendwelche Aktionen gegen Partisanen. Stangl im Jahr 1971: „Für mich war das keine schwierige Entscheidung. Was immer es war, ich wollte lieber Partisanen im Osten bekämpfen als Prohaska in Linz." Damit begann Stangls Weg nach Sobibor und Treblinka, den fast eine Million Ermordete säumen.

Zurück in das Frühjahr 1940. Zwischen Ostern und Frühsommer war die Besatzung der Mordanstalt also komplett. Die Zahlenangaben über das Gesamtpersonal schwanken zwischen 50 und 80 Personen. Zur Zeit Stangls dürften es weniger gewesen sein, er erzählte einmal von je sieben Pflegern und Pflegerinnen. Etwas später kamen allerdings wieder die 20 Leute von Beckers Zentralverrechnungsstelle dazu. Die meisten der Hartheimer Belegschaft kamen aus dem Altreich. Biographien sind nur von wenigen erhalten. Von ein paar weiteren, die in Hartheim und Niedernhart arbeiteten, kennt man bloß die Namen: Gustav Wagner, Karl Harrer, Karl Steubl, Leopold Lang, Anton Schrottmayer, Gertrude Blanke, Josef Falkner, Alois Ganser, Margit Troller, Elisabeth Lego, Emil Reisenberger. Dann gibt es den Maurer namens Erwin Lambert, der das Krematorium gebaut hat. Nur der Familienname ist bekannt von einem gewissen Bruckner, der die Totgeweihten kurz vor der Vergasung fotografiert hat. Ein großer blonder Mann namens Buchberger war als Handwerker tätig, überwiegend als Tischler. Margit Troller, verehelichte Hübner, war als Bürokraft angestellt, die einige Male helfen mußte beim Entkleiden der Antransportierten. Gleiches gilt für Frau Schröder, geborene Ludwig. In der Wirtschaftsverwaltung des Schlosses waren ein Herr Vollmann und ein Herr Artur Walther tätig. Dieser Walther beschäftigte 1943 oder 1944 die Spitze der Euthanasie-Organisation: Seine in Hamburg lebende behinderte Tante war im Raum Posen euthanasiert worden. Walther sprach darüber mit Renno, der wandte sich an den Chefgutachter Nitsche, der damals gerade im Schloß Hartheim wohnte. Nitsche ließe Walther ausrichten, daß solche „wilden Sachen" eingestellt würden. Ein gewisser Girtzig war eine Art Hausmeister, half beim Aussortieren der Kleider und servierte nachts in der Kantine Getränke. Eine Frau Pimpl arbeitete in der Küche. Ein Herr Behrens überprüfte, ob in der Kanzlei alle Sterbeurkunden vom Abteilungsleiter – mit Decknamen – unterschrieben waren. Ein Herr Franz war einige Monate Koch in Hartheim. Ein Herr Schneider fungierte als Kurier, das heißt, er hatte die Sterbeurkunden und Benachrichtigungen, welche von Angehörigen nach dem Ende der „offiziellen" Euthanasie verlangt wurden, und die ab Herbst 1943 für alle Anstalten in Hartheim ausgestellt wurden, in die Orte der anderen Euthansie-Institute zu bringen und dort bei der Post aufzugeben. Sonst wäre es Eltern, deren Kinder in Sonnenstein oder Hadamar starben, aufgefallen, wenn sie die Papiere plötzlich aus Oberdonau bekommen hätten.

Neben den oben angeführten Akteuren war noch eine Gruppe von Menschen in die Vernichtungsaktion einbezogen, die anonym und namenlos bleibt. Darunter fallen die Wachmannschaften, die aus der SS rekrutiert wurden. Darunter fallen viele Bürokräfte, die den bürokratischen Aufwand erledigten. Darunter fallen Pflegerinnen und Pfleger, die die Transporte begleiteten, die Behinderten durch das Schloß schleusten, sie auszogen und anschließend die Gaskammer putzten und die Wertsachen und Kleider der Ermordeten sortierten. Darunter fallen Küchenmädchen, die für die Schloßbesatzung kochten und die Herrschaften im Festsaal bedienten. Im Schloß Hartheim war nicht nur ein eigenes Standesamt eingerichtet, um die Vielzahl der Todesfälle nicht auffallen zu lassen. Es gab auch ein eigenes Meldeamt; bei diesem, und nicht beim Gemeindeamt Alkoven, waren alle Beschäftigten registriert. Die Unterlagen dieser Ämter hat Lonauer ebenfalls vernichtet, weshalb es keine Daten über die Hartheimer Mannschaften gibt.

Das ursprünglich für die niedrigen Dienste rekrutierte Personal scheint nicht ausgereicht zu haben, denn nicht einmal ein halbes Jahr nach Anlaufen der Vergasungen und Verbrennungen wurden für Hartheim Menschen verpflichtet, bei denen es sich nicht mehr unbedingt um zuverlässige und langjährige Parteigenossinnen und -genossen handelte. Aus der Pflegeanstalt Ybbs kam eine ganze Gruppe blutjunger Pflegerinnen nach Hartheim. Die Frauen wurden dienstverpflichtet. Nach ihren eigenen Aussagen bei einem Prozeß in Linz im November 1947 wurden sie alle gegen ihren Willen nach Hartheim beordert. In Ybbs waren sie praktisch arbeitslos geworden, weil der Chef, der „verrückte Thaller", die Anstalt mittels Injektionen und Abtransport nach Hartheim radikal „leergeräumt" hatte. Formalrechtlich war Ybbs an der Donau damals eine Anstalt der Stadt Wien, im Jahr 1940 war sie mit rund 1700 Patienten und Pfleglingen belegt. Das „Ausräumen" von Ybbs wurde von höchster Stelle besorgt: Die T4-Obergutachter Heyde und Nitsche reisten höchstpersönlich im Mai 1940 an und ackerten bis in den Juni hinein alle 1700 Krankenakten durch. Auch später erfolgten noch Selektionen und Abtransporte. Insgesamt wurden bis zum Mai 1941 2.282 Patienten aus Ybbs nach Niedernhart und Hartheim geschafft, in der Ybbser Anstalt saßen dann nur noch 300 Pfleglinge. Ab 1942 fungierte das Haus als Reservelazarett.

Ausgewählt wurden die nach Hartheim dienstverpflichteten Mädchen nach folgenden Kriterien: Sie sollten jung und ledig sein.

Anna Aichinger ist eine dieser Frauen. Im Oktober 1940 ruft sie Chefarzt Max Thaller mit zehn anderen Pflegerinnen in seine Kanzlei. Neben Thallers Schreibtisch steht ein Mann in Uniform. Dieser Mann, von dem nicht eindeutig feststellbar ist, wer er war – in späteren Aussagen nannten die Frauen die Namen Renno oder Wirth – ergreift sofort das Wort: Er brauche Pflegepersonal in Oberösterreich. Die Gemeinde Wien, zu der die Ybbser Anstalt ressortiert, habe die Mädchen freigegeben. Dann fragt er mit scharfer Stimme: „Wer meldet sich freiwillig?"

Nichts. Keine der elf Frauen regt sich. Der Uniformierte geht langsam auf und ab, wird ungeduldig. Gut, sagt er dann, dann muß ich Kräfte notdienstverpflichten. Er fragt die Frauen der Reihe nach: „Alter? Familienstand?" Anna Aichinger, Maria Draxler, 25 Jahre alt, und Maria Wittmann, 27 Jahre, sind die jüngsten. Sie sind alle drei ledig.

Der Mann in Uniform bestimmt die drei zum Dienst in einer auswärtigen Anstalt, die er ihnen nicht nennt. Thaller schickt die drei Frauen umgehend nach Hause, zum Packen: Sie haben nur einen Tag Zeit, schon morgen geht es an den neuen Dienstort.

Die Frauen unterdrücken nur mit Mühe ihre Aufregung. Als sie aus der Kanzlei draußen sind, geht das Jammern und Schimpfen los. Doch was kann man tun? Anna Aichinger läuft sofort zu ihrem Vater Leopold Aichinger. Der 58jährige Landwirt kratzt die Bartstoppeln an seinem Kinn. Notdienstverpflichtung, murmelt er, ich weiß nicht, was man da tun kann. Er kennt einen Gendarmerieinspektor in Karlsbach gut, an den wird er sich wenden und sich beschweren wegen dieser Sache.

Leopold Aichinger fährt auf der Stelle nach Karlsbach. Der Gendarm, den er kennt, nimmt ihn zur Seite, damit die Kollegen nicht zuhören. Er redet eine Zeitlang um den heißen Brei, dann gibt er dem Vater Aichinger eine Antwort, die dieser versteht: Befehl ist Befehl, man möge sich nicht aufregen, es wird sicher nichts Unrechtes geschehen. Es muß sein, sagt der Vater dann zur Anna, man kann gegen eine Dienstverpflichtung nichts unternehmen. Er will auch nicht wirklich wissen, zu welcher Arbeit man die Tochter verpflichtet hat. Als sie das erste Mal auf Urlaub heimkommt nach Mehlberg, fragt der Vater sie über ihren neuen Dienst.

Anna Aichinger: „Bitte, frage nicht weiter, weil wenn ich etwas sage, werde ich erschossen."

Damit gibt sich Leopold Aichinger zufrieden.

Anna Aichinger, Maria Draxler und Maria Wittmann werden am folgenden Tag spätabends von einem Automobil bei der Anstalt in Ybbs abgeholt. Die Fahrt geht nach Westen. Die jungen Frauen dösen vor sich hin, weil der Fahrer nicht auf ihre Versuche eingeht, ein Gespräch anzufangen. Irgendwann spät in der Nacht werden sie halb wach, weil helles Licht von draußen hereinscheint. Es ist Linz, knurrt der Fahrer halblaut. Die Pflegerinnen bleiben nun wach. Gut eine halbe Stunde fahren sie durch Ortschaften mit fremden Namen. Leonding, Rufling, Hitzing, Appersberg. Dann Straßham. Über den Feldern hängt nächtlicher Herbstnebel. Und dann das Ortsschild von Alkoven.

„Sind wir jetzt da?"

„Ja, gleich."

Der Wagen hält vor dem großen Tor unter der Aufschrift „Erholungsheim". Männer in SS-Uniformen öffnen das Tor. Dann geht es über einen Vorplatz zum nächsten Torbogen. Vor diesem hält der Fahrer an. Aus der Pförtnerloge kommt ein SS-Mann und sagt den Ybbserinnen, wo sie ihre Zimmer im zweiten Stock oben finden. Todmüde fallen die Frauen in die Betten.

Früh am Morgen ruft sie Hauptmann Christian Wirth in sein Amtszimmer. Als erstes läßt er das Trio schwören, über alles absolutes Stillschweigen zu bewahren, was er ihnen nun eröffnen werde, und was sie in Ausübung ihres Dienstes sehen und hören würden. Die Frauen leisten den Eid. Dann sagt Wirth: „Auf Grund eines geheimen Auftrages des Innenministeriums sollen die unheilbar Geisteskranken vernichtet werden." Ihre Aufgabe werde es sein, die Transporte zu begleiten, mit der eigentlichen Vernichtungsaktion werden sie nichts zu tun haben.

Die drei jungen Frauen brechen in Tränen aus. Zumindest gaben sie das sieben Jahre später als Angeklagte in einer Gerichtsverhandlung an. Wirth versucht es mit gutem Zureden: „Ich habe ganz alleine die Verantwortung dafür zu tragen. Sie haben nur den Befehlen zu folgen!" Das Weinen hört nicht auf. Maria Draxler, so sagte sie später, ruft: „Meine Aufgabe hat doch bis heute darin bestanden, diese Leute zu pflegen, und jetzt soll ich mich an solchen Sachen beteiligen." Sie sei doch christlich erzogen. Jetzt wird Wirth ungeduldig: „Es gibt kein Zurück!" Die Pflegerinnen sollten sich nicht aufregen, man werde sie ohnehin nur für Hausarbeiten und die Transportbegleitung einsetzen. Damit ist die Instruktion beendet.

„Jetzt weiß ich, warum es bei uns in Ybbs so einen starken Abgang an Geisteskranken gegeben hat", flüstert Maria Aichinger draußen auf dem Arkadengang den beiden anderen zu. Thaller hatte erklärt, die Kranken kämen alle ins Altreich, wo die Verpflegungskosten nicht so hoch seien. Die zwei anderen nicken.

Die Ybbser Schwestern werden umgehend als Begleiterinnen bei den Transporten eingesetzt. Je zwei fahren mit den Bussen mit und lotsen die Todeskandidaten bis in den Umkleideraum. Dort warten dann andere Pflegerinnen oder Pfleger auf die Unglücklichen. In den folgenden Wochen werden weitere junge Frauen aus Ybbs nach Hartheim dienstverpflichtet: Hermine Gruber, 24 Jahre, aus Dorfstetten. Margarete Haider, 28 Jahre, aus Kematen an der Ybbs. Maria Auer, später verheiratet als Hammelsböck, 24 Jahre, aus Dorfstetten. Maria Brandstätter, später verehelichte Lambert – sie hat den Krematoriumserbauer Erwin Lambert geheiratet –, 29 Jahre, aus Waldhausen bei Grein. Dazu kommen die Männer Hermann Merta, Anton Schrottmayer, 41 Jahre alt, und Franz Sitter, 38 Jahre, beide aus Trewald bei Ybbs.

Sie hätten in Hartheim dauernd sehr viel geweint, sagten die jungen Ybbser Pflegerinnen alle bei ihrem Prozeß im November 1947 aus. Und: Sie seien jede nur ein paarmal bei Transporten mitgefahren, die meiste Zeit wären sie mit Wäschewaschen, Putzen und Kochen beschäftigt worden. Die Richter Dr. Niederhuber und Dr. Mittermayr glaubten das nicht, sondern folgten der Argumentation von Staatsanwalt Staffelmayr: Es wäre nicht zu verstehen, warum man geschultes Pflegepersonal nach Hartheim verpflichten sollte, wenn man nur Leute für Hausarbeiten brauche. Die Transporte seien ununterbrochen gerollt, man habe ständig Begleitpersonal gebraucht, daher sei anzunehmen, daß die Pflegerinnen und Pfleger als fachkundiges Begleitpersonal ununterbrochen verwendet wurden. Pflegearbeiten seien in Hartheim nicht angefallen, da alle Pfleglinge sofort getötet wurden und nicht einmal eine Mahlzeit erhielten. Die Frauen wurden trotzdem freigesprochen, doch davon später.

Das Gericht hielt den Angeklagten auch zugute, daß sie zum Hartheim-Einsatz gezwungen wurden, und daß sie mit der Verbringung in ein KZ hätten rechnen müssen, wenn sie sich tatsächlich geweigert hätten.

Dem steht aber der Fall des bereits erwähnten Franz Sitter entgegen, den übrigens genau das gleiche Linzer Gericht als Beispiel möglicher Dienstverweigerung anführte.

Der Pfleger Franz Sitter wurde im Herbst 1940 von Ybbs nach Hartheim notdienstverpflichtet. Am 10. Oktober 1940 kam er nach Oberösterreich, er fuhr mit einem Bus mit, in dem 30 bis 40 Ybbser Pfleglinge transportiert wurden. Die Kranken wurden in Niedernhart ausgeladen, Sitter fuhr bis Hartheim mit. Dort fiel ihm auf, daß „viel gelärmt und getrunken" wurde, er selbst beteiligte sich an der Sauferei nicht. Gleich am nächsten Tag, dem 11. Oktober, mußte Sitter als Begleiter eines Transports von Graz nach Hartheim mitfahren. Am Abend dieses Tages vereidigte Christian Wirth den Ybbser Pfleger, und er bellte ihm die üblichen Drohungen von KZ und Erschießen hin.

Als Sitter derart „merkte, worum es dabei ging", verlangte er von Lonauer die sofortige Enthebung von der Dienstverpflichtung. Der Primar sprach mit Sitter und suchte ihn mit Argumenten zu überzeugen: Die finanziellen Vorteile des Hartheim-Einsatzes seien doch nicht zu verachten. Sitter blieb beharrlich: Da wolle er sich lieber zur Wehrmacht melden.

Lonauer war verblüfft: „Sie sind der erste derartige Fall!"

Sitter wurde tatsächlich nach zehn Tagen rückversetzt, zuerst nach Niedernhart, dann wieder nach Ybbs. Irgendwelche disziplinären Maßnahmen trafen ihn nicht. Einige Monate später, am 6. Februar 1941, rückte er zur Wehrmacht ein, im Mai 1946 kam er aus der Kriegsgefangenschaft heim nach Ybbs. Die Ybbser Pflegerinnen erzählten vor Gericht von einer weiteren Kollegin, einer gewissen Frau Weber, die die Belastungen nicht ausgehalten habe und „abgehauen" sei. Was aus ihr wurde, weiß allerdings niemand.

Hans, Ignaz und Maria Schneider werden in diesem Frühsommer 1940 immer stiller. Dauernd fahren die Busse, zu jeder Tages- und Nachtzeit. Und eine Stunde später raucht es aus dem Kamin in der Südostecke des Schlosses. Eine schwarze Rauchfahne, die es bei niedrigem Luftdruck zu Boden schlägt. Die Familie sitzt meist stumm beim Tisch. Manchmal, wenn es den Gestank herüberdrückt zum Schneiderschen Hof, da winken die Hungrigen ab, die draußen von der Feldarbeit kommen: „Nein, ich bringe jetzt keinen Bissen hinunter." Sie setzen sich hungrig eine Weile zusammen vor dem Schlafengehen. Wenn er da ist, dann fängt meist Ignaz zu reden an. Er ist bei der Wehrmacht, eingesetzt bei einem Flakgeschütz, und ist bei den seltenen Heimaturlauben neugierig, was es zuhause gibt. Wie es drüben ist, will er wissen, deutet mit dem Kopf in Richtung Schloß, ob die Busse noch immer fahren.

Die Eltern schweigen. Ja, sagt Maria. Und Hans fängt zu erzählen an. Daß jetzt keine bekannten Gesichter mehr hinter den Scheiben zu sehen sind. Und ein paar Wochen später: Daß bei den Businsassen keine Freude mehr zu erkennen sei, daß im Gegenteil manche, die noch halbwegs normal und eines Gedankens fähig aussähen, heftig gestikulierten, als ob sie in panischer Angst wären. Und noch eine Weile später: Daß sie jetzt die Busfenster mit Stoffbahnen verhängten, daß aber oft ein paar von den Narren die Vorhänge beiseite schöben und verzweifelt deuteten und sichtlich den Leuten draußen etwas zuzurufen versuchten, wenn sie durch Alkoven oder durch Hartheim führen. Und wieder kurze Zeit später: Daß sie jetzt die Fenster mit Farbe gestrichen und blickdicht gemacht hätten, ein dunkles Grau. Anthrazit, sagt Hans. Nur wenn einem zufällig ein Bus von vorne entgegenkäme, könne man sehen, daß er voll mit Depperln sei.

Was da wohl geschieht, sagt Ignaz. Es ist keine Frage.

Das kann man sich ja denken, sagt Hans, wenn die Busse immer nur herfahren, und wenn sie zurückfahren, sind sie leer.

Alle schweigen. 56 Jahre später, bei einem Interview im Herbst 1996, sagt Hans Schneider, was er damals über den Rauch aus dem Schloß gedacht hat: „Ich glaube, da braucht man nicht viel Grips haben, daß man das auseinanderkennt. Ob das jetzt ein normales Feuer ist, oder Fleisch, Haare und so etwas."

Der Meldebogen 1 in seiner zweiten Version; in der ersten fehlte die Frage nach der Kriegsteilnahme. Im dickumrandeten Feld links unten setzten die Gutachter ihre Plus- oder Minuszeichen. Auf der letzten von fünf Kopien, die je „Patient" angelegt wurden, trugen die Ärzte der Tötungsanstalten in dieses Feld die „Todesursache" ein – während die T4-Opfer noch lebten.

V. Vom Pflegebett in die Donau

Der Weg der Opfer von ihren Stammanstalten in die Donau bei Alkoven dauert in der Anfangsphase, als sie direkt abgeholt werden, nur wenige Stunden. Danach, auf dem Umweg über Zwischenanstalten, währt er eine Woche bis zehn Tage. Ausgangspunkt des Weges jedes Opfers ist das vierte rote Pluszeichen auf dem Meldebogen 1, jenes des Obergutachters. Haben Linden, Heyde oder Nitsche dieses Zeichen gesetzt, nimmt der Ablauf seinen unausweichlichen Gang.

Die Anstalten bekommen Listen mit den Namen jener ihrer Pfleglinge, die verlegt werden sollen, und zwar vorerst ohne Termin, wann dies geschehen wird. Dazu kommt aus Berlin ein hektographierter Zettel, der weder eine Unterschrift noch einen Hinweis auf die anordnende Behörde enthält. Sein Inhalt:

„Bei der Verlegung von Geisteskranken bitte ich, bei der Durchführung nachstehende Punkte genauestens zu beachten und zu befolgen:

1. Personalakten: sind bei der Verlegung mitzugeben.
2. Krankengeschichten: sind bei der Verlegung mitzugeben.
3. Eigentumsnachweiskarten: sind peinlichst genau auszufüllen; Männer: weiß; Frauen: gelb.
4. Geldbeträge: sind in einer besonderen Aufstellung mit 2 Durchschlägen (als Quittung anzusehen) bereit zu halten.
5. Wertgegenstände: sind gleichfalls in einer Sonderaufstellung mit 2 Durchschlägen bereit zu halten.
6. Persönliches Eigentum des zu verlegenden Kranken ist fertig verpackt mit Namen des Betreffenden versehen mitzugeben.
7. Markierung der Kranken: Die Geisteskranken sind mit einem Leukoplaststreifen zu versehen, auf dem der Name des betreffenden Kranken geschrieben steht und der auf dem Rücken zwischen den Schulterblättern befestigt wird. Außerdem muß der Name des betr. Kranken in der Kleidung eingenäht sein.
8. Kranke, deren Zustand einen längeren Transport nicht ge-

stattet und für sie lebensgefährlich werden würde, dürfen nicht verlegt werden.
9. Unruhige Kranke sind vor Beginn der Verlegung mit entsprechenden Beruhigungsmitteln zu versehen.
10. Die Anstaltsleitung ist dafür verantwortlich, daß keiner der zu verlegenden Kranken im Besitz von Messern oder sonstigen gefährlichen Gegenständen ist."

Als die Tötungsanstalt Hartheim zu arbeiten beginnt, also Mitte 1940, hat man an diesem Ablauf schon einige „bei den Verlegungen aufgetretene Mißstände" geändert. Vor allem die Sache mit dem Heftpflaster ist eine ständige Fehlerquelle, die viel Arbeit macht. Viele Pfleglinge reißen sich oder anderen das Pflaster herunter, und wenn das Stammpersonal weg ist, sind die T4-Leute auf die Angaben der Kranken und Mitpatienten alleine angewiesen, um die Identität von Pfleglingen ohne Pflaster zu klären. Darum schreibt man die Ziffern nun mit Tintenstift auf die bloße Haut.

Die Abholung kündigt die Gekrat sehr kurzfristig an. Ein paar Tage später fahren die grauen Busse, meist sind es zwei, in den Innenhof der Stammanstalt, aus der die Hartheim-Kandidaten abzuholen sind. Große Männer und kräftige junge Frauen in weißen Pflegeruniformen steigen aus. Dem Personal der Stammanstalten fällt auf, daß diese ihre Kollegen wenig pflegerisches Auftreten zeigen, sie gehen grob mit den Patienten um und sind vor allem daran interessiert, daß die Verladung des Transportes rasch vor sich geht. Aufmerksame Beobachter nehmen mit heimlichen Entsetzen wahr, daß die Hartheimer Pfleger Pistolen unter ihren Jacken tragen. Patienten, die wegen der Abfahrt mißtrauisch und aufgeregt sind, erhalten Spritzen. Manchmal kommen auch Handschellen zum Einsatz. Viele Pfleglinge sind aufgeregt vor Freude: Die Schwestern der abgebenden Anstalten erzählen ihnen in vielen Fällen, daß sie nun eine Reise machen dürften und an einen Ort kämen, wo es schöner sei als hier. Man habe das gesagt, so eine dieser Schwestern nach dem Krieg, weil man ja ahnte, was passierte, und weil man sich selbst so „leichter tat."

Manche Anstaltsleiter versuchen sich zu wehren, wenn die Busse zum ersten Mmal in ihre Häuser kommen. Die Transportleiter bleiben höflich, aber bestimmt. Man könne doch seine Patienten nicht mit ungewissem Ziel wegschicken, die Herren mögen zumindest mitteilen, wohin die Verlegung erfolge, insistieren so mancher Direktor und so manche Schwester Oberin. Die Antworten der Hartheimer sind lapidar: Man sei zu Auskünften nicht befugt, man möge sich keine Gedanken machen, die Benachrichtigung der Angehörigen werde von der neuen Anstalt aus erfolgen.

Transportleiter ist entweder Franz Hödl, der Fahrdienstleiter der Gekrat-Staffel, oder die Hartheimer Oberschwester Blanka Streubl, aber auch Männer aus der Hartheimer Verwaltung nehmen diese Funktion wahr, und manchmal haben die Chefs selbst das Kommando, Lonauer selten, Renno öfter. Der Transportleiter geht in aller Regel mit dem Führungspersonal der Stammanstalten sehr höflich, aber äußerst bestimmt um. Eine der Hauptaufgaben des Transportführers ist es, auf jeden Fall darauf zu achten, daß die Busse nur vollbesetzt wieder abfahren. Fallen Kranke von der ursprünglichen Liste aus, entweder weil sie gestorben oder transportunfähig geworden sind, greift der Transportleiter auf seine eigenen Listen zurück: Da stehen vorsorglich die Namen weiterer Anstaltsinsassen drauf, die in solchen Fällen ersatzweise mitgenommen werden.

Das eigentliche Einsteigen der Patienten in die Busse ist dann so, daß selbst den Arglosesten schlimme Ahnungen kommen müssen. Die Pfleglinge werden nicht nach Namen aufgerufen, sondern nach den Nummern, die sie auf dem Rücken tragen. In vielen Anstalten kommt es zu regelrechten Kuhhandel-Szenen. Das Stammpersonal ahnt, was der wahre Zweck des Transports ist, und versucht, Pfleglinge zu behalten, an denen ihm etwas liegt. So behielten etwa die Barmherzigen Schwestern des St. Josefsinstituts in Mils bei Hall in Tirol all jene Pfleglinge, die „wir zur Arbeit dringend benötigten und die auch arbeiten konnten." Die barmherzigen Schwestern des Versorgungshauses Nassereith bekamen zehn Pfleglinge frei mit dem Argument, daß sie die Leute dringend benötigten, da diese „die Wäsche für das Lager des Reichsarbeitsdienstes zu waschen hatten". In allen diesen Fällen wurden Ersatzpatienten in die Busse geschafft. In etlichen Fällen kämpfen die Anstalten um selbstzahlende Patienten, die sie gegen schwerstbehinderte Pfleglinge tauschen, die zu den – niedrigeren – öffentlichen Gebührensätzen aufgenommen waren.

Ist die abgebende Anstalt ein Haus, das weit von Linz entfernt ist, so werden die Pfleglinge zum nächstgelegenen Bahnhof gebracht und in eigene Waggons geschafft. Dann geht es zum Linzer Hauptbahnhof. Bis zum Herbst 1940 werden die Todgeweihten direkt von ihren Anstalten nach Hartheim gebracht, entweder per Bus oder mit Bus, Bahn und Bus. Danach fungiert Niedernhart als Zwischenstation, in der die Pfleglinge ein bis zwei Wochen – je nach Arbeitsanfall im Hartheimer Krematorium – auf den Weitertransport warten. Wahrscheinlich unter schrecklichen Bedingungen: Details sind nicht überliefert, es ist aber anzunehmen, daß es in Linz nicht anders zuging als in den Zwischenanstalten im Altreich, wo die Pfleglinge auf dünnen Matratzen in Riesensälen auf dem Boden schlafen mußten. Und die Versorgung mit Lebensmitteln war für die „normalen" Patienten schon mehr als mangelhaft. Schwester Felicitas, die in Hartheim und dann in Niedernhart arbeitete, erzählte nach dem Krieg: „Die meisten der Pfleglinge waren sehr schwach, weil sie auf der damaligen Abteilung bis zum Skelett abgemagert waren."

Primar Rudolf Lonauer tötet zahllose Patienten mit der Spritze gleich in Niedernhart. Sein Stellvertreter Georg Renno stellt persönlich die Transporte zusammen. Er vergleicht die Meldebogenkopien mit den Krankengeschichten, die mit den Patienten aus den Ursprungsanstalten mitgekommen sind. Er prüft dabei eigentlich nur, ob der Betreffende wirklich schon fünf Jahre in einer Anstalt saß, und ob es sich nicht um einen Kriegsdienstbeschädigten handelt. Warum man die verschont, ist Renno nicht recht klar: Wahrscheinlich wollten die oben, daß es „keinen Stunk gibt", sagt er später. Dann geht er in die Abteilungen V oder VIII, wo die Todeskandidaten sitzen, und nimmt sie kurz in Augenschein. Körperliche Untersuchungen finden nicht statt. Renno: „Da ich bereits sechs Jahre als Anstaltspsychiater tätig war, hatte ich die hinreichende Qualifikation, allein zu entscheiden, ob der Patient zurückzustellen war oder nicht."

In Zweifelsfällen zieht Renno Lonauer zu Rate. Wenn der Primar, der auch Chef von Hartheim ist, die Selektionen vornimmt, muß er

Angst und Schrecken verbreitet haben unter denjenigen Kranken, die noch halbwegs ihre Umgebung wahrnehmen können. Nach den Erinnerungen von Schwester Felicitas knien immer wieder Geisteskranke in Niedernhart vor Lonauer nieder, strecken ihm die gefalteten Hände entgegen und flehen ihn an, sie nicht wegzuschicken. Es hilft alles nichts. Andere beginnen zu schreien und zu toben, versuchen sich zur Wehr zu setzen. Die abgemagerten Kranken haben gegen die robusten Pfleger keine Chance: „Renitente Patienten bekamen Spritzen!"

Dreimal am Tag sind die Busse zum Schloß gekommen, erzählte Schwester Felicitas, wenn Hochbetrieb war, auch in der Nacht. Schwester Felicitas: „Hochbetrieb war vor allem dann, wenn die Wehrmacht wieder in ein fremdes Land einmarschiert war." Der Chef der Busfahrer, Franz Hödl, erzählte seinem Richter, daß es nicht so oft war: „Zwei- oder dreimal in der Woche bin ich gefahren, je nachdem, von wo die Leute zu holen waren." Hödl und die drei anderen Fahrer haben die Busse in Eigenregie umgebaut: Zwischen dem Fahrer und dem übrigen Teil ist jetzt eine Zwischenwand eingezogen.

Wenn die Transporte vom Bahnhof nach Hartheim gebracht werden, marschiert SS auf und bewacht die Waggons, die auf einem Bahngleis weitab vom Publikumsverkehr stehen. 100 bis 200 Kranke umfaßt so ein Transport. Es gibt aber nur zwei Busse, um sie vom Abstellgleis wegzuschaffen. Ungefähr eine Stunde lang teilen Renno oder Lonauer die Waggoninsassen in Gruppen auf. Die hochgradig Schwachsinnigen und die Kranken, die sich „am ungeordnetsten" benehmen, (Renno: „Bei denen die Diagnose also 100prozentig stimmte!") kommen sofort nach Hartheim. Die Pfleglinge, die nicht „gleich drankommen", müssen in den Waggons warten, bis die Busse den ersten Durchgang in Hartheim abgeliefert haben, bis die erste Fuhre droben in Hartheim ausgezogen, bürokratisch erfaßt, fotografiert, vergast und verbrannt ist. Dann erst holen die Busse die anderen und bringen sie nach Niedernhart. Stunden um Stunden am Bahnhof, es ist den Pfleglingen nicht erlaubt, auszusteigen. Es gibt kein Wasser und keine Lebensmittel.

Die Fahrten vom Bahnhof aus führen quer durch Linz zur Donau und zur neuen Nibelungen-Bundesstraße. Die Fahrt geht entlang des Stromes nach Wilhering, durch die Ortsteile Ufer, Edramsberg und Schönering. Dann geht es über kilometerlange gerade Straßenabschnitte auf Alkoven zu. Der Kirchturm von Alkoven ist über den flachen Feldern des Eferdinger Beckens schon von weitem zu sehen, und auch der klobige Bau des Schlosses links von der Bundesstraße. Beim Lokalbahnhof verläßt der Bus die Bundesstraße, biegt links ab. Da sind es nur wenige hundert Meter auf der engen und kurvigen Dorfstraße, zwischen ein paar Bauernhäusern durch, und dann ist nichts mehr zwischen dem Bus und dem Schloß. Die Fahrten von Niedernhart aus gehen über die Unionstraße nach Leonding, über Rufling und Hitzing auf der alten Ochsenstraße, Via Augusti, dem uralten Erobererweg der Römer. Rechts an der Abzweigung nach Thalham vorbei, links an jener nach Appersberg, aber die paar Häuser sehen nur die Pfleglinge auf den vordersten Sitzreihen, die durch die vordere Windschutzscheibe schauen können. Das erste, was diese Pfleglinge von Alkoven sehen, ist der Ortsteil Straßham, damals nur ein paar Bauernhäuser, ein Wirtshaus und eine Haltestelle an der Lokalbahn. Von Straßham aus führt die Ochsenstraße weiter nach Westen und trifft eineinhalb Kilometer vor Alkoven zuerst auf die Geleise der Lokalbahn und dann auf die Nibelungen-Bundesstraße, in die sie einmündet.

Im Zentrum von Hartheim zweigt nach links die Zufahrt zum Hof der Bauernfamilie Schneider ab. Der Busfahrer lenkt nach rechts und hält vor dem Tor mit der Aufschrift „Erholungsheim". Nach den Beobachtungen der Familie Schneider halten die Busse vor dieser Einfahrt in das Schloßgelände sehr lange. Was genau vom Wachpersonal kontrolliert wird, darüber gibt es keine Aussagen. Dann fährt der Bus hinein, das massive Brettertor wird gleich wieder geschlossen. Das letzte Stück Weges geht an der Südfront entlang, vorbei am Hauptportal, die letzte rechtwinkelige Kurve führt um den Südwestturm des Schlosses, und dann steht das Fahrzeug fast schon in der überdimensionalen Scheune. Hödl oder einer der drei anderen Fahrer stoppt, stellt den Motor ab und zieht die Handbremse an.

Wir sind da. Alles aussteigen. Verschreckt, verwundert, panisch vor Angst oder neugierig auf das angebliche neue Heim, so stolpern die Kranken nach der langen Fahrt hinaus auf den festgetretenen Boden, linsen durch die beiden hohen Tore vor und hinter dem Bus, vorne, da ist Alkoven zu sehen, der Kirchturm und ein paar Häuser, hinten sieht man nur die Gegend, wo das Eferdinger Becken bei Annaberg in das hügelige Alpenvorland übergeht. Die, die nicht gehen können, und die Niedergespritzten werden aus dem Bus getragen. Man habe sie mit netten Worten hineingelockt, heißt es in einigen Aussagen. Man habe ihnen gesagt, daß sie gleich untersucht werden, bevor sie in die neuen Zimmer kämen. Man habe sie getreten und gebrüllt und geschlagen, heißt es in anderen Überlieferungen. Der Knecht Schwarzbauer, der in der Landwirtschaft des Schlosses arbeitete, sah einmal einen Transport behinderter Kinder ankommen. Eine große Frau in Pflegerinnentracht habe lockende Worte zu den Kleinen gesprochen: „Kommt Kinder, wir gehen zum Pferdchen." Später, als die Kinder nach der langen Prozedur des Registriertwerdens in die Gaskammer geschlichtet wurden, hätten sie Angst bekommen und zu schreien begonnen. Da habe diese angebliche Pflegerin triumphierend gekreischt: „Da kommt niemand mehr heraus!"

Von der Bretterscheune führt ein aus Planken gezimmerter Gang quer durch einen früheren Wirtschaftsraum hinein in den Arkadenhof. Der ist für die Todgeweihten nicht zu sehen, die vier Säulen der Nordseite sind bis an die Decke mit Brettern verschlagen. Linkerhand geht es durch eine Tür in einen Auskleideraum. Die Aussagen über die Geschlechtertrennung sind widersprüchlich. Laut manchen Berichten sind entweder nur Männer oder nur Frauen angeliefert worden. Nach anderen Aussagen von Hartheimer Personal saßen Männer und Frauen zusammen in den Bussen, es habe aber zwei getrennte Auskleideräume gegeben. Wahrscheinlich war es ein Auskleideraum mit zwei Abteilungen.

Kräftige Männer und Frauen stehen bereit und sammeln Kleider und Gepäck der Nackten ein. Sie bezetteln die Habseligkeiten und versehen die Zettel mit den laufenden Nummern, die die Besitzer der Sachen auf der Schulter tragen.

Die wimmernden nackten Kranken müssen wieder hinaus in den mit Brettern verschlagenen Arkadengang, ein paar Schritte geradeaus und durch eine breite Tür in das große nordöstliche Turmzimmer. Da treffen sie den Arzt wieder: Renno oder Lonauer sitzt hinter einem breiten Tisch, drei oder vier Männer und Frauen links und rechts vom Doktor. Es sind Leute aus der Verwaltung, die zur Tarnung weiße Ärztekittel tragen. Meist ist jemand von der Büroleitung dabei, Wirth, Reichleitner oder dann Stangl. Der Arzt hat vor sich die Krankengeschichte liegen und die letzte Kopie von Meldebogen 1, und zwar jene Ablichtung, auf welcher der Obergutachter sein rotes Plus neben das schwarzumrandete Feld gesetzt hat. Der schwarze Kasten, mit drei punktierten Strichlinien liniert, ist frei.

Eines der Bürofräuleins im weißen Mantel fungiert als „Aufnahmeperson". Sofern der Pflegling ansprechbar ist, fragt sie nach seinem Namen. Ansonsten kontrolliert sie die Nummer auf dem Rücken. Damit ist die Überprüfung der Personalien abgeschlossen. Renno oder Lonauer nehmen die letzte „ärztliche Untersuchung" vor. Sie besteht aus zwei kurzen Blicken: Einen in den Meldebogen und einen auf den Patienten. Diese zwei Blicke genügen dem Mediziner, um sich eine Todesursache einfallen zu lassen, die sowohl zur Krankengeschichte als auch zum Äußeren des Opfers „paßt". Diese Todesursache schreibt der Arzt in den schwarz umrandeten Kasten auf dem Meldebogen, während der Mensch, dessen Tod er gleichsam amtlich festlegt, noch zitternd vor ihm steht. Anfangs gibt es eine eigene Liste mit „passenden" Todesursachen, also solchen, die überhaupt in so kurzer Zeit zum Tode führen können. Dr. Irmfried Eberl, Tötungsarzt der Anstalt Brandenburg, scheint besonders eifrig gewesen zu sein: Er hat seinen Kollegen in den anderen Anstalten eine Liste mit 61 Todesursachen inklusive jeweiliger Kurzgutachten geliefert.

Ausgiebiger widmet sich der Doktor dem Zahnstatus der Pfleglinge: Jede der nackten Jammergestalten hat den Mund weit aufzureißen, mit einem Hölzchen preßt der Arzt die Zunge zur Seite, leuchtet mit einem Lämpchen die Mundhöhle aus. Was wie die Standardprozedur jedes Arztes bei Untersuchungen aussieht, hat einen speziellen Zweck: Renno oder Lonauer sind auf der Suche nach Patienten mit Goldzähnen oder Goldbrücken. Hat ein Kranker Gold im Mund, malt ihm ein Pfleger oder eine Pflegerin mit einem Tintenstift ein Kreuz an den Leib. Nach den Dienstvorschriften aus Berlin sollte dieses Kreuz auf die Brust gemalt werden, und so wurde es auch in allen anderen Tötungsanstalten praktiziert. Vinzenz Nohel, der Hartheimer Brenner, der nach dem Krieg eine ausführliche Darstellung seiner Arbeit geliefert hat, behauptete allerdings, in Hartheim seien diese Kreuze auf den Rücken gemalt worden.

Als nächsten treffen die Todgeweihten auf einen gewissen Bruckner, den Hartheimer Fotografen. Er hat seine Fotozelle im eigentlichen Erkerbereich des Turmzimmers eingerichtet. Bruckner fertigt von jedem Pflegling drei Fotos an: Eine frontale Aufnahme in der Totale, Gesicht und Brust von vorn und das Gesicht im Profil. Wortlos erledigt er seine Arbeit, die Anweisungen, wie sich die zu Fotografierenden aufstellen sollen, kommen von einem Pfleger oder einer Pflegerin.

Wieder zurück in das Untersuchungszimmer. Von dort führt eine Stahltür an der rechten Wand, vom Haupteingang aus gesehen, in die „Duschanlage". „Und nun ins Bad hinein", heißt die Aufforderung, zumindest spricht sie einer der Pfleger, Karl Harrer, so aus, wenn er Dienst hat. Diese Formulierung ist den Pflegerinnen noch nach Jahren im Gedächtnis, obwohl Harrer, der eigentlich Lonauers Chef-Pfleger auf der Todesstation in Niedernhart war, nur wenige Monate in Hartheim arbeitet. Manche Patienten haben geschrien und um Gnade gebettelt, heißt es in den Aussagen, viele haben aber auch geglaubt, daß sie nun gebadet würden, ja, manche sollen sich aus ihrem Gepäck Waschlappen und Seife mitgenommen haben, die sie nicht losließen, bis ganz zum Schluß nicht. Ob sie immer noch an das Baden geglaubt haben, wenn sie im Duschraum sahen, daß das Fenster in der Stahltür auf der Innenseite mit einem massiven Scherengitter verschraubt war, und daß in der Stahltür auf der gegenüberliegenden Seite ein Guckloch eingelassen war, und daß auch in der Wand nach außen, zum Arkadenhof, so ein Guckloch eingebaut war, darüber gibt es keine Nachrichten. Damit keine Unruhe während der langen Wartezeit bis zur Abfertigung der ganzen Gruppe aufkommt, erhalten in vielen Fällen die „orientierten Patienten" Morphiumspritzen.

Die „ärztliche Untersuchung" des gesamten Transportes dauert keine Stunde, dann sind alle 35 oder 40 Patienten drin in dem bis über Augenhöhe dunkelrot verfliesten Badezimmer. Die Nicht-Gehfähigen werden auf schmale Holzbänke gelegt, die entlang drei der vier Wände stehen. Beim Hineingehen beziehungsweise Hineingetragenwerden sind die Pfleglinge noch einmal gezählt worden. Wenn die Anzahl mit der Transportliste übereinstimmt, steht einer der weißgekittelten Männer im Aufnahmezimmer auf vom breiten Tisch und schließt die Stahltür.

Der diensthabende Arzt, Renno oder Lonauer, geht durch die andere Tür aus dem Aufnahmezimmer, hinaus in den bretterverschlagenen Gang, durch eine schmale Tür in den Arkadenhof und hinein in das kleine Zimmer neben dem „Duschraum". Das ist der Gasraum. Hier stehen vier oder fünf der 40-Liter-Stahlflaschen. Renno oder Lonauer dreht das Ventil auf, kontrolliert am Manometer den richtigen Druck.

So war zumindest die Vorschrift. Die Durchführung der Euthanasie hatte unbedingt in der Hand eines Arztes zu liegen. In der Hartheimer Realität scheinen sich die Herren Lonauer und Renno nicht daran gehalten zu haben. Die Ventile wurden häufig von Oberbrenner Vallasta bedient, was schließlich zu einer Beschwerde aus Berlin führte.

Die Gaszufuhr soll laut Vorschrift so lange stattfinden, bis „der beobachtende Arzt keine Bewegung mehr in dem Gasraum feststellt". Das Gas strömt über einen kurzen Gummischlauch zu einem Eisenrohr, innerer Durchmesser etwas über zwei Zentimeter. Das Rohr führt knapp über dem Boden durch die Wand und läuft unter den Sitzbänken um drei Wände der Gaskammer. In regelmäßigen Abständen sind Löcher in das Rohr gebohrt, aus denen das Kohlenmonoxid entweicht. Die Gaszufuhr währt im allgemeinen zehn Minuten.

Dann das Sterben. Berichte gibt es nur von Augenzeugen, die in irgendeiner Form mitgewirkt haben am Morden. Es ist also nicht mit Objektivität zu rechnen. Dennoch erzählten viele der Bürofräuleins und Heizer und sogar Ärzte nach dem Krieg bemerkenswert offen, wie schaurig der Blick durch das Guckloch gewesen sei. Wie qualvoll die Menschen drinnen zu Tode gekommen seien. Nach wenigen Minuten beginnen die Eingeschlossenen nach Luft zu ringen. Die ersten sacken zusammen, fallen zu Boden, mit weitaufgerissenen Mündern. Andere, die auf den Bänken sitzen, sterben in hockender Stellung, nur der Kopf fällt nach vorne. Manchmal ist die nicht einmal sieben mal vier Meter große Kammer mit so vielen Menschen angefüllt, daß ein Umfallen unmöglich ist. Die Sterbenden umarmen einander, aber es ist keine liebende Umarmung, kein letzter Trost beim gemeinsamen Sterben, sondern ein verzweifeltes Greifen nach irgendetwas Festhaltbarem. Im Tod noch stehen sie dann Körper an Körper, die Gliedmaßen ineinander verkrallt. Einige erbrechen, bevor sie sterben. An den Beinen vieler rinnt Urin, Kot oder Menstruationsblut zu Boden. Viele schreien, bevor sie sterben, viele klopfen verzweifelt gegen die Türen. Die kalten Augen in den Gucklöchern registrieren das Sterben ohne Regung. Manche Leute aus der Verwaltung, die zusehen durften, oder einige der hochrangigen Besucher, denen das Sterben der Geisteskranken mit Stolz gezeigt wurde, erzählten später, sie hätten sich nach kurzer Zeit schon vom Guckloch abwenden müssen, da der Anblick nicht zu ertragen gewesen sei.

Nach einer Dreiviertelstunde öffnet jemand die Tür zum Gasraum, entweder ein Pfleger, oder einer der Brenner Nohel, Bolender, Merta, Barbel und Vallasta, die schon auf ihre Arbeit warten. Zugleich schaltet eine Hilfskraft die Ventilatoranlage ein, die das Kohlenmonoxid aus der Gaskammer saugt. In den ersten Wochen des Betriebs öffnen die Ärzte, Lonauer oder Renno, die Gaskammertür. Sie tragen dabei Gasmasken. Weil das aber keine so große Sache ist, übernehmen dies bald Hilfskräfte. Die verzichten auf die Gasmasken: Luft anhalten, schnell die Tür aufreißen und weglaufen, das genügt. Die Entlüftung dauert eine bis zwei Stunden.

Dann treten die Brenner in Aktion. Je zwei von ihnen haben 12 Stunden Dienst, Tag und Nacht steht also ein einsatzbereiter Zweiertrupp zur Verfügung. Es ist eine „schwierige und nervenzermürbende Arbeit", erzählt Vinzenz Nohel Jahre später den Linzer Kriminalbeamten Breitschopf und Haas. Die Leichen werden an den Extremitäten gepackt und durch die kleine Kammer mit den Gasflaschen in das nächste Zimmer, den sogenannten Totenraum geschleift. In den ersten Wochen sind in allen Räumen noch die alten Bretterböden. Die Leiber der Toten scheinen doppelt so schwer zu sein auf dem holprigen Boden. Später werden die Böden betoniert, doch der Beton ist rauh, es ändert sich nicht viel. Nohel: „Das Schleifen der Toten in den Totenraum war beschwerlich." Schließlich werden auch die Böden der angrenzenden Kammern und des Totenraumes verfliest. Die Heizer schütten jedesmal Wasser auf die Fliesen, wenn das Leichenschleppen ansteht. „Dadurch war die Beförderung der Toten erheblich leichter."

Sind alle Leichen entfernt, gehen „Pflegerinnen" in die Gaskammer und reinigen Boden und Wandfliesen von Stuhl und Erbrochenem. Meist sind es die jüngsten, die Ybbser dienstverpflichteten Schwestern, die diese Arbeit zugeteilt bekommen. Zumindest behaupten diese selbst das in Beschwerden über die Bevorzugung des reichsdeutschen Personals.

Im Totenraum drehen die Brenner die Leichen herum, bevor sie sie an der Wand aufstapeln. Sie suchen nach dem bewußten kreuzformigen Kennzeichen. Wenn ein Körper das Tintenstiftkreuz auf Brust oder Rücken trägt, nimmt einer der Heizer eine Zange, eine gewöhnliche klobige Kneifzange. Der andere Heizer quetscht der Leiche den Mund auf, falls der nicht ohnehin – wie bei den meisten – weit aufgerissen ist von der Erstickungsqual. Der Heizer mit der Zange reißt dem Toten einzelne Zähne oder ganze Brücken aus Gold aus dem Mund. Die Goldklumpen wirft er in ein großes Gurkenglas, das mit einer Mischung aus Wasser und Desinfektionsmittel gefüllt ist. Das ist etwas, das ich nicht tun kann, sagt der Brenner Vinzenz Nohel gleich bei den ersten Transporten, und er muß wirklich so gut wie nie den Leichen die Goldzähne herausreißen: Vor mehr als 20 Jahren ist ihm ein Baum auf den Kopf gefallen, und davon ist seine rechte Hand leicht gelähmt. Darum kann er mit der Kneifzange nicht hantieren.

Die Toten, die vor nicht einmal drei Stunden zum letzten Mal durch das Scheunentor den Himmel über Annaberg gesehen haben, werden im Totenraum aufgeschlichtet. Schon vor Stunden haben die Brenner mehrere Scheibtruhen voll Koks aus der Arkade in den an die Totenkammer angrenzenden Raum gefahren und den großen Ofen eingeheizt.

Stundenlang werden die Leichen verbrannt. Die Brenner fahren eine Art metallene Liege auf Laufrädern, die sogenannte Pfanne, aus dem Ofen heraus, legen die Leichen darauf und schieben sie (Nohel: „... wie bei einem Backofen ...") in das Krematorium. Je nachdem, wie groß der Haufen lebloser Leiber im Totenraum ist, werden zwei bis acht Körper auf einmal verbrannt.

Die Leichen brennen schlecht, was Renno auf den mangelhaften Ernährungszustand der langjährigen Anstaltsinsassen zurückführt: „Es kam hinzu, daß die meisten der verbrannten Personen verhältnismäßig mager waren. Die Verbrennungszeit für eine magere Leiche ist größer als für eine wohlgenährte. Ich schätze, daß für die Verbrennung einer mageren Person ein Zeitraum von einer bis eineinhalb Stunden notwendig ist."

Die Heizer philosophieren gelegentlich über das Brenn-Verhalten von Menschen: Frauen brennen besser, einmal weil sie generell leichter sind, und wahrscheinlich auch deshalb, weil ihre Körper – trotz der kriegsbedingten Hungerszeit – mehr Fett aufweisen als die von Männern, und weil sie leichtere Knochen haben. Wegen des großen Arbeitsanfalls sind lange Brennzeiten nicht möglich. Es bleiben viele Knochen übrig. Man schafft bald eine Knochenmühle an, mit der die Gebeine zu Staub zermahlen werden. Aus dem Kamin, der bis zum First des Schloßdachs ragt, kommt stundenlang fettiger, nach verbranntem Fleisch riechender schwarzer Rauch. Der Geruch verbreitet sich kilometerweit. Bis nach Schönering, das in Luftlinie an die fünf Kilometer entfernt liegt, ist es bei entsprechender Windrichtung zu riechen, wenn sie in Hartheim wieder „Depperln verbrennen". Im Schloß selbst stinkt es permanent. Die hier arbeiten, gewöhnen sich rasch daran. Doch von auswärts einquartierte Gäste halten das fast nicht aus. Eine Bürokraft aus der Berliner T4-Zentrale, die anläßlich eines Betriebsausfluges ein paar Tage in Hartheim nächtigte, beschwerte sich, daß man hier die Zimmer nur mit einem Taschentuch vor dem Mund verlassen könne.

Doch nicht nur Rauch kommt aus dem Kamin: Büschelweise fliegen Haare aus dem Schlot, die auf den umliegenden Wiesen und Feldern zu Boden schweben. Der Kamin funktioniert anfangs nicht richtig, es kommt zu Kaminbrand, weil falsch schamottiert worden ist, sodaß der Ofenbauer Erwin Lambert noch einmal kommen und die Anlage reparieren muß.

Zwei Pflegekräfte, die während der letzten Untersuchung der Todgeweihten bereits deren Kleider zusammengetragen und mittels Kleiderkarten auf Vollständigkeit untersucht haben, schnüren nun die Kleider zu Bündeln, während deren einstige Träger im Ofen verbrennen. Jedes Bündel erhält die Nummer, die der Pflegling im Nacken getragen hatte. Die Bündel kommen in große Säcke, die mit dem Namen der Anstalt Hartheim versehen werden. Hier nun gibt es eine Lücke im so perfide ausgetüftelten Verschleierungssystem: Die Säcke mit anstaltseigener Kleidung werden an die Stammanstalten der Getöteten geschickt, was Fragen und Spekulationen über den Verbleib der Patienten geradezu provoziert. Säcke mit Privatkleidern werden für jeden Kranken einzeln gebündelt, mit seiner Nummer versehen und aufbewahrt, und zwar rund sechs Wochen lang. Kommt bis dahin keine Anforderung der Hinterbliebenen, werden die Bündel auseinandergenommen und die Kleider nach Art neu sortiert, also Hosen zu Hosen, Jacken zu Jakken und so fort, und dies alles geht dann an die Nationalsozialistische Volkswohlfahrt (NSV).

Laut verschiedenen Aussagen nach dem Krieg hat sich das Hartheimer Personal auch selbst bereichert: Die Kleiderkarten der Toten wurden – ebenso wie deren Lebensmittelkarten – des öfteren benutzt, um die eigenen Rationen aufzubessern. Und besonders später, als auch Nichtbehinderte in Hartheim getötet wurden, Menschen aus den besetzten Gebieten und wahrscheinlich auch Juden, die mehr und teurere Habseligkeiten besaßen als die Anstaltspfleglinge, griffen die Bürofräuleins und Heizer und SS-Leute ordentlich zu. Zeugen erzählten etwa, daß praktisch jede der Hartheimer Bürodamen im Schloßhof mit einem teuren Pelzmantel herumstolziert sei.

Die Akten über die Toten werden teils in Hartheim behandelt. Damit befaßt sind die sogenannte Trostbriefabteilung und das Sonderstandesamt. Ein paar Schreibfräuleins verfassen zwei, drei Tage nach der Verbrennung die Trostbriefe, die alle nach dem gleichen Schema gehalten sind, die aber einzeln geschrieben werden, um eben diesen schematischen Charakter zu verschleiern. Zu unserem Bedauern müssen wir Ihnen mitteilen, daß Ihr Sohn, Ihre Tochter, Ihr Vater, etc, so fangen sie immer an. Aus dem Meldebogen übernehmen sie die vom Arzt ausgedachte Todesursache. Und auch dieser Satz bleibt fast immer gleich: Auf Anweisung der Ortsbehörde mußte aus seuchenpolitischen Erwägungen heraus der

Verstorbene sofort eingeäschert werden. Unterschrieben werden die Trostbriefe von Renno oder Lonauer, allerdings mit falschem Namen. Renno hat vermutlich dabei den Namen Dr. Steiner benutzt.

Dann landen Krankengeschichte und Totenschein des Arztes im Sonderstandesamt. Für jeden Fall gibt es einen Schnellhefter. Die Standesbeamten tragen die Daten in zweifacher Ausfertigung in das Sterbebuch ein. Diese Sterbebücher gehen jeweils nur bis zu fortlaufenden Nummern in Höhe von 700 oder 800, dann werden neue begonnen, damit die Vielzahl der Sterbefälle nicht auffällt. Dann erstellen die Standesbeamten drei Sterbeurkunden, je eine für das Standesamt des Geburtsortes, die Angehörigen und ein Exemplar für den Akt. Auch die Sterbeurkunden werden mit falschen Namen unterzeichnet. Reichleitner benutzt etwa den Namen Reichl, Wirth signiert wahrscheinlich mit Staud.

Das System hat einen Fehler, der mit anderen Faktoren dazu beiträgt, daß es zahlreiche Anfragen und damit zunehmend mehr Gerüchte über die Ungereimtheiten in Hartheim und den anderen Anstalten gibt: Die „falschen" Standesbeamten haben kaum Ahnung von den bürokratischen Abläufen in „echten" Standesämtern und schicken keine Todesverständigungen an Ursprungsanstalten, Sozialversichtungsträger, Fürsorgeverbände, rentenauszahlende Stellen, Gesundheitsämter, Wehrüberwachungsbehörden, Versicherungen, Nachlaßgerichte oder Finanzämter. Dies trifft besonders Hartheim, weil in der Ostmark noch lange nach dem Anschluß die nach österreichischem Recht vorgeschriebenen Hinterlassenschaftsverhandlungen verlangt werden. Dieser Mangel wird erst im Jänner 1941 abgestellt, als Dietrich Allers den T4-Geschäftsführer Gerhard Bohne ablöst.

Ein weiterer Mangel ist im Sommer 1940, als Hartheim zu arbeiten beginnt, bereits behoben: Die aus den diversen Pflegeanstalten aussortierten und gleichzeitig vergasten Opfer stammen oft aus der gleichen Gegend. So kommt es vor, daß in Ortschaften, wo jeder jeden kennt, zur gleichen Zeit die Todesbotschaften von mehreren Menschen eintreffen, alle mit demselben Begleitschreiben, nur die Todesursachen sind verschieden. Daher wird in jeder Tötungsanstalt eine „Absteckabteilung" eingerichtet. Auf großen Landkarten stecken Fähnchen mit den Orten, aus denen die Toten stammen. Kombiniert mit einer Zeitkarte wird für jeden Sterbefall ein „geeigneter" Todestag ausgesucht und eingetragen. Ab dieser Regelung trägt der Tötungsarzt auch kein Datum mehr auf seiner Todesbescheinigung ein.

Bald nach dem Beginn des Mordens in Hartheim kommt aus der T4-Zentrale in Berlin die Weisung zu einer weiteren Verschleierungsmaßnahme: Hartheim hat die Akten mit den Euthanasieanstalten Grafeneck und Brandenburg zu tauschen. Von da an transportieren Sonderkuriere die Krankenakten und Meldebögen von einer zu einer der anderen Anstalten. Die Angehörigen von Menschen, die in Hartheim sterben, erhalten die Todesnachrichten nun aus Grafeneck oder Brandenburg. Dadurch hofft man jene Verwandten fernzuhalten, die immer häufiger auftreten: Menschen, die persönlich nach Hartheim reisen, um sich nach den genaueren Todesumständen ihrer Angehörigen zu erkundigen.

Während die Bürokräfte die Akten bearbeiten, füllen die Brenner das Mehl, das aus der Knochenmühle kommt, in Urnen. Etwa drei Kilo pro Totem wurden berechnet, sagte Nohel später. In die Stahlbehälter kommt nicht die Asche jener, deren Name daraufsteht: Dazu hätte man ja nach jeweils zwei bis acht Leichen, die zugleich verbrannt wurden, den Ofen erkalten lassen müssen. Im Büro wird ein Urnenbuch angelegt, mit dem Vermerk, wo die jeweilige Urne bestattet worden ist. In diesem Urnenbuch stehen nicht nur die in Hartheim Getöteten, sondern auch die Opfer, die in Wahrheit in Grafeneck oder Brandenburg ermordet wurden. Wenn die Angehörigen zurückschreiben und die Urnen haben wollen, wird diese direkt an die zuständige Friedhofsverwaltung gesandt, und zwar mit einem vorgedruckten Begleitschreiben. Dessen erster Satz lautet: Betrifft: Beisetzung der Urne mit der Asche des/der ... Falls die Verwandten die Urnen nicht anfordern, kommt in die Rubrik „Begräbnisort" des Urnenbuches ein Querstrich.

Tatsächlich werden Asche und Knochenreste im Gras an der Ostseite des Schlosses zu einem hohen Haufen an der Schloßmauer geschaufelt. In regelmäßigen Abständen fahren riesige geschlossene Kastenwägen mit den sterblichen Überresten der Euthanasieopfer durch Alkoven und zwischen den flachen Feldern des Ortsteils Gstocket zur Donau. Dort werden Asche und Knochen in das

Wasser geschüttet. Gstocketer Bauernburschen verstecken sich manchmal im Unterholz der dichten Au und beobachten das Abladen der Asche. Bauern, die auf den Gstocketer Feldern arbeiten, und die bemerken, das von den hohen Kastenwägen etwas herabfällt, warten, bis die Fahrzeuge und die SS-Begleitmannschaften weg sind, dann huschen sie schnell zur schmalen Schotterstraße. Sie sammeln die Knochen. Ähnliches ist auch aus Grafeneck überliefert. Dort haben Anrainer der Tötungsanstalt herabgefallene Splitter von Gebeinen heimlich gesammelt, um Beweise für die unvorstellbaren Vorgänge zu haben, die sie vielleicht irgendwann einmal vorzeigen können. In Hartheim muß der Euthanasie-Mannschaft dieses Interesse der Bevölkerung aufgefallen sein, denn nach einiger Zeit wurden die Routen geändert und die Asche wurde auch in die Traun geschüttet. So oder so – der letzte Weg der Mordopfer endete in der Donau. Noch später begann man, die Asche auf den Wiesen zwischen Schloß und Schloßmauer zu vergraben.

Solche kugelförmigen Urnen schickte die T4 an die Angehörigen der Opfer.

VI. Hartheimer Alltag

Der Alltag im Schloß Hartheim ab Mai/Juni 1940 läßt sich aus den vorhandenen Aussagen und Erinnerungen nur als Abfolge einzelner Episoden rekonstruieren, die noch dazu mit einem Makel behaftet sind: Sie wurden fast ausschließlich von Personen erzählt, die diese Aussagen als Angeklagte oder Verdächtige in Ermittlungs- und Strafverfahren gemacht haben. Sie hatten also ein Interesse an verharmlosender Darstellung. Die geschilderten Sachverhalte sind angesichts dessen immer noch mehr als grauenvoll.

Vinzenz Nohel flucht und ächzt. Er hat sich reizen lassen vom blöden Reden des Kurt Bolender. Krüppel, nur ein Krüppel, bist selbst ein Krüppel, gehörst selbst in den Ofen hinein, so hat der gestichelt. Zuerst hat er gemurrt, weil immer nur er die Goldzähne rausreißen muß, und sich der Nohel immer drückt. Der hat seine rechte Hand hochgehoben und gesagt, daß er zuwenig Gefühl dafür hat, daß er nicht einmal die Zange richtig halten kann, geschweige denn einen Zahn packen, wenn der weiter hinten im Schlund liegt. Bolender lacht böse und schreit, während er einen mageren Männerkörper über die nassen Fliesen schleift: Eben selbst ein Krüppel. Und dann hört er nicht mehr auf mit dem Sticheln.

Bis es Nohel zu blöd wird. Gib her, bellt er, reißt Bolender die Zange aus der Hand. Gut, sagt der, dreht ihm einen Leichnam zurecht, hebt dessen Kopf hoch, streckt Nohel den weit aufgerissenen Mund entgegen. Nohel steckt die Finger der linken Hand hinein, zieht die Lippen auseinander, starrt in die Mundhöhle des Toten. Ah, da ist ja der Goldzahn. Oben links, ziemlich weit hinten.

Nohel steckt die Zange in den Rachen der Leiche, sucht den Goldzahn zu packen, ein paarmal drückt er die Kneifbacken der Zange neben dem Zahn zusammen, dann trifft er endlich, doch jetzt rutscht er ab. Er hat wirklich zuwenig Gefühl in der lahmen rechten Hand. Aber dann hat er den Goldzahn richtig, fest drückt er die Zange zusammen, dreht vorsichtig im Uhrzeigersinn, dann gegen den Uhrzeigersinn, wiederholt das ein paarmal, als er spürt, daß sich der Zahn lockert, zieht er kräftig. Der Goldklumpen löst sich aus dem Gebiß des Toten. Sehr langsam und vorsichtig nimmt Nohel die Zange aus dem Mund. Dabei stößt er gegen die oberen Zahnreihen. Seine tauben Finger müssen gezuckt haben, er selbst spürt das nicht, und sie müssen den Griff um die Zange ein wenig gelockert haben.

Der Zahn rutscht aus den Zangenbacken und verschwindet im Schlund des Toten. Nohel stochert mit der Zange hinterher. Nichts. Er reißt der Leiche den Mund noch weiter auseinander, bohrt die Finger der linken Hand tief hinunter in den Schlund, doch ohne Erfolg. Der Goldzahn ist verschwunden. Bolender lacht albern. Er soll die Leiche lassen, schreit er dem Nohel zu, und endlich weiterarbeiten, sonst werden sie nie fertig.

Sonst trägt immer Bolender das Gurkenglas mit dem Desinfektionsmittel und den Goldzähnen hinauf in die Verwaltung, weil er es ja ist, der die Zähne zieht. Diesmal geht gleich Nohel hinauf, weil er weiß, daß es auffallen wird. Trotzdem sagt er nichts. Der Verwaltungsmann, der das Glas übernimmt, stochert mit einem Stab im Glas und zählt. 13 Zähne und eine Brücke. Er wirft einen Blick in die Papiere auf seinem Schreibtisch, dann sagt er Nohel, daß er warten soll, und geht hinaus. Gleich darauf kommt er mit Büroleiter Christian Wirth zurück.

Der beginnt gleich zu schreien, er beschimpft Nohel als Taugenichts und Dieb und droht ihm mit dem KZ, wenn er das gestohlene Zahngold nicht herausrückt. Er hat es nicht gestohlen, flüstert Nohel, der Bolender kann es bezeugen, er hat auch einmal das Goldzahnziehen probieren wollen, und weil er doch kein Gefühl in der rechten Hand hat, ist ihm der Zahn in den Schlund gerutscht. Bolender wird gerufen. Er bestätigt Nohels Angaben. Wirth tobt und schreit noch eine Zeitlang, er gibt Nohel unflätige Schimpfnamen. Nach langer Zeit erst darf Nohel gehen. Von da an zieht er nie wieder Goldzähne.

Hartheim hat gerade zu arbeiten begonnen, da bekommen die ostmärkischen Kollegen einen kräftigen Anpfiff aus dem Altreich draußen. Dr. Irmfried Eberl, Tötungsarzt der Anstalt Brandenburg und besonders penibel und erfinderisch im Auflisten fingierter Todesursachen, beschwert sich beim „Sehr geehrten Kollegen Dr.

Lonauer" über dessen Stellvertreter Dr. Georg Renno. Renno diagnostiziert viel zu oft als Todesursache Lungentuberkulose, nämlich in fast der Hälfte der Fälle, moniert Eberl. Mit den Anfragen Angehöriger wird unter anderem ja die Anstalt Brandenburg konfrontiert, mit der Hartheim zwecks Verschleierung die Akten tauscht. Erhalten ist ein Beschwerdebrief Eberls an den Hartheimer Chef Lonauer, dem offensichtlich ein Briefwechsel Rennos mit Brandenburg vorausgegangen ist.

Eberl beschwert sich beim Kollegen: „Akut wurde die ganze Frage dadurch, daß wir von verschiedenen Angehörigen Post bekamen, worin sie uns mitteilten, daß sie den Angehörigen kurz vor dem Abtransport in der alten Anstalt besucht und dort bei guter Gesundheit angetroffen hätten und daß sie sich jetzt mit der alten Anstalt in Verbindung gesetzt hätten und dieser die Todesursache Lungentuberkulose unverständlich sei. Es ist in solchen Fällen natürlich dann sehr schwer, das Mißtrauen solcher Angehöriger stichhaltig zu zerstreuen, da ja die Ärzte der früheren Anstalten auch gerade keine Dummköpfe sind und schließlich auch in der Lage sind, eine akute Lungentuberkulose zu diagnostizieren ..." Kollege Eberl fordert Lonauer auf, dies abzustellen: „Zusammenfassend möchte ich nun feststellen, daß das so häufige Auftreten der Diagnose Lungen-Tbc, wie sie von Ihnen gehandhabt wird (etwa 40 bis 50 % der Fälle, die wir bisher bekommen haben, laufen unter dieser Diagnose), nicht unbedenklich ist, und ich bitte Sie im Interesse einer gedeihlichen Zusammenarbeit, von der Stellung dieser Diagnose in so häufiger Zahl und insbesondere dann, wenn vorher keinerlei Erscheinungen vorhanden waren, abzusehen."

Wie Lonauer reagiert hat, ist nicht überliefert. Seinen Ärger über die Einmischung von außen hat offensichtlich der „wilde Wirth" geäußert, und zwar auch gegenüber Eberl. Dieser schreibt an Lonauer mit kaum verhehlter Verachtung und Häme: „Die Belehrungen Ihres Büroleiters in dieser Richtung muß ich ablehnen, da er als Nicht-Arzt nicht in der Lage ist, den Sachverhalt richtig zu beurteilen, und ich gehe mit ihm konform, wenn er sagt, daß diese Frage eine rein ärztliche ist und daher nur von Ärzten entschieden werden kann. Heil Hitler! gez.: Dr. Eberl." Dieses Schreiben fand sich unter Dokumenten des medizinischen Leiters der T4-Zentraldienststelle, Werner Heyde. Der Streit um die fingierten Diagnosen ist also nicht nur zwischen Hartheim und Brandenburg ausgetragen worden, sondern bis nach Berlin, ganz nach oben getragen worden. Durchgesetzt hat sich höchstwahrscheinlich Eberl, der mit seinem Todesursachen-Katalog in der T4-Zentrale als der diesbezügliche Experte galt.

Dementsprechend selbstbewußt, ja nahezu arrogant klingen seine Empfehlungen an die Hartheimer Kollegen: „Die zu wählenden Todesursachen werden nach folgenden Gesichtspunkten bestimmt: 1) die Erkrankung muß erfahrungsgemäß in einem kurzen Zeitraum (längstens 14 Tage) zum Tode führen, es sei denn, daß auf Grund der Krankengeschichte die Erkrankung schon längere Zeit bestanden hat und daher durch plötzliche Verschlechterung zum Tode führen kann. 2) Die Erkrankung darf mit Ausnahme der bereits vorher beobachteten Erscheinungen, z. B. einer bestehenden Lungentuberkulose, vorher keine Erscheinungen gemacht haben. 3) Es dürfen sich an die aktenmäßige und sachliche Bearbeitung keinerlei Dinge knüpfen, die auf Grund gesetzlicher Vorschriften gegeben sind, z. B. Meldungen an das Gesundheitsamt oder seuchenpolizeiliche Vorschriften wie Sperrung der Anstalt und dergl. mehr."

Die Ironie an der ganzen Geschichte: Dr. Georg Renno, der in so auffälligem Ausmaß die Diagnose Lungentuberkulose stellte, erkrankte schließlich noch während seiner Euthanasie-Karriere selbst daran und mußte monatelang in Sanatorien und Heilanstalten bleiben. Noch 25 Jahre nach dem Krieg hatte er mit Augen- und Lungentuberkulose zu kämpfen. Diese Krankheit war Jahrzehnte nach den Hartheimer Ereignissen Gegenstand von Untersuchungen durch ärztliche Kollegen, die Rennos Verhandlungsfähigkeit untersuchten. Zum Abbruch seines Prozesses führte allerdings dann die Diagnose „cerebrale Störungen".

Die Wochen seines Dienstbeginns in Hartheim sind schöne Sommertage für Dr. Georg Renno. Am 2. August 1940 hat seine Frau ihr drittes Kind geboren, wieder eine Tochter. Für drei Tage später, Montag, den 5. August, ist ein Transport von 400 Patienten aus der Anstalt Steinhof in Wien angekündigt. Rennos Anwesenheit ist dabei nicht erforderlich. Weil es aber eine gute Gelegenheit ist, Wien kennenzulernen, das der Elsässer noch nicht kennt, fährt er bereits am Samstag in die ostmärkische Metropole. Wahrscheinlich hat er als erstes seine Frau besucht, die bei Semperit in Baden bei Wien als Betriebsärztin arbeitete, und hat das Baby angeschaut. Hauptzweck der Wien-Fahrt ist es aber, die Sehenswürdigkeiten der alten Kaiserstadt in Augenschein zu nehmen.

Am Montagvormittag taucht Renno am Bahnhof Hütteldorf auf, wo der Transportzug nach Linz zusammengestellt wird. Was der Arzt Renno dabei tat, schilderte er 20 Jahre später so: „Ich beobachtete den Verladevorgang." Obwohl er in Zivil ist, scheinen die Leute, welche die Anstaltsinsassen in den Zug schaffen, zu wissen, daß der unbeteiligte Beobachter ein hochrangiger Mann aus Hartheim ist. Hofrat Alfred Maucka, der Direktor der Anstalt Steinhof, ein kleiner lebhafter älterer Herr, spricht Renno mit allen Anzeichen großer Aufregung an.

Was hier geschehe, sei ein großer Fehler, sprudelt es aus Maucka heraus.

Weshalb Fehler, fragt Renno beiläufig.

Etwa 160 der 400 Männer dieses Transportes seien „nur Alkoholiker", sagt Alfred Maucka, und deshalb seien diese 160 „für diesen Transport nicht geeignet." Renno schweigt. Er weiß, daß Maucka offensichtlich weiß, was der wahre Zweck des Transportes ist, aber er sagt weder ja noch nein.

Hofrat Maucka insistiert: Kann man da nichts machen? Haben Sie keine Befugnisse in dieser Richtung.

Renno reagiert jetzt: Hier am Hütteldorfer Bahnhof könne er gar nichts mehr veranlassen. Der Zug habe den Zeitplan einzuhalten. Aber er sagt dem Herrn Hofrat zu, sich dieser Patienten besonders anzunehmen und sie gegebenenfalls zurückzusenden. Während der Fahrt nach Linz sieht Renno die Meldebogen der betreffenden 160 Patienten durch, und einen Teil der Männer nimmt er persönlich in Augenschein. Es ist so, wie Maucka gesagt hat: Die Männer sind durchwegs gezeichnet von langjährigem Alkoholmißbrauch, und der Entzug setzt ihnen sichtlich zu, aber „für die Aktion in Betracht" kommen sie nicht. Er habe jeden einzelnen Fall „durchexploriert", erzählte Renno später dem Untersuchungsrichter, und er habe die Männer äußerstenfalls für Psychopathen gehalten, aber bei keinem habe eine Krankheit vorgelegen, die nach den Richtlinien zum Ausfüllen der Meldebogen zu melden gewesen wäre. Renno: „Nach meinem Eindruck waren diese Patienten sämtlich arbeitsfähig und keineswegs unheilbar."

Auf dem Linzer Bahnhof werden die Alkoholiker in Waggons zusammengefaßt, die vom restlichen Zug abgekoppelt werden. Die 240 anderen, die Todeskandidaten, kommen auf das übliche Abstellgleis und werden per Bus nach Hartheim oder Niedernhart gebracht. Die Waggons mit den Säufern werden nach stundenlangem Warten an eine Lokomotive gehängt und zurück nach Hütteldorf und Steinhof geschickt.

In Hartheim spricht Renno mit seinem Chef, Dr. Lonauer. Solche Pannen muß man unbedingt vermeiden, darin sind sie sich einig. Renno macht einen Vorschlag: Die Ursprungsanstalten sollten vor dem Abgang der Transporte von ihnen, Lonauer oder Renno, aufgesucht werden. Sie sollten die Kandidaten, deren Daten sie nur von den Meldebögen kennen, persönlich in Augenschein nehmen. Lonauer stimmt zu, sagt aber gleich, daß er selbst keine Zeit haben wird für diese „Besichtigungsfahrten", da er schließlich neben Hartheim und Niedernhart auch noch seine Privatpraxis in der Linzer Mozartstraße zu betreuen habe.

Die beiden Hartheimer Ärzte informieren die Berliner T4-Zentrale nicht über diese Neuerung, sie führen die Selektion in den Irrenanstalten zwischen Vorarlberg und dem Burgenland auf eigene Faust durch. Lonauer ist bei diesen Fahrten durch die Anstalten im Hartheimer Einzugsbereich tatsächlich kaum im Einsatz, die einzige Anstalt, die er in dieser Funktion besucht, ist Feldhof in Graz. Seine Reisetätigkeit beginnt erst später, als es um die Selektion und Abholung von Häftlingen in den KZs Mauthausen und Dachau sowie deren Nebenlagern geht. Und Lonauer ist später auch unterwegs mit hochrangig besetzten T4-Ärztekommissionen in Anstalten und Lagern des gesamten Reiches.

Renno hingegen bereist die Ostmark exzessiv. Nicht nur die eigentlichen Heilanstalten zwischen Klagenfurt, Klosterneuburg und Valduna bei Feldkirch visitiert er. Er taucht zwischen Sommer 1940 und Sommer 1941 auch in mehr als 50 Altersheimen und Anstalten karitativer Art auf und nimmt sich deren paar geisteskranke Insassen vor. Im Originalzitat: „Da in solchen Anstalten eine ärztliche Betreuung meist fehlte, habe ich mir die Patienten selbst angesehen."

Rückstellungen von Patienten in dem großen Umfang wie im geschilderten Fall der 160 Alkoholiker vom Steinhof sind die ganz große Ausnahme. Die Pfleger und Brenner und auch Renno selbst haben zwar bei ihren jeweiligen Einvernahmen vor Exekutive oder Justiz gesagt, daß es viele Einzelfälle von Rückstellungen gegeben habe; daß die Ärzte häufig Patienten wieder aus den Tötungsanstalten zurückgeschickt hätten, die ihnen arbeitsfähig und nicht unheilbar geisteskrank erschienen. Tatsächlich dokumentiert sind aber aus allen sechs Vernichtungsanstalten nur sehr wenige Fälle von Rückstellungen. Umgekehrt gibt es zahlreiche Aussagen vom Personal von Ursprungsanstalten, daß man ihnen ihre „besten Arbeiter" weggeholt habe. Teilweise wurden die Patienten von ihren Arbeitsplätzen in den Anstalten weggeholt und noch in ihrer Arbeitskleidung in die grauen Busse gesetzt. Und auch der Ausschließungsgrund Kriegsteilnahme galt nicht immer: In der Anstalt Rastatt ging ein Dienstmann aus Mannheim erhobenen Hauptes in den Bus. Er war Teilnehmer des Ersten Weltkrieges und hatte demonstrativ das Eiserne Kreuz für die Fahrt in die Vernichtungsanstalt Grafeneck angelegt.

Man darf eher annehmen, daß die Vernichtungsanstalten in einem so großen Ausmaß Patienten ermordeten, die nicht den Kriterien entsprachen, daß es sogar der T4-Zentrale zu viel wurde. Am 30. Jänner 1941 geben jedenfalls die obersten Euthanasie-Beauftragten Brandt und Bouhler neue Selektionsrichtlinien heraus, die dezidiert die arischen Patienten betreffen. Darin heißt es: „Bei allen nachweisbaren Fällen der Kriegsteilnehmerschaft ist kurz zu treten. Leute mit Auszeichnungen sind grundsätzlich nicht in die Aktion einzubeziehen. Bei allen Senilen größte Zurückhaltung. Nur bei dringenden Umständen, z. B. Kriminalität, Asozialität Einbeziehung. Kinder bis 14 Jahre sind zunächst an den Reichsausschuß (der die Kinder-Euthanasie abwickelte; A.d.V.) abzugeben. Bei kriminellen Senilen sind in jedem Fall die Akten zu prüfen und den Fotokopien Aktenauszüge beizufügen. Diese Fälle können positiv beurteilt werden. In Sonderfällen soll jedoch Vorlage bei Herrn Jennerwein (das ist Hauptamtsleiter Brack; A.d.V.) erfolgen. Im übrigen ist ein strenger Maßstab anzulegen." Der Hartheimer Tötungsarzt Renno sagte dazu 20 Jahre später, er sei bei Patienten, die unter Altersdemenz litten, besonders großzügig verfahren: „Ich konnte es einfach nicht über das Herz bringen, diese alten Leute für die Aktion freizugeben." Er räumte allerdings gleich im nächsten Satz ein, daß solche Fälle relativ selten waren.

August Becker, der Diplomchemiker des Reichskriminalpolizeiamtes und seit der Probevergasung in Brandenburg Gas-Fachmann der Aktion T4, kommt gelegentlich nach Hartheim. Er wird gerufen als „Betriebsfeuerwehr", die als letzte Instanz gefragt wird, wenn Probleme auftauchen. In Hartheim modifiziert er das System. Schon ein paar Wochen nach Betriebsbeginn montiert er die Druckmesser von den Gasflaschen ab und ersetzt sie durch Gasuhren. Die messen die genaue Menge des Gases, das durch die Rohre in die angrenzende Kammer geströmt ist. Von da an muß nicht mehr auf die Einhaltung der Zehn-Minuten-Frist geachtet werden; die Ventile können geschlossen werden, sobald das benötigte Volumen Gas abgegeben wurde. Renno erinnerte sich allerdings daran, daß der Vergasungsvorgang trotzdem weiterhin rund zehn Minuten dauerte.

Nach einer Aussage Beckers nach dem Krieg hat Renno aus Anlaß dieser Gasuhrenmontage den Besucher aus Berlin an einer Vergasung teilnehmen lassen. Renno stritt das energisch ab: Schließlich war die Sache für Becker ja seit Brandenburg überhaupt nichts Neues. Seine Erinnerung sei nicht mehr so gut, sagte Renno, aber wenn, dann hätte es eher umgekehrt so gewesen sein können, daß Becker die Funktion der neuen Gasuhren demonstriert habe.

Der standesbewußte und eitle Dr. Georg Renno weigert sich hartnäckig, das Gasventil selbst zu bedienen. Es muß genügen, wenn dies der jeweilige Oberbrenner in seinem, Rennos, Beisein erledige. Wahrscheinlich hat es dazu mit seinem ärztlichen Vorgesetzten Rudolf Lonauer Diskussionen gegeben. Renno versteift sich dabei auf eine Zusicherung seines Mentors, des Obergutachters Professor Heyde, der ihn zu T4 gebracht hatte.

Als er von Professor Heyde vor dem Hartheim-Einsatz in Berlin über das Grundsätzliche unterrichtet wurde, habe der ihm mitgeteilt, daß die Tötung der Kranken durch Gas erfolgen werde, und daß sie auf jeden Fall und immer durch einen Arzt auszuführen sei, erzählt Renno seinem Freund Rolf Lonauer. Er, Renno, habe daraufhin gesagt: „Ich habe nicht Medizin studiert, um einen Gashahn zu bedienen." Heyde habe ihm zugesichert, daß er den Gashahn ja nicht mit eigener Hand zu bedienen brauche. Renno 25 Jahre später vor Gericht: „Ich habe mich dann in Hartheim für diese Handlung des Oberbrenners Vallasta bedient."

Noch am 3. Februar 1965 äußerte sich Renno abfällig über die technischen Anforderungen des Tötungsvorganges. Der Frankfurter Untersuchungsrichter fragte ihn, wer ihn eigentlich eingeschult habe am Gasventil, ob es Becker war oder Wirth.

Rennos Antwort: „Ich habe keine Erinnerung mehr daran. Den Hahn aufzudrehen war ja auch keine große Sache. Umschweifiger Unterweisungen bedurfte es nicht."

Im Juli 1940 kommt Renno doch von seiner Praxis ab. Bisher hat Oberbrenner Vallasta den Gashahn immer ordnungsgemäß auf- und nach zehn Minuten wieder zugedreht. Bei einem der nächsten Transporte ist Renno nicht anwesend. Chefarzt Dr. Lonauer scheint sich jedenfalls nicht die Mühe gemacht zu haben, den Oberbrenner am Gasventil zu überwachen. Vallasta arbeitet allein an der Gasanlage. Die Gasuhren sind zu dieser Zeit noch nicht montiert. Vallasta läßt das Gas eine zu kurze Zeit einströmen. Nach dem Entlüften der Gaskammer bewegen sich noch einige der Kranken. Wie man sie zu Tode gebracht hat, ist nicht überliefert.

Der Vorfall wird vom Personal an Renno gemeldet. Der rüffelt Vallasta und bedient von da an eine Weile selbst das Gasventil. Nach sechs bis acht Wochen vertraut er diese Arbeit wieder Vallasta an – überwacht ihn aber noch lange Zeit ganz genau.

Der Hartheimer Chefarzt Rudolf Lonauer hat praktisch jeden Fetzen Papier vernichtet, der auf seine Tätigkeit im Schloß und in Niedernhart hinwies. Es gibt daher wenig Geschriebenes, das Aufschluß über seine Persönlichkeit gibt. Aber man darf annehmen, daß der ehrgeizige und mit 33 Jahren blutjunge Mediziner in Hartheim häufig Erlebnisse hatte, die ihn mit unbändigen Stolz erfüllt haben müssen. Dies war jedesmal dann der Fall, wenn die Größen von Staat und Partei der Euthanasieanstalt Hartheim Besuche abstatteten, und Lonauer sie als Hausherr empfing. Dies geschah recht häufig.

Die Gästeliste liest sich wie ein Who is Who der T4-Prominenz. Mehrfach angereist kommen die Herrschaften Brack und Blankenburg aus der Kanzlei des Führers. Brack hinterläßt bei seinen Besuchen zwiespältige Eindrücke. Er spielt sich auf wie der „Herrscher aller Reussen (sic!)", schildert ihn Renno. Gleichzeitig erinnern sich die Hartheimer an den Leiter des Hauptamtes II von Hitlers Kanzlei als sehr verbindlichen Menschen. Brack pflegt bei seinen Hartheim-Visiten, von denen vier verbürgt sind, auch kurze Ansprachen vor dem Personal zu halten. Wahrscheinlich hat er, wie aus Grafeneck überliefert, darüber gesprochen, daß er wisse, wie schwer die Aufgabe sei, daß sie aber für Volk, Reich und Führer geleistet werden müsse.

T4-Geschäftsführer Bohne und auch dessen Nachfolger Allers werden von Lonauer willkommen geheißen und durch das Haus geführt, ebenso wie die medizinischen T4-Chefs, die Ärztekollegen Heyde und Nitsche. Nitsche wohnt 1944 sogar ein paar Wochen lang im Schloß. In Hartheim tauchen die Personalchefs Haus und Oels sowohl dienstlich als auch als Teilnehmer von Betriebsausflügen auf. Registriert sind Besuche von Lorent, dem späteren Leiter der T4-Hauptwirtschaftsabteilung, und von Kaufmann, dem Leiter der Inspektionsabteilung. Niedernhart interessiert die Berliner weniger, nur Heyde kommt einmal nach Linz und läßt sich von Lonauer das Haus und vor allem die Abteilungen V und VIII zeigen. Weniger beliebt als diese formellen Besuche der Prominenz sind die regelmäßigen Visiten der T4-Revisoren. Die fallen unangemeldet ins Haus und schnüffeln sich durch die Unterlagen. Zwei bis drei Wochen bleiben sie im Schloß. In erster Linie prüfen sie anhand der Bücher und Belege die Finanzgebarung. Doch sehr interessiert sind sie an der Handhabung der Lebensmittelmarken. Die Patienten wurden, wenn sie in die Busse nach Hartheim gesetzt wurden, von ihren Stammanstalten mit sogenannten Reisemarken für rund eine Woche versorgt. In Hartheim wurden sie aber sofort getötet, sie bekamen keine Mahlzeit. Es gibt Aussagen von Hartheimer Pflegerinnen, daß diese Marken ein schönes Zubrot für das Personal gewesen seien. Und es gibt diese Aussage eines T4-Revisors: „Unsere Aufgabe war es zu verhindern, daß die Anstaltsangestellten mit den überflüssigen Reisemarken Mißbrauch trieben."

Ganz anderer Art sind die Besuche von Politikern. Chefarzt Lonauer empfängt die Herrschaften persönlich, er stellt ihnen seinen Stellvertreter Renno und den Büroleiter Wirth vor, dann bummelt man durch das Haus. Die hohen Herren besichtigen interessiert die Gaskammer, das Krematorium, möglicherweise auch die Präparate im Sezierraum. Und etliche von ihnen lassen sich den Hartheimer Betrieb in natura zeigen: Eine Reihe von NS-Politikern hat im Schloß Hartheim durch die Gucklöcher in die Gaskammer gestarrt, während drinnen 50 oder 80 oder noch mehr Menschen qualvoll erstickten.

Der höchstrangige NS-Bonze, der sich eine Vergasung in Hartheim ansieht, ist Innenminister Wilhelm Frick. Er bleibt gleich mehrere Stunden im Schloß, umschwänzelt von den beiden Ärzten und von Wirth. Renno sprach vor Gericht dann von einer möglichen „Demonstrationsvergasung" für den Innenminister. Gleich mehrfach beobachtet der Gauleiter von Oberdonau, August Eigruber, das Töten von Geisteskranken in der Hartheimer Gaskammer.

Zu Gast in der Tötungsanstalt waren weiters Reichsärztefüher Leonardo Conti, Fricks Staatssekretär Stuckardt und Reichsschatzmeister Schwarz. Sie alle marschieren durch das Haus, besichtigen die Mordmaschinerie, und anschließend sitzen sie im Gemeinschaftsraum, zur Rechten von Christian Wirth, danken für die Einladung und loben die Hartheimer Arbeit in markigen Trinksprüchen.

Victor Brack, Leiter des Hauptamtes II der Kanzlei des Führers, hat die Hartheimer Ärzte manchmal auch zu beruhigen. Bei einem Besuch im Mai 1941 spricht ihn Renno an, wann denn nun mit dem Erlaß des Gesetzes zur Euthanasie zu rechnen sei. Schließlich habe man ihm bei seiner Rekrutierung für die Aktion T4 gesagt, daß besagtes Gesetz fertig in der Schublade liege und nur aus

Kriegsgründen noch nicht veröffentlicht werde. Jetzt sei es aber an allen Fronten ruhig. Ob man das Gesetz nicht bald veröffentlichen werde, fragt Renno.

Brack setzt eine feierliche Miene auf. Er nimmt aus seinen Unterlagen eine Mappe. Daraus holt er ein Blatt Papier, mit dem Reichsadler in der oberen Ecke. Der Führererlaß. Schweigend lesen Lonauer und Renno den kurzen Satz. „Reichsleiter Bouhler und Dr. med. Brandt sind unter Verantwortung beauftragt, die Befugnisse namentlich zu bestimmender Ärzte so zu erweitern", und so fort. Ehrfürchtig schauen die Ärzte auf die Unterschrift des Führers.

Brack packt das Dokument wieder ein. Dann teilt er den Hartheimer Ärzten mit, daß die Spitzen der deutschen Justiz bereits informiert sind. „Die Generalstaatsanwälte im gesamten Reichsgebiet, sowie alle höheren Richter!" Und alle diese Spitzen der Justiz haben die Aktion für richtig befunden. Damit geben sich Lonauer und Renno zufrieden. Man begibt sich wieder zu den Getränken.

Der SS-Mann Emil Reisenberger hat sich Weihnachten auch anders vorgestellt. Bereitschaftsdienst im Schloß, na danke schön! Es ist ein Strafdienst, wofür er diese Strafe ausfaßte, ist nicht überliefert. Es ist nichts zu tun, es kommen keine Transporte, die meisten anderen sind über die Feiertage heimgefahren. Weil ihm so fad ist, hat er einen Freund eingeladen. Feiere doch mit mir Weihnachten, hat er ihn gebeten, einen Bekannten aus Linz, und der hat zugesagt.

Die Männer trinken und reden, über den Krieg, und über die Frauen. Und dann über die Arbeit, die Reisenberger hier eigentlich macht ihm Schloß. Ob es wahr ist, was die Leute flüstern, fragt der Besucher.

Was flüstern sie, fragt Reisenberger.

Daß ihr die Deppen vergast, sagt der Besucher, dessen Zunge der Alkohol gelöst hat.

Schweigen. Dann drängt der Besucher: Du, ich muß aufs Klo. Gehen wir hinunter in den Schloßhof. Wieder reden sie eine Zeitlang nichts.

Reisenberger lacht. Es ist ein verzerrtes, grausames Lachen.

Komm, sagt er dann. Ich zeige dir etwas. Sie gehen hinunter in den Arkadenhof, an der Pforte vorbei, die in dieser stillen, heiligen Nacht nicht besetzt ist. Vorbei am Schlot. Reisenberger öffnet die zweite Tür rechts. Ein kleiner Raum, der sieht in dem fahlen Licht von der Gangbeleuchtung draußen aus wie eine Rumpelkammer oder ein Geräteschuppen. Der Besucher ist längst schon still geworden, schaudernd schaut er auf die Stahlflaschen und Gummischläuche und Eisenrohre.

Ungefragt beginnt Reisenberger zu erklären. Das ist die Gasanlage. Hier ist das Ventil, das ist die Gasuhr. Dieser Schlauch führt zum Rohr. Das Rohr geht in den Raum daneben. Da stehen die drin. Und so weiter, es scheint, als sei es für Reisenberger so etwas wie eine Erleichterung, einmal mit jemandem von draußen darüber zu reden, was im Schloß drinnen vorgeht.

Ein paar Wochen später ruft Renno Reisenberger in seine Kanzlei im ersten Stock. Es ist ein richtiges Verhör. Der Besucher hat herumgetratscht unter seinen Bekannten in Linz, aber da war jemand dabei, der hat die Gestapo informiert, und der Besucher hat gleich gesagt, daß er das alles über Hartheim, von ihm, Reisenberger, weiß. Was er dazu zu sagen habe.

Reisenberger plustert sich auf, das sei eine Unterstellung, niemals habe er mit jemandem gesprochen. Renno droht mit dem KZ. Da sinkt Reisenberger im Sessel zusammen. Renno steht auf, geht um den Tisch, stellt sich neben ihn. Er lasse ihn jetzt allein und gebe ihm drei Stunden Bedenkzeit. Falls er ein volles Geständnis ablege, werde er sich in der Zentrale für ihn verwenden.

Renno geht hinaus. Reisenberger öffnet seine Pulsadern. Nach drei Stunden kommt Renno zurück. Alles ist voller Blut. Reisenberger kommt in ein Krankenhaus nach Linz. Der Selbstmordversuch führt zu sechs Monaten Aufenthalt in diversen Spitälern. Es ist vor allem eine Nervensache. Reisenberger wird nach Berlin beordert, in die T4-Zentrale, und zu dem Vorfall von vorigen Weihnachten vernommen. Man schickt ihn zurück nach Hartheim. Wie genau die Sache dann geendet hat, ist nicht überliefert. Reisenberger erzählte 1947 als Zeuge vor Gericht nur soviel: „Ich bin schließlich weggekommen von Hartheim. Dr. Lonauer hat mir geholfen, daß ich nicht ins KZ mußte." Renno erzählte 1965 dem

Untersuchungsrichter, daß er sich an Reisenbergers Selbstmordversuch erinnern könne, aber nicht mehr, was der Grund dafür war.

Der Bolender ist ein wilder Hund! Der traut sich was! Solcherart wird hinter vorgehaltener Hand vom Hartheimer Personal eine T4-Episode kommentiert, in der einer ihrer Ex-Kollegen, der Brenner Kurt Bolender, eine Hauptrolle spielt.

Nach seinem Einsatz in der Gaskammer, im Totenraum und im Krematorium des Hartheimer Schlosses wird Bolender in Anstalten im Altreich versetzt. Aus irgendeinem Grund, der nicht überliefert ist, hat er sich den Zorn von Dr. Heinrich Bunke zugezogen. Bunke war hauptsächlich in Brandenburg Tötungsarzt. Zu jener Zeit arbeitete er in der Anstalt Bernburg, Bolender in Sonnenstein. Irgendwo müssen sich ihre Wege gekreuzt haben, und vielleicht hat der Arzt Bunke den Brenner Bolender gerügt wegen zu großen Alkoholkonsums. Derartige Klagen und Beschwerden über die Heizer im allgemeinen gab es bereits in Hartheim vom stellvertretenden Chefarzt Renno.

Nun treffen die beiden auf einem Handballfeld aufeinander. Die Besatzungen der Tötungsanstalten haben nicht nur wechselseitig Betriebsausflüge in die anderen Häuser unternommen, sie haben offensichtlich auch – wie die Belegschaften eines auf viele Standorte verteilten Konzerns – sportliche Wettkämpfe ausgetragen. Der ehrgeizige Bunke spielt in der Bernburger Mannschaft, der grobe Bolender bei Sonnenstein. Als die Bernburger am Gewinnen sind, prallen Bunke und Bolender heftig zusammen. Der Arzt schreit auf, er hat eine schmerzhafte Prellung erlitten.

Dann brüllt er den Brenner an: Das war ein absichtliches Foul! Bolender zuckt bedauernd die Achseln und gibt sich als Unschuldslamm. Der Schiedsrichter ergreift die Partei des Arztes und stellt Bolender vom Platz. Grinsend geht dieser langsam vom Feld und verfolgt den Rest des Spieles von einer Holzbank aus. Noch 25 Jahre später, bei der Aussage vor einem Frankfurter Untersuchungsrichter, meint man die Häme zu spüren, wenn er sagt: „Bunke glaubte, es sei ein absichtliches Foul gewesen – was auch den Tatsachen entsprach ..."

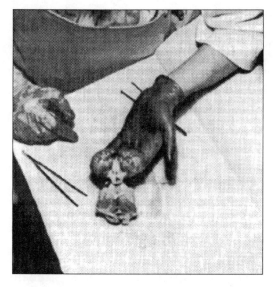
Wie Renno im Jahr 1997 erstmals dezidiert zugab, wurden auch in Hartheim manchen besonders „auffälligen" Opfern die Gehirne zu „Forschungszwecken" entnommen. Das Bild stammt aus der Anstalt Eichberg/Rheingau, wo ein Pfleger ein „Photoalbum" anlegte, das zuerst die „Forschungsobjekte" lebend zeigt, dann ihre Gehirne.

Wie in allen „Betrieben" mit mehreren Standorten spielt auch in Hartheim die Tratscherei über die weit entfernten Kollegen eine große Rolle. Der Fall der Pflegerin Änne H. aus der Anstalt Grafeneck schlägt im Juni 1940 in Hartheim hohe Wellen. „In Ausübung ihres Berufes verstorben", heißt es in der Todesanzeige. Unter den T4-Bediensteten ist es aber ein offenes Geheimnis, daß sie von ihrem Chef erschossen wurde. Die Tuscheleien und Gerüchte werden immer wilder. Der Baumhardt hat sie aus dem Weg geräumt, weil sie es nicht mehr ausgehalten hat in Grafeneck, heißt es. Sie soll vergast worden sein, wissen manche Gerüchteverbreiter. Christian Wirth dürfte wenig Interesse daran gehabt haben, diese Geschichten zu korrigieren: Es paßte den „scharfen" Euthanasiebetreibern in den Kram, wenn das niedrige Personal es für wahrscheinlich hielt, im Falle massiver Zweifel selber beseitigt zu werden.

Was wirklich geschah an jenem 4. Juni 1940 in Grafeneck, ist nicht eindeutig geklärt. Es gibt verschiedene Darstellungen: Ein Geisteskranker sei ausgebrochen und habe das Personal bedroht. Ernst Baumhardt, der stellvertretende ärztliche Leiter von Grafeneck, habe daraufhin seine Pistole gezogen und den Mann erschossen. Die Kugel sei durch den Patienten gegangen und habe Änne H. in die Brust getroffen. Nach einer anderen Version habe

Baumhardt einen Leprakranken erschießen wollen, um Ansteckung des Personals zu verhindern. Er habe allen gesagt, zur Seite zu treten und habe gezielt. Da sei die Oberpflegerin H. noch auf die andere Seite gesprungen und genau in die Schußbahn geraten. T4-Chef Bohne besucht die Angehörigen Änne H.s und erzählt ihnen, sie habe einen tobenden Patienten festgehalten, den ein Arzt nur mit der Pistole bändigen konnte. Dabei sei eine Kugel durch den Hals des Tobenden gegangen und habe die Schwester getroffen.

Wenn man durch den eigentlichen Haupteingang in das Schloß Hartheim hineingeht, liegt rechts des Tordurchganges, vor dem Stiegenaufgang, ein Raum, der einst die Pforte und während der T4-Zeit das Wachzimmer war. Im Raum links war vor und während der NS-Zeit die Küche. An diese schließt sich ein Raum an mit einer ebenso gräßlichen wie geheimnisvollen Funktion. Es gibt einen handgezeichneten Plan der Vernichtungsanstalt Hartheim, der sich in Akten der Linzer Kriminalpolizei befindet und der im September 1945 entstanden ist. Wahrscheinlich wurde er anhand der Aussagen der Ybbser Schwestern gezeichnet, oder der Brenner Nohel und Merta, die um diese Zeit herum bei Verhören Rede und Antwort standen. In dieser Skizze ist jenes Zimmer als „Sezierraum" bezeichnet.

Das heißt, daß auch in Hartheim Patienten mit besonders auffälligen Krankheitsmerkmalen nicht gleich verbrannt wurden, sondern daß man ihre Leichen geöffnet und diverse Organe und Leichenteile konserviert hat. Darauf deuten auch Notizen in Linzer Zeitungen vom Herbst 1945 hin, denen zufolge im Keller des Schlosses große Spiritusgläser mit von Menschen stammenden Präparaten gefunden wurden. Die Herkunft dieser Meldungen ist nicht nachvollziehbar, wahrscheinlich stammten sie von der US-Militärverwaltung. Unbekannt ist auch der Verbleib dieser Präparate. Die KZ-Häftlinge, die zum Jahreswechsel von 1944 auf 1945 die Gaskammer und das Krematorium abbauten, berichteten von einem „Saal mit großen Reflektorlampen und Betten, auf einigen waren noch Blutspuren." Es sah aus, als diente dies alles „geheimnisvollen medizinischen Versuchen". Auf einem Tisch in der Totenkammer fand dieser Abbruchtrupp ein Protokoll von einer Leichenuntersuchung. Da aus anderen Tötungsanstalten dokumentiert ist, daß Geisteskranke seziert wurden, und daß man medizinische Experimente unternommen hat, ist die Annahme legitim, daß solche grausigen Vorgänge auch in Hartheim vorkamen. Die Hartheimer T4-Leute haben – aus verständlichen Gründen – von sich aus dieses Thema nach dem Krieg nicht zur Sprache gebracht, und die sie Verhörenden haben nicht danach gefragt.

Es dürfte zum Hartheimer Alltag gehört haben, daß die Ärzte Lonauer und Renno nach den Vergasungen im Sezierraum hantierten, Schädel öffneten und Gehirne entnahmen. Möglicherweise war es wie draußen im Altreich, wo manche Mediziner, die intensiv in der Forschung tätig waren, gezielt in den Tötungsanstalten „Material" bestellten, wie die Gehirne von Wasserkopfpatienten oder Knochen von besonders kleinwüchsigen Patienten. Daß zumindest Renno als Sezierer tätig war, darauf weist die Aussage eines polnischen KZ-Häftlings hin, der beim Abbau der Tötungseinrichtungen einen großen Koffer mit chirurgischen Instrumenten zu einem Bauernhof bringen mußte. Der Koffer habe die Aufschrift „Dr. Benne" getragen. Renno selbst gab zu, daß seine Sachen zu einem befreundeten Bauern gebracht wurden, allerdings habe es sich dabei um ein Akkordeon und hauptsächlich Schriftgut gehandelt.

Im Juni 1997 deutete Renno gegenüber dem Verfasser dieser Zeilen an, daß er in Hartheim die Gehirne von besonders auffällig mißgebildeten T4-Opfern entnommen habe. Lieber sprach er über diese Materie aber, wenn sie andere betraf. Er erzählte etwa, daß er einmal den Medizinerkollegen und T4-Gutachter Dr. Hans Heinze in der Forschungsabteilung Brandenburg-Görden besucht habe. In Görden und an der Psychiatrisch-Neurologischen Universitätsklinik Heidelberg waren Forschungsabteilungen eingerichtet, die direkt der T4-Zentrale unterstanden. Deren Tätigkeit ist weitgehend ungeklärt, es gibt nur wenige Fotos, etwa mißgebildeter Kinder, als sie noch leben, und dann gegenübergestellt deren Gehirne. Und es ist Schriftverkehr erhalten, mit dem die Forschungsärzte, die auf der Liste der T4-Mediziner standen, Kinder und Geisteskranke mit genau definierten Mißbildungen in den Heilanstalten gleichsam „bestellten". Heinze, der Leiter von Görden, zeigte Renno bei dessen Besuch in Spiritus eingelegte mißgebildete Gehirne. Es waren die Hirne von Kindern. Renno wich näheren Fragen des Untersuchungsrichters im Jahr 1965 zu diesem Thema sichtlich aus. Er sagte: „Es kann sein, daß er (Heinze) mir über den Gang des Tötungsverfahrens Aufklärung gegeben hat. So genau weiß ich das aber heute nicht mehr."

Man darf sich anhand der Hinweise und Indizien jedenfalls vorstellen, wie Lonauer und/oder Renno Leichen von Vergasten obduzieren, das Hirn oder andere Organe entnehmen, in Spiritus konservieren und die Präparate geschätzten Kollegen aus der Forschung zukommen lassen. Wie sie dann hinaufgehen in die Bar, noch den einen oder anderen Drink nehmen und fachsimpeln. Wie Lonauer nach Linz fährt, zu Frau Maria und Tochter Rosemarie (Tochter Petra wird erst 1943 zur Welt kommen), während Renno auf seinem Zimmer das Akkordeon zur Hand nimmt, oder die Flöte. Man darf sich vorstellen, wie der Gestank über dem nächtlichen Arkadenhof hängt, und wie sich in das undeutlich zu hörende trunkene Gegröle der Brenner, das aus der Kantine dringt, die Flötentöne mischen. Wenn sie Renno spielen gehört haben, dann haben die Heizer sicher nicht gewußt, daß dies Musik von Friedrich dem Großen war.

Man muß etwas tun. Man muß das irgendwie festhalten. Es glaubt einem das ja sonst keiner. Also ein Foto. Dem knapp 20jährigen Hans Schneider schlägt das Herz bis zum Hals, als es soweit ist. Vor Stunden sind zwei Busse gekommen, und wie immer hat es eine, zwei Stunden später zu rauchen begonnen aus dem Kamin, der über jene Dachfront des Schlosses ragt, die zu ihrem Hof herüber weist. Hans Schneider hat die Kamerabox der Familie unter den Rock gesteckt und ist hinausgegangen vor das Haus.

Geschäftig schreitet er hin und her, macht sich an Gerätschaften zu schaffen. Und linst immer wieder hinauf zum Schornstein, aus dem der dicke fette schwarze stinkende Rauch in einer langen Fahne emporsteigt.

Halb hinter einem Leiterwagen versteckt bleibt er stehen. Aus acht Fenstern des Schlosses könnte man ihn hier, auf dieser Position, sehen. Er schaut und schaut, doch in den acht Fenstern des ersten und zweiten Stockes ist niemand zu erkennen. Rasch holt er

Unter Lebensgefahr nahm Hans Schneider vom elterlichen Hof aus den Rauch über Schloß Hartheim auf.

die Kamerabox hervor, visiert nicht richtig an, hält die Linse einfach in Richtung des Schlosses und drückt ab.

Das halbe Leiterwagenrad dominiert den Vordergrund des Bildes, und der Misthaufen des Schneiderbauern, der an der Wand des Schweinestalles aufgeschichtet ist. Dahinter ein Nebentrakt des Schlosses, sieht aus wie ein landwirtschaftliches Gebäude, mit Spaliergittern für Obstbäume. Aber hinten, da ist es zu sehen: Der südöstliche Erkerturm, das Dach von Schloß Hartheim, die südöstliche Firstkante, die vom Schornstein gerade nicht überragt wird. Und der dunkle Rauch vor dem wolkenverhangenen Himmel.

Hans Schneider steckt die Kamera hastig unter den Rock. Er geht nicht gleich zurück ins Haus, sondern tut noch eine Weile, als ob er verschiedene Arbeiten zu verrichten hätte.

Ob er das Foto selbst ausgearbeitet hat, oder ob und wo er es entwickeln lassen hat, weiß er heute nicht mehr. Aber Hans Schneider kann sich erinnern, was aus dem Foto geworden ist: „Im Jahr 1945 ist dann eine französische Delegation dagewesen, Franzosen sind nämlich auch da umgekommen, ein ganzer Autobus Leute war die Delegation, die haben ein Denkmal errichtet, steht heute noch dort, für die französischen Opfer, und da habe ich mit dem Reiseleiter gesprochen, und leider habe ich dem mein Negativ gegeben. Es existieren nur mehr Abzüge. Den Originalabzug habe ich auch nicht mehr."

Das Foto Hans Schneiders ist weltberühmt geworden. Es hat zahlreiche Zeitungsartikel über die Euthanasie illustriert, und es ziert Buchumschläge. Schneider selbst besitzt nur noch Kopien solcher Zeitungsartikel, und vom Bild selbst hat er Abzüge, die von Abzügen gemacht wurden. Das Foto wurde dabei immer heller. „Sehen Sie", sagt er Ende 1996 zum Betrachter, „da sieht man vom Rauch fast nichts mehr."

Margit Troller beginnt herumzuschreien. Nein, das mache sie nicht, da mache sie nicht mehr mit. Mit zittrigen Händen beginnt sie die Papiere vor sich auf dem Schreibtisch wieder und wieder zu ordnen. Was denn los sei, fragen sie die Kolleginnen. Ich bin als Bürokraft eingestellt worden, ruft Margit Troller, und nicht für das! Die anderen schweigen betreten.

Margit Troller ist nach Hartheim gekommen wie an irgendeinen Büroarbeitsplatz. Man hat ihr die übliche Instruktion gegeben über die Geheime Reichssache und den ausdrücklichen Führerbefehl. Zur Verschwiegenheit hat man sie weder vereidigt noch sie irgend etwas unterschreiben lassen. Sie kommt in die Trostbriefabteilung. Margit Troller ist eine von denen, die zwischen Mai 1940 und August 1941 täglich Dutzende von diesen Briefen schreibt: Sehr geehrter Herr/Frau Soundso! Wir bedauern, Ihnen heute mitteilen zu müssen, daß Ihr Sohn/Ihre Tochter Soundso an diesem und jenen Tag unerwartet infolge – an dieser Stelle schaut Margit Troller zum erstenmal in die Papiere, liest vom Erhebungsbogen 1 die Todesursache, die Dr. Lonauer oder Dr. Renno in das schwarz umrandete Feld geschrieben haben, und schreibt sie in ihren Brief. Vom Morden unten bekommt sie ab und zu eine Schreierei mit. Und natürlich den unerträglichen ständigen Gestank. Aber gestern, das ist zu weit gegangen. Wir haben zuwenig Leute, wir brauchen Sie, hat Oberschwester Blanka Streubl mit Bestimmtheit gesagt, und hat auf Troller und ein zweites Bürofräulein gezeigt. Widerspruch wird nicht geduldet in Hartheim. Troller und die andere mußten hinunter in den Auskleideraum, sie bekamen weiße Mäntel, es war ein Transport schwer maroder Frauen, mehr als die Hälfte konnte nicht gehen, sich kaum kontrolliert bewegen. Margit Troller mußte beim Ausziehen der Todeskandidatinnen helfen.

Sie protestiert bei Wirth. Der ist grob und beschimpft sie. Margit Troller geht hinaus. An ihrem nächsten freien Tag fährt sie nach Linz und meldet sich freiwillig zum Reichsarbeitsdienst. Man legt ihr in Hartheim nichts in die Wege, sie kann sofort aufhören und den Dienst beim RAD antreten.

Elisabeth Lego, eine weitere Bürokraft, zeigt weniger Elan bei ihren Versuchen, von Hartheim wegzukommen. Auch sie erzählt, „sehr sehr erschüttert" gewesen zu sein, als sie „draufkam, was eigentlich da gespielt wird." Unbedingt will sie wieder weg. Auch sie wendet sich an den Vorsteher des Hauptbüros, an den Herrn „Hauptmann Wirth", wie sie ihn nennt. Der SS-Sturmführer Wirth ließ sich offensichtlich im Büro mit dem Dienstgrad ansprechen, den er bei der württembergischen Kriminalpolizei hatte. Wirth brüllt Elisabeth Lego nieder, droht ihr mit dem Erschießen. Da gibt sie ihre Versuche auf, von Hartheim wegzukommen.

Anna Aichinger, die junge notdienstverpflichtete Pflegerin aus Ybbs, gehört auch zu denen, die immer wieder versuchen, die Rückversetzung zu erreichen. Zumindest hat sie dies später vor Gericht angegeben. Kurz nach ihrem Dienstbeginn im Herbst 1940 heiratet sie, einen gewissen Griessenberger aus ihrer Heimatgegend, der bei der Wehrmacht eingerückt ist. Im folgenden Frühjahr unternimmt sie einen weiteren Versuch, aus dem T4-Dienst zu entkommen. In ihren eigenen Worten: „Ich nutzte einen Fronturlaub meines Mannes, um mich schwängern zu lassen." Der Versuch gelingt, vorerst.

Noch als Schwangere hat Anna Griessenberger die Transporte zu begleiten und die Todeskandidaten auszuziehen. Als sich ihr

Bauch immer mehr wölbt, wird sie zu leichten Hausarbeiten eingeteilt. Im Spätherbst 1941 darf sie dann endlich weg von Hartheim. Sie kommt nieder daheim in Ybbs, mit einem Kind, von dem weder Name noch Geschlecht übermittelt sind. Es ist ein kränkliches Kind. Nach drei Monaten stirbt es. Die Kriegsdienstverpflichtung tritt wieder in Kraft, und Anna Griessenberger muß erneut nach Hartheim.

Mehr Glück hat ihre Freundin, die 24jährige Hermine Gruber aus Dorfstetten. Auch sie wird schwanger, was das Ende des Hartheim-Einsatzes bedeutet. Gruber kommt endgültig weg vom Schloß. Sie vergißt die Zeit. Grausige Szenen habe sie nie gesehen, erzählt sie später, und zur Gasanlage und den angrenzenden Räumen hätten kleine Pflegekräfte wie sie nie Zutritt gehabt. Der Richter Dr. Niederhuber glaubt ihr und spricht sie frei, obwohl er in seiner Urteilsbegründung auf jenen Widerspruch hinweist, der für Gruber und für alle Schwestern aus Ybbs gilt: Gruber und die anderen erzählten vor Gericht, daß sie vom Hartheimer Grauen wenig mitbekommen hätten, und daß sie nie mit den anderen über deren Arbeit und die Vorgänge gesprochen haben. Zugleich erzählten sie, daß sie „sehr oft gemeinsam geweint" hätten.

Anna Griessenberger, geborene Aichinger, Maria Himmelsböck, Hermine Gruber und wahrscheinlich auch die anderen notdienstverpflichteten Pflegerinnen aus Ybbs werden irgendwann im Sommer 1941 hinauf in die Verwaltung gerufen. Bürovorsteher Franz Reichleitner persönlich empfängt die Damen. Kurz und lapidar sagt er, daß er eine Mitteilung habe, welche die Damen freuen werde: Sie seien in die NSDAP aufgenommen worden. Irgendwelche Fragen läßt er nicht zu. Er sagt den neuen Parteigenossinnen noch, daß sie mit Datum 1. Jänner 1941 aufgenommen seien. Die entsprechenden Mitgliedsbeiträge würden rückwirkend einbehalten. Damit sind die Pflegerinnen entlassen. Nach dem Krieg haben die Frauen glaubhaft versichert, daß man sie nie gefragt habe, und daß sie sich nicht um eine NSDAP-Mitgliedschaft bemüht hätten.

Die Herren Ärzte gehen mit ihrer Profession manchmal äußerst schlampig um, und die Geheimhaltung der ganzen Aktion, auf die man das untergeordnete Personal mit Androhen von KZ oder Erschießen verpflichtet, scheint ihnen nicht recht wichtig zu sein. Georg Renno und der blutjunge Arzt Hans Bodo Gorgaß, der in Hartheim auf seinen baldigen Einsatz für die Tötungsanstalt Hadamar eingeschult wird, sind mit dem Auto im Raum Wien unterwegs. In einem großen Aktenkoffer haben sie die Meldebogenkopien von etwa 300 Patienten niederösterreichischer Anstalten, die für die Euthanasie vorgesehen sind. Renno und Gorgaß fahren von Anstalt zu Anstalt, um die Patienten anzusehen und deren Abtransport vorzubereiten.

An einer Tankstelle in der Gegend von St. Pölten läßt Renno den Wagen auftanken. Wie genau das zugegangen ist, daran kann er sich nicht mehr erinnern, aber es kommt den Herren Ärzten bei diesem Tankstopp jedenfalls die Tasche mit den 300 Meldebogen – Geheime Reichssache! – abhanden. Erst als sie in der nächsten Anstalt ankommen, wahrscheinlich war das Mauer-Öhling, bemerken sie den Verlust. Sie fahren zurück zu der Tankstelle und haben Glück. In Rennos Worten: „Der Tankwart hatte den Koffer sichergestellt." Besonderen Streß dürften die beiden Ärzte deshalb nicht gehabt haben, denn Gorgaß konnte sich später, bei seiner Gerichtsverhandlung, nicht an den Vorfall erinnern.

Zwischen den Bürofräuleins aus dem Altreich draußen und den ostmärkischen Pflegerinnen gibt es immer wieder Reibereien. Diese aufgeblasenen arroganten Piefkeweiber, so schimpfen die Österreicherinnen, wenn sie unter sich sind. Noch nach dem Krieg, vor Gericht, bricht dieser Frust und der Neid auf die Deutschen immer wieder hervor. Zum Abortputzen hat man nur uns Ybbser Pflegerinnen herangezogen, beklagt sich im November 1947 Maria Himmelsböck.

Auch Helene Hintersteiner, Lonauers Vertraute und Chefin der Schreibstube, jammert zu diesem Thema: „Die Reichsdeutschen haben sich die besseren Arbeiten ausgesucht und uns die Schmutzarbeiten machen lassen."

Auch die Hintersteiner wird nach unten in den Auskleideraum gerufen, wenn die Transporte zu viele Köpfe zählen und das eigentliche Personal nicht zurande kommt. Pikiert erzählte sie sieben Jahre später dem Richter: „Ich sollte beim Auskleiden helfen, sah aber nur zu." Ein anderes Mal, als sie wieder hinunter gerufen wird in den hölzernen Gang und den Auskleideraum, kommt sie gerade zurecht, als eine Geisteskranke zu schreien und toben beginnt. Noch ehe sich mehrere Pflegerinnen auf sie stürzen können, erwischt die Kranke eine Frau in weißer Tracht, reißt sie an den Haaren, schlägt auf sie ein. Bevor die anderen die Tobende festhalten können und ein Pfleger mit einer Spritze kommt, rennt Helene Hintersteiner schreiend hinauf in die Büroräume. Noch im Treppenhaus reißt sie sich den weißen Kittel vom Leib.

Das hat sie nicht notwendig. Man hat sie hierher gelockt mit der Aussicht auf einen anspruchsvollen Posten. Formell beschwert sie sich beim ärztlichen Leiter Dr. Lonauer. Helene Hintersteiner, noch immer mit befriedigtem Unterton, vor Gericht: „Dr. Lonauer hat schließlich abgestellt, daß ich zu solchen Arbeiten herangezogen werde."

Das angespannte „Betriebsklima" in Hartheim hat auch Georg Renno mehr oder weniger bestätigt. Er sah vor allem den Verwaltungschef Christian Wirth als die Quelle von Mißmut, Reibereien und Eifersüchteleien. Renno: „Wirth war jedes Mittel recht. Er versuchte, die Leute in Hartheim gegeneinander auszuspielen."

Im Frühjahr 1941 versucht der Chef der Busfahrer, Franz Hödl, von Hartheim wegzukommen. Der 35jährige meldet sich zur Wehrmacht. Lieber wollte er an die Front, als das weitermachen, sagte er später vor Gericht. Wenn man allerdings bedenkt, daß Hödl im Lauf des Krieges mit einem Gutteil der Hartheimer Truppe mitmachte beim Aufbau der Vernichtungslager im Osten, so erscheint dies wenig glaubwürdig.

1941 hat er jedenfalls schon einen Termin zur Stellung. Die findet im Märzenkeller statt, dem späteren Bierlokal. Die Sache muß dramatisch abgelaufen sein. Hödl findet sich im Stellungslokal der Wehrmacht ein, die Prozedur nimmt ihren Gang. Da taucht plötzlich sein Chef auf, Dr. Rudolf Lonauer. Er nimmt Hödl mit zurück nach Hartheim. Und er erreicht, daß der Busfahrer u.k. gestellt wird. Unabkömmlich. Kann nicht zur kämpfenden Truppe, weil er in der Heimat unersetzlich ist.

Die Hartheimer Belegschaft fährt geschlossen in eine andere Mörderanstalt: Ab Frühjahr 1941, also noch vor dem sogenannten Euthanasiestopp durch Hitler, werden im Schloß bei Alkoven bereits Häftlinge aus dem Konzentrationslager Mauthausen vergast und verbrannt. Lonauer und Renno sind zu diesem Zweck mehrmals in Mauthausen und nehmen Selektionen vor, doch davon später. Es gibt auch Besuche rein gesellschaftlicher Art. Mindestens zweimal ist der Großteil der Hartheimer Besatzung zu „Bunten Abenden" in das Offizierskasino des KZs Mauthausen eingeladen. Man fährt über Linz und dann die Donau entlang nach Mauthausen in einem jener grauen Busse, in dem sonst die Opfer sitzen. Im Gegenzug ist auch Lagerkommandant Standartenführer Franz Ziereis mit einigen Lagerführern des öfteren Gast in Hartheim. Meist waren dies Besuche dienstlicher Art, erzählte Renno später: „Es ist denkbar, daß die SS-Führer aus Mauthausen sich Hartheim anschauten, als die Anstalt für die Tötung von Häftlingen eingeschaltet wurde." Aber es gab auch rein gesellige Besuche von Mauthausener SS-Offizieren in der Euthanasieanstalt, bezeugte Artur Walther von der Wirtschaftsverwaltung des Schlosses Hartheim. Auch die lokalen Nazibonzen kommen gern nach Alkoven in das Renaissanceschloß. Renno erzählte von Feiern, bei denen Persönlichkeiten wie Gauinspekteur SS-Standartenführer Franz Peterseil von der Gauleitung in Linz anwesend waren. Peterseil war ein gern gesehener Gast: Hatte er sich doch 1938 durch Arisierung die Likörfabriken der Familie Mostny in Attnang und Linz angeeignet, weshalb er stets reichlich Alkohol verschaffen konnte.

Wie es bei diesen geselligen Zusammenkünften in Hartheim und Mauthausen zuging, ist nicht überliefert. Es gibt Berichte von „Kameradschaftsabenden" in den anderen Euthanasieanstalten. Manche Häuser, wie Grafeneck, hatten eigene Musikkapellen. Bei den Geselligkeiten gab es „das übliche, also Musikstücke, lustige Vorträge und dergleichen". Man mag sich solche Feste nicht wirklich vorstellen. Erhalten ist eine Schilderung Rennos, wie er mit seinem Kollegen Lonauer vor dem eigentlichen festlichen Abend in Mauthausen einen „Operationssaal" besichtigt. Damit gemeint ist wohl eine Raum für Sezierungen und diverse medizinische Versuche. Überliefert ist, daß etwa der Mauthausener SS-Standortarzt

Herbert Ferdinand Heim an kerngesunden Häftlingen zu Versuchszwecken komplizierteste Operationen ausführte, die meist mit dem Tod der Operierten endeten. Und bekannt wurde Heim dadurch, daß er Häftlinge mit vollständigem Gebiß aussortierte, sie töten und deren Köpfe abschneiden ließ, diese stundenlang auskochte und die Totenschädel seinen Freunden als Schreibtischschmuck schenkte.

Nach dem Besuch bei Kollegen Heim lassen sich die zwei Hartheimer Ärzte von KZ-Häftlingen die Haare schneiden. Es sind spanische Gefangene. Die SS-Ärzte müssen mit den KZ-Friseuren geplaudert haben. Renno erinnert sich, daß die spanischen Häftlinge Republikaner waren, die nach Beendigung des Bürgerkrieges in Gefangenschaft geraten und schließlich in Mauthausen gelandet waren. Mit frisch geschnittenen und geföhnten Haaren eilen Lonauer und Renno dann ins Kasino und eröffnen den „Bunten Abend". Man scheint sich bei solchen Festen recht nahe gekommen zu sein: Ein SS-Mann der Mauthausener Wachmannschaft heiratet eines der Hartheimer Bürofräuleins.

Beim zweiten dieser durch Aussagen belegten Abende wird Rennos Unterhaltung gestört: Am Linzer Bahnhof ist mitten in der Nacht ein Zug mit Geisteskranken eingetroffen. Ein Arzt aus Hartheim muß hin und festlegen, welche der Geisteskranken sofort ins Krematorium geschafft werden, und welche in die Zwischenstation Niedernhart zu bringen sind. Lonauer teilt diese Aufgabe Renno zu.

Der Mauthausener SSler Wilhelm Steinmann, Hauptscharführer und Fahrdienstleiter des KZs, fährt Renno mitten in der Nacht von Mauthausen zum Linzer Bahnhof. Es dürften beide zu sehr dem Alkohol zugesprochen haben. Steinmann schläft über dem Lenkrad ein, der Wagen kommt von der Straße ab. Es ist eine Stelle ohne Alleebäume, mit hohem Tempo braust das Auto in ein Getreidefeld. Steinmann wird wach vom Gepolter und kann den Wagen abfangen. Er lenkt zurück auf die Straße, und ohne anzuhalten fahren die beiden weiter nach Linz. Disziplinäre Maßnahmen gegen den SS-Fahrer gibt es nicht, beide Herren dürften dies als „besoffene Geschichte" betrachtet haben. Am Bahnhof sucht der betrunkene Renno die marodesten Behinderten aus, die in den Bus kommen, der direkt nach Hartheim geht. Nach einer knappen Stunde läßt er sich von Steinmann zurück nach Mauthausen fahren, beide saufen im Offizierskasino weiter.

Überhaupt das Trinken. Alkohol ist allem Anschein nach reichlich geflossen, in allen Euthanasieanstalten. Die Brenner bekommen gratis täglich einen Viertelliter Schnaps. Und auch die SS-Wachmannschaften sprechen dem Alkohol ausgiebig zu. Im ersten Stock, im westlichen Flügel, gibt es eine Art Kantine und im Anschluß daran eine gemütliche Bar, in der die Hartheimer Spitzen gerne verkehren. Es bilden sich größere und kleinere Cliquen, die Abend für Abend in der Kantine oder der Bar hocken. Alkohol war „zumindest in beschränktem Ausmaß" immer vorhanden, erinnerte sich Renno: Der Wirtschaftsverwalter Vollmann hatte beste Beziehungen zur Gauleitung. Die Mauthausener Häftlinge, die die Vernichtungseinrichtungen abbauten, erzählten von einem großen Lager von Bier, Schnaps und Wein in einem Kämmerchen neben dem Auskleideraum.

Georg Renno lädt in jenem Jahr, als er der Chef in Hartheim ist, weil Lonauer zum Kriegsdienst eingezogen ist, neue Bürofräuleins zu Begrüßungsdrinks in die Bar im ersten Stock ein. Verbürgt ist so ein Abend mit zwei Schreibkräften, an dem neben Renno auch der „Millionen-Becker" teilnimmt, Hans-Joachim Becker, Leiter der T4-Zentraldienststelle, die ab 1943 in Hartheim untergebracht ist. Man trinkt Likör mit den jungen Fräuleins. In seiner Aussage mehr als zwei Jahrzehnte später betonte Renno auffallend intensiv, daß dieser Barbesuch völlig harmlos gewesen sei. Als ob er die Frage gar nicht aufkommen lassen wollte, ob es in Hartheim zu sexuellen Exzessen des Personals gekommen sei. Und wichtig ist ihm bei dieser Einvernahme auch, nicht als Chef von Hartheim dazustehen: „Das war aber keine Einladung des Hausherrn an Neuankömmlinge."

Die Wahrscheinlichkeit ist groß, daß es derartige Ausschweifungen gegeben hat. Es gibt Aussagen von Arbeitern des Hartheimer Wirtschaftsbetriebes, die die T4-Bürodamen heimlich im Schloßgarten beobachtet haben wollen, wo diese sich „schamlos" aufgeführt hätten. Jedenfalls scheidet der Jurist Gerhard Bohne, Leiter der Büroabteilung und der Reichsarbeitsgemeinschaft Heil- und

Pflegeanstalten in Berlin, im Sommer 1940 aus der Aktion T4 aus, weil er das Treiben der Euthanasieärzte mit den Sekretärinnen nicht mehr ansehen will. Bohne erstattet deshalb eine Anzeige, die allerdings nur zu peinlichen Befragungen des Personals in den Tötungsanstalten führt. Bohne wirft sogar dem T4-Kopf, Victor Brack, dem Leiter des Hauptamtes II in der Kanzlei des Führers, vor, mit weiblichen T4-Angestellten bei Betriebsfesten Orgien zu feiern. Dem Chef der Kanzlei des Führers, Philipp Bouhler, wirft er vor, daß er trotz Benzinknappheit ausgedehnte Ausflüge mit seinem schweren Wagen unternehme. Die Ärzte in den Tötungsanstalten sollen zahlreiche Verhältnisse mit Bürofräuleins unterhalten, behauptet Bohne. Er führt einen konkreten Fall an, wo eine T4-Ärztekommission, die in einem auswärtigen Pflegeheim die Insassen zu selektieren hatte, in einem Hotel abstieg. Der Hotelier warf die ganze Gruppe nach der ersten Nacht aus dem Haus, weil „das Treiben der Ärzte mit den Sekretärinnen öffentlichen Anstoß erregt hatte."

Hartheim ist häufig das Ziel von Betriebsausflügen der Berliner Zentrale. Die Ausmerzung lebensunwerten Lebens scheint den Büroleuten so alltäglich und selbstverständlich zu sein, daß sie bei Kerzenschein im ersten Stock „Bunte Abende" feiern, während zu ebener Erde Menschen umgebracht werden. Eine Bürokraft, die damals erst 17 Jahre alt war, hat von so einem Ausflug berichtet.

Die Siebzehnjährige fühlt sich von Anfang an nicht wohl in Hartheim. Man kann das Zimmer kaum verlassen, weil es im ganzen Haus „unangenehm" riecht. Sie hat eine der Bürodamen aus der Hartheimer Verwaltung gefragt, was denn da so stinke, und die hat geantwortet: Man kocht häufig Seife.

Als die Siebzehnjährige gerade ihr Zimmer verläßt, um zum Bunten Abend im Gemeinschaftsraum zu gehen, hört sie LKW-Lärm von draußen und bemerkt Bewegung im Innenhof unten. Sie steht oben vor ihrem Zimmer am Arkadengang. Sie sieht unten im Hof an die 40 dünne Männer mit kahlgeschorenen Köpfen und Anzügen, die ihres Erachtens „ähnlich wie Zuchthauskleidung" aussah. Da vergeht ihr die Lust am Feiern: „Ich hatte schon vom Anblick der Insassen eines Lastwagens genug." Sie zieht sich auf das Zimmer zurück und ist nicht mehr zum Herauskommen zu bewegen.

Arnold Oels, einer der Chefs der Personalabteilung in der Berliner Zentrale, kommt und klopft an die Tür des Zimmers. Er will das Mädchen überreden, doch am Fest teilzunehmen. Sie soll doch einmal mitkommen und sich den Festsaal ansehen, wie schön der mit Kerzen geschmückt ist. Sie sagt nein. Oels kommt noch ein paarmal, doch die Siebzehnjährige ist nicht zu bewegen, das Zimmer zu verlassen. „Als ich die Einlieferung der Häftlinge in Hartheim sah, gab es dann keinen Zweifel mehr über die Herkunft des Geruches."

Geselligkeit wird groß geschrieben. Die Chefärzte und die leitenden Kräfte der Verwaltung pflegen täglich an einer gemeinsamen Tafel zu Mittag zu speisen. Die Sitzordnung ist genau festgelegt. Im Gesellschaftsraum steht eine riesige U-förmige Tafel. Im Mittelpunkt, am Scheitel des U, sitzt der Büroleiter, also Christian Wirth, später Franz Reichleitner und Franz Stangl. Der Platz zu dessen linken Hand steht dem ärztlichen Leiter, Rudolf Lonauer zu, der anschließende dessen Stellvertreter Georg Renno. Wenn Gäste zu bewirten sind, und das kommt oft vor, sitzen sie zur Rechten des Büroleiters. Daran schließen sich abgestuft nach der Rangordnung die Plätze der Belegschaft an.

Berüchtigt sind Christian Wirths Tischreden, die er jeden Mittag von sich gibt. Mit rot unterlaufenem Gesicht leitet er die Mahlzeit mit derben Sprüchen ein. Er sondert Phrasen ab, die etwa Franz Stangl, den späteren Mörder von hunderttausenden Menschen in Sobibor und Treblinka, anwidern. Weg mit den unnützen Fressern, oder: Gefühlsduselei über solche Leute bringt mich zum Kotzen – derart sind die Toasts, die der „wilde Wirth" Mittag für Mittag ausbringt. Manchmal kommt es zu Sticheleien, ja zu offenen Feindseligkeiten, wenn sich der gebildete elegante Dr. Renno allzu auffällig lustig macht über die plumpe Ausdrucksweise und die „schlechte Aussprache" des Herrn Büroleiters.

Solche Szenen der Geselligkeit sind der makabre Kontrast zu dem ständigen Morden im Erdgeschoß unten, wo Monat für Monat rund 1500 Menschen zu Tode befördert werden. Und dazwischen kommt es immer wieder zu Ausbrüchen besonderer Gewalttätigkeit. Meist ist es Wirth, der dabei die Hauptrolle spielt.

Im Frühjahr 1941 bringen die Busse geisteskranke Frauen nach Hartheim, die unter Typhusverdacht stehen. Aus welcher Anstalt sie weggeschafft wurden, ist nicht bekannt. Wirth wählt vier Frauen aus dem Transport. Warum es vier sind, und warum gerade diese vier, ist nicht überliefert. Vielleicht sahen sie am stärksten von Typhus gepeinigt aus.

Wirth befiehlt den Pflegerinnen, daß sie die vier Frauen entkleiden, sie an der üblichen Aufnahmeprozedur im Turmzimmer vorbei leiten und direkt in den „roten Raum" führen. So hat es Vinzenz Nohel im September 1945 in seiner Aussage genannt, ohne zu erklären, worum es sich dabei handelt. Mit ziemlicher Sicherheit ist der „rote Raum" die Gaskammer, deren Boden und Wände bis in Augenhöhe rot verfliest sind.

Wirth läßt die vier Frauen in einer Reihe aufstellen. Dann öffnet er das Pistolenfutteral, zieht seine Waffe, tritt an die nackten Frauen heran, preßt der ersten die Mündung in den Nacken und drückt ab. Die anderen haben offensichtlich still gehalten und sich ohne Gegenwehr ermorden lassen. „Wurden von Hauptmann Wirth durch Genickschuß erledigt", schildert es Nohel lapidar. Nohel und ein zweiter Brenner schaffen die Leichen in den Totenraum, eine Pflegerin wischt das Blut vom Fliesenboden. Kurze Zeit später werden die anderen typhusverdächtigen Frauen in die Kammer geführt und vergast. Renno hat 1997 den Vorfall anders geschildert: Wirth habe die Frauen im Arkadenhof des Schlosses erschossen, und es seien mehr als vier gewesen.

Lonauer ist wütend. Doch der junge Mediziner, der verschiedentlich als sehr ruhig und zurückhaltend beschrieben wird, schreit den Hartheimer Verwaltungschef nicht an, sondern stellt ihn im Arkadenhof, zwischen den Kokshaufen, nur kurz zur Rede. Georg Renno, der gerade von einer Besorgung aus Linz zurückkommt, wird Zeuge der letzten paar Sätze dieser Auseinandersetzung.

Mit diesem Verhalten könne er ganz und gar nicht einverstanden sein, sagt Lonauer.

Wirths kühle und sachliche Antwort: Er habe lediglich im Interesse aller die typhusverdächtigen Frauen möglichst schnell in Isolierung bringen wollen. Und damit ist die Sache auch schon wieder erledigt.

Wirths Nachfolger haben später wesentlich mehr Skrupel. Im Jahr 1943 fährt jemand, der in den Aussagen ohne Namensnennung „der stellvertretende Büroleiter" genannt wird, möglicherweise also Reichleitner oder Stangl, mit einem zweiten Mann nach Graz. Die beiden holen einen Häftling aus dem Polizeigefängnis ab und schaffen ihn nach Hartheim. Der Mann wird in den Entkleidungsraum gebracht. Der „stellvertretende Büroleiter" zieht die Pistole und versucht von hinten einen Genickschuß, der aber die Wirbelsäule nicht trifft. Der Häftling lebt, er ächzt und stöhnt am Boden. Der Büroleiter, so die Aussage seines Begleiters 20 Jahre später vor einem Frankfurter Gericht, hat nicht den Mut, noch einmal auf den Verletzten zu schießen. Auch der Begleiter weigert sich, einen Gnadenschuß abzugeben. Da läßt der „stellvertretende Büroleiter" die Brenner rufen. Die schleppen den Verwundeten in die Gaskammer und vergasen ihn.

Skrupel zeigt im Jahr 1942 auch Lonauer. Er hat in die Anstalt Niedernhart einen „politischen kriminellen Geisteskranken" namens Max P. bekommen, von dem die T4-Zentrale wünscht, daß er ermordet werde. Lonauer hat Bedenken und versucht, den Mann ins KZ abzuschieben. Er schreibt am 13. Dezember 1942 an den obersten Chef, den T4-Geschäftsführer Dietrich Allers in Berlin: „Lieber Kamerad! Beiliegend lege ich eine Beschreibung des Pfleglings Max P. vor. Er ist ein äußerst schwieriger, staatsgefährlicher und gemeingefährlicher, politisch krimineller Geisteskranker. Hier in Niedernhart konnte ich ihn einer entsprechenden Behandlung nicht zuführen, da er sehr viele schwierige Angehörige und zahlreiche Anhänger hat, die an ihn glauben und von denen zu große Schwierigkeiten zu erwarten sind, wenn er hier sterben würde. Ich wäre daher sehr froh, wenn ich ihn auf dem Weg über das Reichskriminalpolizeiamt loswerden könnte."

Kamerad Allers läßt sich nicht erweichen. Max P. bleibt in Niedernhart. Gestorben ist er laut Urkunde des Standesamtes Linz am 25. April 1945. Todesursache: „Bei einem feindlichen Luftangriff gefallen." An jenem Tag hat es keinen Luftangriff gegeben.

Der junge, gutaussehende Arzt Renno sucht Kontakt zur Alkovener Gesellschaft, vor allem in den langen Monaten, wo er als Strohwitwer im Schloß wohnt. Seine Frau lebt und arbeitet in Baden bei Wien, und sie kommt nur sehr selten nach Hartheim. Dann bleibt sie gerade ein paar Wochen.

Die Alkovener selbst erzählen bis heute, mit den Leuten aus Hartheim überhaupt nichts zu tun gehabt zu haben. Es habe keinerlei Kontakte gegeben. Das seien ja auch fast nur Reichsdeutsche gewesen, und die seien ohnehin unter sich geblieben. Wenn die Hartheimer in den örtlichen Wirtshäusern aufgetaucht seien, dann wären sie alleine an den Tischen gehockt und hätten Unmengen von Alkohol in sich hineingesoffen.

Renno zeichnete bei den Einvernahmen vor den Frankfurter Untersuchungsrichtern und beim Interview im Sommer 1997 ein ganz anders Bild. Die Alkovener Bevölkerung hat ihn gut gekannt, erzählte er, denn er habe verschiedene Leute ärztlich behandelt. Hin und wieder war Renno auch in Alkovener Gaststätten, und er ist dabei nicht alleine und einsam vor einem Bier gesessen. Und auch private Kontakte hat es gegeben. Einige Familien, vor allem reiche Bauern, besuchte Renno des öfteren in ihren Höfen. Dabei hat er wahrscheinlich seine Künste auf der Flöte zum besten gegeben, und mit seiner Bildung und seinem Charme die Landbevölkerung fasziniert. Zu einer Bauernfamilie ließ er auch seinen persönlichen Besitz schaffen, als sich das Ende der Nazizeit abzeichnete und Renno Hartheim fluchtartig verließ in Richtung Weißenbach am Attersee, wo die T4-Zentrale ein Erholungsheim unterhielt.

Welche Alkovener Bauern das waren, die so intensiven Umgang pflegten mit dem zweithöchsten und zeitweise höchstrangigen Mediziner der Vernichtungsanstalt Hartheim, das verschwieg Renno allerdings. Daran könne er sich nach so langer Zeit nicht mehr erinnern.

In der Gegend von Hitzing kracht es plötzlich. Der vollbesetzte Bus gerät ins Schlingern. Der Chef-Fahrer selbst ist am Steuer, Franz Hödl. Während die halbwegs Orientierten unter den Geisteskranken zu kreischen beginnen, fängt er den schlingernden Bus und bringt ihn am Straßenrand zum Stehen.

Ein Reifen rechts hinten ist geplatzt. Der Gummi hängt in Fetzen von der Felge. Hödl flucht. Er holt das Werkzeug. Die Begleitpfleger zieren sich, als er sie bittet, ihm zu helfen. Da zeigt einer von den Kranken, ein großer kräftiger Mann, auf. Wie ein Schulkind winkt er mit der Hand in der Luft, als sich niemand um ihn kümmert, redet er schließlich ungefragt: Ich helfe Ihnen. Ich kenne mich da aus. Hödl zögert, dann sagt er dem Mann, daß er hinauskommen soll.

Der Geisteskranke ist kräftig und geschickt. In kurzer Zeit haben sie den kaputten Reifen abmontiert und das Reserverad angeschraubt. Der große Kranke steigt ein und setzt sich wieder an seinen Platz. Still lächelt er während der weiteren Fahrt vor sich hin. Als der Bus in den Holzverschlag eingefahren ist und die Kranken hinaustransportiert sind, läßt Hödl das Fahrzeug stehen und geht hinein durch den hölzernen Gang, am Auskleideraum vorbei in das große Turmzimmer. Renno, Reichleitner und ein paar Bürokräfte sitzen bereits am Tisch und warten auf die Pfleglinge.

Er habe eine Bitte, sagt Hödl. Da ist dieser eine große Mann, der kommt ihm gar nicht blödsinnig vor. Der kann richtig arbeiten. Der hat geholfen bei der Reifenpanne. Renno nickt. Einer von den Büroleuten im Pflegerkittel geht mit Hödl zum Auskleideraum. Hödl zeigt ihm den großen kräftigen Mann. Der Weißbekittelte schaut dem in den Nacken, notiert die Nummer. Dann sagt er dem Mann, daß er sich wieder anziehen soll. Hödl, der gleich anschließend erneut nach Niedernhart fährt, um die nächste Ladung abzuholen, nimmt den Mann mit zurück.

Jetzt hätte Vinzenz Nohel gute Lust, einmal jemandem von seinen Träumen zu erzählen. Aber Hermann Merta würde nur lachen, und er würde es den anderen erzählen, und er wäre das Gespött der ganzen Mannschaft. Dabei haben sie wahrscheinlich alle dieselben Träume, in denen ihnen die vielen vielen Toten unterkommen und keine Ruhe geben wollen.

Aber heute wäre gar keine Zeit für einen Plausch. Schwitzend und ächzend hasten Nohel und Merta zwischen Gaskammer, Gasraum und Totenraum hin und her, schleppen die Leichen fluchend über die feuchten Fliesen.

Was für eine Drecksarbeit! 150 Leute auf einmal hat Wirth in die Gaskammer schlichten lassen, in den 6,60 mal 4,20 Meter großen Raum. Die Idioten haben gar nicht richtig Platz gehabt, richtig hineinschieben hat man sie müssen, wie die Passagiere in eine überfüllte Straßenbahn. War das ein Schreien und Toben im rotgefliesten Verlies, wie in einem bizarren Alptraum von einer wahr gewordenen Hölle.

Keiner konnte umfallen im Sterben. Sie haben sich aneinandergekrallt, Arme und Beine ineinanderverschlungen, und so stehen sie noch da, als Merta die Tür aufreißt und Nohel den Ventilator einschaltet, und so stehen sie einundhalb Stunden später noch immer da, als Nohel den Ventilator abstellt und sie beginnen, sie herauszuholen. Starr und steif und die Mäuler aufgerissen zu einem letzten verzweifelten oder haßerfüllten Schrei, die offenen Augen starren in Richtung der Gucklöcher oder bei einigen wenigen, die in diesem Inferno noch glauben konnten, nach oben, zu einem Herrgott. „Die Leichen waren so verkrampft, daß wir sie kaum auseinanderbringen konnten", erzählt Nohel Jahre später dem Revierinspektor Haas.

Es ist ein Tag zum Aus-der-Haut-Fahren. Die drei Busse mit den 150 Idioten sind angekommen, während sie noch an den Leichen des vorigen Transportes arbeiten, auch das waren viele, Bolender und Vallasta, die vorherige Schicht, sind mit dem Verbrennen bei weitem nicht nachgekommen, im Totenraum liegen noch Dutzende Leichen von gestern, oder sind sie vielleicht schon von einem noch früheren Transport, es sind ja die untersten die, die am längsten aufgestapelt sind. Der Totenraum wird zu klein, der Leichenberg wird höher und höher, obwohl sie jedesmal acht Tote auf einmal in den Ofen schieben und mit der nächsten Fuhre gleich nachfahren, sobald den Toten das Fleisch von den Körpern gebrannt ist.

Einen Tag später, als Nohel und Merta die nächste Zwölf-Stunden-Schicht antreten, ist der Ofen zwischenzeitlich nicht ausgegangen. Es stinkt entsetzlich, mehr als sonst. Weil sie die Leichen zu kurz im Feuer lassen, sagt Nohel. Gegen Abend, als der Leichenberg im Totenraum endlich schrumpft, sehen sie die Ursache des außergewöhnlichen Gestankes: Die Leichen, die nun schon tagelang ganz unten in diesem Haufen liegen, beginnen bereits zu verwesen.

Nach solchen Tagen sind die schweren Träume noch schlimmer als sonst. Der Viertelliter Schnaps, den die Brenner täglich zugeteilt bekommen, reicht schon lange nicht mehr aus, um irgend etwas zu betäuben.

VII. Niedernhart. Im Schatten von Hartheim

Die oberösterreichische Landes-Nervenklinik am Wagner-Jauregg-Weg 15 im Südwesten von Linz ist benannt nach dem hochgerühmten Nervenarzt Professor Julius Wagner von Jauregg (1857-1940), Ordinarius der Universität Wien. Sein Andenken taucht häufig auf im medizinischen Umfeld, den weitläufigen Park der Heilanstalt Alland nahe Baden bei Wien etwa schmückt an prominenter Stelle eine eindrucksvolle Metallbüste des Mediziners. In Graz sind die Straße und der Platz, auf dem die einstige Irrenanstalt Feldhof, nunmehr das LNKH Graz (Landesnervenkrankenhaus) steht, nach Wagner-Jauregg benannt. Es ist eine unglückselige Namensgebung. Denn in der Biographie des Herrn Professor gibt es eine Phase mit deutlichen Hinweisen, daß Wagner von Jauregg gegenüber Menschen mit neurotischen und psychischen Störungen eine sehr grausame und menschenverachtende Haltung eingenommen hat.

Im Ersten Weltkrieg war Wagner von Jauregg der eifrigste Verfechter und wahrscheinlich auch fleißigste Anwender der sogenannten Elektrokrampftherapie gegen – ja, man muß es „gegen" nennen – Kriegsneurotiker. In diesem Krieg mit dem erstmaligen Einsatz von Gas und modernen Kampfmitteln wie Panzern und Flugzeugen traten bei den Frontsoldaten Erscheinungen auf, die es in dieser Form und vor allem in diesem Ausmaß vorher nicht gegeben hatte. Die Kriegsbefürworter in der Heimat irritierte vor allem die „Hysteria virilis", die männliche Hysterie. Soldaten, die im Sperrfeuer gelegen oder Gasangriffen ausgesetzt waren, litten an unkontrollierbarem Zittern, Geh- und Sehstörungen, Stimmbandlähmungen, Lähmungen der Extremitäten oder Verrenkungen „in den vertracktesten Formen".

All dies paßte nicht in das Bild von Soldatenehre. Also verbat das Heeressanitätsamt schon 1915 die Verwendung des Begriffs Hysterie, ab 1917 war auch die Diagnose Nervenschock verboten. In dieser Phase bot die Psychiatrie dem Militär ihre Dienste an: Es gab eine neue Methode, um Soldaten, die physisch unverletzt, aber aus psychischen Gründen kampfunfähig waren, zurück an die Front zu bringen: Elektroschocks. Als schnelle, billige und praktische Variante setzte sich eine Methode durch, die Fritz Kaufmann, Stabsarzt auf der Nervenstation des Reservelazarettes Ludwigshafen, entwickelt hatte. Das System operierte mit Überrumpelung und Verbreiten von Schrecken. Kaufmann selbst verlangte bei seiner Therapie „strenges Innehalten der militärischen Formen und Erteilen der Suggestion in Befehlsform" und die „unbeirrbar konsequente Erzwingung der Heilung in einer Sitzung". Diese Therapie sah im Patienten nicht jemanden, der Hilfe braucht, sondern einen minderwertigen Zeitgenossen, den man mit Gewalt dazu bringen mußte, seine Funktion für den Staat – das Kämpfen an der Front – zu erfüllen. Der Tod vieler Kriegsneurotiker unter den primitiven Elektroden wurde in Kauf genommen.

Professor Julius Wagner von Jauregg verwendete diese Methode bis 1918 exzessiv. Es kam dabei zu einigen Todesfällen. Wagner von Jauregg wurde deshalb nach Kriegsende sogar vom Soldatentribunal ein Prozeß gemacht. Eine gutachterliche Stellungnahme in diesem Verfahren lieferte Sigmund Freud, der Begründer der Psychoanalyse. Freuds Kommentar: „Die Stärke der Ströme sowie die Härte der sonstigen Behandlung wurde bis zur Unerträglichkeit gesteigert, um den Kriegsneurotikern den Gewinn, den sie aus dem Kranksein zogen, zu entziehen. Es ist unwidersprochen geblieben, daß es damals zu Todesfällen während der Behandlung und zu Selbstmorden infolge derselben in deutschen Spitälern kam." Das Bild Freuds in diesem Prozeß wird von Historikern allerdings in verwirrender Form überliefert: Die einen sagen, daß Julius Wagner von Jauregg trotz dieses Gutachtens freigesprochen wurde, andere berichten, daß der Herr Ordinarius straffrei ausging, weil sich viele prominente Fürsprecher für den angesehenen Arzt fanden, unter anderem Sigmund Freud.

Die völlige Nicht-Achtung menschlicher Existenz bis hin zu deren Einstufung als lebensunwert und zur logischen Konsequenz der Auslöschung wurde in Niedernhart, das später nach dem frühen Patienten-Verachter Jauregg benannt wurde, zwischen 1939 und 1945 exzessiv in die Praxis umgesetzt. Nach der – spärlichen – Aktenlage war es ein einziger Mann, lediglich bei simplen Handreichungen unterstützt von wenigen Helfern, der in ein paar Jahren Menschen getötet hat, deren Zahl an die tausend geht: Dr. Rudolf Lonauer. Im Alleingang hat er diese Vielzahl von Menschen ermordet, durch Luminalinjektionen, durch Starkstromstöße, durch Verabreichung von Tabletten in Überdosis, durch Einflößen von vergiftetem Wasser, möglicherweise auch durch Verhungernlassen.

Wann er mit dem Morden in Niedernhart angefangen hat, ist nicht eruierbar. Möglicherweise hat Lonauer gleich nach seinem Dienstantritt begonnen, vereinzelt Pfleglinge zu Tode zu spritzen. Wenn das so war, hat er es sowohl vor den Ärztekollegen als auch vor den Pflegern verborgen gehalten. Auch die Statistiken über die Verstorbenen in Niedernhart zeigen zwischen 1938 und 1941 keinen besonderen Anstieg an Sterbefällen. Der passiert erst im Herbst 1941 und zwar in enormen Ausmaß. Herbst 1941: Das war, als die „offizielle" Euthanasie in Hartheim durch mündliche Weisung des Führers eingestellt wurde und die Tötungsärzte begannen, im ganzen Reich an ihren eigentlichen Anstalten die „wilde Euthanasie" durchzuführen.

Lonauer hat aller Wahrscheinlichkeit nach schon vor der Phase der „wilden Euthanasie" in Niedernhart Patienten ermordet. Der früheste Vorfall, der gerichtlich belegt ist, ereignete sich im Herbst 1940. Primar Lonauer taucht auf Abteilung VII auf. Er hat sechs Patienten im Visier, die nach seinen Vorstellungen unter die Euthanasie-Kriterien fallen. Der jüngste ist ein Kind von zehn Jahren, der älteste ist 30 Jahre alt. Lonauer verabreicht einem Teil der sechs Anstaltsinsassen Luminalspritzen, ein paar bekommen ein unbekanntes Gift in Form von kleinen weißen Kügelchen. Alle sechs sterben innerhalb weniger Stunden. Lonauer gibt dann Anweisungen, der Standesführung der Heil- und Pflegeanstalt Niedernhart verschiedenen Sterbezeiten zu melden.

Gegen untergeordnetes Niedernharter Personal hat es nach dem Krieg einen Prozeß beim Volksgerichtshof Linz gegeben. Dabei bestätigte ein Pfleger obige Szene. Er sagte aus: „Im Herbst 1940 hat Dr. Lonauer auf der Abteilung VII glaublich sechs Geisteskranke im Alter von zehn bis 30 Jahren vergiftet."

Im Frühjahr oder Sommer 1940 schafft Lonauer, der sich in Niedernhart „Direktor" nennen läßt, die organisatorischen Rahmenbedingungen für das Töten im großen Stil. Er löst die Abteilung C, für die er unmittelbar zuständig ist, auf und macht daraus die Abteilung VIII. Konkret heißt dies, daß alle Pfleglinge der Abteilung C nach Hartheim geschafft und getötet werden. Ab dieser Zeit ist die Abteilung VIII die bloße Duchgangsschleuse für die Hartheimer Todeskandidaten. Hier werden die Patienten aus der ganzen Ostmark, aus Böhmen und Süddeutschland für ein paar Tage untergebracht, ehe die grauen Busse sie nach Alkoven transportieren.

Zeitlich parallel richtet Lonauer die Abteilung V ein. Die Todesabteilung, die Mordabteilung, wie sie später vom Ankläger genannt wird. Zu dieser Abteilung haben nur wenige Personen vom Niedernharter Personal Zutritt: Lonauer selbst, sein Hartheimer Stellvertreter Georg Renno, der pflegerische Leiter dieser Abteilung, Karl Harrer, der Pfleger Leopold Lang und Oberschwester Gertrude Blanke. Harrer, Geburtsjahrgang 1895, stammt aus Leonding, Lang, geboren 1899, kommt aus dem Mühlviertel, beide sind seit vielen Jahren in Niedernhart als einfache Pfleger tätig. Warum Lonauer gerade sie ausgesucht hat für seine Todesabteilung, ist nicht bekannt. Für Harrer ist es jedenfalls ein Aufstieg, er wird zum Oberpfleger befördert und als Leiter einer eigenen – wenn auch kleinen – Abteilung eingesetzt, sein offizieller Titel lautet Inventarpfleger der Abteilung V. Praktisch nichts weiß man über die Oberschwester Gertrude Blanke, nur daß sie auch im Schloß Hartheim Dienst tat. Im Verfahren gegen Harrer und Lang wird ihr Name einmal erwähnt, Blanke wird als „landfremd" bezeichnet. Sie dürfte also von draußen, aus dem Reich gewesen sein.

Die Abteilungen V und VIII werden vom restlichen Niedernharter Anstaltsbetrieb abgeschottet. Im Falle der Abteilung V geschieht dies äußerst restriktiv: Lonauer untersagt allen übrigen Anstaltsärzten und sämtlichem Pflegepersonal den Zutritt in diesen Bereich; nach wenigen Wochen läßt er sogar ein eigenes Türschloß anbringen, für das nur er, Renno, Blanke und Harrer Schlüssel besitzen. Folgt man der Überlieferung aus Niedernhart, die über Prozeßakten zu uns gekommen ist, so war diese Geheimhaltung so perfekt, daß die Ärzte, Schwestern und Pfleger Niedernharts nicht gewußt haben, was in ihrem Hause vorging. Dies ist allerdings nur sehr schwer zu glauben. Trotz Geheimhaltung muß jenen Leuten, die die Bestandsbücher führten, aufgefallen sein, daß vor Lonauers Wirken im Monat drei bis fünf Niedernharter Patienten starben. Während der Intensivphase der wilden Euthanasie gab es viele Tage, an denen innerhalb von 24 Stunden so viele Tote anfielen. Es gibt eine Aussage des Niedernharter Angestellten Johann Baumgartner, der Oberpfleger war an einer „normalen" Abteilung. Er schilderte am 10. Juli 1947 Linzer Kriminalbeamten, daß alles, was da in Niedernhart vorgegangen war, mit dem „regen Patientenwechsel" und mit den dauernden Transporten von Niedernhart weg angeblich in Anstalten des Altreiches, „damals schon offenes Geheimnis in ganz Linz" gewesen sei. Es gibt die Zeugenaussage eines Niedernharter Arztes, der zwischen 1939 und 1945 gar nicht im Haus, weil zur Wehrmacht eingezogen war, der aber dem Gericht sehr viel über Gerüchte erzählen konnte, die recht präzise Lonauers Mordtaten beschrieben – bis hin zur Funktion Harrers. Dieser Arzt sagte unter anderem: „Es steht fest, daß die in die Abteilung V überführten Patienten nicht lebend dort herausgekommen sind." Und: „Eine Zeitlang sollen täglich sechs Leichen von der Abteilung V in die Leichenhalle gebracht worden sein." Und es gibt eine Aussage von Theresia Strauss, Pflegerin in der Außenstelle Gschwendt, die von Gerüchten innerhalb der Anstalt aus dem Jahr 1940 erzählte, in denen über die dubiosen Transporte und das Morden in Hartheim erzählt wurde. Vollkommen unverständlich bleibt in diesem Zusammenhang, warum Richter Bierleutgeb beim Volksgerichtsverfahren im Juli 1948 nur diesen einen Arzt anhörte, der gar nicht in Niedernhart war, und warum er praktisch alle Niedernharter Mediziner, die während Lonauers tödlicher Herrschaft in der Heilanstalt aktiv waren, keinerlei Befragung unterzog.

Auch die Außenstellen der Niedernharter Anstalt in Baumgartenberg und in Gschwendt bei Neuhofen an der Krems werden in die „wilde Euthanasie" einbezogen. Für Baumgartenberg heißt dies, daß Pfleglinge selektiert und nach Linz beziehungsweise nach Hartheim geschafft und dort umgebracht werden. Morde in Baumgartenberg selbst sind nicht dokumentiert. Aus Gschwendt hingegen, in dessen Nähe Lonauer auch zeitweilig wohnte und zu deren Anstaltsleiterin er möglicherweise ein intimes Verhältnis hatte, gibt es Berichte, daß Patienten mit Giftinjektionen getötet wurden, und zwar noch kurz vor Kriegsende. Hier wird eine eigene Abteilung eingerichtet, „Frauenabteilung" oder „Abteilung Schrottmayer" genannt (wahrscheinlich nach der zuständigen Pflegekraft).

Am 28. Juni 1940 läßt Lonauer das Pflegepersonal antreten. Jeder muß einzeln in seiner Gegenwart einen Verschwiegenheitsrevers unterschreiben. Darin heißt es, daß dem Gefertigten bei Androhung der Todesstrafe untersagt ist, in Angelegenheiten, die mit der Transferierung der Patienten in andere Anstalten zusammenhängen, irgend etwas an Außenstehende zu verraten. Zur Unterschriftsleistung angehalten werden nicht nur die Pflegekräfte von Lonauers Abteilungen V und VIII, sondern auch jene anderer Niedernharter Bereiche, wie etwa der Oberpfleger Johann Baumgartner, und auch der langgediente Portier Johann Thorwartl. Weiters steht in diesem Revers, daß nur Dr. Lonauer persönlich oder Gauleiter August Eigruber eine Entbindung von dieser Verschwiegenheitspflicht vornehmen könnten. In dieser Zeit kommen Lonauer Gerüchte über seltsame Vorgänge in der Außenstelle Gschwendt zu Ohren. Er vergattert das Personal und teilt den Gschwendter Pflegern barsch mit: „Wer solches weitererzählt, kommt zur Gestapo und wird an die Wand gestellt!"

Von Mai 1940 bis August 1941, als die Euthanasieanstalt Hartheim im Zuge der „offiziellen" Aktion T4 auf Hochtouren arbeitet, verbringt Lonauer einen Gutteil seiner Zeit im Schloß. In Niedernhart dürfte er in dieser Phase nur gelegentlich mit Luminalinjektionen Patienten umgebracht haben, da er ja neben Hartheim und Niedernhart auch noch die Privatpraxis an der Mozartstraße zu betreuen hatte. Nach dem August 1941, als Hitler den Euthanasie-Stop verfügt, hat Lonauer mehr Zeit. Das Töten in Hartheim geht zwar weiter, aber es wird auch dort nun „wild" praktiziert, und die Busladungen von KZ-Häftlingen, Ostarbeitern, Juden und Regimegegnern werden in Hartheim nun ohne aufwendige Begutachtungsprozedur durch die Ärzte umgebracht. Dementsprechend schnellen die Zahlen der Sterbefälle in Niedernhart ab Herbst 1941 extrem in die Höhe. Und ab dieser Zeit nimmt Lonauer auch die totale Abschottung der Abteilung V gegenüber den anderen Niedernharter Stationen vor.

Auf diese Art mordet der Direktor, Primarius Dr. Rudolf Lonauer, in seinem Haus: Zwei- bis dreimal pro Woche, manchmal auch öfter, kommt er in „seine" Abteilung V, gelegentlich mitten in der Nacht. Er sucht sich zwischen zwei und acht Patienten aus. Die bekommen meistens Injektionen nach dem Nitsche-Schema – also Luminal in Dosen, die zu einem langsamen, „natürlich" aussehenden Tod führen. Häufig läßt der Primar seine Patienten Wasser aus flachen Schalen trinken, oder er verabreicht ihnen ein Mittel in Form einer weißen Kugel. Welche Gifte mittels Wasser und Kügelchen zum Einsatz kamen, ist nicht bekannt. Meist noch am selben Tag, jedenfalls aber innerhalb kurzer Frist, sterben die Patienten. Wenn es sich um eine größere Zahl von Opfern handelt, also sechs bis acht auf einen Schlag, folgt stets die Anweisung des Primars: Der Standesleitung sind für die einzelnen Patienten verschiedene Sterbetage zu melden. Bei der großen Anzahl an Morden läßt es sich aber dennoch nicht vermeiden, daß in den Sterbelisten Niedernharts viele Tage aufgelistet sind, an denen drei oder vier Todesfälle verzeichnet sind.

Bei den Lonauerschen Medikamentenmorden handelte es sich höchstwahrscheinlich um eine Kombination von Tötungsmethoden. Wahrscheinlich hat der Arzt die Patienten ganz bewußt durch Nahrungsmittelentzug so sehr geschwächt, daß eine unter normalen Umständen unbedenkliche Dosierung von Betäubungsmitteln zum Tod führte. In den Prozeßakten gibt es eine Aussage, derzufolge Lonauer persönlich angeordnet habe, die Fleischrationen auf der Station V zu kürzen. Dies fällt zum einen auf, weil es in dieser Phase des Krieges – 1941 bis Ende 1943 – für die Patienten ohnehin schon äußerst bescheidene Portionen gegeben hat. Zum anderen ist aus etlichen reichsdeutschen Anstalten dokumentiert, daß man Pfleglinge durch Reduzierung der Nahrung zu Tode brachte. Völliger Nahrungsentzug, also Töten durch Verhungernlassen, wird im Zusammenhang mit Niedernhart allerdings in keiner der zugänglichen Quellen erwähnt.

Eine andere grausame Tötungsart dürfte dagegen sehr wohl praktiziert worden sein: Ermordung durch elektrische Schläge mit Starkstrom. Detailliert beschrieben wird aus anderen Anstalten, etwa aus Gugging und Mauer-Öhling, daß Patienten zuerst mit

Elektroschocks, die noch medizinischen Anstrich hatten, betäubt und anschließend mit Starkstrom umgebracht wurden. Für Niedernhart gibt es dazu nur Gerüchte, unter anderem bestätigt von der Gschwendter Pflegerin Theresia Strauss. Diese Gerüchte handeln davon, daß nicht im Linzer Haus, sondern in Hartheim mit Strom getötet würde. Allerdings gibt es einen Schriftverkehr, der belegt, daß die Anstalt Niedernhart im Jahr 1943 entsprechende Starkstromgeräte bestellt hat. Details sind nicht eruierbar, weil Lonauer vor seinem Selbstmord praktisch alles belastende Material vernichtet hat, und weil alle Akten und Dokumente im Wagner-Jauregg-Krankenhaus einem extrem restriktiven Schutz vor Einsichtnahme unterliegen, der bis in das Jahr 2045 reicht.

Die zweite Funktion, die der ärztliche Leiter von Niedernhart ausübt, ist in den Monaten bis Herbst 1941 diese: Er durchkämmt regelmäßig die Abteilungen und füllt den Erhebungsbogen 1 für jene Fälle aus, die den Kriterien entsprechen. Und auch die zahlreichen Kranken, die nur ein paar Tage in Niedernhart sind, in der „Zwischenstation" auf Abteilung VIII, sieht er sich regelmäßig an. Er stellt persönlich die Transportlisten zusammen und leitet sie an die Gekrat-Dienststelle in Hartheim weiter. Ein paar Tage später werden die aufgelisteten Menschen aus Station VIII abgeholt. Im Schloß Hartheim sehen diese Unglücklichen dann den Herrn Primar oder seinen Stellvertreter Dr. Renno noch ein einziges Mal: Im Aufnahmezimmer, wo er sie nur kurz nach dem Namen fragt und einen Blick auf ihr Gebiß wirft.

Meistens ist es Karl Harrer, der die letzten Stunden der Todgeweihten in Niedernhart einleitet. Wenn Lonauer seine zwei bis acht Kandidaten ausgewählt hat, tritt Harrer, oft aber auch Leopold Lang oder Oberschwester Blanke, an die Patienten heran und staut deren Blut vor der Einstichstelle in der Ellbeuge. Sie drehen dabei einfach Handtücher zu einem festen harten Strang zusammen, wickeln sie um den Unterarm des Pfleglings und knoten fest zu. Dann kommt Lonauer mit seiner Luminalspritze. Da er hunderte, wenn nicht tausend Menschen auf diese Art umgebracht hat, darf man annehmen, daß er ein routinierter Stecher ist, daß er kaum einmal Probleme hat, die Venen des zum Tode Verurteilten gleich beim ersten Einstich zu treffen. Nach der Injektion binden Harrer,

Lang oder Blanke das Handtuch auf und schaffen den Patienten in sein Bett. Dann wird auf dessen Tod gewartet.

An einem dieser Tötungstage taucht Lonauer mit Harrer in der Abteilung VIII auf. Er gibt Harrer eine Liste mit den Namen von fünf Patienten, alle fünf Epileptiker. Harrer führt die Patienten hinaus in einen Zellengang. Lonauer befiehlt dem Pfleger, den Gang abzusperren. Der tut es. Lonauer schickt Harrer um eine Schale Wasser und einen Löffel, dann rührt er irgendein Mittel in die Schale. Es ist ein neues Schlafmittel, wird den Patienten gesagt. Die Schale Wasser wird leer, Lonauer schickt Harrer um frisches Wasser. Ein paar Epileptiker haben Durst, sie nehmen noch weitere kräftige Schlucke aus der todbringenden Schale. Dann entfernt sich der Primar. Zuvor befielt er Harrer, zu beobachten, „wie das neue Schlafmittel wirkt", und es ihm zu melden, wenn einer der Pfleglinge sterbe. Er gibt Harrer noch den ausdrücklichen Befehl, den Pflegern auf Abteilung VIII die Verschwiegenheitsverpflichtung einzuschärfen. Vom Absperren des Ganges, vom „neuen Schlafmittel" und vom möglichen Tod mehrerer Patienten dürfe kein Wort an die Öffentlichkeit gelangen.

Harrer schleppt die bereits benommenen Epileptiker zurück in ihre Betten. Nach einer halben Stunde haben alle das Bewußtsein verloren. Harrer später vor Gericht: „Der eine hing vom Strohsack herunter, der andere konnte sich nicht mehr erheben, die anderen schliefen." Zwei Stunden später reißt es zwei der Männer aus ihrer Benommenheit hoch, sie erbrechen unter Husten und Würgen und sterben kurz darauf. Die anderen drei sterben ruhig in der folgenden Nacht.

Der Chefpfleger der Todesabteilung V, Karl Harrer, ist ein grober und brutaler Mensch, den die Patienten in der ganzen Anstalt fürchten. Dies bestätigte der Niedernharter Arzt Matthäus Pointner beim Prozeß gegen Harrer und Lang. Pointner ist jener Mediziner, der sofort nach Ende seines Studiums im Jahr 1928 in Niedernhart seinen Dienst antrat, und der von 1939 bis 1945 zur Wehrmacht eingezogen war und die Zustände daheim nur aus Erzählungen von Kollegen während seiner Fronturlaube mitbekommen hatte. Pointner nannte Harrer den „Obermacher bei der Ermordung Geisteskranker". Er erzählte eine Episode, die ihm von Pflegern anderer Stationen überbracht worden war. Diese schafften einen geisteskranken Spanier auf Anordnung Lonauers in die Abteilung V. Harrer übernahm den Patienten und faßte ihn dabei „auf sehr brutale Weise" an. Es sah aus, als ob er persönlich gegen den Mann etwas gehabt hätte. Kurz danach stand der Name dieses Spaniers auf der Liste der Verstorbenen.

In sehr vielen Fällen sind die Todeskandidaten keine besinnungslos vor sich hin dämmernden Geistesgestörte, sondern Menschen, die ihre Umgebung relativ klar wahrnehmen und auch wissen, was ihnen auf den Abteilungen V und VIII bevorsteht. Manche haben sich gewehrt. Das belegt etwa die Geschichte eines Patienten, von dem in den Gerichtsakten nur der Familiennamen Graf erhalten ist. Dieser Mann ist mobil, und er scheint sich mit dem Pflegepersonal klar und vernünftig unterhalten zu haben. Eines Morgens spricht Graf den sogenannten Apothekerpfleger, einen Mann namens Glechner, der die Medikamentenabgabe zu verwalten hat, mit düsterer Miene an. „Heute wird es anscheinend mir an den Kragen gehen", sagt Graf – wahrscheinlich, weil ihn Lonauer auf die Liste setzen ließ. Graf knurrt zornig: „Aber ich werde mich jedenfalls nicht so leicht ergeben!"

Das ist das letzte, was Glechner von dem Patienten selbst hört. Es dauert nur ein paar Stunden, bis Glechner etwas erfährt, das ihn laut Zeugenaussage „höchst erschüttert" hat: Man erzählt ihm, daß Graf bereits tot ist. Kurz danach fällt ihm etwas auf: Chefpfleger Harrer hat an der Hand eine frische Verletzung, die aussieht wie ein Schnitt oder ein tiefer Kratzer. In den Sterbelisten Niedernharts gibt es nur einen Patienten dieses Namens. Der Mann, der sich gewehrt hat, könnte Franz Graf gewesen sein, ein 49jähriger Patient aus Helfenberg im Mühlviertel. Sein Tod ist mit dem 3. November 1941 beurkundet. In der Rubrik Todesursache steht: Gehirnschlag.

Eine brutale Person ist auch Hermine Zehetner. Die 45jährige resolute Frau, die aus der Ortschaft Lining in der Gemeinde Neuhofen an der Krems stammt, ist Wirtschaftsleiterin der Niednharter Außenstelle Gschwendt. Die Pflegerin Theresia Strauss hat berichtet, daß Zehetner nicht nur selbst mit den Pfleglingen „sehr roh" umgegangen ist. Sie habe auch das Pflegepersonal „stets zu

Mißhandlungen der Geisteskranken aufgefordert." Zehetner hat den Patienten der Außenstelle laufend die Essensrationen gekürzt. Und denen, die auf der Liste zum Abtransport nach Niedernhart, Abteilung V oder VIII, standen, hat sie die Kost überhaupt gestrichen. Ihre bezeugte Äußerung dazu: „Solche Leute brauchen nichts mehr zu essen ..."

Dabei scheint Direktor Lonauer persönlich strikt gegen jede Art von grober Behandlung der Patienten gewesen zu sein. Ein Niedernharter Pfleger beobachtet einmal einen Abtransport von Pfleglingen aus der Abteilung VIII, die nach Hartheim geschafft werden sollen. Der Pfleger sieht, wie grob die Begleitpersonen die Kranken in die grauen Busse schieben und stoßen, sieht, daß sie teilweise handgreiflich werden gegenüber Kranken, die nicht schnell genug sind oder die protestieren. Der Pfleger meldet sich bei Lonauer und bringt eine Beschwerde an: „Das rohe Behandeln der Geisteskranken beim Verladen von Transporten ist doch nicht notwendig." Lonauer stimmt dem vollkommen zu, und er gibt dem Pfleger den Auftrag, beim nächsten Mal dem Hartheimer Personal auszurichten, daß er, Lonauer, dringend wünsche, daß so etwas nicht mehr vorkomme.

Dieser Mann, der es den Pflegern untersagt, Geisteskranke grob anzufassen, sie zu stoßen oder zu ohrfeigen, geht zur gleichen Zeit mehrmals wöchentlich durch seine Station, läßt sich zwei oder vier, ja bis zu acht Kranke vorführen, läßt ihnen die Oberarme mit Handtüchern abbinden, um die Venen in den Ellbeugen leichter zu treffen, und spritzt dann die tödliche Dosis Luminal. Und keinerlei Regung empfindet dieser Mann, wenn ihn die Patienten anflehen. Wenn er seine Visiten abhält, dann „zittern die Pfleglinge und sind sehr erregt", wie es Portier Thorwartl Jahre später bezeugte. Und erst recht erregt und zittrig sind sie, wenn Lonauer seinen Stift hebt und einen Namen in seine Liste einträgt.

Das Pflegepersonal der „wilden Euthanasie" versucht gelegentlich, aus dem Mordbetrieb auszusteigen. Der Chefpfleger der Abteilung V, Karl Harrer, bittet eines Tages Primar Lonauer, ihn von diesem Dienst zu entheben. Lonauer spricht zuerst in Güte mit dem Mann. Ob er sich dessen bewußt sei, daß es als einzige Alternative nur die Einberufung zur Wehrmacht gebe, fragt er den

Inventarpfleger. Harrer nickt. Er, Harrer, sei ja nun schon fast 50 Jahre alt, sei im Ersten Weltkrieg Soldat gewesen, da könne man ihm doch nicht zumuten, daß er sich zum Militärdienst melde, fährt Lonauer fort. Harrer besteht – nach seiner Darstellung – auf seinem Wunsch, von Niedernhart wegzukommen. Da droht Lonauer: Wenn er seinen Dienst nicht mehr versehen wolle, werde er ins KZ kommen.

Ob diese Darstellung den Tatsachen entspricht, ist zweifelhaft. Harrer hat sie in seinem Prozeß zu seiner Verteidigung vorgebracht, er wollte damit dem Gericht plausibel machen, daß sein eigenes Leben gefährdet gewesen wäre, wenn er nicht Beihilfe zu Lonauers Morden geleistet hätte. Richter Bierleutgeb folgte dieser Verantwortung übrigens nicht, unter anderem, weil es die Aussage von Lonauers Vorgänger in Niedernhart gibt, des Arztes Josef Böhm, derzufolge Lonauer zwar barsch mit dem Personal umgegangen sei, aber solche Drohungen unvorstellbar seien. Böhms Aussagen sind allerdings ebenfalls mit Vorsicht zu genießen. Aus anderen Quellen wird deutlich, daß er, der an der Anstalt blieb, obwohl er nicht mehr Direktor war, sehr genau wußte, was in Lonauers Abteilungen vorging. Deshalb ist anzunehmen, daß er selbst nach dem Krieg bei polizeilichen und gerichtlichen Einvernahmen den Eindruck vermitteln wollte, er habe Lonauer für einen seriösen und korrekten Arzt und Anstaltsdirektor gehalten.

Daß man sich weigern konnte, an dem mörderischen Tun mitzuwirken, ist verbürgt. In Niedernhart gab es eine Schwester namens Anna Lindner, die von Lonauer aufgefordert wurde, einem Patienten eine Spritze zu geben, die er soeben aufgezogen hatte. Schwester Lindner lehnte das entschieden ab. Sie ist deswegen in keiner Weise bestraft oder zur Verantwortung gezogen worden. Andere Frauen waren nicht so zimperlich: Bei den Zeugenaussagen im Verfahren gegen Harrer und Lang wird erwähnt, daß Oberschwester Blanke selbst einige tödliche Injektionen verabreicht haben soll. Möglicherweise dienten diese Aussagen aber dem Abschieben von scheußlichen Untaten auf eine Person, die im Prozeß nicht greifbar war.

Ähnlich wie Harrer erzählte auch dessen pflegerischer Untergebener Leopold Lang dem Richter, er habe Dr. Lonauer gebeten, von

Niedernhart versetzt zu werden. Lonauer habe ihm gesagt, dann werde er eben nach Hartheim kommen, und zwar in einem Tonfall, der Lang annehmen ließ, er solle in Hartheim vergast werden. Auch dies glaubte der Richter nicht. Karl Harrer ist übrigens tatsächlich nach Hartheim gekommen: Für ein halbes Jahr wurde er in das Schloß versetzt. Er arbeitete dort als Aushilfskraft in der Kanzlei und im Magazin, vorwiegend aber als Begleiter bei den Transporten und als einer jener Pfleger, die den Todgeweihten beim Ausziehen halfen.

Glaubhafter scheinen die Schilderungen der Gschwendter Pflegerin Theresia Strauss. Sie war bis zum Februar 1942 in der Niederharter Außenstelle im Einsatz. Dann war sie Pflegerin in einem Linzer Lazarett, und zwar bis 27. März 1943. Danach kam sie wieder nach Gschwendt. Am 15. Jänner 1945 wurde sie in die Zentrale nach Niedernhart versetzt, und zwar in die Abteilung V. Zwei Wochen zuvor war deren Chef Lonauer vom Wehrmachtseinsatz zurückgekehrt, und er hatte offensichtlich vor, wieder mit dem Totspritzen von Patienten zu beginnen. Das Personal jedenfalls hat dies offensichtlich gewußt, geahnt oder befürchtet: Strauss ging sofort zum Gefolgschaftsvertreter, Betriebsratsobmann Karl Eder, und sagte diesem, daß sie auf der Stelle die Dienstleistung verweigern werde, wenn dort wieder Geisteskranke getötet werden.

Eder: „Du hast nichts zu befürchten, es dürfen keine weiteren Tötungen vorgenommen werden."

Strauss blieb daraufhin an der Abteilung. Der Blick auf die Linzer Sterbescheine bestätigt die Aussage von Theresia Strauss, daß wirklich kaum noch Patienten umgebracht wurden. Lonauer selbst hat sich zwar nach der Rückkehr von der Front gegenüber dem Tiroler Gauamtsleiter Dr. Hans Czermak damit gerühmt, daß man ihn zurückgeholt habe, damit er „die alte Tätigkeit in anderer Form wieder aufnehme". Und weiter: „Und so habe ich Niedernhart fast restlos geräumt und es ist ein Großlazarett daraus geworden." Damit scheint er aber gemeint zu haben, daß er Niedernhart schon vor Jahren „geräumt" habe. Strauss deutete vor Gericht an, daß 14 Tage vor dem Einmarsch der Amerikaner noch Patienten getötet wurden, und zwar sowohl in Niedernhart wie auch in Gschwendt. Auch dies belegt die Statistik: Der April 1945 ist der einzige Monat seit Mitte 1943 mit überdurchschnittlich hoher Sterberate in Niedernhart.

Johann Thorwartl ist 1940, als sich alles ändert in Niedernhart, 58 Jahre alt. Daß er sich in so hohem Alter noch so vielen „Unannehmlichkeiten" ausgesetzt sehen wird, das hat er sich nicht verdient, jammert er manchmal daheim. Seit 35 Jahren arbeitet er schon im Narrenhaus, anfangs als Arbeiter und Helfer im Wirtschaftsbetrieb. Seit 1911 sitzt er an der Pforte. Als Portier. Er ist zu jener Zeit wahrscheinlich der Mitarbeiter mit der längsten Dienstzeit. Alle vom alten Personal kennen ihn, seit sie hier zu arbeiten begonnen haben. Thorwartl muß irgendwie den Eindruck vermittelt haben, mit all den Gräßlichkeiten, die mit Dr. Lonauer ins Haus kamen, nicht einverstanden zu sein, denn viele vom alten Personal, die Ostmärker, erzählen ihm – unter dem Siegel der Verschwiegenheit – was sich alles so abspielt auf den Stationen, und wie ungut die neuen Pflegerinnen und Pfleger sind, die von draußen aus dem Altreich kommen. Grob, ja brutal zu den Pfleglingen sind die, und arrogant zu den Österreichern.

Dem alten Thorwartl wird von den Pflegern viel erzählt und es fällt ihm vieles auf. Daß in den Abteilungen V und VIII niemand eines natürlichen Todes stirbt. Daß die Fürsorgepfleglinge, die aus den verschiedenen Einrichtungen nach Niedernhart gebracht werden und dann entweder hier sterben oder in den grauen Bussen verschwinden, keine Geisteskranken sind. Nach dem Krieg erzählte er der Kripo: „Es handelte sich meist um Leute, die alt und gebrechlich waren. Nach meinem Dafürhalten sind sie nur deshalb ins Jenseits befördert worden, weil Lonauer für das neu eingerichtete Militärspital in Niedernhart Platz benötigte." Und daß unter die Euthanasie beileibe nicht nur Patienten fallen, die ohne Bewußtsein dahindämmern und ohne Nutzen für die Volksgemeinschaft sind, fällt ihm auch auf. Thorwartl: „Bezüglich der in der Anstalt ums Leben gekommenen Geisteskranken möchte ich erwähnen, daß auch solche Pfleglinge eines unnatürlichen Todes starben, die für Hausarbeiten gut verwendbar gewesen wären."

Obwohl auch er den Verschwiegenheitsrevers unterzeichnet, und obwohl er später davon erzählte, es sei ausdrücklich verboten gewesen, irgendwelche schriftlichen Unterlagen aufzubewahren, legt

Thorwartl ein privates Archiv an: Er notiert bis 1945 die Namen jener Patienten, von denen ihm die Pfleger erzählen, sie seien eines unnatürlichen Todes gestorben. Nach dem Krieg übergibt er die Liste dem Untersuchungsrichter. Im Prozeß gegen Harrer und Lang, in dem Thorwartl als Zeuge auftrat, war diese von Thorwartl ausdrücklich als nicht vollständig bezeichnete Liste präsent. In den zugänglichen Protokollen dieses Verfahrens scheint sie nicht auf.

Am meisten setzt Thorwartl der Umgang mit den Angehörigen zu, die sich nach verschwundenen Patienten erkundigen, und für die er in aller Regel die höchstrangige erreichbare Auskunftsperson ist. Der Niedernhart-Portier zu den Kripoleuten im Juli 1945: „Während der Jahre 1938 bis zum Einmarsch der alliierten Truppen war ich manchen Unannehmlichkeiten jener Personen, die nach ihren Verwandten, die in der Anstalt waren und hierüber Auskunft haben wollten, ausgesetzt."

Zu seiner Pforte kommen oft die Angehörigen von in Hartheim Gestorbenen, da das Schloß auch unter der Linzer Postfachadresse der Anstalt Niedernhart korrespondierte. Vor Thorwartl stehen Menschen und flehen um Aufklärung, denen man „durch Verwechslung oder Irrtümer der Kanzleiführung" kurz hintereinander zwei Verständigungen vom Ableben ihres Angehörigen geschickt hat. In der ersten steht, der Patient sei an Lungenentzündung, in der nächsten, er sei an Fallsucht gestorben. Thorwartl schweigt.

„Ich mußte ja schwören, nichts zu verlauten", erzählte er später, und: „Ich hätte auch keine Auskünfte geben können, weil ich nicht wußte, ob dieser oder jener Pflegling noch lebte." Seine Standardantwort, die er wahrscheinlich hunderte Male gibt: „Ich werde die Sache weiterleiten, Sie werden brieflich von Dr. Lonauer über den Verbleib des Pfleglings verständigt."

Manche Angehörige schaffen die Hürde Thorwartl und dringen weiter vor. So eine Episode wurde detailliert geschildert im Prozeß gegen Dr. Irmfried Eberl, den Tötungsarzt von Brandenburg. Dort sagte eine Handelsoberlehrerin aus Berlin als Zeugin aus, deren Mutter in Brandenburg getötet wurde, die infolge des Aktentausches aber von Hartheim über den Todesfall informiert worden war.

In der Nacht zum 3. August 1940, einem Samstag, fährt die Lehrerin mit dem Zug von Berlin nach Linz. Mit der Kleinbahn gelangt sie nach Alkoven, die letzte Viertelstunde nach Hartheim geht sie zu Fuß. Das Schloß erscheint ihr wie eine „mittelalterliche Burg". Am Tor hängt ein Anschlag mit der Aufschrift „Wegen Seuchengefahr gesperrt". Nach längerem Klopfen öffnet ein Mann in Polizeiuniform die Pforte. Die Handelsoberlehrerin zeigt dem die Sterbeurkunde; als sie ihm eindringlich schildert, was für einen weiten Anreiseweg sie auf sich genommen hat, läßt er sie in die Wachstube. Der Arzt sei nicht zu sprechen, erklärt der Uniformierte, aber er werde den Polizeihauptmann holen.

Der Hauptmann erscheint kurz danach, stellt sich nicht vor, sondern beginnt der Frau heftige Vorwürfe zu machen, warum sie überhaupt hergekommen ist, es werde ja alles schriftlich erledigt. So, wie die Handelsoberlehrerin diesen barschen Polizisten schildert, dürfte es Christian Wirth gewesen sein.

Die Lehrerin fragt: „Welche Seuche war denn das, die meine Mutter gehabt haben soll?"

Wirth: „Dies ist polizeiliches Geheimnis."

Die Lehrerin: „Warum hat man uns vom Tode nicht telegraphisch benachrichtigt, damit wir am Begräbnis teilnehmen hätten können?"

Wirth: „Sie hätten weder den Leichnam sehen noch an der Einäscherungsfeier teilnehmen dürfen!"

Der Berlinerin ist gleich bei der Ankunft aufgefallen, daß im ganzen Gebäude kein Laut zu hören ist, und daß weder Kranke, noch Pfleger oder Ärzte zu sehen sind. Sie hat in Berlin schon Gerüchte gehört über „die Anstalten", und sie ahnt, während sie mit Wirth spricht, den wahren Sachverhalt. Weil sie soviel wie möglich herausbekommen will, fragt sie Wirth, in welchem Krematorium die Einäscherung denn stattgefunden habe. Wirth antwortet nicht.

Am Montag geht die Handelsoberlehrerin zur Linzer städtischen Krematoriumsverwaltung. Man sagt ihr, daß zu der auf der Sterbeurkunde angegeben Zeit keine Einäscherungen stattgefunden haben. Sie fährt zum nächstgelegenen Krematorium. Dies befindet sich in Steyr. Ein Verwaltungsbeamter ergeht sich in Andeutungen: Es seien ihm ähnliche Fälle bekannt geworden, aber die „öffentlichen Krematorien würden offenbar nicht benutzt." Wo sich „dieser letze Akt abspielt, ist hieramts rätselhaft." Die Steyrer raten der Lehrerin, sich eine Zweitschrift der Sterbeurkunde vom Standesamt zu holen, dabei könne sie vielleicht die Akten einsehen.

Mittlerweile erwägt die Lehrerin, wegen Mordverdachtes Anzeige zu erstatten, und sie wendet sich an das Polizeipräsidium in Linz. Dort schickt man sie weiter zum Landesgesundheitsamt. Der Beamte, dem sie sagt, daß ihn Hartheim eine Seuche herrsche, ist völlig überrascht. Der Beamte telefoniert, danach ist er „ziemlich verändert" und sagt der Frau kurz angebunden, sie möge sich wegen eventueller Auskünfte an den „dirigierenden Arzt der Landesanstalt Niedernhart" wenden. Dieser Herr leite auch Hartheim.

Die Handelsoberlehrerin fährt am folgenden Morgen mit der Straßenbahn nach Niedernhart. Der leitende Arzt, „ein Dr. Lonauer oder Loninger", ist tatsächlich zu sprechen, allerdings läßt er sie lange warten. Die Berlinerin sitzt in der Pforte bei Johann Thorwartl. Sie kommt ins Gespräch mit zwei anderen wartenden Frauen. Die eine ist in Trauer und will ebenfalls Auskunft über einen Angehörigen. Leise flüstert die Schwarzgekleidete der Berlinerin zu: Hier gehe es seltsam zu, Kranke würden von Linz nach Brandenburg verlegt, „mit dem gleichen tödlichen Erfolg". Die dritte Dame beteiligt sich an der Flüsterei: Sie hole ihren Angehörigen aus Niedernhart heraus, damit ihm nicht das gleiche Ende beschert würde ...

Nach langer Zeit erscheint Lonauer tatsächlich. Die Berlinerin wundert sich über seine Jugend: Sieht aus wie kaum dreißig und leitet eine so große Anstalt. Lonauer wechselt nur wenige Worte mit der Frau, die nur eine einzige Frage stellen kann: Wo wurde die Mutter eingeäschert?

Lonauer: „Darüber habe ich ohne Unterlagen keine Kenntnisse." Die Lehrerin: „Können Sie nicht nachfragen?"

Lonauer: „Ich kann das Aktenstück telefonisch nicht anfordern, weil diese Verwaltungsarbeiten erfahrungsgemäß nie klappen. Ich werde Ihnen schriftlich Nachricht nach Berlin geben."

Damit verschwindet Lonauer auch schon wieder. Die Lehrerin fährt noch einmal mit der Lokalbahn nach Alkoven. Sie will den Rat der Steyrer Krematoriumsverwaltung befolgen, sich eine Zweitschrift der Sterbeurkunde holen und dabei versuchen, die Akten einzusehen. Auf dem Gemeindeamt gerät sie an den örtlichen Volksschullehrer, der das Standesamt nebenberuflich führt. Der kann ihr nicht helfen: Das Standesamt Alkoven ist seit kurzem für das Schloß Hartheim nicht mehr zuständig, die anfallenden Akten würden im Hause selbst bearbeitet.

Die Handelsoberlehrerin hat viel Zeit bis zur Abfahrt des nächsten Zuges. Sie kehrt in einem Dorfwirtshaus ein, das sie bei ihrer Zeugenaussage den „Dorfkrug" nannte. Wahrscheinlich war es das nachmalige Gasthaus Trauner. Sie unterhält sich mit der Wirtin. Die erzählt der Berlinerin, daß im Schloß gar keine Kranken untergebracht seien, sondern lediglich Polizei.

Die Lehrerin gibt die Suche nach Spuren der Mutter in der Ostmark auf und fährt heim. Sie wendet sich in Berlin noch an Anwälte und an einen Justizrat namens Kühne, der ihr von Bekannten empfohlen wird. Kühnes Auskunft: In so einem Fall werde es nie zur Gerichtsverhandlung kommen. Und er sagt der Handelsoberlehrerin klipp und klar, was ihr droht, wenn sie Anzeige erstatte: „Man wird Ihnen sofort den Mund im KZ schließen ..."

Eine der unmenschlichsten Episoden aus der Niedernharter Euthanasiezeit läßt sich nur aus den Statistiken eruieren. Von den Beteiligten, die nach dem Krieg von Polizeibeamten, Staatsanwälten oder Richtern zum Thema Niedernhart befragt wurden, hat sie kein einziger erwähnt – wahrscheinlich weil das Ereignis sogar für die abgebrühten Pfleger der Todesstationen nur durch Verdrängung zu verkraften war. Und die Untersuchungsbeamten haben offensichtlich nicht nachgefragt, weil sie nicht sonderlich gut in die Materie eingearbeitet waren. Bei den Linzer Volksgerichtsverfahren fällt ja generell auf, wie oberflächlich, hastig und wenig tiefschürfend die Justiz diese ungeheuerlichen Vorfälle behandelt hat.

Bei besagtem Vorfall geht es um die Ermordung von zwei Busladungen voller Kinder. Am 18. und 19. Mai 1943 treffen die Fahrzeuge nach endlos langen Fahrten ein und rollen durch die hintere Zufahrt direkt zur Abteilung V. In den Sitzen des ersten Busses hängen 49 kleine kranke Wesen, in denen des zweiten, der am folgenden Tag eintrifft, 47. Insgesamt also 96 erschöpfte, verängstigte, verstörte Kinder und Jugendliche mit einem Durchschnittsalter von 12 Jahren. Die jüngsten Todeskandidaten reichen den Pflegern Harrer und Lang nicht einmal bis zu den Hüften: Wilhelm Kamlage aus Köln, Wilhelm Sonje aus Wesel und Erich Graus aus Duisburg sind gerade drei Jahre alt. Die Kinder stammen alle aus der Anstalt Hardt, einer kleinen Ortschaft im Ruhrgebiet, heute ein Vorort von Mönchengladbach.

Zwei Tage lang können sich die Kinder auf den einfachen Strohsacklagern der Abteilung V ausrasten. Dann geht Direktor Lonauer an die Arbeit. Er inspiziert jedes einzelne Kind. Im Unterschied zu Hartheim, wo die letzte Untersuchung des Patienten vor allem der Feststellung der Identität und der Suche nach Goldzähnen galt, geht Lonauer strikt nach den ursprünglichen Euthanasie-Kriterien vor. Mehrere Tage lang begutachtet er alle Kinder. Dann spritzt er die Hälfte der Hardter Kinder, die nach den T4-Kriterien lebensunwerte Existenzen sind, innerhalb weniger Tage zu Tode. Drei Kinder haben eine sehr gute Prognose und nach Ansicht des Arztes Lonauer Chance auf Heilung. Sie werden in die Außenstelle Gschwendt verlegt. Dort haben sie möglicherweise die Nazizeit überlebt, sicher feststellen läßt sich dies jedoch nicht.

In der dritten Woche, welche die Kinder aus dem Ruhrgebiet in Niedernhart verbringen, scheint dann das Argument vom „Platzschaffen" vorrangig geworden zu sein. Lonauer selektiert die überlebende Hälfte der armseligen kleinen Kranken noch einmal. Danach werden drei Viertel umgebracht. Fünf Mädchen gehen aus diesem Selektionsvorgang als „besserungsfähig" hervor, sie werden in die Außenstelle Baumgartenberg überstellt. Auch über deren weiteres Schicksal ist nichts bekannt. Die letzten fünf der Hardter Kinder werden eine Woche lang verschont, dann sterben vier, und eine weitere Woche später, am 36. Tag nach der Ankunft des ersten Busses aus dem Ruhrgebiet ist die letzte Überlebende an der Reihe.

Als Todesursache ist bei ein paar Kindern Herzschwäche angegeben, Lungenentzündung oder „Tod im epileptischen Anfall". In den meisten Fällen hat Lonauer in die Sterbeurkunde Magen-Darm-Katarrh geschrieben, so häufig, daß auf den Totenscheinen im Linzer Stadtarchiv oft fünf bis sechs Kinder hintereinander mit dieser Todesursache aufscheinen. An angeblichem Magen-Darm-Katarrh sind auch die jüngsten Opfer dieses Kindermordes gestorben, Wilhelm Kamlage am 22. Mai 1943, Erich Graus am 24. Mai und Wilhelm Sonje am 4. Juni.

Egal, ob es sich um kleine Kinder, gebrechliche Greisinnen oder Frauen in der Blüte ihres Lebens handelt – Direktor Dr. Lonauer „bearbeitet" alle gleich. So verfährt er bei einem Transport von 50 Frauen aus dem Rheinland, der im März 1943 in Niedernhart eintrifft, ähnlich wie mit den Hardter Kindern. Elf der Kranken werden bereits in den ersten Tagen nach der Ankunft getötet: Anna Sophie Lauterbach (78 Jahre alt), Marie Ponz (64), Marie Katharina Boller (52), Anna Jöris (50), Josefa Jansen (45) und die erst 18 Jahre alte Margarete Maurer sterben am 22. März, Margarethe Bender (44), Josefine Schmitz (37), Agnes Schoner (30) und Hubertine Wilms (29) am 23. März, und Marie Tengler, 54 Jahre alt, am 24. März. Als Todesursachen angegeben sind: Dreimal Herzschwäche, zweimal Kreislaufstörung, zweimal Status epilepticus, je einmal Hirnschlag, Schlaganfall, Hirnblutung, Tod im epileptischen Anfall.

20 der Frauen werden nach Gschwendt gebracht. Drei Wochen später verlegt Lonauer weitere neun der rheinischen Frauen nach Gschwendt, die anderen tötet er innerhalb weniger Tage in Niedernhart. Ein paar der Frauen überleben den Krieg in Gschwendt und werden im Jahr 1946 in ihre Heimatorte rund um Köln zurückgebracht; eine war 1994 noch am Leben.

Gefürchtet sind Lonauers Besuche in den Außenanstalten Gschwendt und Baumgartenberg vor allem wegen der Rücküberstellungen. Bei seinen Visiten in diesen beiden Häusern sucht er jedesmal Patienten nach zwei Kategorien aus: Die einen werden nach Hause entlassen, und die anderen kommen als aussichtslose Fälle zurück nach Niedernhart. Der Rücktransport nach Linz bedeutet ein beinahe sicheres Todesurteil. 1941 und 1943, also in den Jahren der „wilden Euthanasie" kamen von Baumgartenberg 148 Patientinnen zurück nach Niedernhart – nur 17 überlebten das. Aus Gschwendt wurden 44 Pfleglinge rücktransportiert – und 40 starben kurz danach.

Rudolf Lonauer scheint das Morden mit Injektionen angenehmer gewesen zu sein als die Massentötungen durch Gas. Diesen

Schluß kann man aus einem Briefwechsel mit Gauamtsleiter Hans Czermak ziehen, dem Leiter des Gesundheitswesens für Tirol und Vorarlberg. Czermak beklagt sich am 3. Juli 1942 beim „sehr geehrten Berufskameraden", daß Lonauer und/oder Renno sehr lange nicht mehr nach Tirol gekommen seien. Bei diesen Besuchen selektierten die Hartheimer jene Haller Pfleglinge aus, die für den Abtransport nach Niedernhart zusammengefaßt wurden, oder sie spritzten sie gleich an Ort und Stelle zu Tode. Weil dies schon lange nicht mehr geschehen ist, jammert Czermak: „Die Heil- und Pflegeanstalt Hall ist nun glücklich so überfüllt, daß ich gezwungen bin, Pfleglinge wieder in den Altersheimen der Landkreise unterzubringen. Ein ganz außerordentlich beklagenswerter Zustand."

Lonauer antwortet erst vier Monate später, am 5. November 1942: „Sehr geehrter Herr Kollege! Es ist in absehbarer Zeit nicht möglich, daß Dr. Renno oder ich nach Hall kommen, um die vorgesehenen Patienten zu behandeln." Und etwas weiter unten im Brief schreibt Lonauer: „Ich bin daher zu der Überzeugung gekommen, daß diese Behandlungsmethode (gemeint: mit Injektionen; A.d.V.) praktischer und reibungsloser ist, als die frühere."

Czermak schreibt eine Woche später dem „lieben Kameraden" Lonauer: „Ich bin befriedigt, daß Ihre Behandlungsmethode so erfolgreich ist. Auch hier hat sich gar kein Anstand ergeben und hoffe ich, daß Dr. Renno bald in der Lage ist, die Methode in Hall einzuführen, wodurch sich die Transportkosten, vor allem der Kraftstoffaufwand einsparen ließe." Apropos Transportkosten: Lonauer beklagt sich in diesem Schriftwechsel auch bei Czermak, daß er „bisher vom Gau Innsbruck für die Abholung der Kranken aus Hall kein Benzin bekommen" habe. Und: „Ich kann jedoch auf die besprochene Benzinmenge nicht verzichten und muß Sie daher bitten, die Übersendung der Bezugsscheine an mich zu betreiben. Mit den besten Grüßen und Heil Hitler! gez.: Dr. Lonauer." Czermak antwortet: „Was letzteren (den Kraftstoffaufwand; A.d.V.) betrifft, habe ich gestern vom Landeswirtschaftsamt Salzburg die von Ihnen eingemahnten 150 Liter Vergaserkraftstoff erhalten und werde Ihnen dieselben nach Einlangen der Scheine sofort übersenden."

Dieser Schriftverkehr zeichnet ein Bild von Lonauer als korrekten Bürokraten, der sehr viel auf Form und ordentliche Abläufe hält. Und der offensichtlich nicht sehr glücklich damit war, daß die Tätigkeit des Mediziners bei der Euthanasie in Hartheim lediglich im Aufdrehen eines Gasventils bestand, oder gar nur aus der Überwachung eines Heizers, der das Ventil öffnete. Wenn ein Arzt schon den Gnadentod zu bringen habe, dann solle dies mit ärztlichen Mitteln geschehen, mit Spritzen und Tabletten – dies scheinen Lonauers Beweggründe gewesen zu sein, die neue „Behandlungsmethode" zu bevorzugen. Die Tatsache, daß er das Totspritzen als „praktischer und reibungsloser" bezeichnet, deutet weiters daraufhin, daß das industrielle Morden in Hartheim dermaßen barbarisch vor sich ging, daß es sogar den daran beteiligten Tötungsarzt anekelte. Nachvollziehbar ist seine Vorliebe für das Spritzen: In Niedernhart gab er höchsten acht Menschen an einem Tag tödliche Injektionen, die starben dann im Lauf der folgenden Tage, wobei der Arzt das Sterben nicht ansehen mußte. Und dann wurden die Toten – wie „normale" Verstorbene – in Särgen aus dem Haus geschafft und erhielten Begräbnisse im Kreis der Angehörigen. Das muß auch für den Euthanasiearzt fast wie der übliche Anstaltsbetrieb gewirkt haben – und ganz besonders erst im Vergleich zum viehischen Massenabschlachten in Hartheim und dem völlig seelenlosen Umgang mit den sterblichen Überresten der Getöteten.

Wie viele Menschen tatsächlich von Lonauer und seinen Helfern in Niedernhart, Gschwendt und Baumgartenberg ermordet wurden, ist schwer eruierbar. Der Volksgerichtshof, der Harrer und Lang 1948 verurteilte, ging bei den Urteilsbegründungen von 200 Ermordeten aus. Dies wohl deshalb, weil Harrer vor Gericht und Lang vor der Polizei Beihilfe in jeweils zirka 100 Fällen gestanden hatten. Lang reduzierte diese Zahl vor Richter Bierleutgeb übrigens auf „höchstens 50".

Die Aussage des Oberpflegers Johann Baumgartner blieb in diesem Verfahren unberücksichtigt. Der erzählte erhebenden Kriminalbeamten etwas von Jahresberichten für die Statistik, und zählte auf: An Todesfällen in der Anstalt wurden registriert: 1940 – 104, 1941 -121, 1942 – 238, 1943 – 368, 1944 – 91, 1945 (bis zum Ende des dritten Reichs) – 88. Ganz abgesehen von der schwachen Aussagekraft dieser aus der Erinnerung präsentierten Statistik – hätte der Richter allein jene Toten gezählt, die in den hauptsächlichen Niedernharter Euthanasie-Jahren (1942 und 1943) mehr anfielen als im Durchschnitt davor und danach, wäre er auf eine Zahl über 300 gekommen.

Im Archiv der Stadt Linz sind die Sterbescheine aus jener Zeit erhalten geblieben. Der Geschichtsarbeiter Franz Steinmaßl hat die langen Kolonnen von Namen ausgewertet und die Todesfälle erhoben, die zwischen 1938 und 1943 aus der Landes-Heil- und Pflegeanstalt Niedernhart gemeldet wurden. Im Jahr 1938 starben in ganz Linz monatlich zwischen 208 und 268 Menschen. Zwischen drei und sechs dieser Todesfälle geschahen in der Anstalt Niedernhart. Mit Beginn des Krieges stiegen die monatlichen Todesfälle in ganz Linz unmerklich an. Mit Ausnahme des Juli 1944, wo es wegen eines Bombenangriffes enorm viele Tote gab, belaufen sich aber auch in Kriegszeiten die Monatsangaben der Linzer Todesfälle zwischen 200 und maximal 323 (im Mai 1943). Die Sterbefälle in Niedernhart steigen mit Kriegsbeginn nicht, und sie bleiben auch während der Zeit der „offiziellen Euthanasie" bei Werten um die zehn Todesfälle pro Monat. Nach dem August 1941, als Hitler den Euthanasie-Stop verfügt, als Hartheim auf die Vernichtung von kranken Ostarbeitern, Juden und KZ-Häftlingen „umsteigt", und als Lonauer nicht mehr den Großteil seiner Zeit im Schloß Hartheim verbringt, steigen die Ziffern extrem an: Neun Tote in Niedernhart im August 1941, 58 im September, 46 im Oktober, 46 im November, und so fort. Mit Ausnahme einiger Monate (in denen Lonauer womöglich Urlaub hatte oder nicht in Linz war, weil er mit den Ärztekollegen der T4-Gutachterkommissionen die KZs des Reiches bereiste), bleiben die Niedernharter Todesraten in dieser Höhe, und zu manchen Zeiten steigen sie noch höher. Die „Spitzenzeit" ist der Mai 1943 mit 109 Niedernharter Todesfällen – was die Linzer Todesrate auf den Höchstwert von 323 hinauftreibt. Diese absolute Spitze in der Statistik erklärt sich mit den 95 Kindern aus der Gegend von Mönchengladbach, von denen Lonauer einen Großteil in jenem Mai umbrachte.

Im Oktober 1943, kurz nachdem Lonauer als SS-Offizier für das Dritte Reich nach Serbien in den Krieg zog, fällt die Niedernharter Todesrate schlagartig: Von 37 im August und 26 im September auf sieben im Oktober. Die Zahlen für den Rest des Krieges pendeln nun wieder zwischen fünf und zwölf Toten pro Monat.

Im Detail sieht die Linzer Sterbestatistik in der Zeit von Lonauers intensivstem Wirken so aus:

Linzer Gesamtzahl der Sterbescheine:		davon aus Niedernhart:
Mai 1941	251	13
Juni 1941	216	9
Juli 1941	204	9
August 1941	204	9
September 1941	260	58
Oktober 1941	270	56
November 1941	232	46
Dezember 1941	289	82
Jänner 1942	298	76
Februar 1942	267	51
März 1942	248	6
April 1942	228	11
Mai 1942	193	7
Juni 1942	195	9
Juli 1942	248	44
August 1942	228	45
September 1942	264	63
Oktober 1942	217	20
November 1942	228	7
Dezember 1942	221	7
Jänner 1943	250	23
Februar 1943	266	11
März 1943	294	31
April 1943	300	31
Mai 1943	323	109
Juni 1943	308	60
Juli 1943	285	37
August 1943	280	26

September 1943	234	7
Oktober 1943	267	9
November 1943	246	7
Dezember 1943	247	5
Jänner 1944	236	11
Februar 1944	230	7
März 1944	242	9

Im Durchschnitt starben in Niedernhart zwischen dem Jahr 1938, in das Lonauers Amtsantritt als Direktor fällt, und dem August 1941, als er intensiv mit dem Morden in der Linzer Anstalt begann, im Monat 10 Patienten – in Friedens- und erst recht in Kriegszeiten keine ungewöhnliche Zahl bei einem Haus mit ursprünglich mehr als 1.100 Pfleglingen. Aus den zwei Jahren, in denen Lonauer intensiv wütete, also von September 1941 bis August 1943, gibt es Sterbescheine für 885 Niedernharter Patienten. Rechnet man davon so viele Tote ab, wie sie in der Zeit davor durchschnittlich anfielen, kommt man auf eine Zahl von 645 Euthanasieopfern. Zieht man aber eine durchschnittliche Sterberate aus der Vorkriegszeit (sechs Tote im Monat) ab, beträgt die Opferzahl 741.

Die von Oberpfleger Baumgartner angesprochenen Jahresstatistiken, die basierend auf den Patientenprotokollen erstellt wurden, geben für den Zeitraum von 1938 bis 1945 1.215 Todesfälle in Niedernhart an, 907 davon fallen in die Jahre 1939 bis 1945. Eine klare Sprache sprechen schließlich die nackten Belagszahlen: Vor Lonauers Amtsantritt beherbergte die Heil- und Pflegeanstalt Niedernhart 1.128 Kranke. Nach Abschluß der Euthanasieaktion im Herbst 1943 waren es nur noch 303.

Gerhart Marckhgott, Abteilungsleiter im oberösterreichischen Landesarchiv, hat 1994 die Aufenthaltsdauer der Niedernharter Patienten während der NS-Zeit statistisch erfaßt. Das macht sehr deutlich, wie sich die Pflegeanstalt in eine Tötungsanstalt gewandelt hat. Bis 1940 sterben fast nur solche Pfleglinge, die schon mehrere Jahre in der Anstalt verbracht haben – ein ganz normaler Vorgang. 1940, mit dem Beginn der Euthanasie in Oberdonau, verschwinden die Langzeitpatienten innerhalb kurzer Zeit. Sie sterben im Schloß Hartheim. Ein Jahr später, im Sommer 1941, als die

Transporte nach Hartheim aufhören, sind in Niedernhart nur noch solche Patienten stationiert, die erst wenige Wochen zuvor aufgenommen wurden. Und in der Zeit der „wilden Euthanasie" in Niedernhart selbst sinkt die Verweildauer noch weiter. Im Jahr 1943, dem Höhepunkt des Mordens mit Spritze, Tabletten und Giftwasser, beträgt die durchschnittliche Aufenthaltsdauer 38 Tage.

Unmöglich zu ermitteln ist die Zahl jener Menschen, die aus allen Anstalten der Ostmark, Böhmens und Bayerns herangeschafft wurden und die nur wenige Tage in Niedernhart lagen, bevor sie ihr weiterer Weg in die Hartheimer Gaskammer führte. In den Niedernharter Standesprotokollen sind insgesamt 318 Männer verzeichnet, bei denen definitiv Hartheim als Ziel der Verlegung angegeben ist. Für die Frauen hat eine Ordensschwester Godefrida private Aufzeichnungen geführt, die von 340 abtransportierten Frauen sprechen. Das wären also 658 zur Vernichtung nach Hartheim geschaffte Patienten. Dann gibt es einen Niedernharter Verwaltungsbericht aus dem Jahr 1946, der von 941 nach Hartheim verlegten Pfleglingen spricht.

Diese Zahlen sind natürlich viel zu niedrig, in Wahrheit müssen es abertausende gewesen sein, die Niedernhart als Durchgangsstation durchlaufen haben. Die Durchgangspatienten scheinen in den Protokollen und im Niedernharter Hauptbuch aber nicht auf. Die Heilanstalt war vor und während des Krieges organisatorisch in drei Bereiche aufgeteilt: eine Beobachtungsstation, die eigentliche Krankenstation und eine Fürsorgestation. In die Protokolle und damit in das Hauptbuch wurden von den Patienten, die aus anderen Anstalten kamen, nur jene eingetragen, die in die Krankenstation aufgenommen wurden. Möglicherweise wurden dabei die Daten der Ankunftstage manipuliert, und so sehen die wenigen Ankünfte von Pfleglingen aus anderen Häusern völlig unverfänglich aus. Die unzähligen Kranken aus anderen Anstalten, die nur für ein paar Tage vor dem Hartheim-Transport auf der Station VIII „zwischengelagert" wurden, scheinen in den Büchern nicht auf. Es gibt nur eine einzige Ausnahme, die aus dem Beginn der Euthanasiezeit stammt, als Hartheim noch gar nicht arbeitete: Für den 25. Oktober 1939 ist die Aufnahme von 37 Patienten registriert, die auf einen Schlag von der Heilanstalt Wiesengrund überstellt wurden. Daß solche Transporte in die Protokolle kamen, widersprach allen Tarn- und Verschleierungstaktiken, und Lonauer muß dies auch sofort nach dem Wiesengrund-Fall abgestellt haben.

Daß es sehr viele Durchgangspatienten gegeben hat, bezeugen alleine die Aussagen von Oberpfleger Johann Baumgartner: „Am 26. Juli 1940 setzte ein ziemlich reger Wechsel der Patienten in der Heil- und Pflegeanstalt Niedernhart ein. Es wurden Geisteskranke von anderen Anstalten in Niederösterreich, Steiermark, Kärnten und so weiter nach Linz gebracht, und diese gingen nach ein bis drei Tagen wieder weg. Bei diesen hieß es, sie werden in das Altreich überführt. Daß die Transporte nicht nach Brandenburg, sondern nach Hartheim gingen, habe ich erst später erfahren. Es war damals schon offenes Geheimnis in ganz Linz ..."

Die Gschwendter Pflegerin Theresia Strauss, die eine Zeitlang in Niedernhart arbeitete (und zwar an der „normalen" Abteilung X), erzählte: „Es setzte ein sehr reger Wechsel der Patienten ein. Es gingen täglich mehrere Transporte nach Hartheim, doch wurde der Abgang immer wieder durch von auswärts kommende Transporte ersetzt. Im Laufe der Zeit kamen vom Altreich, Wien und auch von Baumgartenberg immer wieder Transporte mit pflegebedürftigen Personen, die teils in der Anstalt in Linz und teils in Hartheim ermordet wurden." Und auch der Niedernharter Portier Johann Thorwartl hat bezeugt, daß Pfleglinge ständig nur für ein paar Tage „bequartiert" wurden, bis die „grauen Wägen aus Hartheim" kamen.

Jegliches historische Material, das in irgendeiner Form Rückschlüsse auf die „wilde Euthanasie" in Niedernhart erlauben könnte, ist nur über Sekundärquellen zugänglich. Die alten Akten der Anstalt Niedernhart und des heutigen Wagner-Jauregg-Krankenhauses liegen im oberösterreichischen Landesarchiv. Die Akten und Dokumente aus der Zeit des Dritten Reichs sind bis auf einen ganz kleinen Teil, der bei einem Bombentreffer zerstört wurde, vollständig erhalten. Sie sind dem denkbar höchsten Schutz unterworfen, den es für personenbezogene Daten gibt. Sprich: Die Einsichtnahme ist für die Dauer von 100 Jahren verboten. Selbst Angehörige von einstigen Patienten, von Opfern also, können nur unter höchst restriktiven Auflagen und Bedingungen Auskünfte erlangen.

Bei den Nachkommen erzeugt dies Bitterkeit. Ignaz Z. aus dem oberösterreichischen Innviertel, dessen Vater Anton Z. 1941 von Feldhof, Graz, nach Niedernhart überstellt wurde und ein paar Tage später in Hartheim starb, in einem Interview vom Herbst 1996: „Ein schlechtes Gewissen haben die. Und wissen Sie warum? Weil die Krankenanstalten und psychiatrischen Kliniken und Pflegeanstalten haben damals Sachen gemacht, die nicht in Ordnung waren. Und deshalb haben sie Angst, daß die Angehörigen Klagen gegen die Krankenhäuser erheben. Zwangssterilisierungen und so. Und wenn das alles zu dokumentieren wäre und es Beweise gäbe, dann könnte man ja klagen."

Die Akten bestehen hauptsächlich aus den Krankengeschichten, den Protokollen und den Hauptbüchern. Bei letzteren handelt es sich um großformatige und schwere Folianten, in welchen die Patienten in der Reihenfolge der Aufnahme eingetragen sind, einschließlich der Stammnummer sowie Aufnahme- und Abgangsdatum. Abgänge durch Todesfälle sind mit einem roten Kreuz markiert. In der Zeit, als Niedernhart als Durchgangsstation für Hartheim diente, geht die Zahl der Aufnahmen in diesen Listen in die Tausende. Und die Euthanasieaktionen sind zu erkennen, ohne daß man überhaupt einen Buchstaben im Hauptbuch liest: Sie schlagen sich nieder als lange Kolonnen von roten Kreuzen.

Zu Niedernhart gibt es in Linz einen weiteren Aktenbestand, der das Verhalten der Justiz zu jenem finsteren Kapitel der Zeitgeschichte in düsterstem Licht zeigt: Anhaltungsakten des Amtsgerichtes Linz für etwa 2000 Menschen. Es handelt sich dabei um die Akten jener Geisteskranken, die nicht gänzlich, sondern nur für die Dauer ihrer Krankheit entmündigt waren. Solange die volle Entmündigung nicht ausgesprochen war, prüfte ein Richter in halbjährlichen Abständen, ob die Voraussetzung zur Anhaltung in der jeweiligen Anstalt noch gegeben war. Dafür war das Linzer Amtsgericht zuständig. Von den 2000 Niedernharter Akten des Amtsgerichtes Linz besteht ein Großteil nur aus zwei Blättern: Der Aufnahme- und der Abgangsanzeige der Heilanstalt Niedernhart. Etwas fällt bei diesen unzähligen Akten schon bei kurzem Durchblättern auf: Der geringe Zeitabstand zwischen Aufnahme in die Anstalt und der Todesmeldung. Den Beamten des Linzer Amtsgerichtes ist diese unnatürliche Häufung von „Minimalakten" und von Todesfällen nicht aufgefallen, oder sie wollte ihnen nicht auffallen. Jedenfalls haben sie an manchen Tage ganze Stöße von Todesmeldungen aus Niedernhart mit dem Vermerk „Anhaltungsverfahren eingestellt" versehen.

Aus Kreisen der oberösterreichischen Justiz hat nie jemand wegen dermaßen auffälliger Hinweise auf Straftaten gegen die Niedernharter Anstaltsleitung ermittelt. Gegen die Euthanasieärzte, und im speziellen gegen Renno, hat nur der Staatsanwalt Eypelthauer von der Linzer Generalstaatsanwaltschaft einmal Schritte einzuleiten versucht. Auslöser waren aber nicht die offenkundigen Gesetzesbrüche in Linz, sondern die Anzeige der Eltern eines angeblich in Hartheim gestorbenen Kindes aus Berlin. Eypelthauers Bemühungen wurden schließlich vom Reichsjustizministerium abgewürgt, wie an anderer Stelle zu berichten sein wird.

Das Ende der „wilden Euthanasie" setzte in Niedernhart ein, als Lonauer an die Front einrückte. Da waren noch knapp 300 Geisteskranke in Niedernhart. In Lonauers Jahren an der Front sanken die Sterbefälle rapide. Erst Ende 1944, nach zwei Verwundungen in Serbien, kehrte er nach Niedernhart zurück. Im alten Umfang sind die Tötungen nicht mehr aufgenommen worden – allein schon deshalb, weil es gar nicht mehr so viele Euthanasiekandidaten gab. Auch in Hartheim war zu dieser Zeit der Tötungsbetrieb schon eingestellt, Gaskammer und Krematorium waren abgebrochen. Lonauer versuchte, in Tirol bei „Kamerad" Czermak einen Unterschlupf zu finden, doch ohne Erfolg. Der Niedernharter Direktor zog sich, als der Krieg dem Ende zuging, in die Nähe der Außenstelle Gschwendt zurück. Die Wirtschaftsleiterin der Außenstelle, Hermine Zehetner, stellte Lonauer und dessen Familie ein kleines Häuschen zur Verfügung, das sie in Lining, Gemeinde Neuhofen an der Krems, besaß. Hier endete dann Lonauers Wirken und Leben.

Nach zuverlässigen Zeugenaussagen hat Lonauer noch zwei Wochen vor dem Einmarsch der US-Armee in Oberösterreich Patienten mit Giftinjektionen getötet. Von mindestens acht Ermordeten in Niedernhart in den letzten Kriegstagen ist in der Aussage

Ärztlicher Behandlungs-/Sterbe-Schein.

für Verstorbene mit Ausnahme der Totgeborenen.

Vor- und Zuname	Schwarzinger Anna, geb. Langer.
Berufszweig und -Stellung (Bei Personen, die das 15. Lebensjahr noch nicht vollendet haben, jene des Vaters, bezw. der unehel. Mutter)	Haushalt — bei Kindern unter 6 Jahren ehelich/unehelich
Alter, Konfession, Stand (Bei Verheirateten: Zeitpunkt des Abschlusses der durch den Tod getrennten Ehe [Tag und Jahr])	41 Jahre, r.k. verheiratet.
Geburtstag und -Jahr	12. Dezember 1904
Geburtsort und -Land	Wüstseibersdorf Mähren.
Wohnung (Name der Pflegepartei)	Linz/D. Bindermichl, Bölkestr. 29
Todesursache (deutliche Schrift) (Möglichst vollständige wissenschaftliche Diagnose, deutsch und lateinisch)	Lungenentzündung
Krankheitsursache	Psychopathie hyst. Form,
Dauer der Krankheit	unbekannt
Dauer der letzten Behandlung	seit Juli 1944
Todestag und -Stunde (Bei aufgefundenen Leichen jene der Auffindung)	25. April 1945 6 h
Anmerkung (Beerdigungsort usw.)	Friedhof Linz,

Linz, den 25. April 1945

Unterschrift des behandelnden Arztes:
Der Direktor:

Der Sterbeschein von Anna Schwarzinger: Wahrscheinlich eines der letzten Opfer von Rudolf Lonauer in Niedernhart, und der letzte Sterbeschein, den mit Gewißheit Lonauer unterzeichnet hat.

der Pflegerin Theresia Strauss die Rede, und auch in der Außenstelle Gschwendt soll Lonauer noch etliche „Geisteskranke umgelegt" haben. Diese Diktion verwendete Hermine Zehetner vor Gericht. Die Ermordeten des April in Niedernhart sind aus den Sterbestatistiken ersichtlich. Nach Lonauers Rückkehr von der Front Mitte Jänner 1945 steigt die Todesrate unwesentlich an auf zehn Todesfälle, und sie fällt im Februar auf drei. Sie bleibt niedrig im März. Im April schnellt sie auf 17 Gestorbene hinauf, und es sind wieder auffallend viele sehr junge Menschen unter den Toten, die erst seit kurzer Zeit in Niedernhart stationär behandelt werden. Zu den letzten Opfern Lonauers dürften der 20jährige Grieche Theodorus Moskopoulos zählen, als dessen Todesursache Lonauer Myocarditis, Herzmuskelentzündung, einsetzte. Und weiters Karl Lichtenauer (33 Jahre, Pneumonie), Josef Mittermair (24 Jahre, Lungenentzündung), Felix Dörflinger (23 Jahre, Tod im epileptischen Anfall), Adolf Seuffert (35 Jahre, Herzlähmung), Johann Brandl (32 Jahre, Tod im epileptischen Anfall) und Ferdinand Reindl (37 Jahre, Herzlähmung), deren Sterbescheine alle auf 19., 20. oder 21. April 1945 datiert sind. Mit 25. April datiert ist der Tod von Anna Schwarzinger (Lungenentzündung). Möglicherweise der letzte Mensch, der in Oberösterreich der Euthanasie zum Opfer gefallen ist, und der letzte, der von Dr. Lonauers Hand gestorben ist, war am 30. April 1945 der 43jährige Josef Füreder, der angeblich an Herzlähmung gestorben ist.

Wahrscheinlich eher dem Bereich Tratschereien sind die vagen Andeutungen in einigen Zeugenaussagen zuzuordnen, daß Lonauer mit der Gschwendter Chefin Hermine Zehetner ein intimes Verhältnis gehabt haben soll. Entstanden sind sie wahrscheinlich deshalb, weil Lonauer schon vor den letzten Kriegstagen gelegentlich in Zehetners Lininger Haus wohnte, und zwar ohne seine Familie. Und belegt ist, daß der forsche Umgang Zehetners mit möglichen Euthanasiekandidaten dem Linzer Tötungsarzt gefallen hat. Ob der großgewachsene, gutaussehende Lonauer, zum Zeitpunkt seines Todes 36 Jahre alt, dessen Gattin ihm gerade vor zwei Jahren ein Kind geboren hatte, tatsächlich mit der resoluten, 14 Jahre älteren Wirtschaftsleiterin Hermine Zehetner intim war, wird für immer ein Geheimnis bleiben. Renno hielt es mehr als ein halbes Jahrhundert später immerhin für möglich und vorstellbar.

Die schrecklichen Ereignisse in Niedernhart stehen in juristischer wie historischer Aufarbeitung immer im Schatten der gräßlicheren Vorgänge im 20 Kilometer entfernten Hartheim. Und sie scheinen mehr noch, als dies bei allen Euthanasie-Themen spürbar ist, von einem intensiven Bemühen zugedeckt zu sein, die alten Geschichten nach Möglichkeit ruhen zu lassen. Dazu trägt unter anderem auch die massive Abschottung der Dokumente bei. Daß dürre Aufzeichnungen aus alten Akten imstande sind, einen Eindruck der unsäglichen Schreckenstaten zu vermitteln, soll das folgende Beispiel belegen. Es handelt sich dabei um die Sterbescheine des Gesundheitsamtes aus dem Archiv der Stadt Linz aus dem Jahr 1943, in dem Lonauer besonders intensiv wütete. In diesen lose mit Bindfaden zusammengehaltenen Bündeln von Zetteln fallen zwei Dinge besonders auf: Zum einen scheinen in den letzten Kriegsmonaten statt der üblichen Sterbezettel gehäuft sogenannte Totenbeschau-Zettel auf. Mit denen wurden – ohne besondere ärztliche Angaben – die Opfer von Luftangriffen registriert. In den Archivschachteln gibt es für manche Wochen Hunderte solcher Totenbeschau-Zettel, die als Todesursache alle die Worte „Feindeinwirkung (Luftangriff)" tragen. Und zum anderen sticht immer wieder die Häufung der Sterbezettel ins Auge, die den blaßgrünen Stempel der Landesheil- und Pflegeanstalt Niedernhart und meist auch die Unterschrift Lonauers tragen. Im folgenden sind die Daten einer solchen Sterbezettel-Häufung aufgelistet. Der Zeitraum April bis Mai ist willkürlich herausgegriffen.

	Geb. jahr:	Herkunft:	Todestag:	Ursache:
HENN Anna Marie	1879	Waldbreitbach	19/04/43	Altersschwäche
STEININGER Julius	1912	Natternbach	19/04/43	Herzbeutelentz.
BRANDTS Sophie	1875	Tüdern	19/04/43	Altersschw.
HERWIG Christine	1907	Düsseldorf	19/04/43	Status epilepticus
PULCH Anna	1914	Kaiserslautern	19/04/43	Endocarditis rheum.
PRICK Wilhelmine	1919	Gelsenkirchen	19/04/43	Lungenentz.
EDER Anna	1856	Goisern	21/04/43	Dementia senilis
HOHN Elvira	1926	Duisburg	21/04/43	Tod im ep. Anfall

Name	Geb.	Ort	Datum	Ursache
GRENZ Franziska	1886	Korneliusmünster	21/04/43	Hirnschlag
LAGE Luise	1843	Essen	22/04/43	Herzmuskelentz.
EICHHORN Katharina	1905	Mühlheim/Main	22/04/43	Herzlähmung
TUNA Olga	1921	Steyr	22/04/43	Status epilepticus
GMEINER Karl	1914	Sierning	25/04/43	Enteritis acuta
UWARDY Leopoldine	1873	Eferding	26/04/43	Altersschwäche
BLASKOWSKI Magdalena	1907	Essen	27/04/43	Herzlähmung
KRÄMER Marie Anna	1881	Broichhoven	28/04/43	Kreislaufstörung
EDER Barbara	1880	Linz	29/04/43	Progressive Paralyse
MAYR Zäzilia	1889	Linz	29/04/43	Herzmuskelentzünd.
BAUMGARTNER Theresia	1906	Steyr	30/04/43	Herzlähmung
EMMESBERGER Rosa	1868	Linz	30/04/43	Altersschwäche
JETZINGER Barbara	1869	Aurolzmünster	30/04/43	Marasmus senilis
BAUMGARTHUBER Marie	1874	Sierning	30/04/43	Altersschwäche
MEINDL Marie	1877	Gmunden	30/04/43	Paranoia
BAYER Adele	1878	Altheim	30/04/43	Altersschwäche
PRAHER Marie	1885	St. Thomas	30/04/43	Herzmuskelentzünd.
SCHWANDL Marie	1892	Mitterkirchen	30/04/43	Hirnembolie
ENÖCKL Aloisia	1902	Garsten	30/04/43	Herzmuskelentz.
EMMESBERGER Rosa	1893	Linz	01/05/43	Herzmuskelentartg.
LEONHARTSBERGER Anna	1902	Mitterkirchen	01/05/43	Herzlähmung
WINBICHLER Theresia	1902	Schallham	01/05/43	Herzmuskelentz.
MAIER Aloisia, Pflegling	1886	Obernberg	01/05/43	Kreislaufstörung
BACHL Klara	1912	Ansfelden	02/05/43	septische Angina
GIRKINGER Josefa	1866	Steyr	03/05/43	Altersschwäche
KIENINGER Franziska	1877	Goisern	03/05/43	Altersschwäche
HETTL Marie	1880	Altheim	03/05/43	Herzschwäche
FELLHOFER Anna	1887	Schwertberg	03/05/43	Herzmuskelentz.
ERLINGER Rosalia	1891	Steyr	03/05/43	Kreislaufstörung
ROHRHUBER Marie	1912	Wels	03/05/43	Lungenentz.
BAUMSCHLAGER Magda	1871	St. Nikola	04/05/43	Altersschwäche
PEHAMBERGER Marie	1886	Lasberg	04/05/43	Herzschwäche
VOGLMAYR Elisabeth	1891	Riedau	04/05/43	Kreislaufstörung
BRANDLMAIER Anna	1896	Pischelsdf.	04/05/43	Herzmuskelentartg.
WALZINGER Elisabeth	?	Geretsberg	04/05/43	Herzmuskelentz.
GRUBER Marie	1897	Linz	04/05/43	Kreislaufstörung
REDINGER Hilde	1900	Gmunden	04/05/43	Lungenenphysem

BUCHMEIER Rosina	1882	Linz	05/05/43	Marasmus senilis
BERNDL Theresia	1892	Hora Cerin	05/05/43	Herzmuskelentartg.
SCHNEIDER Anna	1903	Kalsching	05/05/43	Tod im ep. Anfall
REITER Anna	1908	Eberschwang	05/05/43	Pneumothorax
PROBST Frieda	1927	Natternbach	05/05/43	Herzschwäche
HECK Marie	1881	Gunskirchen	06/05/43	Progressive Paralyse
HÖLLERSBERGER Marie	1881	Oberneukirchen	06/05/43	Marasmus senilis
RACHER Josefa	1895	Vorchdorf	06/05/43	Kreislaufstörung
HUEMER Johanna	1904	Vöcklabruck	06/05/43	Knochencaries
HRDLICKA Marie	1914	Prielthal	06/05/43	Lungenentz.
UNTERHOLZER Rosa	1922	Diersbach	06/05/43	Kreislaufstörung
LEUTGWEGER Marie	1887	Kreuzen	07/05/43	Herzmuskelentartg.
ORTHOFER Marie	1891	Haslach	07/05/43	Herzmuskelentz.
MIGLBAUER Josefa	1896	Vorchdorf	07/05/43	Status epilepticus
FISCHER Rosa	1901	Wien	07/05/43	Kreislaufst.
POLACSEK Anna	1905	Eszergom	07/05/43	Tod im ep. Anfall
ZAUNER Katharina	1913	Fischlham	07/05/43	Lungenödem
KOPETZKY Rosalia	1922	Hohenfurt	07/05/43	Kreislaufst.
BRUNNMAYR Marie	1883	Vöcklabruck	08/05/43	Herzmuskelentartg.
REITER Christine	1918	Pabneukirchen	08/05/43	Status epilepticus
TUCHETSCHLÄGER Marie	1891	Altmünster	09/05/43	Lungenentz.
HÖLZL Ida	1914	Schwertberg	09/05/43	Keislaufstörung
GRÜBL Anna	1843	Helfenberg	10/05/43	Marasmus senilis
FRIES Karoline	1896	Steyr	10/05/43	Kreislaufstörung
STEININGER Josefa	1902	Rohrbach	10/05/43	Herzmuskelentz.
BICHLER Aloisia	1903	Reichramming	10/05/43	Kreislaufst.
BRÜHWASSER Marie	1906	Braunau	10/05/43	Herzmuskelentz.
WILFLING Theresia	1880	Wels	11/05/43	Marasmus senilis
HOFFELNER Marie	1898	Linz	11/05/43	Herzschwäche
SPERR Theresia	1889	Bad Hall	11/05/43	Herzmuskelentz.
STOCKHAMMER Marie	1902	Neuhofen/Kr.	11/05/43	Progressive Paralyse
RATHMEIER Johann	1874	Steyr	12/05/43	Apoplexia cerebri
PICHLER Franziska	1879	Leonfelden	12/05/43	Arteriosklerose
BRANDSTETTER Zäzilia	1881	Münzbach	12/05/43	Marasmus senilis
HOLUBOWSKI Anna	1888	Steyr	12/05/43	Herzmuskelentartg.
AUMAYR Johann	1897	Wels	13/05/43	Kreislaufstörung
PETERKA Leopold	1855	Schlierbach	14/05/43	Marasmus senilis

SCHWARZ Sylvester	1880	St. Ulrich/Steyr	14/05/43	Apoplexia cerebri
RUZIZKA Johann	1899	Altmünster	14/05/43	Herzmuskelentz.
HUEMER Franz	1901	Aschach/D.	14/05/43	Lungenentz.
POIDINGER Alois	1912	Böhmdorf 1	14/05/43	Kreislaufst.
WEISS Josef	1879	Mitterkirchen	15/05/43	Altersschw.
SCHIESSENDOBLER Heinr.	1916	Kirchberg/I.	15/05/43	Lungenentz.
SCHMID Josef	1894	Andrichsfurth	16/05/43	Apoplexia cerebri
KELLER Simon	1884	unstet	17/05/43	- " -
WAHL Johann	1892	Mauthausen	17/05/43	Herzlähmung
MAYER Marie	1881	Alkoven	17/05/43	Progressive Paralyse
LABMAIER Franz	1864	Linz-St. Magdal.	18/05/43	Marasmus senilis
GÖTSCHENBERG Otto	1926	Düsseldorf	21/05/43	Lungenentz.
LAAKMANN Heinrich	1934	Sonsbeck/Moers	21/05/43	Mag.-Darm.Katarrh
GRÜNBACH Gustav	1935	Aachen	21/05/43	Darmkatarrh
HAHN Johann Peter	1939	Schwanhaus	21/05/43	Mag.-Darm-Katarrh
HAGEDORN Bernhard	1929	Oberhausen	22/05/43	Status epilepticus
JUSEN Heinrich	1933	Bonn	22/05/43	Tod im ep. Anfall
KALL Wilhelm	1935	Oberforstbach	22/05/43	Mag.-Darm-Katarrh
STEIN Erich	1938	Bergisch-Galdbach	22/05/43	- " -
FLINK Hlemut	1939	Köln	22/05/43	- " -
KAMLAGE Wilhelm	1940	Köln	22/05/43	- " -
FLÜGEL Kurt	1928	Köln-Mühlheim	23/05/43	Lungenentz.
SOMMER Günther	1930	Essen	23/05/43	Herzschwäche
HOLZ Peter	1934	Mönchen-Gladb.	23/05/43	Lungenentz.
JACKE Hans Jürgen	1936	Essen	23/05/43	Darm-Katarrh
HASIWA Erhard	1938	Duisburg	23/05/43	Mag.-Darm-Katarrh
HUWALD Adolf	1939	Barmen	23/05/43	Darm-Katarrh
ARTMANN August	1935	Essen	24/05/43	Hirnhautentz.
THELEN Richard Rudolf	1937	Köln	24/05/43	Darm-Katarrh
SEIFER Josef	1938	Duisburg	24/05/43	Mag.-Darm-Katarrh
HOSSDORF Rudolf Dieter	1939	Köln	24/05/43	Darm-Katarrh
GRAUS Erich	1940	Duisburg	24/05/43	Mag.-Darm-Katarrh
STEINBRINK Heinrich	1924	Hamborn	25/05/43	Lungenentz.
HARNISCH Wolfgang	1935	Köln	25/05/43	Mag.-Darm-Katarrh
BRÜCK Günther	1938	Brühl	25/05/38	Darm-Katarrh
WIERZ Jakob	1928	Porz-Rhein	26/05/43	Tod im ep. Anfall
KURENBACH Hans	1932	Born	26/05/43	Lungenentz.

BUCHMANN Hans	1928	Koblenz	27/05/43	Kreislaufstörung
SIFFERT Ernst	1930	Baseweiler	27/05/43	Lungenentz.
KOX Herbert	1931	Essen	27/05/43	- -
SIEFER Hermann Josef	1923	Essen	28/05/43	- -
EIGELSHOVEN Karl Heinz	1924	Aachen	28/05/43	Tod im ep. Anfall
BIER Friedrich	1939	Trier	28/05/43	Darm-Katarrh
BERTY Theodor	1922	Oberhausen	29/05/43	Tod im ep. Anfall
MOHR Paul	1924	Zweifall	29/95/43	Herzschwäche
SCHÜTZ Heinrich	1930	Born	29/05/43	septische Angina
KONOPKA Friedrich	1936	Köln	29/05/43	Kreislaufstörung
PHILIPP Jakob	1938	Saarburg	29/05/43	Bronchopneumonie
LIEBERTZ Anton	1928	Euskirchen	30/05/43	Lungenentz.
WESGES Peter	1933	Lierfeld	30/05/43	Herzschwäche
GAUCHEL Josef	1928	Gutmannseichen	31/05/43	Tod im ep. Anfall
SCHOTT Daniel	1931	Düsseldorf	31/05/43	Herzschwäche
KEPLINGER Marie	1884	Helfenberg	31/05/43	Herzmuskelentartg.
SIPOPEKA Fedora	1913	Linz/ Ukraine	31/05/43	Darmeinklemmung

Sehr viel Phantasie hat Lonauer nicht gehabt, die Todesursachen wiederholen sich laufend. Magen-Darm-Katarrh bei Kindern und Jugendlichen, Altersschwäche (Marasmus senilis), Endocarditis rheumaticus (rheumatische Entzündung der Herzinnenhaut) oder Herzschwäche bei alten Menschen, Status epilepticus (schlicht Epilepsie) bei Patienten mit der „passenden" Diagnose Epilepsie. Selten schreibt er in die Spalte Todesursache Bezeichnungen wie Enteritis acuta (akute Darminfektion) oder Apoplexia cerebri (Gehirnschlag). Die Liste oben zeigt willkürlich herausgegriffene 43 Tage aus der Intensivphase der „wilden Euthanasie" in Niedernhart. Die Bilanz: 136 Tote. So sah also das Wirken des Direktors und Primars der Landes-Heil- und Pflegeanstalt aus: Im Durchschnitt mehr als drei Morde am Tag.

VIII. Drei Opfer

Milas Nerven halten das nicht mehr aus. Es ist zu viel. Nie sagt er ihr, wann er heimkommen wird von seinen Vertretertouren durch ganz Deutschland. Aber sie spürt ihn, wenn er in die Nähe kommt, es ist wie ein telepathischer Sinn, eine Überfeinerung der Wahrnehmung. Wenn der Zug in die Nähe der Stadt kommt, dann wird sie zittrig, rennt in der Wohnung auf und ab, ordnet die Häkeldecken auf den schweren Kommoden und Tischen ein dutzendmal, ihre Hände flattern wie das Gefieder ängstlicher Vögel. Die kleine Ingeborg steht nur und schaut, und sie bekommt Angst. Wenn die Mutter sich so seltsam benimmt, dann ist der Vater in der Nähe, dann wird er bald in die Wohnung platzen, und es wird Schreiereien geben und Türenschlagen, und am Ende wird sich die Mutter in das abgedunkelte Schlafzimmer legen, und der Vater wird am nächsten Morgen schon wieder weg sein, ohne sich verabschiedet zu haben, und die Mutter wird tagelang nicht aus dem dunklen Zimmer herauskommen.

Emilie S., Geburtsjahrgang 1900, von allen Mila genannt, stammt aus Wiener Neustadt. Nach den Erzählungen ihrer Tochter Ingeborg war sie „ein ganz großartiger Mensch, mit feinen Gefühlen, eine äußerst liebe Mutter." Mit jungen Jahren heiratete sie einen schönen großen Mann aus Deutschland und zog mit ihm in eine Großstadt im Ruhrgebiet. Der Mann ist eine gute Partie: Handelsvertreter, zuerst bei Daimler Benz, dann bei der IG Farben, mit einem sehr guten Einkommen, sogar in den 30er Jahren, mit der damals hohen Arbeitslosigkeit rundherum. Ein fähiger Mensch, so schätzen ihn die neuen Verwandten aus Österreich ein. In den ersten Ehejahren nimmt es Mila hin, daß der Mann wochenlang weg ist auf seinen Geschäftsreisen.

Mila ist sehr musikalisch. Sie liebt es zu singen. Und wie ihr Vater, ihre Mutter und ihre vier Geschwister ist sie Lehrerin. In Wiener Neustadt schon, und dann draußen in Deutschland. Bis das erste Kind, Ingeborg, kommt, und dann Heinz. Mila sitzt jetzt daheim mit den plärrenden Kindern, Tag und Nacht, und der Mann ist unterwegs. Wenn er da ist, packt er schweigend die Koffer aus, schmeißt ihr die Schmutzwäsche hin, das muß alles rasch gewaschen werden, weil morgen abend schon der Zug nach dorthin und dorthin geht. Er nimmt an den Mahlzeiten teil, liest Zeitungen, verdöst den Nachmittag auf dem Sofa, am Abend dann zieht es ihn in die heimischen Gaststätten. Schließlich sieht er die Freunde nur alle paar Wochen.

Er wird immer tyrannischer. Er hat sie unterdrückt, massiv unterdrückt, erzählen die Nachkommen aus Milas Familienlinie. Er schreit sie an, wenn die Kinder lästig sind, wenn die Wohnung feucht ist und verstunken vom dauernden Windelwaschen, wenn sie eine Mahlzeit verdirbt, weil sie immer wieder weg muß vom Herd, um nach dem weinenden kleinen Heinz zu schauen. Und wenn ihr Mann manchmal noch mit ihr schläft am frühen Abend, bevor er in die Wirtshäuser aufbricht, dann tut er es hastig und lieblos, ohne Mila anzusehen oder mit ihr zu reden. Steht auf, wäscht seinen Schwanz, zieht sich an, kämmt sich und geht, ohne zu sagen, wohin genau und wann er wieder kommen wird.

Irgendwann in dieser Zeit, als Ingeborg noch klein ist und Heinz in den Windeln liegt, zeigen sich die ersten Vorboten des Zusammenbruchs. Mila erfährt, daß ihr Mann sie betrügt. Daß er eine andere hat, viele andere, heißt es, ein richtiger Lebemann ist er, in jeder größeren Stadt zwischen München, Berlin und Hamburg hat er eine, die ihm die Einsamkeit der Nächte in den Hotels vertreibt. Wie und von wem es Mila erfahren hat, ist nicht überliefert. Bekannt ist, daß sie einen Detektiv engagiert hat, der ihrem Mann auf einer der Dienstreisen hinterherfährt, und der Beweise liefert. Mila telefoniert mit ihrer Mutter in Wiener Neustadt, die auch Emilie heißt. Eine harte Frau, wie sich noch zeigen wird. Ihr Kommentar: Das geht nicht mit rechten Dingen zu. Aber was man machen soll, weiß sie auch nicht, vorerst.

Die Ehefrau sagt einmal gar nichts. An den wenigen Tagen, wo er daheim ist, sucht sie in seinen Sachen und Kleidern nach Spuren der anderen. Als sie es nicht mehr aushält und ihm alles ins Gesicht schreit, reagiert er mit eisiger Kälte. Er streitet nichts ab. Er ist eben so. Er braucht das.

Mila: Aber was ist mit mir!

Er zuckt die Achseln.

Mila: Und die Kinder?

Er: Ich bin ihr Vater. Du bist ihre Mutter.

Damit ist die Diskussion beendet. Er will nicht mehr reden. Von diesem Abend an schläft er nicht mehr mit ihr. Ihm zu drohen, daß sie ihn verlassen werde, wagt Mila ebensowenig wie von ihm zu fordern, daß das mit den anderen Frauen aufzuhören hat. Was soll sie denn tun. Er ist der Mann, er bringt Geld ins Haus, gutes Geld in schweren Zeiten, er ernährt die Familie. Sie hat wahrscheinlich nicht einmal jemanden gehabt, mit dem sie reden hätte können über diesen Druck, keine Freundin, und in der Familie ihres Mannes war dieses Thema sowieso tabu. Der Druck, der sie auseinanderreißt: Da die Unmöglichkeit, das Betrogenwerden hinzunehmen und zu ertragen, und da die Unmöglichkeit, als Frau mit zwei kleinen Kindern einfach wegzugehen aus dieser totalen Abhängigkeit, aus dieser Farce von einer Ehe. Einmal nimmt sie all ihren Mut zusammen und geht zu einem Rechtsanwalt. Sie will die Scheidung. Der Anwalt macht ihr Mut: Wenn sie Beweise habe, dann werde es möglich sein, auch wenn der Mann und seine Familie strikt gegen die Scheidung sind. Mila läßt sich von der Zuversicht des Anwaltes nicht anstecken.

Die sanfte Sängerin aus Österreich in ihrem Kleinbürgerhaushalt im Herzen des Ruhrpotts läßt sich irgendwann Anfang der 30er Jahre fallen. Sie gibt dem Druck nach, der auf ihr lastet, und läßt sich auseinanderreißen.

Eines Morgens steht sie einfach nicht auf. Der kleine Heinz plärrt und kreischt in seinem Bett, vor Hunger zuerst, dann aus Angst vor dem Verlassenwerden. Ingeborg steht am Bett der Mutter und schaut auf sie hinab, das bleiche Gesicht, die fahle Haut der Lider mit einem winzigen Faltenmuster, das von der Anstrengung herrührt, mit der Mila die Augen zupreßt, um nichts mehr sehen zu müssen. Mama, sagt Ingeborg, was ist denn, Mama. Immer wieder dieselbe Frage, halbstundenlang. Das Kind bekommt keine Antwort. Dann sagt sie: Der Heinz, Mama, er hat Hunger. Mila öffnet mühsam die Augen, bring ihn zu mir, Inge, sagt sie. Das Mädchen hebt den Bruder aus seinem Bettchen und legt ihn zur Mutter. Die zieht das wimmernde Wesen unter die Tuchent und preßt es an sich. Ein Fläschchen, Inge, murmelt sie. Ingeborg bereitet in der

Küche ein Fläschchen zu und bringt es ins Schlafzimmer. Dann setzt sie sich an den Küchentisch und wartet auf nichts.

Kein Mittagessen, kein Abendessen. Am nächsten Tag schaut die Schwiegermutter auf einen Sprung vorbei. Sie schlägt die Hände über dem Kopf zusammen, als sie die nicht aufgeräumte Wohnung sieht, die hungrigen Kinder, die Hausfrau, die um drei Uhr nachmittags im Bett liegt. Hättest du doch angerufen, sagt sie. Mila rührt sich nicht, öffnet die Augen nicht. Sie sagt gar nichts mehr, sagt Ingeborg, und: Sie kann nicht aufstehen. Hättest du halt die Kleine rübergeschickt, knurrt die Schwiegermutter. Dann ruft sie den Hausarzt. Der konstatiert eine nervöse Störung. Er verschreibt Mila Tabletten, die ihre Nerven wieder belastbarer machen sollen, und einen stark gezuckerten Saft, der ihren Körper stärken soll. Die Schwiegermutter bleibt zwei Tage im Haus und versorgt die Kinder. Dann steht Mila auf und geht ihren Pflichten nach.

Derartige Anfälle wiederholen sich in immer kürzeren Abständen, und die Zeiten, in denen Mila das Bett nicht verläßt, werden länger. Aber jedesmal, wenn der Mann von einer Vertretertour heimkommt, wenn ihn Mila mit ihrem telepathischen Sinn kommen spürt, obwohl der Zug noch 50 Kilometer von der Stadt entfernt ist, dann wird sie im Bett liegend unruhig, sie wälzt sich eine Zeitlang hin und her, wimmert wie ein verwundetes Kleintier, und dann steht sie auf und beginnt hektisch die Wohnung zu putzen, rennt einkaufen, zieht den Kindern gewaschene Kleider an, richtet sich selbst her. Sie sitzt dann am Küchentisch und wartet auf das Geräusch des Schlüssels im Schloß, das schweigende mürrische Hereinkommen des Mannes, das Ritual des Kofferauspackens und Wäscheausbreitens.

Kurz vor dem völligen Zusammenbruch erlebt Mila noch eine Phase des Hochgefühls. Sie nimmt an einem Schulausflug von Ingeborgs Klasse teil. Elegant und schön war sie da, erinnert sich Ingeborg heute noch. Mila flirtet mit einem Deutschlehrer, es sei eine tolle Unterhaltung gewesen, erzählt die Tochter. Mila ist gescheit und witzig, und der Lehrer, ein Freund der Dichtkunst, verliebt sich ein wenig in die zarte schöne Österreicherin mit den nervösen Händen. Vielleicht hat sie ihm sogar ein paar Lieder vorgesungen, An einem Wiesengrunde, und Guter Mond, du stehst so stille.

Zwei Tage später nimmt Milas exzentrisches Getue, so wird ihre Nervenkrise von ihren deutschen Verwandten eingeschätzt, neue Formen oder vielmehr eine neue Dimension an. Sie bleibt im Bett, obwohl – wahrscheinlich : weil – ihr Mann zuhause ist. Hilflos sitzt der gutaussehende Lebemann und erfolgreiche Handelsreisende in seiner Wohnung, die er kaum kennt, und weiß nicht, was er mit dem stummen, beinahe autistisch scheuen Schulmädchen anfangen soll, das seine Tochter ist, und mit dem ewig plärrenden und unangenehm riechenden Säugling, der sein Sohn ist. Was er mit der Frau anfangen soll, die starr wie eine Mumie in ihrer Hälfte des Ehebettes liegt und als einziges Lebenszeichen ein Knurren von sich gibt, wenn jemand die Vorhänge öffnen will, darüber zerbricht er sich den Kopf gar nicht.

Am Sonntagabend muß der Vertreter zum Zug. Du bist jetzt die Hausfrau, schärft er Ingeborg ein. Er hat ihr vorsorglich eine Entschuldigung für die Schule geschrieben. Du schaust auf den Heinz, ja. Ingeborg nickt. Dann gibt er dem Kind einen Befehl, der das Leben dieses Menschen bis hoch hinein in dessen Greisenalter zerrütten wird: Und wenn die Mutter in zwei Tagen noch nicht aufstehen kann, dann rufst du den Herrn Tremmel an, der wird alles übrige machen. Und trägt seinen Koffer hinaus und ist weg.

Am ersten Tag bewältigt Ingeborg den Haushalt. Am zweiten Tag beginnt die Angst an ihr zu nagen. Wenn sie den Herrn Tremmel, den Hausarzt der Familie des Vaters, anrufen wird, bedeutet das etwas Böses, ahnt das Mädchen. Aber etwas muß geschehen. Mila liegt im Bett und rührt sich nicht, den kleinen Heinz an sich gepreßt, sie läßt das Kind nicht mehr los, nicht einmal, wenn Ingeborg ihn füttern will, sein Schreien ist schon längst geschrumpft zu einem kläglichen Wimmern.

Was dann passiert ist, läßt sich nicht rekonstruieren. Ingeborg hat keine Erinnerung an diese entscheidenden Augenblicke im Leben ihrer Mutter, an den Beginn jenes Weges, der in Hartheim endete. Sie hat Herrn Tremmel jedenfalls nicht angerufen, sagt sie. Ihre Schilderung, gegeben im Mai 1995: „Die Mutter konnte sich nicht erheben und alle waren plötzlich da. Wie das jetzt war, habe ich vergessen. Die Sache hat ihren Lauf genommen." Ihren Lauf genommen. Das heißt: Irgendjemand aus der Familie ihres Mannes ist an diesem verhängnisvollen zweiten Tag nach der Abreise des Vaters offensichtlich in die Wohnung gekommen, hat die hilflose und überforderte Ingeborg gesehen, die völlig abwesende Mila, und hat Dr. Tremmel gerufen, und der hat Mila in die psychiatrische Abteilung des örtlichen Krankenhauses eingewiesen.

Die Kinder kommen zur Schwiegermutter. Ingeborg beginnt ihren Vater zu hassen, und nicht nur ihn, sondern alle Männer, die offensichtlich nichts anderes im Sinn haben, als die Frauen zu zerstören, die in ihre Nähe kommen. Milas Mann zeigt eine bemerkenswerte Gefühlskälte. Als Ingeborg an einem der seltenen Tage, wo er daheim ist – jetzt packt er seinen Koffer bei seiner Mutter aus und schmeißt ihr die dreckige Wäsche hin – als da seine Tochter zu weinen beginnt und fragt, was denn mit der Mutter ist, sagt er kühl: Um die brauchst du dir keine Angst zu machen, die sitzt im Spital wie ein Stück Holz.

Milas Angehörige in Wiener Neustadt trauen den Verwandten draußen im Reich nicht. Das geht nicht mit rechten Dingen zu, wiederholt Mutter Emilie wieder und wieder. Im österreichischen Zweig der Familie kursiert ein schlimmer Verdacht. Als Emilie erfährt, daß Mila nicht nur einen Detektiv engagiert hat, sondern daß sie sogar schon bei einem Rechtsanwalt war wegen der Scheidung, spricht sie es aus: Die Mila ist dem unbequem geworden. Der – anders nennt sie den Schwiegersohn nicht – betrügt die Mila. Sie will sich scheiden lassen. Da wird es für den eng. Schwere Vorwürfe erhebt Milas Mutter, allerdings niemals gegenüber dem Schwiegersohn von Angesicht zu Angesicht, oder auch nur über das Telefon, und auch nicht gegenüber den angeheirateten deutschen Verwandten, sondern nur daheim bei den Ihren: Dem wird es eng. Da läßt er sie psychiatrieren. Da schaut er, daß er die lästige Ehefrau aus dem Haus kriegt.

Milas Tochter Ingeborg ist mehr als 60 Jahre später noch davon überzeugt, daß es so war. Mutter war nicht verrückt, sagt sie, und: „Niemals habe ich von meiner Mutter jemals ein verwirrtes Wort gehört. Das wurde alles künstlich erzeugt. In früheren Zeiten war es so, daß Ehebrüche gerichtlich geahndet wurden. Das durfte natürlich nicht sein, da mußte erst jemand auf die Seite geschafft werden."

Die Psychiater und Neurologen im städtischen Krankenhaus gehen die Palette ihrer Möglichkeiten durch. Nichts hilft wirklich. Mila wird fett. Ihr Tagesablauf besteht aus Liegen im Spitalsbett, Einnehmen von Tabletten und regelmäßigem Verzehr von Mahlzeiten. Und ab und zu Therapien und Heilmethoden, die aus heutiger Sicht obskur erscheinen. Die damalige Diagnose ihrer Krankheit ist nicht übermittelt. Sie war krank, sie hat diese Ehehölle nicht ausgehalten, sie ist in ihr Inneres geflüchtet, lauten die Erklärungen ihrer Nachkommen, in der übernächsten Generation erst wird diese Möglichkeit in Betracht gezogen: Es kann sein, daß sie in dieser Enge und diesem Terror rund um sich wirklich verrückt geworden ist. Das Konkreteste, was zu hören ist, lautet: Es war wohl irgend etwas Schizophrenes.

1933 wird Emilies Mißtrauen gegen die deutsche Verwandtschaft so groß, daß sie zur Tat schreitet. Sie holt Mila heim nach Wiener Neustadt. Ingeborg und Heinz bleiben bei der Familie des Vaters. Mila dämmert im Haus in der Hohe-Wand-Gasse im abgedunkelten Zimmer vor sich hin. Sie ißt und schläft und nimmt noch mehr zu.

Bei Schönwetter führt Emilie ihre Tochter hinaus in den Garten und setzt sie auf die kurze Bretterbank am grob gezimmerten Tisch unter dem Zwetschkenbaum. Stundenlang sitzt Mila regungslos. Dann aber gibt es Tage, an denen sie endlos lange durch die Zimmer hastet, als ob sie etwas suchen würde, oder eine dringende Arbeit zu erledigen hätte, für die sie Material und Werkzeug zusammentragen muß. Es gibt aber nichts zu tun. Am schlimmsten sind die Stunden, wo Mila ist wie jemand anderer, ein kleines gepeinigtes Wesen, das beschließt, nicht mehr zu dulden und nicht mehr stumm zu bleiben. Sie brüllt und heult ihren Schmerz hinaus, bis ihre Stimmbänder nur noch ein leises böses Grunzen erlauben.

Es ist so ein Tag. Emilie steht bei irgendeiner Hausarbeit in der Küche. Von draußen ein Schrei. Ein Kind stürzt in die Küche, ein Enkelkind, Tochter von einem von Emilies Söhnen. Die Tante Mila, ruft das Kind verschreckt, die Tante Mila sitzt im Baum.

Großmutter Emilie trocknet erst ihre Hände ab, ehe sie in den Garten geht. Mila hockte seit Mittag auf der Bretterbank. Jetzt ist ihr Platz leer. Mila sitzt rittlings auf einem oberschenkeldicken Ast hoch oben im Zwetschkenbaum, vier Meter über dem Erdboden, und schreit unflätige Beschimpfungen über ihren ehebrecherischen Mann aus sich heraus. Stundenlang geht das so, Mila ist nicht zu bewegen, vom Baum zu klettern, sie schimpft und plärrt, mit einer Hand hält sie sich an einem Ast fest, mit der anderen fuchtelt sie wild durch die Luft, dann schlägt sie minutenlang heftig gegen ihren Bauch und ihren Schoß. Die Nachbarn lehnen lange aus den Fenstern und schauen erschrocken auf die Verrückte im Baum. Als sich nichts ändert und das wirre Schreien weiter und weiter geht, schließen sie der Reihe nach kopfschüttelnd die Fensterflügel. Passanten bleiben eine Weile stehen und linsen über den Zaun, wenn es Bekannte sind, dann rufen sie der Emilie, die händeringend den Zwetschkenbaum umkreist, gut gemeinte Ratschläge zu.

Unvermittelt hört Mila zu schreien auf. Sie klammert sich mit beiden Armen an den Stamm und zittert. Helft mir, wimmert sie, weiß nicht, wie sie ihren übergewichtigen Leib aus dieser Höhe unbeschadet hinunterbringen soll. Emilie redet beruhigend auf sie ein, ein Nachbarsbursch klettert zu Mila hinauf, greift nach ihren Knöcheln, führt behutsam ihre Füße Tritt um Tritt auf tragende Äste und sagt ihr dabei, wo sie sich mit den Händen festhalten soll.

Emilie trifft eine Entscheidung. So geht es nicht weiter. Sie spricht lange mit dem Hausarzt. Der läßt Mila nach Mauer-Öhling einweisen. In die Irrenanstalt. Teilnahmslos verläßt Mila das Haus in der Hohe-Wand-Gasse, das sie nie wieder sehen wird.

Die Jahre vergehen. Mila sitzt in Mauer-Öhling. Ihre Kinder bleiben draußen im Reich. Ingeborg geht es schlecht. Gleich nach der Schule wird sie arbeiten geschickt, als Dienstmädchen in ein Jugendheim, dann als Schwesternschülerin in ein Spital in Forst an der Lausitz. Sie ißt kaum, wird immer dünner. Dauernd kränkelt sie, Infektionen der Atemwege, Unterleibsgeschichten, doch sie ist immer nur ein wenig krank, nie so viel, daß sie sich ins Bett legen und der verhaßten Arbeit ein paar Tage entkommen könnte. Die dünne, blasse, stille Ingeborg, die kaum spricht mit den anderen, fällt nur in einem auf: Wenn eine Kollegin oder ein Kollege in ihrer Gegenwart einen Witz erzählt, der mit Geschlechtlichem zu tun hat, wird sie wütend und verwahrt sich gegen alles Zotenhafte dermaßen energisch und mit einer Vehemenz, die man der unscheinbaren Person gar nicht zutrauen würde.

Heinz, der kleine Bruder, wird ein Musterschüler. Er ist brav und fleißig und begabt, Mathematik und Sprachen liegen ihm besonders. Und von Mila, der Mutter, hat er die Musikalität geerbt. Er lernt leicht und schnell das Geigenspiel. Dann beginnt der Krieg. Noch ist Heinz zu jung, um Soldat zu werden, gerade noch zu jung, aber nicht mehr lange.

Irgendwann Ende 1940 kommt ein großer Bus und holt Mila und 45 andere aus Mauer-Öhling, mehr als zwei Stunden lang fahren sie Richtung Westen und dann in eine große Stadt, in der Ferne rauchen Stahlwerksschlote. Der Bus hält vor einem Pavillon mit der römischen Ziffer VIII neben der Tür. Niedernhart, hört Mila einen Mann sagen, der halbwegs bei Verstand scheint, das ist Linz. Wir sind in Niedernhart. Sie werden in Zimmer zusammengepfercht, die außer ein paar einfachen Betten und Strohsäcken auf dem Boden praktisch keine Einrichtung aufweisen. Mila flüchtet in ihr Innenleben, sie weigert sich, die neue, beängstigende Umgebung zur Kenntnis zu nehmen. Es bliebe ihr auch gar keine Zeit, sich an die neue Anstalt zu gewöhnen. Eines Abends geht der Chefarzt durch die Abteilung, kurz zeigt er auf Patienten, die, und die, und die. Hinter ihm gehen zwei Pfleger durch die Zimmer und befeuchten eine handtellergroße Stelle Haut zwischen den Schulterblättern der Pfleglinge, auf die der Arzt gedeutet hat, und schreiben mit Tintenstift Ziffern auf die nackte Haut.

Es kommt ein Bus, über die alte Zufahrt, ein Bus, der grau ist, nicht nur der Lack, auch die Fenster sind grau. Es hält dieser Bus nicht vor dem Hauptportal, sondern seitlich, nahe dem Eingang von Abteilung VIII. Es steigen Männer mit groben Gesichtern und kräftige junge Frauen aus diesem Bus, an denen die weiße Pflegertracht aussieht wie ein Faschingskostüm. Es bauschen sich die weißen Jacken der Männer rechts über der Hüfte, weil sie breite Gürtel unter der Pflegerjacke tragen mit einem klobigen Lederfutteral, da steckt eine Pistole drin.

Es steht die Mila teilnahmslos schon seit mehr als einer Stunde unter den 40 anderen im Eingangsraum von Pavillon VIII. Verständnislos sehen sie zu, wie die fremden Weißgekleideten mit den

Pflegerinnen und Pflegern aus Niedernhart, deren Gesichter ihnen in den letzten Tagen vertraut geworden sind, Papiere und lange Listen austauschen. Brav traben sie hinaus vor das Portal und hinein in den Bus. Still sitzen sie auf den Bänken, als der Bus losrumpelt.

Es geht die Fahrt die Unionstraße hinaus, durch Rufling und Hitzing, an der Abzweigung rechts nach Thalham vorbei, an der Abzweigung links nach Appersberg vorbei. Es wirft die stumme Belegschaft des Busses nach vorn, als der Fahrer auf dem kurzen abschüssigen Wegstück nach Straßham hinunter zu spät und daher heftig auf die Bremse tritt. Ein paar kichern. Ein paar sind seit gestern abend, als die Ziffer auf ihre Schulter gemalt wurde, starr vor Angst. Die meisten dösen vor sich hin. Die Bauernhäuser von Straßham, die direkt an der Ochsenstraße stehen, sehen nur die wenigen auf den vorderen Plätzen, die durch die Windschutzscheibe schauen können.

Es gehen Menschen neben den Straßen, die der graue Bus passiert, in Linz, Rufling, Hitzing, Straßham und Alkoven. Die Idioten auf den vorderen Sitzen winken. Vergeblich. Die Menschen draußen schauen weg, haben den Kopf schon von der Straße weggedreht, als sie sahen, daß es einer der grauen Busse ist, dessen Motorengeräusch da langsam näher kommt.

Es fährt der graue Bus langsam durch die letzten zwei Kurven vor dem Schloß. Es bleibt der Bus stehen neben dem Tor unter der Aufschrift „Erholungsheim". Es dauert Minuten, bis er sich wieder in Bewegung setzt. Mila kann ebensowenig wie die anderen aus Niedernhart verstehen, warum sie so lange vor dem Tor halten müssen. Wir sind da, sagt eine der jungen Frauen in Pflegerinnentracht, wie eine Welle geht Aufregung durch den Bus auf dem kurzen letzten Fahrtstück, das vom Haupttor weg rechts um einen Erker des Schlosses herum und hinein in einen riesigen Holzverschlag führt.

Mila muß nicht getragen oder gestützt werden. Sie kann alleine gehen. Sie steigt die drei Stufen im Bus hinunter, bleibt einen Moment stehen, schaut durch das große Tor. Flache Alpenvorlandhügel. Bauernhöfe. Das ist der Ortsteil Annaberg. Ein kalter blauer Jännerhimmel. Es ist Milas letzter Blick auf den Himmel. Weiter, weiter, ruft eine der Pflegerinnen.

Es stolpert Mila durch einen grauen gemauerten Gang. Dann ein Gang wie ein Tunnel, auf einer Seite schönbrunnergelber Außenputz, auf der anderen klobige Bretter. In diesem Raum da sollen sie sich ausziehen, sagt eine Pflegerin. Der Doktor in ihrem neuen Heim will sie gleich ansehen. Es stolpert Mila nackt hinaus auf den bretterverschlagenen Gang und hinein in ein großes Zimmer. An zwei Tischen sitzen Herren in weißen Mänteln. Es blickt ihr einer dieser Herren in den Mund und nickt. Eine kräftige junge Frau in weißer Pflegerinnentracht malt mit Tintenstift ein Kreuz auf Milas Brust.

Eine andere kräftige junge Frau in weißer Pflegerinnentracht führt Mila in das Turmzimmer. Ein großer schweigsamer Mann fotografiert sie dreimal. Zweimal von vorne, einmal von der Seite. Die kräftige junge Frau in weißer Pflegerinnentracht führt Mila aus der Fotokammer durch das große Zimmer, in dem schon die nächsten Frauen vor dem Tisch stehen, durch eine niedrige schmale Tür in eine anderes Zimmer.

Jetzt wird geduscht, sagt die Pflegerin.

Es starrt Mila auf die blutroten Fliesen am Boden und an den Wänden. Es muß Mila warten, bis die letzte der Busgesellschaft in den Duschraum kommt.

Es wirft ein großer dunkel gekleideter Mann mit einem Schwung die Tür zu. Es fällt ein dünner Lichtstrahl durch ein Guckloch in der Tür. Es kommt kein Wasser aus den Duschköpfen.

Ingeborg, mittlerweile eine hagere junge Frau geworden, fährt im Herbst 1940 vom Norden des Altreichs über Dresden in die Ostmark. In Wiener Neustadt angekommen, befällt sie Panik. Sie hat ihren geplanten Besuch bei Großmutter Emilie nicht angekündigt. Das letzte Mal hat sie die österreichischen Verwandten vor zehn Jahren gesehen, der letzte briefliche Kontakt liegt Monate zurück. Sie wird niemanden kennen, und niemand wird sie hier kennen. In einer Unterführung sieht sie eine Frau, und weiß instinktiv, wer das ist. Tante Toni, schreit Ingeborg, Tante Toni, ich bin es. Es ist wirklich Antonia, die Schwester Milas.

Bist du –?

Ja. Ich. Die Ingeborg.

Mein Gott!

In der Unterführung fallen sie sich in die Arme, Ingeborg merkt, wie sie schwächer und schwächer wird, kaum daß sie es noch schafft bis in die Hohe-Wand-Gasse, da schau, ruft Tante Toni der Großmutter Emilie schon vom Garten aus zu, wen ich dir da bringe. Drinnen, in der geheizten Stube, läßt Ingeborg die verzweifelt starre und krampfhaft aufrechte Haltung fahren. Mit einem Tränenschwall sinkt sie im Sessel zusammen, Emilie schafft sie ins Bett. Ingeborg fiebert, die Krankheiten, die sie draußen, im Arbeitsleben, nicht haben durfte, brechen hervor mit großer Wucht. Wochenlang liegt die junge Frau im Bett und kann kaum sprechen, so entzündet ist ihr Kehlkopf. Dennoch redet sie immer wieder mit Großmutter Emilie, jedesmal, wenn die sich mit einer Tasse Lindenblütentee oder einem Teller heißer Suppe an die Bettkante setzt. Bitte, Oma, flüstert Ingeborg jedesmal, bitte, nimm sie doch zu dir.

Es geht nicht, sagt die Großmutter.

Bitte, hol Mama raus aus Mauer-Öhling.

Es ist unmöglich, sagt Emilie, und erzählt Ingeborg kaum abgewandelt wieder und wieder die Geschichte, wie ihre Mutter im Zwetschkenbaum saß und einen gewaltigen Aufruhr in der gesamten Nachbarschaft auslöste.

Anfang Jänner 1941, während Ingeborg noch das Bett hütet, erhält Emilie ein Schreiben aus Mauer-Öhling. Infolge kriegswichtiger Maßnahmen, heißt es darin, habe Mila in eine andere Anstalt verlegt werden müssen, die sich bald mit genauen Informationen melden werde. Ein paar Tage später kommt ein Brief der Heil- und Pflegeanstalt Niedernhart in Linz. Die gemäß Weisung des Herrn Verteidigungskommissars hierher verlegte Emilie S. – das ist die Mila – sei hier gut angekommen. Besuche können aus Gründen der Reichsverteidigung nicht zugelassen werden, von telefonischen Anfragen möge man Abstand nehmen. Etwaige Änderungen hinsichtlich des Befindens der Patientin oder bezüglich der angeordneten Besuchssperre würden alsbald mitgeteilt.

Neun Tage später kommt ein Brief aus Hartheim. Sehr geehrte Frau Emilie S. Es tut uns sehr leid, Ihnen mitteilen zu müssen, daß Ihre Tochter Emilie, die am soundsovielten Januar 1941 im Rahmen von Maßnahmen des Reichsverteidigungskommissars in die hiesige Anstalt verlegt werden mußte, hier am soundsovielten plötzlich und unerwartet verstorben ist. Bei der schweren geistigen Erkrankung bedeutete für die Verstorbene das Leben eine Qual. Sie müssen Ihren Tod als Erlösung auffassen. Und so weiter, bis hin zu den bekannten Floskeln von der Einäscherung wegen Seuchengefahr. Unter Krankheiten sind Hungerödeme angeführt, als eigentliche Todesursache irgend etwas mit der Bauchspeicheldrüse. Gezeichnet Reichl. Das war Franz Reichleitner, aber das wußte Emilie nicht.

Haltung bewahren, das ist die einzige Reaktion der Familie. Nicht den bösen Ahnungen nachgeben, nicht die dunklen Gerüchte um die Irrenhäuser glauben, die es immer lauter zu hören gibt. So etwas würde doch der Führer nie zulassen.

Ein Jahr vor Milas Tod wird in Oberösterreich Herwig S. geboren, als drittes Kind von Milas jüngstem Bruder. Er ist wichtig für diese Geschichte, weil er 50 Jahre später beginnt, seiner Tante nachzuforschen, deren Schicksal ein Tabu ist in der Familie. Milas jüngster Bruder ist ein überzeugter Nazi. Nach dem Anschluß, im März 1938, bemüht er sich massiv, möglichst bald in die NSDAP aufgenommen zu werden. Er war immer schon großdeutsch eingestellt. Als Lehrer hat er deshalb unter dem austrofaschistischen Regime zu leiden gehabt. Nach dem Anschluß wird er Direktor der Volksschule in Oberneukirchen. Als die Nazis seine Schwester vergasen, hat er immer noch nicht genug von der braunen Herrschaft: Er wird Ortsgruppenleiter in Reichenau. Nach dem Krieg war er zwei Jahre lang in Glasenbach eingesperrt, er durfte nicht mehr als Lehrer unterrichten, sondern mußte in der Voest als Hilfsarbeiter sein Brot verdienen.

Auch Milas Mutter Emilie sieht keinen Grund, mit dem NS-Regime zu brechen. Sie setzt vielmehr alles daran, das Mutterkreuz der Nationalsozialisten zu bekommen. Obwohl sie nur fünf statt der geforderten acht Kinder hat, gelingt es ihr, die Auszeichnung zu erhalten: Die verleihende Behörde akzeptiert, daß zu Emilies fünf Kindern auch drei Fehlgeburten zu rechnen sind.

Ingeborg bleibt in Österreich. Nach dem Krieg wird sie Lehrerin. Sie heiratet einen sanften, sehr stillen Mann. Alles andere würde sie nicht aushalten. Als er stirbt, schenkt sie ihre Liebe nur noch fremden Kindern und den Tieren. Milas zweites Kind, der brillante

Geiger Heinz, überlebt das Dritte Reich nicht: Blutjung fällt er in Stalingrad.

Das zweite Opfer, dessen Lebensweg nachgestellt werden soll, bis er in Hartheim endet, lebte in Stinatz im Burgenland. Der große stattliche Viehhändler Anton Z. hat Nerven wie Drahtseile gehabt, nichts hat ihm was ausgemacht, das Risiko nicht, ob er die Sauen und die Stiere auch gewinnbringend verkaufen können wird, zu deren Ankauf er geliehenes Geld vorgestreckt hat, und die Verantwortung nicht, die er 1909 bis 1931 als Feuerwehrkommandant von Stinatz zu tragen hatte, und auch nicht die in solchen unruhigen Zeiten doppelt schwere Bürde eines politischen Amtes wie das des Vizebürgermeisters von Stinatz, das er innehat. Aber so eine Handvoll Krisenjahre in Folge hält der stärkste Mann nicht aus, wenn man alles davonrinnen sieht, den Besitz, den Einfluß, das Ansehen in der Gemeinde. Irgendwann Ende 1938 dreht er durch, wie genau sich das geäußert hat, weiß niemand mehr. Er ist „geistig zusammengebrochen", erzählt man.

Doch der Reihe nach. Anton Z. kommt in Stinatz zur Welt, am 9. Juni 1878. Ein Sonntagskind. Die ersten 50 Jahre seines Lebens verlaufen mit jenem Quantum Glück, das man Sonntagskindern nachsagt. Anton Z. ist gerne unterwegs, er redet gerne mit Menschen, und er versteht sich auf Tiere. Mit kleinen Vermittlungsgeschäften fängt er an. Weil er viel in der Gegend herumkommt, im ganzen Burgenland, und bis hinein in die Steiermark und hinaus nach Wien, und weil er sich mit jedem leicht redet, hört er vieles, was die Bauern nicht hören, die nur selten aus ihren Orten hinauskommen. Es fällt ihm auf, daß eine erhebliche Differenz besteht zwischen dem Preis, den die Bauern von den Händlern für ihre Stiere und Ochsen und Kühe und Schweine bekommen, und dem, was der Schlachthof in Wien zahlt.

Warum sollte nicht auch er Geschäfte machen, wenn diese offensichtlich so leicht gehen und so eine sichere Sache sind. In Eisenstadt besorgt er sich einen Gewerbeschein, es ist ganz einfach, das wichtigste ist denen, daß er die Gebühr entrichtet, und damit ist Anton Z. Viehhändler. Mit kleinen Fuhren fängt er an, mit ein paar Kühen von Bauern, die er kennt, und die zu dem netten

Stinatzer nicht nein sagen können, der bei seinen Besuchen immer so viel Leben in die Stube bringt. Seine Kühe verlädt er in Waggons der großen Konkurrenten, die ihm gönnerhaft erlauben, die paar Stück Vieh zu dem ihren zu laden, wenn sie einen Waggon nicht ganz voll bekommen haben.

Anton Z. wird schnell ein großer Geschäftsmann. Viel ist er unterwegs, reist tagelang durch die Steiermark, schaut Rindern ins Maul, klopft auf die speckigen Schultern von Schweinen, mit Handschlag besiegelt er die Geschäfte. Anton Z. hat immer Bargeld bei sich, dicke Bündel von Scheinen. Das wollen die Bauern so, irgendwelchen beschriebenen Zetteln von einer Bank, die so gut wie bares Geld sein sollen, trauen sie nicht.

Zahllose Vormittage verbringt Anton Z. auf steirischen Bahnhöfen und überwacht persönlich die Verladung des Viehs, das er gekauft hat. Danach lädt er die Hilfskräfte zu ausgiebigen Mahlzeiten ein, bei denen das Bier in Strömen fließt, während draußen die Rinder in den Waggons brüllend auf die Abfahrt des Zuges warten. Der Toni aus Stinatz, der läßt sich nicht lumpen, so heißt es bald von ihm. Dann fährt der Toni heim nach Stinatz, stolz erzählt er seiner Frau, wieviel Stück Vieh er verladen hat, und eine Weile später zeigt er ihr die Papiere vom Schlachthof in Wien und von der Bank. In den Jahren des Aufstiegs, 1927 und 1929, gebiert ihm die Frau zwei Söhne, Ignaz und Felix.

Anton Z. wird ein reicher Mann und angesehener Bürger seiner Heimatgemeinde. Bei der Feuerwehr war er schon als junger Bursch Mitglied. Nur kurz ist er einfacher Feuerwehrmann. Daß er organisieren kann, daß er Leute begeistern kann und daß er was weiterbringt, führt dazu, daß er bald Verantwortung übernimmt. Mehr als 20 Jahre lang ist er Kommandant der Floriani-Jünger. Mit dem Reichtum und dem Einfluß kommt auch die Macht. Ob Anton Z. selbst politische Ämter angestrebt hat, oder ob man sie ihm angeboten oder aufgedrängt hat, ist nicht überliefert. Jedenfalls wird er Vizebürgermeister in Stinatz.

Mitte der 30er Jahre wird das Sonntagskind vom Glück verlassen. Ganz allmählich beginnt das. Die Geschäfte gehen zäher. Was noch zu verdienen ist mit den Waggonladungen von Rindern und Schweinen, ist eigentlich weniger, als der Aufwand wegnimmt.

Lange Zeit kann Anton Z. von der Substanz zehren. Die Zeiten werden immer schlechter. Die Bauern verkaufen zunehmend weniger Vieh, und die Schlachthöfe kaufen weniger Vieh. Um den Schein aufrechtzuerhalten, fährt Anton Z. gelegentlich in die Steiermark, obwohl er von vornherein weiß, daß er kaum Geschäfte machen wird. Die Ersparnisse schrumpfen dahin.

1937 stirbt die Frau. Von da an geht es rapid bergab. Nach außen hin ist Anton Z. immer noch der reiche angesehene Selbständige. Für ihn ist es leicht, von der Bank einen Kredit zu bekommen, und dann noch einen, und noch einen. Das geborgte Geld dient nicht zur Vorfinanzierung von Geschäften, sondern zum Abdecken der Kosten für Wohnen, Essen und Kleidung. Irgendwann Ende 1938, Anfang 1939 erreicht die Spirale ihr Ende. Die Bank gibt keine Darlehen mehr. Die Schulden sind enorm hoch. Die Geschäfte gehen nach wie vor schlecht, es besteht keine Aussicht, den Schuldenberg jemals abzahlen zu können. Der Toni hat abgewirtschaftet, so nennen es die früheren Freunde und Parteikameraden und Geschäftspartner ganz offen in den Wirtshäusern. Anton Z. selbst läßt sich in den Gaststuben nicht mehr sehen. Er könnte das Fragen und die Rederei nicht ertragen. Und er könnte das Bier nicht zahlen, das er bräuchte für einen ordentlichen Rausch.

Anton Z. bricht zusammen. „Geistiger Zusammenbruch". Man bringt ihn nach Kainbach in der Steiermark, dann in die riesige Anstalt Feldhof bei Graz. Der Toni ist im Narrenhaus, heißt es in Stinatz. Teilnahmslos starrt der noch immer stattliche große Mann auf die schmutziggelben Fassaden der Pavillons. Felix und Ignaz kommen zu einer Schwester der Mutter. Es war eine unmenschliche Zeit, erzählt Ignaz 55 Jahre später und kämpft mit den Tränen: Weil der Vater im Narrenhaus sitzt, haben wir keine Kinderbeihilfe bekommen.

Am 13. Februar 1941 fährt ein Bus über die Straße außerhalb von Graz, die heute eine dichtbebaute Wohnstraße innerhalb von Graz ist und Wagner-Jauregg-Straße heißt, benannt nach jenem Arzt, der im Ersten Weltkrieg die Idee gehabt hat, vom Krieg irre gewordene Soldaten vor die Alternative zu stellen: Entweder ihr geht zurück an die Front, oder ihr bekommt Elektroschocks. Damals war das einfach eine Landstraße nahe Graz, die zu den niedrigen dottergelb gestrichenen Bauten führte. Heute ist es eine dichtbebaute Wohnstraße mit einem Großmarkt in der Nähe, und nur noch die alten Pavillons sind in abbröckelndem Schönbrunnergelb gehalten, die neuen Trakte sind hellgelb oder lindgrün gestrichen, zu welchen Farben die kräftig-grünen Fensterumrahmungen seltsam kontrastieren. Und heutzutage mögen es die Grazer auch nicht, wenn man das LNKH mit dem alten Namen Feldhof nennt; aber wenn sie anfangen, Geschichten zu erzählen, vom Freund mit Drogenproblemen, von der Bekannten mit Nervenzusammenbruch, dann sagen auch sie: Der oder die ist in Feldhof.

1941 biegt der Bus nach rechts ab und rollt hinein durch das Tor in der hohen Mauer auf jenen Innenhof der Feldhofer Irrenanstalt, der heute Wagner-Jauregg-Platz heißt. Der Bus lädt ein halbes Hundert kranker, verwirrter, dumpf und stumpf vor sich hin starrender Männer ein und fährt hinaus aus Steinhof, hinaus aus Graz, Richtung Norden, Stunden um Stunden. In einer der Bankreihen sitzt Anton Z.

Das ist Linz, sagt einer der begleitenden Pfleger, als eine große Stadt zu sehen ist. Der Bus fährt durch menschenleere Straßen am Stadtrand und dann hinein in ein Geviert von Pavillons, die heute nach dem bedeutenden Nervenarzt Wagner-Jauregg benannt sind. Vor einem Pavillon mit der Aufschrift VIII hält der Bus, die Insassen gehen in ihre neuen, elenden Unterkünfte, oder werden getragen, wenn sie nicht selbst gehen können.

Anton Z.s Aufenthalt in Niedernhart dauert nur 14 Tage. Am Abend des 26. Februar 1941 geht der Chefarzt durch die Abteilung, kurz deutet er auf Patienten, der, und der, und der. Hinter ihm gehen die Pfleger durch die Zimmer und befeuchten eine handtellergroße Stelle Haut zwischen den Schulterblättern der Pfleglinge, auf die der Arzt gedeutet hat, und schreiben mit Tintenstift Ziffern auf die nackte Haut.

Es kommt ein Bus am 27. Februar, über die alte Zufahrt, ein Bus, der grau ist, nicht nur der Lack, auch die Fenster sind grau. Es hält dieser Bus nicht vor dem Hauptportal, sondern seitlich, nahe dem Eingang von Abteilung VIII. Es steigen Männer mit groben Gesichtern und kräftige junge Frauen aus diesem Bus, an denen die weiße Pflegertracht aussieht wie ein Faschingskostüm. Es bauschen sich die weißen Jacken der Männer rechts über der Hüfte, weil sie breite Gürtel unter der Pflegerjacke tragen mit einem klobigen Lederfutteral, da steckt eine Pistole drin.

Es steht Anton Z. teilnahmslos schon seit mehr als einer Stunde unter den 40 anderen im Eingangsraum von Pavillon VIII. Verständnislos sehen sie zu, wie die fremden Weißgekleideten mit den Pflegerinnen und Pflegern aus Niedernhart, deren Gesichter sie sich zumindest in den letzten Tagen gemerkt haben, Papiere und lange Listen austauschen. Brav traben sie hinaus vor das Portal und hinein in den Bus. Still sitzen sie auf den Bänken, als der Bus losrumpelt.

Es geht die Fahrt die Unionstraße hinaus, durch Rufling und Hitzing, an der Abzweigung rechts nach Thalham vorbei, an der Abzweigung links nach Appersberg vorbei. Es wirft die stumme Belegschaft des Busses nach vorn, als der Fahrer auf dem kurzen abschüssigen Wegstück nach Straßham hinunter zu spät, und daher heftig auf die Bremse tritt. Ein paar kichern. Ein paar sind seit gestern abend, als die Ziffer auf ihre Schulter gemalt wurde, starr vor Angst. Die meisten dösen vor sich hin. Die Bauernhäuser von Straßham, die direkt an der Ochsenstraße stehen, sehen nur die wenigen auf den vorderen Plätzen, die durch die Windschutzscheibe schauen können.

Es gehen Menschen neben den Straßen, die der graue Bus passiert, in Linz, Rufling, Hitzing, Straßham und Alkoven. Die Idioten auf den vorderen Sitzen winken. Vergeblich. Die Menschen draußen schauen weg, haben den Kopf schon von der Straße weggedreht, als sie sahen, daß es einer der grauen Busse ist, dessen Motorengeräusch da langsam näher kommt.

Es fährt der graue Bus langsam durch die letzten zwei Kurven vor dem Schloß. Es bleibt der Bus stehen neben dem Tor unter der Aufschrift „Erholungsheim". Es dauert Minuten, bis er sich wieder in Bewegung setzt. Anton Z. kann ebensowenig wie die anderen aus Niedernhart verstehen, warum sie so lange vor dem Tor halten müssen. Wir sind da, sagt einer der Männer in Pflegertracht, wie eine Welle geht Aufregung durch den Bus auf dem kurzen letzten Fahrtstück, das vom Haupttor weg rechts um einen Erker des Schlosses herum und hinein in einen riesigen Holzverschlag führt.

Anton Z. muß nicht getragen oder gestützt werden. Er kann alleine gehen. Er steigt die drei Stufen im Bus hinunter, bleibt einen Moment stehen, schaut durch das große Tor. Flache Alpenvorlandhügel. Bauernhöfe. Das ist der Ortsteil Annaberg. Ein kalter blauer Februarhimmel. Es ist Anton Z.s letzter Blick auf den Himmel. Weiter, weiter, ruft einer der Pfleger.

Es stolpert Anton Z. durch einen grauen gemauerten Gang. Dann ein Gang wie ein Tunnel, auf einer Seite schönbrunnergelber Außenputz, auf der anderen klobige Bretter. In diesem Raum da sollen sie sich ausziehen, sagt ein Pfleger. Der Doktor in ihrem neuen Heim will sie gleich ansehen. Es stolpert Anton Z. nackt hinaus auf den bretterverschlagenen Gang und hinein in ein großes Zimmer. An zwei Tischen sitzen Herren in weißen Mänteln. Es blickt ihm einer dieser Herren in den Mund und nickt. Eine kräftige junge Frau in weißer Pflegerinnentracht malt mit Tintenstift ein Kreuz auf Anton Z.s Brust. Ein Mann in weißer Pflegertracht führt Anton Z. in das Turmzimmer. Ein großer schweigsamer Mann fotografiert ihn dreimal. Zweimal von vorne, einmal von der Seite. Der Mann in weißer Pflegertracht führt Anton Z. aus der Fotokammer durch das große Zimmer, in dem schon die nächsten Männer vor dem Tisch stehen, in ein anderes Zimmer. Jetzt wird geduscht, sagt der Pfleger.

Es starrt Anton Z. auf die blutroten Fliesen am Boden und an den Wänden. Es wartet Anton Z., bis der letzte der Busgesellschaft in den Duschraum kommt.

Es wirft ein großer dunkel gekleideter Mann mit einem Schwung die Tür zu. Es fällt ein dünner Lichtstrahl durch ein Guckloch in der Tür. Es kommt kein Wasser aus den Duschköpfen.

Die Todesnachricht geht an die Gemeinde und an die Ziehmutter, die Tante, bei der Ignaz und Felix leben. Betet für den Vater, sagt die Ziehmutter. Betet für den Vater. Die Angehörigen sind tief religiös. Wochenlang beten sie jeden Tag für Anton Z. Die Ziehmutter sucht Rat beim Stinatzer Pfarrer: Soll man sich die Asche schicken lassen, denn dafür verlangt Hartheim 20 Reichsmark. Der Pfarrer ist sehr direkt. Er werde Anton Z. ein christliches Begräbnis bereiten, auch wenn es keine Erdbestattung ist. Aber er rät ab, sich eine Urne schicken zu lassen: Ihr kriegt´s ja eh nicht dem Vater seine Asche. Ihr kriegt irgend etwas, aber nicht seine Asche. Was bringt euch das?

Die Tante verzichtet auf die Asche. Ein Cousin von Felix und Ignaz, ein erwachsener Mann von 31 Jahren, arbeitet in jener Zeit auf einer Baustelle in Oberösterreich, in Lenzing. Der fährt auf Bitten der Ziehmutter nach Alkoven, will im Schloß Hartheim nachfragen, ob man nicht Genaueres erfahren könnte über einen gewissen Anton Z. aus Stinatz, der vor kurzem hier verstorben ist. Man läßt ihn nicht einmal bis zum Pförtner vor. Er hat dann gefragt bei den Bauern, aber die sagen ihm auch nichts. Wahrscheinlich hat dieser Cousin von Anton Z. bei der Familie Schneider Auskunft gesucht, die ihren Hof direkt neben dem Schloß hatte. Und wahrscheinlich ist es irgendjemandem von den Schneiders, dem Vater, der Mutter, Tochter Maria oder einem der Söhne Hans oder Ignaz – nein, Hans nicht, der ist am 6. Februar 41 nach Wels eingerückt –, mit dem verzweifelten Fragesteller aus Stinatz genau so gegangen wie mit den anderen Fragestellern, die sich nach ihren Angehörigen erkundigten.

Man wisse nichts, sagten die Schneiders in solchen Fällen. Die Wahrheit sagen, erzählen von den vielen Busladungen und dem fetten schwarzen Rauch und dem Gestank, das wäre viel zu gefährlich gewesen. Denn, so Hans Schneider viele Jahre später: „So was war sehr unangenehm, man hat ja nicht gewußt, ist das jetzt auch ein Spitzel. Jederzeit hat man das ja in Betracht ziehen müssen. Das war so erschütternd, wie die Leute da fragten – die hätten das ja erfahren sollen, aber was soll man machen." Gleich nach dem Krieg, im Juni 1945, fährt Felix, der ältere der Söhne von Anton Z., aus Stinatz nach Hartheim und hat auch nicht mehr Glück.

Das Schloß ist von den Amis besetzt. Irgendwas hat er suchen wollen, irgendeine Spur vom Vater finden, erzählen die Söhne 55 Jahre später. Aber da war nichts zu finden, gar nichts.

Für Anton Z.s Kinder, nun Vollwaisen, beginnt ab dem Februar 1941 eine sehr schlimme Zeit. Vorher schon wurde praktisch nie über den Vater gesprochen, weil es eine Schande war, jemanden im Narrenhaus sitzen zu haben. Jetzt wird überhaupt nicht mehr von dem Toten geredet. Die Angehörigen schweigen, aus Angst, und aus Scham. Ignaz lebt nur noch, indem er sich ständig duckt. Man läßt ihn spüren, was viele im Ort denken: Alle, die vergast worden sind, haben ja eh weggehört. Kein Mitleid bei den Stinatzern. Zumindest bei einem Gutteil der Stinatzer. Der Zwölfjährige kann nicht weinen um den Vater, kann es jahrzehntelang nicht, erst als er erwachsen ist und selbst Vater, läßt er die Tränen fließen.

Felix Z., der ältere Sohn, wird zur Wehrmacht eingezogen. Er überlebt den Krieg. Ignaz Z. kommt bald nach dem Tod des Vaters von der Ziehmutter weg und zu einem Schuhmacher, bei dem er eine Lehre absolviert. Zehn Jahre lang arbeitet er als Schuhmacher, dann geht er auf Baustellen, weil es in seinem Handwerk nichts mehr zu verdienen gibt. Er arbeitet beim Bau des Kraftwerks Jochenstein mit und bleibt danach in Oberösterreich.

Das dritte Hartheim-Opfer, von dem hier berichtet wird, hieß Anton Panz. Er war ein stiller ruhiger Mann. Geboren am 16. Oktober 1895 als eines von elf Kindern in Rohr im Kremstal, verbrachte er eine harte Kindheit und Jugend. Die Mutter starb früh, der Vater kümmerte sich nicht um das Dutzend Kinder, so hört sich das in den Erinnerungen seiner Nachkommen an. Und: Er hat im Krieg – der Erste Weltkrieg ist da gemeint – viel mitgemacht.

1918 kommt Panz zurück ins Kremstal, mit 23 Jahren wurzellos und ohne Perspektiven. Er ist auf der Suche nach einer Frau und einem Zuhause, dessen wird das Dorf gewahr, und es hilft ihm. Er wird einer Frau aus Pfarrkirchen empfohlen, einer gewissen Barbara, die ebenfalls trotz ihrer Jugend schon eine Riesenstrecke an Elend und Leid hinter sich hat. Barbara ist eine gute Arbeitskraft und ein freundlicher Mensch, alle haben sie gern auf dem Hof des Bauern, für den sie arbeitet. Ihre Hoffnung auf Liebe, Heirat und ein besseres Leben, die versprach ihr vor Jahren ein junger Mann aus der Gegend zu erfüllen. Barbara ließ sich von den schönen Worten einfangen – und wurde schwanger. Sie machte Pläne. Das winzige Häuschen ihrer Großmutter sollte eines Tages sie erben; sie überredete die Oma, daß sie nach ihrer Niederkunft mit ihrer neuen Familie einziehen dürfe.

Von der Hebamme erfuhr sie, daß ihr Freund und Verlobter zur gleichen Zeit ein anderes Mädchen aus einem Nachbardorf ge-

Anton Panz, ermordet in Hartheim

schwängert hatte. Das Vertrauen in den Burschen war dahin, und schließlich heiratete er die Mutter seines anderen Kindes.

Ihr Kind, ein Mädchen, die kleine Wabi, zieht Barbara alleine auf. Die Großmutter nimmt die Kleine bei sich auf, doch das geht nur zwei Jahre, dann wird die Oma schwer krank. Eine alte kränkliche Tante in Sierning lädt Barbara ein: Sie bietet ihnen eine Wohnung in ihrem Haus an, und sie würde sich tagsüber auch um die kleine Wabi kümmern, wenn Barbara sie, die Tante, betreuen würde.

Barbara schlägt ein und zieht nach Sierning. Sie findet Arbeit in einer Schottergrube. Der Erste Weltkrieg geht zu Ende. Die alte Tante stirbt und vererbt Barbara das Haus. Sie verkauft es an ihren Bruder. Kurze Zeit danach kommt die Geldentwertung, und der Packen Geldscheine ist nicht mehr wert als ein Laib Brot. Sie zieht zurück in ihr Elternhaus in Pfarrkirchen und pflegt ihre Mutter, Wabis Oma, und den krebskranken Stiefvater bis zu deren Tod.

Im Dorf macht man sich Sorgen: Eine Frau allein mit einem Kind in dem alten Haus, das ist nicht zu schaffen. Man schickt ihr ein paar Heiratskandidaten, lauter Kriegsheimkehrer. Die meisten würden das kleine Haus und die Frau schon nehmen, aber nicht das mittlerweile siebenjährige Kind.

Bis Anton Panz kommt. Eine seiner älteren Schwestern handelt die Sache mit der Barbara aus. Der Toni sei bescheiden und ruhig. Und gerade Barbaras Zurückhaltung, von der er gehört habe, gefalle ihm besonders gut. Man wird einig. Am 20. September 1920 findet die Hochzeit statt. Ein Nachbar borgt dem Paar ein Pferd und einen kleinen Wagen. Man fährt nach Steyr zum Fotografen. Am Nachmittag wird Anton Panz dann vom Bauern zur Arbeit geholt. Daß er zu bedauern sei, sagt Barbara. Anton erwidert: „Für mich hat es immer nur die Arbeit gegeben und das wird so bleiben. Jetzt weiß ich ja, für wen ich arbeite."

Genau ein Jahr später, am 9. September 1921, Wabi ist neun Jahre alt, wird Theresia geboren, das erste gemeinsame Kind von Anton und Barbara. Wabi sieht die Ankunft der Schwester stumm und mit Mißmut. Sie ahnt, was auf sie zukommt: Aus ist es mit der Freiheit, müssen doch die älteren Geschwister die Betreuung der jüngeren übernehmen.

Ein halbes Dutzend Kinder kommt der Reihe nach, jedes zweite stirbt wieder. Wabi ist nie traurig, wenn ein Säugling stirbt. Sie war eine sehr harte Natur, erzählt ihre Halbschwester Theresia später, für die Wabi war ein totes Kind eine Arbeit weniger. Die Neugeborenen kommen in den Winkel hinter den Kachelofen, da hat Anton ein Brett zwischen Wand und Ofen hineingezimmert. Es ist der wärmste Platz in der Wohnung.

Anton Panz ist geschickt, eigentlich hätte er ja Maurer werden wollen, aber eine Lehre war damals für arme Leute so gut wie unmöglich, es bleibt nur der Dienst bei den Bauern. Daheim baut er in der spärlichen Freizeit neue, größere Fenster ein, repariert das Dach, setzt einen neuen Kachelofen. Das Haus hat sieben Räume, vier davon vermietet Barbara an einen Witwe mit ihrem Enkelkind und an Antons Bruder Sepp mit Frau und Kindern. Drei Schilling Miete verlangt sie monatlich von jeder Partei. Jede Familie heizt nur die sogenannte Stube, die Küche, Eßraum und Wohnzimmer zugleich ist, die Schlafzimmer bleiben das ganze Jahr durch kalt. Im Winter werden die Kinder oft wach auf steifen Kopfpolstern: Die Feuchtigkeit aus der Atemluft ist in den Polsterüberzügen zu Eis gefroren. Es ist ein elendes Leben. In einem Stall, mehr ein Bretterschuppen neben dem Haus, stehen drei Ziegen, ein Schwein und zehn Hühner. Das Heu kommt von einer sumpfigen Waldwiese, einen Kilometer vom Haus entfernt. Auf den umliegenden Feldern der Bauern darf Anton Panz ein paar Streifen Kartoffeln für den eigenen Gebrauch pflanzen. Dafür muß die ganze Familie bei der Ernte mithelfen.

Wabi ist ein lebhaftes Mädchen, oft setzt es Prügel in der Schule, wenn sie einer Mitschülerin die Haare mit Tinte blau färbt. Trotzdem ist ihr Stiefvater sehr stolz auf sie. Sie lernt leicht, verdient sich selbst die Jausenbrote, weil sie den anderen Schülern bei den Aufgaben hilft. Panz schickt sie nach Kremsmünster auf die Bürgerschule, eineinhalb Stunden Fußmarsch in jede Richtung, lernen bis in die Nacht hinein. Daß du so tapfer bist, das ist gut, lobt sie der Stiefvater oft.

Dann wird Anton krank und kann nicht mehr beim Bauern arbeiten. Sie können die Bücher für Wabi nicht mehr zahlen, das Mädchen wird von der Schule genommen und geht zu einem Bauern im Ort in Dienst.

Antons Nerven werden dünner und dünner. Er findet wieder Arbeit in der Brauerei Mühlgrub, das ist nicht sehr weit entfernt. Aber es ist eine Arbeit, die sogar einem gesunden Mann zusetzt, immer wieder muß er schwitzend in den Eiskeller gehen. Einmal trifft ihn die Kurbel einer Abfüllmaschine am Kopf. Die Folge sind ständige Kopfschmerzen und häufige Krankenstände. Die Brauerei entläßt ihn. Sein Bruder Sepp hat Arbeit in Rottenmann in der Steiermark, er besorgt Anton dort eine Stelle. Die ganze Woche über ist er weg. Er verdient relativ gut. 1928 kann sich die Familie erstmals einen Weihnachtsbaum mit ein wenig Schmuck leisten. Theresia: „Es ist die erste schöne Erinnerung, die mir geblieben ist."

Wieder kommt ein Kind zur Welt, der erste Bub. Für Anton Panz ist das „die größte Freude". Das Kind wird nach ihm getauft. Anton junior. Toni. Der kleine Anton. Er wächst heran zu einem kräftigen und gesunden Einjährigen. Mit den Zähnen bekommt er die „Fraisen", wie die Bauern die cerebralen Krampfanfälle nennen. Daran stirbt Anton der jüngere. Es ist für Anton den älteren „der schwerste Schlag", von dem er sich nie mehr erholt. Er wird immer „komischer", hält keinen Lärm aus, kein lautes Reden. Die Arbeit in der Steiermark hat er schon lange wieder verloren, und nun findet er nirgends mehr eine Anstellung. Barbara arbeitet bei mehreren Bauern, wenn eine Magd krank wird oder vorzeitig von ihrem Dienst wegläuft, weil sie es nicht mehr aushält, springt sie ein. Die Aushilfsdienste sind schlecht bezahlt, aber Barbara bekommt von den Bauern meistens genügend Essen für ihre Kinder mit nach Hause.

Der Hausarzt, Dr. Porsche aus Bad Hall, warnt Barbara wegen des Gesundheitszustandes ihres Mannes: Es besteht die Gefahr eines plötzlichen Nervenzusammenbruchs. Barbara fährt mit Anton ins Krankenhaus nach Steyr. Man nimmt ihn auf, es ist aber gerade kein Bett frei, er soll bis Mittag warten, dann gehen andere Patienten heim und er bekommt einen Platz. Barbara setzt ihn im Gang auf einen Sessel und fährt nach Pfarrkirchen, zum Arbeiten. Als sie am Abend vom Bauern heim kommt, sitzt Anton in der Stube. Als sie weg war, ist er auch einfach gegangen.

Seine Nervenschwäche wächst sich aus zu einem Verfolgungswahn. Wenn Theresia in der Stube am Tisch sitzt und ihre Aufgabe in ein Schulheft kritzelt, fragt er: „Was schreibt denn die Resi über mich?" An der benachbarten Mühle kann er nicht mehr vorbeigehen, wenn die Bauern mit ihren Pferden und Fuhrwerken dort stehen, weil er Angst hat, daß ihn jemand abholen will. Am Abend, vor dem Schlafengehen, sucht er unter den Bänken und in jedem Schrank, ob sich nicht jemand dort versteckt hat, der ihm Böses will. Seine Angstzustände werden immer schlimmer, sein Blick immer angstgeplagter, die Leute im Dorf beginnen, sich vor ihm zu fürchten. Auch Barbara bekommt es mit der Angst zu tun, sie sperrt die Kinder zum Schlafen in einem eigenen Raum ein.

Am Faschingsdienstag des Jahres 1929 passiert dann die Katastrophe. Anton und Barbara liegen schon im Bett, da steht der Mann wieder auf und geht hinaus. Die Frau glaubt, er will zu dem Bretterklosett draußen und sagt, er soll doch nicht hinausgehen in die Kälte, es steht ja eh ein Nachttopf unter dem Bett.

Anton geht zu seiner Hose, holt ein Stilett aus der Tasche, legt sich wieder nieder und sticht Barbara in den Bauch.

Barbara, im Halbschlaf, glaubt, er hat sie in den Bauch geboxt, sie fragt: „Warum schlägst du mich?" Da spürt sie das warme Blut zwischen ihren Fingern rinnen. Sie springt aus dem Bett, er ihr nach, an der Haustür holt er sie ein, sie raufen um den großen Riegel. Barbara schafft es, die Tür aufzustoßen und hinauszulaufen. „Meine armen Kinder", schreit sie, so laut, daß Theresia im abgesperrten Zimmer wach wird. Da muß Barbara die Gedärme schon mit der Hand halten. Im Nachthemd und barfuß rennt sie bei Eis und Schnee die fünf Minuten hinüber zur Mühle.

Antons Bruder Sepp ist von dem Lärm wach geworden und ins Freie gekommen. Er sieht seinen Bruder da stehen mit dem Messer in der Hand und hört ihn jammern: „Sie ist mir davon." Dann läuft Anton zur Mühle, Sepp folgt ihm, ohne ihn einzuholen.

Barbara hat geschrien und an die Tür getrommelt, die Frau des Müllers hat ihr aufgemacht und die Blutende ins Haus geführt und in ihr eigenes Bett gelegt. Anton, noch immer mit dem Messer in der Hand, trommelt an die Tür. Sein Bruder und die Müllersburschen packen ihn und halten ihn fest, einer rennt in den Ort, holt den Arzt und den Gendarmen.

Die Tante hat die Kammer der Kinder aufgesperrt und sie hinüber gebracht zur Mühle. Sie dürfen einen kurzen Blick auf die Mutter machen, die totenbleich im Bett der Müllerin liegt. „Kinder, seid recht brav, ich muß fort, komme aber bald wieder", stöhnt Barbara. Anton hockt, von drei kräftigen Burschen bewacht, auf einem Sessel daneben. Doktor Porsche kommt und versorgt die Verwundete notdürftig. Der Müller spannt Pferde vor einen Wagen. Barbara will, daß ihre Töchter den Vater küssen, bevor sie fahren. Nur Theresia bringt den Mut auf. Dann tragen der Arzt und die Müllerin Barbara zum Pferdewagen und packen sie in Decken ein, der Vater und zwei Müllersburschen sitzen neben ihr auf dem Wagen, der in die eisige Nacht davonholpert.

Barbara kommt in das Krankenhaus nach Steyr, Anton nach Niedernhart. Das jüngere Mädchen zieht zu ihrer Taufpatin im Dorf, Wabi lebt ohnehin bei ihrem Dienstherrn. Theresia verbringt die Tage in der Wohnung der Tante und paßt auf deren kleines Kind auf. Am Abend geht sie in die elterliche Wohnung, durch die Stube, wo noch alles durcheinandergeworfen ist, und durch die Schlafkammer mit dem blutigen Bettzeug in das Schlafzimmer der Kinder.

Barbara, im Steyrer Spital, ist „mehr drüben als herüben". Weil eine Narkose wegen ihres schwachen Herzens gefährlich wäre, reinigen die Ärzte ihre Därme ohne Betäubung. Sie sieht in diesem Zustand ihre gestorbenen Kinder, hört sie lachen und greinen. Die Zeitungen schreiben einmal, Frau Panz sei an ihren Verletzungen gestorben, stellen den Irrtum nicht richtig. Das ist für Wabi, die jene Zeitung beim Bauern liest, ein großer Schreck.

Nach zwei Wochen kommt Barbara nach Hause, sie ist sehr schwach, es dauert lange, bis sie wieder halbwegs arbeiten kann. Nach acht Monaten bringt der Briefträger ein Schreiben von der Heilanstalt Niedernhart. Herr Anton Panz sei wieder gesund und könne nach Hause geholt werden. Barbara weiß nicht, was sie tun soll. Theresia heute: „Welche Angst sie ausgestanden hat, nach all dem Geschehenen, das kann sich keiner vorstellen." Niedernhart droht mit dem Gericht, auch Antons Herkunftsgemeinde Rohr, die die Kosten der Anstaltsunterbringung trägt, macht Druck auf die Frau. Schließlich fährt Barbara nach Linz und holt Anton ab.

Er ist verändert, ein anderer Mensch als früher. Er ist noch ruhiger geworden, verhält sich sehr lieb gegenüber seiner Frau und den Kindern, höflich gegenüber allen anderen im Ort. Die Leute fürchten sich trotzdem vor ihm, er findet keine Arbeit. Sepp, sein Bruder, zieht aus dem Haus aus, weil seine Frau nicht mit dem Verrückten unter einem Dach leben will. Sepp findet eine Stellung als Bierführer in einem Gasthaus in Voitsberg, seine Frau arbeitet im Haushalt des Wirtes. Barbara und Anton reden kein einziges Mal über das, was geschehen ist. Man weiß ja nicht, ob sich der Mann überhaupt an etwas erinnert, und ob man da nicht etwas aufrührt, wenn man darüber redet.

Nach sieben Monaten geht es wieder los. Anton Panz kommt von der Kirche heim und eröffnet seiner Frau, daß er sie verlassen wird. Der Pfarrer habe bei seiner Predigt gesagt, daß er, Panz, sich scheiden lassen müsse. Barbara bricht weinend zusammen, „Oh Gott, jetzt geht es wieder los", schluchzt sie. Anton sagt, der Pfarrer habe ihm aufgetragen, sich wieder zu verheiraten, darum bräuchte er beide Eheringe. Barbara gibt ihm alles, was er will. Dann geht Anton, ohne zu sagen, wo er hin will. Barbara ruft ihm nach, er soll im Finstern gar nicht erst heimkommen, sie würde vor Angst die Tür nicht aufmachen.

Barbara geht zur Gemeinde und zur Gendarmerie und meldet den Rückfall ihres Mannes. Die Gendarmen legen sich auf dem Weg, der zum Haus der Familie Panz führt, auf die Lauer. Einer der Brüder Barbaras, Antons Schwager, ist mit bei ihnen. Am Abend kommt Anton. Der Schwager tritt vor und spricht ihn an. Er erzählt etwas von einer Versammlung im Dorfwirtshaus in Pfarrkirchen, Anton solle doch mit ihm dort hin gehen. Während dieser Unterhaltung schleichen sich die Gendarmen an, packen Anton und stecken ihn in eine Zwangsjacke.

Anton Panz sitzt wieder in Niedernhart. Barbara Panz ist schwanger. Der Arzt hatte ihr geraten, das Kind nicht zur Welt zu bringen, es könnte vom Vater etwas geerbt haben. Barbaras Antwort: „Wenn der Herrgott will, daß es lebt, dann wird es auch normal sein." Es ist ein Mädchen, in seinen ersten Lebensmonaten ist es so schwach und kränklich, daß Barbara zu zweifeln beginnt, ob es nicht besser wäre, wenn der Herrgott das kleine Wesen wieder zu sich nähme. Das Kind bleibt am Leben, wird auf den Namen Berta getauft. Seine ersten Lebensmonate verbringt es im abgeschnittenen Ärmel einer alten Pelzjacke.

Die Nervenkrankheiten kommen über die Kinder. Als erstes trifft es Theresia. Zunächst bemerkt der Lehrer in der Schule, daß sie die Feder nicht mehr festhalten kann, keine Schuhbänder binden, nichts mehr in Händen halten. Alles fällt ihr hinunter, aber es tut ihr nichts weh dabei. Der Arzt verbietet ihr den Schulbesuch, der Direktor will, daß sie dennoch kommt, weil zuhören und lesen könne sie ja. Theresias Zustand verschlechtert sich, sie kann die Zunge nicht mehr heben und nicht mehr gehen. „Veitstanz" erklärt schließlich der Arzt der Mutter, sagt nichts von Chorea Huntington, einer schweren Bewegungsstörung. Theresia kommt zwei Monate lang in das Kinderkrankenhaus nach Linz. Barbara weiß schon nicht mehr, wo sie das Geld für den Zug hernehmen soll, und auch die Zeit für die vielen Fahrten nach Linz, um Tochter und Mann zu besuchen.

Dann wird die zweite Schwester krank, Scharlach, Diphtherie und Genickstarre. Und dann trifft es die Kleine, die Berta, inzwischen zwei Jahre alt. Gehirnhautentzündung. Barbara findet Trost im Glauben. Sie unternimmt Wallfahrten für die kranken Kinder, und sie findet ihr Lebensmotto, das sie an die Töchter weitervererben wird: „Mehr als man tragen kann, schickt der Herrgott nicht." Es sind für alle schwere Zeiten, die Bauern, bei denen Barbara aushilft, jammern oft und ausgiebig, aber sie sind gleich still, wenn sie fragt: „Tätet ihr mit mir tauschen?" Die Narbe von der Stichwunde am Bauch wird zunehmend lästiger. Die Bünde der Kleider drücken genau drauf, das schmerzt und führt immer wieder zu Entzündungen. Am schlimmsten ist das wochenlange gebückte Arbeiten beim Erdäpfelklauben. Anton wird in der Anstalt ruhig und friedlich, aber man läßt ihn nicht mehr heraus. Barbara besucht ihn jetzt nur noch einmal im Jahr, die Zugfahrt ist zu teuer.

Sie bäckt ihm Kuchen. Er nimmt ihn nicht an, sondern sagt ihr jedesmal, daß sie ihn den Kindern geben soll.

Anton Panz kann auch in Niedernhart nicht arbeiten, weil er keinen Lärm aushält. Er beginnt zu schreiben. Die Pfleger geben ihm so viel Papier und Tinte, wie er haben will, weil er völlig ruhig ist, wenn er seine Aufzeichnungen machen kann. Den ganzen Tag über kritzelt er Hefte voll. Niemand kann die Texte lesen, die Panz verfaßt. Wenn jetzt seine Frau auf Besuch kommt, behauptet er steif und fest, er sei hier in Niedernhart Doktor.

Mit zwölfeinhalb Jahren hört Theresia mit der Schule auf und geht zum benachbarten Müller als Kindermädchen. Die jüngere Schwester arbeitet schon mit neun Jahren bei einem Bauern als Kindermädchen, als sie zwölf ist, fängt sie dort als Magd an. Auch Theresia nimmt einen Dienst bei einem Bauern an. Sie ist fleißig, willig und freundlich und steigt bald in der Dienstbotenhierarchie vom „Kuchlmensch" zur „mittleren Dirn" auf. Sie verdient 20 Schilling im Monat.

Dann kommt der Hitler. Über dem Hof, auf dem Theresia arbeitet, flammt eines späten Abends ein dunkelrotes Nordlicht über den ganzen Himmel. Die alte Bäuerin schlägt die Hände zusammen und schreit: „Das gibt Krieg." In Linz löst der blutjunge Primar

Rudolf Lonauer den alten Direktor Josef Böhm als Leiter der Heil- und Pflegeanstalt Niedernhart ab. Die Familie Panz merkt diesen Wechsel beim nächsten Besuch: Anton ist abgemagert, und er klagt über Hunger. Man gebe den Kranken nicht genug zu essen. Man glaube wohl, da sparen zu müssen, weil alles für den Krieg gebraucht werde, flüstert Barbara zuhause zu ihren erwachsenen Töchtern. Laut und zu anderen Menschen darüber reden traut sie sich nicht: „Da wäre man sicher nach Mauthausen gekommen."

Eines Nachts in der ersten Julihälfte des Jahres 1940 sieht Barbara etwas, das sie erschreckt. Ein Licht steht plötzlich in ihrer Schlafkammer, und in diesem Schein eine glänzende metallische Kugel, oder eigentlich eine Halbkugel. Sie erzählt es ihren Töchtern. „Du hast geträumt, Mutter", sagen die. „Nein", beharrt Barbara, „es war kein Traum, ich war hellwach, und ich hatte große Angst in meinem Bett."

Ein paar Wochen vor dieser nächtlichen Erscheinung in dem alten kleinen Bauernhaus im Kremstal geht in Niedernhart Primar Dr. Rudolf Lonauer, begleitet vom Pfleger Karl Harrer, durch die Zimmer der Abteilung VIII. Kurz deutet er auf Patienten, der, und der, und der. Hinter ihm geht Harrer in die Zimmer und befeuchtet eine handtellergroße Stelle Haut zwischen den Schulterblättern der Pfleglinge, auf die der Arzt gedeutet hat, und schreibt mit Tintenstift Ziffern auf die nackte Haut.

Es kommt ein Bus nach Niedernhart, über die alte Zufahrt, ein Bus, der grau ist, nicht nur der Lack, auch die Fenster sind grau. Es hält dieser Bus nicht vor dem Hauptportal, sondern seitlich, nahe dem Eingang von Abteilung VIII. Es steigen Männer mit groben Gesichtern und kräftigem Körperbau aus dem Bus, an denen die weiße Pflegertracht aussieht wie ein Faschingskostüm. Es bauschen sich die weißen Jacken der Männer rechts über der Hüfte, weil sie breite Gürtel unter der Pflegerjacke tragen mit einem klobigen Lederfutteral, da steckt eine Pistole drin.

Es steht Anton Panz teilnahmslos schon seit mehr als einer Stunde unter den 40 anderen im Eingangsraum von Pavillon VIII. Verständnislos sehen sie zu, wie die fremden Weißgekleideten mit den vertrauten Pflegerinnen und Pflegern aus Niedernhart Papiere und lange Listen austauschen. Brav traben sie hinaus vor das Portal und hinein in den Bus. Still sitzen sie auf den Bänken, als der Bus losrumpelt.

Es geht die Fahrt die Unionstraße hinaus, durch Rufling und Hitzing, an der Abzweigung rechts nach Thalham vorbei, an der Abzweigung links nach Appersberg vorbei. Es wirft die stumme Belegschaft des Busses nach vorn, als der Fahrer auf dem kurzen abschüssigen Wegstück nach Straßham hinunter zu spät, und daher heftig auf die Bremse tritt. Ein paar kichern. Ein paar sind seit gestern abend, als die Ziffer auf ihre Schulter gemalt wurde, starr vor Angst. Die meisten dösen vor sich hin. Die Bauernhäuser von Straßham, die direkt an der Ochsenstraße stehen, sehen nur die wenigen auf den vorderen Plätzen, die durch die Windschutzscheibe schauen können.

Es gehen Menschen neben den Straßen, die der graue Bus passiert, in Linz, Rufling, Hitzing, Straßham und Alkoven. Die Idioten auf den vorderen Sitzen winken. Vergeblich. Die Menschen draußen schauen weg, haben den Kopf schon von der Straße weg gedreht, als sie sahen, daß es einer der grauen Busse ist, dessen Motorengeräusch da langsam näher kommt.

Es fährt der graue Bus langsam durch die letzten zwei Kurven vor dem Schloß. Es bleibt der Bus stehen neben dem Tor unter der Aufschrift „Erholungsheim". Es dauert Minuten, bis er sich wieder in Bewegung setzt. Anton Panz kann ebensowenig wie die anderen aus Niedernhart verstehen, warum sie so lange vor dem Tor halten müssen. Wir sind da, sagt einer der Männer in Pflegertracht, wie eine Welle geht Aufregung durch den Bus auf dem kurzen letzten Fahrtstück, das vom Haupttor weg rechts um einen Erker des Schlosses herum und hinein in einen riesigen Holzverschlag führt.

Anton Panz muß nicht getragen oder gestützt werden. Er kann alleine gehen. Er steigt die drei Stufen im Bus hinunter, bleibt einen Moment stehen, schaut durch das große Tor. Flache Alpenvorlandhügel. Bauernhöfe. Das ist der Ortsteil Annaberg. Ein klarer blauer Julihimmel. Es ist Anton Panz´ letzter Blick auf den Himmel. Weiter, weiter, ruft einer der Pfleger.

Es stolpert Anton Panz durch einen grauen gemauerten Gang. Dann ein Gang wie ein Tunnel, auf einer Seite schönbrunnergelber Außenputz, auf der anderen klobige Bretter. In diesem Raum da sollen sie sich ausziehen, sagt ein Pfleger. Der Doktor in ihrem neuen Heim will sie gleich ansehen. Es stolpert Anton Panz nackt hinaus auf den bretterverschlagenen Gang und hinein in ein großes Zimmer. An zwei Tischen sitzen Herren in weißen Mänteln. Es blickt ihm einer dieser Herren in den Mund und schüttelt den Kopf. Ein Mann in weißer Pflegertracht führt Anton Panz in das Turmzimmer. Ein großer schweigsamer Mann fotografiert ihn dreimal. Zweimal von vorne, einmal von der Seite. Der Mann in weißer Pflegertracht führt Anton Panz aus der Fotokammer durch das große Zimmer, in dem schon die nächsten Männer vor dem Tisch stehen, in ein anderes Zimmer. Jetzt wird geduscht, sagt der Pfleger.

Es starrt Anton Panz auf die blutroten Fliesen am Boden und an den Wänden. Es wartet Anton Panz, bis der letzte der Busgesellschaft in den Duschraum kommt.

Es wirft ein großer dunkel gekleideter Mann mit einem Schwung die Tür zu. Es fällt ein dünner Lichtstrahl durch ein Guckloch in der Tür. Es kommt kein Wasser aus den Duschköpfen.

Wochen später bringt der Briefträger ein Poststück von der Heilanstalt Grafeneck nach Pfarrkirchen im Kremstal. Die Todesnachricht: „Sehr geehrte Frau Panz. Wir bedauern, Ihnen heute mitteilen zu müssen, daß Ihr Ehemann Anton Panz am 12. 7. 1940 um 7 Uhr früh unerwartet an Gehirnschwellung verstorben ist. Seine Verlegung in unsere Anstalt stellte eine Kriegsmaßnahme dar und erfolgte aus mit der Reichsverteidigung im Zusammenhang stehenden Gründen. Nachdem unsere Anstalt nur als Durchgangsanstalt für diejenigen Kranken bestimmt ist, die in eine andere Anstalt verlegt werden sollen und der Aufenthalt hier lediglich der Feststellung von Bazillenträgern dient, deren sich solche bekanntlich immer wieder unter derartigen Kranken befinden, hat die zuständige Ortspolizeibehörde im Einvernehmen mit den beteiligten Stellen weitgehende Schutzmaßnahmen angeordnet und gemäß § 22 der Verordnung zur Bekämpfung übertragbarer Krankheiten die sofortige Einäscherung der Leiche und die Desinfektion des Nachlasses verfügt. Falls Sie die Urne auf einem bestimmten Friedhof beisetzen lassen wollen – die Überführung erfolgt kostenlos – bitten wir Sie unter Beifügung der Einverständniserklärung der betreffenden Friedhofsverwaltung um Nachricht." Und so fort.

"Ach, ruhe sanft in Todesschlummer ..." Sterbebild des Anton Panz, der im Juli 1940 angeblich in Grafeneck, in Wahrheit aber in Hartheim ermordet wurde.

Barbara Panz will die Urne haben. Als diese kurze Zeit später eintrifft, bricht sie schreiend zusammen. Die dunkel-metallisch glänzende Urne, ein niedriger dicker Zylinder mit aufgesetzter Halbkugel, sieht aus wie die Kugel im Lichtball aus der Erscheinung, die sie vor einigen Wochen gehabt hat.

Im Morgengrauen gewährt der alte Pfarrer von Pfarrkirchen dem Anton Panz ein christliches Begräbnis. Im letzten Winkel des Friedhofes wird in aller Stille die Urne bestattet. Auf dem Partezettel für Anton Panz steht, daß er „nach langem, schweren Leiden und öfters versehen mit den heiligen Sterbesakramenten im 45. Lebensjahre in Grafeneck selig im Herrn entschlafen ist." Darunter steht ein Gedicht.

Ach ruhe sanft im Todesschlummer,
  gebroch´nes armes Vaterherz.
Wer kennt den Jammer, nennt den Kummer,
  den uns gebracht der Trennungsschmerz ...

Alle ahnen, daß Panz nicht sanft und selig entschlafen ist. Es ist der alte Pfarrer von Pfarrkirchen, der schon nach dem Anschluß gespürt hat, was kommen wird. Im Frühsommer 1938 sagte er zu Barbara: „Jetzt wird Ihr Mann nicht mehr lange da sein." Das Gerede im Ort und überall wollen Barbara und ihre Töchter nicht hören, aber sie bekommen es dennoch mit. Daß alle Geisteskranken umgebracht werden. Daß man ihnen noch lebend die Kopfdecke aufmacht und die Gehirne studiert. Unsere Ärzte machen das nicht, flüstert Barbara manchmal mit Theresia, auch nach dem Krieg meiden sie das Thema und unterhalten sich darüber, wenn überhaupt, wie Verschwörer. Unsere Ärzte, damit meinen Barbara Panz und ihre Töchter die österreichischen Ärzte. „So etwas" machen nur die Deutschen, und darum ist der Vater auch nach Grafeneck geschafft worden.

Daß Anton Panz in Hartheim gestorben ist, und daß aller Wahrscheinlichkeit nach der österreichische Arzt Lonauer sein Todesurteil gesprochen hat, daß ihn österreichische Busfahrer – Franz Hödl, Franz Mayrhuber, Johann Lothaller oder Anton Gezinger – zu seiner Hinrichtungsstätte gefahren haben, daß ihn die österreichischen Brenner Valasta oder Nohel oder Merta vergast und verbrannt haben, das nimmt die Familie Panz nicht zur Kenntnis. Ach so, sagt Theresia, seine älteste Tochter im Frühjahr 1997, als sie auf die Unwahrscheinlichkeit hingewiesen wird, daß ihr Vater in Grafeneck gestorben sein könnte. Nur ein kurzes, nicht einmal fragendes: Ach so.

IX. Das Leben rund um Hartheim

Die alte Frau spricht zu niemandem im besonderen. Inmitten der dichten vielsprachigen Menschenmenge vor dem Eingangstor zum Arkadenhof beginnt sie zu reden. „Den ganzen Salat haben wir wegschmeißen müssen", sagt sie halblaut. Niemand hört ihr zu. Man wartet auf den Präsidenten, damit es endlich beginnen kann. Es ist Samstag, der 6. Mai 1995. Am folgenden Sonntag wird in Mauthausen der 50. Jahrestag der Befreiung des Konzentrationslagers begangen. Mikis Theodorakis und George Tabori versuchen mit ihrer jeweils eigenen Kunst dem Grauen Gestalt zu geben, ohne es zu ästhetisieren. Am Vortag finden Gedenkfeiern an den weiteren Schauplätzen des NS-Terrors in Oberösterreich statt, in den Mauthausener Nebenlagern etwa. Und in Hartheim. Jeder freie Platz im Dorf ist zugeparkt. Die Autos und Reisebusse tragen Kennzeichen aus ganz Europa.

Es ist ein warmer sonniger Tag. Der Menschenstrom fließt langsam durch das äußere Tor auf den Platz vor der Südseite des Schlosses, heute eine Wiese mit einer geschotterten und grob gepflasterten Zufahrt. Niemand mag hier schnell gehen, laufen oder laut reden. Die Menschen schlendern durch das eigentliche Tor hinein in den Arkadenhof, der sogar an diesem Sonnentag dunkel wirkt, umkreisen den Hof, schauen hinauf zu den Bogengängen. Gehen hinein in den Raum mit dem Denkmal. Das war das Aufnahmezimmer. Hier saßen Lonauer, Renno, Wirth, Reichleitner, Stangl an einem Tisch und ließen die nackten Kranken vorbeimarschieren.

Alte Männer in fahlblau und weiß gestreiften KZ-Häftlingskleidern ziehen in Gruppen durch die Menschenmenge. Man weicht ihnen aus mit einer Mischung aus Höflichkeit und Unbehagen. Viele Abordnungen tragen Fahnen, spanische, französische, polnische, russische, ukrainische. Irgendwann drängen auf einmal Uniformierte die Menschen zur Seite, machen eine breite Schneise frei von der Zufahrt zum Schloßgelände bis zum Haupttor. Ein riesiger dunkler Mercedes fährt durch diese Schneise bis zur Pforte, dem einstigen SS-Wachzimmer, die Front des Wagens ragt bereits in den Torbogen hinein. Bundespräsident Thomas Klestil entsteigt der Limousine und schreitet in den Arkadenhof.

Die alte Frau bleibt draußen vor dem Schloß stehen, wie hunderte andere, die im Gedränge drinnen keinen Platz finden. Über dem Areal schweben Geigenklänge. Im Arkadenhof wiegt sich mit seiner Geige Herwig S., der Neffe von Mila S., die im Jänner 1941 hier gestorben ist. Er steht seitlich des Eingangs zum Aufnahmezimmer, vor jener Wand, in der vor einem halben Jahrhundert ein Guckloch in einer zugemauerten Türe den Blick vom Hof aus in die Gaskammer ermöglichte. Herwig S. singt und spielt ein paar kurze, schmerzhaft schöne Lieder.

Dann tragen die Lautsprecher Wortfetzen von Klestils Rede nach draußen. „Wo die Mauern reden, sollten wir schweigen", so beginnt der Bundespräsident seine kurze Ansprache. Die alte Frau redet noch immer mit sich selbst. Allmählich beginnen die Umstehenden, ihr zuzuhören. Vom Salat erzählt sie. Daß er immer voller Ruß war in der Kriegszeit. Und wie das Leben draußen war, außerhalb des Schlosses, in den Jahren 1940 bis 1945, erzählt sie. Es hat ihnen gegraust. Es hat sie entsetzt. Sie haben heimlich Kreuze geschlagen, wenn die grauen Busse vorbeigefahren sind. Sie haben Knochenstücke gesammelt. Sie haben erbrechen müssen, wenn Niederdruck den fettigen schwarzen Rauch zu Boden drückte und in ihre Stuben trieb.

Im Sommer und Herbst 1940 arbeitet Hans Schneider noch auf dem elterlichen Hof. Noch – der Neunzehnjährige weiß, daß ihn der Führer bald in seinen Krieg holen wird. Wahrscheinlich hat der junge lebenslustige Bauernbursch in einem versteckten Winkel seiner Seele so etwas wie Sehnsucht nach dem Militärdienst gehabt. Denn das Leben neben dem Schloß ist unerträglich. Dauernd fahren die Busse, manchmal zweimal am Tag, oft auch in der Nacht, und zwei oder drei Stunden später steigt die schwarze Rauchfahne über dem Schloß auf.

Hans, seine Schwester Maria und der Vater arbeiten hart auf den Feldern. Die Bauernarbeit macht hungrig. Dennoch gehen die Mitglieder der Familie Schneider oft mit knurrenden Mägen ins

Bett, auch der Bruder Ignaz, der in Linz bei den Hermann-Göring-Werken arbeitet. Es ist unmöglich zu essen. Hans Schneider hat es 55 Jahre später so erzählt: „Bei ungünstiger Witterung drückte es dann den Rauch zu Boden und es stank ekelerregend nach verbranntem Haar, Fleisch und Knochen. Wenn wir in so einem Fall von der Feldarbeit hungrig nach Hause kamen und uns auf das Essen freuten, verging uns der Appetit, weil sich dieser Gestank in Nase und Mund festsetzte. Das hat so gewürgt, daß wir, wenn wir vom Feld heimgekommen sind, in die Stube hinein, und wir hätten einen Hunger gehabt, auf die Jause, nein, wir haben nichts mehr hinuntergebracht."

Manchmal landen die angesengten Haarbüschel, die es im Schlot in die Höhe reißt, im Hof der Schneiders. Wenn einer von ihnen so ein verfilztes Knäuel sieht, holt er rasch den groben Rutenbesen und kehrt das Zeug hinaus vor das Tor, in den Straßenstaub.

Daheim schweigen sie nicht. Wenn die Männer von der Feldarbeit oder von den Hermann-Göring-Werken heimkommen, und der Gestank hängt noch überall, brauchen sie die Bäuerin nur fragend anzusehen. Die nickt und sagt, ja, heute sind sie wieder gefahren, die Busse. Und dann hat es geraucht. Manchmal sieht Hans die Busse kommen, wenn er gerade zufällig im Schweinestall etwas zu tun hat, und er hört von draußen das Dröhnen eines Dieselmotors. Dann huscht er zum Fenster in der westlichen Wand, duckt sich, gerade sein Haarschopf und seine Augen wären von draußen zu sehen, wenn man sehr genau schauen würde. Er beobachtet die Ankunft. Die Businsassen sind schon lange nicht mehr zu sehen. Nicht nur die Busse selbst, auch deren Scheiben, mit Ausnahme der vorderen, sind in grauer Luftschutzfarbe gestrichen. Es läuft immer gleich ab. Der Bus hält vor dem äußeren Tor. Jemand in weißer Pflegertracht steigt aus und drückt auf einen Klingelknopf. Es dauert lange, bis jemand von innen eine schmale Tür im Tor öffnet, mit dem Weißgekleideten spricht und anscheinend irgendwelche Papiere ansieht. Dann geht das ganze Tor auf, der Bus fährt hinein und das Tor geht wieder zu.

Wenn Hans Schneider vom Schweinestall aus einen Bus kommen gesehen hat, geht er in die Stube. Zu seiner Mutter, seiner Schwester oder wer halt gerade da ist, sagt er kurz: Es ist wieder einer gekommen. Keine Antwort. Heute wird es wieder stinken. Zwei Stunden später beginnt es zu rauchen.

Hildegard Jungmayr wird 14 Jahre alt. Damals wußten Mädchen in diesem Alter noch nicht so viel über Liebe und Leidenschaft wie die Kinder heute. Was da so vorgeht, das reimt sie sich mehr zusammen aus Beobachtungen und Ahnungen und Andeutungen der Erwachsenen und dem Geflüstere unter Kindern. Daß die eine „was hat" mit einem SS-Mann, ist in Schönering, dem Hartheimer Nachbarsdorf, ein offenes Geheimnis. Die eine, das ist die junge Tochter eines großen Bauern. Ein großer schlanker Mann in Uniform von der Besatzung des Schlosses Hartheim besucht sie manchmal. Wie und wo sie ihn kennengelernt hat, ist nicht bekannt. Die Liaison der Bauerntochter mit dem SS-Mann ist noch ein halbes Jahrhundert später Allgemeinwissen in Schönering.
Diese Geschichte läßt den Schluß zu, daß es sehr wohl Kontakte gegeben hat zwischen dem Hartheimer Personal und der ortsansässigen Bevölkerung. Obwohl die alten Hartheimer, Alkovener und Straßhamer heute erzählen, daß die Leute aus dem Schloß kaum in den Wirtshäusern aufgetaucht seien, und wenn, dann seien sie allein an ihren Tischen sitzengeblieben. Es seien ja meist Reichsdeutsche gewesen, und die wären von sich aus nicht an Kontakt mit den Alkovenern interessiert gewesen. In Schönering, dem nächstgelegenen Dorf in Richtung Linz, erzählen die alten Leute, die Hartheimer SS-Leute und die Pfleger seien vielleicht in Alkoven in die Wirtshäuser gegangen, nach Schönering aber sei nie einer gekommen. Mit Ausnahme des einen SS-Mannes eben, der mit der Bauerstochter das Verhältnis hatte.
Die Wahrheit dürfte eine andere sein. Eine Frau aus Norddeutschland, die einer Verwandten hinterherforschte, die angeblich in Hartheim gestorben war, kam bei ihrer Suche auch in ein Alkovener Wirtshaus. Dort erzählte ihr die Wirtin, daß im Schloß in Hartheim nur Polizei stationiert sei, und zwar welche aus Württemberg.
Christian Wirth diente, ehe er in der Euthanasie zum Einsatz kam, bei der Kriminalpolizei in Württemberg. Wenn die Herkunft von Hartheimer Polizeikräften in Alkovener Wirtshäusern bekannt war, heißt dies, daß diese Kräfte mit den Alkovenern geredet ha-

ben, daß sie den Wirtsleuten erzählt haben, wer sie sind und wo sie herkommen. Es sagte auch der Arzt Georg Renno bei seinen Verhören, daß er in Alkovener und Hartheimer Wirtshäusern verkehrt sei. Noch mehr als 20 Jahre später hatte er die Namen von Alkovener Bauern, den eines Gemischtwarenhändlers mit einem Laden in der Nähe des Schlosses und den einer Wirtin in seinem Gedächtnis parat. Renno war nicht nur Gast in den Wirtshäusern, er besuchte etliche Großbauern privat in deren Höfen. Er hat einige Alkovener Familien als Arzt betreut. Der eitle Renno nach dem Krieg: „Die Alkovener Bevölkerung kannte mich, weil ich verschiedene Leute ärztlich behandelt habe, und weil ich hin und wieder in Alkovener Gaststätten gegangen bin." Von Herbst 1943 bis Ende 1944 hat Renno wahrscheinlich auch zur Linzer Gesellschaft Kontakt bekommen, weil er Lonauers Praxis an der Mozartstraße während dessen Militärdienst betreute.

Zurück nach Schönering. Hildegard Jungmayr und ihre gleichaltrigen Freundinnen tuscheln über die junge Bauersfrau. Daß sie ein Verhältnis hat mit einem SS-Mann. Daß die sich von dem was geben läßt. Gold. Einen seltsamen Klumpen Gold. Ein paar Schöneringerinnen haben ihn gesehen. Es ist ein kleiner, teilweise abgerundeter, teilweise scharfkantiger Brocken reinen Goldes. Die junge Frau zeigt ihn her, wenn sie sich mit ihrem Liebsten aus dem Reich draußen brüstet. Es ist Zahngold, flüstern die Schöneringer mit wollüstigem Gruseln. Von den Deppen, die sie in Hartheim umbringen. Die reißen denen die Goldzähne heraus.

Wenn diese Geschichte wahr ist, und es gibt keinen Anlaß, daran zu zweifeln, so hat die junge Schöneringerin damals eine Affäre mit einem jener SS-Männer gehabt, die sich bereicherten an den Menschen, bei deren Ermordung sie mithalfen. In den Unterlagen aus der Berliner T4-Zentrale gibt es eine Anweisung, derzufolge die T4-Beschäftigten Anspruch hatten auf besondere Rationen von Zahngold für den eigenen Gebrauch. Dies heißt im Klartext: Die Mörder in den Euthanasieanstalten bekamen das Zahngold aus den Münden ihrer Opfer, um sich das eigene Gebiß richten zu lassen. Und dieser eine SS-Mann aus dem Schloß Hartheim hat das Gold verwendet, um sich den Körper einer Frau aus dem Nachbarort Schönering zu kaufen.

Der 16jährige hat auf den Feldern seines Vaters gearbeitet, dann hat er eine Pause gemacht, Most getrunken, ein Stück Speck mit ein wenig Brot gegessen. Weil es so heiß war, ist er die paar Schritte zur Donau gegangen und ins Wasser gestiegen, bis zu den Oberschenkeln, daß der Saum der kurzen Hose klatschnaß wurde. Er hat mit beiden Händen Wasser geschöpft und über sein Haar und sein Gesicht gegossen. In sein Prusten hinein hört er jetzt das Dröhnen eines Lastwagens. Er weiß gleich, was das ist. Die Bauern fahren alle noch mit Pferdewagen, nur der eine, der reiche aus dem Nachbarort, der hat einen Traktor, aber der hört sich ganz anders an als ein Lastwagen.

Der Bursch springt aus dem Wasser und hetzt die Böschung hinauf. Auf halber Höhe bleibt er stehen. Gleich werden sie da sein. Er geht in die Knie, auf Händen und Füßen kriecht er hinein in das Weidengestrüpp. Ganz flach legt er sich auf den Boden, lugt zwischen dem Unterholz und den Brennesseln hinüber zu der Stelle, wo der breite Feldweg auf den halb verwachsenen Treppelweg entlang der Donau stößt, auf dem früher die Gespanne mächtiger Pferde die Flußkähne stromaufwärts zogen.

Der Lastwagen erscheint. Er hat einen einfachen Aufbau, einen länglichen Würfel aus grob zusammengenagelten Brettern. Der Fahrer schiebt das Gefährt mit den hohen Rädern umständlich hin und her, fährt ein paarmal in die Brennesselbüsche hinein, bis er den Wagen so aufgestellt hat, wie er ihn haben will: Die Hinterräder stehen genau an der Kante, wo neben dem Treppelweg die Uferböschung abfällt, die Rückwand des Aufbaukastens schwebt hoch über der steilen Böschung. Zwei Männer steigen aus. Sie öffnen die Rückwand des Aufbaus. Eine graue Lawine schießt heraus, rutscht, eine Staubwolke hinterlassend, über den Uferhang und in das Donauwasser. Sobald sich der Staub gesetzt hat, steigen die beiden Männer mit Schaufeln und Besen in den Kasten. Eine halbe Stunde lang schaufeln und kehren sie den grauen Staub aus dem Lastwagen.

Dann startet der eine den Laster und setzt ihn ein paar Meter nach vorne, hinein in den Feldweg, der nach Gstocket führt. Der andere kehrt hustend und fluchend die Reste des grauen Staubes aus dem Gras der Uferböschung hinunter in die Donau. Der zweite kommt zurück und sieht dem ersten zu, als der aufhört, reden sie. Der Bursch im Weidengestrüpp kann die Worte nicht verstehen, aber er merkt, daß sie streiten. Der Fahrer ist nicht zufrieden damit, wie der andere die Böschung gekehrt hat. Sie gehen beide zum Lastwagen, kommen zurück mit Kübeln, schöpfen Wasser aus der Donau und gießen es von oben über die Böschung. Das wiederholen sie ein paarmal, dann steigen sie in den Lastwagen und fahren weg.

Der Bursch wartet, bis er das Motorengeräusch nicht mehr hören kann. Er kriecht aus seinem Versteck und schleicht gebückt hinüber. Im Gras eine breite, glänzend dunkelgraue bis schwarze Spur. Asche, vermischt mit Wasser, ein dunkler, zäher Schlamm. In diesem Matsch ab und zu ein heller Fleck. Der Bursche bückt sich und hebt ein paar der kleinen weißen Stücke auf. Knochen. Kleine Knöchelchen, vielleicht Fingerglieder, Teile eines Fußes, oder von einem Handgelenk. Und Splitter von großen Röhrenknochen.

Er steckt drei der Knochenstücke ein und geht zurück zu seiner Arbeit. Am Abend, beim Heimgehen, sieht er auf einem Feld Frau und Tochter des Nachbarn arbeiten. Denen kann man trauen. Er geht langsam zu ihnen hin. Ohne Gruß holt er die Knochen aus der Tasche und zeigt sie ihnen. Die Frau nickt.

Wir haben auch schon so was, sagt sie. Es fällt manchmal aus den Kastenwägen heraus. Die ganze Wegstrecke heim kannst du so was finden.

Daheim zeigt der Bursch die Knochen seinem Vater. Er erzählt, was er gesehen hat. Ja, sagt er, das waren die vom Schloß. Wirf es weg, sagt die Mutter. Der Vater sagt, daß sie es aufheben wollen.

Am 6. Februar 1941 kommt Hans Schneider weg von der Nachbarschaft des Schlosses. Er rückt ein nach Wels, die Ausbildung dauert bis zum August. Die nächste Station ist Stockerau, dort wird das Marschbataillon 27 zusammengestellt, Leute von allen Einheiten, bestimmt für die 297. Division. Das Bataillon geht als Nachersatz für die Division 297 an die Front. Die jungen Männer sind von Stockerau weg zirka drei Wochen unterwegs, nicht mit einem Personenzug, sondern mit Viehwaggons. Die Fahrt führt über Lemberg hinaus nach Rußland, wo die Division liegt. Der Nachersatz wird aufgeteilt.

Der Krieg beginnt für Hans Schneider mit dem Warten in Ruhestellung. Die 297er ist eine bespannte Division, mit schweren Geschützen, 15er Haubitzen, mit denen ist in der Schlammperiode kein Weiterkommen. Also einige Wochen in Ruhe, dann, im Winter, kommt er zum Donetz-Brückenkopf, ein halbes Jahr in der Winterstellung. Über die Heimat reden sie oft und viel in diesen endlos langen, kalten Wochen voller Nichtstun. Nur wenn Schneider sagt, von wo er herkommt, will sich nie so recht ein Gespräch entwickkeln.

Von wo bist du her?

Ostmark. Oberdonau. Hartheim.

Um Gottes willen!

Und keiner fragt weiter. Schneider: „Bei den Soldaten kann man über so etwas überhaupt nicht reden. Man hat ja nie gewußt, wer das ist und wie der ist, mit dem man sich unterhält. Also, in der Beziehung hat man draußen nichts sagen können." Daß die Hitlerei eine Diktatur ist, die nur auf Unterdrückung aus ist, das weiß der junge Mann aus Alkoven. Aber er weiß auch, daß es gefährlich ist, irgend etwas in dieser Richtung zu sagen. Beim Einrücken hat er sich das vorgenommen: Ich mache nichts freiwillig, aber ich begehe auch keine Befehlsverweigerung. Ich mache nur das, was notwendig ist.

Schneider ist Funker und Fernsprecher in einer Feuerstellung. Noch im Winter geht es los. Eine Woche lang muß er als Funker vorne sein beim vorgeschobenen Beobachter, der das Artilleriefeuer leitet, dann darf er wieder eine Woche lang zurück.

Im Jänner 42 erwischt es den Hartheimer das erste Mal. Beim Leitungsflicken. Eine Granate explodiert in seiner Nähe, unzählige kleine Eisenstücke fressen sich in sein Fleisch. In einer Koppeltasche hat er scharfe Patronen. Viel später bemerkt er, daß ein Granatsplitter zwischen zwei Patronen stecken geblieben ist. Noch heute schaudert es ihn: „Stellen Sie sich vor, wenn da eine Patrone durchschlägt, bis auf das Pulver – der Splitter ist ja heiß, wenn der das entzündet, da reißt es mich mitten auseinander!" 55 Jahre später kommen immer noch winzige schwarze Metallteilchen plötzlich aus seinen Poren, rund um sie bilden sich eine Zeitlang Eiterpusteln in seiner Haut, dann fallen die Eisenspäne heraus.

Im Juni ist er wieder einsatzbereit, es geht „hinunter in Richtung Stalingrad". Am 15. August überquert Schneider den Don, seine Einheit umgeht die Stadt in weitem Abstand in südlicher Richtung und greift dann nach Norden an, auf Stalingrad zu. Schneider im Herbst 1996: „Dort hat es mich richtig erwischt, hat mir den Fuß abgehaut. Also das Schienbein abgehaut."

Der Bauer aus Schönering, für den die Magd Hochmayr Julie arbeitet, hat auch Felder in der Nachbargemeinde Alkoven, in den Donauauen rund um die paar weitverstreuten Häuser, die als Ortsteil den Namen Gstocket tragen. Im Spätsommer und im Herbst erweisen die Bauern, die Besitzer von Grund und Boden, den Besitzlosen einen sozialen Dienst: Wenn die Getreidefelder abgemäht sind, und wenn die Knechte und Mägde des jeweiligen Bauern die Ernte auf die hohen Wagen geladen und weggefahren haben, dürfen die Armen des Dorfes, die weiblichen Dienstboten, die Frauen der Kleinstgewerbetreibenden und deren Kinder auf die Felder gehen und die liegengebliebenen Ähren einsammeln. Die Hochmayr Julie ist unterwegs auf den Stoppelfeldern, mit ihrem Buben, dem Joseph. Und auch für Hildegard Jungmayr ist das eine schwere Zeit. Ihr Vater verdient als Faßbinder gerade so viel, daß sie das kaufen können, was sie selber nicht beschaffen können, Salz und Zucker etwa. Alles andere kommt aus dem kleinen Stück Garten bei ihrem Haus: Gemüse, Erdäpfel, Hühnerfleisch, Ziegenmilch.

Im Herbst müssen Hildegard und ihre Brüder soviel lose Ähren aufheben, daß sie für das ganze Jahr Mehl haben. Auch die Hochmayr Julie und ihr Bub klauben Ähren, soviel sie finden können. Wenn der Bauer seine eigene Ernte in der hohen hölzernen Dreschmaschine gedroschen hat, dann läßt er gnädigerweise die Säcke der Ährenklauber durchlaufen, er nimmt deren Körner dann mit zur Mühle und bringt ihnen einen oder zwei Säcke Mehl zurück.

Die Frauen und Kinder und Jugendlichen grasen die Felder in den Auen zwischen Gstocket und Schönering ab, entlang der Nibelungen-Bundesstraße, und bis hinüber nach Thalham, Appersberg und an die Gemeindegrenze bei Straßham. Wenn die grauen Busse kommen, dann drehen sich die einen weg, bücken sich noch tiefer zu Boden und sehen erst wieder in Richtung Straße, wenn das Motorengeräusch verklungen ist. Andere, mutige, hören zu arbeiten auf, schauen demonstrativ zu den Bussen hin auf der Ochsenstraße oder auf der Nibelungen-Bundesstraße, und wenn sie vorbeifahren, dann schlagen sie das Kreuzzeichen.

In den Gstocketer Auen laufen die Kinder zu den Schotterwegen zwischen den Feldern, wenn die hohen Kastenwagen vorbeigekommen sind, und suchen zwischen den Kieseln. Und fast immer finden sie etwas. Kleine Beinstücke, die die Hartheimer Knochenmühle nicht zu Knochenmehl vermahlen hat, weil es wieder einmal so schnell gehen mußte, im Totenraum stapelten sich schon die Leichen. Die Kinder bringen die Knochensplitter und die bleichen, ausgeglühten Beinchen den Müttern, die lassen sie in den Schürzentaschen verschwinden.

Am Abend, wenn sie heimgehen, bleiben manche Frauen stehen, strecken sich, schauen lange rund um sich. In alle Himmelsrichtungen lugen sie in der Dämmerung, ob ja niemand zu sehen ist. Niemand in einer SS-Uniform, und auch niemand aus den umliegenden Dörfern, von dem man weiß, daß er ein Nazi ist, und daß man ihm zutrauen muß, daß er die Nachbarn ohne weiteres bei der Partei oder bei der Gestapo anschwärzen würde. Dann, wenn sie sehen, daß sie allein sind in der Au, hocken sie sich hastig an den Straßenrand, greifen in die Schürzentasche, holen die Knochen heraus und stapeln kleine Haufen auf.

Der Joseph, der Hochmayr Juli ihr Bub, der damals 15, 16 Jahre alt war, hat es ein halbes Jahrhundert später erzählt. Die haben so kleine Haufen gemacht, hat ausgesehen wie Pyramiden. Pyramiden, aufgeschichtet mit Menschenknochen aus Hartheim. „Damit die drinnen im Schloß das sehen, und damit sie wissen, daß die Leute draußen wissen, was drinnen vorgeht."

Die Episode ist Thema eines Artikels, der im Linzer Volksblatt vom 18. Oktober 1945 (1. bzw. 71. Jahrgang, Nr. 5) unter dem Titel „Schloß Hartheim – eine Stätte des Grauens" erschienen ist. Der Journalist, der mit J. Reitter zeichnet, beschreibt, wie die Asche zur Donau gefahren wurde, und schildert, daß oft Knochenstücke auf die Wege gefallen seien, weil „die Toten schlecht verbrannt waren." Und dann heißt es: „Ortsbewohner, die erkunden wollten, wohin man die Asche beförderte, sammelten die Knochen und errichteten damit am Wegrand kleine Häufchen, um dadurch den SS-Leuten zu verraten, was sie in Erfahrung gebracht hatten. Die Fahrten zur Donau wurden daraufhin eingestellt."

Am nächsten Tag waren die Pyramiden von Hartheim jedesmal verschwunden. Aber die Kinder haben weiter Knochen gesammelt, und die Frauen haben weiter diese kleinen knöchernen Mahnmale aufgeschichtet.

Aloisia Ehrengruber arbeitet im Wirtschaftsbetrieb des Schlosses. Eines Tages sucht sie irgendwelche Sachen auf dem Dachboden. Durch ein Mansardenfenster hört sie einen Bus sich dem Schloß nähern. Sie schleicht zum Mansardenfenster und hört, wie der Bus vor dem äußeren Tor hält. Dann gehen die riesigen Holztorflügel auf, der Bus rollt langsam über den Schotterweg, am Schloßeingang vorbei. Als er um die Rechtskurve beim südwestlichen Erkerturm biegt, kann sie ihn sehen. Sie schaut von vorne durch die Windschutzscheibe. Die Sonne steht günstig. Auf den Bänken hocken lauter Kinder. Alle tragen weiße Hemdchen, offensichtlich Anstaltskleidung, weiße leinene Spitalsnachthemden. Der Bus fährt in den Holzverschlag und verschwindet aus dem Blickfeld von Aloisia Ehrengruber. Zwei Stunden später kommt der schwarze Rauch aus dem Kamin. Sie redet mit niemandem darüber. Erst lange Jahre nach dem Krieg erzählt sie die Geschichte.

Es hat sich etwas geändert, erzählt Maria Schneider am Abend Vater und Mutter. Auf den Dächern der Busse, die sie vom Fenster im Schweinestall aus beobachtet, ist jetzt oft Gepäck. „Große Koffer, die einen noblen Eindruck machen." Der Vater zuckt die Achseln. Die Mutter sieht nicht von dem Topf auf dem Herd auf. Manchmal kommt der Maria ein Bus entgegen, wenn sie auf der Dorfstraße von Hartheim nach Alkoven geht. Dann schaut sie durch die Windschutzscheibe hinein. Die Menschen auf den Bänken sehen nicht mehr so aus wie jene am Anfang, als die Fenster noch frei waren, oder später, als sie mit Vorhängen abgedeckt waren, die öfters jemand zur Seite schob. Damals konnte man auf den ersten Blick erkennen, daß in den Bussen Behinderte saßen. Geisteskranke.

Die Leute, die Maria Schneider jetzt auf den Bänken kauern sieht, sehen fürchterlich mager aus, und sie scheinen erschöpft zu sein, auf unvorstellbare Art erschöpft. Und sie tragen gestreifte grobe Kleider.

Sie erzählt es am Tisch in der Stube. Es sind KZler, sagt der Vater. Sie bringen jetzt KZler im Schloß um. Aber wieso, fragt Maria, wieso hier. Der Vater weiß es nicht. Aber er hat es auch schon von seinem ältesten Sohn Ignaz gehört. Der ist nach einem Motorradunfall aus dem Militärdienst entlassen worden und arbeitet wieder in den Hermann-Göring-Werken. Da sind jetzt viele KZler zum Arbeiten eingesetzt, ein eigenes Lager gibt es im Werk. Manchmal redet Ignaz Schneider mit einem der ausgemergelten Männer. Wie er einem erzählt hat, daß er aus Alkoven ist, Hartheim, da zuckt der zusammen und murmelt, daß sie dort Leute aus Mauthausen umbringen.

Dann begegnet Maria einem der Busse mit den vielen teuer aussehenden Koffern auf dem Dach. Sie erschrickt. Zum Teil sehen die aus wie die in der Wochenschau. Aber nur ein paar. Daheim weiß sie lange nicht, wie sie anfangen soll. Schließlich räuspert sie sich. In dem Bus da, sagt sie, ich glaube, das waren Juden.

Juden? Ja. Mit großen teuren Koffern auf dem Dach.

Alle schweigen.

Juli Hochmayrs Bub Joseph ist 1943 Maurerlehrling bei einer Firma in Linz. Als sich die Bombenangriffe auf Linz häufen, werden am Hauptbahnhof in regelmäßigen Abständen nachträglich Feuermauern eingebaut, um die Schäden begrenzen zu können. Josephs Firma bekommt einen Auftrag. Mit einem Maurer und einem weiteren Gehilfen steht der Lehrling auf dem Dach des Bahnhofsgebäudes, am westlichen Ende, wo sich unter ihnen das Schienengewirr des Verschubareals zu weiten beginnt.

Ein Zug fährt ein aus Richtung Wien, hält nicht bei den Bahnsteigen, sondern rollt ein Stück hinaus aus dem Bahnhof und stoppt auf einem Abstellgleis neben einer Verladerampe. Es ist kurz nach der Mittagspause. Die Maurer auf dem Dach können hinüberschauen. Männer in SS-Uniformen umstellen den Zug. Männer in weißen Ärztekitteln steigen als erste aus. Zwei Busse tuckern langsam an die Verladerampe. Das sind die grauen Busse, sagt Joseph. Der Maurer sagt, daß er still sein und weiterarbeiten soll.

Die Männer in den weißen Kitteln tragen Menschen aus dem Zug. Den Getragenen fehlen Arme oder Beine, bei manchen ist nur noch der Torso ohne Extremitäten erhalten. Anderen ist der Kopf vollständig mit weißen Mullbinden eingewickelt. Viele werden auf Bahren herausgetragen. Die Weißbekittelten arbeiten schnell. Sie schaffen die Schwerstbeschädigten aus den Waggons in die Busse, grob sind sie dabei und packen die Leute wie Stückgut an, nicht wie Menschen. Gleich ist der erste Bus voll und fährt ab, der zweite rückt nach und wird beladen mit der menschlichen Fracht.

Der Maurerlehrling Joseph zupft den Maurer an der Jacke. Er soll doch hinüberschauen, sagt er. Der Maurer tut, als ob er es nicht bemerkt. Da, sagt Joseph, sieh dir das an. Die haben Uniformen an.

Manche der verstümmelten Menschen auf den Bahren sind in Spitalshemden gehüllt. Aber viele tragen Uniformen, zumindest Teile von Uniformen. Es sind unserige, flüstert der Maurerlehrling, schau dir das an, die bringen unsere eigenen Soldaten nach Hartheim. Aber was, sagt der Maurer, wieso Hartheim, die werden halt in ein Lazarett kommen. Tu jetzt endlich wieder deine Arbeit, schnauzt er den Lehrling noch an, und rede bloß mit keinem über deine Hartheim-Spinnereien.

Joseph hält sich nicht daran. Am Abend fährt er mit dem Rad nach Hause, eine Stunde braucht er bis Schönering. Irgendwo zwischen dem nordwestlichen Linzer Vorort St. Margarethen und Wilhering holt ihn Walter Jungmayr ein, der Bruder von Hildegard Jungmayr. Die beiden Burschen sind befreundet. Walter Jungmayr arbeitet bei der gleichen Baufirma als Lehrling, allerdings auf anderen Baustellen. Schnaufend erzählt Josef dem Freund von den verstümmelten Soldaten. Nein, sagt der, das kann er nicht glauben. Seine beiden älteren Brüder sind bei der Waffen-SS. Von deutscher Mannesehre und deutscher Soldatentreue wird bei ihm daheim viel geredet in diesen Zeiten. Daß die Wirklichkeit anders aussieht als das Leben in den Wochenschauen, das ahnt der 16jährige schon. Aber so etwas will er nicht glauben. Daß die ihre eigenen Soldaten nach Hartheim …

Walter tritt heftig in die Pedale und fährt ein paar Meter vor. Er will sich nicht mehr mit Joseph unterhalten. Daheim in Schönering fragt er seine Schwester Hildegard: Sind heute wieder Busse gefahren?

Ja, sagt die, am frühen Nachmittag.

Joseph kommt heim und ißt schweigend sein Abendmahl. Dann fragt er seine Mutter, die Hochmayr Julie, ob sie heute auf den Feldern draußen war an der Nibelungen-Bundesstraße. Sie nickt.

Sind die Busse heute gefahren?

Ja.

Wann?

Gegen Mittag. Es war eine Zeitlang, nachdem der Jungknecht mit dem Most und der Jause gekommen ist. Die Hochmayr Julie schweigt eine Zeitlang, ehe sie sagt: Und dann hat es wieder geraucht. Und riechen hat man es heute auch können.

Die verbrennen Soldaten, murmelt ihr Sohn. Er erzählt ihr seine Beobachtungen. Die Frau schweigt. Am Abend sitzen die Knechte und Mägde noch eine Weile beisammen. Als nur noch der Roßknecht da ist, der mit der Julie ein Verhältnis hat und sie wenig später heiraten wird, und dem der Joseph vertraut, rückt er mit seiner Geschichte heraus. Der Knecht senkt den Kopf und weiß lange nicht, was er sagen soll.

Glaubt ihr das?, fragt der Lehrling schließlich.

Der Knecht nickt kaum merklich. Julie sieht niemanden an, als sie sagt: In Gstocket, da finden sie bei der Feldarbeit dauernd Knochen, die denen von den Wagen fallen, wenn sie die Asche und das Zeug zur Donau fahren. Manche von den Mägden heben die Knochen auf und machen daraus so kleine Haufen. Davon hat der Roßknecht auch schon gehört, wenn er bei seinen Fahrten zum Bahnhof in Alkoven mit den Burschen dort ins Reden gekommen ist. Noch im gleichen Jahr heiratet der Knecht die Hochmayr Julie. Kurz danach wird er zum Militärdienst eingezogen und fällt an der Ostfront.

Daß der Schluß, den der Schöneringer Maurerlehrling aus seinen Beobachtungen zog, richtig war, ist wahrscheinlich. Zwar sagten die Euthanasiebeteiligten bei ihren Einvernahmen nach dem Krieg häufig aus, daß man Kriegsteilnehmer nicht einbezogen habe.

Die Realität war aber anders, wie bereits geschildert. Die Euthanasie-Chefs Bouhler und Brandt definierten in einem internen T4-Dokument nach einer Besprechung in Berchtesgaden am 10. März 1941 die Tötungskriterien für Soldaten ausdrücklich so: „Nichteinbezogen werden sollen diejenigen Kriegsteilnehmer, die sich entweder an der Front verdient gemacht haben, die verwundet wurden oder Auszeichnungen erhalten haben. Über die Bewertung von Verdiensten an der Front insbesondere Auszeichnungen trifft Entscheidung Herr Jennerwein (das ist der Hauptamtsleiter Victor Brack, ein Nichtmediziner, der seinen akademischen Grad in den Wirtschaftswissenschaften erworben hat; A.d.V.). In Frage kommende Fälle, die in unsere Anstalten gelangen, sind dort zurückzustellen, bis Herr Jennerwein nach Aktenvorlage eine Entscheidung getroffen hat. Im übrigen schützt Kriegsteilnehmerschaft nicht vor einer Einbeziehung in die Aktion." Das gesamte Dokument endet mit dem Satz: „Im übrigen nach wie vor Ausscheidung nach strengem Maßstab!"

Aussagen, denen zufolge die Aktion T4 schwerstverwundete deutsche Soldaten getötet hat, gibt es auch aus Polen. Anfang 1942 begann dort im ehemaligen Krankenhaus von Meseritz-Obrawalde das Zu-Tode-Spritzen von Patienten in unglaublichem Umfang mittels Morphium, Skopolamin, Veronal und Evipan. 30 bis 50 polnische und deutsche Kranke, alte Menschen und verbrauchte Zwangsarbeiter, herangeschafft aus dem ganzen Reich, wurden im Tagesdurchschnitt ermordet. Allein im Jahr 1944 wurden in ein einziges der Obrawalder Gebäude 3.948 Kranke eingeliefert – von denen 3.814 bald als verstorben gemeldet wurden. Das Tötungs-Krankenhaus war organisiert wie ein KZ, und es platzte aus allen Nähten: Sogar in die Anstaltskirche wurden Stockbetten für 100 Patienten gestellt.

Polnische Bezirkskommissionen haben Mitte der 60er Jahre begonnen, die NS-Verbrechen in Zielona Gora (Grünberg) zu untersuchen. Dabei sammelten diese Kommissionen zahlreiche Aussagen über die Todesanstalt Obrawalde nahe Meseritz. Der polnische Augenzeuge Bogdan Pecold sagte am 14. September 1965 vor der Bezirkskommission in Grünberg: „Vor dem Kriegsschluß habe ich gesehen, daß zwei Pullmannwaggons mit kranken deutschen Soldaten angekommen sind." Es ist anzunehmen, daß die Landser in den Obrawalder Massengräbern endeten. Daß deutsche Soldaten ermordet wurden, sagte auch der polnische Zeuge Jósef Cabanski am 19. Juli 1972 vor einer Bezirkskommission in Posen.

Die Chefsekretärin der Anstalt Kaufbeuren-Irsee sagte ebenfalls in diese Richtung aus. Sie erzählte folgendes von einer T4-Schwester der Zweiganstalt Irsee, wo die „wilde" Euthanasie exzessiv betrieben wurde: „Acht Soldaten hat die zum Beispiel einmal gespritzt und weggeräumt. Das hat sie uns selber erzählt. Die sind weggestorben wie die Fliegen. Beinamputierte, doppelt Amputierte, die hat sie alle weggeräumt."

Joseph, der Hochmayr Julie ihr Bub, erzählt erst 50 Jahre später wieder jemandem von dem Erlebnis auf dem Linzer Hauptbahnhof. Nicht einmal mit Hildegard Jungmayr spricht er darüber, die er ein paar Jahre nach dem Krieg heiratet. Und mit seinem Kollegen, Hildegards Bruder Walter, auch nicht: Der wird blutjung noch zum Wehrdienst eingezogen, erkrankt während der Ausbildung in Mitteldeutschland schwer an der Lunge, verzehrt sich vor Heimweh in einem Lazarett in Detmold und stirbt ein paar Wochen nach Kriegsende.

„Auf die Künste!"
„Auf die Künste!"
Die Mitglieder der Alkovener Großbauernfamilie N. heben die Gläser und prosten dem jungen Mann mit dem feingeschnittenen Gesicht, der hohen Stirn und den für die damalige Zeit langen, jugendlich forsch nach hinten gekämmten Haaren zu. Man hat ja hier im Ort nie Gäste, mit denen man sich derart kultiviert unterhalten kann, und nicht einmal in Linz gibt es – nicht nur wegen der Kriegszeit – oft die Möglichkeit zu gesellschaftlichem Leben auf diesem Niveau. Dr. Georg Renno, der die Familienmitglieder ganz unbürokratisch ärztlich behandelt, bezaubert die Frauen mit seinem bubenhaften Charme und beeindruckt die Männer mit seiner Weltläufigkeit. Es gefällt den reichen Bauern, daß da einmal ein Städter ist, der sie nicht spüren läßt, daß er sie zwar um ihren Reichtum beneidet, sie gleichzeitig aber wegen ihrer Provinzialität verachtet.

Wenn der Abend fortgeschritten ist, und Renno erzählt hat von seiner Lieblingsbeschäftigung, dem Spiel auf der Flöte, dann bitten ihn die Gastgeber, doch eine Probe seines Könnens zum besten zu geben. Dieser ziert sich nur kurz, dann holt er seine Flöte hervor und spielt. Bach. Telemann. Friedrich der Große.

Man darf annehmen, daß Dr. Rennos Gastgeber in den großen Bauernhöfen Alkovens überzeugte Nationalsozialisten waren. Weiters darf man annehmen – da ja die Vorgänge im Schloß ein offenes Geheimnis in der Gemeinde waren –, daß Renno hin und wieder gefragt wurde bei solchen Gelegenheiten, warum es ihn aus dem Elsaß in die Ostmark verschlagen habe, und was denn eigentlich seine Tätigkeit im Schloß sei. Weil es Konfidentenberichte der Gestapo gibt, denen zufolge eine Mehrheit der Bevölkerung und eine überwiegende Mehrheit der NSDAP-Mitglieder den Gnadentod für unheilbar Kranke bejahte, darf man annehmen, daß Renno relativ offen sagte, was im Schloß geschah und was seine Aufgabe dabei war. Mit theoretischen Überlegungen, die seine Beteiligung an der Euthanasie zu einem Dienst an der Gemeinschaft stilisieren sollten, hatte er noch 25 Jahre später vor Vernehmungsbeamten keine Probleme. Was er 1965 beim Frankfurter Gericht von sich gab, hat er sinngemäß wohl auch 1940 den beifällig nickenden Alkovener Großbauern erzählt: „Etwas Fürchterliches habe ich bei der Tötung nicht empfunden, weil ich der Auffassung war, daß der Tod für die Betreffenden eine Erlösung darstellte, und weil ich sicher war, daß ihnen ein sanfter Tod bereitet wurde."

Der Angriff war um viertel nach drei Uhr in der Früh, um halb vier hat es Hans Schneider erwischt. Sein Schienbein ist ganz zertrümmert, ein Teil fehlt, aber den Fuß kann er behalten. Noch vor der Einkesselung Stalingrads wird er mit einem Flugzeug ausgeflogen. Er hat noch gesehen, fünf Meter vor ihm, wie die Granate explodierte. Der Schlag fühlt sich an, als ob ihm jemand mit einer Axt auf das Schienbein gehauen hätte. Hans Schneider fällt um. Der andere Funker, ein Unteroffizier, verbindet die Beinwunde notdürftig. Der Leutnant, pflichtbewußt und diensteifrig, sagt nur, bleib da liegen, kommst eh dann zurück, und hastet wieder vor zum Angriff.

Schneider: „Obwohl er die Pflicht gehabt hätte, daß er mich zurückbringt." Nach Stunden kommt ein reichsdeutscher Soldat mit zwei Russen, Gefangenen. Auf die Schultern der beiden hängt sich der Alkovener, die Russen schleppen ihn nach hinten bis zu einem Panzerfahrzeug. Dort legen sie ihn ab. Er bleibt den ganzen Tag liegen. Am Abend schaffen ihn Sanitäter zurück auf den Hauptverbandsplatz der Division. Dort ist alles überfüllt, er kommt zum Verbandsplatz einer anderen Division. Am nächsten Tag wird er operiert, am gleichen Tag legen sie ihn auf eine Tragbahre, mit einem Zug geht es rund 150 Kilometer zurück, zu einem Flugplatz. Von dort fliegt man ihn mit einer JU 52 aus. „Die Tante Ju", sagt er heute und lacht.

Er bleibt in einem Lazarett im Donetzbecken, nach 14 Tagen geht es zurück nach Polen. Wieder 14 Tage später heißt es, daß demnächst ein Lazarettzug mit Rumänen in Richtung Österreich fahren wird. Schneider ist noch nicht transportfähig. Er schwindelt mit dem Thermometer. Wenn er kein Fieber mehr hat, kommt er vielleicht mit. Weil der Transport nicht ganz voll ist mit Rumänen, werden Schneider und andere Deutsche und Österreicher mitgenommen. So kommt er nach Wien. Dort verpfuschen sie sein Bein. Sie biegen den verletzten Fuß zu weit durch und verschrauben ihn so, daß er viel kürzer ist als der andere, bei der Ferse braucht er zehn Zentimeter Unterlage. Schneider beklagt sich vorsichtig beim Abteilungsarzt im Lazarett, der sagt nur: Ach, das gibt sich schon wieder.

Als er nach Wochen wieder halbwegs gehen kann, wird er nach Linz verlegt. In das Militärlazarett in Niedernhart. Hans Schneider, der neben der Tötungsanstalt Hartheim lebt, schläft wochenlang in einem Bett, aus dem wahrscheinlich Geisteskranke weggebracht wurden, nach Hartheim, um Platz zu schaffen für verwundete Soldaten.

Nach einer Verlegung in das sogenannte Linzer C-Lazarett, das im Gebäude der Kreuzschwesternschule untergebracht ist, beginnen seine zerschmetterten Beinknochen zu eitern. Hans Schneider wird nach Bad Hall auf Kur geschickt. Die Wunden heilen sehr lange nicht, auch ein zweiter Kuraufenthalt bringt wenig Besserung.

Zurück zum 6. Mai 1995. „Von allen Stätten des Grauens, die damals in Europa entstanden, sind die auf unserem Heimatboden die für uns unerträglichsten", sagt Klestil über die scheppernden Lautsprecher. Und: „Wie konnte es geschehen, daß wir unter allen Opfern dieses monströsen Massenmordes gerade die geistig und körperlich Behinderten als Allerletzte aus dem Schatten des Vergessens in unsere Erinnerung und in unser Mitleid zurückgeholt haben? Wie war das möglich und was lernen wir daraus?" Eine kleine Gruppe Menschen steht um die alte Frau, in dem Grasstück rechts vom Haupttor des Schlosses. Es sind vor allem Leute im Alter zwischen 30 und 50 Jahren. Manchmal fragt jemand, der neu dazukommt und das Vorangegangene nicht gehört hat, worum es geht und was die Frau sagt und wer das eigentlich ist. Sie war auf dem Bauernhof da drüben, sagt dann jemand und deutet unbestimmt in alle Richtungen rund um das Schloß. Eine junge Bauerstochter war sie. Früher. Im Krieg.

Die alte Frau redet noch immer vom Gemüse. „Man hat den Salat nicht essen können. Da war immer diese Schicht drauf. Schwarz und fettig. Jedem hat gegraust. Ich freß' doch nicht denen ihre Asche." Den Satz wiederholt sie ein paarmal. „Ich freß' doch nicht denen ihre Asche." Es klingt wie ein Vorwurf an die Verbrannten.

X. Widerstand

Wenige Monate nach Beginn der Aktion T4 werden Unbehagen, dumpfer Unmut und auch offene Kritik gegen das Töten Geisteskranker im reichsdeutschen Volk immer lauter artikuliert. Betroffene Angehörige wollen einfach nicht schweigen. Etwa Johannes Schmidt aus Schwarzenstein, dessen Tochter Marie wegen „gelegentlicher Anfälle" in stationärer Anstaltsbehandlung ist. Am 4. April 1941 bekommt Schmidt den Standardvordruck, daß Marie gemäß Weisung des Reichsverteidigungsministers in die Landesanstalt Hartheim verlegt wurde. Johannes Schmidt ist Nazi-Gegner, er hört regelmäßig englische Feindsender. In einer Sachverhaltsdarstellung, die er im Oktober 1945 an die alliierten Behörden schickte, gab er an, daß er deshalb „schon im Bilde war, was ich zu erwarten hatte." Tatsächlich kommt am 21. April die Todesnachricht: „Sehr geehrter Herr Schmidt! Wir bedauern, Ihnen heute mitteilen zu müssen, daß Ihre Tochter Marie Schmidt unerwartet verstorben ist ..."

Schmidts Schmerz und Zorn sind so groß, daß er jedem in Schwarzenstein erzählt, daß seine Tochter in Hartheim umgebracht wurde. Er schreit es auch den lokalen NS-Funktionären ins Gesicht. Die scheinen nicht recht gewußt zu haben, wie sie darauf reagieren sollen. Bestritten wird die Euthanasie überhaupt nicht. Schmidt solle doch froh sein, sagen die Nazis kleinlaut, daß der Staat solche Mittel erfunden hat, also so eine „Art von barmherziger Tötung".

Zunehmend wird die Justiz mit Fällen beschäftigt, die mit der Aktion T4 zu tun haben. Also mit dem Töten von Menschen, das in einem seltsam rechtsfreien Raum stattfindet: Es gibt kein gültiges Gesetz, die Euthanasie wäre so, wie sie praktiziert wird, auch in der NS-Judikatur strafbar. Anderseits ist sie erklärter und schriftlich festgehaltener Wunsch des Führers, was de facto eine Rechtskraft bedeutet, die mehr wiegt als formulierte Gesetze. Informiert über die Ermächtigung Hitlers an Bouhler und Brandt vom 1. September 1939 waren im ersten Jahr der „offiziellen" Euthanasie das

Reichsjustizministerium und einige wenige Spitzen des Justizapparates. Das Justizministerium beschränkte sich darauf, Proteste und Berichte, die bei ihm eingingen, an Fricks Innenministerium und Bouhlers Kanzlei des Führers „zur Kenntnisnahme" weiterzuleiten und sich im übrigen für unzuständig zu erklären. Weil sich die Proteste häuften, und weil immer mehr nicht-informierte Richter und Staatsanwälte mit dem Morden in Hartheim und den anderen Anstalten konfrontiert wurden, spitzte sich die Situation zu.

Mit einem solchen Fall hat das Linzer Strafgericht im Frühjahr 1941 zu tun. Die Familie Hauser aus Alberndorf in der Riedmark erhält am 13. Jänner die Nachricht, daß ihr taubstummer Sohn mit etlichen anderen Pfleglingen vom Haus „Friedenshort" der evangelischen Diakonissenanstalt Gallneukirchen in die Heil- und Pflegeanstalt Sonnenstein verlegt wurde. 14 Tage später kommt die Nachricht, daß der Sohn am 23. Jänner in Sonnenstein – in Wahrheit natürlich in Hartheim – gestorben ist.

Die Mutter Hauser zeigt der Nachbarin Theresia Glocker den Brief aus Sonnenstein. Sie sagt: „Meinen Sohn haben sie schon weggeputzt. Ich habe schon den Totenschein und die Verständigung bekommen, daß ich mir die Asche holen kann. Auch alle alten Leute und die verwundeten deutschen Soldaten werden auf diese Weise weggeräumt." Die Nachricht vom Tod des Taubstummen und die Mutmaßungen der Mutter machen in Alberndorf und im benachbarten Riedegg schnell die Runde. Frau Glocker erzählt es Maria und Rosa Mühlberger, die erzählen es einem gewissen Klambauer und einem gewissen Nagler. Der redet im Gasthaus Klambauer in Riedegg ganz offen am Wirtshaustisch über die Sache. So erfährt ein Mann namens Witschko davon, der gibt es an den Hilfsarbeiter Purner weiter und kommentiert es so: „Das wäre doch schön, wenn man sich sein Leben lang für das Vaterland schindet und plagt und nachher einfach weggefüttert wird." In Riedegg plappern schon die Schulkinder über das Gerücht, von denen erfahren es Herr und Frau Gstöttenbauer, die es dem Pater Ernst vom Kloster Riedegg weitererzählen.

Irgend jemand muß schließlich bei Partei oder Gestapo Anzeige erstattet haben. Denn gegen alle diese Personen ermittelt bis in den September hinein die Linzer Oberstaatsanwaltschaft wegen Vergehens gegen das Heimtückegesetz. Zu dieser Zeit ist allerdings einerseits die Justiz bereits in breitem Ausmaß von der Euthanasie informiert, andererseits ist sie formell von Hitler bereits abgeblasen worden. Die Justiz hat keinerlei Interesse, daraus eine große Sache zu machen, daher stellt die Linzer Generalstaatsanwaltschaft das Verfahren ein. Mit der kurzen Begründung: „... sind keine bedeutenden Folgen der Äußerungen festzustellen, denn die Beschuldigten haben dieses Gerücht aus einem bei solchen Redereien immer wieder festzustellenden Mitteilungs- und Erkundungsbedürfnis ohne böse Absicht verbreitet." Mutter Hauser gesteht man zu, daß sie „durch den plötzlichen Tod ihres Sohnes sehr erregt und vergrämt" war.

Die Staatsanwaltschaft schlägt vor, es bei einer persönlichen Verwarnung der Beschuldigten zu belassen. Es muß diese Verwarnung eine seltsame Veranstaltung gewesen sein: Einerseits wurden die Leute schärfstens ermahnt, keine derartigen Unwahrheiten über Todesfälle in Irrenanstalten zu verbreiten. Andererseits ist in den Akten festgehalten, daß der Beschuldigte Witschko sich „mit den Maßnahmen, die bei Geistesschwachen Anwendung finden sollen, einverstanden erklärt" habe.

Ein Beamter des Reichsjustizministeriums verbrachte im Herbst 1940 einen Urlaub in Wien und in Gmunden am Traunsee. Dabei bemerkte er „in weiten Kreisen der ostmärkischen Bevölkerung eine nicht unbedenkliche Erregung" darüber, daß in zahlreichen Fällen „unheilbar Geisteskranke aus ostmärkischen Irrenanstalten in solche des Altreiches überführt und dort nach wenigen Tagen ohne Wissen und Zustimmung der Angehörigen durch Verabreichung von Injektionen von ihrem Leiden erlöst" worden seien. Der Berliner Beamte muß solches im Salzkammergut massiv gehört haben, denn zwei Tage nach Ende seines Urlaubs verfaßte er einen Aktenvermerk an Ministerialdirektor Suchomel, der diesen „ergebenst" dem für Euthanasie im Justizministerium zuständigen Staatssekretär und späteren Vorsitzenden der Volksgerichtshöfe, Roland Freisler, vorlegte. Der Beamte schilderte seine Erlebnisse in der Ostmark so: „Ich konnte den eindeutigen Eindruck gewinnen, daß die Erregung der Bevölkerung u. a. auch auf religiöse Momente (die Ostmark ist weitaus überwiegend katholisch!) zurückzuführen ist. Hauptsächlich soll es sich um Pfleglinge der Anstalten Am Steinhof (Wien), Mauer-Öhling und Niedernhart handeln. In Wien ist das Gerücht verbreitet, daß von dem gleichen Schicksal auch schon Insassen des Wiener Städtischen Altersversorgungsheimes in Lainz ereilt worden sind. Das mag die mir mehrfach zur Kenntnis gelangte Besorgnis gewisser Bevölkerungskreise ausgelöst haben, daß auch aus anderen Gründen arbeitsunfähige Menschen (z. B. Blinde, Lahme) in absehbarer Zeit aus der Welt geschafft werden könnten. Ziemlich verbreitet scheint auch die Auffassung zu sein, daß es um die Ernährungslage des Reiches schlecht bestellt sein müsse, 'wenn es schon auf die paar Hunderttausend Narren ankomme'. In Wien soll, wie ich wiederholt gehört habe, die Erregung der Bevölkerung bereits solche Dimensionen angenommen haben, daß es vor der Heilanstalt Am Steinhof vor nicht allzulanger Zeit zu bedenklichen Demonstrationen gekommen sein soll, die angeblich den Einsatz von Polizei und SS notwendig gemacht haben ... Im Freundeskreis wurden mir in absolut glaubwürdiger Weise einzelne konkrete Fälle geschildert."

Ministerialdirektor Suchomel fügte seiner „ergebensten" Vorlage dieses Aktenvermerks an Freisler die Mitteilung bei, daß er von einem befreundeten Wiener Rechtsanwalt gefragt worden sei, ob er wisse, daß in Irrenanstalten der Ostmark Irre beseitigt werden. Ein weiterer Freund, ein Psychiater, habe gesagt, unter diesen Voraussetzungen falle es ihm immer schwerer, Gutachten abzugeben, die zur Einstellung von Verfahren wegen Unzurechnungsfähigkeit führten, weil er, der Psychiater, „besorgen müsse, damit ein Todesurteil über den Beschuldigten auszusprechen."

Freisler reagierte, indem er die Sache als erstes für geheim erklärte. Dann wies er Suchomel an, das Material Reichsminister Lammers, dem Chef der Reichskanzlei, zuzusenden, und zwar aus diesem Grund: „Ich weise darauf hin, daß, wenn die Psychiater nicht mehr glauben, ihr Gutachten frei abgeben zu können, die Sicherheit der Strafrechtspflege und damit die öffentliche Sicherheit gefährdet ist." Freisler hatte von Justizminister Franz Gürtner bereits im Juni 1940 den Auftrag erhalten, derartige Berichte und

Stellungnahmen zu sammeln. Viel mehr unternimmt Gürtner nicht, obwohl es noch 1935 in einem vom ihm herausgegeben Bericht über „Das kommende deutsche Strafrecht" ausdrücklich heißt: „Eine Freigabe der Vernichtung sogenannten lebensunwerten Lebens kommt nicht in Frage."

Und in einem Kommentar zum reichsdeutschen Strafgesetzbuch aus dem Jahr 1944 steht: „Andere Arten von Vernichtung lebensunwerten Lebens, z. B. die Tötung unheilbar Blödsinniger, könnten erst recht nur durch Änderung der Gesetzgebung straffrei werden." Freisler sammelte alle derartigen Akten und schickte sie in regelmäßigen Abständen an die Kanzlei des Führers, garniert mit ständigen Hinweisen auf die Schwierigkeiten der Justiz mit der unklaren rechtlichen Situation, die zu einer „bedenklichen Unsicherheit der Arbeit" führten.

Im ganzen Reich häuften sich die Meldungen, Aktenvermerke und Anzeigen von Landesamtdirektoren, Vormundschaftsgerichten, Staatsanwälten und vor allem von betroffenen Angehörigen. Die Justiz reagierte nicht, die informierten hochrangigen Richter und Staatsanwälte bis hinauf zum Minister wiegelten alle diese Vorgänge ab. Gürtner versuchte zögerlich, die Euthanasie zu behindern, weil ihr jede Rechtsgrundlage fehlte. Am 27. August 1940 legte ihm der Chef der Kanzlei des Führers, Bouhler, das Original der Ermächtigung Hitlers vor. Eine Woche später, am 5. September 1940, schrieb Bouhler an Gürtner. Er wies den Justizminister ausdrücklich darauf hin, daß er, Bouhler, der einzige und alleinige Verantwortliche für die Euthanasie sei und daß es darüber hinaus keiner besonderen Erlässe bedürfe. Noch im August wurden ausgewählte Spitzenleute des Justizbetriebs in die Vorgänge um die Aktion T4 eingeweiht.

Der eindrucksvollste Fall eines Justizbeamten, der sich gegen die Euthanasie stellte und sogar deren höchstrangigen Exekutor, Philipp Bouhler, den Chef der Kanzlei des Führers, wegen Mordes anzeigte, hängt mit der Tötungsanstalt Hartheim zusammen. Am 8. Juli 1940 sandte der Vormundschaftsrichter am Amtsgericht Brandenburg an der Havel, Amtsgerichtsrat Dr. Lothar Kreyssig, einen empörten Brief an Reichsjustizminister Gürtner, weil aus seinen Akten „kaum mehr als zweifelhaft" hervorgehe, daß seit „zwei Monaten entmündigte Kinder nach Hartheim/Oberdonau gebracht und dort ohne Wissen der Angehörigen, der gesetzlichen Vertreter und des Vormundschaftsgerichtes, ohne die Gewähr eines geordneten Rechtsganges und ohne gesetzliche Grundlage zu Tode gebracht" würden. Auf Kreyssigs Schreibtisch häuften sich wahrscheinlich Vormundschaftsfälle verstorbener Pfleglinge, die in den Anstalten des Altreiches euthanasiert worden waren, deren Ableben aber seit Mai 1940 im Zuge des Aktentausches aus Tarnungsgründen von Hartheim beurkundet wurde.

Kreyssig, nach eigenem Bekunden in der Studienzeit Mitglied eines illegalen Wehrverbandes und „angestrengter Verachter der Weimarer Republik", war eigentlich Sympathisant der NSDAP, er hatte diese Partei mehrmals gewählt. Erste Zweifel waren ihm aber noch vor der Machtübernahme im Jahr 1933 gekommen, als Hitler in öffentlichen Reden die Begnadigung einiger Mörder verlangte, die bei nächtlichen Überfällen NS-Gegner erschlagen hatten. In dem sehr langen Schreiben an den Justizminister begründet er seine strikte Ablehnung der Vernichtung lebensunwerten Lebens aus religiöser, ethischer und rechtsphilosophischer Sicht. Er schreibt etwa: „Es ist vermessen, zu beurteilen oder sich darüber hinwegzusetzen, was wohl „lebensunwertes Leben" für die ewige Bestimmung der Menschen bedeutet, die damit nach den Ordnungen Gottes als Eltern oder Angehörige oder Ärzte oder Berufspfleger verbunden sind."

Und weiter: „Man lese nach, was etwa Binding zusammen mit Hoche in der Schrift „Die Vernichtung des lebensunwerten Lebens" über die Notwendigkeit verfahrensmäßiger Rechtsgarantien meint. Zur Zeit ist nicht bekannt, welches die Voraussetzungen für den Todesentscheid sind. Sicher ist nur, daß hier bei grundsätzlicher Bejahung der rechtlichen und sittlichen Möglichkeit die Hauptschwierigkeit liegt. Was ist normal? Was ist heilbar? Was ist diagnostisch mit Sicherheit feststellbar? Was ist im Blick auf den unnützen Aufwand für die Gemeinschaft noch tragbar? Wer es zu wissen glaubte, der wüßte noch nicht, was der andere darüber meint." Kreyssig kritisiert scharf, daß selbst in jenem Fall, wenn man die Tötung Schwerstkranker bejahen würde, es derzeit keinerlei rechtliche Basis gebe, keine Praxis mit Gutachten und Einspruchsmitteln, keine Anhörung Betroffener und Angehöriger, keinerlei Rechtsmittel. „Alles das fehlt jetzt. Wer jetzt das Unglück hat, einen nahen Angehörigen in eine Anstalt für Geisteskranke einliefern zu müssen, wird in eine kaum begreifliche Herzensnot gebracht. Er, der von Rechtskunde und Psychiatrie unberührte, einfache Volksgenosse, weiß gar nichts von den Gesichtspunkten, nach welchen sein Angehöriger für die Beseitigung unter Umständen gar nicht in Betracht kommt. Er weiß nur, daß man damit rechnen muß, eines Tages aus Hartheim die Nachricht vom unerwarteten Ableben des Angehörigen und die Aufforderung zu bekommen, daß man über die Urne verfüge."

Kreyssig wird immer deutlicher: „Die Anstalt Hartheim nennt in jedem Bericht eine natürliche Todesursache, mit dem Zusatz, daß alle ärztliche Kunst nicht vermocht habe, den Kranken am Leben zu erhalten. Jeder aber weiß wie ich, daß die Tötung Geisteskranker demnächst als eine alltägliche Wirklichkeit ebenso bekannt sein wird, wie etwa die Existenz der Konzentrationslager. Das kann gar nicht anders sein."

„Recht ist, was dem Volke nützt. Im Namen dieser furchtbaren, von allen Hütern des Rechtes in Deutschland noch immer unwidersprochenen Lehre sind ganze Gebiete des Gemeinschaftslebens vom Rechte ausgenommen, vollkommen z. B. die Konzentrationslager, vollkommen nun auch die Heil- und Pflegeanstalten. Was beides in der Wirkung aufeinander bedeutet, wird man abwarten müssen. Denn der Gedanke drängt sich auf, ob es denn gerecht sei, die in ihrem Irrsinn unschuldigen Volksschädlinge zu Tode zu bringen, die hartnäckig-boshaften aber mit großen Kosten zu verwahren und zu füttern."

„Das bürgerliche Recht besagt nichts darüber, daß es der Genehmigung des Vormundschaftsrichters bedürfe, wenn ein unter seiner richterlichen Obhut stehender Geisteskranker ohne Gesetz und Rechtsspruch vom Leben zum Tode gebracht werden solle. Trotzdem glaube ich, daß der ‚Obervormund', wie die volksverbundene Sprechweise den Vormundschaftsrichter nennt, unzweifelhaft die richterliche Pflicht hat, für das Recht einzutreten. Das will ich tun. Mir scheint auch, daß mir das niemand abnehmen kann. Zu-

vor ist es aber meine Pflicht, mir Aufklärung und Rat bei meiner vorgesetzten Dienstbehörde zu holen. Darum bitte ich.
gez. Kreyssig, Amtsgerichtsrat."
Kreyssig wurde umgehend von Staatssekretär Freisler zu einer Unterredung ins Justizministerium vorgeladen. Freisler sprach dabei in zynischer Offenheit davon, daß der Wille des Führers Recht schaffe. Und er sagte Kreyssig, daß an Rechtsgarantien für die Euthanasie gearbeitet werde. Der Richter kündigte an, daß er den Anstalten die „Auslieferung" von Patienten verbieten werde. Sechs Wochen später gab es ein zweites Gespräch. Freisler las dem Vormundsrichter Passagen aus einem Gesetzesentwurf vor, die diesen nicht zufriedenstellten. Schließlich sagte Kreyssig, daß er jetzt aus seiner Verantwortung handeln müsse und gedächte, die Verantwortlichen wegen Mordes anzuzeigen. Zu seiner Überraschung begrüßte Staatssekretär Freisler dies, und er nannte dem Vormundsrichter sogar ausdrücklich, wer der Verantwortliche sei: Reichsleiter Bouhler von der Kanzlei des Führers. Freisler: „Vielleicht ist eine Strafanzeige geeignet, die Leute in der Führerkanzlei von der Notwendigkeit rechtlicher Regelung zu überzeugen."
Kreyssig erstattete beim Generalstaatsanwalt in Potsdam Anzeige gegen Bouhler, und zwar nicht wegen Anstiftung zum Morde, sondern wegen Mordes. Der Vormundschaftsrichter dazu im Jahr 1963: „Ich hielt nach den damaligen Begriffen über unbedingten Gehorsam die Initiative zu einem solchen Schritt (der Euthanasie; A.d.V.) nicht für Anstiftung, sondern für mittelbare Täterschaft." Der Potsdamer Oberstaatsanwalt nahm kein Protokoll auf, sagte aber zu, Kreyssig Bescheid zu geben – was nie geschah.
In der Folge suchte Kreyssig die Anstalt Brandenburg-Görden persönlich auf, und zwar am 20. August 1940. Er erklärte den versammelten Ärzten, daß den Euthanasiemaßnahmen jede rechtliche Grundlage fehle, und daß er deshalb die Verlegung von Kranken, die seiner richterlichen Vormundschaft unterstünden, nicht mehr gestatten werde. Anstaltsleiter Hans Heinze, Obergutachter für die Kindereuthanasie und jener Arzt, der in Görden die „Forschungsabteilung" mit den gräßlichen Versuchen und Präparaten leitete, bestritt die Existenz einer solchen Tötungsaktion. Am 27. August verbot Kreyssig schriftlich den Anstalten Brandenburg-

Görden, Teupitz, Eberswalde, Sorau, Neuruppin, Göttingen und Landsberg-Warthe, Personen ohne seine Zustimmung zu entlassen (und sie damit möglicherweise der T4-Maschinerie auszuliefern), die unter seiner richterlicher Obhut standen. Drei Tage später informierte er Justizminister Gürtner.

Im September wurde Kreyssig von Minister Gürtner persönlich empfangen. Der zeigte ihm ein Faksimile der Führer-Ermächtigung. Der Amtsrichter sagte unverhohlen, daß er eine bloße Weisung Hitlers nicht als rechtsverbindlich ansehen könne. Gürtners Antwort: „Ja, wenn Sie den Willen des Führers nicht als Rechtsgrundlage anerkennen können, dann können Sie nicht Richter bleiben." Damit war das Gespräch beendet.

Bald darauf später wurde Kreyssig, der aktives Mitglied der Bekennenden Kirche war, kurzzeitig wegen seiner Aktivitäten für die Kirche inhaftiert, anschließend beurlaubt und zwangspensioniert. Kreyssig im Jahr 1963, als Zeuge im Prozeß gegen T4-Chefgutachter Werner Heyde: „... möchte ich vermuten, daß Justizminister Gürtner sich bemüht hat, meine Vernichtung im KZ oder auf andere Weise zu verhindern." Nach seinem eigenen Bekunden erfolgten Haft wie Pensionierung Kreyssigs wegen seines Einsatzes für die Bekennende Kirche, wegen des Engagements für seine Mündel ist ihm „aber nichts geschehen". Dennoch war er der einzige von rund 1400 damals amtierenden Vormundschaftsrichtern, der im Interesse seiner Schutzbefohlenen gegen die Euthanasie Widerstand leistete.

Am 29. Jänner 1941 starb Justizminister Gürtner, sein Amt übernahm kommissarisch Staatssekretär Prof. Dr. Franz Schlegelberger, der am 4. März bei Reichskanzlei-Chef Lammers vorsprach und ihn über all diese Mißstände im Zusammenhang mit der Euthanasie informierte. Schlegelberger suchte bei der Justiz eine positive Haltung zur Aktion T4 zu erzeugen. In der Anklageschrift des Verfahrens gegen Vorberg und Allers heißt es etwa: „... beeilte sich Dr. Schlegelberger – offenbar im Streben nach dem Sessel des Justizministers – durch Einwirken auf die nachgeordneten Justizbeamten für die Euthanasie-Maßnahmen um Verständnis und Unterstützung zu werben." In Absprache mit Lammers und Bouhler setzte Schlegelberger für den 23. und 24. April eine Arbeitstagung in Berlin an, bei der alle Präsidenten des Reichsgerichts, des Volksgerichtshofes, der Oberlandesgerichte, des Landeserbhofgerichtes, des Reichspatentamtes sowie alle Oberreichsstaatsanwälte und Generalstaatsanwälte vorgeladen und „um Mitarbeit ersucht" wurden.

Staatssekretär Schlegelberger eröffnete diese Sitzung am ersten Tag um zehn Uhr vormittags mit einer langen Ansprache. Nach Elogen auf den Vorgänger Gürtner und dem Ausdruck der Freude darüber, daß die Zuständigkeit deutschen Rechtes seit dem Ausbruch des Krieges von vorher 27 auf nunmehr 39 Oberlandesgerichte angewachsen sei, kam er zur Sache. „Die Unabhängigkeit der Justiz von Weisungen ist nach gefestigter Volksüberzeugung ein selbstverständliches und unentbehrliches Attribut des Richters", begann er. Doch zwei Minuten später sagte er in einem skurril verschachtelten Satz das genaue Gegenteil davon und damit genau das, worauf er hinaus wollte: „Der Richter soll Recht sprechen im Namen des Volkes. Hat sich die Weltanschauung in seinem Volke so grundlegend und mit so gefestigter Kraft gewandelt, wie in Deutschland nach dem Siege der Bewegung, so kann der Richter getreu seines Amtes nur walten, wenn er von dieser neuen Weltanschauung durchdrungen ist, und es kann keinem Zweifel unterliegen, daß nunmehr jede Norm des geltenden Rechts unter Berücksichtigung der im Parteiprogramm anerkannten Sittenordnung und Weltanschauung und dazu der maßgebenden Willensäußerungen ihres Schöpfers und berufensten Kenners, des Führers, auszulegen und anzuwenden ist." In Normalsprache ausgedrückt hieß das: Recht ist, was die NSDAP, also der Führer, als Recht erklärt.

Dann kündigte er an, daß die Herren nun aufgeklärt würden, welche Bewandtnis es mit der Vernichtung lebensunwerten Lebens habe. Denn: „Tatsachen, nicht nur Gerüchte müssen Ihnen bekannt sein. Geschieht das nicht, so ist es unabwendbar, daß Richter und Staatsanwälte sich zum schweren Schaden der Justiz und des Staates gegen Maßnahmen wenden, die sie gutgläubig, aber irrtümlich für illegal halten, und sich schuldlos mit dem Willen des Führers in Widerspruch setzen."

Danach schilderte Victor Brack, Leiter des Hauptamtes II in der

Kanzlei des Führers, den Spitzen der Justiz detailliert den bürokratischen Ablauf der Vernichtung lebensunwerten Lebens. Er betonte, daß es sich dabei vor allem um die „Durchführung eines Erlösungsaktes für Schwer- und Schwerstleidende und deren Angehörige" handle. T4-Chefgutachter Werner Heyde erläuterte die medizinischen Aspekte. Und er lieferte den Richtern und Staatsanwälten Befragungsergebnisse, deren Quelle er allerdings nicht nannte. So waren laut Heyde in 80 Prozent der Fälle die Angehörigen mit dem „Gnadentod" einverstanden, zehn Prozent war es gleichgültig und zehn Prozent protestierten.

Von den Spitzen der Justiz erhob sich bei dieser Arbeitstagung in Berlin kein Wort des Protestes gegen die Euthanasie. Es habe zwar „eisiges Schweigen" geherrscht, erzählten Sitzungsteilnehmer, und „im stillen Kämmerlein" und in kleinstem Kreise habe man anschließend Bedenken geäußert. Altgediente Juristen waren der Meinung, daß eine unveröffentlichte Weisung des Führers niemals Gesetzeskraft haben könne – sie sagten aber kein Wort dagegen und plädierten dafür, „zunächst einmal abzuwarten, was weiter passiert." Einige Herren zeigten sogar großes Interesse für die Aktion T4. Nach einer Aussage des Tötungsarztes Hans Bodo Gorgaß, der in Hartheim angelernt wurde und dann in Hadamar wirkte, besuchten damals die Generalstaatsanwälte von Frankfurt und Linz die in ihrem Einflußbereich liegenden Vernichtungsanstalten Hadamar und Hartheim. Der höchste Beamte der Anklagebehörde von Oberdonau soll sich die Hartheimer Einrichtungen sehr genau angesehen und die „schwere Tätigkeit zum Wohle des Volkes" gelobt haben.

Nach dem 24. April 1941 wurden alle die Euthanasie betreffenden Verfahren niedergeschlagen und neue Verfahren nicht eröffnet. Eine solche Angelegenheit schlug gerade in dieser Zeit zwischen Linz und Wels im Justizapparat hohe Wellen.

Es ging dabei um Günther Rottmann aus Berlin. Er lebte im Sommer 1940 seit längerem in der norddeutschen Heil- und Pflegeanstalt Buch. Bis seine Eltern in kurzer Folge die ominösen Verständigungen erhielten: Günther sei aus kriegswichtigen Gründen verlegt worden. Und kurz danach: Günther sei in der Anstalt Hartheim (in Wahrheit mit an Sicherheit grenzender Wahrscheinlichkeit in Brandenburg; A.d.V.) an eitriger Mittelohrentzündung gestorben, die sterblichen Überreste seien wegen der herrschenden Seuchengefahr sofort eingeäschert worden, die Urne werde auf Verlangen zugestellt.

Vater Alfred Rottmann hatte die Gerüchte über die Vorgänge in Heilanstalten gehört. Er bezweifelte die Todesursache und erstattete in Berlin Anzeige. Das Verfahren ging an die Staatsanwaltschaft beim Landesgericht Wels, die sich die Unterlagen inklusive Krankengeschichte in Abschrift kommen ließ. Am 9. Oktober schlug die Welser Staatsanwaltschaft, ohne weitere Ermittlungen angestellt zu haben, die Einstellung vor. Für die Linzer Generalstaatsanwaltschaft ergriff Oberstaatsanwalt Eypelthauer die Initiative. Er bestand auf der Einleitung eines Ermittlungsverfahrens und trug den Welsern am 22. Oktober auf, den behandelnden Arzt als Zeugen zu vernehmen.

Der Welser Staatsanwalt wurde aktiv, stieß allerdings in Hartheim auf eine Mauer des Schweigens. Was im Juristendeutsch so klingt: „... berichte ich unter Aktenvorlage, daß es nicht gelang, die zeugenschaftliche Vernehmung des behandelnden Arztes herbeizuführen." Die Staatsanwaltschaft mußte sogar mehrfache Anfragen im Schloß Hartheim durchführen, um die simple Auskunft zu erhalten, daß „Regierungsmedizinalrat Dr. Georg Renno" der behandelnde Arzt von Günther Rottmann war. Das Original der Krankengeschichte und weitere Unterlagen zum Fall könne man dem Staatsanwalt nicht aushändigen, teilte die Hartheimer Verwaltung mit, weil sie zwecks Erledigung einer Beschwerde von Ministerialrat Dr. Linden angefordert worden seien und sich in Berlin im Reichsinnenministerium befänden.

Der Welser Staatsanwalt wollte Renno als Zeugen vorladen. Die Antwort aus Hartheim: Dr. Renno befinde sich auf Urlaub, der Zeitpunkt seiner Rückkehr sei ungewiß. Wels insistierte, Hartheims nächste Antwort: Dr. Renno sei zu einer SS-Formation im Generalgouvernement abkommandiert und werde wahrscheinlich nach Ablauf seines Urlaubes gar nicht nach Hartheim zurückkehren. Der Staatsanwalt blieb hartnäckig und konterte: Der Beschäftigungsbehörde Dr. Rennos müsse doch Urlaubsdauer und Aufenthaltsort bekannt sein. Hartheims Antwort: „Dr. Renno ist durch das Reichsinnenministerium (Oberregierungsrat Dr. Bohne) an einen unbekannten Ort innerhalb des Generalgouvernements zur Durchführung einer besonderen wichtigen Aufgabe (Geheimauftrag) abkommandiert worden." Worauf der Welser Staatsanwalt seiner Linzer Oberbehörde erneut die Einstellung des Verfahrens vorschlug.

Am 28. November 1940 erstattete der Linzer Oberstaatsanwalt Eypelthauer dem Reichsjustizministerium Bericht. Er schrieb dabei vom Verdacht, daß die Krankengeschichte gefälscht sei, und kündigte seine Absicht an, Dr. Georg Renno nicht mehr als Zeugen zu betrachten, sondern ihn anzuklagen und als Beschuldigten ausforschen zu lassen. Im Justizministerium war noch Gürtner der Chef, und es geschah vorerst gar nichts. Erst am 4. März 1941, also in der Zeit, als Gürtners Nachfolger Schlegelberger begann, die „Mißstände" in der Justiz betreffend Euthanasie aus dem Weg zu räumen, berichtete das Justizministerium der Kanzlei des Führers über die Absicht der Linzer Generalstaatsanwaltschaft, gegen einen Hartheimer Euthanasiearzt Anklage zu erheben.

Aus der Kanzlei des Führers ging am 22. April 1941, einen Tag vor Beginn der Berliner Tagung zwecks Vergatterung der Spitzenjuristen auf den Führerwillen, ein wütendes Schreiben an das Justizministerium: „Es wird beanstandet, daß das Ermittlungsverfahren nicht behindert worden war", schrieb Victor Brack, der Leiter des Hauptamtes II. Und weiter: „Da anzunehmen ist, daß der Generalstaatsanwalt in Linz zu den im August 1940 von Herrn Staatssekretär Freisler über die Aktion unterrichteten Personen gehört, ist sein Verhalten in jeder Weise unverständlich."

Danach fand die Arbeitstagung von Schlegelberger, Bouhler und Brandt mit dem erweiterten Kreis der reichsdeutschen Justiz statt. Dann dauerte es noch fünf Monate, bis die Sache endgültig zu den Akten gelegt wurde. Am 12. September 1941 legte Oberregierungsrat Mielke im Ministerium in Berlin folgenden Aktenvermerk an: „Das bei der Oberstaatsanwaltschaft in Wels anhängige Strafverfahren wird eingestellt werden. Die Stellungnahme des Generalstaatsanwalts Linz ist von dem Vertreter Oberstaatsanwalt Eypelthauer unterzeichnet, der nicht zu den von Herrn Staatssekretär

Dr. Freisler unterrichteten Personen gehört. Unter diesen Umständen ist auch dieser Punkt als erledigt anzusehen." Zwölf Tage später ging dann eine kurze lapidare Aufforderung von Staatssekretär Schlegelberger an die Generalstaatsanwaltschaft Linz: „Ich bitte, der vom Oberstaatsanwalt beabsichtigten Sachbehandlung (also der Einstellung; A.d.V.) nicht entgegenzutreten." Womit der Fall Rottmann abgeschlossen war.

Unmutsäußerungen der Bevölkerung in der näheren und weiteren Umgebung Hartheims wurden immer häufiger, wie ein Bericht des langgedienten Parteigenossen Michael Scharpf zeigt, des Leiters der Anstalt Mauer-Öhling, den dieser am 24. Jänner 1941 an den Reichsstatthalter und Gauleiter von Niederdonau, Hugo Jury, schickte. Darin heißt es: „Wenn ich nach Amstetten und Linz komme oder in die Umgebung, werde ich von Ärzten und ehemaligen Kollegen mit Bestürzung angefahren, ob es denn Wirklichkeit sei, sie hätten anfangs alle diese bezüglichen Schilderungen nur für Gerüchte gehalten ... In den Gemeinden der Umgebung muß ich mich jetzt beschimpfen lassen, sie weisen darauf hin, daß ich ihre Angehörigen habe umbringen lassen ... Mein Kind ist weinend von der Linzer Oberschule nach Hause gekomen, weil ihr die Mitschülerinnen vorgeworfen haben, daß ihr Vater die Geisteskranken umbringen lasse, damit die Bessarabier doppelte Karten bekommen konnten. Ich halte es für meine Pflicht, Herr Gauleiter, daß ich Ihnen diese Mitteilung mache, da in der Gemeinde Wallsee schon öffentliche Störungen waren, als auch aus dem dortigen Armenhause Insassen mit den berüchtigten Autos abgeholt wurden und daß schon unter der Bevölkerung geheime Vorkehrungen getroffen werden, diese Autos zu stürmen, um die Wegzuführenden zu befreien." (Mit „Bessarabier" sind deutschstämmige Bewohner des rumänischen Landstriches Bessarabien gemeint, die vor der Okkupation durch die – damals eigentlich noch verbündete – Sowjetunion im Juni 1940 flohen und von denen viele in Ober- und Niederösterreich untergebracht wurden. A.d.V.)

Der Chef von Mauer-Öhling, Dr. Michael Scharpf, wurde übrigens vom Hartheimer Tötungsarzt Georg Renno später beschrieben als der „einzige Mann in den österreichischen Anstalten, der mir gegenüber bei den Besuchen zum Ausdruck brachte, daß er nicht bereit sei, bei der Überprüfung der Fotokopien mitzuarbeiten." Scharpf, selbst Parteigenosse, ist daraus aber kein Nachteil erwachsen. Renno: „Daraufhin habe ich es (das Aussuchen der Todeskandidaten und die letzte Selektion anhand der Meldebögen; A.d.V.) alleine gemacht."

Scharpf hatte sich allem Anschein nach ohnehin weniger an der Tatsache gestoßen, daß seine Patienten abtransportiert und getötet werden, sondern vor allem an der Einbindung seiner Person in den bürokratischen Ablauf. Dies läßt ein von ihm verfaßtes Schreiben vom 29. April 1941 an Gauleiter Hugo Jury schließen, in dem es heißt: „Ich lehne somit nicht die Verordnung als solche ab oder ... die Ausfüllung der Merkblätter, sondern will nur beantragen, daß eine Durchführung gewählt wird, die dem Direktor, vom Standpunkt des behandelnden Arztes zu seinem Patienten gesehen, die Durchführung möglich macht."

Michael Scharpf hatte auch gegenüber dem Hartheimer Chef Rudolf Lonauer interveniert. Sein persönlicher Diener in Mauer-Öhling, ein arbeitsfähiger Patient, war mit einem der ersten Transporte im Jahr 1940 nach Niedernhart geschafft worden. Der Diener erklärte in dieser „Zwischenstation" Lonauer zwar, wer er war, kam aber dennoch in den grauen Bus und wurde nach Hartheim gebracht. Erst dort, praktisch als der Mann schon in die Schlußphase der Mordmaschinerie geraten war, erreichte Scharpf Lonauer und setzte durch, daß sein Diener zurückgestellt wurde. Der reiste dann ohne jede Begleitung mit öffentlichen Verkehrsmitteln zurück nach Mauer-Öhling und erzählte seinem Chef die Erlebnisse in Niedernhart und Hartheim.

Als Widerständler darf man sich Scharpf ganz und gar nicht vorstellen, eher als jemanden, der mit Wegschauen und Ignorieren versucht hat, die grausige Realität nicht wahrzunehmen. So war etwa ab November 1944 in seinem Haus Dr. Emil Gelny tätig, ein praktischer Arzt aus Klosterneuburg. Gelny tötete ab Oktober 1943 in der Anstalt Gugging Patienten, zuerst mit Luftinjektionen und überdosierten Medikamenten. Dann erfand er eine im Rahmen von T4 neue Tötungsmethode: Ermordung mit Starkstrom. Die Patienten erhielten dabei wie bei medizinischen Elektroschocks Elektroden an die Schläfen und wurden mit relativ schwachen Stromstößen betäubt. Dann bekamen sie vier von Gelny konstruierte Elektroden an Hände und Füße und wurden mit Starkstrom getötet. Gelny wurde von Kollegen und Pflegern als sadistisches Monster beschrieben, dem zeitweise der Schaum vor den Mund trat, wenn er einem Menschen beim Sterben zusah. Überliefert ist ein Vorfall aus dem Sommer 1944, wo in der Anstalt Gugging 30 bis 40 Psychiater an einem Kongreß teilnahmen. Diesen Kollegen demonstrierte Gelny das Töten mit seiner Starkstrom-Apparatur, er ließ einen Mann mittleren Alters im Bett in den Saal rollen, schloß die Elektroden an und nahm mit einer Stoppuhr die Zeit bis zum Tod des Patienten. Es dauerte sechs Minuten. Von den 40 Psychiatern und Zeugen des Mordes ist keine Protesthandlung bekanntgeworden. Dieselbe Methode setzte Gelny auch in Mauer-Öhling ein, mit einer angeblichen „Quote" von täglich acht bis zehn toten Patienten. Scharpf hat davon gewußt, es ist jedoch kein Zeichen von Protest oder Einschreiten bekannt.

So ein Wegschauender und die Realität Ignorierender war auch Scharpfs Kollege in Gugging, Direktor Josef Schicker. Der aus Oberösterreich stammende Anstaltsleiter, von den Mitarbeitern als „guter Mensch" und „geradezu pathologisch weich" beschrieben, erzählte nach dem Krieg einem Staatsanwalt in Wien, daß er darunter gelitten habe, daß in seiner Anstalt Patienten getötet wurden. Unternommen hat er allerdings nichts, er konnte sich nicht einmal aufraffen, sich wegversetzen zu lassen. Und zwar aus sehr banalen Gründen: „Ich habe auch den Gedanken erwogen, ob ich nicht aus der Anstalt scheiden soll, gab ihn aber deshalb wieder auf, weil ich dann meine Dienstwohnung hätte aufgeben müssen und ich in dieser Zeit einen Transport meiner Möbel nach Oberösterreich nicht hätte durchführen können."

In Hartheim und den anderen Dörfern der Gemeinde Alkoven reden die Leute über die grauen Busse und den Rauch und Gestank aus dem Schloß und über die Aschenwägen und die Knochenstücke entlang der Wege in der Gstocketer Au so häufig und so offen, daß sich die T4-Truppe – wahrscheinlich ging die Initiative von Wirth aus – dazu entschließt, von sich aus an die Öffentlichkeit zu gehen. Über die Gemeinde wird die Bevölkerung aufgerufen, sich an einem bestimmten Abend im Saal des Dorftwirtshauses einzufinden. Es ist das Lokal mitten in Alkoven, das heute Gasthaus Trauner heißt.

Hans Schneider ist gerade auf Heimaturlaub, er geht in Uniform zum Trauner. Er erinnert sich mehr als 50 Jahre später: „Da ist irgendwie mit Nachdruck gefordert worden, daß man sich das anhört." In dem niedrigen Saal, in dem sonst Bälle stattfinden und Vereinsjahreshauptversammlungen, sitzen die Alkovener dichtgedrängt. Vorne an einem Tisch aufgereiht Leute in SS-Uniformen, der Wortführer stellt sich vor. Es ist Christian Wirth, an seinen Namen kann sich Schneider später nicht erinnern, er weiß nur noch, daß sich Wirth als „Leiter von Hartheim" und als Major bezeichnet hat, aber der Landser weiß, daß das nicht stimmen kann, bei der SS gibt es den Rang Major nicht, das muß ein Sturmbannführer gewesen sein.

Wirth beginnt mit sachlichem Tonfall. Er erzählt, daß die Leute, die Geisteskranken aus Oberdonau, hier hergebracht, nach der Schwere und Verschiedenheit der Krankheiten sortiert und dann wieder in andere Anstalten weggebracht werden. An den genauen Termin dieser Veranstaltung kann sich Schneider nicht erinnern, er weiß nur noch, daß es in der Zeit des Frankreichfeldzuges gewesen sein muß, denn diesen erwähnt Wirth ausdrücklich.

„In diesen Kriegsgebieten sind auch solche Anstalten, dort müssen diese Leute weggebracht werden, weil wir diese Häuser und Baulichkeiten für Lazarette benötigen", sagt Wirth. Seine Vortragsweise ist so sachlich, daß viele es ihm glauben wollen. Sogar Schneider, der im Kerker landen wird, weil er gegen die Vorgänge im Schloß opponiert, sagt 1996: „ Also der hat das schon so gebracht, daß es glaubwürdig war." Und nach einer Pause: „Allerdings war es nicht richtig wahr."

Dagegen reden ist unvorstellbar. Die Alkovener sitzen da und hören zu, nicht einmal fragen traut sich irgendjemand irgendetwas. Wirth bringt seine Ansprache wie ein Diktator vor. Durch seine runde Brille die Sitzenden musternd, trägt er seine Tiraden vor, manchmal schneidend und drohend, dann wieder sachlich nüchtern um Aufmerksamkeit und Verständnis heischend. Es wagt kaum jemand, Wirth in die Augen zu sehen, oder einem seiner Männer, die an der Stirnseite des Saales stehen. Und schon gar nicht wagt einer die eine Frage zu stellen, die auf der Zunge brennt, und die Wirth in einen großen Erklärungsnotstand bringen würde: Warum man immer volle Busse in das Schloß hineinfahren sieht, die dann leer sind, wenn sie herausfahren.

Den Gestank aus dem Kamin erwähnt Wirth, ohne daß jemand gefragt hätte. Er weiß wohl, daß er nicht einfach wegleugnen kann, was die Alkovener zu später Stunde möglicherweise sogar seinen SS-Männern in den Wirtshäusern zutuscheln: Daß es da stinkt nach weiß Gott was.

Na, sagt Wirth mit bedeutungsvoller Miene, um den Alkovenern zu zeigen, daß er ihnen nun ein eigentlich kriegswichtiges Geheimnis verrrät, na, da wird Altöl noch einmal destilliert, und da entsteht dann eine ganz kleine Menge wasserklares Öl, und das wird für die U-Bootflotte benötigt. Dann lacht er kurz und trocken.

Die Veranstaltung im Saal des Gasthauses Trauner dauert schon fast eine Dreiviertelstunde, als Wirth zum Schluß mit Drohungen kommt: Wenn diese Gerüchte weiterhin in Umlauf bleiben, würde er mit drastischen Mitteln dafür sorgen müssen, daß das aufhört. Schneider, als er 1996 diese Geschichte erzählt, verspricht sich, „wenn diese Gerüche", sagt er, verbessert sich rasch: „– ah, Gerüchte natürlich", dann lacht er verlegen und murmelt: „Gerüche hat's auch gegeben." Wirth droht weiter: Und wer dabei erwischt wird, daß er so etwas weitererzählt, der hat mit der Todesstrafe zu rechnen. Schneider hat in Erinnerung, daß der Mann in SS-Uniform an der Stirnwand des Trauner-Gasthaussaales sogar gesagt hat: Der wandert dann auch in den Kamin. Schneiders Frau, die beim Interview neben ihm sitzt, fällt der Widerspruch auf: „Das kann er ja nicht gesagt haben, weil dann hätte er ja zugegeben, daß sie dort Leute verbrennen." Ja, murmelt Schneider, das stimmt, aber irgendwie hat er es so gesagt, daß wir uns alle ausgekannt haben, irgendwie hat er damit so unterschwellig gedroht.

Wahrscheinlich hat der „wilde Wirth" den Alkovenern so drastisch gedroht, daß er so einen Satz nicht sagen mußte, aber daß jeder spürte, was die Essenz seiner Ansprache war: Wer darüber spricht, der wandert auch durch den Kamin.

Nach knapp einer Stunde werden die Alkovener Gemeindebürger entlassen. Schweigend gehen alle weg, niemand kehrt noch unten in der Wirtsstube ein. Da müßte man dann ja über das Gehörte reden, und das will keiner. Daheim schildert Hans Schneider seinen Leuten, wie es war. Der hat schon ziemlich viel erzählt, sagt er. Hans Schneider senior antwortet: Ist ja klar, die versuchen, daß das als haltloses Gerücht abgetan wird.

Die Haltung der Kirchen zur Euthanasie läßt sich nicht in einem simplen Schwarz-Weiß-Muster beschreiben. Zwar hat die Predigt des Münsteraner Bischofs Galen, über die noch zu berichten sein wird, zum Stop der „offiziellen" Aktion T4 geführt, und es gab mehr Proteste und Widerstand aus religiösen Kreisen als etwa von Seiten der Justiz, wofür noch einige Hartheim betreffende Beispiele geschildert werden. Und die Kirchen waren der einzige Faktor, den die Nazis im Zusammenhang mit der Euthanasie fürchteten. Nicht verschweigen darf man in diesem Zusammenhang aber, daß es zahlreiche Priester gegeben hat, die selbst Nazis waren, die zum Teil massiv Propaganda machten für die Eugenik, für die Unfruchtbarmachung Geisteskranker und die Reduzierung der Anstrengungen der Volksgemeinschaft zur Erhaltung von lebensunwertem Leben. Ein übles Beispiel ist etwa der Jesuitenpater Hermann Muckermann, Eugenik-Vorstand am Kaiser-Wilhelm-Institut für Anthropologie in Berlin-Dahlem, der schon Anfang der 30er Jahre in seinem Periodikum „Das kommende Geschlecht. Zeitschrift für Familienpflege" schrieb: *„Die natürliche Auslese ... bei den Naturvölkern ... beseitigt die Kurzsichtigen und Taubstummen. Geisteskranke sind rettungslos verloren. Die Kultur bilanziert diesen ausmerzenden Einfluß und erschöpft sich geradezu in Bereitwilligkeit, alles Fürsorgebedürftige zu pflegen und zu erhalten!"* Franz Keller, Herausgeber eines katholischen Periodikums, schrieb im Jahrgang 1934 seines „Jahrbuchs der Caritaswissenschaft": *„Echter Caritasdienst muß Dienst an der Rassenhygiene sein, weil nur durch die Aufartung des Volkes auch die beste Grundlage für die Ausbreitung des Reiches Gottes auf Erden geschaffen wird."*

Die Zwangssterilisierungen wurden von Teilen der Kirchen bejaht.

Bei der Euthanasie sah das anders aus. Die Nazis setzten in ihrer Propaganda den Ex-Priester und Theologen Albert Hartl ein, der nach dem Krieg im Vatikan, im Umkreis von Bischof Alois Hudal, auftauchte, welcher später etlichen Nazigrößen (unter anderem Franz Stangl) zur Flucht nach Südamerika verholfen hat. Dieser Hartl bespitzelte für die SS Kirchenvertreter. Vor Kriegsbeginn erhielt er den Auftrag, theologische Argumente für die Euthanasie zu liefern, mit denen man gegenüber den Kirchen auftreten könne. Hartl lieferte mit dem Stiftskanonikus und Theologen August Wilhelm Patin, einem Cousin von SS-Chef Himmler, und dem Paderborner Moraltheologen Josef Mayer ein Gutachten zur Euthanasie, demzufolge man aus theologischer Sicht weder ja noch nein dazu sagen könne. Hauptamtsleiter Brack, der das Gutachten Hitler vortrug, meinte deshalb, die „Maßnahmen könnten gewährt" werden, wenn die Kirchen weder dafür noch dagegen seien.

In der Folge nahmen die Nazis über Hartl mit dem katholischen Priester Joseph Roth Kontakt auf, dem Ministerialrat im Reichskirchenministerium, und über diesen mit dem päpstlichen Nuntius. Den Vertreter des deutschen Episkopats der Fuldaer Bischofskonferenz, Bischof Heinrich Wienken, und den zuständigen Vertreter der evangelischen Kirche, Pastor Fritz von Bodelschwingh, unterrichtete Brack persönlich. Aus all diesen Kontakten ergab sich für die Nazis folgendes Stimmungsbild der Kirchen: Es würden zwar einige Bischöfe dagegen Sturm laufen, wenn die Euthanasie öffentlich bekannt gemacht würde, man könne aber in erster Linie mit schweigender Duldung rechnen. Bodelschwingh etwa soll laut Hartl nur darum gebeten haben, die Anstalt Bethel zu verschonen. Bethel war jene große evangelische Kinderanstalt, die später Widerstand gegen den Abtransport der Pfleglinge leistete, und die bekannt – und von der Nazipropaganda ausgeschlachtet – wurde, als sie von einem einzelnen englischen Flugzeug am 19. September 1940 bombardiert wurde.

Vom Papst kam keinerlei offizielle Reaktion, obwohl dieser, so Hartl, gewiß über den Nuntius informiert war. Bischof Hudal zum Beispiel, den Hartl später im Vatikan traf, kannte das Gutachten Mayers. Aus all diesen Nicht-Reaktionen zog Hitler jedenfalls den Schluß, daß keine grundsätzliche Ablehnung durch die Kirchen vorliege. In Folge gab es Verhandlungen zwischen Bischof Heinrich Wienken, dem Kontaktmann der Bischofskonferenz zur Reichsregierung, und Linden vom Innenministerium und Brack von der Kanzlei des Führers. Tenor: Die katholische Kirche wäre bereit, einer gesetzlichen Regelung zur Euthanasie zuzustimmen, wenn bestimmte Bedingungen erfüllt werden. Zu tatsächlichen Abmachungen ist es aber nie gekommen.

Vielmehr beschloß die Fuldaer Bischofskonferenz in ihrer Sitzung vom 20. bis 22. August 1940 ein Verbot für das Personal katholischer Pflegeanstalten, „aktiv bei der Verbringung ihrer Insassen mitzuwirken zwecks Verbringung sogen. lebensunwerten Lebens." Einzelne Vertreter der Kirchen haben nach dem Anlaufen der Euthanasie protestiert, allerdings die längste Zeit nur in Form von Eingaben an Behörden und Politiker. Diese geschahen auf dem Dienstweg und blieben daher der Bevölkerung verborgen. Dieses Schweigen hat bis in die höchsten Kreise der Kirchen Unmut erregt, wie umfangreicher Schriftverkehr von Kardinälen abwärts belegt.

Am 27. November 1940 gab das Heilige Offizium des Vatikans seine erste offizielle Stellungnahme zur Euthanasie ab. Darin hieß es unter anderem, daß „die Vernichtung lebensunwerten Lebens durch politische Verfügungsgewalt mit dem natürlichen und göttlichen Recht unvereinbar" sei. Dies wurde nur in Latein veröffentlicht, und zwar Anfang Dezember via Radio Vatikan und „Osservatore Romano". In Deutschland fand diese Stellungnahme des Vatikans keine Öffentlichkeit, mit zwei Ausnahmen: Im März 1941 wurde sie in Latein in der Diözesanzeitung der Stadt Rottenburg (Württemberg) veröffentlicht. Und der Berliner Bischof Konrad von Preysing verlas die Verlautbarung während einer Predigt am 9. März 1941 in der Berliner Hedwigs-Kathedrale.

Er fand auch eigene Worte der Kritik an den Nazis: „Das Recht Gottes besagt, daß keine irdische Macht, den Staat eingeschlossen, das Recht hat, unschuldigen Menschen das Leben zu nehmen. Dieses göttliche Recht ist unwiderruflich ..." Weder die Aussage des vatikanischen Offiziums noch von Preysings Predigt führten zu wahrnehmbarem Echo im Deutschen Reich. Auch von den Historikern wird von Preysing seltsamerweise nur selten erwähnt, obwohl er nicht weniger deutlich sprach als Bischof Galen im August 1941. Galens Predigt löste dann allerdings ein enormes Echo aus. Soweit die Vorbemerkungen zur Rolle der Kirchen.

In Gallneukirchen, einem kleinen Ort nördlich von Linz im zutiefst katholischen Mühlviertel, gibt es eine evangelische Gemeinde mit einer äußerst wechselhaften Geschichte. Schon um 1555 wurde der Ort unter der Herrschaft des Erasmus von Starhemberg evangelisch, 1630 traten die Starhemberger und mit ihnen alle ihre Patronatspfarren zum Katholizismus zurück. Der katholische Pfarrer Martin Boos, Anhänger einer Allgäuer Erweckungsbewegung, wurde 1806 strafversetzt nach Gallneukirchen. Er entfachte die Begeisterung für diese Bewegung im Mühlviertel, wurde von der Obrigkeit angefeindet, eingesperrt und 1816 des Landes verwiesen. Zurück blieben in Gallneukirchen 64 „Boosianer", die 1821 um Erlaubnis zum Übertritt in die evangelische Kirche ansuchten, da man sie in der katholischen Gemeinde mied wie Aussätzige. Tatsächlich wurde der Übertritt den Bewerbern erst ein Vierteljahrhundert später gewährt, die kleine Gruppe gehörte von da an zur evangelischen Gemeinde Linz.

Im Jahr 1871 kam der charismatische junge Pfarrer Ludwig Schwarz aus Görz, heute Italien, nach Gallneukirchen. Unter ihm blühte die Gemeinde auf. Schon in der Neujahrsnacht von 1872 auf 1873 rief Schwarz mit einigen anderen einen Verein für Innere Mission ins Leben, der im Juli 1874 formell gegründet wurde und heute noch als „Evangelisches Diakoniewerk Gallneukirchen" besteht. Zwei junge Frauen aus Goisern, Elise Lehner und Elisabeth Obermeir, meldeten sich als erste Diakonissen, nach einer Ausbildung in Stuttgart begannen sie 1877 den Dienst an den Armen und Kranken im Mühlviertel. Elise Lehner wurde die erste Oberin. 1880 entstand in einem Zubau des Pfarrhauses das erste Krankenasyl, mit ihm beginnt die Geschichte der Behindertenbetreuung in Gallneukirchen.

Die Diakonissenanstalt in Gallneukirchen war Ende der 30er, Anfang der 40er Jahre vergleichsweise klein, zu Kriegsbeginn beherbergte sie rund 170 Menschen in mehreren Häusern. Im Stammhaus, dem Martinsstift, und im Fliednerhof lebten Männer, Frau-

Kinder aus dem Elise-Lehner-Haus in Gallneukirchen – sie starben in der Hartheimer Gaskammer

en und Kinder, die verschiedene Arbeiten – unter anderem in hauseigener Weberei, Bürstenbinderei und Korbflechterei – verrichteten oder eine ebenfalls anstaltseigene Hilfsschule besuchen konnten. Im Haus „Friedenshort" lebten Männer verschiedensten Alters, im Altersheim „Zoar" Frauen, und das Elise-Lehner-Haus, benannt nach der ersten Oberin, beherbergte schwerstbehinderte Kinder.

Von der Aktion T4 wurde Gallneukirchen erstmals im Juli 1940 betroffen, also bald nach Beginn des Mordens in Hartheim. Die geistig Umnachtete Hanne Dietscher, die seit mehr als 20 Jahren im Diakoniewerk lebte, wurde Mitte Juli abgeholt und angeblich nach Niedernhart verlegt. Kurz darauf erhielt ihre Mutter Marta in Salzburg die Verständigung aus Hartheim, daß ihr Kind plötzlich und unerwartet verstorben und wegen Seuchengefahr eingeäschert worden sei. Marta Dietscher fuhr daraufhin nach Linz und sprach in Niedernhart kurz mit Primar Lonauer. Sie versuchte anscheinend auch, in Hartheim Auskünfte zu bekommen, wurde aber bei allen Behörden abgewimmelt. Die Mutter scheint geahnt zu haben, was mit ihrem Hannerle wirklich geschehen ist. In einem Brief an die Gallneukirchner Schwestern schrieb sie: „... daß das Ende des armen Kindes in so liebloser Umgebung und ohne noch einmal die Mutter zu sehen so aussehen mußte. Denn es ist bezeichnend, nur 3 Wochen brauchte es, und sie ist nicht mehr!" Die Worte „nur 3 Wochen" sind dabei mit vier dünnen, zittrigen Linien unterstrichen.

Am 13. Jänner 1941, einem Montag, quälten sich früh am Morgen zwei graue Busse über die verschneite Zufahrtsstraße zum abgelegenen Martinsstift. Der Hausherr, Rektor Wilhelm Herbst, war nicht anwesend. Er hatte am Sonntag den Gottesdienst in Weikersdorf gehalten und ging die zwei Stunden nach Gallneukirchen zurück am Montagvormittag; als er im Diakoniewerk ankam, war der Spuk schon vorbei. Die Oberin, Elisabeth Freiin von Dincklage, war in Linz, einige der Schwestern meinten 20 Jahre später, sie sei bewußt unter einem Vorwand aus dem Haus gelockt worden.

Drei forsche junge Männer in SS-Uniform – wahrscheinlich Renno, Wirth und der Transportleiter – marschierten in die Kanzlei und schnarrten ihr Anliegen: „Im Namen des Führers und Reichskanzlers sind wir zur Requisition hier. Wer ist hier verantwortlich?" In der Kanzlei waren zu diesem Zeitpunkt die Schwestern Marie Springer und Paula Schlachter anwesend, sie riefen sofort nach der höchstrangigen Schwester, Probemeisterin Hildegard Andrae, die gleich gelaufen kam. Sie glaubte, die SS-Leute wollten die Räume der Haushaltungsschule im Erdgeschoß des Mutterhauses beschlagnahmen, bekam aber die Listen mit den Pfleglingen in die Hand gedrückt, die abgeholt werden sollten. Die knappe Auskunft der Uniformierten: Der Transport gehe nach Sonnenstein bei Pirna.

Eine junge Schwester wurde von der Kanzlei ins Martinsstift geschickt mit dem Auftrag, gemeinsam mit anderen Schwerstern dafür zu sorgen, daß die Patienten von den Listen innerhalb von zweieinhalb Stunden reisefertig gemacht werden sollten. Jener Schwester, die zu den Kindern im Lehner-Haus lief, kam am Fußweg einer Gruppe von Kindern entgegen, „die fröhlich mit einer Tante den Abhang hinunterrodelte."

Die Schwestern im Lehner-Haus, allen voran Irma Gindelhumer, handelten beherzt. Sie sagten drei Mädchen, sie sollten hinüber gehen ins Altersheim der Frauen und auf jeden Fall dort bleiben, bis sie vom Martinsstift geholt würden. Diese drei Mädchen, unter ihnen Liesl Schauer und Herta Frank, wurden tatsächlich gerettet, die beiden genannten lebten bis ins hohe Alter im Diakoniewerk. Gerettet wurde auch der junge gelähmte Karl Walcher, den sie alle Carlo riefen, um ihn von einem anderen Mann gleichen Namens zu unterscheiden. Nach den Erinnerungen einer Schwester wurde sein Name vom Begleitpersonal der Busse aus Hartheim dreimal aufgerufen. Pflichtbewußt meldete sich Carlo dreimal mit „Hier". Er konnte selbst nicht gehen, es fand sich aber niemand, der ihn nach draußen getragen hätte. Deshalb blieb er einfach in seinem Winkel sitzen – und lebte beim 50-Jahr-Jubiläum 1981 noch immer in der Anstalt. Seine Altersgenossen wurden mitgenommen, die Schwestern erzählten, daß er sich deshalb mehrmals beklagt hätte: „Jetzt sind lauter alte Männer da! Alle anderen sind weg." Die Annahme, daß Carlo Walcher ohnehin gar nicht gemeint war beim Aufruf für den Abtransport, sondern der andere Karl Walcher, trifft nicht zu: Unter den 64 Gallneukirchner Pfleglingen, die in Hartheim starben, findet sich kein Mensch dieses Namens; im Fall einer Namensverwechslung hätten die Gekrat-Leute den anderen Walcher mitgenommen.

Ebenfalls gerettet wurde ein Mann namens Herbert Strasnitzky. Er stand auf der Liste der Abzuholenden, war aber nicht zu finden. Die grauen Busse fuhren schließlich ohne ihn ab. Ein paar Tage später stand er plötzlich vor der Tür des Männer-Altersheims. Irgend jemand, er konnte selbst nicht genau sagen wer, hatte ihn in einem Keller versteckt gehabt.

In den Erzählungen über die Ereignisse, wie sie die Schwestern nach Jahrzehnten schilderten, wird auch erwähnt, daß Dr. Wilhelm Pokorny, der Gallneukirchner Gemeindearzt und Anstaltsarzt im Diakoniewerk, sich „geweigert habe, die Kranken frei zu geben". Daraufhin sei eine Ärztekommission erschienen und habe eine Liste aller Patienten erstellt, die verlegt werden sollten. Dies scheint sich bereits im Vorfeld der eigentlichen Transporte abgespielt zu haben. In den Aussagen des Hartheimer Arztes Dr. Renno ist mehrfach geschildert, daß sich Anstalten weigerten, die Meldebogen 1 auszufüllen, und daß dann er zu den Anstalten gefahren sei und Selektionen vorgenommen habe. Dabei habe er mehr als ein halbes Hundert kleinster Heime besucht. Renno ist dabei auch in Gallneukirchen gewesen, was er im Interview 1997 bestätigte, und hat irgendwann im Spätherbst 1940 die 170 Anstaltsinsassen vor sich aufmarschieren lassen und mehr als ein Drittel auf die Liste der Todeskandidaten gesetzt.

Eines dieser von Dr. Pokorny geretteten Kinder war das Mädchen H.E. aus Regensburg. Als sie von der „Ärztekommission" aus Hartheim auf die ominöse Liste gesetzt worden war, hat Pokorny sie formhalber aus der Anstalt entlassen. Damit wurde sie von der Liste gestrichen. Tatsächlich blieb das damalige Kind aber bis zu seinem natürlichen Tod am 6. April 1963 am Fliednerhof, und zwar als „Privatpflegling" von Schwester Irma Gindelhumer. Es existiert ein Schriftverkehr mit der Mutter, in dem sich diese um Weihnachten 1941 für das „gütige, große Entgegenkommen und alles warmherzige Verstehen" bedankt, und in dem sie anfragt, wie die Zahlungsmodalitäten für dieses Privatpflegeverhältnis geregelt werden können.

Die Diakonissen erlebten den Vormittag des 13. Jänner in „furchtbarem Schweigen". Die Pfleglinge waren nicht so ruhig. Ein junges Mädchen hüpfte die ganze Zeit um die SS-Männer herum und quietschte vor Vergnügen, vor lauter Freude, daß es autofahren durfte. Ein Bursche im Haus Friedenshort, der immer die Post aus dem Hauptgebäude holte, weigerte sich mitzufahren: Er könne jetzt nicht fort, weil es Zeit sei, die Post zu holen. Die Krankenschwester, die mit den grauen Bussen gekommen war, schmeichelte: Er solle nur ruhig einsteigen, in dem schönen neuen Heim, wo es jetzt hinginge, werde er eine eigene Briefträgeruniform bekommen.

Der Epileptiker Albert Buchrucker wehrte sich gegen den Abtransport. Der Mann, von Beruf Privatangestellter in seiner Heimatstadt Linz, war geistig völlig normal und litt unter gelegentlichen epileptischen Anfällen. Er bekam alles mit, was passierte, und Schwester Elisabeth Kirchmeier sagte später, er habe „durch Mundpropaganda gewußt, was los ist". Der 41jährige Buchrucker schrie und brüllte und wehrte sich, jedoch ohne Erfolg. Schwester Elisabeth Jahrzehnte später: „Er hat so furchtbar geschrien, daß ich es heute noch höre."

Aus dem Lehner-Haus wurden Kinder, die selbst nicht gehen konnten, in die Autos geschleppt und grob auf die Sitze gestoßen. Eines der Mädchen durfte nur liegend transportiert werden. Eine der Gallneukirchner Schwestern bat die Gekrat-Leute, das Kind vorsichtig zu behandeln. Eine „Schwester" von der Hartheimer Truppe fuhr sie daraufhin derb an: „Lächerlich, jeder Mensch kann sitzen!"

Die Hausmutter des Lehner-Hauses, eine Frau Fahrnbacher, trat den SS-Leuten energisch entgegen und verlangte, auf die Fahrt nach Sonnenstein mitgenommen zu werden. Hausmütter waren Diakonissen, denen die Leitung des jeweiligen Heimes oblag, die dort auch wohnten und mehr oder weniger rund um die Uhr für die Pfleglinge da waren. Sie wolle sehen, wo ihre Leute hinkommen, sagte Fahrnbacher. Eine Frau aus einem Dorf in der Nähe von Gallneukirchen schloß sich ihr an. Die hatte einen Buben im Heim, der auf den Listen stand. Ein Mann in SS-Uniform fertigte die beiden Frauen knapp ab, indem er mit drohendem Unterton in der Stimme zu ihnen sagte: „Sie können mitfahren, aber überlegen Sie es sich gut, denn Sie bleiben dann auch in diesem Heim."

Die Hartheimer nahmen aus Gallneukirchen auch etliche Pfleglinge mit, die den T4-Kriterien ganz und gar nicht entsprachen und die gute Arbeitskräfte waren, wie etwa Hermine Mauhart. Die 30jährige Linzerin war eine fleißige Arbeiterin, die den ganzen Tag am Webstuhl saß und nach Auskunft einer Schwester „die schönsten Küchen- und Handtücher" webte. Frau Mauhart, deren Behinderung auf der Gallneukirchner Karteikarte nicht vermerkt ist, starb, weil sie meist in sich gekehrt war: Als die Ärztekommission im Herbst 1940 nach Gallneukirchen kam, wurde auch ihr Name aufgerufen. Hermine Mauhart konnte zwar sprechen, und sie tat es, wenn sie in vertrauter Umgebung war. Wenn das nicht der Fall war, blickte sie stur zu Boden, rührte sich nicht und sagte keinen Mucks. Dies geschah so, als der Hartheimer Selektionsarzt, aller Wahrscheinlichkeit nach Dr. Renno, mit scharfer Stimme ihren Namen aufrief. Hermine reagierte nicht. Für den Mediziner Renno genügte dies, um sie als „lebensunwert" auf seine Liste zu setzen.

Hermine entging am 13. Jänner dem Abtransport, am 31. Jänner wurde sie dann geholt und in Hartheim vergast.

Etwas nach Mittag fuhren die Busse ab. 60 Pfleglinge nahmen sie mit, das jüngste Opfer, Gertrud Weinlinger aus Bad Ischl, war zweieinhalb Jahre alt, das älteste war der 77 Jahre alte ehemalige Offizier Michael Schwarz. Auch auf seiner Karteikarte ist nicht vermerkt, wegen welchen Gebrechens er in der Diakonissenanstalt war. Das Lehner-Haus mit den schwerstbehinderten Kindern wurde zur Gänze „geräumt", alle 14 Kinder kamen beim ersten Transport weg. Dieses Lehner-Haus ist übrigens heute integriert in das Lagerhaus Gallneukirchen und beherbergt eine Reihe von kleinen Gewerbebetrieben.

Im Laufe der kommenden Wochen trafen in großen Mengen Briefe der Angehörigen ein, die nach der üblichen T4-Praxis zuerst nur von der Verlegung ihrer Schützlinge ohne Angabe eines Zielortes verständigt worden waren. In einer nächsten Welle von Briefen teilten dann die Verwandten der Reihe nach den Diakonissen mit, daß die Behinderten in Sonnenstein bei Pirna gestorben waren. Aus vielen dieser Briefe ist deutlich herauszulesen, daß die Angehörigen wußten, daß die Geisteskranken ermordet wurden. Indizien in diese Richtung gab es auch im Martinsstift: So kam die Wäsche eines Kindes verkehrt herum zurück, also so, wie es ihm abgestreift worden war. Die Wäsche war nicht frisch gewaschen, aber sauber. Da dieses Kind wie ein Säugling gepflegt werden mußte, wußten die Gallneukirchner Schwestern, was die saubere Wäsche zu bedeuten hatte: Daß dieses Kind nur mehr kurze Zeit nach der Abfahrt aus dem Heim gelebt haben konnte.

Die Feierabendschwester – so werden Diakonissen genannt, die im Alter um die 70 Jahre formell in Ruhestand gehen, aber nach wie vor nach Maßgabe ihrer Kräfte mitarbeiten – Hilde Hossinger erinnerte sich 20 Jahre später noch, wie auffällig es war, als im Februar 1941 die Todesnachrichten kamen und alle an einigen wenigen Krankheiten wie Lungenentzündung oder Blinddarmentzündung gestorben sein sollten. Hilde Hossinger: „Als Todesursache wurde Blinddarmentzündung auch bei einem Kind angegeben, das am Blinddarm operiert gewesen war."

Im Schriftverkehr zwischen Eltern und der Anstalt Sonnenstein bei Dresden zeigt sich die Unverfrorenheit und der Zynismus, mit denen die T4-Bürokraten ihrer Tätigkeit nachgingen. Der Vater der 18jährigen Hedwig Gemperle aus Wien, die im Lehner-Haus untergebracht war, erhielt am 25. Jänner, also zwölf Tage, nachdem seine Tochter in Hartheim starb, eine Verständigung aus Sonnenstein: „Die Kranke Hedwig Gemperle wurde heute unserer Anstalt zugeführt. Die Verlegung erfolgte aus kriegswichtigen Gründen gemäß einer Anordnung des Herrn Reichsverteidigungskommissars. Falls Sie einen Besuch beabsichtigen, empfehlen wir rechtzeitig vorher anzufragen. Heil Hitler!"

Hedwigs Vater schickte am Abend des 28. Jänner ein Telegramm nach Sonnenstein: „Kann ich meine Tochter Hedwig Gemperle, Pflegling aus Gallneukirchen, morgen besuchen?"

Tags darauf, am Abend des 29. Jänner, kam das extrem kurze Antworttelegramm aus der Anstalt: „Nein. Brief abwarten."

Besagter Brief kam dann kurz darauf, und er war datiert mit dem 28. Jänner, also jenem Tag, als der Vater wegen eines Besuches angefragt hatte: „Zu unserem Bedauern müssen wir Ihnen mitteilen, daß Ihre Tochter Hedwig Gemperle, die vor kurzem auf ministerielle Anordnung gemäß Weisung des Reichsverteidigungskommissars in unsere Anstalt verlegt wurde, am 27. Januar 1941 unerwartet in einem schweren epileptischen Anfall verstorben ist."

Was wirklich mit den Gallneukirchner Patienten in Hartheim geschah, wußte zum Beispiel die spätere Schwester Elisabeth Kirchmeier, die im Jänner 1941 als zivile Hilfskraft im Diakoniewerk Gallneukirchen arbeitete. Sie schilderte der Archivarin des Martinsstifts, Schwester Franzi Dolch, ihre damaligen Erlebnisse so: „Es war so schrecklich, ich habe dort (in Hartheim; A.d.V.) eine Freundin gehabt und oft besucht; vom Fenster aus hat man die Zufahrt zum Schloß Hartheim gesehen. (Bei dieser Freundin dürfte es sich um Maria Schneider gehandelt haben, deren elterlicher Hof gegenüber der Schloßzufahrt lag, und die 30 Jahre nach dem Krieg in fast identischen Worten erzählt hat, wie gutaussehende jüdische Menschen mit „noblem Gepäck" in das Schloß Hartheim gefahren wurden; A.d.V.) Dort war ja vorher auch ein Kinderheim untergebracht wie unser Martinsstift. Aber damals sind immer wieder die Autos mit Menschen vorbeigefahren; besonders mit Juden; schöne junge Leute waren das! Sie sind in den Hof eingefahren; drinnen war noch eine zweite Mauer errichtet, weiter hinüber konnte man nicht sehen. Aber dann hat man immer das furchtbare Schreien gehört, wenn sie gemerkt haben, woran sie waren. Und der Rauch und der Gestank aus dem Krematorium waren so schrecklich; ich konnte einfach nicht mehr hinfahren. Aber es konnte ja kein Mensch etwas dagegen tun."

Am 31. Jänner kam noch einmal ein Auto nach Gallneukirchen und holte weitere vier Pfleglinge ab. Dazu ist vor wenigen Jahren erst in einem uralten Karteikasten Material aufgetaucht: Listen mit den Namen aller 64 Abtransportierten. Irgendjemand vom Diakoniewerk muß kurz nach dem zweimaligen Besuch der Busse aus Hartheim die Namen der Opfer aufgeschrieben haben. Unter der Überschrift „Am 13. Jänner 1941 schieden aus der Anstalt aus:" sind die ersten 60 Opfer genannt. Auf einem zweiten Blatt stehen unter dem Titel „Am 31. Jänner 1941 sollten geholt werden:" die Namen von 20 Insassen, darunter auch die beim ersten Mal verschonten Carlo Walcher und Liesl Schauer. Dann steht der Zwischentitel „Mitgenommen wurden:", gefolgt von vier Namen: Rosa Rebernik, Pauline Samonig, Alma Landsteiner und Hermine Mauhart kamen an diesem 31. Jänner tatsächlich nach Hartheim.

Allem Anschein nach hatten Lonauer und Renno vor, noch weitere 20 Pfleglinge aus Gallneukirchen abzuholen. Warum dann nur vier tatsächlich geholt und getötet wurden, ist unklar, möglicherweise handelt es sich dabei um jene Patienten, um die Anstaltsarzt Dr. Pokorny gekämpft hat. Denkbar ist aber auch, daß die Verschonung von 16 für die Euthanasie vorgesehenen Patienten ein Resultat intensiver Verhandlungen war, welche die Anstaltsleitung mit den Gesundheitsbehörden führte. Die Archivarin Franzi Dolch bezeugt jedenfalls anhand dieser Liste, daß die T4-Mörder auch praktisch gesunde Menschen ins Visier nahmen. Denn unter den 20 Namen auf der Liste der vorgesehenen Oper vom 31. Jänner steht beispielsweise Steffanie Moser, ein junges Mädchen, das im Heim alle Steffi nannten. Steffi Moser war das ledige Kind einer verzweifelten Mutter, die sich und das Kind töten wollte, als die Kleine drei Jahre alt war. Wie sie das tat, ist nicht bekannt. Ihr eigener Selbstmord gelang, Steffi blieb am Leben. Mit einer Verletzung:

Ihre linke Hand war verdreht und lahm. Dies und die desolate soziale Situation der Kleinen waren der Grund, warum sie ins Diakoniewerk kam. Franzi Dolch: „Steffi Moser half mir bis weit in die 60er Jahre hinein in der Kanzlei. Sie hat sehr gerne gearbeitet, am schönsten waren für sie große Aufträge, wie das Einkuvertieren von Massensendungen. Und am meisten gefreut hat sie sich, wenn mir ein Fehler passiert ist, wenn ich etwa einen Brief falsch weitergeleitet habe. Da hat sie lachen können!"

Nach den Ereignissen im Jänner hat es jedenfalls intensive Verhandlungen der Gallneukirchner Anstaltsleitung mit der Gauleitung und dem Gesundheitsamt beim Landrat in Linz gegeben. Im Mai 1941 wurde vom Gesundheitsamt angekündigt, daß es einen neuerlichen Abtransport geben werde, bei dem es sich „voraussichtlich nur um einzelne Fälle handeln wird, da auf Grund der vorgenommenen Untersuchung die meisten Pfleglinge arbeitsfähig erklärt worden sein sollen." Die in Gallneukirchen verbliebenen Pfleglinge sind also allem Anschein nach noch einmal einer Selektion unterzogen worden. Es wurde auch noch einmal die Ausfüllung der Meldebögen 1 angefordert, zu einem tatsächlichen Abtransport ist es aber nicht mehr gekommen.

In den Karteikarten der 64 Gallneukirchner Euthanasieopfer ist in der Rubrik „Abgang" mit roter Tinte geschrieben: „wohin unbekannt". Schwester Charlotte von Francois hat in einem Tagebuch das weitere Schicksal des Diakoniewerkes beschrieben: „Als Ersatz kommen Mütter mit Kindern aus Wuppertal, für den Friedenshort aber Tuberkulosekranke. Im Martinsstift hatten sie uns ein paar Kranke zurückgelassen, welche im Haus und Landwirtschaft geholfen hatten. Auch ein paar Gelähmte waren dageblieben ... Wir saßen herum, wie die verschüchterten Hühner. Dann bekam ich den Restbestand der Männer des Friedenshortes herauf."

Schließlich wurde der evangelischen Anstalt die Pflege von aussichtslosen Fällen überhaupt verboten. Das Haus nahm vorübergehend alte, sieche Männer und Tuberkulosekranke auf, dann wurde die aus Linz evakuierte Gauhilfsschule hier untergebracht. Die Diakonissen nahmen ein halbes Jahr nach Kriegsende wieder ihre alte Tätigkeit auf, die Pflege von Kindern, die „infolge vorgeburtlicher oder nachgeburtlicher Gehirnerkrankungen leidend und bildungsunfähig geworden waren." Zu Weihnachten 1945 kamen die ersten drei Kinder ins Haus.

Die Gallneukirchner Ereignisse vom Jänner 1941 sind überliefert in den Schilderungen der Augenzeugen, meist von Schwestern, die damals in der Anstalt gearbeitet haben. Aufgezeichnet und in mehreren Publikationen veröffentlicht hat sie Schwester Franzi Dolch, die schon vor Jahrzehnten mit den Zeitzeuginnen Interviews führte. In den Erinnerungen dieser Frauen fallen gelegentlich Widersprüche auf, etwa in den Zeitabläufen, in der Beschreibung der Dauer des Abtransports und über die Abwesenheit von Rektor Herbst und Oberin von Dincklage. Am auffälligsten ist die mehrfach geschilderte Behauptung, die SS-Truppe aus Hartheim sei völlig überraschend, wie ein Blitz aus heiterem Himmel, über Gallneukirchen hereingebrochen, man habe vorher überhaupt nichts gewußt. Die Diskrepanz zeigt sich deutlich etwa in der Schilderung der zivilen Schwester Elisabeth Kirchmeier: „Wir haben vorher (bevor die Busse vorfuhren; A.d.V.) nichts davon gewußt; aber man hat es sich denken können durch Mundpropaganda."

Zumindest die Verwaltungsspitze des Diakoniewerkes muß Wochen vor dem eigentlichen Abholtermin informiert gewesen sein, da die Hartheimer Gekrat-Staffel ja Listen mit den zur Abholung vorzubereitenden Pfleglingen an die jeweiligen Anstalten schickte. Und die Schilderungen der Schwestern bezüglich der Weigerung des Anstaltsarztes Dr. Pokorny, die Patienten zum Abtransport freizugeben, lassen den zwingenden Schluß zu, daß eine Hartheimer Abordnung, wahrscheinlich angeführt vom Arzt Georg Renno, bereits Wochen vor dem Jänner 1941 nach Gallneukirchen gekommen ist und alle Pfleglinge angesehen hat.

Derartige Besuche von Euthanasie-Ärztekommissionen hat es ab Herbst 1940 in zahlreichen Anstalten gegeben. Da der wahre Zweck der Patientenverlegungen zunehmend bekannt wurde, versuchten viele Anstaltsleitungen, ihre Pfleglinge zu retten, indem sie die Ausfüllung der Meldebögen 1 verzögerten. Daraufhin reagierten die Reichsstatthalterei beziehungsweise (im Altreich) die Staatsministerien für Inneres mit folgendem Schreiben: „Der Reichsminister des Inneren hat mitgeteilt, daß Sie die von ihm übersandten Meldebogen bis zu der festgesetzten Frist wegen Personalmangels nicht ausfüllen können. Nachdem auch bei anderen Anstalten die Frist aus dem gleichen Grunde nicht eingehalten werden kann, hat der Reichsminister des Innern eine Ärztekommission zur Verfügung gestellt, die im Benehmen mit den Anstaltsärzten die Erstellung der Meldebogen übernimmt. Diese Kommission wird am ... in Ihrer Anstalt eintreffen und die Arbeit aufnehmen. Sie werden ersucht, für Verpflegung und möglichst auch für Unterkunft der Kommission besorgt zu sein." Daß auf eine Anstalt wie Gallneukirchen, aus der 60 Pfleglinge abgeholt werden sollen, ein unangemeldeter „Überfall" stattgefunden hat, scheint in diesem Licht höchst unwahrscheinlich.

Der evangelische Orden insgesamt muß im Jänner 1941 intern längst Bescheid gewußt haben über die Euthanasie. Denn bereits im Juli 1940 verfaßte Pastor Paul Gerhard Braune aus Lobethal bei Berlin, Vizepräsident im Centralausschuß der Inneren Mission, seine berühmte schriftliche Kritik an den Vorgängen in den Pflegeheimen des Reichs: „Denkschrift für Adolf Hitler vom 9. Juli 1940. Betrifft: Planmäßige Verlegung der Insassen von Heil- und Pflegeanstalten." Auf 19 Schreibmaschinenseiten schildert Braune etliche Beispiele von Abtransporten von Pfleglingen und die Regelmäßigkeit, mit der in solchen Fällen dann innerhalb kurzer Zeit die Todesnachrichten aus den immer gleichen Anstalten eintreffen. Braunes Schlußfolgerung: „Die Gleichartigkeit der Maßnahmen schaltet jeden Zweifel darüber aus, daß es sich hierbei um eine großzügig angelegte Maßnahme handelt, die Tausende von ‚lebensunwerten Menschen' aus der Welt schafft."

Braune informierte am 12. Juli 1940 Justizminister Gürtner in einem persönlichen Gespräch, und am 16. Juli schickte er diese Denkschrift an die Reichskanzlei, zu Handen deren Chef Hans Heinrich Lammers. Am 12. August kam Braune in Gestapohaft, aus der er am 31. Oktober entlassen wurde. Mit hoher Wahrscheinlichkeit ist die Broschüre in großer Zahl hektographiert in den Anstalten der Inneren Mission und Diakonie kursiert. Der Informationsstand in den evangelischen Anstalten und damit auch in Gallneukirchen dürfte also hoch gewesen sein, beim Jahrzehnte später angeführten Nicht-Wissen scheint es sich um nachträgliche

Am 13. Jänner 1941 schieden aus der Anstalt aus:

Zoar: Gallneukirchen Nr. 77.

1. Blecha Anna
2. J a n d o u r e k Bertha

Lehnerhaus, Gallneukirchen Nr. 105:

3. B r i x e l Elisabeth
4. D a n k l m a i e r Helmut
5. G e m p e r l e Hedwig
6. H a i d e n Erika
7. M i c h e l i t s c h Gerda
8. N e t o l i t z k y Gertrud
9. P a p e s c h Grete
10. S e i f e r t Ella
11. S c h a u e r Franz
12. S t r o i t z Anna
13. S c h a t z l Pauline
14. S c h m i d h u b e r Anna
15. W e b e r Marie
16. W e i n l i n g e r Gertrud
17. W i n t e r s t e i g e r Fritz,

Martinstift geschl. Frauenabteilung, Linzerberg 1

18. W e n e m o s e r Marie
19. L a d s t ä t t e r Marie
20. W o l f i n g e r Marie
21. R e i e n b i c h l e r Marie
22. B r u n t h a l e r Steffi
23. B l a h a Gertrud
24. K a t z w e n d e l Luise
25. D a v i d Vilma
26. S t r o h m e i e r Kathrine
27. B r i c k Dora
28. G i n d l h u m e r Anna
29. B e e r Pauline

Martinstift Kinderabteilung, Linzerberg Nr. 1

30. A n r e i t e r Helga
31. R a i n b a c h e r Emma
32. N e u w i r t h Hildegard
33. T o d t s c h i n d e r Hermine Hermine
34. K a r a s Therese
35. M l a d e n o w Basilius
36. S t o l l e n Wilhelm
37. Z a n k l Bruno

Friedenshort, Oberndorf 17/29

38. Buchrucker Albert
39. A s p ö c k Richard
40. L a n d l Johann
41. H a c k l Alfred
42. B a u m g a r t n e r Walter
43. H e l m a Heinz
44. K a s t i n g e r Wilhelm
45. K l e i n r a t h Ferdinand
46. M ü l l e r Gustav
47. B l u m e n t h a l Gustav
48. S c h i l l e r Josef
49. S c h i e s t l Hermann
50. B e n k ö Hans
51. S c h m i d t Ernst
52. S c h w a r z Michael
53. O b e r r e i t e r Stefanus
54. R a s t l Heinrich
55. G r u b e r Josef
56. B u r g s t a l l e r Erwin
57. B ö c k l Hans
58. A d e l b e r g Johann
59. M a y b ö c k Franz
60. K n a u e r Kurt

Das ist die Liste der Behinderten, die am 13. Jänner 1941 aus dem Diakoniewerk Gallneukirchen abgeholt und nach Hartheim geschafft wurden. Vier weitere Menschen – Rosa Rebernik, Pauline Samonig, Alma Landsteiner und Hermine Mauhart – wurden am 31. Jänner abgeholt.

Entschuldigungsgründe für nicht erfolgten Widerstand zu handeln. In summa sind die Vorgänge von Gallneukirchen jedoch ein Beleg dafür, daß es Widerstand gegeben hat, und daß es möglich war, Pfleglinge vor dem Zugriff der Euthanasie-Mörder zu retten.

Genau 35 Meter lang ist die Anna-Bertha-Königsegg-Straße in Salzburg. Es handelt sich dabei um eine Zufahrt zu ein paar Häusern im Stadtteil Gnigl, die von der Versorgungshausstraße abzweigt. Die Straße heißt seit 1988 so, in jenem Gedenkjahr beschloß der Salzburger Gemeinderat, einige Straßen nach NS-Opfern zu benennen. Obwohl jetzt eine Straße ihren Namen trägt, ist Anna Bertha Königseggs Bekanntheitsgrad in Salzburg und erst recht außerhalb davon wohl kaum höher als vor 30 Jahren, als im Rupertusblatt (der Salzburger Kirchenzeitung) geklagt wurde: „Wohl trat ihr Leben in sturmbewegter Zeit hervor, um alsdann der Vergessenheit anheimzufallen." Der Vergessenheit anheimgefallen ist die Tatsache, daß Anna Bertha Königsegg eines der engagiertesten Beispiele von Widerstand gegen die T4-Mörder von Hartheim lieferte.

Die Barmherzigen Schwestern kamen 1844 auf Wunsch des Salzburger Erzbischofs Friedrich Schwarzenberg nach Schwarzach im Pongau. Seit 1846 betreiben sie das Spital in Schwarzach und das Schloß Schernberg als Anstalt für „Geistessieche, körperlich Sieche, Cretinen, Epileptiker und hoffnungslos Irre." Anna Bertha Königsegg wurde im Herbst 1925 als Visitatorin des Ordens und Oberin von Schernberg nach Salzburg berufen.

Die Tochter aus adeligem Haus, geboren am 9. Mai 1883 in Königseggwald, Württemberg, wollte schon als Kind Vinzentinerin werden. Mit 18 Jahren ging sie in das Stammhaus der Vinzenzschwestern nach Paris, absolvierte dort eine Krankenpflegeausbildung und legte 1906 das Gelübde ab. Mit dem Beginn des Ersten Weltkrieges mußte sie Frankreich verlassen und wirkte in Siena und Turin, ehe sie nach Salzburg kam.

Anna Bertha Königsegg war eine agile und effizient vorgehende Frau, unter ihrer Leitung blühte und gedieh die Ordensprovinz Salzburg auf. Ihre Leistungen waren so anerkannt, daß sie mehrmals zur Unterstützung in krisengeplagte Provinzen gesandt wur-

Anna Bertha Königsegg, Oberin der Salzburger Barmherzigen Vinzenz-Schwestern, saß für ihr beherztes Auftreten in Gestapohaft.

de, etwa nach Brasilien oder 1935 nach Köln, wo sie erstmals mit dem NS-Staat zusammenstieß. Nach dem Anschluß machte sie sich bald mit einer Reihe von Eingaben und Beschwerden bei den Salzburger Nazis unbeliebt. Die Situation eskalierte, als die Nazis eine Pressekampagne gegen das Krankenhaus Kufstein entfachten, in dem ebenfalls Vinzenz-Schwestern arbeiteten. Diesen warfen die NS-Journalisten vor, das „Sterben, wenn es einmal sein muß, durch seelische Erregungen und Torturen zu erschweren." Die Barmherzigen Schwestern wurden aus dem Kufsteiner Spital entfernt, worauf die Visitatorin Königsegg mit mehreren Protestschreiben reagierte.

Mitte August 1940 teilte Abteilungsvorstand Oskar Hausner von der Reichsstatthalterei Salzburg Oberin Anna Bertha „streng vertraulich" mit, daß aus kriegswichtigen Gründen die Verlegung einer größeren Zahl von Kranken aus den Salzburger Anstalten bevorstehe. Anna Bertha Königsegg schickte daraufhin dem Reichsverteidigungskommissar ein mutiges Schreiben: „Es ist nunmehr ein offenes Geheimnis, welches Los diese abtransportierten Kranken erwartet, denn nur zu oft langt kurz nach ihrer Überführung die Todesnachricht vieler derselber ein." Im Ton systemloyal schreibt die Oberin: „Was wird das Ausland von uns denken, wenn ein so hochstehendes Kulturvolk, das die größten Siege der Weltgeschichte erringt, mitten in seinem Siegeslauf beginnt, sich selbst zu verstümmeln?" Anna Bertha Königsegg schlug, so wie auch andere namhafte kirchliche Vertreter, der Reichskanzlei vor, auf jegliche staatliche Unterstützung zu verzichten und die Pfleglinge auf Ordenskosten zu erhalten, wenn man sie in Schernstein beließe. Ein Angebot, das von den Nazis nie ernsthaft geprüft wurde.

Der letzte Satz ihres Briefes brachte Anna Bertha Königsegg in Gestapohaft: „Sollte aus irgendeinem Grund der Vorschlag nicht angenommen werden, so bitte ich Sie, nicht auf unsere Mithilfe beim Abholen und Transport von Kranken zu rechnen." Die Oberin wußte sich damit auf der Linie der Fuldaer Bischofskonferenz.

Am 17. September wurde Anna Bertha Königsegg zur Vernehmung in das von der Gestapo okkupierte ehemalige Franziskanerkloster in Salzburg vorgeladen. Vor allem wollte man wissen, wer sie über „angebliche Euthanasie-Aktionen" informiert hatte. Sie nannte keine Namen und wurde in Haft genommen. Nach elf Tagen ließ man sie wieder frei.

Im Jänner 1941 wiederholte sich der Vorgang. Hausner kündigte dem Orden die Verlegung der Pfleglinge aus Mariathal bei Kramsach in Tirol an. Die Barmherzigen Schwestern betreuten dort 70 geisteskranke und behinderte Kinder. Schauriges Detail zu dieser Geschichte: Auf die Kramsacher Behinderten hatten die T4-Bonzen in Berlin ihre Begehrlichkeit gerichtet, weil sie in besonders elendem Zustand waren und vor ihrer Ermordung für den Propagandafilm „Dasein ohne Leben" aufgenommen werden sollten. Es existiert eine Aktennotiz von Hans Hefelmann, Leiter des Amtes IIb in der Kanzlei des Führers, in der er festhält, in der Idiotenanstalt Kramsach in Tirol gebe es 70 idiotische Kinder, die „ein besonders vorzügliches Filmmaterial abgeben würden."

Anna Bertha Königsegg, die von diesen Filmplänen natürlich nichts wußte, schrieb umgehend an den Salzburger Gauleiter Friedrich Rainer. Sie schlug erneut die Übernahme aller Kosten durch den Orden vor. Der Brief blieb unbeantwortet. Im April 1941 wurde es ernst mit der Räumung von Mariathal. Anna Bertha schrieb erneut an Gauleiter Rainer. Betont freundlich kündigte sie an, „daß ich den Schwestern verbieten muß, irgendwie dabei mitzuhelfen, wäre es auch nur mit dem Ausfüllen von Listen und Fragebögen, denn unser Gewissen verbietet es uns, in dieser Aktion mitzuwirken."

Den Mariathaler Schwestern schärfte sie bei einer Visite ausdrücklich ein, daß sie den Nazis in keiner Weise zu Willen sein dürften, und sagte: „Sie handeln in meinem Auftrag, ich übernehme die Verantwortung, und sollte es auch mein Leben kosten, ich gebe es gerne für Gott und unsere Armen."

Am 16. April 1941 wurde Anna Bertha Königsegg in Tirol erneut verhaftet und nach Salzburg überstellt. Am gleichen Tag begann der Abtransport der Pfleglinge aus der Anstalt Salzburg-Lehen, in der 50 Barmherzige Schwestern arbeiteten. Insgesamt wurden aus Lehen 262 Männer und Frauen in vier Transporten nach Niedernhart geschafft und in Hartheim vergast. In den frühen Morgenstunden des 21. April 1941 fuhren die grauen Busse in Kleinschöneggs Anstalt Schernberg vor, sie nahmen 115 der 170 Pfleglinge mit. Ihr Zielort: Gaskammer und Krematorium von Hartheim. Die Schwestern verweigerten jede Mitarbeit am Transport und versteckten ein paar Zöglinge.

Schwester Rosaria Brunnauer schilderte später diese Szenen in Schernberg: „Die gehfähigen, ruhigen Patienten stellte man im Hauseingang auf, stülpte ihnen den Ärmel des linken Armes hoch und schrieb mit Tintenstift auf den angenetzten Arm die Ziffer ... Danach wurden sie wie eine Vieherde den Berg hinuntergetrieben. Die anderen trug oder schleifte man die Stiege hinab." Die Transport-Mannschaft aus Hartheim trat in Schernberg grob und ohne jede Rücksicht auf den Eindruck auf, den ihre Aktion auf die Zuseher machen mußte. Dementsprechend waren Empörung und Gerede über den Abtransport der Anstaltsinsassen so groß, daß die NS-Verwaltung einen eigenen Aushang an der Gemeindetafel anbringen ließ: „Wer noch von Schernberg spricht, hat eine Strafe von RM 200,- zu erwarten!" Bei einem zweiten Transport holten dann auch Rotkreuzschwestern anstatt des Hartheimer Gekrat-Personals die Pfleglinge aus dem Ordensschloß in die Busse.

Anna Bertha Königsegg verbrachte vier Monate in Gestapohaft. Wahrscheinlich aufgrund von Interventionen von adeligen Angehörigen und auch wegen des wachsenden konfessionellen Drucks gegen die Euthanasie wurde Oberin Anna Bertha am 13. August 1941, zehn Tage nach der Predigt Bischof Galens, freigelassen. Sie durfte nicht in ihr Mutterhaus zurück, sondern wurde in eine Art Verbannung auf das Gut ihres Bruders in Königseggwald geschickt, wo sie bis Kriegsende blieb und sich der Alten- und Krankenpflege widmete. Die Vergehen, die man der Visitatorin vorwarf – Unruhestiftung, Sabotage, Aufwiegelung gegen die Volksgemeinschaft, unerwünschte Religionsausübung – wurden als Anklage gegen sie persönlich zwar fallengelassen, waren aber Vorwand für die Beschlagnahme sämtlichen beweglichen und unbeweglichen Vermögens der Kongregation durch die NS-Verwaltung.

Im Sommer 1945 kehrte Anna Bertha Königsegg nach Salzburg zurück. Sie half beim Aufbau des durch schwere Bombentreffer beschädigten Mutterhauses mit, und auch beim Reaktivieren der Ordensaktivitäten in der Provinz Salzburg. Am 12. Dezember 1948 starb die Visitatorin im Alter von 65 Jahren. In den Wertungen der Historiker war Anna Bertha Königseggs Umsetzung des Beschlusses der Fuldaer Bischofskonferenz der einzige energische Protest gegen die Euthanasie, der im Land Salzburg erfolgt ist, ja, manche bezeichnen ihr Auftreten als „couragierteste Protestaktion der Kirche in Salzburg". Die Nachwelt dankte es ihr mit der Benennung einer 35 Meter langen Sackgasse in Gnigl.

Am 3. August 1943 hielt Bischof Clemens August Graf von Galen seine berühmte Predigt in der Lambertikirche von Münster. Galen ist von seiner Biographie her nicht unbedingt in das Lager überzeugter Nazi-Gegner einzuordnen. Er kommt aus dem strikt antiliberalen und antisozialistischen Kreis um Franz von Papen. Noch Ende 1937 mutmaßte die Umgebung seines Vetters, des Berliner Bischofs Preysing, daß Galen „letzten Endes doch mit dem nationalsozialistischen System sympathisiere."

Die ersten Informationen über die Euthanasie erhielt Galen Ende Juli 1940. Damals teilte ein leitender Arzt der Großanstalt Bethel dem Direktor des Franziskus-Hospitals in Frankfurt mit, ihm gegenüber hätten Beamte der Ministerialabteilung des Staatsrates Conti die Krankentötungen zugegeben. Der Brief ging weiter an

Der Münsteraner Bischof Clemens August Ernst von Galen, der mit seiner Predigt im August 1941 offen gegen die NS-Euthanasie protestierte.

Galen, der am 28. Juli beim Breslauer Kardinal Adolf Bertram, dem Vorsitzenden der Fuldaer Bischofskonferenz, darauf drängte, etwas dagegen zu unternehmen. Bertrams Berater Domkapitular Cuno erstellte in kürzester Frist ein Gutachten und wiegelte ab: „Jede Überstürzung könnte sich sachlich mit weittragendsten Folgen in seelsorgerlich-kirchlichen Belangen überhaupt schwer schädigend auswirken." Am 5. August ließ daraufhin Kardinal Bertram den Münsteraner Bischof wissen, die Hinweise aus dem Bethel-Brief seien nicht geeignet, „um daraufhin schon jetzt einen Protest zu erheben." Ein Jahr lang schwieg Galen.

Als er im Juli 1941 erfuhr, daß aus der Münsteraner Anstalt Marienthal Kranke abtransportiert werden sollten, erstattete Galen Strafanzeige bei der Staatsanwaltschaft am Landgericht Münster und auch beim Polizeipräsidenten. Er äußerte in der Anzeige den Verdacht, diese Kranken sollten als „unproduktive Volksgenossen" getötet werden. Galen schrieb: „Da ein derartiges Vorgehen nicht nur dem göttlichen und natürlichen Sittengesetz widerstreitet, sondern auch als Mord nach § 211 des STGB mit dem Tode zu bestrafen ist, erstatte ich gemäß § 139 des STGB pflichtgemäß Anzeige und bitte, die bedrohten Volksgenossen unverzüglich durch Vorgehen gegen die den Transport und die Ermordung beabsichtigenden Stellen zu schützen..." Von der Justiz kam keinerlei Reaktion.

„Andächtige Christen!" So begann Galens Predigt im August 1941. Er berief sich einleitend auf den am 6. Juli in den katholischen Kirchen verlesenen Hirtenbrief der deutschen Bischöfe, in dem es heißt: „Nie, unter keinen Umständen, darf der Mensch außerhalb des Krieges und der gerechten Notwehr einen Unschuldigen töten." Der Bischof schilderte detailliert seine Anzeige und erzählte, daß die Transporte aus Marienthal und anderen westfälischen Anstalten bereits begonnen hätten. Man muß damit rechnen, daß diese armen wehrlosen Kranken über kurz oder lang umgebracht werden, sagte Galen.

Und weiter: „... jene unglücklichen Kranken müssen darum sterben, weil sie nach dem Urteil irgendeines Amtes, nach dem Gutachten irgendeiner Kommission ‚lebensunwert' geworden sind, weil sie nach diesem Gutachten zu den ‚unproduktiven Volksgenossen' gehören. Man urteilt: Sie können nicht mehr Güter produzieren, sie sind wie eine alte Maschine, die nicht mehr läuft, sie sind wie ein altes Pferd, das unheilbar lahm geworden ist, sie sind wie eine Kuh, die nicht mehr Milch gibt. Was tut man mit solch alter Maschine? Sie wird verschrottet. Was tut man mit einem lahmen Pferd, mit solch einem unproduktiven Stück Vieh? Nein, ich will den Vergleich nicht bis zum Ende führen –, so furchtbar auch seine Berechtigung ist und seine Leuchtkraft. Es handelt sich hier ja nicht um Maschinen, es handelt sich ja hier nicht um Pferd und Kuh ... Nein, hier handelt es sich um Menschen, unsere Mitmenschen, unsere Brüder und Schwestern. Arme Menschen, kranke Menschen, unproduktive Menschen meinetwegen! Aber haben sie damit das Recht auf Leben verwirkt? Hast du, habe ich nur so lange das Recht zu leben, so lange wir produktiv sind, solange wir von den anderen als produktiv anerkannt werden? Wenn man den Grundsatz aufstellt und anwendet, daß man den ‚unproduktiven' Mitmenschen töten darf, dann wehe uns allen, wenn wir alt und altersschwach werden! Wenn man den unproduktiven Menschen töten darf, dann wehe den Invaliden, die im Produktionsprozeß ihre Kraft, ihre gesunden Knochen eingesetzt, geopfert und eingebüßt haben! Wenn man den unproduktiven Menschen gewaltsam beseitigen darf, dann wehe unseren braven Soldaten, die als Kriegsschwerverletzte, als Krüppel, als Invaliden in die Heimat zurückkehren! Wenn einmal zugegeben wird, daß Menschen das Recht haben, ‚unproduktive' Mitmenschen zu töten – und wenn es jetzt zunächst auch nur arme wehrlose Geisteskranke trifft – dann ist *grundsätzlich* der Mord an allen unproduktiven Menschen, also an den unheilbar Kranken, den Invaliden der Arbeit und des Krieges, dann ist der Mord an uns allen, wenn wir alt und altersschwach und damit unproduktiv werden, freigegeben."

Wie die Menschen in der Lambertikirche die Predigt an jenem Augustsonntag aufgenommen haben, ist nicht überliefert. Wahrscheinlich sind sie in Schweigen gesessen und haben das Unerhörte, das bisher nie Gehörte stumm und ohne große Erregung zu zeigen vernommen. Die Predigt hatte eine überwältigende befreiende Wirkung auf die Gläubigen, doch ist es unwahrscheinlich, daß sich dies in lauten Beifallskundgebungen geäußert hat.

Galen fuhr fort: „... ist keiner von uns seines Lebens mehr sicher. Irgendeine Kommission kann ihn auf die Liste der ‚Unproduktiven' setzen, die nach ihrem Urteil ‚lebensunwert' geworden sind. Und keine Polizei wird ihn schützen und kein Gericht seine Ermordung ahnden und den Mörder der verdienten Strafe übergeben. Wer kann dann noch Vertrauen haben zu seinem Arzt? Vielleicht meldet er den Kranken als ‚unproduktiv' und erhält die Anweisung, ihn zu töten. Es ist nicht auszudenken, welche Verwilderung der Sitten, welch allgemeines Mißtrauen bis in die Familien hineingetragen wird, wenn diese furchtbare Lehre geduldet, angenommen und befolgt wird. Wehe den Menschen, wehe unserem deutschen Volke, wenn das heilige Gottesgebot: ‚Du sollst nicht töten', das der Herr unter Donner und Blitz auf Sinai verkündet hat, das Gott, unser Schöpfer, von Anfang an in das Gewissen der Menschen geschrieben hat, nicht nur übertreten wird, sondern wenn diese Übertretung sogar geduldet und ungestraft ausgeübt wird."

Die Wirkung von Galens Predigt war enorm. Der Text kursierte in Tausenden von hektographierten Exemplaren unter Katholiken und Nicht-Katholiken, englische Flieger warfen ihn in Form von Flugblättern ab, zahlreiche andere Bischöfe und Priester im ganzen Reich nahmen nun selbst unter Bezug auf die Münsteraner Predigt öffentlich Stellung gegen die Euthanasie. Im NS-Propagandaministerium war man ratlos, die vorgeschlagenen Reaktionen reichten von „den Bischof aufhängen" bis zur Strategie, selbst die Bevölkerung über die Aktion T4 aufzuklären. Und Hitler tobte: Am besten wäre es, wenn Galen kurzerhand in ein KZ gesteckt würde. Denn bei einem gerichtlichen Vorgehen gegen ihn würden die Angelegenheiten, „deren Erörterung wir nicht wünschen, Gegenstand der Gerichtsverhandlung werden, und das ist unerwünscht." Da der Führer eine Verschärfung des Kampfes gegen die Kirche in Kriegszeiten vermeiden wollte, blieb Bischof Galen aber verschont. In seinen Tischgesprächen drohte Hitler, daß „nach dem Krieg auf Heller und Pfennig abgerechnet" werde. Propagandaminister Goebbels riet von Sanktionen gegen den Bischof ab, da sonst die Bevölkerung Münsters und ganz Westfalens „während des Krieges abzuschreiben" sei.

In einer kleinen Bahnstation in der Nähe von Hof in Bayern geschieht im August 1941 Unvorstellbares: Der Führer ist mit seinem Sonderzug von München nach Berlin unterwegs. Hitlers Zug muß in der Station anhalten wegen eines Transportzuges, in den gerade geistig Behinderte verladen werden. Um den Abtransport der Euthanasiekandidaten hat sich eine große, aufgebrachte Menschenmenge versammelt, die genau weiß, was den Unglücklichen bevorsteht. Hitler erscheint am Fenster seines Abteils, weil er sich nach der Ursache des ungeplanten Halts erkundigen will. Die Menschenmenge draußen erkennt ihn. Doch sie jubelt ihm nicht zu, sondern „nimmt eine recht erheblich drohende Haltung ein", wie es der T4-Gutachter Mennecke später vor Gericht schilderte. Galens Predigt und diese Demonstration gegen seine Person bewogen Hitler in der Diktion Menneckes dazu, „nun einen Schlußstrich unter die ganze Sache zu ziehen und das bis dahin betriebene Verfahren abzublasen."

Drei Jahre später setzen die beiden Söhne der Bauernfamilie Schneider, die unmittelbar neben dem Schloß Hartheim leben, einen eindeutigen Akt des Widerstandes mit extremen persönlichen Konsequenzen. Hans Schneider hat nach seiner zweiten, schweren Verwundung in Stalingrad Monate über Monate in Lazaretten und Kuranstalten verbracht. Als die Knochenmarkseiterung endlich ausheilt, landet er bei einer Ersatzeinheit in Znaim. Die können ihn nicht brauchen, er wird versetzt zu den Landesschützen in Hainburg. Dort taucht eines Tages die Sichtungskommission aus Wien auf. Leiter dieser Kommission ist derselbe Arzt, der ihn beim Gipsen in Wien verpfuscht hat. Dieser Arzt weiß genau, was mit Schneider los ist. Und deshalb wird der Alkovener aus der Wehrmacht entlassen. Zuerst geht es nach Linz, zur Entlassungsstelle, die Formalitäten dauern eine Woche oder zwei. Das war 1944, im Mai 1944. Dann ist Hans Schneider daheim, sitzt herum, arbeitet bald auf den Feldern, obwohl das Bein schmerzt. Und wenn er in den Schweinestall geht, ist es wie vor drei Jahren: Dauernd kommen Busse, und zwei Stunden später raucht es aus dem Schlot. Wenn er gelegentlich einem der Busse begegnet auf der Straße zwischen Bundesstraße und Hartheim und vorne hineinschauen kann, dann sieht er aber andere Elendsgestalten als vor drei Jahren: ausgemergelte Männer in blaugrau gestreiften Fetzen von Kleidern, „so mager, daß man es sich gar nicht vorstellen kann." KZler. Jeder im Ort weiß es, keiner redet darüber. Manchmal fahren jetzt Lastwagen vor, auf deren Ladefläche tote KZler aufgeschichtet sind. Die werden nur noch zum Verbrennen nach Hartheim gebracht.

Sein Bruder Ignaz ist schon länger wieder daheim in Alkoven. Vor über einem Jahr war er verwundet worden, im Rheinland, wo er bei einer Flakstellung diente. Bei einem Fliegeralarm lieh er sich ein Motorrad aus, um schnell zu seiner Dienststelle zu kommen. Er stürzte und zertrümmerte sich das Schienbein. Die Verletzung wurde als Verwundung gerechnet, weil er ja auf dem Weg zu einem Einsatz war, und nach längeren Behandlungen, von denen einige fehlschlagen, wird er aus der Wehrmacht entlassen. Hans Schneider: „Den haben sie auch schlecht eingerichtet, aber im Gegensatz zu mir hat bei ihm das Schienbein vorne rausgeschaut." Daheim sitzen die beiden Brüder am Abend am Tisch und zeigen den Eltern und Schwester Maria ihre dürren, malträtierten Beine.

Ignaz ist gelernter Tischler. Eine Arbeit kann er sich aber nicht aussuchen, er muß das tun, wozu er kriegsdienstverpflichtet wird. Weil im Jahr 1943 die arbeitsfähigen Männer an allen Ecken und Enden abgehen, wird der 34jährige zu den Hermann-Göring-Werken verpflichtet, als Magazineur, da muß er nicht so viel stehen.

Im Stahlwerk sieht Ignaz Schneider das erste Mal KZ-Häftlinge. Auf dem Gelände der Hermann-Göring-Werke gibt es ein eigenes Lager, eine Außenstelle von Mauthausen. In Steinbaracken hausen seit dem Dezember 1942 bis zu 800 Häftlinge, das ist das Lager Linz I. Am 25. Juli 1944 wird es bei einem Luftangriff zerstört, die überlebenden KZler leben nun im Lager Linz II: vierzehn Holzbaracken auf Pfählen im Überschwemmungsgebiet der Traun.

Manchmal kann Schneider ein paar Worte mit den Mauthausenern wechseln, wenn ein Polier einen der Häftlinge um Material ins Magazin schickt, oder während den immer häufiger werdenden Luftangriffen, bei denen sie alle zusammen in die Keller hasten und unterschiedslos nebeneinander im Halbdunkel auf den Bänken hocken.

Erst will Ignaz Schneider nicht für wahr halten, was er hört. Er sitzt im Bunker und staunt und hört mit offenem Mund zu, er glaubt es nicht, will es nicht glauben, die fahlen dünnen Männer zeigen ihm eintätowierte Nummern, Narben von Mißhandlungen, alte und frische, ihre eingefallenen Bauchgruben. Und sagen, daß sie, die für die Schwerindustrie eingeteilten Arbeitskräfte im Linzer Außenlager, noch gut dran wären, er sollte einmal die sehen in Mauthausen.

Und erst die Politischen, und die Juden. Ignaz glaubt es ihnen schließlich doch. Solche Geschichten kann man sich nicht ausdenken. Und vor allem erzählen sie immer das gleiche, Häftlinge verschiedener Nationalitäten, die einander gar nicht kennen: Ihre Geschichten vom Morgenappell, vom stundenlangen Stehen, vom Steinbruch, von der Todesstiege, von den Schreien, vom Rauch aus dem Krematorium sind immer gleich.

Daheim erzählt es Ignaz seinem Bruder und seinem Vater, die sitzen stumm und mit offenen Mündern, so wie er selbst vor Wochen und Monaten dagesessen ist und ungläubig den Kopf geschüttelt hat. Das ist kein richtiges Regime, sagt der 12 Jahre jüngere Hans schließlich. Der Vater nickt. Ignaz deutet hinüber in Richtung Westen, wo das Schloß in der Abenddämmerung mehr zu erahnen als zu sehen ist. Das muß man denen zutrauen, sagt er leise, die sind zu allem fähig.

Was er meine, fragt Hans.

Das ist ein richtiges diktatorisches Regime, da muß man was tun dagegen, nach dem, was er erfahren hat von den KZ-Häftlingen, sagt Ignaz.

Die beiden Söhne des Schneiderbauern flüstern draußen auf der Hausbank, an einem lauen Maiabend, an dem es nicht vom Schloß herüberstinkt. Daß er schon was tut, sagt Ignaz. Hans: Was?

Ignaz: Wir schreiben Zettel. Flugblätter.

Hans: Wer – wir?

Ignaz: Na ich, und der Hilgarth, kennst ihn eh, aus Alkoven.

Hans: Der Hilgarth Leopold von der Bahn?

Ignaz: Ja, der und noch einer aus Alkoven, der Keppelmüller Hans, der ist jetzt beim Reichsarbeitsdienst. Und dann ist da noch einer aus dem Stahlwerk, ein Linzer, ein gewisser Binder.

Hans: Und was schreibt ihr auf die – Zettel?

Ignaz: Daß das ein diktatorisches Regime ist eben. Und was ich von den KZlern höre, was die aufführen in Mauthausen und in Gusen. Und was bei uns da ist, im Schloß drüben, das schreiben wir den Linzern hinunter.

Sie schweigen eine Zeitlang. Dann redet Ignaz weiter: Wir hören Feindsender, weißt du. Und da gibt es diese Aufrufe, die vervielfältigen wir. Daß denen ihre Parolen nicht stimmen. Daß der Krieg verloren ist.

Hans: Und?

Ignaz: Und was?

Hans: Was macht ihr damit?

Ignaz: Die teilen wir aus. In Linz, und in Eferding, in der Nacht streuen wir sie aus, oder wir schmeißen sie in die Postkästen. Er lacht und sagt dann: Einmal habe ich an die Mauer vom Lokalbahnhof was geschrieben, mit blauer Kreide. Beendet den Krieg. Da haben sie geschaut in der Früh. War aber gleich wieder weggewischt.

Nach einer sehr langen Pause fragt Ignaz seinen jüngeren Bruder, ob er mitmachen will. Ohne zu zögern sagt Hans Ja. Er treibt eine neue Schreibmaschine auf. Eine befreundete Ärztin schenkt ihm eine winzig kleine Reiseschreibmaschine, mit Miniaturtasten. Den Vervielfältigungsapparat hat sein Bruder schon vor langem besorgt. Hans Schneider tippt jetzt die Parolen, die sie von der BBC hören, auf die Matrizen, dann ziehen sie jeweils ein paar Dutzend spiritusgetränkte Kopien von den Walzen, so viele, bis die blauviolette Schrift immer blasser wird und kaum noch zu lesen ist.

Ein paarmal macht Hans Schneider mit, wenn sie in der Nacht mit den Rädern nach Eferding fahren. Den Hauptplatz meiden sie, da ist die Gefahr zu groß, von einem Polizisten erwischt zu werden. Sie huschen durch Nebengassen und stopfen hastig ihre Flugblätter in Postkästen. Einmal ist Hans bei so einer Aktion in Linz dabei. Wenn es ihnen zu brenzlig erscheint, dann hören sie auf, bevor sie alle Zettel in Briefkästen geworfen haben. Sie steigen auf die Räder, blicken kurz um sich, wenn nirgends eine Regung von möglichen Beobachtern zu sehen ist, schmeißt jeder von ihnen die restlichen Flugblätter mit einer weitausholenden Geste von sich.

Der Krieg ist verloren, steht auf diesen Flugblättern, oder: In Mauthausen werden Menschen ermordet. Dieses Regime ist verbrecherisch. In Hartheim werden Alte und Sieche vergast. Der Führer ist ein Verbrecher. Die vier Alkovener haben keine Verbindung zu anderen Widerstandsgruppen oder Nazigegnern, nicht, weil sie es nicht wollten, sondern weil sie keine kennen. Sie wissen nicht einmal, ob es wirklich außer ihnen in der Gegend rund um Linz auch noch andere Aktive gibt. Der englische Sender behauptet zwar, daß der Widerstand gegen Hitler im deutschen Volk groß sei, aber man kann ja nicht einfach jemanden darauf anreden, nicht einmal Leute, die man gut zu kennen glaubt. Der Herr Binder aus Kleinmünchen war eine Ausnahme. Ob er die Familie Mann kenne, hat er Ignaz Schneider bei der Materialausgabe in den Hermann-Göring-Werken gefragt. Der kennt das zwar vom Schwarzhören, sagt aber Nein. Binder beugt sich vor und flüstert: Das ist eine Familie von Schweinen, weißt du, die kleinen Ferkel sind die Kinder Mann, die Sau ist die Frau Mann, und der große fette Saubär ist der Herr Mann.

Schneider muß lachen, guter Witz, hier in den Göring-Werken, sagt er. Da hat Binder unverblümt zu schimpfen begonnen, wie groß die Nazis geredet hätten vor fünf Jahren, und jetzt hätten sie nur noch die Drecksarbeit, lauter KZler überall oder Weiber, weil die Männer alle an der Front sind oder tot. Und wie der fette Hermann getönt habe, Meier will er heißen, wenn nur ein einziger englischer Flieger über dem deutschen Reich, und jetzt säßen sie nur noch in den Kellern herum, dauernd Fliegerangriffe, hunderte Bombentote jeden Monat. Ignaz Schneider nickt bedächtig. Sie sollten sich einmal bei einem Bier zusammensetzen, schlägt Binder vor. Das tun sie auch. Danach stehen sie lange unter dem Baum draußen, an den sie ihre Fahrräder gelehnt haben, und reden, drinnen in der Wirtsstube kann man ja nichts sagen, und auch ein ständiges Flüstern würde auffallen.

Bald faßt Ignaz Schneider Vertrauen in Binder, und er erzählt ihm eines Tages von den anderen, dem Bahnbediensteten Hilgarth und dem jungen RAD-Mann Keppelmüller und von ihren Flugblätter. Dem Kleinmünchener Binder gefällt das, er bewundert den Mut der drei Alkovener, und er drängt, in die Gruppe aufgenommen zu werden. Was schließlich geschieht. Binder ist nur gelegentlich bei den nächtlichen Aktionen dabei, aber er ist ein wütender Gegner der Nazis und kommt immer wieder mit neuen Ideen, was man auf die Flugblätter schreiben könnte. Hilgarth, mit seinen 50 Jahren der besonnenste, bremst ihn ein, er ist dafür, sich an jene Parolen zu halten, die von Radio London kommen.

Hilgarth, Keppelmüller und die beiden Schneiderbrüder sind, obwohl teilweise noch gering an Lebensjahren, keine jugendlichen Hitzköpfe, keine Bauernburschen mit überschießendem Drang nach Erlebnissen, ihre Flugblattaktionen haben nichts vom Wunsch, Abenteuer zu erleben, und es eignet ihnen auch keine romantische Attitüde. Dagegen sprechen zum einen ihr damaliges Alter und der hohe Preis, den Hilgarth und Ignaz Schneider für die Aktionen zahlen mußten. Und dagegen sprechen die 55 Jahre später noch erkennbaren Probleme, die Hans Schneider damit hat, sich selbst als Widerstandskämpfer zu bezeichnen, wo er doch ein ordentlicher und korrekter Wehrmachtssoldat gewesen ist. All dies sind wohl die Gründe, warum aus der Gruppe von Bauernburschen und einem Eisenbahner aus Alkoven kein Mythos geworden ist, warum ihre Namen, obwohl in diversen Berichten niedergeschrieben, nicht einmal einen Hauch des Bekanntheitsgrades etwa der Geschwister Scholl haben.

Das Ende der kleinen Verschwörergruppe kommt am 13. Juni 1944. Der Herr Binder aus Kleinmünchen ist ein Gestapo-Konfident, von Anfang an hat er sich in den Hermann-Göring-Werken als besonders eifriger Nazigegner aufgespielt, um wirkliche Regimegegner zu entlarven, und bei Ignaz Schneider im Magazin hat er einen Volltreffer gelandet.

Die Gestapo verhaftet an jenem heißen Junidienstag mehr als ein halbes Dutzend Leute in Linz und Alkoven. Ignaz Schneider ist der erste, den sie abholen, direkt vom Magazin weg, dann kommen in Linz Hilgarth und Keppelmüller dran.

Hans Schneider und sein Vater Hans senior arbeiten auf einem Feld außerhalb von Hartheim, keine zehn Minuten von ihrem Hof entfernt. Schon von weitem sehen sie die kleine Gestalt der Mutter, wie sie über die Felder rennt, wild gestikulierend auf sie zueilt. Die Männer hören zu werken auf, stützen sich auf die Gabeln, als die Frau näher kommt, sehen sie, wie aufgelöst sie ist.

Die Gestapo ist da, die Gestapo ist da, schreit sie, sobald sie in Rufweite kommt. Gehen wir heim, sagt Hans Schneider senior. Vater und Sohn räumen ihre Sachen zusammen, dann gehen sie rasch zum Hof, die jammernde Mutter läuft ein Stück voraus, dann wartet sie, geht hinter ihnen, redet auf den Mann und auf den Hansi ein, die antworten nicht, als sie dem Haus näher kommen, wird sie still und trottet gottergeben hinter den beiden Männern.

Im Hof, vor der Haustür, steht ein großes dunkles Auto, bei dem stehen drei Männer in grauen Anzügen. Die drei sprechen formell die Verhaftung aus, dann stoßen sie Vater und Sohn grob hinein in die Stube, setzen sie nebeneinander auf die Bank, die Gestapomänner bleiben stehen, stützen manchmal die Hände auf die Tischplatte und fragen: Wer gehört noch dazu? Nennt Namen! Einmal sprechen sie ruhig und sachlich, dann schreien sie die Schneider-Männer an, beugen sich drohend vor. Den Ignaz haben wir, den Hilgarth und den Keppelmüller, und den und den, es sind die Namen von Alkovenern, engen Freunden der Familie. Wir wissen von nichts, sagen Vater und Sohn unbeirrt. Schließlich legen ihnen die drei Gestapomänner Handschellen an, schaffen sie in das Auto und bringen sie nach Linz. Mutter Schneider und ihre Tochter Maria sitzen den ganzen Tag in der Stube und beten und weinen abwechselnd, manchmal auch gleichzeitig. Am Abend ist der Himmel sternklar. Ein Meteor zieht eine glänzende Spur über den Himmel. Die

Schneider-Frauen sehen ihn nicht, tagelang verlassen sie die Stube nur für die notwendigsten Arbeiten am Hof.

Die ganze Gruppe kommt in die Polizeihaftanstalt an der Mozartstraße. Verhört werden sie im Gestapohauptquartier in der Langgasse, in jenem festungsartigen Bau, der heute das Kolpinghaus beherbergt. In Handschellen und begleitet von zwei Staatspolizisten pro Verdächtigem, so werden sie am Morgen hinübergetrieben und am Abend zurück, über Mozartstraße, Landstraße und Langgasse. Die Fragen sind immer gleich: Wo haben sie die Parolen her, wie genau liefen die einzelnen Flugblattaktionen ab, und vor allem: Wer war noch dabei. Die Gestapo ist nicht zimperlich. Ignaz Schneider, der ihnen als Kopf der Gruppe erscheint, schlagen sie grün und blau. Hans Schneider wird mit einer perfiden Methode gefoltert. Er muß sich immer wieder eine halbe Stunde lang ganz dicht an die Wand stellen, Gesicht zur Wand, so nahe, daß die Zehenspitzen gegen die Mauer drücken, und darf kein Glied bewegen.

So geht das sechs Wochen lang, dann werden die Hauptverdächtigen, Hilgarth, Keppelmüller und die beiden Schneiderbrüder am 4. August 1944 in das Gefangenenhaus des Landesgerichtes Linz überstellt. Hier warten sie auf ihren Prozeß. Das halbe Dutzend weiterer Männer aus Alkoven bleibt bis Ende September in Haft, dann werden sie freigelassen. Hilgarth und Ignaz Schneider haben eine konsequente Verteidigungs- und Entlastungsstrategie durchgezogen, sie geben nur zu, was die Gestapo offensichtlich über den Herrn Binder als gesicherte Fakten ansieht: Beabsichtigt, geplant und durchgeführt haben praktisch alles nur sie beide, Keppelmüller und Hans Schneider sind nur so am Rande beteiligt gewesen, und alle anderen haben von überhaupt nichts eine Ahnung gehabt.

Noch im Landesgericht hält Ignaz Schneider die Gruppe zusammen, obwohl sie alle zwar nicht in Einzelhaft, aber in verschiedenen Zellen sitzen. Er schickt seinem Bruder Botschaften. Eines Tages bringt die Mutter dem älteren Bruder einen Laib Brot ins Gefängnis. Ignaz läßt Hans einen Brocken Brot über die Wärter zukommen. Das Brot ist in ein Blatt einer alten Zeitung eingewickelt. Ignaz hat bei einzelnen Buchstaben winzige Zeichen gemacht, kaum sichtbare Bleistiftpunkte. Hans sucht die Buchstaben und setzt sie zusammen, sie ergeben lange Sätze. Ignaz läßt Hans wissen, was er alles zugegeben hat vor der Gestapo, und er schärft ihm ein, was er beim Prozeß sagen darf und was nicht.

Die Aufseher schöpfen Verdacht, als Ignaz mehrmals seinem Bruder einen Teil seiner ohnehin kargen Essensration zukommen läßt, immer in einen dicken Packen Zeitungspapier eingewickelt. Sie durchsuchen die Zelle von Hans Schneider, finden aber nichts. Hans hat es geschafft, vom Lüftungsschlitz oberhalb der Zellentür das Gitter abzuschrauben. Dahinter versteckt er die markierten Zeitungsblätter und schraubt das Gitter wieder vor. Die Aufseher stellen die gesamte Zelleneinrichtung auf den Kopf, hinter dem Gitter sehen sie aber nicht nach.

Das Gefangenenhaus ist seit Ende Juli 1944 überfüllt. Nach dem Attentat vom 20. Juli haben die Nazis massenhaft ehemalige Politiker inhaftiert. Mit einem von diesen sitzt Hans Schneider drei Wochen in einer Zelle: Felix Kern, der ÖVP-Politiker, der ab 13. Dezember 1945 der ersten vom Volk gewählten Landesregierung angehört. Zuvor hatte es zwei jeweils von den Besatzungsmächten ernannte Landesregierungen gegeben, von denen die erste ausschließlich aus Beamten bestand. Kern war dann vom 5. Juni 1948 bis zum 23. Oktober 1955 Landeshauptmannstellvertreter. Hans Schneider senior teilte die Zelle mit einem Jesuitenpater, der später im KZ Mauthausen starb. Auch Hans junior war eine Zeitlang mit einem Priester in einer Zelle, mit dem nachmaligen Dekan von Neumarkt im Mühlkreis. An den Namen kann sich Hans Schneider heute nicht mehr erinnern, aber wahrscheinlich war sein Zellengenosse Pfarrer Rudolf Enzinger, der wegen Abhörens von Feindsendern im Mai 1943 zu vier Jahren Zuchthaus verurteilt worden war.

Hans Schneider arbeitet im landesgerichtlichen Gefangenenhaus in der Küche, als Helfer der Köche. Das ist eine Bevorzugung, sagt er heute noch, und: Ich weiß nicht, auf Grund welcher Umstände das passiert ist. Pfarrer Enzinger ist als Kellner beschäftigt, ihm obliegt im Speiseraum der Aufseher das Servieren der Mahlzeiten. Der Pfarrer hat in der Zelle ein eigenes Bett. Schneiders Schlafstelle ist der Platz unter diesem Bett, mit zwei groben Decken, einer als Unterlage, einer zum Zudecken, und einem mit Stroh gefüllten Sack als Kopfpolster.

Hans Schneider steigt innerhalb weniger Wochen in der Gefängnishierarchie auf zum zweiten Koch. Im Interview im Herbst 1996 schildert er die Widerstandstätigkeit seiner Gruppe, die Verhaftung, die Verhöre und den Prozeß ganz kurz, immer wieder muß er Unterlagen wie den Entlassungsschein hervorkramen, um nachzusehen, wann das eigentlich genau passiert ist und wie das Delikt geheißen hat. Aber „heitere Episoden" aus dem Gefängnisalltag beschreibt er ausführlich und lange, bis in die kleinsten Details hinein weiß er dies alles noch. Wahrscheinlich arbeitet das menschliche Gedächtnis so seltsam, um – auch noch ein halbes Jahrhundert später – Schutz zu bieten vor dem Unerträglichen, dem Unzumutbaren.

Schneiders Aufgabe als zweiter Koch ist die Zubereitung der Suppen zum Mittag- und zum Abendessen. Es ist Schwerarbeit, der Suppenkoch ist dauernd in Bewegung, die Suppe köchelt in riesigen Kesseln, die Zutaten und Einlagen schleppt der Koch in großen Säcken heran und schüttet sie hinein, und dabei muß die ganze Zeit gerührt werden, damit nichts anbrennt. Kurz vor der mittäglichen Essensausgabe kommt der Gefängnisleiter höchstpersönlich in die Küche und läßt sich vom ersten Koch auf einem Teller Kostproben der gesamten Mahlzeit geben. Wenn Schneider die Suppe in seinem Kessel anbrennen läßt, dann fängt der erste Koch zu fluchen und schimpfen an, und er stellt einen kleinen Topf auf den Herd und bereitet die Suppe noch einmal zu, nur eine kleine Menge. Diesen Schöpfer voll bekommt der Gefängnisleiter. „Eigentlich ist es mir dort gut gegangen", sagt Schneider heute.

Das geht so bis zum 3. November 1944, dem Freitag nach Allerseelen. Früh am Morgen werden Hans und Ignaz Schneider, Leopold Hilgarth und Johann Keppelmüller aus dem Schlaf gerissen. Der Tag der Verhandlung. Sie findet in Wien statt, im Grauen Haus, vor dem 5. Senat des Volksgerichtshofes. Der Blutsenat, so nennen ihn die Häftlinge, und sogar in Linz wissen sie alle, woher dieser Name kommt: Weil die Richter blutrote Roben haben. Und weil aus diesen Verhandlungen fast niemand herauskommt ohne Todesurteil. Die vier Widerstandskämpfer reisen mit dem Zug nach Wien. Es ist ein seltsamer Anblick: Die Wachen treiben sie in einen eigenen Waggon am Ende eines kurzen Zuges. Ein spezieller

Häftlingswaggon, anstelle von Abteilen stehen links und rechts eines Mittelganges Gitterkäfige, in denen sind roh gezimmerte Holzbänke, die jeweils vier Häftlingen Platz bieten. Die vier Männer aus Alkoven sitzen allein im Käfigwaggon, jeder für sich in einem Eisendrahtkobel, so fahren sie am späten Morgen in Wien ein.

Man schafft sie direkt vom Zug in den Verhandlungssaal. Kaum sind die Personalien aufgenommen und die kurze Anklageschrift verlesen, fangen draußen die Sirenen zu heulen an. Fliegeralarm. Die Verhandlung wird formell abgebrochen, Hals über Kopf stürzt das gesamte Gericht in den Keller. In den Gängen und Stiegenhäusern herrscht dichtes Gedränge, die Keller unter dem Grauen Haus sind gleichzeitig Luftschutzbunker für die Zivilbevölkerung. Hans Schneider heute: „Ich hätte da ganz einfach abhauen können. Wir waren nicht gefesselt und nichts, wir sind einfach mitgetrieben worden mit allen anderen in den Keller hinunter. Freilich waren die Aufseher dabei, aber man hätte mit ein bißchen Courage abhauen können. Aber wohin? Wohin?"

Im Keller ist ein großer Raum als Verhandlungssaal eingerichtet, der Prozeß wird fortgesetzt, während über Wien die amerikanischen Flieger ihre Bombenlast abwerfen. Nach der Entwarnung geht es nach oben in den eigentlichen Saal. Der Prozeß dauert nur wenige Stunden. Die Beschuldigten werden kurz einvernommen, Zeugen werden nicht gehört, die Anklageschrift beruht allem Anschein nach auf den Aussagen des Konfidenten Binder. Sein Name fällt allerdings kein einziges Mal während des Verfahrens, und auch bei den Verhören durch die Gestapo ist von ihm nie die Rede.

Am Nachmittag das Urteil: Alle vier sind schuldig der Vorbereitung zum Hochverrat und der Wehrkraftzersetzung. Die Schuldsprüche: Ignaz Schneider: Tod durch das Fallbeil. Leopold Hilgarth: Tod durch das Fallbeil. Hans Schneider: Zehn Jahre Zuchthaus und zehn Jahre Ehrverlust. Johann Keppelmüller: Versetzung zu einer Strafeinheit der Deutschen Wehrmacht.

Die Nazizeitungen berichten keine Zeile über diese Widerstandsaktion. Das Vergehen der zum Tode und zu Zuchthaus verurteilten Männer wäre auch schwer zu erklären gewesen: Flugblattaktionen gegen Euthanasie und gegen unvorstellbare Unmenschlichkeiten im KZ, was es offiziell ja gar nicht gibt. Weder in der Oberdonau-Zeitung, der zu jener Zeit einzigen oberösterreichischen Tageszeitung, noch in der Wiener Ausgabe des Völkischen Beobachters sind Berichte über die Schneider-Brüder, Hilgarth und Keppelmüller zu finden, von der Verhaftung im Juni nicht und nicht vom Prozeß. Der Völkische Beobachter schreibt lieber über einen Erlaß zu Zollnachlässen bei Kistenbrettern oder über volksdeutsche Flüchtlinge aus Kroatien, die im Mühlviertel einquartiert werden. Die Oberdonau-Zeitung, seit Ende 1943 wegen Papiermangels fusioniert mit der Tagespost, hat zwar auf Seite drei eine regelmäßige Rubrik namens „Recht und Gericht", aber hier kommen in jenen Tagen, als die Hartheimer in Wien verurteilt wurden, lediglich eine betrügerische Grußbestellerin in Schönering vor und ein 18jähriger Gewohnheitsdieb aus Linz, der nach einem gescheiterten Gefängnisausbruch vom Gericht mit der Feststellung, daß „Besserung nicht zu erwarten" sei, zum Tode verurteilt wird. Und um den 13. Juni herum, dem Tag der Verhaftung der Widerstandsgruppe, schreibt das Regionalblatt über eine Zigarettenmarderin aus Ottensheim, ein Leistungsmelken in Schärding – und über den Meteoriten vom 13. Juni, der am Abend überall im Land als „leuchtendhelle Feuerkugel" beobachtet worden sei.

Man trennt die vier noch im Verhandlungssaal und führt sie in Zellen im Grauen Haus. Hans Schneider, 23 Jahre alt, weiß gar nicht, was das bedeutet, was sich an diesem mit Ereignissen dicht bepackten Tag abgespielt hat. Daß sein Bruder sterben wird. Daß er selbst Glück gehabt hat. Stumm und dumpf brütend sitzt er in der Zelle. Er hört nichts mehr von den anderen, mit Ausnahme eines Briefes, den er von Ignaz bekommt. Erst nach dem Krieg erfährt er, daß der Bruder und Hilgarth tatsächlich enthauptet worden sind. Und später, viel später, wird ihm klar, daß sein Bruder ihn gerettet hat, indem er möglichst alles auf sich genommen hat. Ganz sicher ist Hans Schneider heute noch nicht daüber, wie es zuging, daß die anderen starben und er lebt: „Ich habe Glück gehabt. Sie haben mir nicht so viel beweisen können. Ich habe halt mitgetan, aber direkt etwas, nicht – oder der Kopf der Gruppe, oder was, war ich nicht." Er macht eine lange Pause und fährt mit leiser Stimme fort: „Und ich vermute, daß ich von draußen, von der Division, doch eine gute Beschreibung bekommen habe, die Gestapo hat sich ja sicher erkundigt bei der Einheit, und ich war ja dreimal verwundet, habe ein paar Auszeichnungen gehabt, das hat mir wahrscheinlich dann den Kopf gerettet."

Hans Schneider bleibt eine Woche lang im Grauen Haus, dann wird er verlegt in die Strafanstalt 2 am Hernalser Gürtel. Dort sitzt er ein bis zum 6. April 1945.

XI. Das Hartheimer Grauen über der Ostmark

Das Hartheimer Grauen blieb nicht auf das Schloß bei Alkoven beschränkt, es kroch und kroch hinaus, verbreitete sich über ganz Österreich. Zwischen Wien, Bayern und Vorarlberg, zwischen Böhmen und Kärnten durchkämmte Dr. Georg Renno die Irrenanstalten und Siechenhäuser, und Wochen später kamen dann die anthrazitgrauen Busse. Wenn die seit Jahren, oft Jahrzehnten betreuten Kranken weggetrieben wurden wie die Tiere, sah das Stammpersonal in den meisten Anstalten stumm und bitter zu, hin und her gerissen zwischen dem Impuls, sich den Hartheimer Schlächtern in den Weg zu stellen, und der Angst vor den forschen SS-Männern und ihren kaum verhüllten Drohungen.

Manchmal gab es Widerstand, wie die Beispiele aus Gallneukirchen, Kramsach in Tirol oder Schwarzach im Pongau zeigten. Aber manchmal waren die maßgeblichen Herren in den Anstalten ganz auf der Linie der NS-Ideologie und räumten in ihren Häusern gnadenlos auf mit allen „Ballastexistenzen", wie etwa Max Thaller, der Direktor der Anstalt Ybbs. Oder wie Hans Czermak, der höchstrangige Gesundheitsbeamte für Tirol und Vorarlberg, der beim Abtransport von rund 1000 Patienten nach Hartheim tatkräftig mithalf. Oder wie Josef Vonbun, der Leiter der Vorarlberger Irrenanstalt Valduna bei Rankweil, dessen Geschichte in zweifacher Hinsicht kein Ruhmesblatt ist: Sie zeigt einen offensichtlich von Ehrgeiz zerfressenen Mediziner, der seinen Beruf nicht nur in den Dienst eines Unrechtsregimes stellt, sondern seine ärztliche Macht auch in privatesten, intimsten Angelegenheiten skrupellos zu seinem Vorteil einsetzt. Und Vonbuns Laufbahn nach dem Krieg zeigt eine Justiz, die nicht fähig und allem Anschein nach auch gar nicht gewillt ist, das Thema Euthanasie in den Griff zu bekommen; eine Justiz, die aus dem mutmaßlichen Mittäter und Mitläufer Vonbun fast so etwas wie ein NS-Opfer macht.

Die Aktion T4 fand im äußerst westlichen Teil der Ostmark Sympathie auf höchster Ebene. Der Hals-Nasen-Ohren-Facharzt Hans

Czermak, 1892 in Graz geboren, war damals als Gauamtsleiter des Gauamtes für Volksgesundheit mit Amtssitz in Innsbruck zuständig für Tirol und Vorarlberg. Er führte einen ausführlichen Briefwechsel mit dem Hartheimer und Niedernharter Chef Rudolf Lonauer, in dem Czermak sich „sehr befriedigt" äußerte, daß Lonauers Tötungsmethoden mittels Injektionen „so erfolgreich" funktionierten. Und Czermak drückte in einem Brief vom 12. November 1942 gegenüber Lonauer seine Hoffnung aus, daß diese Methode bald auch in Hall angewandt werden könnte, „wodurch sich die Transportkosten, vor allem der Kraftstoffaufwand einsparen ließe."

Zum ersten Mal persönlich getroffen hatten einander Czermak und einer der Hartheimer Chefs, nämlich Georg Renno, an einem Samstag in der ersten Hälfte des Dezembers 1940. Am folgenden Montag soll ein großer Transport von Patienten der Tiroler Landesheilanstalt durchgeführt werden. Die eigentliche Arbeit machen die Hartheimer, sie treiben die mittels Meldebogen 1 ausgesuchten Todeskandidaten zusammen, schaffen sie zum Bahnhof, begleiten den Zug nach Linz und besorgen per Bus den Transport vom Linzer Hauptbahnhof nach Hartheim oder in das „Zwischenlager" Niedernhart. Während der Transportleiter Franz Reichleitner und seine SS-Männer, Pfleger und Pflegerinnen erst am Montag in Hall eintreffen, reist Renno bereits zwei Tage früher an. Wie üblich aus touristischen Gründen: „Da ich Innsbruck noch nicht kannte, habe ich mich bereits am Sonnabend nach dort begeben", sagte er 20 Jahre später den Vernehmungsbeamten.

Renno ruft vom Bahnhof aus Czermak an und bittet ihn, bei der Beschaffung eines entsprechenden Hotelzimmers behilflich zu sein. Der hohe Herr aus der Innsbrucker Reichsstatthalterei hilft natürlich umgehend und rückt dann mit einem Problem heraus, das ihn drückt. Es gehe um den Transport vom kommenden Montag, stottert Czermak herum, irgend etwas sei da nicht in Ordnung, ob der Kamerad aus Linz nicht so gut sein wolle, mit ihm gemeinsam die Anstalt noch heute abend aufzusuchen. Renno willigt ein und bringt sich damit um ein freies Wochenende in Innsbruck.

Am Abend empfängt Dr. Klebelsberg, der Direktor von Hall, Renno und Czermak in seinem Büro. Klebelsberg kommt zur Sache: Unter den für den Abtransport vorgesehenen Patienten befinde sich eine ganze Reihe Ansprechbarer und Arbeitsfähiger, sagt er, und: „Also solche Patienten, die nach meiner Auffassung für die beabsichtigten Maßnahmen außer Betracht bleiben." Folgt man Rennos Schilderung dieser Ereignisse vor einem Frankfurter Gericht, so hat er sich nicht sonderlich darüber gewundert, daß Anstaltsleiter Klebelsberg (den Renno als „Klevelsberger" in Erinnerung hat) und Gesundheits-Gauamtsleiter Czermak ganz offenkundig Bescheid wußten, was es mit dieser Patientenverlegung wirklich auf sich hatte. Renno stimmt jedenfalls zu, am Sonntag vormittag zu Klebelsberg in die Anstalt zu kommen und sich die Patienten anzusehen.

Früh am Sonntag erscheint Renno in der Anstalt Solbad Hall. Er sitzt mit Klebelsberg an einem Tisch, in einer endlosen Reihe marschieren Patienten an ihnen vorbei. Nach Rennos Erinnerungen waren es mehr als 200. Laut Gerichtsakten dürften es um die 140 gewesen sein. Die meisten sind Schizophrene, bei denen die Krankheit nur in milder Form aufgetreten ist, „Ansprechbare", gab Renno später zu Protokoll, „die von der Anstalt, weil sie als Arbeitskräfte benötigt wurden, nicht entbehrt werden konnten." Sogar die Anstaltsköchin und ein Patient, der den Einkauf der Lebensmittel für die Küche besorgt, stehen auf den Listen der Gekrat. Daß ihre Namen auf die Meldebögen 1 kamen, die ja zumindest theoretisch Klebelsberg hätte unterzeichnen müssen, und daß sie von drei Gutachtern und einem Obergutachter als lebensunwerte Ballastexistenzen eingestuft wurden, zeigt, wie schlampig und willkürlich die Auswahl der Todeskandidaten in der Aktion T4 erfolgte. Warum sie tatsächlich auf die Listen kamen, darüber wird kein Wort verloren bei jener sonntägigen „Nach-Selektion" durch Renno.

Der Hartheimer Arzt gibt Klebelsberg recht: Die Leute werden von den Listen gestrichen und vom Transport zurückgestellt. 200 waren es, sagte Renno vor Gericht. Da war er allerdings bemüht, entlastende Episoden aus seiner T4-Laufbahn zu bringen, weshalb die vom Gericht aus den Haller Belegslisten rekonstruierte Zahl von 140 eher zutreffen dürfte. Der Kampf um die arbeitsfähigen Patienten der Anstalt Hall scheint ein Tiroler Politikum gewesen zu sein: Angeblich hatte Gauleiter Hofer persönlich interveniert, daß die arbeitsfähigen Patienten nicht nach Hartheim kommen. Diese Angaben stammen allerdings aus Vernehmungen Hofers und Czermaks, die nach dem Krieg bemüht waren, die eigene Rolle im Dritten Reich möglichst günstig darzustellen. Noch schlechter belegt, nämlich nur durch Andeutungen in den Protokollen, sind außenpolitische Probleme, die von der Aktion T4 in Vorarlberg und Tirol ausgelöst wurden: Angeblich hat Gauleiter Hofer in an die 100 Fällen interveniert, damit Patienten aus der Schweiz, die in Hall oder Valduna untergebracht waren und von den Hartheimern abgeholt werden sollten, wieder von den Listen gestrichen wurden. In zahlreichen Fällen wurden jedenfalls Schweizer in dieser Zeit aus den ostmärkischen Anstalten entlassen und in ihre Heimat überstellt.

Renno und Klebelsberg geraten in diesem Zusammenhang in Streit. Es geht um den Bruder eines Geistlichen, mit dem Gauleiter Hofer bekannt ist, der in Hall untergebracht ist und auf der Liste steht. Hofer habe Klebelsberg befohlen, etwas zu unternehmen, erzählte der Anstaltsleiter nach dem Krieg, deshalb habe er, Klebelsberg, diesen besonderen Patienten entlassen, bevor die Truppe aus Hartheim anrückte. Renno schnauzt Klebelsberg an und verwarnt ihn formell: So etwas dürfe in Hinkunft nicht mehr vorkommen. Renno konnte sich nach dem Krieg nicht an diese angebliche Verwarnung erinnern: „Ich habe mich um solche Kleinigkeiten nie gekümmert."

Abgesehen davon verstehen Renno und Klebelsberg einander sehr gut, sie pflegen auch außerhalb des Dienstbetriebes Kontakt. Dabei schüttet der junge Renno gegenüber dem ein wenig älteren Tiroler sogar sein Herz aus: Er habe seine derzeitige Tätigkeit satt, vertraut er dem Arztkollegen an, und er bemühe sich um eine andere Arbeit. Dies erzählte Klebelsberg später. Renno schwächte noch nach 20 Jahren ab: Er habe vorgehabt, von Linz und Hartheim wegzukommen, aber daß er dies einem letztlich doch fremden Menschen so gesagt hätte, glaube er nicht. Und: „Es kann sein, daß ich gesagt habe, es wäre mir lieber, wenn ich eine andere Beschäftigung hätte."

Aus dem Briefwechsel Czermaks mit Niedernhart ergibt sich, daß der Hartheimer Chef Dr. Rudolf Lonauer auch mehrmals persönlich in Innsbruck gewesen sein muß. Czermak und Lonauer kannten einander persönlich. Czermaks Briefe und Rennos spätere Aussagen vor Gericht weisen eindeutig darauf hin, daß der Herr Gesundheits-Gauamtsleiter Czermak, der Leiter der Vorarlberger Irrenanstalt Valduna, Dr. Vonbun, und höchstwahrscheinlich auch der Leiter der Tiroler Anstalt, Dr. Klebelsberg, bei Lonauer und Renno darauf drangen, in ihrem eigenen Gau und in ihren eigenen Anstalten Patienten umbringen zu dürfen. Czermak fragte Lonauer bei einem Treffen, das irgendwann im Sommer oder Herbst 1942 stattfand, wie denn nun die Euthanasie genau erfolge, und ob die Gerüchte stimmen, die er gehört hatte, daß in Polen Geisteskranke von Ärzten mit Pistolen „erledigt" würden. Lonauer gab freimütig Auskunft: Anfangs habe er die Euthanasie mit Kohlenmonoxid bewerkstelligt, die Kranken seien in ein Bad gekommen und hätten gar nichts bemerkt von der Sache. Dann seien aber Mißstände aufgetreten, schilderte Lonauer: Es seien Todesursachen angegeben worden, die den Tatsachen nicht entsprachen. Lonauer beschrieb Czermak den Fall des Patienten, dem man eine Blinddarmentzündung in den Totenschein geschrieben hatte, obwohl der gar keinen Blinddarm mehr hatte. Lonauer: „Darum führe ich jetzt die Euthanasie durch Injektionen durch, mit hohen Dosen von Schlafmitteln. Das versetzt die Kranken in einen Dämmerzustand und führt zu einem Tod, der bei den herbeigerufenen Angehörigen den Eindruck eines natürlichen Todes erweckt." Als Reaktion darauf ist die mehrfach zitierte Stelle aus Czermaks Brief vom 12. Dezember 1942 zu verstehen: „... und hoffe ich, daß Dr. Renno bald in der Lage ist, diese Methode in Hall einzuführen ..." Vonbun seinerseits fragte Renno mehrfach, ob er sich nicht an der Euthanasie beteiligen könnte.

Nach dem Krieg hörte sich das ganz anders an. Czermak wurde am 24. Juni 1947 verhaftet, bis zu seinem Prozeß Ende 1949 saß er in der Haftanstalt des Landesgerichtes Innsbruck in Untersuchungshaft. Bei den zahlreichen Einvernahmen und Verhören schilderte er die Kontakte mit den Hartheimern äußerst seltsam. In Wahrheit habe Lonauer vorgeschlagen, die Euthanasie in Hall durchzuführen und so die Transportkosten zu sparen, sagte Czermak. Und: „Ich war darüber sehr erschrocken und habe mich auch mit Dr. Klebelsberg darüber besprochen. Wir kamen übereinstimmend zur Überzeugung, daß man in Hall selbst dies nicht durchführen könne und wir dies unter allen Umständen ablehnen."

Die Vernehmungsbeamten hielten Czermak daraufhin seinen Brief vom 12. Dezember 1942 vor. Sein Kommentar: „... kann ich nur sagen, daß dies gerade das Gegenteil ist, was ich mit Renno immer besprochen habe. Ich habe manchmal Unsinniges geschrieben und auch geredet, was meine ehemaligen Angestellten auch bezeugen können." In seinem Verfahren stellte sich Czermak als Gegner der Euthanasie dar, der zumindest passiven Widerstand betrieb: Gegen die Weisungen aus Berlin und gegen die Anordnungen Lonauers und Rennos habe er nach außen keinen Widerstand geleistet, denn sonst wäre er als Leiter des Gaugesundheitsamtes völlig aus dem technischen und organisatorischen Ablauf ausgeschaltet worden. So sei er eingebunden geblieben und hätte die Möglichkeit gehabt, „schwerste Mißgriffe und Unzukömmlichkeiten zu verhindern." Immerhin seien laut der Transportlisten, die aus Berlin kamen, aus dem Gau Tirol-Vorarlberg ungefähr 1000 Personen zur Euthanasie vorgesehen gewesen. Durch seine Interventionen, so deutete Czermak an, waren es „in Wirklichkeit aber nur ungefähr 700 Personen, die tatsächlich in diesem Zusammenhang aus dem Gau verlagert und der Tötung zugeführt wurden."

Das Gericht folgte Czermaks Verantwortung nicht. Am 1. Dezember 1949 wurde er zu acht Jahren schwerem Kerker verurteilt, bei einem harten Lager vierteljährlich, dazu sprach das Gericht den Verfall seines Vermögens aus. Czermak habe sich mitschuldig gemacht am Verbrechen des Meuchelmordes und Verbrechen des Hochverrates, er habe auf entfernte Art, ohne selbst Hand anzulegen, im ehemaligen Gau Tirol-Vorarlberg die Sammlung und Überstellung von 707 Personen nach Hartheim gefördert, unterstützt und betrieben.

Eine ähnlich erbärmliche Rolle wie Czermak in Innsbruck spielte der Leiter der kleinen Vorarlberger Anstalt Valduna. Josef Vonbun wurde am 11. April 1902 in Altenstadt bei Feldkirch geboren. Er studierte Medizin und arbeitete eine Zeitlang an der Anstalt Mauer-Öhling. Dann war er relativ jung, mit noch nicht einmal 40 Jahren, zum Leiter der Anstalt Valduna aufgestiegen. Möglicherweise hatte der Anschluß im Jahr 1938 seine Karriere beschleunigt, denn

Vonbun war ein „alter Kämpfer". Gegenüber Renno klagte Vonbun darüber, daß er in Mauer-Öhling von den Kollegen und von Direktor Michael Scharpf „etwas gemieden" wurde, weil er sich schon vor 1938 offen als Nationalsozialist bekannte. Bereits im Mai 1937 wurde Vonbun Sturmarzt in der SA und stieg im Jänner 1938 zum Sturmbannarzt auf. Die NSDAP-Mitgliedschaft wurde ihm mit Datum 1. Mai 1938 unter der für einen Österreicher niedrigen Mitgliedsnummer 6,182.277 zuerkannt.

Im Herbst 1940 erhält die Leitung der Vorarlberger Anstalt Post aus Berlin: Es ist ein dickes Paket mit Formularen. Der Meldebogen 1. Direktor Vonbun gibt die Vordrucke an seine beiden Anstaltsärzte, Dr. Leonhard Gassner und Dr. Längle, weiter. Die füllen die Formulare aus, ohne zu wissen, welchem Zweck sie dienen, sagte Gassner sechs Jahre später bei einer Vernehmung vor der Kripo in Feldkirch aus. Vonbun habe irgendwie ein Geheimnis daraus gemacht, so schildert Gassner es weiter. Als „allmählich durchsickerte, daß die mittels Vordruck nach Berlin gemeldeten Patienten in andere Anstalten verlegt werden, weil aus der Anstalt Valduna ein Lazarett werden sollte", gibt Vonbun seinen beiden Ärzten Anweisungen: Gegenüber den Patienten dürfe kein Wort über etwaige Verlegungen fallen, Besuche von Angehörigen seien zu untersagen. Tauchten dennoch Verwandte auf, so möge man sie an ihn, Vonbun, persönlich verweisen.

Im November 1940 kommt Renno das erste Mal nach Valduna. Er hat in seiner Aktentasche 150 Kopien von Meldebögen. Vonbun empfängt den Gast ehrerbietig und führt ihn durch das Haus. Die beiden Ärzte gehen von Abteilung zu Abteilung, Renno sieht sich jeden Patienten kurz an, dessen Name auf einer der Kopien steht. Dr. Vonbun macht „keinerlei Schwierigkeiten", sagte Renno später. Die beiden Ärzte unterhalten sich „sehr nett". Vonbun erzählt von seinem früheren Arbeitsplatz in Mauer-Öhling, Renno kennt den dortigen Direktor Scharpf von Selektions-Besuchen in Mauer-Öhling. Vonbun klagt über die Drangsal, die ihm dort als Nationalsozialisten widerfahren war. Renno hat Verständnis dafür, weil ihm ja Direktor Scharpf aus Mauer-Öhling als „einziger Mann in den österreichischen Anstalten" bekannt ist, der nicht widerspruchs- und bedingungslos mitarbeitet.

Laut Renno spricht er mit dem Vorarlberger Anstaltsdirektor ganz offen über die Euthanasie. Vonbun habe Bescheid gewußt, sagte Renno später aus, und: „Er erschien mir am aktivsten und am schnellsten bereit zu sein." Vonbun fragt seinerseits ungeniert an, ob er nicht selbst in seiner Anstalt die Euthanasie durchführen könnte. Ob diese Anfrage Vonbuns bereits bei Rennos erstem Besuch erfolgte, ist unklar. Daß dies beim zweiten Besuch des Hartheimer Arztes geschah, bezeugte Renno mehrfach.

Der zweite Besuch findet im Frühjahr 1941 statt. Renno war zuvor in Innsbruck und in der Anstalt Hall. Danach fährt er mit Gauamtsleiter Czermak in dessen Wagen zu mehreren Kleinanstalten, die keine eigene ärztliche Leitung haben. Renno läßt sich jeweils die Krankengeschichten geben, sieht sich die Patienten an und füllt persönlich die Meldebögen aus. Zum Abschluß lassen sich Czermak und Renno nach Valduna chauffieren. Hier wird Rennos Arbeit länger dauern, in seiner Aktentasche hat er wieder die Meldebogenkopien von rund 150 Pfleglingen, die er in Augenschein nehmen will. Czermak verabschiedet sich. Renno absolviert mit Vonbun seinen Rundgang durch die Anstalt.

Danach bringt der Herr Direktor seinen Kollegen mit dem Privatauto, einem DKW, zum Bahnhof nach Lindau. Vonbun bringt das Thema zur Sprache: Ob er sich nicht an der Euthanasie beteiligen könnte. Renno antwortet ausweichend, er persönlich könne dazu gar nichts entscheiden, zuständig sei Berlin. Sie kommen am Bahnhof an. Renno verabschiedet sich und geht über eine Freitreppe hinauf zum Bahnsteig. Vonbun steht unten beim Auto und ruft Rennos Namen. Der bleibt stehen, dreht sich um. Vonbun schreit: Renno möge doch nicht vergessen, seine, Vonbuns, Bereitwilligkeit zur Mitarbeit bei den zuständigen Stellen vorzubringen. Renno nickt und geht zu seinem Zug.

In Valduna kommt es zu einem Skandal. Irgendwann Anfang Jänner 1941 erhält Anstaltsarzt Leonhard Gassner, damals 48 Jahre alt und Vater von drei halbwüchsigen Kindern, Besuch von einem Medizinerkollegen aus Feldkirch, einem gewissen Dr. Moosmann, der anscheinend regelmäßig Visiten bei etlichen Patienten Valdunas vorgenommen hat. Dieser Moosmann scheint über die Vorgänge in den österreichischen Irrenanstalten bestens informiert gewesen zu sein. Am Ende einer solchen Visite erzählt er Gassner, daß die Anstalt Steinhof in Wien „zur Hälfte freigemacht" worden sei, und daß die Patienten dort unter ganz mysteriösen Umständen gestorben seien. Gassner sieht ihn fragend an.

Moosmann: „Mit einem Wort – sie sind beseitigt worden."

Gassner später bei einer Einvernahme: „Erst da bin ich ins Bild gekommen, welche Bedeutung der Ausfüllung der Vordrucke zugedacht sein dürfte."

Das Wissen lastet auf Gassners Seele. Er kann es nicht auf Dauer für sich behalten. Kurze Zeit später spricht er mit einer Wärterin namens Irma Marte: Ob sie irgend etwas Näheres wüßte zu den kursierenden Gerüchten, daß die Anstalt Valduna aufgelassen werden sollte. Irma Marte erschrickt, offensichtlich ist das für sie neu. Sie fragt: „Was wird denn dann mit Ihnen geschehen, den Ärzten? Und was wird aus uns, dem Pflegepersonal?"

Gassner: „Sie müssen sich nicht besorgen, es soll ein Lazarett daraus werden, man wird uns brauchen."

Marte: „Und was wird aus den Patienten?"

Gassner sagt kein Wort, er schlägt nur ganz langsam ein Kreuzzeichen vor seinem Kopf und seiner Brust. Marte weiß, was das heißt: Die Patienten sollen beseitigt werden. Die Wärterin erstattet umgehend Bericht bei Direktor Vonbun. Der zitiert Gassner zu sich und maßregelt den Arzt in schärfstem Ton. Dann erstattet er Anzeige bei der Gestapo.

Acht Tage später, am 27. Jänner 1941, fährt ein großes dunkles Auto in Valduna vor, drei großgewachsene Männer steigen aus und fragen nach Dr. Gassner. Es sind Gestapomänner. Sie verhaften Gassner und schaffen ihn nach Innsbruck. Acht Tage lang sitzt er in einer Zelle. Offensichtlich soll ihn die Haft einschüchtern, denn er wird kein einziges Mal zu dem Vorfall verhört. Sitzt einfach nur ein und bangt um seine Zukunft. Am achten Tag legt man ihm eine Erklärung vor, mit der er sich verpflichten soll, über „die ganze Angelegenheit Valduna" gegenüber niemanden je ein Wort zu sprechen. Gassner unterschreibt und wird freigelassen. Er kehrt zurück in die Anstalt und arbeitet weiter, als ob nichts geschehen wäre.

Dr. Gassner spottet gelegentlich über seinen Chef Vonbun und dessen „Reichsstraßensammlung". Dieses seltsame Wort bezeichnet eine Gepflogenheit Vonbuns, die den Eifer beweist, mit dem er an der Euthanasie mitwirkte. Dr. Vonbun, Chef der Landespflegeanstalt, fährt mit seinem privaten DKW immer wieder durch ganz Vorarlberg und visitiert kleine und kleinste Armen- und Siechenhäuser.

Er sieht sich alle schwachsinnigen und gebrechlichen Patienten an und bestimmt, wer nach Valduna abzuliefern ist. Gelegentlich, so hat es Gassner vor der Kriminalpolizei bezeugt, nimmt er „solche Leute aus dem Bregenzerwald" gleich mit und schafft sie in seinem Wagen nach Valduna. Die Patienten aus den Armenhäusern werden eiligst abgefertigt, es werden laut Erinnerung Gassners keine Meldebogen mehr ausgefüllt, und sie werden rasch von Valduna weitertransportiert – nach Hartheim. Ohne daß er weiß, daß der Führer persönlich die „offizielle" Euthanasie gestoppt hat, fällt Gassner im Sommer 1941 das Ende der Aktion auf: Vonbun hat seine „Reichsstraßensammlungen" eingestellt, und ein paar der bereits herbeigeschafften Schwachsinnigen und Alten werden von Valduna zurückgebracht in die Gemeindehäuser, aus denen sie der Herr Direktor geholt hat.

Dr. Josef Vonbun war ab Mitte Mai 1941 nicht mehr im Haus. Er wurde zur Wehrmacht einberufen und leistete Dienst bis zum Ende des Krieges. Im September 1945 wurde er aus der Kriegsgefangenschaft entlassen, bis September 1946 saß er in einem Internierungslager. Dann ging er nach Deutschland und führte ab 1950 eine Praxis als praktischer Arzt in Ludwigsburg. Mitte der 60er Jahre klagte ihn die Staatsanwaltschaft Konstanz an, und zwar wegen des Verdachtes der Mitschuld an der Tötung Geisteskranker als Leiter der Anstalt Valduna, von wo er die Weiterleitung in Tötungsanstalten veranlaßte.

Vonbun schilderte die Ereignisse bei seinen Verhören 25 Jahre später völlig anders. Beim ersten Besuch Rennos im November 1940 habe er, Vonbun, die Euthanasie entschieden abgelehnt. Da sei Renno energisch geworden und habe ihn angeschnauzt: „Auf Ihre Ansicht kommt es gar nicht an, Sie haben sich zu fügen!" Und Renno habe sogar gedroht: „Widerstand ist Sabotage, das hat im Krieg Folgen für Freiheit und Leben!" Renno habe daraufhin seine SS-Vollmachten herausgeholt und sich jeden Widerspruch verbeten.

Renno wurde, ebenfalls 25 Jahre später, von Frankfurter Richtern ausdrücklich zu diesem Sachverhalt befragt. Er sagte: „Ich brauchte bei Dr. Vonbun keine Legitimation vorzulegen. Nachdem ich ihm mitgeteilt hatte, um was es sich handelte, machte er keinerlei Schwierigkeiten." Der Untersuchungsrichter machte Renno darauf aufmerksam, daß seine Aussagen gegen Vonbun verwendet würden. Renno: „Ich kann sie im vollen Bewußtsein jetzt noch einmal bestätigen."

Vonbun stellte seine Rolle gegenüber der Staatsanwaltschaft so dar: Er habe Hilfe bei einflußreichen Freunden gesucht, aber niemand habe ihm helfen können. Seine einzige Möglichkeit, gegen die Euthanasie Widerstand zu leisten, war die „Abschwächung der Aktion durch Streichen möglichst vieler von den Listen." Der Konstanzer Staatsanwalt konfrontierte ihn mit den Aussagen von Dr. Gassner, die jener im Juni 1946 vor der Feldkircher Kriminalpolizei gemacht hatte, und fragte, was es denn mit der „Reichsstraßensammlung" auf sich habe.

Vonbuns Erklärung: Gassner sei mit ihm auf Kriegsfuß gestanden, weil er geglaubt habe, er, Vonbun, habe seine Gehaltsaufbesserung hintertrieben. Und bei der Sache mit dem Kreuzzeichen und der anschließenden achttägigen Gestapohaft habe Gassner auch fälschlicherweise angenommen, er, Vonbun, habe ihn angezeigt. Nur so sei zu erklären, warum ihn Gassner nach dem Krieg so schwer belastet hätte. Gassner selbst konnte dazu nicht mehr gehört werden, er war im Jahr 1960 gestorben.

Die Konstanzer Staatsanwaltschaft glaubte dem einstigen Valduna-Direktor Dr. Josef Vonbun. Sie stellte das Verfahren gegen ihn am 21. Juni 1966 ein. Die Begründung: Der Tatbestand Beihilfe sei zwar anzunehmen, aber Dr. Vonbun stünde eventuell Nötigungsnotstand zu.

Was Vonbuns Charakter betrifft, so hat der Staatsanwalt dazumals üble Episoden aus dem Leben des Anstaltsleiters völlig ignoriert, die dunkelste Schatten auf die Integrität des Mediziners werfen. So enthält der Schriftverkehr, den die österreichische Generaldirektion für die Öffentliche Sicherheit (also im Endeffekt das Innenministerium) mit der Konstanzer Staatsanwaltschaft über den Fall Vonbun führte, den Verdacht, daß der Mann „seine eigene

Schwiegermutter der Euthanasie zugeführt hat." Die Frau ist offensichtlich in der Anstalt Valduna gewesen und nach Hartheim überstellt worden. Dem Staatsanwalt ist allem Anschein nach die Diskrepanz nicht aufgefallen: Vonbun, der sich angeblich so sehr um das „Streichen möglichst vieler von den Listen" bemüht haben will, sollte dies bei seiner eigenen Schwiegermutter nicht geschafft haben.

Auch wie Vonbun mit seiner eigenen Ehefrau umging, schien dem Staatsanwalt für die Beurteilung von dessen Persönlichkeit unerheblich. Vonbun hatte ein Verhältnis mit einer jungen Kriegshelferin, die ein Kind von ihm bekam. Seine Ehe ging auseinander, doch Vonbun versuchte, die Schuld seiner Frau anzulasten – indem er sie als geisteskrank darstellte. Er begehrte die Scheidung. In den Schriftsätzen an das Landgericht Feldkirch setzt er all sein psychiatrisches Gewicht und Fachwissen ein, um seine Frau in ein denkbar schlechtes Licht zu stellen: Sie sei schizoid, von Größen- und Verfolgungswahn befallen, krankhaft ehrgeizig, dünkelhaft und müde, von sinnlosem Haß, Reizbarkeit und Jähzorn beherrscht, sadistisch, geistesgestört, angstneurotisch, aufs schwerste erblich belastet, mit Intelligenzdefekten behaftet, lügen- und launenhaft, ausgesprochen gefühlskalt, in ihrer langsamen und steifen Art an katatone Kranke erinnernd, depressiv und frigide. Sein eigenes Leiden in dieser Ehe stellte Direktor Dr. Vonbun in einem Schriftsatz vom 26. Juni 1944 so dar: „Dabei bin ich mit allen Geisteskranken gut ausgekommen ... Hingegen gelang es mir beim besten Willen nicht, mit der Beklagten auch nur den einfachen Hausfrieden zu erhalten." Mit den Geisteskranken hatte er schließlich auch ganz andere Möglichkeiten, Frieden zu erhalten, wenn sie lästig waren ... Dies alles interessierte die Konstanzer Staatsanwaltschaft nicht. Sie schrieb in ihrer Begründung zur Einstellung des Verfahrens: „Es gibt keine hinreichenden Feststellungen, daß Dr. Vonbun in seiner Umgebung etwa ein Verhalten zeigte, daß ihn als Förderer der Euthanasie-Aktion kennzeichnen würde."

In konfessionelle Anstalten, deren geistliches Personal nicht ordentlich „spurte", setzte die T4-Verwaltung einfach eigene Leute. So geschehen etwa im Stift Schlierbach. Hier beschlagnahmte das

Gaufürsorgeamt Räumlichkeiten und richtete am 1. März 1939 ein Fürsorgeheim ein, in dem vorwiegend Geisteskranke aus Niedernhart und pflegebedürftige Menschen aus dem ganzen Gau Oberdonau untergebracht wurden. Betreut wurden die etwa 100 Pfleglinge von den Patres des Stiftes und zivilem Pflegepersonal. Leiter des Heimes war ein paar Monate lang Pater Jakob Mühlböck.

Der scheint mit moderaten Umgangsformen gegenüber den Geisteskranken das Mißfallen des Niedernharter Chefs Rudolf Lonauer erregt zu haben. Denn schon im Herbst 1939 schickte Lonauer den Pfleger Georg Keimberger nach Schlierbach, der die Verwaltung des Heimes übernahm. Weil „das dortige Personal der Pfleglinge nicht Herr wurde", wie es Keimberger im November 1947 bei einer Beschuldigtenvernehmung (die zu keinem Prozeß führte) erklärte. Pater Jakob erledigte von da an nur noch die Büroarbeiten – und er führte nebenbei ein privates Tagebuch.

Darin hielt er fest, wie brutal Keimberger, Lonauers verlängerter Arm in Schlierbach, mit den Heiminsassen umsprang. Schläge und deftige Prügel waren an der Tagesordnung. Einmal soll Keimberger einem alten Mann genußvoll die Barthaare ausgerissen haben.

Er selbst stritt diesen einen Fall sieben Jahre später entschieden ab. Zu den Prügelstrafen fand er Erklärungen, die für sich sprechen: „Ich bestreite, Pfleglinge mißhandelt zu haben. Unter den Pfleglingen befanden sich Alkoholiker, Kriminelle und sonst boshaft veranlagte Personen und mußte ich oft mit Strenge eingreifen, um Ordnung zu schaffen. Dabei kann es natürlich vorgekommen sein, daß ich dem einen oder anderen Pflegling bei Betretung auf frischer Tat eine Ohrfeige verabreicht habe. Es ging aber bei solchen Pfleglingen eben nicht anders. Aus Gehässigkeit oder Mutwillen habe ich dies bestimmt nicht getan."

Im Mai 1940, also in den ersten paar Tagen, an denen die Euthanasiemaschinerie in Oberösterreich zu laufen begann, kroch das Grauen aus Hartheim nach Schlierbach. Primar Rudolf Lonauer höchstpersönlich fand sich im Stift ein. Keimberger marschierte an seiner Seite und gab die Befehle Lonauers barsch an die Ordensmänner weiter: Ein geeignet großer Raum sei sofort zur Verfügung zu stellen, darin habe ein Tisch mit mehreren Stühlen aufgestellt zu werden. Alle Zöglinge des Heimes hätten sich sofort vor diesem Raum einzufinden.

Die Patres huschten durch das Stift und folgten den Befehlen des SS-Arztes. Pater Jakob Mühlbock wollte dem beiwohnen, was da geschehen sollte, er wurde aber von Keimberger ausdrücklich aufgefordert, sich dem Raum fernzuhalten. Die 100 Heimbewohner traten vor der Tür an, in einer halbwegs geordneten Reihe standen sie da und stolperten nach Aufruf einer nach dem anderen in das Zimmer. Lonauer und Keimberger saßen am Tisch, nahmen jeden einzeln in Augenschein, bei vielen füllte Lonauer ein Formular aus. Den Meldebogen 1. „Bei Besichtigung und Auswahl dieser Pfleglinge war ich nicht dabei", beteuerte Keimberger später bei der Einvernahme. In Pater Mühlböcks Tagebuch und in einer Anzeige der Kirchdorfer Gendarmerie an das Bezirksgericht wird Keimbergers Anwesenheit sehr wohl behauptet.

Einen Monat später, am 20. Juni 1940, fuhr der graue Bus aus Hartheim in den Stiftshof. Ein „preußischer Arzt", so die Erinnerung Mühlböcks, also mit einiger Sicherheit Renno, ließ erneut alle 100 Insassen antreten, diesmal im Freien. Pater Jakob wurde wieder auf Distanz gehalten, diesmal vom Begleitpersonal des Busses. Von einer Liste las Renno die Namen von 42 Menschen. Diese mußten sich abseits aufstellen, die anderen durften wegtreten.

Die 42 Todeskandidaten erhielten kleine Schilder um den Hals gehängt, beschrieben mit fortlaufenden Nummern, die irgendwo bei der Zahl 310 begannen. Im Protokoll der Kirchdorfer Gendarmerie sind ihre Namen in alphabetischer Reihung aufgezählt, die Liste beginnt mit Bacherl, Franz, und endet mit dem 41. Namen: Scheikl, Konrad. Unter der Nummer 42 steht: „1 namenloser Insasse".

Mittlerweile war es Mittag geworden. Die Hartheimer Pfleger, laut Pater Jakob unterstützt von Keimberger, was dieser später bestritt, begannen mit der Verladung der Pfleglinge in den Omnibus. Die Schlierbacher Fürsorgepfleglinge waren großteils nur in Hemd und Hose. Pater Jakob, der sich nicht länger fernhalten ließ und nun bei seinen Schützlingen und den Besuchern stand, redete auf die fremden Pfleger ein: Man müsse doch den Leuten ihre Sachen mitgeben, Kleider zumindest. Und man müsse ihnen etwas zu essen geben, um diese Zeit hätten sie üblicherweise das Mittagsmahl schon hinter sich. Die Antwort war beide Male gleich: Keine Sorge, sie werden schon etwas bekommen.

Die Busbegleitung redete mit sanften Tönen auf die zu Verladenden ein. Das sei ein neues Heim, in das sie kämen, ein schönes, großes Haus, mit viel mehr Annehmlichkeiten, als es sie hier in dem alten Stiftsgebäude gebe. Etliche glaubten das und konnten gar nicht schnell genug in den Bus kommen.

Zwei Männer, die sich nur mit Krücken fortbewegen konnten, rückten langsam in der Reihe vor. Als sie beim Bus ankamen, wurden sie einer nach dem anderen von zwei kräftigen Pflegern unter den Achseln genommen, hochgehoben und in eine der vorderen Reihen im Bus gesetzt. Die Pfleger lehnten die Krücken an die Außenwand des Busses, gleich neben der Eingangstür. Die Verladung ging weiter.

„Die Krücken", sagte Pater Jakob, zunächst zu niemandem bestimmten, „was ist mit den Krücken." Niemand reagierte. Der Geistliche sprach einen der fremden Pfleger an, der tat, als ob Pater Jakob gar nicht existierte. Da faßte sich Mühlböck ein Herz und ging auf den „preußischen Arzt" zu, der die Verladung gelangweilt beobachtete.

„Die Krücken", sagte Pater Jakob zu Renno, „man muß sie ihnen in den Bus reichen. Sie brauchen sie."

Renno: „Die werden sie ohnehin nicht mehr brauchen."

Renno bestritt diese seine Äußerung 25 Jahre später: „Ich möchte mit Sicherheit sagen, daß ich mich solch zynischer Redensarten nie bediente. Der von Zeugen erwähnte Arzt muß also eine andere Person gewesen sein." Nach diesem Vorfall mischte sich Pater Jakob Mühlböck nicht mehr in die Verladung ein. In sein Tagebuch notierte er: „Ich hielt es nicht für möglich, daß diese Personen liquidiert werden sollten, aber die Äußerung des Arztes bestätigte doch diese Meinung."

In einem Fall erfuhr Pater Jakob, was aus den 42 Heimbewohnern geworden ist: Die Angehörigen von Georg Stummer aus Micheldorf, dessen Tafel die Nummer 346 getragen hatte, als er in den Bus gestiegen war, bekamen zwei Monate später die Verständigung aus Brandenburg, daß Georg am 9. September 1940 an Darmverschluß und Bauchfellentzündung gestorben sei. Es war der übliche Vordruck, mit dem Hinweis auf die Einäscherung wegen Seuchengefahr und der Bitte, über die Disposition der Urne mit der Asche zu verfügen. Pater Jakob trug in sein Tagebuch ein, daß der Todesort Brandenburg wohl fingiert sei, seiner Ansicht nach habe man die Pfleglinge nach Hartheim gebracht.

Kurze Zeit danach wurde das Fürsorgeheim Schlierbach auch schon wieder aufgelassen. Nach der Besetzung eines Teils von Rumänien durch die Sowjetunion fluteten die deutschstämmigen Bewohner dieser Gegend, die Bessarabier, in Mengen heim ins Reich. Für diese Menschen brauchte man Platz. Schlierbach wurde zu einem Auffanglager, die verbliebenen 60 Pfleglinge kamen weg. Über ihr Schicksal berichtet das Gendarmerieprotokoll lapidar: „Das Lager in Schlierbach wurde am 26. September 1940 für die damals ankommenden Bessarabier geräumt und die Fürsorgeinsassen (angeblich) nach Niedernhart gebracht. Was dort mit diesen geschah, ist hier nicht bekannt."

Wahrscheinlich wurde der Großteil direkt nach Hartheim gebracht und sofort getötet. Nur einige wenige Fälle, bei denen Aussicht auf Besserung bestand, dürften tatsächlich in Niedernhart gelandet sein. In den Wochen und Monaten nach der Räumung Schlierbachs tauchen auf den Sterbescheinen Niedernharts nur einige wenige Namen von Patienten auf, die aus dem dortigen Fürsorgeheim eingeliefert waren, wie etwa der 57jährige Matthias Holzinger, der am 3. Oktober 1940 an angeblicher Herzlähmung starb, oder der 77jährige Karl Panholzer, der am 11. Jänner 1941 an Bronchopneumonie starb, und der 60jährige Josef Oberndorfer, Todestag 3. Mai 1941.

Überall durchsetzte das Hartheimer Grauen die Köpfe und Seelen der Menschen, überall tauchten die Mörder und ihre Helfer auf, sammelten alte, verwirrte, kranke, behinderte, verwahrloste Menschen ein wie Schlachtvieh und transportierten sie ins Schloß, in den Aufnahmeraum, in die Fotozelle, in die Gaskammer. Was vorging in dieser Mordanstalt, verdichtete sich mehr und mehr im Bewußtsein der Bevölkerung. Dies belegt ein Stimmungsbericht eines Nazi-Informanten, der im Oberösterreichischen Landesarchiv erhalten ist. Es handelt sich dabei um ein loses Blatt Papier, ohne Datierung und ohne Hinweise auf die Berichtsstelle und den Verfasser – wahrscheinlich war es ein Eisenbahner, der als Gestapospitzel tätig war. Dieser Konfident berichtet folgendes:

„Mein Pflichtenkreis, sowohl in der Partei als auch bei der Deutschen Reichsbahn, bringt es mit sich, daß ich dauernd über allgemeine Stimmungserscheinungen in der Bevölkerung informiert werde. Ich halte es für notwendig, hier auf einige Besonderheiten, die ich als allgemeine Gesprächsstoffe in der Bevölkerung feststellen mußte, hinzuweisen: Geisteskranke werden umgebracht. Seit einiger Zeit mehren sich Gespräche in Eisenbahnzügen und auch unter der Arbeiterschaft über das Gerücht, daß der Reihe nach Krankenhäuser, Irrenanstalten und dergleichen rasch leergemacht und die Insassen einfach ermordet würden. Nahrung haben diese Gerüchte in der Tatsache gefunden, daß wiederholt Angehörige von Schwer- oder Geisteskranken mit einem neuen Formschreiben eine ganz kurze Mitteilung über das Ableben eines Kranken erhalten. Aus solchen Mitteilungen lasse sich angeblich schließen, daß Leute einfach umgebracht würden."

Renno und/oder Lonauer reisten mit dem Auto durch das Land, wie Zeugenaussagen von Angehörigen belegen, die kurz nach dem Krieg bei der Exekutive Berichte über das Verschwinden von Kranken ablieferten. So hat die Gendarmerie von Lasberg im Mühlviertel das Verschwinden von drei Gemeindebürgern dokumentiert: „Am 16. August 1940 wurden mit einem Auto, angeblich aus Niedernhart, der am 29. 12. 1903 geborene Epileptiker Karl Stellnberger, der am 3. 5. 1892 geborene Taubstumme Johann Frühwirt und die am 31. 5. 1878 geborene taubstumme Maria Töltscher aus dem hiesigen Armenhaus abgeholt und vermutlich nach Niedernhart gebracht. Ein Arzt aus Niedernhart soll mit gewesen sein. Laut Vormerkung in der Heimatmatrik der Gemeinde Lasberg ist Karl Stellnberger am 12. Februar 1941 in Sonnenstein/Sachsen gestorben. Über den Verbleib der anderen 2 Personen ist nichts mehr bekannt geworden."

Das bedeutet aller Wahrscheinlichkeit nach, daß der Epileptiker Stellnberger eine Zeitlang in der „Zwischenstation" Niedernhart war, dann in Hartheim vergast und verbrannt wurde, und daß seine Akten aus Tarnungsgründen nach Sonnenstein/Pirna geschickt wurden, von wo aus sein Ableben beurkundet wurde. Die 62jährige Taubstumme Maria Töltscher, die aus Unterzeiß in der Gemeinde Neumarkt im Mühlkreis stammte, lebte noch sechs Wochen in der Heilanstalt Niedernhart. Ihr Tod ist mit 27. September 1940 beurkundet, die Todesursache: Vicium Cordis. Herzfehler. An diesem Tag starben drei Patienten – wahrscheinlich nach von Primar Lonauer verabreichten Injektionen. Johann Frühwirths Spur ist nicht aufzufinden. In Niedernhart ist er jedenfalls nicht gestorben. Wahrscheinlich wurde er in Hartheim ermordet, es ist aber keine Todesurkunde an die Gemeinde Lasberg gegangen.

An jenem 16. August des Jahres 1940 tauchte das Auto aus Niedernhart mit Dr. Lonauer oder Dr. Renno auch in St. Oswald bei Freistadt auf. Aus dem örtlichen Armenhaus wurden der frühere Hilfsarbeiter Josef Stütz, geboren 1882, und seine 14 Jahre jüngere Schwester Theresia Stütz abgeholt. Der Bericht des Gendarmeriepostenkommandos St. Oswald dazu: „... wurden glaublich nach Niedernhart gebracht. Über den Verbleib der Geschwister Stütz ist nichts bekannt."

Das Schicksal von Theresia Stütz läßt sich nachvollziehen: Die Frau kam tatsächlich nach Niedernhart. Sie starb nach sechs Wochen, als Todestag steht in ihrem Sterbeschein der 25. September 1940. Todesursache: Herzschlag. Lonauer hat offensichtlich jene Leute aus den Armenhäusern von St. Konrad, St. Oswald, Lasberg und Rainbach, die Mitte August zusammengefangen wurden und nicht sofort in Hartheim endeten, sechs Wochen lang in Ruhe gelassen. Wahrscheinlich hat er sich strikt an die T4-Regeln gehalten und beobachtet, ob eine Aussicht auf Besserung besteht. Als dies nicht der Fall war, hat er die Leute zu Tode gespritzt. In der letzten Septemberwoche 1940 starb in Niedernhart jedenfalls ein Dutzend Menschen, die eineinhalb Monate vorher aus kleinen Gemeindeanstalten abgeholt worden waren – wie Theresia Stütz und Maria Töltscher. Theresias Bruder Josef Stütz dagegen dürfte zu jenen Unglücklichen gehört haben, die direkt nach Hartheim kamen.

Hilflos standen die Menschen diesen Geschehnissen gegenüber. Die Hilflosigkeit zeigt sich bis weit nach den Krieg hinein, sie ist ablesbar in den Berichten von Gendarmeriebeamten, die das Verschwinden von Fürsorgepfleglingen beurkunden und deren Lebensweg immer wieder mit den abschließenden Worten beschreiben: „Über den weiteren Verbleib ist nichts bekannt." Oder es wird unverfänglich und lapidar berichtet, wie über die frühere Heimarbeiterin Maria Behamberger aus Weinberg, Gemeinde Lasberg: „Maria Behamberger wurde am 21. Juli 1942 in die Gau-Heil- und Pflegeanstalt in Linz eingewiesen, und sie ist am 4. Mai 1943 in Linz, Waldegg 82, gestorben." Was der Gendarmeriebeamte des Postens Lasberg, der diese Meldung am 22. April 1946 verfaßte, nicht erwähnt: Die Linzer Adresse Waldegg 82 steht für die Irrenanstalt Niedernhart. Maria Behamberger ist dort am 4. Mai 1940 im Alter von 57 Jahren zu Tode gekommen, angeblich gestorben an Herzschwäche. Ihre Spur ist in den Schachteln, in denen die Sterbescheine im Linzer Stadtarchiv aufbewahrt werden, schwer zu finden, weil ihr Name falsch geschrieben ist, der Familienname mit einem „P" und der Vorname mit der Endung „e". Marie Pehamberger. Daß ihr Tod ein gewaltsamer war, muß man mit an Sicherheit grenzender Wahrscheinlichkeit annehmen: Allein zwischen 4. und 7. Mai 1943 starben in Lonauers Mordabteilung V genau 25 Menschen.

XII. Mauthausen in Hartheim

Am 3. August 1941 predigt Bischof Galen in Münster. Fast drei Wochen lang schäumt die Nazi-Kamarilla von Hitler abwärts vor Wut, überlegt, den Bischof ins KZ zu stecken, ihn hinrichten zu lassen – fürchtet aber doch den bei einer solchen Maßnahme zu erwartenden Volkszorn zu sehr. Schließlich entschließt sich Hitler, die „offizielle" Euthanasie zu stoppen.

Am 24. August 1941 lädt Hitlers Leibarzt Karl Brandt den Leiter des für die Aktion T4 zuständigen Hauptamtes II der Kanzlei des Führers, Victor Brack, und den für die Tötungsärzte und Gutachter zuständigen Leiter des Amtes IIb, Hans Hefelmann, zu einem Gespräch. Dabei teilt er ihnen den mündlichen Befehl des Führers mit, daß die Vergasungen in den Tötungsanstalten sofort einzustellen seien. Hefelmann war bei einer Aussage vor Gericht im Jahr 1960 nicht sicher, ob Brandt die Einstellung der Euthanasie-Maßnahmen als „vorläufig" angeordnet hatte oder nicht.

Nach der Darstellung Bracks beim Nürnberger Ärzte-Prozeß fragt Hefelmann, der für die Kinder-Euthanasie verantwortlich ist, ob sich die Direktive des Führers auch darauf beziehe. Brandt kann dies nicht beantworten, er muß erst Rücksprache mit Hitler halten. Dessen Antwort: Der „Reichsausschuß", der die Ermordung behinderter Kinder und nun auch schon Jugendlicher abwickelt, darf seine Arbeit fortsetzen.

Was Hitler tatsächlich zum sogenannten Euthanasie-Stop bewogen hat, dürfte ein Bündel von Motiven gewesen sein. Da ist die Predigt Galens zu nennen, und der offensichtlich fruchtbare Boden, auf den sie fiel: Konfessionelle Gruppen, aber auch kommunistische Aktivisten vervielfältigten die Bischofsworte zu tausenden, und die Hektographien fanden ein großes Echo. Hitler dürfte zunehmend gemerkt haben, daß die Tötung Kranker und Alter die Volksgenossen irritierte und gegen den Staat aufbrachte – und zwar nicht nur bei der Protest-Szene vor seinem Sonderzug auf einem bayrischen Provinzbahnhof bei Hof. Auch in der NSDAP selbst stößt die Euthanasie auf offene Ablehnung. Berühmt geworden ist etwa der Brief der obersten Frauenschaftsführerin Else von Löwis an ihre Freundin, die Frau des obersten NSDAP-Richters Walter Buch, vom November 1940.

Darin schreibt sie unter anderem: „... aber bei dem, was jetzt an uns herantritt, wird einem, wie mir gestern eine junge, hundertprozentige Parteigenossin sagte, die im rassenpolitischen Amt mitarbeitet, einfach der Boden unter den Füßen weggezogen. Sie wissen sicher von den Maßnahmen, durch die wir uns zur Zeit der unheilbar Geisteskranken entledigen, aber vielleicht haben Sie doch keine rechte Vorstellung davon, in welcher Weise und welch ungeheuerlichem Umfang es geschieht, und wie entsetzlich der Eindruck ist im Volk." Else von Löwis, die dezidiert bittet, daß ihr Brief an den Oberstrichter weitergeleitet werde, schreibt zum Schluß: „Wenn ich das alles so hinschreibe, erfaßt mich wieder dermaßen die Ungeheuerlichkeit dieser Dinge, so daß ich meine, ich müsse aus einem bösen Traum erwachen. Und ausgerechnet jetzt soll die Frauenschaft eine große Werbeaktion in Szene setzen! Was ist das aber für Werbematerial für die katholische Kirche! ... Man darf die Welle der Empörung aber nicht so stark werden lassen, daß sie sich gewaltsam Bahn bricht, oder, was noch schlimmer wäre, uns von innen heraus anfrißt. Die Sache muß vor das Ohr des Führers gebracht werden, ehe es zu spät ist, und es muß doch einen Weg geben, auf dem die Stimme des deutschen Volkes das Ohr seines Führers erreicht!"

Empörung der Bevölkerung, Proteste der Kirchen und Bedenken aus der Partei selbst – diese Auswirkungen der Euthanasie erfährt Hitler in jenem August immer eindringlicher. Und für seine Entscheidung zum Stop gibt es einen weiteren wesentlichen Grund: Am 22. Juni hat der Krieg gegen die Sowjetunion begonnen. Schlechte Stimmung in der Heimat und eine verschärfte Auseinandersetzung mit den Kirchen sind das letzte, was er jetzt brauchen kann. Das Gegenteil scheint ratsam: Durch Flüsterpropaganda wird die Meinung verbreitet, der Führer habe bislang nichts von den Massentötungen gewußt.

In Wahrheit ist der Euthanasie-Stop vom 24. August 1941 jedoch beileibe nicht endgültig, sondern lediglich der Beginn von noch besserer Tarnung in den weiterarbeitenden Vernichtungsanstalten und der Auftakt zur „wilden Euthanasie", also der Ermordung Schwerkranker, Alter und Behinderter in ihren Stammanstalten durch Überdosierung von Medikamenten, Giftinjektionen, Verhungernlassen und Stromstöße. Zur Zeit von Hitlers Euthanasie-Stop sind noch vier Tötungsanstalten in Betrieb: Bernburg, das im Dezember 1940 Funktion und Personal von Brandenburg übernommen hat, Hadamar, das im Jänner 1941 an die Stelle von Grafeneck getreten ist, Sonnenstein und Hartheim. Im August 1941, nach dem Euthanasie-Stop Hitlers, stellt lediglich Hadamar den Betrieb ein, und das auch nur vorübergehend. Sonnenstein läuft unverändert bis in den Spätsommer 1943 weiter, Bernburg bis April 1943, in Hadamar werden von Mitte 1942 bis Mitte 1943 Patienten mit Medikamenten getötet, und Hartheim ist bis Dezember 1944 in Betrieb. Soviel zur tatsächlichen Auswirkung des T4-Stops. Daß die „wilde" Euthanasie schlagartig nach dem 24. August eingesetzt hat, zeigen allein die Sterbezahlen in Lonauers Stammhaus Niedernhart: Im August 1941 sind dort neun Menschen gestorben, im September 1941 schnellte die Niedernharter Todesrate auf 58 Patienten.

In der Berliner T4-Zentrale geht die Arbeit unverändert weiter. Kommissionsärzte bereisen weiterhin die Anstalten, Meldebögen werden ausgeschickt, zurückgesandt und in der Tiergartenstraße fotokopiert, die Gutachter sind tätig wie gehabt. Die Sekretärin des Obergutachters Heyde, die nun für dessen Nachfolger Nitsche arbeitet, kriegt gar nicht mit, daß es einen Stop gegeben hat. Ähnliches sagten später auch Büroangestellte der T4-Zentrale aus, wie der Fuhrpark-Disponent Josef K.: „Mir ist nicht bekannt gewesen, daß die Tötung Geisteskranker zu irgendeinem Zeitpunkt eingestellt worden ist. In meiner Abteilung hat sich dies jedenfalls nicht ausgewirkt." Albert Widmann, im Reichssicherheitshauptamt für die Gas- und Medikamentenbeschaffung für T4 zuständig, bei seiner Vernehmung: „Mir ist offiziell von einem Stop der Euthanasie im Jahr 1941 nie etwas bekannt geworden. Selbstverständlich auch nicht inoffiziell."

Ende August geht spät nachmittags an die Telefonnummer Alkoven 9 – das ist Schloß Hartheim – ein Anruf aus der T4-Zentrale in Berlin ein. Eine forsche Männerstimme verlangt von der Vermittlung, den Chef Dr. Lonauer zu sprechen. Der ist nicht anwesend, daher wird der Berliner mit Lonauers Stellvertreter Dr. Renno verbunden. Der Anrufer – Renno konnte sich 1965 nicht mehr erinnern, wer genau es war, wahrscheinlich Brack oder Hefelmann – erteilt in knappen Worten den Befehl, daß „die Aktion sofort zu stoppen" sei. Renno leitet dies an das Büro weiter.

Kurz darauf erscheint der damalige Büroleiter Franz Reichleitner wütend in Rennos Dienstzimmer. Er schnaubt: „Ein sofortiger Stop ist unmöglich. Es sind drei Omnibusse mit Häftlingen aus Mauthausen im Anmarsch!"

Wie die Geschichte weiterging, hat Renno bei seiner Einvernahme geschildert, und zwar zu Beginn der Verhöre, als er noch steif und fest behauptete, über die Vergasungen von KZ-Häftlingen in Hartheim kaum Bescheid gewußt zu haben und schon gar nicht daran beteiligt gewesen zu sein. Offensichtlich meinte er, dem Gericht würde die Tötung Geisteskranker durch Hinweis auf den Führererlaß als weniger gravierendes Delikt erscheinen als das Ermorden von KZ-Häftlingen, und daher war er in seiner Verantwortung bemüht, seine eigene Rolle in diesem Komplex möglichst günstig darzustellen. Im späteren Verlauf der Vernehmung gestand er doch wesentlich tieferes Mitwissen an den Häftlingsmorden ein. Zum Euthanasie-Stop am 24. August 1941 und den darauffolgenden Vorgängen in Hartheim wurde er dann aber nicht mehr gefragt.

Die folgende Version Rennos vom Geschehen stammt aus der Phase, als er die KZ-Geschichten noch völlig bestritt, sie ist daher mit großer Skepsis zu betrachten.

Es habe eine heftige Diskussion zwischen ihm, Renno, und Reichleitner gegeben. Es würde ja gar nicht auffallen, wenn man die drei Busse mit KZlern noch „bearbeite", soll Reichleitner gesagt haben, und: Man solle es halt machen, ohne Berlin überhaupt zu informieren. Obwohl in dem Telefonat aus Berlin nur der Stop der Euthanasie-Aktion befohlen wurde, habe er, Renno, gegenüber Reichleitner gesagt, es sei ein genereller Stop verfügt worden. Reichleitner habe schließlich nachgegeben. Später habe er, Renno, noch mit den Mauthausener SS-Begleitmannschaften streiten müssen, weil diese die Häftlinge nicht zurückschaffen wollten. Er habe sich durchgesetzt, und die Busse seien mit den Häftlingen zurück nach Mauthausen gefahren.

Tatsächlich werden schon vor dem 24. August 1941 KZ-Häftlinge in Hartheim vergast und verbrannt, und zwar mit Wissen und Einverständnis von Berlin. Bereits im Jänner 1941 hat Heinrich Himmler, der Reichsführer SS, mit dem Chef der Kanzlei des Führers, Philipp Bouhler, eine ausführliche Besprechung. Himmler will die Konzentrationslager von „Ballastexistenzen" befreien. Die katastrophalen Lebensbedingungen in den Lagern haben die Krankenstandszahlen in die Höhe getrieben, und Himmler erscheint es aus Gründen der Geheimhaltung – und auch mangels Tötungs-Kapazität – besser, kranke Häftlinge außerhalb der KZs umbringen zu lassen. Bouhler sagt unumwunden zu, das bewährte T4-Personal zur Verfügung zu stellen. Die Aktion erhält den Namen „14f13" – das ist schlicht und einfach das Aktenzeichen des Inspekteurs der Konzentrationslager beim Reichsführer SS.

T4-Ärzte wie Schumann, Müller und Mennecke selektieren auch in Auschwitz Häftlinge, die dann in Sonnenstein umgebracht werden. Im September 1941 „gelingt" in Auschwitz ein erster Vergasungsversuch mit Zyklon B, man baut zwei Bauernhäuser bei Birkenau zu Gaskammern um, Anfang 1943 entstehen vier „moderne" Gaskammern. T4, das die Technologie und das Know-how geliefert hat, wird in Auschwitz überflüssig.

Anders läuft die Entwicklung in Mauthausen. Laut Viktor Zoller, Adjutant von Lagerleiter Franz Ziereis, besucht Ziereis Hartheim und besichtigt die Vernichtungsanlagen. Einige Zeit später, irgendwann nach dem Spätherbst 1941, zeigt Ziereis seinem Adjutanten in Mauthausen eine Gaskammer, von deren Existenz Zoller nichts wußte. Zoller später vor einem amerikanischen Militärgericht: „Da ich keinen Befehl gesehen hatte, auf Grund dessen in Mauthausen eine Gaskammer gebaut werden sollte, vermute ich, daß Ziereis durch die Besichtigung in Hartheim zum Bau der Gaskammer angeregt wurde." In Mauthausen hat man davor versucht, Häftlinge in einem Gefangenenwagen zu töten. Der Wagen fuhr von Mauthausen nach Gusen, unterwegs warfen SS-Männer Blausäureplatten in das Wageninnere. Karl Waßner, SS-Rottenführer des Mauthausener Krematoriumskommandos, im Jahr 1964 vor Gericht: „Anscheinend hat das nicht recht geklappt. Anschließend begannen dann die Überstellungen nach Hartheim." Die Errichtung einer Tötungsanlage in Mauthausen, also von Entkleidungsraum, Gaskammer, Leichenraum und Kreatorium unter einem Dach, ordnete Himmler im Oktober 1941 an. In Betrieb ging die mit Zyklon B arbeitende Mauthausener Gaskammer wahrscheinlich im April 1942; nach den Ermittlungen bundesdeutscher Gerichte starben in ihr rund 3500 Häftlinge – also wesentlich weniger KZ-Insassen, als in Hartheim umkamen.

Irmfried Eberl, Chef der Tötungsanstalt Bernburg, der bereits zu Beginn der Euthanasie als Leiter von Brandenburg ein ausführliches schriftliches Regelwerk zur ordnungsgemäßen Handhabung der Vortäuschung von Todesursachen verfaßt hat, wird erneut aktiv. Er schreibt einen „Organisationsplan" mit genauen Richtlinien für die Arbeit, die bei der Aktion „14f13" anfällt. Darin heißt es unter anderem:

„KL-Transporte. Nach den bisherigen Angaben soll die Anstalt in nächster Zeit KL-Angehörige bearbeiten. In diesem Falle ist mit den Leitern der einzelnen Konzentrations-Lager Verbindung aufzunehmen zwecks Besprechung der Organisation der Zuführung der KL-Angehörigen.

Im allgemeinen wird von uns der Grundsatz vertreten, daß die KL-Angehörigen uns durch die SS zugeführt werden, da die Autobusse voraussichtlich im Sondereinsatz Ost Verwendung finden und eine Abholung durch eigene Omnibusse nicht möglich ist.

Bei der Bearbeitung im Büro habe ich unbedingt zur Pflicht gemacht, daß jeder einzelne KL-Angehörige im Krankenbuch aufscheint und daß über ihn eine Akte angelegt wird, die, da ja ein Schriftwechsel nicht zu erwarten ist, die Fotokopie beinhaltet.

Ebenso haben die Namen dieser KL-Angehörigen in der allgemeinen Kartei aufzuscheinen, damit sie jederzeit wieder auffindbar sind. Das Verfahren einer gesonderten Anlegung von KL-Akten und einer KL-Angehörigen-Kartei ist abzulehnen, da diese genau so als Patienten zu behandeln sind, wie alle anderen. Es entfällt lediglich die Beurkundung und der damit im Zusammenhang stehende Schriftwechsel, ansonsten ist kein Unterschied in der Bearbeitung."

Die ersten KZ-Häftlinge, die in Hartheim umgebracht werden, kommen aus dem Mauthausener Nebenlager Gusen. Die Lagerleitung lockt im Frühjahr 1941: Im „Erholungslager Dachau" seien 2000 Plätze frei, kranke und arbeitsunfähige Häftlinge können sich ab sofort für die Verlegung in das „Sanatorium" Dachau melden. Etliche fallen darauf herein, einige Männer versuchen sogar mit Tricks, Schmeicheleien und Bestechungen, auf die Liste für die Verlegungen zu kommen. Einige Häftlinge werden tatsächlich nach Dachau geschafft und dort sehr gut behandelt, man läßt sie Briefe an die zurückgebliebenen Kameraden in Gusen schreiben. Trotzdem schöpfen viele Gefangene Verdacht, es melden sich nicht mehr als 1200 Häftlinge. Einer von jenen, die die Geschichten von Erholungsaufenthalten in Dachau glauben, ist der polnische Häftling Mierczyslaw Kowalewski. Er ist nicht krank und auch nicht schwach – er hat sich gemeldet, weil er sich bessere Verpflegung und humanere Behandlung erhofft.

Die Gusener Lagerärzte müssen das Soll erfüllen und mustern 800 weitere Häftlinge aus. Im Sommer taucht dann die T4-Ärztekommission, unter ihnen Rudolf Lonauer und mit hoher Wahrscheinlichkeit Georg Renno (der dies später bestritt), in Gusen auf und läßt sich die 2000 „Sanatoriums-Kandidaten" vorführen. Die Ärzte sprechen kaum mit den Patienten, sie füllen im Akkordtempo die von der Lagerleitung teilweise schon bearbeiteten Meldebögen aus. Danach kommen die 2000 ausgewählten Häftlinge, unter ihnen auch Kowalewski, in einen speziellen „Invaliden-Block", der von den übrigen Gefangenen abgesondert wird.

Anfang August 1941 geht der erste Transport nach Hartheim ab, Tage später der nächste, am 14. August schon der vierte. Der letzte findet am 5. Februar 1942 statt. Jeweils am Vorabend kommen die Lagerärzte in den „Invaliden-Block". Sie schauen den 50 oder 100 Häftlingen, die am nächsten Tag „nach Dachau" gehen werden, in den Mund. Manchen malen sie mit Tintenstift ein blaues Kreuz auf Brust oder Rücken – es sind diejenigen, die Zähne oder Brücken aus Gold im Mund haben.

Die Fahrten von Gusen nach Hartheim werden mit Bussen organisiert. In den seltensten Fällen sind es die grauen Hartheimer Busse, denn im Schloß ist mittlerweile nur noch ein Fahrer im

Dienst, Johann Lothaller. Die anderen werden bei den „Sonder-Einsätzen" der T4-Truppe im Osten gebraucht, dem anlaufenden Holocaust in den ersten reinen Vernichtungslagern Belcec, Sobibor und Treblinka. Den Großteil der Transporte besorgen die SS-Mannschaften der KZs selbst, als Fahrer im Einsatz sind die Mauthausener SS-Männer Herbert Füllgraf, Walter Miltsch, ein Mann namens Seifert und Wilhelm Steinmann, der Fahrdienstleiter des Lagers Mauthausen, der seinerzeit bei einer nächtlichen Fahrt von einem Saufgelage im KZ zu einem Behindertentransport am Linzer Bahnhof Georg Renno in den Straßengraben chauffiert hat. Die Lager-SS geht mit den Businsassen noch unmenschlicher um als die Hartheimer Gekrat-Staffeln. Die SS-Busse, deren Fenster mit blauer Farbe angestrichen werden, haben keine Sitze, nur ganz hinten bleiben zwei Bankreihen verschraubt, auf denen schwerstkranke Häftlinge mitfahren, die nicht mehr stehen oder sitzen können. Die anderen sitzen oder liegen auf dem nackten Boden des Busses. Zwei oder drei SS-Begleiter stehen vorne beim Fahrer im Führerhaus, das vom Bus getrennt ist. Und häufig werden nicht einmal Busse eingesetzt, sondern LKW der SS, die Häftlinge hocken, mit Planen vor Blicken der Außenwelt abgeschirmt, auf dem Boden der Ladefläche.

In Hartheim übernimmt der Rest des Stammpersonals die Häftlinge. Die Busse oder LKW fahren in den großen Holzvorbau, dann geht es durch den Gang zum Auskleideraum. Den KZlern wird erzählt, daß sie in diesem Erholungsheim als erstes baden müßten und entlaust würden. Nackt marschieren die Häftlinge aus Gusen direkt in die Gaskammer. Bei späteren Transporten aus Mauthausen und Dachau kommen sie auch in den großen nordöstlichen Erkerraum, das Aufnahmezimmer. Die Lagerärzte von Mauthausen und Dachau untersuchen die Zähne der Todeskandidaten nicht mehr im Konzentrationslager. Darum steht im Aufnahmeraum wieder ein Tisch, ein Mann mit weißem Kittel täuscht eine oberflächliche Untersuchung vor, schaut den Häftlingen in den Mund und malt ihnen bei Vorhandensein von Goldzähnen das obligate blaue Tintenkreuz auf Brust oder Schulter. Nach den Aussagen der Mauthausener SS-Fahrer waren diese Weißbekittelten keine Ärzte, sondern die Hartheimer Brenner, also Nohel, Valasta, Bolender oder Merta.

Aus dem Nebenlager Gusen werden zwischen August 1941 und Februar 1942 insgesamt rund 1.250 Häftlinge nach Hartheim geschafft, vergast und verbrannt. Die genaue Zahl ist durch den Mauthausen-Häftling Kasimir Climent-Sarrion überliefert. Der saß als „Politischer" von November 1940 bis zum letzten Tag, dem 5. Mai 1945, im Konzentrationslager und war als Schreiber in der politischen Abteilung beschäftigt. Die Transportlisten des Nebenlagers Gusen liefen durch diese politische Abteilung des Stammlagers. Climent-Sarrion schaffte einen Großteil der Transportlisten heimlich zur Seite, und er legte sie im Frühjahr 1970 dem Gericht vor, das in Frankfurt gegen die T4-Bosse Lorent und Allers verhandelte. Unter den Überschriften „Liste der am ... überstellten Häftlings-Invaliden nach dem KL Dachau" oder „Liste der am ... überstellten Häftlings-Invaliden nach dem KL Dachau-Häftlingssanatorium" sind die Namen von 1.011 Menschen aufgezählt. Insgesamt gingen 15 Transporte von Gusen nach Hartheim, Climent-Sarrion besaß Listen von elf dieser Fahrten. Rechnet man pro Transport mindestens 60 Häftlinge, so ist die Gesamtzahl der Gusener Opfer von 1.250, wie sie das Frankfurter Gericht annahm, wahrscheinlich zu niedrig.

Unter den KZ-Häftlingen in Gusen wächst der Verdacht, daß die angeblichen Fahrten in ein Häftlingssanatorium Reisen in den Tod sind: Es fällt auf, daß die Effekten im Lager zurückbleiben, während sie bei Überstellungen in andere Lager immer mitgegeben werden, und es nährt den Verdacht weiters, daß laufend Brillen oder Prothesen der Abtransportierten zurückkommen. In Gusen wird die Unruhe unter den Häftlingen so groß, daß die Lagerleitung die Sache vorzeitig abbläst – daher wird auch das Soll von 2000 nicht erfüllt. Dies hat unter anderem dem Polen Mierczyslaw Kowalewski das Leben gerettet. Das gleiche passiert in allen Konzentrationslagern: Die Abwicklungsarbeiten erledigen Häftlinge, die bald ahnen, was vor sich geht. Sie nehmen etwa die zurückgeschickten Kleider in Empfang und müssen sie reinigen. Aus den Nummern, die auf jeden Häftlingsanzug genäht sind, erkennen sie, daß dies die Sachen von Kameraden sind, die kurz zuvor einem Invalidentransport zugeteilt wurden. In den Schreibstuben müssen Häftlinge die Karteikarten der Abtransportierten aussortieren und in der Totenkartei ablegen. In Mauthausen und Dachau kommt es ein paarmal vor, daß Häftlinge diese Arbeit schon vor dem Abgang des Transportes erledigen müssen. Sie legen also Karteiblätter von Kameraden in der Totenkartei ab, während der betreffende Häftling noch am Leben und im Lager ist. Die meisten der Häftlinge, die wegen ihrer Arbeit Einblick in die Aktion „14f13" haben, geben das Wissen an die anderen weiter. Und viele der SS-Wachmannschaften sind wenig zimperlich, sie sagen den Häftlingen mehr oder weniger offen, was der wahre Zweck der Aktion ist.

Das Hartheimer Stammpersonal hat bei der Aktion „14f13" nur die grobe Arbeit des Hineintreibens der Opfer, Vergasen, Ausbrechen der Goldzähne und Verbrennen der Leichen zu erledigen. Die Kleider, Prothesen und Brillen der Toten kommen in das jeweilige Konzentrationslager zurück. Das Zahngold hingegen übernimmt das T4-Personal und schickt es an die Zentrale in der Tiergartenstraße, Berlin. Die Todesurkunden der Ermordeten werden in den KZ ausgestellt, und von dort aus werden auch die Angehörigen benachrichtigt. Den Urnen-Versand gibt es nicht mehr. Die Standesämter der Lager beurkunden den Tod der Häftlinge mit fingierten Todesursachen. In aller Regel sind auch die Angaben über den Todestag falsch – zum einen aus Tarnungsgründen, zum anderen wohl wegen des stark schwankenden Arbeitsanfalls in den Schreibstuben. Die Todesdaten in den Totenscheinen der „14f13"-Opfer sind meist jene Tage, an denen der Vorgang bearbeitet wird. Oft liegen Monate zwischen tatsächlichem und vermeintlichem Todestag. Zeugen haben so einen Fall im Prozeß gegen Allers und Lorent beschrieben: Die ungarischen Mauthausen-Häftlinge Leo Alberti, Benö Gal und Georg Mandy starben gemeinsam am 6. Juli 1944 in der Gaskammer von Hartheim. Das Standesamt des KZ Mauthausen beurkundete die Sterbetage mit 2., 4. und 6. November 1944 – und zwar deshalb, weil allein im Juli 1944 etwa 600 Häftlinge nach Hartheim kamen und das SS-Personal Mauthausens, ohnehin überlastet duch ständig ankommende Transporte aus anderen Lagern, mit der bürokratischen Abwicklung der „Invaliden-Aktion" nicht mehr nachkam. Todesmeldungen von in Hartheim ermordeten KZ-Häftlingen wurden in vielen Fällen auch noch mit Jänner 1945 datiert, als die Tötungsanstalt gar nicht mehr in Betrieb war.

Wie viele Häftlinge aus dem Hauptlager Mauthausen in der ersten Phase der Aktion „14f13" nach Hartheim transportiert wurden, ist nicht so gut dokumentiert. Hans Marsalek, als „Politischer" in der Häftlingslagerschreibstube mit der ordnungsgemäßen Registrierung der „Verlegungen" beschäftigt, mußte Ende 1944 eine Statistik über Entlassungen und Todesfälle erstellen. Diese weist wesentlich weniger Todesfälle auf als die Aufzeichnungen der SS-Schreibstube: Die Häftlingsschreibstube mußte die „14f13"-Opfer als „verlegt" führen, in den SS-Büchern waren sie als tot eingetragen. Nach Marsaleks Aufzeichnungen und Erinnerungen starben im ersten Durchgang von „14f13", der von Sommer 1941 bis in den Herbst 1942 dauerte, mindestens 1000 Mauthausener Häftlinge im Hartheimer Schloß.

Im Frühjahr 1941 kommen Lonauer und Renno mehrmals nach Mauthausen. Sie besprechen mit dem Lagerkommandanten Franz Ziereis die organisatorische Abwicklung. Ziereis vereinbart mit der Politischen Abteilung des Lagers die formalen Abläufe: Gleichmäßige Verteilung der Todesfälle auf verschiedene Tage, Einsetzen irgendeiner Krankheit als Todesursache und des Konzentrationslagers als Ort des Todes. Zur Täuschung der Menschen, die sich freiwillig zur Verschickung in ein angebliches Sanatorium melden sollen, werden in Mauthausen zahlreiche fingierte Ziele genannt: Erholungslager, Erholungsheim, Sanatorium Dachau, Heil- und Pflegeanstalt Ybbs an der Donau, Kurort Bad Ischl.

Die beteiligten SS-Wachmannschaften werden schriftlich zur Geheimhaltung verpflichtet. Der Fahrer Herbert Füllgraf, SS-Unterführer, hat später als Zeuge vor Gericht erzählt, dieses Papier habe nur den Passus enthalten, daß kranke Häftlinge in eine andere Anstalt gebracht werden sollen, aber nichts über die beabsichtigte Tötung. Daß die KZ-Insassen in Hartheim ermordet wurden, will Füllgraf erst nach der dritten Fahrt von Mauthausen nach Hartheim erfahren haben: „Erst nach dem dritten Transport merkte ich, was eigentlich los war. Da fragte mich einer von den Weißbekittelten, ob ich wisse, was eigentlich Hartheim sei. Ich sagte: Doch wohl ein Erholungslager, so ist es uns jedenfalls gesagt worden. Der Mann sagte dann, ich solle mitkommen und mir etwas ansehen."

Der „Weißbekittelte", höchstwahrscheinlich einer der Hartheimer Brenner, führt Füllgraf in den Arkadenhof des Schlosses, zu jener Stelle an der Wand, wo einmal eine Tür war. Er schiebt einen Deckel an der Wand beiseite, ein Guckloch erscheint. Füllgraf schaut in den Vergasungsraum, in dem gerade der Transport, den er gebracht hat, stirbt. Dann besichtigt Füllgraf auch noch das Krematorium. Anschließend geht er in die Küche, ißt mit den anderen Mauthausener SS-Männern, scherzt mit den Küchenmädchen. Nach etwa einer Stunde bekommen die Mauthausener die Kleider der Häftlinge, und sie fahren zurück ins KZ. Dem Untersuchungsrichter fiel 1963 eine Ungereimtheit in Füllgrafs Schilderung auf: Er will bei den ersten zwei Transporten nicht geahnt haben, daß seine Passagiere ermordet wurden – obwohl er nach einer Stunde Wartezeit deren Kleider bekam und sie zurück ins Lager schaffte. Füllgrafs Antwort: „Nein, das war ja in Säcke verpackt, deren Inhalt uns nicht interessierte."

Füllgraf berichtete dem Gericht, daß in der ersten Phase von „14f13" ungefähr 30 Fahrten von Mauthausen nach Hartheim erfolgten. Er selbst ist etwa 10 bis 15 Mal gefahren. Niemals hätten sich dabei Häftlinge gegen den Transport gewehrt, erzählte Füllgraf: „Sicher ist ihnen gesagt worden, sie kämen in eine Anstalt, wo sie gepflegt würden. Wenn sie uns danach fragten, haben wir das bestätigt." Füllgraf hat übrigens mehrfach bestätigt, daß nicht nur Kranke in den Bussen saßen. Es seien zwar Schwerkranke dabeigewesen, aber „die meisten konnten noch laufen." Sie hätten immer sehr, sehr mager ausgesehen, sagte der SS-Fahrer, aber dies habe nichts zu bedeuten gehabt: „Ich gebe zu, daß auch viele andere Häftlinge, die nicht im Krankenbau waren, sehr mager waren."

Die erste Selektion in Mauthausen nehmen laut Marsalek Ziereis, der Lagerarzt Eduard Krebsbach, Dr. Lonauer und Dr. Renno gemeinsam vor. Renno hat das 1965 entschieden abgestritten. „Mir ist bekannt, daß Leute aus Mauthausen getötet worden sind", sagte er dem Untersuchungsrichter, er sei aber weder bei Selektionen noch Transporten dabei gewesen. Ja, er will 1941 nicht einmal KZ-Häftlinge in Hartheim gesehen haben. In Mauthausen sei er zwar zweimal gewesen, beide Male habe es sich jedoch nur um „geselliges Zusammensein im Offiziers-Kasino" gehandelt.

Im Winter von 1941 auf 1942 vollzieht die T4-Kommission allein die Selektionen in Mauthausen, im folgenden Frühjahr machen es die SS-Lagerärzte oder Kommandant Ziereis persönlich. Meist wird nach dem Abendappellen selektiert. Ziereis oder ein Lagerarzt pflanzt sich auf, die Häftlinge müssen einzeln an ihnen vorbeigehen. Eine kurze Geste mit der Hand zeigt dem Gefangenen, ob er nach links oder nach rechts anzutreten hat. Entschieden wird nach dem äußeren Eindruck. Alte, kranke, mißliebige und aufsässige Gefangene kann man so loswerden. Es ist dabei egal, ob die Kranken an chronischen Gebrechen leiden oder ob sie einfach vom Lagerdasein erschöpft und ausgelaugt sind. Die Selektierten kommen auch in Mauthausen in Sonderrevierbaracken und werden von den übrigen Häftlingen abgesondert.

Die SS-Fahrer werden von einem SS-Mann aus dem Kommandaturstab begleitet. Dieser Mann muß auf jeden Fall verhindern, daß der Bus von Militärstreifen oder Verkehrskontrollen angehalten oder gar durchsucht wird. Sehr selten werden die Busse mit den verhängten oder blaugestrichenen Fenstern tatsächlich kontrolliert. Dann überreicht der SS-Mann dem Militär- oder Verkehrspolizisten einen versiegelten Briefumschlag von der SS-Kommandantur. Das Überwachungsorgan muß seine Personalien angeben, dann darf es den Brief öffnen – und stößt auf den Befehl, den Transport ungehindert passieren zu lassen. In Hartheim dann der immer gleiche, tödlich routinierte Ablauf: Ausziehen zwecks angeblichem Brausebad, Schein-Untersuchung, Markierung der Menschen mit Goldzähnen, Gaskammer, Krematorium, Knochenmühle.

Am folgenden Tag scheinen die Toten dann in den Mauthausener Veränderungsmeldungen auf. Am 12. August 1941, am Tag nach einem der ersten Transporte, sieht das so aus:

Konzentrationslager Mauthausen
Lagerschreibstube, 12. August 1941
Veränderungsmeldung für den 11. August 1941
Abgänge: 70 Juden-Schutzhäftlinge vom KL Mauthausen nach dem Lagersanatorium
Dachau

Dann sind auf zwei Seiten die Namen der 70 Ermordeten aufgelistet, mit Geburtsdatum, Häftlingsnummer und Haftgrund: Jude;

Polnischer Schutzhäftling, und ähnliches. Das Durchschnittsalter dieser Mauthausener Opfer vom 11. August betrug übrigens 29 Jahre.

Manchmal dürften sogar tote KZ-Häftlinge von Mauthausen nach Hartheim transportiert worden sein, um im dortigen Krematorium verbrannt zu werden. Hans Schneider bezeugt jedenfalls, daß er Lastwagen in das Schloß fahren gesehen hat, auf deren Ladeflächen die Leichen extrem abgemagerter Menschen lagen. Das gleiche ist auch aus der Tötungsanstalt Bernburg verbürgt. In einem Brief von Dr. Hoven, Lagerarzt im KZ Buchenwald, vom 19. März 1943 heißt es, daß Bernburg-Chef Dr. Eberl nun auch die Verbrennung der „anfallenden Häftlingsleichen" aus dem Buchenwald-Außenlager Junkerswerke Schönebeck/Elbe übernimmt, und zwar ohne irgendwelchen Papierkram.

Der Hartheimer Chef Rudolf Lonauer reist im Frühjahr 1941 in wechselnden Zusammensetzungen mit einer großen Schar von Medizinerkollegen durch die KZs im ganzen Reich. Es handelt sich dabei um Tötungsärzte aus den Euthanasieanstalten und um Ärzte aus dem Kreis der T4-Gutachter: Hebold, Heyde, Mennecke, Müller, Nitsche, Schmalenbach, Schumann, Steinmeyer, Ratka, Wischer. Manchmal haben sie auf den Fahrten die Ehefrauen mit, die Besichtigungsprogramme absolvieren, während die Gatten in den KZs die ausgemergelten Häftlinge vor sich aufmarschieren lassen. Eine der frühesten Selektionsreisen zum KZ Sachsenhausen bei Oranienburg ist mit Ende März, Anfang April 1941 belegt, und zwar durch Briefe des Direktors der Anstalt Eichberg und T4-Gutachters Friedrich Mennecke. Dieser Mennecke hat ein geradezu krankhaftes Mitteilungsbedürfnis, er schickt seiner Frau täglich zwei Briefe. Etwa ein Drittel der 8000 Schreiben, die Mennecke während der Aktion „14f13" verfaßte, ist erhalten

Aus ihnen ist ersichtlich, wie oberflächlich die Ärztekommissionen die Häftlinge untersuchen. Ein paar Zitate:

„Es sind in Dachau nur 2000 Mann, die sehr bald fertig sein werden, da sie nur am laufenden Band angesehen werden."

„Ich hatte heute (im KZ Ravensbrück; A.d.V.) von 9-12.30 Uhr insgesamt 72 Bogen gemacht, aber für Montag sind noch 29 zu machen. Ich fange um 8.30 an und hoffe, um 10^h fertig zu sein."

„Um 12^h machten wir erst Mittagspause. Danach untersuchten wir noch bis gegen 16.00^h, und zwar ich 105 Pat., Müller 78 Pat."

Bei jüdischen Euthanasieopfern entfiel die „Untersuchung" gänzlich, wie ein Brief Menneckes aus Buchenwald zeigt: „Als 2. Portion folgten nun 1200 Juden, die sämtlich nicht erst untersucht werden, sondern bei denen es genügt, die Verhaftungsgründe (oft sehr umfangreich!) aus der Akte zu entnehmen und auf die Bögen zu übertragen. Es ist also eine rein theoretische Arbeit. Punkt 17.00h ‚warfen wir die Kelle weg' und gingen zum Abendessen: kalte Platte Servelatwurst (9 große Scheiben), Butter, Brot, Portion Kaffee! Kostenpunkt 0,80 Mk, ohne Marken!"

Warum eigentlich eine Kommission von Ärzten eingesetzt wurde, ist nicht recht klar. Denn die entscheidende Selektion besorgen die Lagerkommandanten beziehungsweise deren untergeordnetes Personal. Die T4-Ärzte tragen nur in einige wenige Spalten der Meldebögen Daten ein: Name, Rasse, Vorliegen von unheilbaren Leiden. Mit den zu Untersuchenden sprechen sie kaum. Nach der Schilderung eines Häftlings aus dem Konzentrationslager Dachau (der erst lange nach dem Krieg erfuhr, daß Lonauer und Konsorten keine Gestapobeamten, sondern Ärzte waren) stellen die T4-Leute lediglich drei Fragen: Warst du im Weltkrieg? Hattest du eine Verwundung? Weshalb bist du im Lager? Dann übertragen die Ärzte noch aus den Akten des Häftlings Anmerkungen über das Verhalten im KZ und etwaige Lagerstrafen. So ein medizinisches Gutachten liest sich etwa so: „Hans R., Protektoratsjude, staatsfeindliches Verhalten! Rassenschande. Im Lager: faul, frech, mehrfache Lagerstrafen: Pfahlbinden." Oder: „Ottilie Sara Sch., 6. 12. 79, led., Kontoristin, tschech. Jüdin, marxistische Funktionärin, üble Deutschenhasserin, Beziehungen zur englischen Botschaft." Daß die Aktion „14f13" nicht der Vernichtung Geisteskranker diente, haben die Täter später vor Gerichten zugegeben. Mennecke sagte etwa: „… bin ich der Auffassung, daß sie überhaupt nicht krank waren, weder geisteskrank noch sonst."

Dachau ist nach Mauthausen und Gusen das dritte Lager, das sich der Tötungsmaschinerie von Hartheim bedient. Hier erscheint die erste Ärztekommission am 3. September 1941. „Heute früh um 3/4 8^h holte uns Dr. Lonauer mit seinem Olympia ab, in den 2 Autos fuhren wir gleich nach Dachau hinaus", schreibt Mennecke noch am gleichen Tag an seine Frau. In Lonauers privatem Opel Olympia und in Menneckes Wagen fahren die beiden Obergutachter Heyde, Nitsche und die Ärzte Lonauer, Mennecke, Ratka und Wischer in das Konzentrationslager. Zu arbeiten haben sie an diesem Tag noch nichts, wie Mennecke der Gattin berichtet: „... fingen heute noch nicht an, da uns die SS-Männer erst die Köpfe der Meldebogen ausfüllen sollen. Dies ist heute begonnen, sodaß wir morgen mit Untersuchen anfangen können. Es sind nur 2.000 Mann, die sehr bald fertig sein werden, da sie am laufenden Band nur angesehen werden."

Die T4-Ärzte in den SS-Uniformen lassen ab 3. September jeweils eine lange Reihe von Häftlingen vor sich antreten. Im Gänsemarsch ziehen die Häftlinge an den Gutachtern vorbei. Eine Handbewegung entscheidet, ob der Betreffende links oder rechts antreten muß – entscheidet also über Weiterleben in Dachau oder Sterben in Hartheim. Unter den 850 KZ-Insassen, die am ersten Tag ausgemustert und in Isolierbaracken untergebracht werden, befindet sich auch der politische Häftling Alfons Gorbach, später Bundeskanzler der Republik Österreich.

Im Verfahren gegen Chefgutachter Heyde schilderte er als Zeuge diesen Vorfall so: „Wohl ist mir eine Ausmusterungsaktion, die Anfang September stattgefunden hat, sehr gut in Erinnerung, weil ich selbst in die Richtung austreten mußte, welche Personen dann in der Folge liquidiert wurden. Nur durch einen glücklichen Zufall bin ich am Leben geblieben." Der glückliche Zufall sah so aus: Gorbach arbeitete in der Lagerkanzlei, und er war geschätzt wegen seiner schönen Handschrift. Als ein Aufseher, der dies wußte, Gorbachs Zuteilung zu den Todeskandidaten bemerkte, protestierte er bei der Ärztekommission: Dieser Häftling werde wegen seiner schönen Handschrift gebraucht. Der Einspruch hatte tatsächlich Erfolg, Gorbach durfte aus der Reihe der Todeskandidaten wieder austreten und sich zu den Davongekommenen stellen.

Von Argumenten der Nützlichkeit lassen sich die T4-Leute umstimmen, von Standes-Solidarität, Menschlichkeit oder Mitleid nicht. In der Anklageschrift gegen Heyde ist ein weiterer Vorfall von jener ersten Selektion in Dachau überliefert. Ein 70jähriger

Psychiater aus Wien, dessen Name nicht bekannt ist, wird von der Kommission in die Reihe der zu Verlegenden geschickt. Der alte Herr weiß, was das zu bedeuten hat. Sein einziges Gebrechen: Er ist alt und schwach, ansonsten aber völlig gesund. Er wendet sich an den „Kollegen" Professor Heyde und fleht ihn an, ihn zu retten. Der Wiener Psychiater fällt sogar auf die Knie vor Heyde, doch der läßt sich nicht erweichen. Der Arzt stirbt Monate später in Hartheim.

Weil die Zahl der Auszumusternden so hoch ist, arbeitet die T4-Kommission noch mehrmals in Dachau. Die Häftlinge haben in Anspielung auf den Chefgutachter Heyde eine Warnung entwickelt, wenn die Ärzte wieder in das Lager kommen: Wie ein Lauffeuer verbreitet sich die Parole: „Die Heide blüht!"

Die Transporte von Dachau nach Hartheim beginnen im Jänner 1942, erstmals fahren die Busse am 15. Jänner. Auch hier geschieht das gleiche wie in Mauthausen und Gusen: Die Häftlinge, die in den Schreibstuben und verschiedenen Verwaltungsbereichen des Lagers arbeiten, wundern sich, daß den Leuten, die angeblich in ein Erholungslager kommen, ihre paar Habseligkeiten und persönlichen Besitztümer nicht mitgegeben werden. Der schwelende Verdacht wird zur Gewißheit, als die Kleider, Brillen und Prothesen der Abtransportierten nach ein paar Tagen zurückkommen. Sogar das wahre Ziel der Transporte wird rasch bekannt: Als Absender der zurückgeschickten Sachen ist offen die Anstalt Hartheim angegeben. Und etliche SS-Männer sagen den Dachauer Häftlingen ganz ungeniert, was sie in dem angeblichen Sanatoriumslager erwartet. Etwa der SS-Oberscharführer Musch, der den Kleiderraum unter sich hat. Er teilt den ihm unterstellten Häftlingen bald nach Beginn der Transporte mit, daß „etwas Entsetzliches" passiert sei: Es gebe in Linz ein Schloß, wo man Häftlinge untergebracht und dann getötet habe. Was es mit Hartheim auf sich hat, das als Absender auf den rückgeschickten Kleiderpaketen steht, bestätigen den Dachauern einige Tiroler Polizisten, die eines Tages als Häftlinge ins Lager kommen. Sie kennen den Fall eines Gastwirtssohnes, der in eine unbekannte Pflegeanstalt verlegt worden war. Gauleiter Hofer hatte auf Anfragen des Vaters die Auskunft erteilt, der Junge sei in der Pflegeanstalt Hall in Tirol an Lungenentzündung gestorben.

```
1.Jude-Ungar.Brüll         Andras    geb.24.8.01   Nr.74014
2.Ziv.Russe Kosluk         Filip     geb.16.11.24  Nr.61029
A b g a n g:(überstellt nach dem KL.Mauthausen nach beiliegender Liste)
             59 Häftlinge
A b g a n g:(verstorben am 24.Juli 1944 in Erholungslager)
1."    "    Milcic        Dragutin   geb.22.11.06  Nr.44558
2."    "    Milosevic     Sima       geb.14.1.96   Nr.49404
3."    "    Mirkovic      Branko     geb.10.9.06   Nr.44539
4.Pole-Sch  Mlynarski     Wladislaus geb.6.3.12    Nr.44693
5.Ziv.Russe Morozov       Grigorij   geb.665.23    Nr.50005
6.Pole-Sch  Myhowicz      Joachim    geb.15.4.83   Nr.49519
7.Ziv.Russe Naboka        Boris      geb.29.9.26   Nr.51556
8.Jugo-Sch  Nedeljkovic   Miodrag    geb. .3.26    Nr.48930
9.Ziv.Russe Nikitin       Michail    geb. .11.91   Nr.55361
```

So sahen die Veränderungsmeldungen im KZ-Außenlager Gusen aus. Die Opfer der Aktion 14f13 sind aufgeführt als „verstorben im Erholungslager".

Kurz danach bekam der Wirt eine Todesnachricht mit einer ganz anderen Krankheit – aus Hartheim.

Zu den ersten Häftlingen, die in Hartheim umgebracht werden, gehört Johann Frenzel, der in der Dachauer Lagerkantine gearbeitet hat. Er hat einen Klumpfuß und hinkt, ist ansonsten gesund. Er ist beliebt, etliche Häftlinge setzen sich beim Lagerarzt dafür ein, daß er von der Liste rückgestellt wird. Vergeblich, Frenzel stirbt am 22. Jänner in der Hartheimer Gaskammer.

Beim nächsten Transport, fünf Tage später, muß der Röntgenfacharzt Siegmund Kreuzfuchs in den Bus. Er ist eine Zeitlang im Krankenrevier gelegen und völlig gesund geworden. Ein Schreiber des Häftlingsreviers namens Langbein erzählt dem Lagerarzt Dr. Brachtel, was für eine medizinische Koryphäe Dr. Kreuzfuchs ist. Der Röntgenarzt muß daraufhin Brachtel beim Verfassen medizinischer Abhandlungen helfen. Bei den Selektionen im Herbst 1941 kommt Kreuzfuchs auf die Invalidenlisten. Langbein bittet den Lagerarzt Brachtel, sich doch für den Kollegen einzusetzen, der ihm eine so wertvolle Hilfe geworden ist. Brachtels Antwort: „Warum gönnen Sie Dr. Kreuzfuchs denn keine leichtere Arbeit."

Am 19. Februar 1942 wird Karl Molterer abtransportiert, der in den Wirtschaftsbetrieben des KZs gearbeitet hat. Er ist völlig gesund, auf die Invalidenliste ist er gekommen, weil er ohne Brille fast nichts sehen kann. Am 12. August 1942 kommt Pfarrer Werner Sylten nach Hartheim. Sein Gebrechen: Er hatte vor Wochen, als die Kommission zur Selektion im Lager war, einen sehr starken Sonnenbrand. Er versucht am Tag des Abtransports, die SS-Mannschaften über seine Identität zu täuschen – vergeblich.

Aus Dachau sind rund 5.000 Menschen nach Hartheim gebracht und ermordet worden. Erhalten geblieben sind die Listen von 26 Transporten, die zwischen 15. Jänner und 14. Oktober 1942 stattfanden, auf diesen Listen stehen die Namen von 2.524 Häftlingen. Eine ganze Reihe von Zeugen, wie etwa die einstigen Lagerinsassen Hans Schwarz, Schreiber in der Häftlingsschreibstube, Martin Wagner, Rapportschreiber im Krankenrevier, Alfred Hübsch und Fritz Eberlein, politische Häftlinge, gaben vor Gerichten übereinstimmend an, daß es viel mehr Transporte als die durch die erhaltenen Listen belegten gegeben hat. Sie alle schätzten die Zahl der Dachauer Hartheim-Opfer auf rund 5000.

Der Sog aus den Konzentrationslagern in Richtung Tötungsanstalten wird immer stärker, es geht schon längst nicht mehr darum, „bloß" die arbeitsunfähigen Häftlinge zu beseitigen, sondern um die Erfüllung von Normen, die von der T4-Verwaltung in Berlin vorgegeben werden, so wie es die Euthanasie-Bürokraten offensichtlich noch gewohnt sind von der Vernichtung der Behinderten. So schreibt etwa Mennecke im September 1941 von Dachau aus seiner Frau: „Es heißt einfach in Berlin (Jennerwein), es sind 2000 zu machen, – ob so viel nach den grundsätzlichen Richtlinien überhaupt in Frage kommen, darum kümmert man sich nicht."

Schon am 26. März 1942 meldet die Amtsgruppe D des SS-Wirtschafts- und Verwaltungshauptamtes (die Nachfolgedienststelle des früheren Inspekteurs der Konzentrationslager) schwere Bedenken an. Das Amt sendet ein Rundschreiben an alle Lagerkommandanten mit folgendem Inhalt: „Durch die Meldung eines Lagerkommandanten wurde bekannt, daß von 51 für die Sonderbehandlung 14f13 ausgemusterten Häftlingen 42 dieser Häftlinge nach einiger Zeit „wieder arbeitsfähig" wurden und somit der Sonderbehandlung nicht zugeführt werden brauchen. Hieraus ist ersichtlich, daß bei der Auswahl dieser Häftlinge nicht nach den gegebenen Bestimmungen verfahren wird. Es dürfen der Untersuchungskommission nur solche Häftlinge zugeführt werden, die den gegebenen Bestimmungen entsprechen und vor allen Dingen nicht mehr arbeitsfähig sind. Um die den Konzentrationslagern gestellten Arbeitsaufgaben durchführen zu können, muß jede Häftlingsarbeitskraft dem Lager erhalten werden. Die Lagerkommandanten werden gebeten, hierauf ihr besonderes Augenmerk zu richten."

Der „Blitzkrieg" gegen die Sowjetunion ist im Dezember 1941 vor Moskau gescheitert, immer mehr Arbeitskräfte gehen der deutschen Wirtschaft verloren. Die Kriegslage macht den restlosen Einsatz aller nur halbwegs arbeitsfähigen KZ-Häftlinge für die Rüstungsindustrie notwendig. SS-Reichsführer Himmler selbst stoppt schließlich den Strom von Häftlingen in die Gaskammern von Hartheim, Bernburg und Sonnenstein. Am 27. April 1943 geht ein Runderlaß an alle KZ-Kommandanten, gezeichnet vom SS-Brigadeführer und Generalmajor der Waffen SS Glücks vom SS-Wirtschafts- und Verwaltungshauptamt. Der Inhalt: „Der Reichsführer SS und Chef der deutschen Polizei hat auf Vorlage entschieden, daß in Zukunft nur noch geisteskranke Häftlinge durch die hiefür bestimmten Ärztekommissionen für die Aktion 14f13 ausgemustert werden dürfen. Alle übrigen arbeitsunfähigen Häftlinge (Tuberkulosekranke, bettlägrige Krüppel usw.) sind grundsätzlich von dieser Aktion auszunehmen. Bettlägerige Häftlinge sollen zu einer entsprechenden Arbeit, die sie auch im Bett verrichten können, herangezogen werden. Der Befehl des Reichsführers SS ist in Zukunft genauestens zu beachten. Die Anforderungen von Kraftstoff für diesen Zweck entfallen daher." Dies war das Ende der ersten Phase der Aktion „14f13".

In Hartheim geht das Töten vorerst weiter. Es waren noch zahlreiche Häftlinge aus Mauthausen, Gusen und Dachau „aufzuarbeiten", die bei den Selektionen bereits ausgemustert worden sind und in den Isolierbaracken auf den Abtransport warten. Vergast und verbrannt werden auch Geisteskranke aus der Tschechoslowakei und Jugoslawien, möglicherweise auch Kranke aus Frankreich und Belgien. Bis in den Herbst 1942 hinein dauert das Töten im Renaissanceschloß. Dann wird es still – vorübergehend. Lonauer wütet bis in den August 1943 in der Todesabteilung V in Niedernhart, und er behandelt die Linzer Gesellschaft in seiner Privatpraxis an der Mozartstraße. Dann, im September 1943, wird er zur Wehrmacht eingezogen. Zunächst kommt er zum Generalkommando V SS-Gebirgsjägerkorps und dann zum SS-Führungsamt, Arbeitsgruppe D, Sanitätswesen.

Was genau seine militärischen Aktivitäten waren, ist nicht bekannt, in einem Brief an den Tiroler Gauamtsleiter Dr. Hans Czermak schrieb Lonauer: „Ich selbst bin erst im Dezember 1944 wieder nach Niedernhart zurückgekehrt, nachdem ich in Serbien zum zweitenmal verwundet worden war." Lonauers Wehrmachtseinsatz endete jedenfalls am 20. November 1944, ab Dezember war er wieder in Hartheim und Niedernhart aktiv. Viel gab es im Schloß bei Alkoven für ihn nicht zu tun, abgesehen von der Überwachung des Abbruchs der Gaskammer, des Krematoriums und des Kamins. Niedernhart ist vorwiegend Lazarett, laut den bereits mehrfach erwähnten Linzer Totenscheinen hat Lonauer hier nicht mehr im alten Umfang gemordet, sondern den Zeugenaussagen nach „nur" acht bis zehn Patienten zu Tode gespritzt.

Auch Dr. Georg Renno verschwindet vorübergehend aus Hartheim. Im Frühjahr 1941 ist er noch in intensivem Einsatz, er bereist kleine Anstalten in Oberdonau und den angrenzenden Ländern, er macht Dienst im Aufnahmezimmer in Hartheim, und er ist auch in einigen KZs als Teilnehmer der T4-Ärztekommissionen, die Häftlinge ausmustert. Dafür gibt es eine Reihe von Zeugenaussagen, etwa von dem Gusener Häftling Chmielewski, der Renno in Gusen gesehen hat. Und der SS-Mann Wilhelm Steinmann, Fahrdienstleiter des Lagers Mauthausen, hat vor einem Frankfurter Gericht angegeben, daß Renno als Teilnehmer einer Kommission in Mauthausen war. Renno selbst hat dies alles bestritten, außer bei den zwei gesellschaftlichen Besuchen in Mauthausen habe er nie mit einem KZ zu tun gehabt. In seiner Verantwortung hatte er anfangs allerdings auch abgestritten, überhaupt etwas von der Aktion „14f13" bemerkt und gewußt zu haben, was er nach intensiver Befragung und Vorhalt von Zeugenaussagen doch zugeben mußte. So sagte etwa eine Hartheimer Bürokraft namens Pimpl aus, daß man die KZler von der Küche und vom Speisesaal aus gesehen hätte, wenn sie in den Aufnahmeraum getrieben wurden. Rennos darauffolgende Verantwortung: Er habe die Häftlingstransporte in Hartheim gesehen, aber als Arzt habe er nichts damit zu tun gehabt. Die Begutachtung der Häftlinge, das Absuchen auf Goldzähne, das Vergasen und Verbrennen hätten die Hartheimer Brenner gemacht, oder auch die SS-Mannschaften aus Mauthausen, Genaues wisse er dazu nicht. Renno vor Gericht: „Ich bin den KZ-Transporten aus dem Weg gegangen. Ich stehe auf dem Standpunkt, daß man für einen KZ-Transport keinen Arzt benötigte, denn es wurde ja niemand zurückgeschickt."

Renno scheint dann eine Zeitlang in der Gegend von Dresden gewesen zu sein, Genaueres ist nicht bekannt. Im ausklingenden Frühjahr 1941 ist er als Filmschauspieler beschäftigt. Er reist nach Sonnenstein, um den Psychiater in dem NS-Propagandafilm „Dasein ohne Leben" zu spielen. Er stellt den Arzt bei der Visite dar und spricht medizinisch-eugenische Fachkommentare aus dem Off. Sonnenstein-Chef Dr. Schumann kommt dafür nicht in Frage – sein gesprochenes Deutsch ist nicht gut genug. Der Film hat übrigens die Öffentlichkeit nie erreicht. Nach einem Entwurf von T4-Chefgutachter Nitsche wurde gezeigt, wie die „Ballastnaturen" in herrlichen Schlössern leben, während das deutsche Volk in Kriegszeiten darbt. In Sonnenstein wurde sogar eine Vergasungsszene gedreht. Im Drehbuch-Entwurf von Hermann Schweninger, verkrachte Existenz und Schein-Gesellschafter der Gekrat, heißt es dazu: „Das von unheilbarer Geisteskrankheit und unmenschlichem Dasein verzerrte und gequälte Gesicht eines Unglücklichen ist vom Frieden eines sanften Todes geglättet, der endlich Hilfe brachte, die Erlösung!" Der Film „Dasein ohne Leben" wurde fertiggestellt, allerdings nie einem breiten Publikum gezeigt. Zu sehen bekamen ihn ausgewählte Mediziner, der Film übte nach der Aussage eines Beteiligten „auf die psychiatrische Zuhörer- und Zuschauerschaft eine tiefe Gemütsbewegung" aus. Beim Einmarsch der Alliierten wurden alle Kopien vernichtet.

Renno ist jedenfalls zur Zeit des formellen Euthanasie-Stopp vom 24. August 1941 wieder in Hartheim. Was er da getan hat, ist unklar. Nach seinen eigenen Aussagen ist er weder an der Abwicklung der Häftlingstransporte beteiligt, noch hilft er dem Kollegen Lonauer bei dessen „Wirken" in Niedernhart, und auch mit der „wilden" Euthanasie an Geisteskranken, die bereits einsetzt, will er nichts zu tun gehabt haben. Irgendwann im Herbst 1941 wird

Renno von der T4-Zentrale in Berlin angerufen: Es gibt eine neue Aufgabe für ihn, im Altreich: In Waldniel, einer Zweiganstalt der Heil- und Pflegeanstalt Süchteln, soll eine Kinderfachabteilung eingerichtet werden, er, Renno, ist als Leiter vorgesehen. Daß es sich dabei um eine Anstalt für die Kindereuthanasie handelt, wird ihm ausdrücklich gesagt.

Renno nimmt an. Ende September fährt er mit dem Zug von Linz nach Düsseldorf. Im dortigen Landhaus informiert ihn von Hegener, der zuständige Hauptdienststellenleiter im Amt IIb der Kanzlei des Führers, über die künftige Tätigkeit. Waldniel ist erst im Aufbau begriffen, es ist eine der rund 30 Anstalten, in denen erbkranke, behinderte und geisteskranke Kinder ermordet werden. Die Kindereuthanasie wird ja nach dem Stop der Erwachseneneuthanasie forciert. Im Oktober 1941 tritt Renno seinen neuen Posten als Leiter der Kinderfachabteilung an.

Wieder sitzt er nach seinen eigenen Schilderungen nur herum und hat „überhaupt nichts zu tun." Die ersten Patienten treffen in Waldniel zum Jahreswechsel von 1941 auf 1942 ein. Es sind rund 40 Kinder aus der Gegend von Bonn, zwischen zwei und fünf Jahre alt, von ihren Herkunftsanstalten mit exzellenten Krankengeschichten ausgestattet. Zweimal täglich macht Dr. Renno Visiten. Seinetwegen ist kein einziges Kind zu Tode gekommen, erklärt er später seinen Richtern. In den paar Wochen, wo er in Waldniel war, seien nur zwei Kinder gestorben, und zwar eines an Lungenentzündung, das andere Mitte Januar, als er in Urlaub war. Der Angeklagte Renno scheint auch in diesem Fall gemeint – oder gespürt – zu haben, was ihn mehr belastete: Die Euthanasie bei Schwerstbehinderten, die damals auch seiner Einstellung entsprochen habe, gab er zu; die Beteiligung bei Morden an KZ-Häftlingen und Kindern bestritt er strikt.

Auch über die Ermordung von Juden will Renno überhaupt keine Kenntnisse gehabt haben, obwohl sie für Hartheim durch verschiedene Zeugenaussagen belegt ist. Sein Kommentar dazu: „Ich habe keine Erinnerung an das Eintreffen von Judentransporten in Hartheim. Auch wenn mir vorgehalten wird, daß zum Beispiel in Bayern die jüdischen Geisteskranken in der Anstalt Egelfing/Haar bei München gesammelt wurden, verbleibe ich weiter ohne Erinnerung an sogenannte Judentransporte. In Bezug auf die Juden habe ich nur in Erinnerung, daß sie von der Begutachtungsaktion nicht erfaßt werden sollten. Ich weiß nicht, ob in Österreich eine Sammelanstalt für Juden bestand." Dann sagte er noch zwei seltsame Sätze, deren Widersprüchlichkeit dem Frankfurter Untersuchungsrichter offensichtlich nicht auffiel: „Ich bin im übrigen nie in Egelfing/Haar gewesen. Die Transporte von dort wurden von der Gekrat herangeführt." Transporte aus Egelfing nach Hartheim hat es also gegeben, nur ob Juden darunter waren, dazu wollte sich Dr. Renno nicht äußern.

Tatsächlich begann bereits im September 1940 die systematische Ausrottung jüdischer Geisteskranker und Behinderter. Schon am 15. April 1940 hatte der Reichsinnenminister einen Erlaß ausgesandt, der die Meldung aller jüdischen Anstaltsinsassen forderte. Im Juni wurden die ersten jüdischen T4-Opfer, 200 Männer, Frauen und Kinder, aus Berlin-Buch abgeholt und in Brandenburg vergast. Ende August ordnete der Innenminister in einem Runderlaß an, daß in den einzelnen Ländern die jüdischen Patienten jeweils in einer einzigen Anstalt zu konzentrieren seien. Folgende Personen waren betroffen: „Volljuden deutscher oder polnischer Staatsangehörigkeit oder staatenlose Volljuden. Juden anderer Staatsangehörigkeit sind ebenso wie Mischlinge 1. und 2. Grades in die Aktion nicht einzubeziehen", schrieb Minister Frick. Es ist dokumentarisch nicht zu belegen, aber die Annahme liegt nahe, daß es auch in der Ostmark so eine Zentralanstalt für Juden gegeben hat.

Aus diesen Zentralanstalten für jüdische Patienten wurden die Menschen dann von der Gekrat abtransportiert, angeblich in „eine Sammelanstalt des Generalgouvernements", tatsächlich aber, so läßt eine Kalendernotiz des Brandenburger Chefs Eberl vermuten, starben sie in der Euthanasieanstalt Brandenburg. Und möglicherweise auch in den anderen T4-Tötungsstätten, wie die Zeugenaussagen von Anrainern des Schlosses Hartheim vermuten lassen.

Beurkundet wurden die jüdischen Sterbefälle von einem Standesamt Cholm, gelegentlich auch als Chelm geschrieben, das in sämtlichem Schriftverkehr nur mit einer Postfachadresse in Lublin angeführt wird. Eine Kreisstadt dieses Namens (Cholm ist die deutsche Schreibweise) gibt es zwar tatsächlich im polnischen Verwaltungsbezirk Lublin, im dortigen psychiatrischen Krankenhaus erschossen die Nazis bereits am 12. Jänner 1940 rund 440 geisteskranke Insassen. Das Standesamt Cholm/Chelm aber war fingiert. Tatsächlich schrieben in der T4-Zentrale in Berlin zwei Angestellte die Sterbeurkunden und Trostbriefe für die Angehörigen der jüdischen Ermordeten, im Sommer 1943 übersiedelte diese Dienststelle – und damit das fiktive jüdische Standesamt – nach Hartheim.

Am 12. Dezember 1940 verfügte der Innenminister in einem neuen Erlaß, daß geisteskranke Juden ausschließlich in der von der Reichsvereinigung der Juden betriebenen Heil- und Pflegeanstalt Bendorf-Sayd bei Neuwied untergebracht werden dürfen. Etwa bis in das Frühjahr 1941 hinein wurden die jüdischen Kranken in den T4-Anstalten, vorwiegend in Brandenburg, ermordet. Danach wurden sie in die Vernichtungsanstalten des Ostens abtransportiert.

Mitte Februar 1942 bricht bei Renno jene Krankheit aus, die er zu Beginn seiner T4-Karriere exzessiv als fingierte Todesursache in die Hartheimer Totenscheine geschrieben hat: Er leidet an Lungentuberkulose. Er geht auf Kur, zunächst nach St. Blasien im Schwarzwald, dann nach Davos in der Schweiz. Sein Nachfolger in Waldniel wird Dr. Hermann Wesse, der unter anderem einen Obduktionsraum einrichtet, um die abnormsten Fälle unter seinen Opfern im Haus sezieren zu können. Wesse hat gerade geheiratet. Er beginnt seine Tätigkeit in der Kindereuthanasie mitten in seinen Flitterwochen. Seine Frau Hildegard, geborene Irmen, stößt sich nicht daran: Sie ist selbst Ärztin, arbeitet in Waldniel als Vertreterin Rennos und leitet provisorisch die Kinderfachabteilung in der Übergangszeit von Renno zu Wesse.

Im Sommer 1943 kehrt Renno nach Hartheim zurück. Er soll Lonauer in Hartheim und in dessen Privatordination vertreten. Später arbeitet er auch gelegentlich als Arzt im Linzer Allgemeinen Krankenhaus. Was in dieser Phase in Hartheim passiert ist, läßt sich aus den vorhandenen Unterlagen nur schwer rekonstruieren. Nach den Aussagen Hans und Maria Schneiders hat es in dieser Zeit nach wie vor Tage gegeben, an denen der schwarze Rauch aus dem Kamin quoll. Formell waren damals alle Vernichtungsaktionen eingestellt, die „offizielle" Euthanasie sowieso, und auch die Aktion „14f13". T4-Personal war nicht viel im Schloß: Wirth, Reichleitner und Stangl wüteten bereits in führenden Positionen in den Vernichtungslagern des Ostens, und mit ihnen war ein Gutteil der Brenner, Fahrer und SS-Wachmannschaften in Belzec, Sobibor und Treblinka eingesetzt.

Renno hat in seiner Aussage vor Gericht diese seine Zeit in Hartheim im Dunkeln gelassen. Es habe immer wieder Transporte gegeben, ja, aber die seien im Rahmen von „wilden Aktionen" geschehen, mit denen er nichts zu tun gehabt habe. Verantwortlich sei vielmehr Hans-Joachim Becker gewesen, der „Millionen-Becker", der damals Chef in Hartheim gewesen sei.

Rennos Darstellung dürfte vor allem dazu dienen, seine eigene Rolle zu verharmlosen. Von August 1943 bis Herbst 1944 beherbergte das Schloß Hartheim die „Zentralverrechnungsstelle Heil- und Pflegeanstalten". Der Berliner Verwaltungsfachmann Becker führte die Zentralverrechnungsstelle während der Zeit in Hartheim zwar völlig selbständig, ihr formeller Leiter war aber T4-Geschäftsführer Dietrich Allers. Zahlreiche Zeugen – Mauthausener SS-Männer und Hartheimer Bürokräfte – sagten nach dem Krieg, während Lonauers Abwesenheit sei Renno der Leiter von Hartheim gewesen. Der bestritt dies entschieden. Dies hörte sich so an:

Untersuchungsrichter Dr. Düx: „Wer war in den Jahren 1943 und 1944 Leiter der Anstalt Hartheim?"

Renno: „Mich hat niemand zum Leiter gemacht."

Dr. Düx: „Wer war verantwortlich für den Betrieb in der Anstalt?"

Renno: „Im wesentlichen der Herr Becker, er machte das, was früher Wirth gemacht hat."

Dr. Düx: „Wem unterstanden die Vergasungen?"

Renno: „Mir nicht, ich bin von Berlin aus nicht beauftragt worden."

Dr. Düx: „Wem denn?"

Renno: „Soweit ich von Vergasungen etwas weiß, ist Herr Becker einmal an mich herangetreten, weil er wußte, daß ich ab und zu einmal in Niedernhart war. Über die Abschiebung von Todeskandidaten habe ich ja schon gesprochen."

Dr. Düx: „Wer fertigte denn die Ankömmlinge im Aufnahmezimmer nun ab? Wer ließ das Gas einströmen, beziehungsweise unter wessen Aufsicht erfolgte das nun?"

Renno: „Das kann ich aus eigener Erfahrung nicht sagen. Falls es sich um Geisteskranke gehandelt hat, dürfte das noch vorhandene Pflegepersonal tätig geworden sein."

Dr. Düx: „Und bei den KZ-Häftlingen?"

Renno: „Darüber ist mir nichts bekannt. An KZ-Häftlinge in dieser Zeit habe ich keine Erinnerung."

Im Jahr 1943 habe er in Hartheim „nur noch gewohnt", sagte Renno 1965 dem Richter. Sein Tagesablauf habe so ausgesehen: In den Wochen des Jahres 1943, in denen Lonauer noch da ist, tut Renno gar nichts. Danach fährt er jeden Tag in der Früh nach Linz. Vormittags arbeitet er als Arzt im Allgemeinen Krankenhaus. Dazu legte er dem Frankfurter Gericht eine formlose Bestätigung einer Schwester Maria Wasserthal vor, die im Städtischen Krankenhaus in der Verwaltung tätig war. Und er konnte sich, mehr als 20 Jahre später, noch genau an die Namen einiger junger Spitalshelferinnen erinnern: Schwester Martha, und Schwester Hedi, deren Bruder im Zusammenhang mit dem Hitlerattentat vom 20. Juli 1944 eine Zeitlang in Haft war. Am Nachmittag betreut Renno Lonauers Patienten in dessen Privatpraxis. Und ganz selten ist er draußen in Niedernhart, aber nicht zu Euthanasie-Zwecken, wie er betont, sondern um Kranke zu retten: „Falls in den Jahren 1943 oder 44 Personen in Hartheim zum Zwecke der Tötung eintrafen, bei denen es Becker als zweifelhaft erschien, ob sie zu töten waren, sollte er sich mit Hofrat Böhm (Lonauers Vorgänger als Direktor; A.d.V.) in Niedernhart in Verbindung setzen, damit sie dort aufgenommen wurden. Ich war auch bei Hofrat Böhm und habe ihn entsprechend unterrichtet."

Abends und an den Wochenenden sitzt er ganz alleine in einem der zwei Direktionszimmer im ersten Stock, im Erker gleich beim Stiegenaufgang, die zugleich Chefbüro und Wohnung sind. An der Tür hängt sein Namensschild, Regierungsmedizinalrat Dr. Renno. Einmal besucht ihn seine Frau mit den drei Töchtern, sieben, fünf und drei Jahre alt, für ein paar Wochen. An den einsamen Abenden und an den Wochenenden, so der elsässische Mediziner vor Gericht, sei er allein im Zimmer gesessen und habe seine geliebte Querflöte gespielt. Friedrich der Große.

Im Oktober 1944 ist die zweite Welle von KZ-Transporten intensiv im Gange. Renno will davon wenig bemerkt haben: „Wenn mir zur Kenntnis gebracht wird, daß Leute aus Mauthausen im Jahr 1944 in Hartheim getötet worden sein sollen, so kann ich nur sagen, da ist bei mir eine Lücke. Ich war den ganzen Tag über abwesend." Dennoch zeigt sich das NS-Regime gegenüber seinem Tötungsarzt dankbar: Renno erhält das Kriegsverdienstkreuz. Auf der Verleihungsurkunde steht: Dr. Georg Renno hat sich bei einem Einsatz nach einem Bombenangriff auf Leipzig verdient gemacht. Er sei allerdings nie während oder nach einem Bombenangriff in Leipzig gewesen, räumte Renno später freimütig ein, und nannte als Grund für die Auszeichnung: „Fast alle Belegschaftsangehörigen in Hartheim hatten es schon, ich nehme an, daß man mich auch nicht länger ausschließen wollte."

Am 20. November 1944 kehrt Lonauer zurück. Renno zieht sich mit seiner Familie in das T4-Erholungsheim „Haus Schoberstein" in Weißenbach am Attersee zurück. Dort ist es zu dieser Zeit allerdings nicht mehr ruhig, das Haus dient nicht mehr nur der Erholung und als Ort ausgedehnter Saufgelage. Unter der Leitung von Obergutachter Nitsche ist dort die Hauptabteilung I untergebracht. Die besorgt, als ob es nie den Euthanasie-Stop durch den Führer gegeben hätte, weiterhin die Erfassung der Anstaltsinsassen, die Begutachtung und Oberbegutachtung nach dem bekannten Schema. Am Attersee stationiert sind auch die Abteilungen für Archivführung, Propagandamaßnahmen, die Verwaltung der „Forschung", sprich der unsagbaren Experimente in Görden, Heidelberg und Wiesloch und das Medizinalwesen. Letzteres bedeutete in der T4-Diktion die Verwaltung des Tötens, das Medizinalwesen war zuständig für „Krankenanstalten, Badewesen und Desinfektionen".

In Weißenbach am Attersee finden regelmäßige Tagungen der T4-Spitzen, der Gutachter und Ärzte statt. Nitsche läßt sich die Herren einzeln auf sein Zimmer kommen, die sich die meiste Zeit über ausgedehnten Trinkgelagen widmen. Überliefert ist etwa ein Vorfall aus der letzten Märzwoche 1944, als neben Nitsche auch Allers und Blankenburg anwesend waren. Die T4-Ärzte betrinken sich dabei so maßlos, daß Theodor Steinmeyer, Arzt in der Anstalt Warstein und Euthanasie-Gutachter, besinnungslos in den Schnee stürzt. Mennecke, der exzessive Briefeschreiber, phantasiert im Rausch von seinen Plänen, die Anstalten Graz-Feldhof, Klingenmünster oder Meseritz-Obrawalde zu übernehmen.

Renno bricht im Frühjahr 1945 seinen Aufenthalt am Attersee ab und geht noch einmal auf Kur nach Davos. Dort wartet er in Ruhe auf das Kriegsende.

Im Jahr 1942 fällt in der Ostmark eine neue Menschengruppe in die Kategorie „lebensunwertes Leben". Das Rassenpolitische Amt der NSDAP meldet am 22. Juni über seinen Informationsdienst den Gauleitungen, daß es nun an der Zeit sei, von der „bloß theoretischen Begriffsklärung weiter zur aktiven Bekämpfung der Gemeinschaftsunfähigen zu kommen." Sprich: „Asoziale", unzurechnungsfähige Straftäter, Kriegsneurotiker und geisteskranke Ostarbeiter sollen „durch Arbeit vernichtet" werden. Mitgeliefert werden Erhebungsbögen zur Erfassung der Gemeinschaftsunfähigen und Vereinbarungen zwischen NSDAP, Rassenpolitischem Amt und den Behörden der Reichsstatthaltereien. Wie bei den Geisteskranken finden sich Psychiater wie Bumke, Heinze, Rüdin, Kranz oder Gaupp, die eine „rassenhygienische Sonderbehandlung dieser aus asozialer Sippe stammenden Gemeinschaftsunfähigen" wissenschaftlich begründen. In Berlin wird im August der überzeugte Nationalsozialist Otto Thierack Reichsjustizminister. Der ruft sofort die für den Strafvollzug zuständigen Ministerialräte zusammen und verkündet den Wunsch des Führers: Die Besten des Volkes fielen an der Front, während die Minderwertigen in den Anstalten konserviert würden. Die Gefangenen sollten deshalb zum Minenräumen benutzt werden und sich zu Tode arbeiten. Im September kommt Thierack mit Reichsführer SS Himmler überein, daß asoziale Häftlinge in die Konzentrationslager überstellt und in der Rüstungsindustrie eingesetzt werden. Am 22. Oktober 1942 geht eine entsprechende geheime Rundverfügung des Justizministers an die Justizbehörden in Wien, Graz, Linz und Innsbruck, ab dem November bereisen hochrangige Beamte des Ministeriums die Haftanstalten in der gesamten Ostmark und selektieren die „Asozialen". Mehr als 12.000 Menschen gehen so aus den Händen der

Justiz in jene der SS über, zwei Drittel davon landen im Konzentrationslager Mauthausen – und ein Großteil von ihnen stirbt in der Hartheimer Gaskammer. Schon im April 1943 klagt der Chef des SS-Wirtschafts- und Verwaltungsamtes, Oswald Pohl, daß von den 12.658 in die KZs „übernommenen" Asozialen bereits 5.935 gestorben seien. Immer mehr Menschen werden bis zum Kriegsende der „Vernichtung durch Arbeit" zugeführt: Unzurechnungsfähig erklärte Straftäter, Häftlinge mit körperlichen Auffälligkeiten, verwirrte Menschen, die sich etwa „auffällig vor einem Hitlerbild benehmen", und schließlich auch Kriegsneurotiker, „Zitterer", Soldaten also, deren Seelen die Greuel des Krieges nicht verkraften.

Zurück zur Zeit nach dem Ende der ersten Phase der Häftlings-Euthanasie in Hartheim. „Da die Autobusse voraussichtlich im Sondereinsatz Ost Verwendung finden ..." – dieser Satz aus dem „14f13"-Organisationsplan des Bernburg-Chefs Irmfried Eberl verrät, womit der Großteil des T4-Personals nach dem Ende der „offiziellen" Euthanasie beschäftigt ist: Die abgestumpften und verrohten Tötungsexperten setzen das, was sie in Hartheim, Hadamar, Brandenburg, Bernburg, Grafeneck und Sonnenstein gelernt haben, nun für den Holocaust ein, die „Endlösung", die Vernichtung der europäischen Juden. Die bei der Aktion T4 geschulten Mörder errichten und betreiben die ersten reinen Vernichtungslager. Davor wurden in den KZs die Menschen durch Arbeit ausgebeutet und erst dann vernichtet, wenn sie nicht mehr arbeitsfähig waren. Chelmno, Belzec, Sobibor und Treblinka haben – wie die Euthanasie-Anstalten – einen einzigen Zweck: Die möglichst rasche Ermordung von möglichst vielen Menschen.

Hartheim nimmt dabei eine Sonderstellung ein. Das Schloß in Oberdonau hat in den ersten zwei Jahren seines Bestehens das Ansehen einer Musteranstalt der Euthanasie errungen, die Hartheimer Belegschaft rühmt sich, daß zwischen der Ankunft der Busse und der Auslieferung der Urnen nicht mehr als vier Stunden vergehen. Die Hartheimer Verwalter des Sterbens, die Büroleiter Wirth, Reichleitner und Stangl, übernehmen denn auch die Leitung der Todeslager des Ostens. Im Einsatz sind auch untergeordnete Kräfte. Belegt ist dies vom Fahrer Hödl, vom Brenner Bolender, vom Krematoriumsmaurer Lambert, vom Wirtschaftsmann Walther. Das T4-Personal bekommt in die Soldbücher rote Scheine, ausgestellt vom Wehrmachtskommando. Darauf steht die ausdrückliche Weisung, daß die betreffende Person nicht zum Fronteinsatz berufen werden kann. Laut T4-Geschäftsführer Dietrich Allers war das ein persönlicher Befehl Hitlers: Der hatte Angst, daß jemand von seinen Vernichtungskadern in russische Gefangenschaft geriet und zum Sprechen gebracht werden könnte.

Auch die Pflegerinnen kommen in den Osten. Inwieweit sie bei den Vernichtungsaktionen in Belzec, Sobibor und Treblinka mitwirkten, läßt sich nicht eruieren. Es gibt aber einige Hinweise in Zeugenaussagen, daß die Hartheimer Pflegeschwestern bei einer mysteriösen T4-Aktion in Minsk im Einsatz waren. Daß sie eine Zeitlang in Minsk waren, haben vor dem Volksgerichtshof in Linz im Jahr 1947 nur die beiden aus Ybbs dienstverpflichteten Schwestern Maria Hammelsböck, geborene Gruber, und Maria Raab, geborene Draxler gesagt, und dabei sprachen sie lediglich von Arbeiten „in einem Lazarett". Maria Wittmann, ebenfalls aus Ybbs, blieb in Hartheim. Sie sagte aus, daß der Betrieb „völlig stillgelegt" gewesen sei; alle Pflegerinnen bis auf zwei seien in Minsk gewesen. Der Richter Dr. Niederhuber fragte offensichtlich nicht nach, was es mit diesen Einsätzen im Osten auf sich hatte. Es hätte dieses seltsame Linzer Euthanasie-Verfahren wohl auch überfordert: Handelte dieses Gericht doch die Ermordung von 20.000 oder 30.000 Menschen in Hartheim in zwei Tagen ab – bei acht Angeklagten!

Die Minsker Episode, historisch fast völlig im Dunkeln, scheint zu jener grausigen Facette der T4-Aktivitäten zu gehören, von der auch der junge Maurerlehrling am Linzer Bahnhof und die Patienten des Todesspitals Meseritz-Obrawalde erzählten: Die Nazis brachten schwerstverletzte Soldaten, „die eigenen Leute", um. Zum Einsatz in Minsk gibt es – von wem sonst! – einen Brief Menneckes an seine Frau vom 12. Jänner 1942. Er schreibt: „Seit vorgestern ist eine große Abordnung unserer Aktion unter Führung von Herrn Brack im Kampfgebiet des Ostens, um an der Bergung von Verwundeten in Eis und Schnee zu helfen. Es sind Ärzte, Bürokräfte, Pfleger und Pflegerinnen dabei, ein ganzes Kommando von 20-30 Personen. Das ist streng geheim! Nur diejenigen, die zur Durchführung der dringendsten Arbeiten unserer Aktion nicht entbehrt werden können, sind nicht mitgekommen." Irmfried Eberl schreibt Mitte Februar seiner Frau: „Wir haben unsere endgültige Arbeitsstätte noch nicht bezogen, aber wir arbeiten täglich daran. Dr. Schumann und ich warten schon sehr auf das Eintreffen von Blankenburg." Diese Briefe sind trotz des offensichtlichen Bemühens um Verschleierung verräterisch, denn sie bergen viele Ungereimtheiten: Warum sollte die Bergung Verwundeter „streng geheim" vor sich gehen? Warum sollte die Leitung nicht ein Arzt, sondern ein Volkswirtschaftler, Victor Brack, über haben? Warum warten Ärzte, die ein Lazarett betreiben wollen, so sehnlich auf das Eintreffen des Organisationsleiters Blankenburg aus der Kanzlei des Führers?

Den einzigen halbwegs konkreten Hinweis bietet eine Krankenschwester namens Pauline Kneißler, die in Minsk dabei war, und die an extremer Gewitterangst litt. Einmal schüttete sie in Kaufbeuren-Irsee der Zimmervermieterin ihr Herz aus. Die hat dann später, am 19. Mai 1948, vor der Staatsanwaltschaft Augsburg folgendes erzählt: „Wohl erzählte mir die Kneißler, mit der ich mich duzte, einmal anläßlich eines Gewitters, bei dem sie eine riesige Angst hatte, daß sie es so bereue, in Rußland im Lazarett Spritzen gegeben zu haben, an denen die Soldaten (schmerzlos) gestorben seien ... Als ich einwandte, daß die Soldaten doch vielleicht hätten geheilt werden können, erklärte sie, daß diese geisteskrank gewesen seien. Ich schloß daraus, daß die Betreffenden vielleicht Hirnverletzte waren."

Möglicherweise haben auch die Hartheimer Pflegerinnen, die jungen dienstverpflichteten Mädchen aus Ybbs, die immer so viel geweint haben wollen wegen ihrer belastenden Arbeit, und die arroganten Fräuleins aus dem Altreich in Minsk so wie Pauline Kneißler verwundete Soldaten mittels Spritzen zu Tode befördert, oder zumindest dabei mitgeholfen.

In Minsk im Einsatz ist auch Albert Widmann vom Kriminaltechnischen Institut, zuständig für die Gasbeschaffung bei T4. Nach dem 22. Juni 1941 hat die SS unter Reinhard Heydrich begonnen, tausende russische Geisteskranke durch massenhafte Einzelerschießungen umzubringen. Das Morden nimmt solche Ausmaße an, daß es die SS-Mannschaften belastet. Alkoholexzesse, Nervenzusammenbrüche und Befehlsverweigerungen häufen sich. Selbst Reichsführer SS Himmler wird bei einer Massenerschießung übel. Widmann soll eine „nervenschonendere" Tötungsmethode entwickeln. Als erstes setzt Widmann Sprengstoff ein, 400 Kilo hat er aus Berlin mitgenommen. 24 russische Kranke werden in einen Bunker gesperrt und in die Luft gesprengt. Die erste Ladung ist zu klein, nicht alle sind tot. Die Verletzten werden erneut in den Unterstand getragen und mit einer zweiten Sprengladung getötet.

Danach konstruiert Widmann Anlagen, bei denen die Opfer mit den Abgasen von Verbrennungsmotoren erstickt werden. Zum Einsatz kommen sowohl Gaswagen, also Lastwägen mit geschlossenem Aufbau, in denen während der Fahrt mehrere Dutzend Menschen erstickt werden, als auch feste Kammern, in die über Schläuche Abgase von Autos, LKW oder ausgebauten Dieselmotoren geleitet werden. Diese Tötungsart ist noch qualvoller als jene mit Kohlenmonoxid: Zunächst setzen Kopfschmerzen ein, dann Schädeldruck und Übelkeit, die Opfer erbrechen, zittern unkontrolliert, verlieren Urin und Kot. In der Theorie sollten die Menschen nach acht Minuten bewußtlos werden und weitere zwei Minuten später tot sein. In der Praxis schreien und beten die Menschen viel länger, hämmern gegen die Wände, es dauert oft Stunden, bis das Wimmern in den Gaskammern und Gaswägen aufhört.

Als erstes wird die neue Technologie im großen Stil in Chelmno (Kulmhof) praktiziert, einem winzigen polnisch-wolhynischen Dorf bei Lodz. In einem Schloß entsteht das erste reine Vernichtungslager. Ursprünglich als Euthanasieanstalt geplant, werden vor allem Ostjuden ermordet, weiters Zigeuner, Fleckfieberkranke, Geisteskranke und eine Gruppe hochbetagter altösterreichischer Offiziere des Ersten Weltkrieges. Chelmno arbeitet präzise nach dem Muster der T4-Anstalten: Die Opfer werden zum Schein untersucht, die SS-Mörder tragen Ärztekittel, man gibt vor, es ginge in ein Duschbad, nach der Vergasung werden die Goldzähne ausgebrochen. Zuerst kommen die Leichen in Massengräber, als Leichengase durch die einen Meter hohe Erdschicht dringen, werden die Leichen wieder ausgegraben und verbrannt. Der einzige Unterschied Chelmnos zur Euthanasie-Musteranstalt Hartheim: Im Schloß bei Lodz werden zwischen Dezember 1941 und März 1943 und dann von Frühjahr 1944 bis zum Ende der Besatzungszeit mindestens 100.000 Menschen ermordet.

Die nächste Vernichtungsaktion läuft unter dem Namen Aktion Reinhard, benannt zu Ehren des bei einem Attentat ermordeten SS-Führers Reinhard Heydrich. Ihr Kopf ist SS-Brigadeführer Odilo Globocnik, gelernter Maurer, wegen seiner Brutalität und Korruptheit 1939 als zweiter Gauleiter von Wien abgesetzt. Globocnik untersteht unmittelbar Himmler, er erhält Sondervollmachten, und er wird SS- und Polizeiführer des Distrikts Lublin. Ihm nachgeordnet ist der Durchführungsverantwortliche, Sturmbannführer Hermann Höfle, der auch dem Umsiedlungsstab vorsteht, also für den Transport der Opfer zuständig ist. Der dritte in der Hierarchie ist Christian Wirth.

92 Männer aus der Aktion T4 werden etappenweise nach Lublin beordert, die Brenner, Fahrer, Transportbegleiter und Verwaltungsleute. Die Initiative geht von Victor Brack aus, Hauptamtsleiter in der Kanzlei des Führers. Bei einer Vernehmung im Oktober 1946 sagte er: „Um das durch die Einstellung (der Aktion T4; A.d.V.) freigewordene Personal zu erhalten und um die Möglichkeit zu haben, nach dem Kriege ein neues Euthanasieprogramm in die Wege zu leiten, forderte mich Bouhler nach einer Konferenz mit Himmler auf, dieses Personal nach Lublin abzustellen, zur Verfügung des Brigadeführers Globocnik."

Die T4-Truppe wird, sofern noch nicht an der Waffe ausgebildet, in Trawikni kurz militärisch geschult, die Männer bekommen die feldgrauen Uniformen der Waffen-SS, und zwar mindestens mit dem Rangabzeichen eines Unterscharführers. Wer allerdings nicht der SS angehört, hat keine Runen auf den Kragenspiegeln. Besoldet werden die 92 Euthanasie-Experten weiterhin von der T4-Zentrale in Berlin, diese Stelle ist auch für Urlaubs- und Versetzungsansinnen zuständig. Die T4-Chefs, Bouhler, Blankenburg und Allers, inspizieren häufig Aufbau und Betrieb der Vernichtungslager, und als bei einem Häftlingsaufstand in Sobibor T4-Leute getötet werden, reist Allers an und hält die Trauerrede. Auch die Beute, Zahngold, Schmuck und Bargeld, geht an die Tiergartenstraße.

Der Aufbau des ersten Lagers, Belzec, beginnt im Herbst 1941, ab März 1942 sterben hier Menschen. Der erste Leiter von Belzec ist Christian Wirth, zwei Jahre zuvor Teilnehmer der allerersten Probevergasung in Brandenburg und Büroleiter von Hartheim. Als Wirth Chef aller drei Lager wird, rückt als Sobibor-Kommandant wieder ein T4-Mann nach: Gottlieb Hering, vormals „Standesbeamter" an der Anstalt Sonnenstein. Das Lager dient ausschließlich der Vernichtung, nur ein paar „Arbeitsjuden" haben eine befristete Existenz.

Die Juden werden in eine mit Blech ausgeschlagene Holzbarakke geführt, in der Brauseköpfe montiert sind. Das Gas kommt von einem Dieselmotor. Im Mai läßt Wirth diese Baracke abreißen und statt dessen mehrere massive Gaskammern bauen. Nun können in einem einzigen Vergasungsvorgang bis zu 1.500 Menschen ermordet werden. Mit 1. August 1942 wird Wirth zum Inspekteur der drei Lager Belzec, Sobibor und Treblinka befördert, sein Dienstsitz ist von da an Lublin.

Kurt Gerstein vom SS-Führungshauptamt besichtigt am 17. August 1942 gemeinsam mit Euthanasie-Ministerialrat Linden und Globocnik das Lager Belzec. Wirth läßt zur Demonstration am Tag danach 700 oder 800 Menschen vergasen. Gerstein ist davon so erschüttert, daß er den Papst und die Alliierten informiert, um sie zum Eingreifen zu bewegen – vergeblich. Gersteins Schilderung der Demonstrationsvergasung ist ein quälend eindringlicher Bericht von der Unmenschlichkeit des Massenmordens.

„Gut voll packen", so lautet der Befehl Wirths. Das heißt: Die Gaskammer wird so dicht beschickt, daß die Menschen einander auf die Füße treten. Danach springt der Dieselmotor fast drei Stunden lang nicht an, drei Stunden, während die 800 Eingesperrten schreien und heulen. Als der Motor läuft, dauert es 32 Minuten, bis die letzten tot sind. Das Arbeitskommando öffnet die Türen. Die Toten stehen wie Basaltsäulen, sie können nicht umfallen. Man wirft die Leichen hinaus, blau, naß von Schweiß und Urin, die Beine voller Kot und Regelblut. Kinder dazwischen, Säuglinge. Die Münder der Toten werden mit Haken geöffnet, es wird nach Goldkronen gesucht, Zähne werden herausgebrochen, After und Genitalien nach versteckten Brillanten durchsucht. Draußen stehen nackt schon wieder Hunderte bereit zur nächsten Vergasung. Wirth hält dem entsetzten Gerstein eine große Konservendose hin und sagt: „Heben sie mal, was für ein Gewicht das Gold hat." In der Büchse sind Kronen und Brücken.

Das Lager Sobibor nimmt im Mai 1942 den Betrieb auf. Der erste Kommandant ist für kurze Zeit Franz Stangl, der kleine Polizist aus Linz und spätere Hartheimer Büroleiter. Dann übernimmt ein weiterer Hartheimer das Kommando: Franz Reichleitner, ebenfalls einst Linzer Polizist und erster Nachfolger Wirths als Büroleiter im Euthanasie-Schloß. Reichleitners Spieß wird Gustav Wagner, ein SS-Mann vom Hartheimer Wachpersonal. Auch in Sobibor findet unter der Aufsicht Wirths zum Auftakt die übliche Schau- und Probevergasung statt. Himmler ist anwesend, ihm zu Gefallen haben Stangl oder Wirth eine Gruppe von 40 schönen jungen Jüdinnen für die Gaskammer ausgesucht. Auch in Sobibor werden die ursprünglichen Gaskammern sofort zu klein, der SS-Maurer Erwin Lambert, Errichter von Krematorium und Kamin in Hartheim, baut eine Anlage mit sechs Kammern entlang eines Mittelganges, mit großen Schwingtüren, durch die die Leichen einfacher hinauszuschleifen sind. Hier können 480 Menschen auf einmal vergast werden.

Das dritte Lager, Treblinka, beginnt mit dem Morden im Juli 1942. Mit der Inbetriebnahme der drei Todeslager setzt die Räumung der jüdischen Ghettos in Polen ein. Insgesamt sterben in diesen drei Lagern rund eine Million Menschen. Der erste Kommandant Treblinkas wird Irmfried Eberl, einst Chef der Euthanasieanstalten von Brandenburg und Bernburg und penibler Verfasser von umfangreichen internen Durchführungsbestimmungen. Treblinka allerdings überfordert Eberl. Bald nach Dienstantritt schreibt er seiner Frau: „...hat ein Tempo eingesetzt, das geradezu atemberaubend ist. Wenn ich vier Teile hätte und der Tag 100 Stunden, dann würde das wahrscheinlich auch noch nicht ganz reichen." Eberl kommt mit dem Töten nicht nach – sind doch gelegentlich an einem einzigen Tag 20.000 Menschen zu vernichten. Ende August wird Eberl entlassen. Wegen Unfähigkeit, heißt es formell, möglicherweise hat es auch Unregelmäßigkeiten gegeben bei der Ablieferung der Wertsachen der Opfer.

Eberls Nachfolger wird der Hartheimer Stangl. Er findet in Treblinka eine Hölle vor, die sogar ihn, der in Hartheim, Belzec und Sobibor abgebrüht worden ist, tief erschreckt. Zumindest hat er dies in einem ausgiebigen Gespräch behauptet, das die amerikanische Journalistin Gitta Sereny 1970 mit Stangl im Gefängnis führte, kurze Zeit vor seinem Tod.

So schilderte Stangl Treblinka: „Im August 1942 bin ich mit einem SS-Fahrer hin. Wir konnten es kilometerweit riechen. Die Straße lief neben den Eisenbahnschienen. Als wir vielleicht fünfzehn, zwanzig Minuten weg waren, begannen wir Leichen neben den Schienen zu sehen. Erst zwei oder drei, dann mehr, und als wir beim Bahnhof ankamen, da waren es Hunderte; die lagen nur so da, offensichtlich seit Tagen, in der Hitze. Im Bahnhof stand ein Zug voll von Juden. Einige tot, einige noch lebendig. Es schaute so aus, als ob der Zug schon seit Tagen dort gestanden hätte."

„Und in Sobibor – wenn man nicht direkt in dem Wald gearbeitet hat, konnte man wochenlang leben, ohne irgend jemanden sterben oder tot zu sehen. Treblinka an diesem Tag war das Ärgste, das ich während des ganzen Dritten Reiches gesehen habe ... Als das Auto auf dem Sortierplatz stehenblieb, stieg ich bis zum Knie in Geld hinein. Ich wußte nicht, ob rechts oder links. Ich watete in Münzen, Papiergeld, Diamanten, Gold und Silber, Juwelen und Kleidungsstücken. Der Geruch war unbeschreiblich: Überall Hunderte, nein Tausende verwesender, zerfallender Leichen. Ein paar hundert Meter weg auf der anderen Seite des Stacheldrahtes, am Waldrand, waren Zelte und Feuer mit Ukrainern und Mädchenhuren, schwer betrunken, tanzend, singend, Musik spielend. Später fand ich heraus, daß alle Huren von Warschau nach Treblinka kamen."

„Ich ging in die Kantine, um Kaffee zu trinken mit den Offizieren. Sie sagten, sie hätten eine große Gaudi: Schießen war ihr Sport. Es lag mehr Geld und Zeug herum, als man sich je erträumen konnte, man brauchte sich nur zu bedienen. Am Abend tanzten nackte Jüdinnen auf den Tischen. Ekelhaft – es war alles ekelhaft."

Stangl fährt umgehend zurück nach Warschau und beschwert sich bei Globocnik. Der gibt ihm Wirth mit nach Treblinka, um aufzuräumen. Eberl wird entlassen, Wirth läßt den Antransport neuer Opfer zwei Wochen lang stoppen, „bis es wieder sauber ist". Stangl kümmert sich in dieser Zeit um die Wertsachen der Opfer. Er hegt den Verdacht, daß Eberl und Wirth die Dinge absichtlich schleifen lassen haben, um die Vermögenswerte an Globocnik vorbeizuschwindeln. Stangl informiert Globocnik und genießt von da an das volle Vertrauen des Chefs. Das sei für ihn wichtig gewesen, sagte Stangl noch 1970, wegen dieser Sache mit den illegalen Nazis vor dem Anschluß in Linz – das „Damoklesschwert" war dauernd über ihm, er habe einfach immer Angst gehabt, von den Machthabern als illoyal enttarnt zu werden.

Unter Stangls Kommando organisiert Wirth das Lager neu, er läßt als erstes die verwesenden Leichen verbrennen. Stangl, der eine Zeitlang Frau und Kinder bei sich in Treblinka wohnen hat, gestaltet das Todeslager „freundlich". Er läßt überall Blumen und Bäume – Birken und Wacholdersträuche – pflanzen und errichtet einen kleinen Zoo. Er veranlaßt, daß im Gang zu den Gaskammern, im SS-Jargon Schlauch genannt, Kübel aufgestellt werden. Denn wenn die Todeskandidaten hier stundenlang nackt stehen und warten, bis die vorangegangene Schicht „erledigt" ist, geht vielen Menschen in der Todesangst der Kot ab.

Perverse Formen von „Humanität" sind in Treblinka an der Tagesordnung. Der SS-Mann Gustav Münzberger, zuvor Handwerker in der T4-Anstalt Sonnenstein, läßt Kinder über die Köpfe der dichtgedrängten Erwachsenen hinweg in die Gaskammer werfen. Damit es schneller geht, sagte er später vor Gericht, um den nackten Menschen im „Schlauch" den Aufenthalt in der schneidenden Kälte zu verkürzen. Im Winter kommt es vor, daß wartende Todgeweihte am Boden festfrieren. Im Sommer ist über Treblinka kaum die Sonne zu sehen, weil sie vom Rauch aus dem Krematoriumskamin verdunkelt wird.

Franz Stangl empfängt die täglichen Transporte von 5.000 bis 6.000 Menschen hoch zu Roß und im weißen Reitanzug. Manchmal sieht er bei einer Vergasung zu, dann erledigt er Verwaltungsarbeiten und geht Mittagessen. „Man hat sich daran gewöhnt", sagte er später. Dennoch nimmt er jeden Abend ein großes Glas Schnaps mit ins Bett.

Im Interview mit Gitta Sereny erzählte er von einer Zugreise, die er nach seiner Flucht in Brasilien unternahm: „Da blieb der Zug einmal irgendwo in einem kleinen Ort neben einem riesigen Schlachthof stehen. Das Vieh, angelockt vom Lärm des Zuges, kam an den Zaun heran. Hunderte von ihnen, sehr nahe vor meinem Fenster, einer dicht neben dem anderen – sie starrten mich an. Und ich dachte: Schau dir das an. Das erinnert mich an Polen. Das ist genau, wie die Leute damals geschaut haben, gerade bevor sie in die Konservenbüchsen gingen ... Diese großen runden Augen, die mich treuherzig anschauten, ohne zu wissen, daß sie ein paar Stunden später alle tot sein würden."

„Also, Sie fühlten, daß die Juden nicht Menschen waren", fragte ihn Sereny.

Stangl: „Ware. Sie waren Ware." Nach einer Pause: „Ich erinnere mich, der Wirth stand neben einer Grube voll von blauschwarzen Leichen. Das hatte nichts mit Menschen zu tun, das konnte nichts damit zu tun haben. Es war nur eine Masse, eine Masse von verwesendem Fleisch. Wirth sagte: Was sollen wir mit diesem Abfall tun? Ich glaub, unbewußt hab ich da begonnen, an sie als Ware zu denken."

Daß Stangl auch Jahrzehnte nach Treblinka noch immer menschenverachtend denken konnte, zeigt eine andere Geschichte, ebenfalls eine aus Brasilien. Er erzählte über Kollegen, mit denen er bei Volkswagen gearbeitet hat: „Man muß die Dummheit einiger Leute gesehen haben, um sie glauben zu können. Manchmal hat es mich ganz wild gemacht. Es gab Idioten unter ihnen – Schwachsinnige. Ich hab oft den Mund zu weit aufgemacht und es ihnen gegeben. Mein Gott, sagte ich zu ihnen, euch hat man wohl bei der Euthanasie vergessen, was?"

Im August 1943 kommt es in Treblinka, zwei Monate später in Sobibor zu einem Häftlingsaufstand, bei dem mehrere Deutsche getötet werden, unter anderem auch Leute vom T4-Personal. Im November wird deshalb die Aktion Reinhard beendet, Belzec, Sobibor und Treblinka werden geschlossen. Die Massenvernichtung geht weiter in „verkehrsgünstiger" gelegenen Lagern, in Maidanek und Auschwitz, mit einem noch größeren Tages-Soll an Ermordeten und mit einem neuen, noch billigeren und einfacher zu handhabenden Mordinstrument: Zyklon B.

Die T4-Truppe, angeführt von Globocnik und Wirth, zieht in ein neues Einsatzgebiet: Den adriatischen Küstenraum in Istrien. Die Aktion heißt „Einsatz R", ihr Inspekteur ist Christian Wirth. Fast alle Führungspositionen besetzen Euthanasie-Spezialisten aus Hartheim: An der Spitze der Einheit R I in Triest steht der vormalige Sonnenstein-„Standesbeamte" und Sobibor-Kommandant Gottlieb Hering, die Einheit R II in Fiume befehligt Franz Reichleitner, nach dessen Tod Franz Stangl, und der Kommandant von R III in Udine ist zuerst Stangl und nach dessen Wechsel nach Fiume der Hartheimer Polizeileutnant Walther. Mit dabei sind weitere Hartheimer, wie etwa der Busfahrer Franz Hödl oder der Maurer Lambert.

Istrien war zu dieser Zeit Partisanengebiet. Die Partisanenbekämpfung ist denn auch der offizielle Auftrag dieser T4-Mission, obwohl Stangl einen anderen wahren Zweck vermutete: Daß dieser Krieg nicht mehr zu gewinnen war, ließ sich mit Händen greifen, und die Kanzlei des Führers wollte mögliche Belastungszeugen des NS-Regimes loswerden. Stangl: „Wie die meisten von uns erkannte ich sehr wohl, daß man uns als lästiges Übel betrachtete. Sie versuchten, Mittel und Wege zu finden, uns zu ‚verbrennen', also gaben sie uns die gefährlichsten Aufgaben. Alles, was in diesem Teil der Welt mit Partisanenbekämpfung zu tun hatte, war äußerst riskant."

Stangl selbst hat die Zeit in Istrien als rein militärischen Einsatz beschrieben. In Wahrheit betrieb aber die Euthanasie-Truppe auch hier ihr Vernichtungswerk, oder sie sollte es zumindest aufbauen. Die Ereignisse dieser Schlußphase der T4-Geschichte sind kaum mit Dokumenten oder Zeugenaussagen belegt. Fest steht, daß Wirths Leute in einer ehemaligen Reisfabrik in der Ortschaft San Saba, nahe Triest, ein Lager errichten. In erster Linie werden hier Juden aus dem adriatischen Raum festgehalten, bevor sie nach Auschwitz transportiert werden. Aber auch italienische und jugoslawische Partisanen zählen zu den Lagerinsassen. Der T4-Maurer Erwin Lambert baut eine Verbrennungsanlage. Zwischen 2.000 und 5.000 Juden, Widerstandskämpfer und Antifaschisten sollen in San Saba erschossen oder vergast – nachts sind stundenlang laufende LKW-Motoren zu hören – und verbrannt worden sein. Hauptzweck des T4-Einsatzes dürfte die „Endlösung" in Istrien gewesen sein, was eine Aussage Franz Suchomels, T4-Fotograf in Hadamar, belegt: „Wir erfuhren, daß wir in den Raum Triest kommen sollten, um die Provinz Udine, Triest, Görz und Pola judenfrei zu machen." Die Kräfte des „Einsatzes R" werden aber mehr und mehr gebunden durch Kämpfe mit Partisanen. Das Krematorium wird kurz vor Kriegsende, im April 1945, gesprengt. Da sind einige der einstigen Hartheimer Bosse schon tot, andere bereiten ihre Flucht vor.

Doch nicht alle T4-Kräfte aus Hartheim werden von Polen an die Adria beordert. Einige kehren zurück in ihr Stammhaus, in das Schloß in der Gemeinde Alkoven. Denn hier beginnt im April 1944 der Kamin wieder zu rauchen, das Feuer im Krematorium brennt mächtig und häufig, es ist wieder so wie vor vier Jahren. Die gelegentlichen Vergasungen von Geisteskranken im Zuge der „wilden" Euthanasie oder von arbeitsunfähigen Zwangsarbeitern werden abgelöst vom zweiten Durchgang der Aktion „14f13", der bis zum Jahresende 1944 dauert.

Die Baracken in den Konzentrationslagern werden immer dichter mit Menschen gefüllt, die Arbeitskraft der Insassen wird immer brutaler ausgebeutet, was bedeutet, daß die Krankenstands-Zahlen höher und höher steigen. Mauthausen und sein Nebenlager Gusen sind Anfang 1944 mit 50.000 Gefangenen heillos überfüllt, dennoch kommen laufend neue Transporte. Die unzureichende Verpflegung, die katastrophalen sanitären Bedingungen und das mörderische Arbeitspensum lassen den Krankenstand auf 10.000 anschwellen. Die lagereigene Gaskammer und das Krematorium sind zu klein, also beschließt Kommandant Ziereis, noch einmal die SS-Kameraden von T4 einzuschalten. Ab April 1944 fahren wieder die Busse und LKW von Gekrat und SS die 30 Kilometer zwischen Mauthausen und Hartheim hin und her.

Das Selektionsverfahren ist wesentlich vereinfacht worden. Es geht nicht mehr darum, Geisteskranke oder Arbeitsunfähige zu beseitigen, sondern Platz in den Baracken von Mauthausen und Gusen zu schaffen. Der bürokratische Ablauf mit der Erfassung über Meldebogen fällt völlig weg, es gibt auch keine Ärztekommissionen mehr. Hartheim stellt nur noch die Gaskammer, das Krematorium, fallweise Transportbegleiter und die Brenner zur Verfügung. Die Auswahl der Todeskandidaten liegt völlig beim KZ. Der technische Ablauf allerdings bleibt fast gleich: Den Häftlingen wird erklärt, daß sie in ein „Erholungslager" kämen. Die Transporte erfolgen in Bussen mit übermalten Fenstern, die Häftlinge müssen sich entkleiden, weil sie als erstes angeblich in ein Brausebad kämen. In der Gaskammer werden sie mit Kohlenmonoxid erstickt. Nach einer Stunde wird die Kammer entlüftet, die Leichen werden herausgeschleift. Menschen mit Goldzähnen sind schon vorher, meist bereits im Lager, mit dem üblichen blauen Kreuz markiert worden. Wenn die Goldsuche in Hartheim notwendig ist, so erledigt das einer der Brenner, der sich zur Tarnung in einen weißen Kittel kleidet. Den markierten Leichen reißt man das Gold aus dem Mund. Dann werden die Toten verbrannt, die Knochenreste kommen in die Knochenmühle, Asche und Knochenmehl werden nun auf dem Schloßgelände vergraben. Die Beurkundung der Todesfälle erfolgt in Mauthausen, wohin auch die Habseligkeiten der Opfer zurückgeschickt werden – mit Ausnahme des Zahngoldes, das kommt nach Berlin.

Am Vortag jedes Transportes erscheint in Gusen oder Mauthausen der Lagerarzt in Begleitung mehrerer SS-Männer auf den Krankenrevieren. Manchmal sucht der Lagerarzt die Menschen aus, die am nächsten Tag abtransportiert werden sollen. Meistens machen es sich die Ärzte noch einfacher: Sie erklären dem Blockwart und dem Häftlingsarzt, daß am folgenden Tag ein Transport in ein Erholungslager stattfinde. Man brauche dafür so und so viele Leute. Wobei die Mindestzahl 80 beträgt, die Höchstzahl 150. Häftlingsarzt und/oder Blockwart suchen dann die entsprechende Zahl an Kranken aus, die der Lagerarzt angefordert hat.

Blockwart und Häftlingsarzt wissen, was das „Erholungslager" in Wirklichkeit bedeutet. Deshalb wählen sie in aller Regel neu angekommene Gefangene aus, die sie nicht kennen, oder Häftlinge, die es sich mit ihnen aus irgendeinem Grund verscherzt haben. Ihre Freunde und Bekannten versuchen sie zu schützen.

Die Nummern der ausgesuchten Häftlinge werden an die Lagerschreibstube gemeldet, die gibt sie weiter an die Politische Abteilung, wo die Transportlisten zusammengestellt werden. Aus dem Zugangsbuch des KZs werden die Namen der Betroffenen gestrichen, auf ihren Karteikarten wird vermerkt: „Erholungslager am ..."

Für die einzelnen Transporte werden zumeist je zwei Busse eingesetzt. Von den Hartheimer Fahrern ist nur noch Johann Lothaller dabei, von der Mauthausener SS-Mannschaft fahren Herbert Füllgraf, Georg Blöser, Emil Gerbig und Heinz Bollhorst die Todeskandidaten. Die 80 bis 150 Menschen zählenden Transporte werden in zwei Etappen vergast. Während die erste Gruppe umgebracht wird, muß die zweite eineinhalb bis zwei Stunden auf den Tod warten.

Die meisten „Muselmänner" – so nannte man die völlig entkräfteten und von Hungerödemen gezeichneten KZ-Häftlinge – ahnen oder wissen zwar, was ihnen in Hartheim blüht, sie lassen jedoch alles apathisch über sich ergehen. Es landen aber auch arbeitsfähige Menschen im Schloß. Von einem Mann ist diese Episode überliefert: Als er den Schlot im Innenhof des Schlosses sieht, ruft er kläglich: „Ich wollte mich doch nur für ein paar Tage krankmelden, und jetzt kommt das!" Hans-Joachim Becker, Chef der Zentraldienststelle, hört diesen Klageruf und ist so beeindruckt, daß er die Szene beim Mittagstisch der Verwaltungsangestellten Clara Mattmüller und anderen Bürofräuleins schildert.

Das Gericht, das im Frühjahr 1970 gegen Becker und Lorent verhandelte, kam auf eine Zahl von mindestens 3.228 Häftlingen aus Mauthausen und Gusen, die von April bis Dezember 1944 in Hartheim ermordet wurden. Diese Zahl ergibt sich aus den in Mauthausen erstellten Listen mit der Überschrift „Todesmeldung" oder „verstorben im Erholungslager". Mauthausen-Häftling Hans Marsalek, Lagerschreiber in der Häftlingsschreibstube, schätzt die Zahl der 1944 von Mauthausen Abtransportierten auf mindestens 2.980. Marsalek hat sein ganzes Leben lang daran gearbeitet, die Geschichte des KZs Mauthausen und der Nazigreuel öffentlich zu machen. Er gibt die untere Grenze der Zahl jener Häftlinge aus Mauthausen und Gusen, die der Aktion „14f13" insgesamt zum Opfer fielen, mit 7.200 an.

Im Herbst 1944 neigt sich alles dem Ende zu. Der Feind rückt näher, die Kriegsniederlage wird für jeden absehbar. Chefgutachter Professor Nitsche räumt die T4-Dienststelle am Attersee, am 11. Oktober übersiedeln Nitsche und das Archiv, die Propagandastelle und die für Begutachtung, Auswertung, Forschung und Medizinalwesen zuständigen Abteilungen von Weißenbach in das Schloß

Hartheim. Hartheim-Chef Lonauer kommt Mitte November vom Militär zurück, doch er scheint mit den Häftlings-Vergasungen nicht mehr befaßt gewesen zu sein. Schon im November befiehlt die Kanzlei des Führers, daß alle Euthanasieeinrichtungen im Schloß abgebrochen werden sollen. Der Bauleiter des KZs Mauthausen erhält aus Berlin folgenden geheimen Befehl: „Privatkanzlei des Führers. Die technischen Einrichtungen der Landesanstalt Hartheim sind sofort zu beseitigen. Der alte bauliche Zustand ist sofort wieder herzustellen. Über den Fortgang der Arbeiten ist zweitägig über den Kommandanten des KLM (Konzentrationslager Mauthausen; A.d.V.) Bericht zu erstatten." Doch Mauthausen liefert noch so große Mengen von Häftlingen zur Vernichtung, daß der Abbruchtermin mehrmals verschoben werden muß. Die letzte Vergasung von KZ-Häftlingen aus Mauthausen findet am 9. Dezember 1944 statt. Zum letzten Mal fährt an diesem kalten Dezembersamstag der Bus durch das Außentor, biegt um den Südwesterker, verschwindet in dem riesigen Bretterverschlag, die letzte Gruppe von Menschen schleppt sich durch den Holzverschlag in den Auskleideraum, in das Arztzimmer, wo ihnen ein Brenner in die Mäuler starrt, zum letzten Mal schließt sich die schmale Eisentür, dreht ein Heizer das Gasventil auf der IG-Farben-Stahlflasche auf. Zum letzten Mal quillt der schwarze fettige Rauch aus dem Kamin. Am darauffolgenden Montag, den 11. Dezember, wird in Mauthausen ein 20köpfiges Häftlingskommando zusammengestellt. Am 13. Dezember rückt das Kommando in Hartheim ein. Sein Auftrag: Abbruch der Euthanasieanlagen.

XIII. Das Ende

Im November 1944 geht im Konzentrationslager Mauthausen ein Funkspruch ein, der vom KZ Oranienburg übermittelt wurde. Er lautet: „Personenkreis bei Abbruch Hartheim gering halten." Lagerkommandant SS-Standartenführer Franz Ziereis schreibt mit Kopierstift darunter: „Bewachung erheblich einschränken, nur noch vier aktive SS-Männer, da die Abbrucharbeiten im geschlossenen Hof durchgeführt werden." Von wem dieser Befehl stammt, das hat der Zeuge, der über ihn aussagte, der amerikanische Häftling August Eweis, nicht lesen können.

Tatsächlich rückt das Abbruchkommando aber erst am 13. Dezember 1944 in Hartheim ein. Die Männer fahren in einem Bus von Mauthausen über Linz nach Alkoven, vorne, bei der Fahrerkabine, sitzen die vier SS-Bewacher, befehligt von Hauptscharführer Wetschy.

Die 20 Mauthausener Häftlinge haben Angst. Im Bus „nur" die übliche Angst, mit der jeder neue Tag beginnt. Aber dann, als der Bus durch das Außentor fährt, in den riesigen Schuppen hinein, als sie durch den Holzgang in den Innenhof gehen, richtig hinein in den Hof, und als sie da den 26 Meter hohen Kamin sehen, und dann die Gasflaschen und Schläuche und Druckmesser, da bekommt ihre Angst eine andere Dimension.

Bronislaw Smiegleswsky aus Kulm, Miguel Juste aus Barcelona, Mauricio Pacheco aus Guadarrama, Vincente Ballester aus Esgilda, Aureliano Sanchez aus Nawa, Mieceslaw Blaszyk aus Gnesen, Wladimir Maniakow aus Gorodisch, Milan Ljubojevic aus Visegrad, Adam Golobsky aus Wladowice, Kazimierz Barczyk aus Wolbrom, Rudolf Gruber aus Oberlaa, Wladyslaw Szmulewicz aus Swiecie, Raymond Chaniot aus Champeux, Leo Wolminski aus Laszeno, Josip Arsanbegow aus Tscheljabinsk, Anatolij Beskorowajnyj aus Krojewetz, Stefan Jakubowski aus Warschau, Hubert Donat aus Kasmierz, Bruno Ogorzelski aus Tarnowsky und Johann Vrany aus Moderschau wissen da mit erschreckender Klarheit, daß sie gerade Zeugen eines Verbrechens werden, dessen Spuren sie verwischen sollen. Und sie ahnen und fürchten, daß man auch sie, die Zeugen, beseitigen wird.

Der Pole Adam Golobsky hat nach dem Krieg geschildert, was sie in Hartheim gesehen haben: „Das erste, was ins Auge fiel, war ein Fabriksschornstein von 26 Metern Höhe. Von außen war dieser Schornstein nicht zu sehen, weil ihn die drei Stock hohen Mauern verdeckten. Auf dem Parterre rechts war die Küche und die Speisekammer. Links waren die Öfen der Zentralheizung, weiters eine Tischlerwerkstätte, ein Lager mit alkoholischen Getränken, ein Kühlraum und ein Zimmer, wo wir uns eingerichtet haben. (Golobsky schaute vom Westtrakt des Schlosses auf den Innenhof, also von jenem Eingang her, durch den die Patienten getrieben wurden; die KZler schliefen also im früheren Aufnahmezimmer; A.d.V.) Aus diesem Zimmer führte eine Tür zum Schloßturm, wo ein Fotoatelier eingerichtet war. Aus diesem Zimmerchen führte eine Tür in einen anderen Raum, welcher den Eindruck eines kleinen Baderaumes machte. Der Eingang war sehr klein, die Tür aus Eisen, mit Gummi verdichtet, der Verschluß von massiven Hebelriegeln, in der Tür ein kleiner runder Ausguck. Die Wände dieses Raumes waren bis zur Hälfte mit Fliesen ausgelegt. Es waren sechs Brausen. Aus diesem Raum führte eine ähnliche Tür in ein kleines Zimmer, wo sich die Apparatur zum Vergasen befand, Gasflaschen und verschiedene Gasmesser. Aus dieser Gaskammer führte eine Tür in einen größeren Raum, dessen Wände bis zur Hälfte mit Fliesen ausgelegt waren. Hier stand ein Tisch, und wir fanden ein Protokoll von einer Leichenuntersuchung. Aus diesem Raum führte eine Tür zum Krematorium. Dieses hatte zwei Öfen. Links vom Eingang fanden wir einen Haufen Asche mit Teilen von Menschenknochen in einer Menge von zirka 60 unserer hiesigen Müllkübel. Dort war auch eine elektrische Knochenmühle, worauf die nach dem Verbrennen der Leichen im Krematorium verbliebenen größeren Überreste der Menschenknochen gemahlen wurden."

Die KZ-Häftlinge finden auf jedem Schritt Spuren des Grauens. In der Schloßgarage liegen Haufen von Frauen-, Kinder- und Männerkleidern, vier Wagenladungen voll. Im Garten ist ein großes Loch mit schwarzgrauer Masse gefüllt, sieht aus wie Schlacke, obenauf viele kleine Blechschilder mit Nummern drauf. Das kennen sie: Es sind Mauthausener Häftlingsnummern. Dazwischen und in der Schlacke: Menschenknochen.

Einen Raum sehen sie mit einigen Betten und einer Reihe von großen Reflektorlampen darüber, auf einigen der Laken über den Betten sind Spuren eingetrockneten Blutes. Adam Golobsky muß einen Koffer mit chirurgischen Instrumenten zu einem Bauernhof in der Nähe bringen. Er liest das Namensschild auf dem Koffer: Dr. Benne, so erinnert er sich Jahre später. Er hat sich verlesen, oder nicht mehr genau erinnern können: Der Koffer gehört Dr. Georg Renno, der seine Wertsachen zu einer der Bauernfamilien bringen ließ, mit denen er in Alkoven befreundet war. Er hat die Sachen übrigens nie zurückbekommen. Rennos „Freunde" in Alkoven haben die Wertsachen wahrscheinlich in der unmittelbaren Nachkriegszeit auf dem Schwarzmarkt versilbert.

Die Möbel aus den Büros und den Wohnräumen aus den Obergeschoßen werden teilweise in das KZ Mauthausen gebracht, ein anderer Teil geht nach Weißenbach am Attersee, in das Erholungsheim der Aktion T4. Die Gasflaschen werden um den 15. Dezember herum weggebracht, zurück zur Herstellerfirma IG Farben.

Die KZler tragen in achttägiger Arbeit den Kamin ab, den Schutt und die Aschehaufen mit den Menschenknochen vergraben sie zwischen den Bäumen im Wirtschaftshof des Schlosses. In der Gaskammer reißen sie die Fliesen von den Wänden, verputzen und streichen den Raum neu. In der anderen Kammer, dem früheren Totenraum, bleiben aus unerfindlichen Gründen die Fliesen an den Wänden. In den 50er Jahren, als im Schloß Mietwohnungen eingerichtet wurden, erzählten die Kinder einer Hauspartei in der Schule, wie komisch ihre Wohnung sei: Im Schlafzimmer seien die Wände mannshoch verfliest. Das Schloß dient übrigens heute (Sommer 1997) noch als Wohnhaus.

Alle technischen Euthanasie-Einrichtungen werden abgerissen. Ob man sie nach Mauthausen gebracht oder in der Donau versenkt hat, ist nicht überliefert. Etliche Türen, etwa zwischen Aufnahmeraum und Gaskammer, werden zugemauert, dafür werden neue in die Wände gebrochen, wie eine Tür von der Gaskammer in den Schloßhof. Der Spanier Miguel Juste setzt am Montag, den 18. Dezember, 1944, eine mutige Tat. Er ist der Mann, der die Mauer zwischen der Gaskammer und dem großen Aufnahmezimmer zumauert, in dem einst Renno oder Lonauer am Tisch saßen und die

Elendsgestalten vor sich aufmarschieren ließen, und wo später die Brenner Nohel, Valasta oder Merta, den KZ-Häftlingen in die aufgerissenen Münder starrten. In einem unbeobachteten Augenblick kritzelt er ein paar Worte auf einen Zettel, steckt ihn in eine Flasche, stöpselt sie zu und fügt die Flasche ein zwischen die Ziegelbrocken, mit denen er die Tür ausfüllt. Hastig bewirft er mit seiner Kelle die Stelle mit Mörtel. Erst 24 Jahre später taucht die Flasche wieder auf.

Die KZ-Häftlinge arbeiten bis zum 23. Dezember im Schloß. Zu Weihnachten verlassen die letzten Reste der einstigen T4-Truppe Hartheim. Professor Nitsche geht in das Haus Schoberstein an den Attersee, wo bereits Renno mit Familie logiert. Lonauer zieht sich zurück in das Großlazarett, zu dem mittlerweile die Heilanstalt Niedernhart geworden ist. Der „Millionen-Becker" verschwindet in Richtung Berlin, mit ihm die restlichen Bürofräuleins aus dem Altreich. Die notdienstverpflichteten Pflegerinnen und Pfleger aus der Anstalt Ybbs kehren zurück nach Niederösterreich. Nur Helene Hintersteiner, die Chefin der Bürofräuleins und angebliche Sekretärin Lonauers, bleibt in Hartheim.

Am 3. Jänner 1945, die Russen stehen schon auf ungarischem Gebiet, kommen die 20 Mauthausener Häftlinge und deren vier SS-Bewacher erneut nach Alkoven. Sie erledigen nun die Feinarbeiten, verputzen die Stellen, wo Anlagen abgebrochen oder aus Wänden gerissen wurden, schuften in der Kälte im Garten, um die Aschen- und Knochengruben unkenntlich zu machen, streichen Wände. Am 23. Jänner sind sie fertig und werden zurückgeschafft in das KZ. Entgegen ihren Befürchtungen, von der SS liquidiert zu werden, überleben fast alle Männer dieses Arbeitskommandos die letzten viereinhalb Monate bis zur Befreiung des Lagers.

Noch während die ausgemergelten Sträflinge im Schloß arbeiten, ziehen bereits die neuen Insassen ein. Oberschulrat Johann Tauschek, Direktor der Gauhilfsschule, erhält von der Gauleitung den Befehl, sich für die Übersiedlung in das neue Heim, das Schloß Hartheim bei Alkoven, bereit zu halten. Am 14. Jänner geht der erste Transport nach Alkoven. Er folgt einer Route, die vier Jahre zuvor die Todesbusse genommen haben: Die Knaben der Gauhilfsschule Gallneukirchen werden nach Hartheim gebracht, ein paar Tage später kommen Mädchen aus Baumgartenberg in das Schloß. Die Verlegung der Gauhilfsschule von ihren bisherigen Heimen nach Hartheim dauert bis zum 21. Februar 1945, weil es ständig Verzögerungen gibt. Es ist ein harter Winter, immer wieder schneit es, Straßen sind verweht. Geplante Fahrten mit den Kindern verzögern sich um Tage, weil die Straßen nach Bombenangriffen nicht passierbar sind, und dann fehlt es oft an Arbeitskräften und an Treibstoff. Während die KZ-Arbeiter noch im Haus sind, beginnt jedenfalls der Unterrichtsbetrieb der Hilfsschule mit 35 Kindern, sechs Schwestern und einer Lehrerin. Bei Kriegsende leben etwa 70 Kinder im Schloß. Nach außen hin sieht Hartheim wieder aus wie ein ganz gewöhnliches Kinderheim.

Für die Kinder dieser Gauhilfsschule muß das Schloß Hartheim eine Hölle gewesen sein. Karl und Evelin D▮▮▮ aus Steyr waren unter jenen Kindern, die mit Direktor Tauschek nach Hartheim

Die Geschwister D▮▮▮, die Hartheim noch unter den Nazis, aber nach dem Abbau der Vernichtungseinrichtungen kennenlernten. Von links: Evelin, Karl und Katharina.

kamen. Die Geschwister waren damals elf und neun Jahre alt. Karl, Jahrgang 1934, Katharina, Jahrgang 1935, und Evelin D████, geboren 1936, zählen zur Kategorie jener NS-Opfer, die ohne eigenes Zutun, ohne Wissen und Bewußtheit um das, was eigentlich vorging, in den kaltherzigen und menschenverachtenden Apparat der NS-Bürokratie gerieten. Im Jahr 1941, die Kinder waren fünf, sechs und sieben Jahre alt, geschah es. Der Vater war im Rußlandfeldzug, die Mutter lebte in einem Zinshaus in Steyr. In einem Stock über ihnen wohnte eine grantige ältere Frau. Daß sie Fürsorgebeamtin war und überzeugte Nationalsozialistin, erfuhren die D████s erst später. Diese Frau beschwerte sich mehrmals bei Mutter D████, daß ihre Kinder zu laut seien: „Die hupfen immer in den Betten, man kann nicht schlafen." Evelin D████ sagt dazu 56 Jahre später: „Wir waren kleine Kinder, und wir waren sehr lebhaft. Und meine Mutter war gegen den Hitler."

Die Hausparteien treffen sich ständig am Gang, beim Wasserhahn. Eines Tages holt Frau D████ einen Kübel Wasser. Die Fürsorgerin vom Obergeschoß kommt dazu. Sie versucht, Frau D████ zu provozieren: „Wissen Sie eh den Hitlergruß? Können Sie nicht grüßen?" So stichelt sie. Frau D████ reagiert nicht. Die Fürsorgerin: „Ich möchte Ihnen nur eines sagen – wenn Sie nicht grüßen können, dann werde ich eine Meldung machen."

Da explodiert die andere, sie bellt die Fürsorgerin an: „Der Hitler kann mich am Arsch lecken, der hat mir meinen Mann genommen, und jetzt stehe ich da mit drei Kindern!"

Evelin D████ 1997: „Die hat gesagt, was man sich denkt. Die haben sie geholt, das war 1941. Die SS holte die Mutter. Ich bin ihr noch nachgerannt wie ein Hunderl. Der Großvater hat bei der SS gebettelt, laßt sie aus, sie hat ja nichts verbrochen, es sind drei kleine Kinder da. Aber es hat nichts geholfen."

Karl, Katharina und Evelin kommen in das Waisenhaus in Steyr, das von Klosterschwestern geführt wird. Man rechnet nicht mehr damit, daß die Mutter zurückkommt, und der Vater hat eine Freundin. Bald nach diesem Vorfall läßt er sich scheiden und heiratet die andere. Die Mutter sitzt im Frauen-KZ Ravensbrück.

Vom Steyrer Waisenhaus kommen die drei Kinder in das Fürsorgeheim Gleink. Bei Nacht und Nebel sind sie übersiedelt, zu

Fuß, Evelin hat in Erinnerung, daß sie ihre Habseligkeiten selbst auf einer Schubkarre transportieren mußte.

In Gleink ist es katastrophal. Die Kinder schlafen in riesigen Sälen. In den Reihen zwischen den Betten stehen große Kübel, in die sie nachts ihre Notdurft verrichten können. Klopapier gibt es keines. Evelin D▬ liegt in der Bettenreihe bei den Fenstern, der Wald draußen macht ihr Angst. Kein Wunder: Um die Kinder zu disziplinieren, erzählen die Erzieherinnen, daß im Wald Geister leben, die kommen würden, wenn sie nicht gehorchen. Eines Nachts kriecht Evelin in das Bett ihrer Schwester Katharina, das weiter weg steht von den Fenstern.

„Darf ich zu dir, bitte laß mich zu dir", jammert sie, „ich fürcht mich so vor den Geistern." Katharina willigt endlich ein, obwohl sie Angst hat vor den Schwestern. Die gehen öfters in der Nacht durch die Säle, wenn sie zwei in einem Bett erwischen, werden die fürchterlich verprügelt. In der nächsten Nacht kommt Evelin wieder zur Schwester, aber die hat diesmal zu viel Angst und läßt sie nicht unter die Decke.

Die verstörte Evelin muß kacken, sie traut sich nicht zum Kübel, sondern hockt sich in eine Ecke des Saales, weit weg von den Fenstern, und macht auf den Boden. Die Schwestern sind wütend am nächsten Morgen. Es ist eine große Schreierei: „Wer war das!" Niemand meldet sich. Die Pflegerinnen lassen die Kinder sich ausziehen, dann müssen sie in einer Reihe antreten und sich vorbeugen. Sie schauen jedem Kind in das Gesäß. So fliegt Evelin auf, weil sie die einzige ist mit einem kotbeschmierten Hintern.

Eine der Erzieherinnen schleppt sie zu dem Kothaufen in der Ecke, drückt sie auf die Knie, preßt ihr Gesicht in den Haufen. Derart beschmutzt muß sie zum Frühstück gehen, im Speisesaal steht sie, statt zu essen, in einer Ecke, die anderen Kinder müssen alle an ihr vorbeigehen und sie anspucken. Evelin muß in der Ecke stehen bleiben, bis Kot und Speichel eingetrocknet sind und von ihrem Gesicht fallen.

Dann werden sie getrennt, Evelin und Katharina kommen nach Baumgartenberg. Nach eineinhalb Jahren wird die Mutter aus Ravensbrück entlassen, aber ihre Kinder bleiben in den Heimen: Man hat ihr das Sorgerecht entzogen. Die Mutter bekommt ein

Kind von einem tschechischen Zwangsarbeiter, der Vater hat auch eine andere Frau. Eines Tages sieht der Vater bei einem Besuch die Striemen und blauen Flecken am Körper seiner älteren Tochter Katharina. Er regt sich lautstark auf, und kurze Zeit später holt er Katharina nach Hause. Warum er Evelin in Baumgartenberg gelassen hat, weiß die bis heute nicht: „Dabei war ich doch auch voller blauer Flecken", sagt sie, noch im Frühjahr 1997 mit weinerlichem Tonfall.

Mutter D▓▓▓ besucht Evelin regelmäßig, in Baumgartenberg, und dann später auch in Hartheim.

Hartheim, wo sie ihren Bruder Karl wieder trifft, ist in der Erinnerung der mittlerweile 61jährigen Evelin D▓▓▓ eine überdimensionale Bedrohung, eine Zeit des Grauens, die sie – damals acht, neun Jahre alt – in ihrer Dimension nicht richtig einschätzen kann. Sie glaubt, daß sie jahrelang im Schloß Hartheim war, dabei kann sie frühestens im Jänner 1945 mit Hofrat Tauscheks Gauhilfsschule dorthin gekommen sein.

Was für eine düstere Ausstrahlung von Blut und Mord von den Gemäuern des Schlosses, vom düsteren Innenhof ausgegangen sein muß, wenige Tage, nachdem das Töten von 30.000 oder mehr Menschen zu Ende gegangen war, zeigen aber Evelins Ängste, die sie heute noch genau so empfindet wie einst. Für das Kind damals, und auch für die Erinnerung der heute Einundsechzigjährigen, bestand während der Zeit in Hartheim, von Jänner bis Mai 1945, ständig die Gefahr, aus den Schlafsälen geholt und umgebracht zu werden.

In ihren Worten: „Jeden Tag war am Abend immer die ‚Stellung'. Da sind Namen abgelesen worden von einer Liste. Morgen darfst du nach Hause, haben sie zu jedem gesagt, der aufgerufen worden ist. Nie bin ich aufgerufen worden. Warum darf ich nicht heim, habe ich mich gefragt. Heute bin ich froh, daß ich nie dabei war, heute weiß ich –" Sie macht eine Pause. Fährt dann fort: „Auch in Gleink haben wir pudelnackert Aufstellung nehmen müssen, und wenn die Unterwäsche dreckig war, haben sie dich gedroschen. Jeden Abend ist ausgerufen worden, die ganze Zeit waren die Appelle. Die haben vortreten müssen, und die Erzieherinnen haben nichts dazu gesagt, nur: Morgen geht wieder ein Transport nach

Hause! Am nächsten Morgen waren die Kinder weg und neue kamen nach."

In Gleink und Baumgartenberg dürfte es tatsächlich, wenn auch nicht jeden Tag, Selektionen unter den Heimkindern gegeben haben, nach denen die Aufgerufenen nach Hartheim oder Niedernhart geschafft und ermordet wurden. Falls Evelin D▬s Erinnerung sie nicht trügt und solche Appelle wirklich auch in der Hartheimer Sonderschule stattfanden, die 1945 zur Tarnung der Euthanasieanstalt entstanden war, so dürften die dabei aufgerufenen Kinder tatsächlich nach Hause entlassen worden sein.

In Hartheim ist die neunjährige Evelin in der Obhut von Klosterschwestern. Es waren auch Frauen in Zivil unter den Betreuerinnen, sagt sie heute, und Männer – der Chef war ein Herr Direktor. Wenn man sie ausdrücklich fragt, glaubt sie sich sogar an Männer in Uniformen zu erinnern, oder waren es Sträflingsanzüge? Möglicherweise war Evelin D▬ Anfang Jänner 1945 schon im Schloß, als die KZ-Häftlinge aus Mauthausen noch mit den Abbrucharbeiten beschäftigt waren. Jedenfalls hat es sehr viele behinderte Kinder gegeben.

D▬: „Ich bin unter denen gelegen und habe selbst schon geglaubt, ich bin behindert. Die waren recht mager, kranke, arme Kinder. Heute verstehe ich es, daß sie arm waren, damals habe ich mich gefürchtet vor ihnen." Die Schwestern schleichen wie in den anderen Heimen auch in Hartheim nachts über die Gänge und durch die Schlafsäle. In den Bäumen draußen, da sind Geister, fürchtet sich Evelin auch hier, und sie traut sich kaum einzuschlafen. Jede Nacht uriniert sie in ihr Bett und bekommt dafür am nächsten Tag Strafen. In der Sonderschule des Schlosses sind mehrere andere Kinder wie sie, nicht nur lauter Behinderte. Aber Evelin fühlt sich behindert, weil sie Bettnäßerin ist. Sie glaubt, das ist der Grund, weshalb sie im Heim ist. Evelin leidet furchtbar unter Heimweh, sie magert ab und redet nichts mehr. Immer setzt sie sich gleich wo in die Ecke vor lauter Heimweh.

In der Nacht sind sie hinausgegangen auf die Felder und haben Rüben gestohlen, erzählt die 61jährige Evelin. Das kann nicht in Hartheim gewesen sein, denn hier war sie nur im Frühjahr 1945 und nicht zur Zeit der Rübenernte. Und ein paar Sätze später erzählt sie dann, daß sie immer eingesperrt waren und nie hinausgekommen sind aus dem Schloß. Nicht so wie heute die behinderten Kinder vom Institut Hartheim, die in Alkoven spazierengehen dürfen.

Ihr Bruder reißt dreimal aus von Hartheim. Beim ersten Mal läuft er heim zum Vater. Die Stiefmutter macht die Tür auf. Ja, der Karli, was tust denn du da, fragt sie freundlich. Karl gesteht weinend, daß er fortgelaufen ist, weil er es nicht mehr aushält, und weil er schon so viel Hunger hat. Sie kriegen dort nichts zu essen, nur Schläge. Die Stiefmutter sagt, daß sie gleich zum Greißler hinübergeht und ihm etwas Essen holt. Sie kommt zurück mit einer Beamtin von der Fürsorge, die Karli umgehend zurückschafft nach Hartheim. Nicht einmal eine Jause bekommt er. Die anderen Male reißt er aus mit dem Brandstätter-Buben, dem Sohn eines Freundes seines Vaters. Zum Vater und der Stiefmutter geht er nicht mehr.

Plötzlich wird an einem der abendlichen Appelle Evelin D█████s Name aufgerufen. Morgen darfst du heim, sagt man ihr. Ah, endlich komm ich heim, seufzt das Mädchen überglücklich. Heute sagt Evelin: „Dabei hätten mich die am nächsten Tag vergast!" Der nächste Tag ist das Kriegsende. Evelin D█████ erzählt es so: „Aber am nächsten Morgen war alles weg." Sie schreit plötzlich den Interviewer an: „Können Sie sich das vorstellen, die haben uns alle alleingelassen, da war nicht einmal eine Aufseherin da. Auf einmal waren die Tore offen und die Amerikaner waren da! Die Schwestern und Erzieherinnen sind gelaufen – es hat geheißen, der Hitler ist tot, der Hitler ist tot. In der Früh war das, sie haben uns zusammengefangt und nach Baumgartenberg geführt."

Die Elendszeit des Heimkindes ist mit dem Kriegsende nicht vorüber. Sie kommt nach Baumgartenberg, bleibt dort bis 1952. Bis zu ihrem sechzehnten Lebensjahr uriniert sie jede Nacht ins Bett. Am folgenden Tag wird sie von zwei Schwestern auf den Dachboden geführt, wo die eine sie festhält, während die andere mit einer Gerte auf ihr Gesäß schlägt. Einmal, als sie schon nicht mehr sitzen kann auf dem wunden Hintern, erbarmt sich eine der beiden Züchtigungsschwestern und läßt die Strafe für diesen einen Tag ausfallen. Das ist Evelin D█████ noch heute als die größte Wohltat in Erinnerung, die sie in ihren Jahren in den Heimen erfahren hat. Die Baumgartenberger Schwestern wollen Evelin behalten, sie soll eine Nonne werden, denn damals war sie sehr religiös, konnte die ganze Messe lateinisch singen. „Ja, dort habe ich sehr viel gelernt", sagt sie heute, „aber ich wollte nicht mehr dort sein." 1952 geht sie zu einem Bauern arbeiten und versucht, Gleink, Baumgartenberg und Hartheim zu vergessen.

Vor wenigen Jahren erst ist Evelin D▮▮▮▮ das erste Mal seit jener Zeit im Schloß Hartheim gewesen. Sie erkannte das Eingangstor gleich, schaffte es aber nur, in den Hof zu gehen. Dann rannte sie weg. Sie brachte es nicht fertig, über die Stiegen hinaufzugehen, oben auf den Arkaden zu stehen, vielleicht die Türen zu finden, hinter denen damals die Schlafsäle waren. Evelin D▮▮▮▮▮: „Ich habe mich so geschreckt, habe nur hinaufgeschaut zu den Arkaden und bin gleich wieder weg."

Wie ist das, wenn sie heute an Hartheim denkt?

Evelin D▮▮▮▮▮ verschränkt die Arme, denkt nach, murmelt: „Da drin möchte ich nicht sein, nein, keine Minute, da kämen die Erinnerungen, da käme die Angst. Ich war einmal dort – nur den Eingang habe ich gesehen, und gesagt, oh Gott, ich habe nur geschaut und war gleich weg. Die Erinnerung hat mich so geschockt, es sind ja grausliche Erinnerungen. Weg, hab ich gesagt, weg. War ja keine Jugend, auf die du dich mit Freuden erinnern kannst." Ihre Stimme wird immer leiser: „Es hat immer geheißen, wir dürfen nichts sagen, wehe, du erzählst was. Du hast immer sagen müssen, es geht mir gut. Du hast auch keine Freunde gehabt, hast niemanden zum Reden gehabt. Ich habe nur geflennt. Da hast ja niemanden zum Anvertrauen, nur den Herrgott."

„Das sind schon Sachen, die man nicht vergißt", sagt sie nach einer langen Pause. Und: „Wissen Sie, es gibt Wunden, die heilen nicht."

Hans Schneider, am 3. November 1944 zu zehn Jahren Zuchthaus und zehn Jahren Ehrverlust verurteilt, sitzt noch eine Woche oder zwei in dem „großen Bau", im Grauen Haus, mitten in Wien. Dann wird er verlegt in die Strafanstalt 2 am Hernalser Gürtel. Den Bruder Ignaz sieht er nicht mehr. Solange sie noch im Grauen Haus waren, haben sie hie und da zusammen im Hof spazieren dürfen, oder sie haben sich unterhalten können, wenn sie gemeinsam ins Bad geführt wurden. Das letzte Mal wechselt Hans ein paar Worte mit Ignaz, kurz bevor er ins Zweier-Landesgericht kommt. Ignaz sitzt schon in der Todeszelle, er arbeitet auf dem Gang heraußen, Hans wird zu seiner Zelle geführt, im Vorbeigehen können sie ein paar Belanglosigkeiten austauschen. Dann hört Hans nichts mehr von Ignaz.

Das Gefängnis wird bis zum April 1945, als die Nazis alle Gefangenen laufen lassen, bei Luftangriffen von drei Volltreffern erwischt. Es gibt keine Verletzten. Die erste Fliegerbombe geht in den Verwaltungstrakt, an der zum Gürtel gelegenen Seite. Die Detonation räumt schräg von oben nach außen einen Teil des Traktes weg. Die Stuben sind leer, die Verwaltungs- und Kanzleibeamten sitzen alle im Keller unten während des Angriffs. Die Häftlinge dürfen nicht in den Schutzraum, es wird lediglich den Insassen der Zellen im ersten und zweiten Stock erlaubt, daß sie ins Parterre laufen. Die Zellen im Erdgeschoß sind bei den Luftangriffen überfüllt. Die zweite Bombe schlägt in ein menschenleeres Stiegenhaus, wieder wird niemand verletzt. Beim dritten Mal kracht die Bombe in den Zellentrakt, von oben nach unten schlägt sie durch Decken und Böden. Aber es sind die Zellen der Köche und Handwerker, die dürfen zu jener Zeit schon in den Schutzkeller.

„Ich sage Ihnen etwas, das war grauslich", erzählt Hans Schneider heute noch. „Die Türen und Fenster hat es aufgerissen durch den Luftdruck, dann ist natürlich Staub geflogen, man hat fast nicht mehr atmen können, das war furchtbar. Dann hat es aber welche gegeben, die sind beim Fenster gestanden während eines Luftangriffs. Man hat ja vorher die Sirenen gehört, bevor der Angriff kam. Die haben sich hingestellt und gesagt: Da fliegen sie jetzt! Ich muß ehrlich sagen – ich habe mich unter dem Bett verkrochen. Auch wenn das auch nichts genutzt hätte. Aber man ist da halt so!"

Anfang Februar 1945 bringt der Briefträger zwei amtliche Schreiben an die Familien Hilgarth und Schneider in Alkoven. Als Absender steht auf beiden Briefen der Oberreichsanwalt beim Volksgerichtshof Wien, datiert sind die Poststücke mit 31. Jänner 1945. Auch ihr Inhalt ist, bis auf den Namen, identisch: „Das Todesurteil des Volksgerichtshofes gegen ihren Sohn Ignaz Schneider – gegen Ihren Ehemann Leopold Hilgarth – ist am 9. Jänner 1945 vollstreckt worden. Die Veröffentlichung einer Todesanzeige ist unzulässig." Hans Schneider erfährt in seiner Zelle nichts davon, daß sein Bruder wirklich hingerichtet worden ist. Nichts über die Details, daß es eine Enthauptung war, daß sie im Grauen Haus stattgefunden hat, daß der Leichnam wahrscheinlich in ein Massengrab gekommen ist.

Mitte März sollen die Gefangenen der Strafanstalt am Hernalser Gürtel weggebracht werden. Die Direktion gibt den Befehl aus: Alles packen. Schneider besitzt eine große Schachtel, in die stopft er seine Habseligkeiten, es ist ohnehin nur ein bißchen Wäsche. Das steckt er dann in einen Kopfpolsterüberzug und bindet zwei Schnüre dran, damit er es wie einen Rucksack auf den Rücken schnallen kann. Das ganze Haus ist bereit zur Verlegung, am nächsten Tag sollen sie weggebracht werden, mit Donauschleppern hinaus nach Bayern. Nach Landsberg am Lech. Eine Widerstandsgruppe in der Wehrmacht bekommt Wind von der Sache, die beschlagnahmt die Schlepper aus irgendeinem vorgetäuschten Grund. Die brauchen wir jetzt, und fertig, heißt es einfach. Die Sträflinge können in Wien bleiben.

Die Geschichten der SS-Männer, die vor kurzem noch die Herren in Hartheim waren, sind mittlerweile in Istrien zu Ende gegangen. Wie erinnerlich, sind sie von den Todeslagern der „Aktion Reinhard" im Spätsommer 1943 an die jugoslawisch-italienische Adriaküste verlegt worden. Schon im Frühjahr 1943 denkt Franz Stangl offensichtlich an die Zeit nach dem sich abzeichnenden Ende des Dritten Reichs. Er beantragt in der Kanzlei des Führers in Berlin bei Hauptamtsleiter Victor Brack die Verlegung seines Standortes, der formal noch immer die Linzer Polizei ist, nach Wien. Anfang Dezember bekommt er in Triest positiven Bescheid: Er ist ab sofort dem Kripo-Hauptquartier Wien zugeteilt. Er habe das getan, um dem Damoklesschwert seiner nazifeindlichen Vergangenheit in Linz zu entkommen, erzählte er ein Vierteljahrhundert später. Wahr dürfte aber sein, daß er so nicht mehr in den Akten als Angehöriger der Gestapo Linz geführt wurde.

Weihnachten 1943 hat Stangl Dienst, sein Linzer und Hartheimer Ex-Kollege Franz Reichleitner ist auf Heimaturlaub. In der ersten Jännerwoche 1944 entbindet Stangls Frau Theresa von ihrer Tochter Isolde, und der Einsatzleiter Stangl bekommt Sonderurlaub.

Der SS-Mann Franz Hödl, auch er ein alter Hartheim-Bekannter, der ehemalige Postchauffeur aus Aschach an der Donau und Fahrer der T4-Transporte nach Hartheim, fährt Stangl von Udine aus ins Hauptquartier nach Triest. Er trifft Wirth und Reichleitner in Wirths Hauptquartier in der Via Martine. Sie besprechen Einzelheiten, wie Reichleitner Stangl während dessen Sonderurlaub vertreten soll.

Am nächsten Morgen will Stangl heim nach Wels fahren, wo seine Frau mittlerweile wohnt. Doch mitten in der Nacht rüttelt ihn ein SS-Mann aus dem Schlaf: Reichleitner ist am Abend während einer Patrouille von Partisanen erschossen worden. Stangls Urlaub wird gestrichen. Er trommelt noch in der Nacht 25 Mann zusammen, mit denen er das Tal durchsucht, in dem der Anschlag geschah. Es ist sinnlos – es regnet in Strömen, die Nacht ist stockdunkel, und die Bevölkerung versteckt und schützt die Partisanen.

Im Februar 1944 übernimmt Stangl Reichleitners Kommando über den „Einsatz R II" in Fiume. Dort gewährt ihm der oberste Kommandeur des Istrien-Einsatzes, Odilo Globocnik, einen Sonderurlaub, damit er Frau und Kind besuchen kann. „Ich habe das beste Auto für Sie", sagt Globocnik – und stellt eine Bedingung: Stangl muß Globocniks Verlobte in Klagenfurt besuchen, eine üppige Blondine, die im Stadtspital als Schwester arbeitet. Stangl übernimmt den Auftrag, er überquert die Alpen bei heftigem Schneefall und liefert bei der Blondine in Klagenfurt einen großen Strauß Rosen ab, die besten Grüße Globocniks – und wahrscheinlich auch eine Ladung Kriegsbeute, Wertsachen aller Art. Stangl hat jedenfalls von Globocnik als Dank für den Verlobtenbesuch einen ganzen Lastwagen voll Sachen bekommen, mit dem er daheim in Wels eintrifft. „Es war wie Weihnachten", erzählte seine Frau Theresa später, „lauter unbezahlbare Dinge wie Decken, Federbetten, Bettwäsche."

Theresa fragt „Paul", wie sie Stangl jetzt schon nennt, was er denn eigentlich in Italien macht. Der weicht aus, erwähnt aber doch, daß es zu seinen Aufgaben auch gehört, „nach Juden Ausschau zu halten." Er beklagt sich gegenüber seiner Frau: „Was glauben die eigentlich, was ich bin? Ein Kopfjäger? Sie sollen mich jetzt in Ruhe lassen!" Diese Tirade, überliefert von Theresa Stangl, dürfte der Wahrheit entsprechen. Denn Franz Suchomel, einst Fotograf der Todgeweihten in der Anstalt Hadamar, der ebenfalls in Fiume eingesetzt war, sagte nach dem Krieg völlig unabhängig von Frau Stangls Äußerungen aus, daß Franz Stangl ihm gegenüber fast gleichlautende Äußerungen von sich gegeben habe.

Nach diesem gut einwöchigen Urlaub im März 1944 sieht Theresa Stangl ihren Mann ein Jahr lang nicht mehr. Er ist in Istrien eingesetzt, bei den Aktionen gegen Juden und Partisanen und den weitgehend unerforschten Vorgängen um das Lager San Saba. Irgendwann in dieser Zeit wird Stangl schwer krank, er liegt einige Wochen im Krankenhaus von Triest. Er hat am ganzen Körper große blaue Flecken, die Ärzte können keine Ursache dafür finden und auch keine wirklich erfolgreiche Behandlungsmethode. Auch erleidet Stangl während dieser Zeit seinen ersten Herzinfarkt, aber den verschweigt er in den Briefen an seine Frau.

An einem Sonntag im Frühjahr 1944 endet das Leben der grausamsten und sadistischsten Figur unter all den grausamen Figuren, die in Hartheim gewütet haben. Christian Wirth aus Baden-Württemberg, letzte Dienstgrade Kriminalrat und SS-Sturmbannführer, stirbt bei einem Partisaneneinsatz am 26. März. Die genauen Umstände sind unklar, es gibt mit einer Ausnahme nur Berichte von Leuten, die aus zweiter Hand davon gehört haben. Manche zweifeln daran, ob Wirth wirklich tot ist, und meinen, er habe das vorgetäuscht und sich mit falschen Papieren abgesetzt. Franz Stangl jedoch hat die Leiche gesehen. „Ich sah ihn tot daliegen", erzählte er. Partisanenkugeln hätten Wirth durchbohrt, heißt es offiziell. Stangl spricht aus, was viele denken und meinen: „Aber wir (Stangl und seine SS-Leute vom Einsatz R II; A.d.V.) glaubten, daß seine eigenen Leute ihn erledigt hatten."

Franz Stangls letzter Einsatz heißt „Aktion Pöll". Dabei sind 500.000 Arbeiter beschäftigt, um gewaltige Befestigungsanlagen im Po-Tal zu bauen. Hauptsturmführer Stangl ist der Versorgungsoffizier. SS-General Globocnik stattet ihn mit einem Papier aus, das es ihm erlaubt, in Zivil oder in Uniform, je nach Belieben, seinen Dienst auszuüben. Geld spielt dabei keine Rolle, Globocnik gibt Stangl, was immer der braucht. Stangl später: „Ich hatte einen Mann bei mir, der nichts zu tun hatte, als Geldkisten zu schleppen." Bei diesem Einsatz baut Stangl aller Wahrscheinlichkeit nach die Verbindungen für seine Flucht nach dem Krieg auf. Er ist ermächtigt, alles Benötigte zu beschaffen, wenn es sein muß, auch auf dem Schwarzmarkt. Er unterstützt bei diesen seinen Geschäften in Udine, Venedig und Treviso dubiose Italiener, handelt sogar mit den Partisanen, was ihm ein – ergebnisloses – Disziplinarverfahren einbringt. Er und Gustav Wagner, ebenfalls ein alter Bekannter aus Hartheim, erkaufen sich mit dem Geld, das wahrscheinlich von istrischen Juden stammt, die Verbindungen zu italienischen Freunden und Schleppern, deren Dienste ihnen nach dem Krieg sehr von Vorteil sein werden.

Als das Kriegsende näher rückt, bricht Stangls Krankheit, die blauen Flecken auf der Haut, wieder stark aus. In Fiume oder Triest, das ist nicht genau überliefert, liegt er im Feldlazarett. Es ist ein Streß-Symptom, sagen die Ärzte, häufig aufgetreten ist es bei Soldaten des Afrika-Korps. Im April 1945 ist er wieder halbwegs auf den Beinen, er bekommt den Befehl, sich in Berlin zu melden. In diesem Monat werden auch in Istrien die Spuren der T4-Truppe verwischt: Die Verbrennungsanlage im Lager San Saba wird gesprengt. Stangl schlägt sich nach Berlin durch, im Reichssicherheitshauptamt findet er aber niemanden mehr, bei dem er sich melden könnte. Irgendein hoher SS-Mann, der dem heillosen Durcheinander in Richtung Süden entflieht, nimmt Stangl im Wagen mit bis Hof in Bayern, von dort geht der zu Fuß nach Österreich.

Die Wohnung der Stangls in Wels ist seit längerem ausgebombt, ein Großteil der Wertsachen ist Plünderern zum Opfer gefallen. Stangls Frau Theresa lebt mit den Kindern Gitta, Renate und Isolde bei einem befreundeten Schuldirektor in Lembach im Mühlviertel. Franz Stangl findet die Familie, bricht aber gleich wieder auf. Er unternimmt, mitten in den Wirren des zu Ende gehenden Krieges, mysteriöse Fahrten nach Linz und Wien, angeblich, um sich Papiere zu besorgen, die ihn als Angehörigen der Wiener Polizei und nicht als Akteur von T4 ausweisen sollen. Dann kehrt er kurz zu Theresa nach Lembach zurück, die hat ihm schon Zivilkleidung, vom Schuldirektor geborgt, bereitgestellt, aber Stangl weigert sich, die Uniform abzulegen: „Gauleiter Eigruber, der noch in Linz sitzt, würde Wind davon bekommen, sie würden mich auch jetzt noch als Deserteur hängen."

Franz Stangl verschwindet aus Lembach. Theresa weiß nicht, wo er ist und was mit ihm geschehen ist. Der Krieg geht zu Ende. In diesen Tagen, überall wird noch geschossen, kommt jemand zu ihr und sagt ihr, unten im Tal liege ein SS-Offizier verscharrt, den die Amerikaner erschossen hätten. Sie läuft in die Nacht hinaus, in den Wald, wo der SSler liegen soll, sie findet den beschriebenen Platz, gräbt mit den Händen an verschiedenen Stellen den Waldboden um. Im Dunkeln findet sie tatsächlich die Leiche. Sie kann nichts sehen, aber am Gesicht und an den Haaren ertastet sie: Es ist nicht Stangl.

Dann macht sich Theresa Stangl auf die Suche nach ihrem Mann, zu Fuß marschiert sie von Gefangenenlager zu Gefangenenlager in Oberösterreich. In Bad Ischl sagen ihr die – österreichischen – Leute vom US Counter Intelligence Corps (der US-Geheimdienst CIC): „Franz Stangl? Oh ja, der ist hier. Warten Sie, wir holen ihn für Sie." Kurz können sie miteinander sprechen. Stangl sitzt in Ischl in einer winzigen Gitterzelle, „wie ein Käfig", erzählt er seiner Frau.

Er war von Lembach weg zu seiner Mutter nach Ebensee gegangen, dann an den Attersee, wo er sich bei einem früheren Polizeikollegen versteckte. Dieser Mann, so mutmaßte Theresa, hatte Franz Stangl an die Amerikaner verraten, und so war er in das Lager nach Bad Ischl gekommen.

Noch im Sommer 1945 schaffen die Amerikaner Stangl in das SS-Lager Glasenbach bei Salzburg. Mit 2000 anderen Männern lebt er in Baracke 16, fast ein Jahr lang schläft er auf dem Boden. Im Mai 1946 bekommen sie die Erlaubnis, Pritschen zu zimmern, im folgenden Frühjahr dürfen sie sich einen Ofen bauen. Theresa Stangl, sie lebt jetzt wieder in Wels, fährt ab Anfang 1947, als wieder regelmäßig Züge verkehren, fast wöchentlich nach Glasenbach. Sehen darf sie Franz Stangl nie, aber sie darf Lebensmittelpakete für ihn abliefern.

Allem Anschein nach hatten die Amerikaner Franz Stangl in Glasenbach nur wegen seiner SS-Zugehörigkeit interniert. Daß sie hier den Kommandanten von Treblinka vor sich hatten und einen hochrangigen T4-Akteur, wußten sie nicht – oder wollten nichts davon wissen. Die Routine-Verhöre in Glasenbach drehten sich ausschließlich um seine Einsätze bei der Partisanenbekämpfung in Italien und Jugoslawien. Es gibt allerdings eine glaubhafte Aussage Theresa Stangls, daß bereits 1945 zwei Männer des CIC ihre Welser Wohnung nach Belastungsmaterial durchsuchten und dabei sagten, sie wüßten von Stangls Zeit in Sobibor und Treblinka.

Was auch immer der Grund dafür ist – die Amerikaner behelligen Stangl jedenfalls in keiner Weise wegen seiner Treblinka-Vergangenheit. In die Mühlen der Justiz gerät er wegen seiner Hartheim-Vergangenheit. Die Kriminalpolizei in Linz und etliche andere Justiz- und Polizeibehörden in Österreich untersuchen etwa ab 1946 die Verstrickung der einstigen Ostmark im Euthanasie-Programm. Dabei fallen ihnen die Namen einiger früherer Hartheim-Täter in die Hände, unter anderem auch der Stangls. Das Linzer Volksgericht schickt eine Namensliste als Rundschreiben an die Alliierten, und dabei kommt heraus, daß Stangl in Glasenbach sitzt. Im Spätsommer 1947 erfolgt seine Auslieferung aus dem Militärgewahrsam, Stangl sitzt nun im Linzer Gerichtsgefangenenhaus ein. Er wartet auf einen Prozeß, seine Mitangeklagten sind die Niedernharter Pfleger Karl Harrer und Leopold Lang und der Hartheimer Busfahrer Franz Mayrhuber.

In den letzten Märztagen des Jahres 1945 beginnen die Entlassungen von Häftlingen der Strafanstalt am Hernalser Gürtel. Als erstes kommen die „wirklichen Kriminellen" raus, wie sie Hans Schneider nennt. Dann, am 6. April 1945, werden auch die politischen Gefangenen freigelassen. Schneider erzählt es heute noch mit Bitterkeit: „Die Kriminellen hat man eine Woche vor uns entlassen. Und wissen Sie, was die Folge war: Diese haben sich draußen in der Freiheit als politische Häftlinge ausgegeben, haben verschiedenes wieder verbrochen, sind teilweise bevorzugt worden bei der Verteilung von Lebensmitteln und was weiß ich, haben das eben ausgenützt. Und dadurch sind die wirklichen politischen Häftlinge in Verruf geraten. So ist das gewesen. Man hat dann nachher auch als wirklich politischer Häftling nicht viel Anklang gefunden bei der Bevölkerung. Aber das war nur der Fehler, also die Tatsache, daß die eine Woche früher entlassen wurden."

Es schmerzt ihn offensichtlich nach mehr als einem halben Jahrhundert noch, daß er sich selbst und anderen plausibel machen muß, warum er als ausgewiesener Gegner des Naziregimes auch nach dem Ende des Dritten Reichs noch immer „nicht viel Anklang" fand und findet.

Am Tag vor der Entlassung kommt der Leiter der Haftanstalt mit seinem Stab, geht von Zelle zu Zelle und verkündet mit Tränen in den Augen: Ihr werdet morgen frei! Schneider schließt sich an ein paar Wiener an, mit denen er sich während der Haft befreundet hat. Der eine hat in der Kanzlei gearbeitet, ein ehemaliger Straßenbahner, der Herr Holec, und ein gewisser Marischka. Diese zwei nehmen ihn mit heim. Marischka wohnt im 20. Bezirk, am 6. April gehen sie vom Hernalser Gürtel bis in den 20. Bezirk. Die Wiener sind „gut organisiert", die haben schon im Gefängnis Verbindung gehabt nach draußen, die haben alles mögliche organisiert, Brot, Erdäpfel und Zigaretten. Freunde haben draußen ein Hundertliter-Faß Wein organisiert, das kommt in den Keller. Die eine Woche, bis die Russen kommen, vergeht mit Kartenspielen und Weintrinken in Marischkas Keller. Hans Schneider traut sich hinaus auf die Straße, immer in Gefahr, als Zivilist von einer Militärstreife oder der SS geschnappt und in den Volkssturm eingereiht zu werden. Er marschiert zum Grauen Haus, erkundigt sich nach seinem Bruder, und er bekommt tatsächlich Auskunft: Ignaz Schneider ist schon seit fast vier Monaten tot. Hingerichtet am 9. Jänner 1945.

Am 13. April sind die Russen da. Sie beschlagnahmen den Keller als Befehlsstand, und sie beschlagnahmen auch das Weinfaß.

Die Reise heim nach Hartheim ist eine abenteuerliche Fahrt. Schneider zieht in den 16. Bezirk raus zum Herrn Holec. Der hat einen Freund, einen Straßenbahner, dessen Tochter in Oberösterreich lebt, in St. Marienkirchen an der Polsenz. Ausgebombt. Der Straßenbahner hat wochenlang nichts gehört von seiner Tochter, er beschließt, sie zu suchen. Bekannte aus Linz, die eines Tages in Wien auftauchen, erzählen, daß man schon reisen kann. Schneider und der Straßenbahner fahren los – mit einem Tandem. Bis Prinzersdorf, westlich von St. Pölten, passieren sie ohne Probleme sechs russische Patrouillen. In Prinzersdorf hält sie mitten auf der Straße ein besoffener Russe auf und nimmt ihnen das Tandem ab.

Zu Fuß geht Schneider nach St. Pölten, dann zurück nach Prinzersdorf, dort schnappt ihn ein Russe und läßt ihn mit anderen Zivilisten am Bahndamm arbeiten. Als ein Zug aus Richtung Wien kommt und außerhalb des Prinzersdorfer Bahnhofs ein paarmal bei Verschubarbeiten hin und her schiebt, wartet Schneider einen Moment ab, in dem der Russe mit seinem Gewehr auf der anderen Seite des Bahndammes steht, dann packt er seinen Rucksack und springt auf den Zug. Den anderen, den Tandembesitzer aus Wien, trifft er in diesem Zug. Sie fahren bis Pöchlarn, entwischen einer russischen Patrouille, die Arbeiter aus dem Zug sucht, und gehen zu Fuß bis Aspach. Zu Fuß und teilweise wieder auf Zügen kommen sie bis an die Enns, geben sich als Franzosen aus und ziehen mit einem Treck von französischen Flüchtlingen von den Russen zu den Amerikanern, hinüber nach Oberösterreich.

Aus dem Auffanglager hauen sie ab, essen das erste Mal nach Tagen wieder etwas Warmes bei einer Bekannten in Enns. Von Enns geht es zu Fuß nach Ebelsberg, die beiden Männer schwindeln sich durch einen Posten auf der Ebelsberger Brücke, den ungarische Soldaten bewachen.

Hans Schneider beginnt fast zu rennen, in Leonding treffen sie auf die Trasse der Lokalbahn, er geht jetzt auf den Schwellen, der andere kann sein Tempo nicht halten, geh einfach weiter, ruft ihm Schneider zu, bis du in Alkoven bist, dort warte ich auf dich. Am Abend kommt er heim. Es ist Pfingstmontag 1945, fünf oder sechs Uhr abends. Nach der Begrüßung geht Maria Schneider hinüber zum Bahnhof und wartet, bis der erschöpfte Freund aus Wien auftaucht.

Einer der Chefs von Hartheim erlebt das Ende des Krieges völlig unbeschadet. Georg Renno zieht im Dezember 1944 in das T4-Haus in Weißenbach am Attersee. Nach ein paar Wochen mietet er ein Privatquartier. Seine Frau hat schon im Herbst ihre Stellung als Betriebsärztin bei der Firma Semperit in Baden gekündigt, sie ist mit den drei Töchtern nach Hartheim übersiedelt. Frau und

Kinder logieren im Wirtschaftstrakt des Schlosses, ehe sie mit Renno an den Attersee gehen.

Rennos Lunge macht ihm wieder zu schaffen. Am 10. Februar 1945, dem Geburtstag seiner Mutter, fährt er noch einmal zu einer Kur nach Davos. Frau und Kinder bleiben im Salzkammergut. Am 15. April kehrt Renno zurück an den Attersee. In Weißenbach lebt der Euthanasie-Arzt völlig unbehelligt mit seiner Familie bis in den Juli 1945. Er scheint nicht unbedingt darauf geachtet zu haben, seine Identität zu verbergen: In dem Prozeß, der 20 Jahre später gegen ihn geführt wurde, trat ein Berliner namens Helmut Kurth als Zeuge auf, der Renno im Juni oder Juli 1945, also nach Kriegsende, am Attersee kennengelernt hatte. Dieser Kurth behauptete, Renno habe ihm damals von Hartheim erzählt, von den KZ-Transporten und auch, daß er, Renno, Leiter dieser Anstalt gewesen sei. Renno bestritt dies: Wie hätte er so etwas behaupten können, wo er doch niemals der Leiter war; medizinischer Chef sei Lonauer gewesen, und in dessen Abwesenheit habe Hans Joachim Becker von der Zentraldienststelle das Kommando geführt.

Im Sommer 1945 kehrt Renno mit Familie in seine Heimat zurück, er wird seßhaft in der Gegend von Frankfurt, am Leininger Ring in Bockenheim. Er fälscht den Namen in seinem Führerschein von Renno auf Reinig und lebt ohne Probleme 15 Jahre mit dieser falschen Identität. Er verdient sich seinen Lebensunterhalt vorerst damit, daß er die Praxen von Ärztekollegen als Stellvertreter führt, wenn diese in Urlaub gehen oder krank sind. Als erstes führt er in den Jahren 1946 und 1947 die Praxis eines Dr. Walter in Großbockenheim. Die deutsche Ärztekammer hat offensichtlich von „Dr. Reinig" niemals eine Approbationsurkunde sehen wollen. „Dr. Reinig" braucht dieses Dokument auch nicht, als er als „wissenschaftlicher Mitarbeiter" für den Pharmakonzern Schering arbeitet. Renno bereist Kliniken im Raum Homburg/Saar, Mainz, Ludwigshafen und Mannheim, dann wird er Geschäftsführer des Forschungsbereichs. Die Leute von Schering reagieren mit keinerlei erkennbaren Sanktionen, ja, nicht einmal mit Fragen, als ihr Mitarbeiter im Jahr 1955 plötzlich den Namen Renno verwendet und nun seine Approbationsurkunde vorlegt, die auf diesen Namen lautet.

Ebenfalls im Jahr 1955 läßt sich Renno scheiden. Seine zwei älteren Töchter heiraten, die jüngste beginnt ein Medizinstudium. Renno überlegt im Jahr 1958, sich wieder zu verheiraten. Seine Auserwählte ist die 49jährige Kriegerwitwe Helene Michel, Tochter der Besitzerin des Hauses am Leininger Ring, in dem er lebt. Doch 1960 wird er schließlich doch noch „mit einem Strafverfahren überzogen", wie er selbst es nennt, und er stellt deshalb die Heiratspläne zurück. Nach Beginn der Ermittlungen verschlechtert sich Rennos Gesundheitszustand – wie bei vielen NS-Ärzten, die von Gerichten zur Verantwortung gezogen werden sollten. Augentuberkulose, nach wie vor Probleme mit der Lunge und Herzrhythmusstörungen, und cerebrale Störungen, das sind die Beschwerden des einstigen stellvertretenden Hartheimer Chefarztes.

Der Chef, Primar Rudolf Lonauer, weiß wohl schon früh, daß die Naziherrschaft zu Ende geht. Noch vor dem Abbruch der Vernichtungsanlagen in Hartheim, also schon im November 1944, während noch KZ-Häftlinge vergast werden, beginnt er mit der Vernichtung allen belastenden Materials. Ursula Zimmermann, eine der Bürokräfte der Zentraldienststelle, wird tagelang von ihren Arbeiten abgestellt, um ihm dabei zu helfen. Gleichzeitig bestellt Lonauer aber nach wie vor bei der T4-Zentrale in Berlin Medikamente, die er zum Töten braucht. Am 3. Jänner 1945, das Schloß ist schon umfunktioniert zu einem Kinderheim, schickt der T4-Chefchemiker Widmann 10 Gramm Morphium hydrochloricum, 300 Ampullen Evipan-Natrium und 200 Ampullen Luminal nach Hartheim. Lonauer setzt nur noch einen kleinen Teil des Giftes ein, Ende April tötet er damit rund ein Dutzend Menschen in Niedernhart und in der Außenstelle Gschwendt.

Am 9. März 1945 unternimmt Lonauer schon intensive Anstrengungen, sich abzusetzen. Er schreibt an den Tiroler Gauamtsleiter Hans Czermak, der seinerzeit so bestrebt war, in seinem Gau selbst die Euthanasie einführen zu können. Lonauer sucht sichtlich ein Versteck: „Da die Situation hier möglicherweise recht bald ungemütlich werden kann, so denke ich daran, meine Familie hauptsächlich wegen der Kinder in eine ruhigere Gegend zu verlegen. Da ich Ihnen seinerzeit geholfen habe, die Anstalten des Gaues

Tirol zu entleeren, so hoffe ich, daß Sie wenigstens in einer dieser Anstalten nunmehr so viel Platz finden, daß notfalls meine Frau mit den zwei Kindern dort unterkommen könnte."

Czermak antwortet erst am 17. April: „Lieber Kamerad Dr. Lonauer! Ihr Schreiben vom 9. März habe ich nach 4wöchentlicher Reise erhalten und bin selbstverständlich bemüht, Ihrem Wunsch zu entsprechen, doch ist dies ganz außerordentlich schwierig. Nun möchte ich Ihnen einen etwas abenteuerlichen Vorschlag machen, dessen Durchführung unserem beiderseitigen Interesse dienen könnte: Treten Sie inkognito als Oberarzt in unsere Heilanstalt Solbad Hall ein und organisieren Sie dort die Reduzierung des Krankenstandes, denn die Anstalt ist zum Bersten voll. Bei dieser Gelegenheit könnten Sie Ihre Familie ganz bestimmt in geeigneter Weise unterbringen. Ich werde versuchen, Sie in Anbetracht der unsicheren Postverhältnisse in diesem Sinne fernmündlich zu erreichen und bin bis auf eine Nachricht von Ihnen mit kameradschaftlichen Grüßen und Heil Hitler! Ihr Dr. H. Czermak."

Ob Lonauer und Czermak noch telefoniert haben, ist nicht bekannt. Der „abenteuerliche Vorschlag" wird jedenfalls nicht in die Tat umgesetzt. Lonauer bleibt bis in die letzten Aprilwochen in Niedernhart. Sein Haus in der Waldeggstraße ist nach einem Bombentreffer zerstört. Der letzte Sterbeschein der Heilanstalt Niedernhart, der von seiner Hand signiert ist, datiert vom 25. April 1945. Danach zieht Lonauer mit seiner Frau Maria und den Töchtern Rosemarie, sechs Jahre und vier Monate alt, und Petra, zwei Jahre und eineinhalb Monate alt, nach Gschwendt.

In der Gschwendter Anstalt tötet Lonauer wahrscheinlich noch vier Insassen durch Injektionen. Er selbst und seine Familie wohnen im Ortsteil Lining, Hausnummer 5, im Haus der Hermine Zehetner, Wirtschafterin der Zweiganstalt Gschwendt. Jene 50jährige ist das, mit der der Primar ein Verhältnis gehabt haben soll. Die Wohnverhältnisse in dem kleinen Häuschen sind beschränkt.

Am 4. Mai 1945 richtet Lonauer an Hermine Zehetner eine ungewöhnliche Bitte: Sie möge seine schweren Schuhe in Ordnung bringen. Was er vorhabe, fragt die Wirtschafterin.

Lonauer: „Ich will nun gegen die Russen gehen, damit ich sterben kann!"

Kämpfend untergehen – das hat der Mörder von Hartheim dann doch nicht in die Tat umgesetzt. In der Nacht zum 5. Mai gibt Rudolf Lonauer seiner Frau Maria, dann Rosemarie und schließlich Petra Gift. Anschließend nimmt er selbst eine tödliche Dosis ein. Hermine Zehetner findet am Morgen des 5. Mai 1945 die vier Leichen in ihrem Haus. Womit Lonauer sich und die Seinen getötet hat, ist nicht bekannt, in den Wirren der letzten Kriegstage sind keine Aufzeichnungen erhalten geblieben. Wahrscheinlich war es eines der Medikamente, die ihm einen Monat zuvor Albert Widmann aus Berlin geschickt hat. Eines der Mittel, mit denen Lonauer in Niedernhart an die 1000 Menschen zu Tode befördert hat. Noch am 5. Mai werden die Leichen Lonauers und seiner Angehörigen in aller Stille auf dem Friedhof von Neuhofen an der Krems beerdigt. Seine Habe, soweit sie in Zehetners Haus in Lining 5 verbleibt, beschlagnahmt bald nach dem Krieg die Gendarmerie Neuhofen.

Hans Schneiders Vater, Hans senior, wird unmittelbar nach dem Krieg von den Amerikanern als Alkovener Bürgermeister eingesetzt. Weil er drei Monate in Haft war nach der Flugzettelaktion seiner Söhne. Er verschafft seinem Sohn Hans einen Posten in der Kartenstelle, er ist zuständig für die Verteilung der Lebensmittel- und Bekleidungskarten.

Im Juni 1945 zieht eine Kommission der Amerikaner im Schloß ein, die erstmals die Euthanasie-Greuel untersucht. Viel finden sie nicht. Die Hinweise auf Gaskammern und Krematorien, die aus der Bevölkerung kamen, lassen sich durch bloßen Augenschein nicht bestätigen. Auch Johann Tauschek, der Leiter der Gauhilfsschule im Schloß, kann den Amerikanern nicht helfen. Daß sein Haus bis vor kurzem eine Vernichtungsstätte war, davon habe er nichts gewußt, sagte er. Die Indizien sind allerdings eindeutig. Im Keller von Schloß Hartheim findet die Kommission eine Reihe von Drei-Liter-Gläsern, gefüllt mit Spiritus, in denen menschliche Organe eingelegt sind. In einem Stahlfach taucht eine Statistik aus dem Jahr 1942 auf, sie beziffert das Ausmaß des Mordens in einer Dimension, die die Amerikaner zuerst gar nicht glauben wollen. Alle Dokumente, die Karteiblätter der 20.000 Euthanasieopfer etwa, sind verschwunden, vernichtet von Primar Lonauer. Und auch die

Bilder der 20.000 Toten sind weg, angeblich hat sie Helene Hintersteiner verbrannt – die im Juni 1945 immer noch im Schloß wohnt. Die Amerikaner haben angeblich ihre wenigen Funde im Schloß auch filmisch dokumentiert. Die Ergebnisse jener Untersuchungskommission sind allerdings nicht zugänglich, mit Ausnahme der erwähnten Statistik.

Ende Juni zieht die US-Untersuchungskommission ab, und in das Schloß rücken 110 amerikanische Soldaten ein. Einen Monat lang ist Hartheim ihr Quartier. Die Abende verbringen die Amis gerne im Ort Alkoven, im Gasthaus Trauner. Der Saal im ersten Stock, wo einst Christian Wirth aufgepflanzt stand und jeden Alkovener mit dem Tod bedrohte, der weiter über das angebliche Umbringen von Idioten tratsche, ist jetzt ein GI-Club, ein Bierlokal mit Livemusik.

Hans Schneider junior, der Ministrant im Schloß, der Fotograf des rauchenden Kamins, der Landser und Widerstandskämpfer, ist auch Musiker, und er spielt jetzt mit einer kleinen Tanzkapelle dreimal in der Woche für die amerikanischen Soldaten auf. „Keine amerikanischen Sachen natürlich, sondern das, was wir gekonnt haben, unsere Lieder halt", erzählt er. Den Amerikanern gefällt es, viele haben Freundinnen, Mädchen aus dem Ort, es wird getanzt im Trauner-Saal. Es ist eine seltsame Vorstellung: Hans Schneider spielt mit der Ziehharmonika auf in jenem Saal, in dem einst Wirth brüllte, schaut hinunter, er steht jetzt vorne auf einem Podium an der Stirnwand, wo einst der wilde Wirth stand, unten die Amerikaner, die eine oder andere Hartheimerin oder Alkovenerin oder Schöneringerin tanzt mit einem großen feschen GI, so wie sie früher mit den großen SS-Männern getanzt haben, die Musik hallt durch den niedrigen Saal, die Wirtsleute und die Kellnerinnen hasten mit den Bierkrügen, aus denen ein paar Monate zuvor noch die SSler getrunken haben. Gesoffen haben die SSler mehr, das muß man sagen, aber die haben ja das Bier gebraucht, um das Schloß vergessen zu können, während die GIs sich vollaufen lassen, um ein wenig Abwechslung im öden Dienst so fern der Heimat zu haben.

Auch der Vater, Hans Schneider senior, hat mit den Amerikanern im Schloß zu tun. Es trifft erneut eine Kommission ein, die läßt alle Männer von Hartheim und anschließend von jedem Ort der Gemeinde zusammenrufen. Vater Schneider muß das als Bürgermeister organisieren. Die Amerikaner untersuchen alle „auf Herz und Nieren", alle Papiere, die irgendwie greifbar sind, wollen sie sehen. Bürgermeister Schneider muß bei jedem einzelnen sagen: Der war ein Nazi, und der nicht.

„Das ist natürlich auch sehr ungut gewesen für ihn. Er hat das ja wahrheitsgetreu sagen müssen, denn wenn sie ihm auf eine Unwahrheit draufgekommen wären, dann hätten sie ihn ja selber zur Verantwortung gezogen", erzählt sein Sohn heute. Hans junior hat damals selbst angeben müssen, wo er als Soldat war, welche Division, welche Einsatzgebiete, und ob er bei der Partei war. Ganz genau fragen die Amerikaner nach wegen der Flugblattaktion und dem Urteil, notieren die Aktenzahl des Volksgerichtsverfahrens, lange starrt der US-Offizier den zerknitterten Entlassungsschein des Landesgerichtlichen Gefangenenhauses 2 zu Wien an.

Am 30. Juli 1945 ziehen die GIs wieder ab aus Schloß Hartheim. In den folgenden Monaten werden immer mehr Details aus der Kriegszeit bekannt, gelegentlich schreiben Zeitungen über die Euthanasie-Verbrechen.

Daß dieses Haus als Sonderschulstätte für behinderte Kinder dient, ist ein Zustand, der immer weniger tragbar wird. Die Linzer Caritas bietet der einstigen Gauhilfsschule das Waisenheim Hart in Leonding als neue Bleibe an. Kurz vor Weihnachten, am 18. Dezember 1945, übersiedelt schließlich Oberschulrat Johann Tauschek mit seinen Kindern nach Hart.

Das Personal von Hartheim ist seit Weihnachten 1945 über alle Berge. Nach den Amerikanern beginnen sich die österreichischen Behörden, sowie sie als solche installiert sind, für die Vernichtungsanstalt Hartheim zu interessieren. Die Namen der Österreicher unter dem einstigen Personal von Hartheim, Niedernhart und Gschwendt werden nach und nach aktenkundig. Als eine der ersten wird Hermine Zehetner vom Landesgericht Linz einvernommen, schon am 25. Juli 1945. Die Kraftfahrer Hödl und Mayrhofer werden ausgeforscht, der Pfleger und zeitweilige Brenner Merta, die Niedernharter Todespfleger Harrer und Lang, auch die Schwestern und Pfleger, die aus Ybbs dienstverpflichtet wurden und nun wieder in ihren niederösterreichischen Heimatorten leben. Vinzenz Nohel, der Brenner aus Freindorf, Gemeinde Ansfelden, sagt am 4. September 1945 vor der Linzer Kriminalpolizei aus. Seine Aussage, in einer seltsamen Mischung aus Selbstmitleid und erschütternd sachlicher Darstellung protokolliert, ist eine der erschreckendsten Schilderungen des Mordalltags von Hartheim. Detailliert und offensichtlich ohne jeden Gedanken, er könne sich selbst belasten, schildert Nohel den Kriminalbeamten Haas und Breitschopf die gräßlichen Einzelheiten seiner Arbeit der letzten vier Jahre. Nohels Angaben sind so genau, daß sie wieder und wieder, auch noch ein Vierteljahrhundert später, als Zeugenaussage in Verfahren gegen diverse T4-Täter verlesen werden.

Vinzenz Nohel schließt seine Aussage mit diesen Worten: „Nun habe ich wohl alles gesagt, was ich wußte. Ich leide heute noch an schweren Träumen. Bei solchen Anlässen erscheinen mir die vielen Toten im Geiste, und glaube ich manches Mal, ich werde närrisch."

Die Linzer Behörden übergeben Nohel den Amerikanern. Die machen ihm in Dachau den Prozeß. Nohel wird die strengste Strafe von allen ausfassen, die jemals in der Euthanasie-Anstalt Hartheim Dienst geleistet haben. Sein Bruder Gustav, der Berliner Reichstagsabgeordnete und Linzer Ratsherr, der SA-Brigadeführer, der Vinzenz den Posten bei der Aktion T4 besorgt hat, bleibt ungeschoren. Er taucht nach Kriegsende kurze Zeit unter und geht dann als einfacher Arbeiter in die Voest, wie die Hermann-Göring-Werke jetzt heißen. Am 20. Juni 1962 stirbt er in Gmunden, begraben wird er einige Tage später in Linz.

Als letzter Zeuge der schrecklichen Vergangenheit in Hartheim steht jahrelang ein Gekrat-Bus in einem Holzschuppen, links neben der Einfahrt von der Dorfstraße in das Schloßgelände. Es ist einer von den Bussen mit den grau gestrichenen Seitenscheiben. Niemand kümmert sich um das Fahrzeug, langsam verrostet der Bus. Eines Tages brennt er aus, auch das massive hölzerne Tor, über dem einst die Schrift „Erholungsheim" stand, fällt den Flammen zum Opfer. Jahrzehnte später taucht doch noch eine Spur auf. Im Jahr 1968 sind wieder Maurer im Schloß Hartheim im Einsatz.

Sie arbeiten in den Räumen im nordöstlichen Teil des Erdgeschoßes, wo früher der Aufnahmeraum, das Ärztezimmer, die Fotozelle, der Gasraum und die Gaskammer waren. Sie versuchen, die Räume wieder nach jenem Grundriß zu gestalten, wie er 1940 war. Aus diesen paar Räumen wird eine Gedenkstätte, für die große Gedenkfeier, die ein Jahr später stattfinden soll. Die Maurer brechen Ziegel und schlecht gemischten Mörtel aus der Wand zwischen Ärzteraum und Gaskammer. Zwischen den Ziegelbrocken finden sie eine mit Lumpen zugestopfte Flasche. In der Flasche liegt ein vergilbter Zettel, zwölfeinhalb mal acht Zentimeter groß. Auf dem Zettel steht in Handschrift, mit großen Buchstaben gemalt, die aussehen, als habe sich der Schreiber um möglichst deutliche Lesbarkeit bemüht: „Esta Puerto fa Hierro el Espanol Miguel Juste Prisionero en Mauthausen 18-12-44."

Diese Tür hat Miguel Juste zugemauert, Gefangener in Mauthausen, am 18. Dezember 1944.

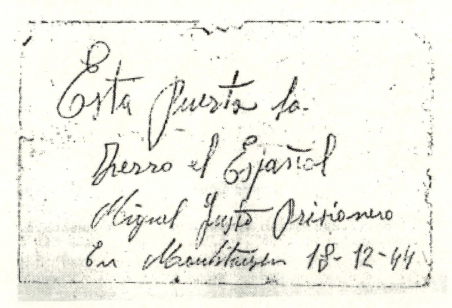

Miguel Juste, spanischer KZ-Häftling in Mauthausen, mauerte beim Abbruch der Hartheimer Vernichtungsanlagen im Dezember 1944 diesen Zettel in einer Flasche zwischen Gaskammer und Ärzteraum ein. 24 Jahre später wurde er gefunden.

XIV. Die Hartheimer Statistik

Charles H. Damerow murmelt lapidar und leise: Two millions one hundred and twentyfour thousand fivehundred sixtyeight eggs. Er liest die Zahl vom Ende einer halbseitenlangen Tabelle, die nicht in seiner Muttersprache abgefaßt ist, sondern in Deutsch. Unter einer Liste, die 17 verschiedene Kategorien von Lebensmitteln und dazugehörende Kilogramm-Angaben aufzählt, steht in der letzten Zeile: Eier 2 124 568 Stück. Als Damerow vor Stunden begonnen hat, in diese Unterlagen Einsicht zu nehmen, ist die Routine, mit der er seit Tagen Tatbestände aufnimmt, sofort gesteigerter Aufmerksamkeit gewichen. Dieser folgt ungläubiges Nichtbegreifenkönnen, dann Nichtbegreifenwollen. Bis nur noch starres Entsetzen bleibt, und Neugier und berufsbedingtes Interesse, die ihn zwingen, das Dokument bis zum Ende durchzusehen.

Am 27. Juni 1945 bricht Charles H. Damerow eine Stahlkassette auf. Damerow, Major der amerikanischen Militärpolizei, gehört der Kommission der US-Streitkräfte an, die einen guten Monat lang im Schloß Hartheim amtiert. Die unscheinbare graue Metallbox leistet nicht lange Widerstand, mit einem massiven Schraubenzieher und etwas Körperkraft ist das Schloß leicht zu zerbrechen. Unter belanglosen Papieren findet Damerow eine 39 Seiten starke Broschüre. Schon die ersten paar Seiten, ja, allein die Inhaltsangabe elektrisiert den amerikanischen Major. Er liest und liest, und je weiter er kommt, um so weniger kann er glauben, was da schwarz auf weiß mit penibler deutscher Gründlichkeit aufgelistet ist, ergänzt mit seitenlangen Tabellen und zahlreichen Diagrammen. Wochen später, am 17. Juli 1945, erscheint Damerow persönlich vor Oberleutnant Arthur B. Knight, der ausdrücklich zur Abnahme von Eiden authorisiert ist. Damerow gibt eine Eidesstattliche Erklärung ab, deren Inhalt in Übersetzung lautet: Die beigefügte Broschüre, bestehend aus 39 Seiten, wurde von mir am 27. Juni 1945 in einem Stahlfach im Schloß in Hartheim Österreich gefunden.

Damerow hat etwas gefunden, das später als „Hartheimer Statistik" in die Geschichtsforschung eingeht. Es ist eine detaillierte

Bilanz der Erledigungen in Bernbruck, Brandenburg, Hadamar, Hartheim, Grafeneck und Sonnenstein für die Jahre 1940 und 1941. Desinfektionen, so werden darin die Morde genannt, Desinfizierte die Ermordeten. Die Inhaltsangabe zeigt den technischen Zugang, die Kälte, die strikt auf Effizienz bedachte Art, wie die Schreibtischtäter der Aktion T4 ihre Arbeit verstanden haben müssen. Zugleich zeigt sie aber ungewollt das Ausmaß des Grauens, das diese Listen und Tabellen kalt und technisch nachstellen.

So sieht sie aus, diese Inhaltsangabe:

I. Was ist bisher in den einzelnen Anstalten geleistet bzw. desinfiziert worden?
1. Die Gesamtarbeit der Anstalten für die Jahre 1940 und 1941 Seite: 1
2. Die Gesamtarbeit der Anstalten verteilt auf die Monate des Jahres 1940   Seite: 2
3. Die Gesamtarbeit der Anstalten verteilt auf die Monate des Jahres 1941   Seite: 3

II. Was wird durch die Desinfektion von 70 273 Kranken an RM erspart?
1. Die täglichen Ersparnisse an RM   Seite: 4
2. Die jährlichen Ersparnisse an RM   Seite: 4
3. Die Gesamtersparnisse an RM bei einer Lebenserwartung der Kranken von 10 Jahren Seite: 4

III. Wie setzt sich die Gesamtersparnissumme von RM 885 439 800,00 zusammen?
1. Die Aufteilung des Tagessatzes von RM 3,50 in die verschiedenen Unkosten   Seite: 5
   a. Anstaltsmiete
   b. Personalaufwand
   c. Krankenbehandlung
   d. Beköstigung
   e. Bekleidung
   f. Hausbedürfnisse
   g. Abgaben und Lasten

    h. verschiedene Ausgaben
    i. übr. Verwaltungsausgaben
2. Die entsprechende Aufteilung der Gesamtersparnissumme (Einteilung wie III, 1)   Seite: 6

IV. Was wird durch die Desinfektion von 70 273 an den verschiedenen Lebensmitteln erspart? (in kg u. RM)
1. Die monatlich festgesetzte Zuteilung von Lebensmitteln an Kranke   Seite: 7
    a. Die Ersparnisse an Kartoffeln   Seite: 8
    b. Die Ersparnisse an Fleisch- und Wurstwaren   Seite: 9
    c. Die Ersparnisse an Brot   Seite: 10
    d. Die Ersparnisse an Mehl   Seite: 11
    e. Die Ersparnisse an Butter Seite: 12
    f. Die Ersparnisse an Butterschmalz   Seite: 13
    g. Die Ersparnisse an Margarine   Seite: 14
    h. Die Ersparnisse an Speck Seite: 15
    i. Die Ersparnisse an Quark Seite: 16
    j. Die Ersparnisse an Käse   Seite: 17
    k. Die Ersparnisse an Nährmitteln Seite: 18
    l. Die Ersparnisse an Teigwaren   Seite: 19
    m. Die Ersparnisse an Sago usw.   Seite: 20
    n. Die Ersparnisse an Kaffee-Ersatz   Seite: 21
    o. Die Ersparnisse an Marmelade   Seite: 22
    p. Die Ersparnisse an Zucker   Seite: 23
    q. Die Ersparnisse an Eiern   Seite: 24
    r. Die Ersparnisse an Gemüse   Seite: 25
    s. Die Ersparnisse an Hülsenfrüchten usw.   Seite: 26
    t. Die Ersparnisse an Salz und Gewürzen   Seite: 27
2. Zusammenfassung der unter IV, 1a-t angegebenen Ersparnisse an Lebensmitteln in kg und RM für 10 Jahre (Lebenserwartung d. Kr.)   Seite: 28

V. Was ist bisher durch die Desinfektion von 70 273 an den verschiedenen Lebensmitteln erspart worden?
1. Die bereits eingetretenen Ersparnisse in RM – monatlich berechnet und – bei einem Beköstigungssatz von RM 0,56   Seite: 29

2. Die Aufteilung des Beköstigungssatzes von tägl. RM 0,56 in die verschiedenen Lebensmittel, berechnet in kg und RM pro Monat   Seite: 30
3. Tabelle über die bereits eingetretenen Ersparnisse an Lebensmitteln in kg, monatlich berechnet   Seite: 31
4. Zusammenfassende Aufstellung der in 3. angeführten Lebensmittel in kg und Ctr. (Zentner; A.d.V.) für die Jahre 1940 und 1941   Seite: 32
5. Tabelle über die bereits eingetretenen Ersparnisse an Lebensmitteln in RM, monatlich berechnet   Seite: 33

VI. Was soll und was hat der Desinfizierte an den ihm zustehenden Lebensmitteln wirklich erhalten?
1. Übersicht über die dem Kranken monatlich wirklich zuerteilten Lebensmittel (Soll und Haben) in Gramm und Prozent   Seite: 34
2. Der wirkliche Lebensmittelverbrauch von 70 273 Desinfizierten bis zum 1. Dezember 1941 (die Jahre 1940 u. 41 einzeln berechnet)   Seite: 36
3. Gesamtberechnung der bisher ersparten Lebensmittel bei 70 273 Desinfizierten   Seite: 38
4. Gesamtergebnis der von den Anstalten einbehaltenen Lebensmittel   Seite: 39

Lapidar beginnt die erste Seite dieser Statistik: „Bis zum 1. Dezember 1941 wurden desinfiziert: Personen 70 273."
Dann wird die Verteilung auf die sechs Mordanstalten und auf die Jahre 1940 und 1941 festgehalten. Jedes Haus bekommt einen Buchstaben. A ist Grafeneck, hier wurden 1940 genau 9839 Menschen „desinfiziert", im Jahr 1941 Null, was mit einem langen Querstrich festgehalten wird. Ergibt in Summe – Sa für Summa heißt es in der Tabelle – also 9839. In B, sprich Brandenburg scheinen 9772 Ermordete für das Jahr 1940 auf, für 1941 keiner, Summa also 9772. In Be, dem Haus Bernburg, steht der breite Strich in der Spalte für 1940, im Jahr darauf wurden 8061 Menschen getötet (Summa: 8061). Es folgt C, die Musteranstalt Hartheim, die Vernichtungsmaschine mit dem größten Ausstoß an Toten. 9670 Desinfizierte im ersten Jahr der Aktion T4, 8599 im zweiten, Sum-

417

ma: 18.269. D, Sonnenstein, folgt mit Abstand: 5943 und 7777 „Desinfizierte", Summa 13.720. In E, Hadamar, war nur 1941 Mordbetrieb, allerdings höchst effizient: 10.072 „Desinfizierte" weist die Statistik auf, die höchste Zahl für ein einzelnes Jahr. In allen sechs Anstalten kamen 1940 laut Tabelle 35.224 Menschen zu Tode, 1941 waren es mit 35.049 unwesentlich weniger. Ergibt in Summa: 70.273.

Siebzigtausendzweihundertdreiundsiebzig.

Da steht sie, diese Zahl. Sie ist mit beängstigender Exaktheit genau so hoch, wie sie Hauptamtsleiter Victor Brack am 9. Oktober 1939 mit seiner Formel „tausend zu zehn zu fünf zu eins" als Ziel von T4 vorgegeben hatte. Ein Desinfizierter je 1000 Bürger des Großdeutschen Reiches. Die Formel macht nicht das Ausmaß des Mordens deutlich, und auch die Zahl 70.273 tut das nicht wirklich. Siebzigtausendzweihundertdreiundsiebzig kranke, gebrechliche, alte, hilflose, schwachsinnige, gehunfähige Menschen. Siebzigtausendzweihundertdreiundsiebzig alte und junge, männliche und weibliche Menschen, Kinder, Väter, Mütter, Onkeln, Tanten, Großmütter, Großväter, Nichten, Neffen. Angehörige von siebzigtausendzweihundertdreiundsiebzig Familien. Siebzigtausendzweihundertdreiundsiebzig geliebte, gehaßte, umsorgte, verlassene, bemitleidete, gefürchtete, vergessene, betrauerte Lebewesen. Siebzigtausendzweihundertdreiundsiebzig Schicksale.

Die Statistik zählt genau auf, wie viele Menschen pro Monat in jeder Anstalt umgebracht wurden. Für Hartheim waren das: Im Jahr 1940 im Mai 633, im Juni 982, im Juli 1449, im August 1740, im September 1123, im Oktober 1400, im November 1396, im Dezember 947; und im Jahr 1941 im Jänner 943, im Februar 1178, im März 974, im April 1123, im Mai 1106, im Juni 1364, im Juli 735 und im August 1176. Das ergibt in „schwachen" Monaten wie dem Mai 1940 oder dem Juli 1941 einen Durchschnitt von 20 beziehungsweise 24 Morden pro Tag. Und in einem Spitzenmonat wie dem August 1940 wurden im Schnitt Tag für Tag 56 Kranke und Behinderte den Ärzten vorgeführt, vergast und verbrannt.

Die Zahl 70.273 stimmt natürlich nicht. Sie erfaßt jene Opfer, die im Zuge der ersten T4-Welle die Vernichtungsbürokratie durchlaufen haben und in den Vergasungsanstalten getötet wurden. Nicht enthalten sind die Opfer der in den meisten Anstalten praktizierten „wilden" Euthanasie. Nicht enthalten sind die KZ-Häftlinge, die im Zuge der Aktion „14f13" in der Irrenanstalt vergast und verbrannt wurden. Nicht enthalten sind die Euthanasieopfer, die außerhalb der Tötungsfabriken ums Leben kamen, die in den Heimen, in denen sie lebten, durch Spritzen, medizinische Experimente oder simples Verhungernlassen getötet wurden.

Auf Seite 4 der Hartheimer Statistik steht das, was das NS-Regime offensichtlich am meisten interessiert: Wie hoch sind die Ausgaben, die sich der Staat erspart hat, weil er 70.273 Menschen ermordet hat. Der Verfasser der Broschüre, Edmund Brandt, ein kleiner Verwaltungsbeamter in der Tiergartenstraße, geht von einem durchschnittlichen Tagsatz in Höhe von 3,50 Reichsmark aus. Er kommt auf eine tägliche Ersparnis von 245.955,50 Reichsmark. Das macht eine jährliche Ersparnis von 88.543.980,00 Reichsmark, und bei einer Lebenserwartung von zehn Jahren werden 885.439.800,00 Reichsmark erspart. Der nicht auszumachende T4-Verantwortliche, der die Erstellung dieser Statistik angeordnet hat, muß sehr stolz auf diese Leistung gewesen sein. Aber er muß Bedenken gehabt haben, ob diese Summe, dargestellt mittels einer Ziffernreihe, für die vermutlich in der Kanzlei des Führers anzusiedelnden Leser überhaupt greifbar ist. Darum hat er an das Ende der Rechenkolonnen in holprigem Deutsch diesen Satz geschrieben: „... ergibt sich bei einer Lebenserwartung von 10 Jahren: RM 885 439 800,00 in Worten: achthundertfünfundachtzigmillionenvierhundertneununddreißigtausendachthundert Reichsmark, d. h diese Summe wird bzw. ist bis zum 1. Sept. 1951 auf Grund der bisher durchgeführten Desinfektion von 70 273 Personen erspart worden."

Hätten die Schüler und Lehrer der Ostmark, deren Lehrbücher nach dem Anschluß im Jahr 1938 so rasch umgestellt worden waren, diese Zahlen jemals erfahren, dann hätten sie die Rechenaufgaben aus ihren Mathematikbüchern komplettieren können. Die „Desinfektion" von 70.273 Menschen hätte eine Ersparnis von 885 Millionen und etliche RM gebracht, es hätten darum 59.029 Wohnungen à 15.000 Reichsmark in neuen Wohnblocks gebaut werden können. Die Logik des Dritten Reiches: 60.000 Wohnungen gegen 70.000 Ermordete.

Es folgen in der Hartheimer Broschüre seitenweise Diagramme und Tabellen, mit denen aufgeschlüsselt wird, wie sich der angenommene Tagsatz zusammensetzt, wie hoch die Einsparungen in den diversen Budgetposten sind, und vor allem, wieviel Lebensmittel weniger von unnützen Essern verbraucht werden. Fazit der Statistik: „Es wären bis zum 1. September 1941 von 70 273 Desinfizierten verbraucht worden an Lebensmitteln:"

Und dann wird aufgezählt mit einer nicht nachvollziehbaren Akribie. Bei Posten wie Kartoffeln, die mit fast 20 Tonnen Ersparnis zu Buche schlagen, listet Edmund Brandt die genaue Menge bis zum Dekabetrag auf. An Brot, heißt es etwa, sind 4 781 339,72 Kilogramm eingespart worden. Marmelade 239.067 Kilogramm und zwei Dekagramm. Margarine 174.719 Kilogramm und 23 Dekagramm. Butterschmalz 5311 Kilogramm und 40 Dekagramm. Kaffee-Ersatz 79.671 Kilogramm und 38 Dekagramm. Zucker 185.952 Kilogramm und 86 Dekagramm. Mehl 156.952 Kilogramm und 42 Dekagramm. Fleisch- und Wurstwaren 653.516 Kilogramm und 96 Dekagramm. Kartoffeln 19 Tonnen, 754.325 Kilogramm und 27 Dekagramm. Butter 50.458 Kilogramm und 49 Dekagramm. Nährmittel, Hülsenfrüchte 864.516 Kilogramm und 84 Dekagramm. Teigwaren (Nudeln) 116.838 Kilogramm und 15 Dekagramm. Speck 31.855 Kilogramm und 83 Dekagramm. Gemüse (ab Feld) 452.577 Kilogramm und 43 Dekagramm. Salz, Gewürze 53.114 Kilogramm und 40 Dekagramm. Quark 66.393 Kilogramm. Käse 66.393 Kilogramm.

Es folgt nach einem Querstrich die Summe in Kilogramm: 33.733.003,40. 33.733 Tonnen, drei Kilogramm und 40 Dekagramm Lebensmittel wurden in den deutschen Irrenanstalten nicht zur Verpflegung der Irren benötigt. Des weiteren mußten 2 Millionen und 124.568 Eier nicht an Irre verfüttert werden. Die Eier sind außerhalb der Tabelle angeführt, weil sie nicht in Kilo und Deka, sondern in Stück aufgelistet sind.

Edmund Brandt, der diese Statistik angefertigt hat, war wie gesagt nur ein kleiner Beamter. Dies blieb er auch nach dem Krieg.

Am 7. Oktober 1968 wurde er im Prozeß gegen Allers und Vorberg von einem Frankfurter Schwurgericht als Zeuge angehört. Brandt, damals Verwaltungsangestellter beim Bundesministerium des Innern in Berlin, sagte, er habe die Unterlagen von der Gemeinnützigen Stiftung für Anstaltspflege bekommen, Originaldokumente seien es allerdings nicht gewesen. Bei der Schwurgerichtsverhandlung gegen Horst Schumann, den Direktor von Sonnenstein und Grafeneck, sagte am 4. Dezember 1970 der Euthanasie-Statistiker Brandt erneut aus: „Ich erhielt damals fertiges Zahlenmaterial, das ich nur noch zusammenstellen mußte."

Zurück um ein Vierteljahrhundert. Die haben jedes einzelne Stück Ei gezählt, sagt Knight. Damerow nickt wortlos. Knight blättert zurück auf Seite 1 und liest noch einmal den einen Satz, diesmal laut: Bis zum 1. September 1941 wurden desinfiziert: Personen 70 273. Er schaut den Major an. Desinfiziert, sagt er, das sind die Toten, nicht? Damerow nickt. Oberleutnant Knight ruft seine Schreibkraft herein und beginnt, ihr die Eidesstattliche Erklärung zu diktieren: „Before me, Arthur B. Knight, 1st Lt. Sig. C., being authorized to administer oaths, personally appeared Charles H. Damerow, Maj. CMP., who, being by me first dully sworn und so weiter und so weiter."

Wie gesagt, ist die Opferzahl 70.273 viel zu niedrig. In einem umfangreichen Konvolut von T4-Dokumenten, die offensichtlich aus dem Besitz von Prof. Hermann Paul Nitsche stammen, dem Nachfolger Heydes als T4-Obergutachter, und die im Kriegsverbrechen-Archiv der US-Armee in Heidelberg gelagert sind, scheint eine weitere Statistik aus dem Jänner 1942 auf. Sie berichtet davon, daß bis Ende 1941 genau 93.521 Anstaltsbetten einem neuen Verwendungszweck zugeführt werden konnten. Auch hier folgte eine penibel erstellte detaillierte Auflistung: 31.058 Betten für Reservelazarette. 4602 Betten für Kriegsgefangenenlager. 6348 Betten für die NSV (Nationalsozialistische Volkswohlfahrt). 8577 Betten für die Umsiedlung von Volksgruppen. 9860 Betten für Wehrmachtszwecke (nicht Reservelazarette). 4871 Betten für die Organisation Todt (die Arbeits-Organisation, die vor dem Krieg die Autobahnen und den Westwall baute, dann die Rüstungsaufgaben übernahm; benannt nach Fritz Todt, der sich gegen Hitlers Zweifrontenkrieg mit Rußland und Europa aussprach und 1940 bei einem mysteriösen Flugzeugabsturz ums Leben kam; A.d.V.), welche Ausweichkrankenhäuser aus luftgefährdeten Gebieten damit ausstattete. 4620 Betten für TBC-Asyle. 650 Betten für Adolf-Hitler-Schulen. 870 Betten für nationalpolitische Erziehungsanstalten. 7170 Betten für die SS aus Kasernen und Schulen. 766 Betten für die Jugendfürsorge. 588 Betten zur Unterbringung von Rüstungsarbeitern und 5312 Betten für das Deutsche Haus der NSDAP (Unterbringung asozialer Frauen, Reichsverwaltungsschule und andere Zwecke). Diese Statistik geht von einer ursprünglichen Bettenanzahl von 282.696 für Geisteskranke aus. Es wurde also jedes dritte Bett freigemacht.

Die Richter der Nürnberger Ärzteprozesse errechneten insgesamt 275.000 Euthanasieopfer. Rechnet man die nicht ganz 100.000 Toten der „offiziellen"Aktion, die 5000 Opfer der Kindereuthanasie, die mindestens 20.000 im Rahmen von „14f13" ermordeten KZ-Häftlinge und die weit mehr als 100.000 Opfer der „wilden Euthanasie" zusammen, so erscheint diese Opferzahl realistisch. Bestätigt wird sie auch von Untersuchungen des deutschen Psychiaters Frederik Wertham. Ihm zufolge gab es im Jahr 1939 im Deutschen Reich 300.000 bis 320.000 geisteskranke Anstaltsinsassen. 1945 waren es nur noch 40.000.

Genau wird es sich wohl nie feststellen lassen, wie viele Menschen tatsächlich in Hartheim und den anderen fünf Anstalten getötet wurden. Im Prozeß gegen Georg Renno sind Zahlen genannt worden, die für Hartheim von 8000 bis 9000 Opfern aus der Aktion „14f13" sprechen,das sind ermordete KZ-Insassen, die den NS-offiziellen 18.269 T4-Opfern in Hartheim zuzurechnen sind. Franz Ziereis, Kommandant des Konzentrationslagers Mauthausen, hat auf dem Totenbett angegeben, daß allein aus Mauthausen 20.000 Häftlinge in Euthanasieanstalten gebracht und dort ermordet wurden. Hermann Merta hat in seinem Prozeß von 15.000 Verbrennungen erzählt, die in den eineinhalb Jahren stattfanden, während der er in Hartheim als Heizer tätig war. Die Hartheimer Büroleiterin Helene Hintersteiner hat bei ihrem Volksgerichtsprozeß in Linz im Jahr 1947 von 18.690 Vergasungen bis Ende August 1941 erzählt. Aus all dem kann man nur mutmaßliche Zahlenangaben in folgender Größenordnung ableiten: In Hartheim dürften insgesamt zwischen 25.000 und 40.000 Menschen getötet und verbrannt worden sein.

XV. Die Prozesse

Eine Art von Schocklähmung schien die Köpfe und die Herzen der Menschen befallen zu haben nach dem Mai 1945, nichts sehen und nichts hören und nichts sagen und nichts wissen wollen, dieses Überlebensrezept der letzten sieben Jahre wirkte nahtlos weiter. Hartheim, das Umbringen der Idioten, von dem doch so viele gewußt hatten, war kein Thema. Erst einmal hieß es, den Umbruch unbeschadet zu überstehen, sich einzurichten mit den neuen Verhältnissen und den neuen Machthabern, und dann hieß es, sich in den Krisen- und Mangelzeiten der ersten Nachkriegsjahre über Wasser zu halten. Und dann interessierte nur noch das Wirtschaftswunder und der eigene Anteil an den besser und besser werdenden Zeiten.

Das Thema Euthanasie wurde in Österreich, und auch in Oberösterreich, dem Schauplatz eines der Hauptkapitel dieser düsteren Geschichte, von Anfang an von öffentlichem Bewußtsein, Medien und auch von der Justiz mit außergewöhnlicher Distanz behandelt. Die Zeitungen schienen sich monatelang nicht an das Thema heranzuwagen. In der regionalen Presse kam Hartheim das erste Mal am 27. August 1945 vor, und zwar in den Oberösterreichischen Nachrichten. Diese Zeitung wurde von den amerikanischen Streitkräften „für die Bevölkerung Oberösterreichs" herausgegeben, wie es im Untertitel heißt, und zwar ab 11. Juni 1945. In der Ausgabe 64 des 1. Jahrgangs, also am Montag, den 27. August 1945, erschien auf Seite drei eine große Geschichte. Sie war Beginn einer mehrteiligen Serie über die Verhaftung des Kommandanten von Mauthausen, Standartenführer Franz Ziereis. Der Titel: „Braune Banditenbeichte: Totenbettgeständnisse des Kommandanten von Mauthausen."

Ziereis hatte sich in einer Hütte in der Nähe von Spital am Pyhrn versteckt. Am 23. Mai wurde er von einem US-Kommando entdeckt, er verteidigte sich mit seinem Revolver, beim Schußwechsel trafen ihn zwei Kugeln, eine in den linken Oberarm, die andere ging in seinen Rücken und durchbohrte die Bauchwand. Während Ziereis tödlich verletzt auf sein Ende wartete, legte er eine Art Geständnis ab, bei dem es vor allem um das Morden in Mauthausen und den Außenlagern ging. Die Oberösterreichischen Nachrichten druckten drei Monate später Teile davon ab. Die Euthanasie kommt in dieser Artikelserie nur in ein paar Nebensätzen vor. Ziereis erzählte von einem SS-Gruppenführer, der die Anweisung gegeben habe, „schwache Häftlinge als geisteskrank zu erklären und sie in einer großen Anlage mit Gas umzubringen. Dort wurden ungefähr 1 bis 1,5 Millionen umgebracht. Diese Stelle heißt Hartheim und liegt zehn Kilometer von Linz in der Richtung nach Passau."

Die Oberösterreichischen Nachrichten schrieben zu diesem Geständnis, daß es vom US-Militär freigegeben worden sei. Weitere Recherchen über Hartheim stellten die Journalisten in der Folge nicht an. Wollten sie nicht, oder durften sie nicht – das bleibt offen. Die Fortsetzung der Ziereis-Beichte ist am 31. August abgedruckt, in diesem Artikel erzählt der vormalige KZ-Kommandant kurz, daß die Aktion mit den „als geisteskrank Erklärten" den Namen „14f13" getragen habe, und daß die Todeskandidaten durch SS-Hauptsturmführer Dr. Lonauer ausgemustert wurden.

Obwohl sie über Hartheim kaum etwas schrieben, und obwohl die Journalisten einen Schreibstil zu diesem Thema pflegten, als gelte es von etwas zu erzählen, das sehr weit weg und außerhalb aller Vorstellungskraft liegt, muß man den Oberösterreichischen Nachrichten zugute halten, daß sie in den Monaten nach dem Kriegsende noch am meisten davon betreiben, was wir heute „Aufarbeitung" der unmittelbaren Vergangenheit nennen würden. So haben sie am 12. Juli 1945, in der 27. Ausgabe des Jahres 1 nach dem Tausendjährigen Reich, auf die Titelseite ein großes Bild mit Trauerrand gerückt. Es zeigt einen Leichnam, der zur Hälfte aus einem Dachauer Verbrennungsofen ragt, links und rechts davon je einen Mann in Häftlingskleidung. Der Titel dazu heißt: „Die ‚Kulturleistung' des Nationalsozialismus". In der Folge bringen die Oberösterreichischen Nachrichten immer wieder Berichte und Serien, etwa über die Verhaftung des Gauleiters August Eigruber und über die Vorgänge in Mauthausen. Aber auch in diesen Ausgaben des Spätherbstes 1945 sind die Schwerpunkte der Berichterstattung andere Dinge: Die Novemberwahl etwa, und Ereignisse wie die Wiedereröffnung des Linzer Landestheaters.

Der erste längere Beitrag über Hartheim erschien im Linzer Volksblatt vom 18. Oktober 1945 (1. beziehungsweise 71. Jahrgang, Nummer 5) unter dem Titel: „Schloß Hartheim – eine Stätte des Grauens". Der Autor, der mit J. Reitter zeichnet, dämonisiert die Geschehnisse und die Täter. Er schreibt unter anderem: „Ihr (der Nazis; A.d.V.) Vernichtungswahn begnügte sich nicht mit der Beseitigung hilfloser, schwacher Geschöpfe. Die ins Uferlose ansteigende Mordgier dieser Menschenschlächter konnte in den Konzentrationslagern Mauthausen und Gusen nicht mehr gestillt werden, und so hielten sie Umschau nach einem passenden Ort, wo sie diese weiter befriedigen konnten. Ihre Wahl fiel auf das drei Stock hohe Schloß Hartheim."

Reitter beschreibt relativ detailliert den Ort des Geschehens, den viereckigen Säulenhof und die Holzverkleidung bis zum ersten Stock, den „Abladeraum", die „Photozelle" und den Gasraum. „Die Toten wurden danach an den Beinen in einen Kühlraum geschleift, wo sie der Verbrennung harrten", schreibt der Journalist, und spricht von vier Verbrennungsöfen. Und daß der Rauch durch eine Dachrinne abzog: „Häufig entstieg der Rauch in so dicken Schwaden, daß der penetrante Gestank den ganzen Ort verpestete."

Reitter berichtet von Dingen, die durch Zeugen- oder Beschuldigtenaussagen nicht belegt sind. Wo er sie her hat, ist nicht zu eruieren, er nennt seine Quellen nicht: „Von den weiblichen Hilfskräften der SS-Mörder (die beiden Buchstaben von SS sind im Volksblatt immer als Runen gedruckt; A.d.V.) wird berichtet, daß sie die Kinder mit dem Versprechen in die Gaskammer lockten, sie würden ihnen darin Spielsachen, wie Pferdchen, Puppen und so weiter schenken."

„... häufig zerrissen Schreie, Schüsse und das Gebell von Bluthunden, die auf die Unglücklichen gehetzt wurden, die Stille des Ortes."

„Zur todesverachtenden Verzweiflung getrieben, stürzten sich einmal Frauen auf einen SS-Schergen, dem sie mit ihren Nägeln das Gesicht zerfleischten."

Es muß nicht unbedingt die Phantasie mit dem Journalisten J. Reitter durchgegangen sein. Möglicherweise hat er seine Informationen aus Polizei- oder Justizkreisen, die damals bereits den Euthanasie-Komplex bearbeiteten. Manche Details, die sicher falsch sind, wie etwa die Bluthunde in Hartheim, dürften ihm aus Erzählungen über KZ-Greuel in die Hartheim-Story gerutscht sein. Die Asche wurde zur Donau gefahren, heißt es in dem Artikel weiter, oft seien Knochenstücke auf die Wege gefallen, weil die Toten schlecht verbrannt waren. „Ortsbewohner, die erkunden wollten, wohin man die Asche beförderte, sammelten die Knochen und errichteten damit am Wegrand kleine Häufchen, um dadurch den SS-Leuten zu verraten, was sie in Erfahrung gebracht hatten. Die Fahrten zur Donau wurden daraufhin eingestellt."

Von Reitter stammt der Hinweis, daß die US-Kommission, die wochenlang im Schloß arbeitete, einen Film gedreht haben soll. Wer die Opfer waren, welcher Personenkreis von der T4-Aktion in Hartheim betroffen war, das wird im Volksblatt-Bericht nicht ausgebreitet. Aber Reitter macht sich Sorgen um Österreichs Ansehen in der Welt: „Damit wird der Name und das Bild dieses kleinen Ortes über Länder und Meere getragen und eine überaus traurige Berühmtheit erlangen."

In die nächste Ausgabe, die am 20. Oktober 1945 erschien, rückte das Volksblatt eine „Reaktion aus der Bevölkerung", die namentlich nicht gezeichnet ist: „Zur Empörung der ganzen Bevölkerung Hartheims wohnt im Schloß noch immer eine junge Frau namens Hintersteiner, die jahrelang Angestellte der dort wütenden SS war und nach Angaben der Bewohner sich auch heute noch stolz als Nationalsozialistin bekennt!" Diese Frau, so der Vorwurf in dem kurzen Artikel, soll die Filme aus der Photozelle verschwinden lassen haben, bevor sie den Amerikanern in die Hände fielen. Helene Hintersteiner war die Chefin der T4-Schreibkräfte in Hartheim und war tatsächlich nach dem Dezember 1944 im Schloß geblieben, sie soll auch an der zwecks Tarnung installierten Gauhilfsschule gewirkt haben.

Die Hauptthemen des Volksblattes waren im Rest des Jahres 1945 andere: Berichte vom Kohlenklau, vom – für die VP erfolgreichen – Wahlkampf und Wahltag am 25. November, und es begann die mediale Werbung für die Integration der Kriegsteilnehmer, betrieben mit Dreispalter-Titeln wie „Helft den Landsern heim ins Leben!"

In Linzer Zeitungen kommt Hartheim im Jahr 1945 noch einmal vor, und zwar in den Oberösterreichischen Nachrichten vom Dienstag, 6. November. Auf Seite 3 steht ein kurzer Textblock mit dem Titel: „In Hartheim 15.000 Menschen vergast!" Aufgemacht ist die Geschichte an Max Thaller, Leiter der Heil- und Pflegeanstalt Ybbs an der Donau, der „nach Hartheim versetzt" worden sein soll. Die Informationen stammen offensichtlich von schlampig weitergegebenen oder falsch verstandenen Hinweisen von Exekutivbeamten aus den Vernehmungen des Hartheim-Täters Merta, der von der Gendarmerie in Ybbs verhört wurde. Der nicht genannte Journalist spricht in seinem Artikel von 15.000 Vergasungen in Hartheim. Er erzählt auch von der Umstellung von „Morphiumspritzen auf Gaskammern", die 1943 erfolgt sein soll – eine Falschinformation, die noch bis weit in die 70er Jahre hinein in historischen Werken übernommen wird. In dem Artikel ist der Name des Hartheim-Chefs Dr. Lonauer falsch geschrieben, nämlich so: Lohnauer. Diese Schreibweise hält sich noch eine Zeitlang, bis hinein zu Volksgerichtsprozessen des Jahres 1947. In der Nachrichten-Geschichte wird vom „Pg. Hermann Merta" selbst nur kurz berichtet.

In der sozialistischen oberösterreichischen Zeitung, dem Tagblatt, fand Hartheim im Jahr 1945 keine Erwähnung.

Der Brenner und Transportbegleiter Hermann Merta, 1940 dienstverpflichtet von Ybbs nach Oberösterreich, war zu dieser Zeit, als die Zeitung von ihm schrieb, schon Gegenstand der ersten gerichtlichen Untersuchung der Causa Hartheim. Seine Spur verlor sich mit dem Herbst 1943, als er zur Wehrmacht nach Rumänien eingezogen wurde. Nach Kriegsende war er offensichtlich eine Zeitlang untergetaucht. Im Herbst 1945 erschien er aber wieder in seinem Heimatort Angern, einem Dorf in der Nähe von Ybbs. Die Ybbser Gendarmerie verhaftete Merta am 24. Oktober 1945. Ob die Namen der anderen Ybbser Pflegerinnen, die in Hartheim waren, von ihm bekanntgegeben wurden, oder ob die Exekutive aufgrund anderer Hinweise nach ihnen fahndete, ist nicht bekannt. Jedenfalls wurden gegen weitere fünf aus Ybbs stammende Hartheimer Pflegerinnen Strafverfahren eingeleitet: Anna Griessenberger, Hermine Gruber, Maria Hammelsböck, Maria Raab und

Maria Wittmann. Sie standen am 25. und 26. November 1947 vor einem Linzer Volksgerichtshof, zusammen mit Merta, dem SS-Kraftfahrer und Chef der Hartheimer Bus-Chauffeure Franz Hödl und der Büroleiterin Helene Hintersteiner.

Dieses erste auf oberösterreichischem Boden abgehaltene T4-Strafverfahren ist exemplarisch für den zurückhaltenden, ja, wie absichtlich schlampig wirkenden Umgang der Justiz mit dem Thema NS-Euthanasie. Natürlich ist es nicht sinnvoll, von heutigem Kenntnisstand ausgehend die Arbeit einer damals aktiven Verfolgungsbehörde zu beurteilen. Aber Abstand zum Geschehen und genügend Zeit für Recherchen hätte es auch 1947 gegeben. Bezeichnend ist allein die Tatsache, daß das Gericht einen Fall, bei dem die Anklage immerhin von einer Zahl der in Hartheim Ermordeten ausging, die „zwischen 30.000 und 1,25 Millionen schwankt" – letztere Ziffer dürfte von Ziereis' Angaben herrühren –, daß dieses Gericht also diese Causa gegen acht Angeklagte mit nur acht Zeugen und an zwei Verhandlungstagen abwickelte, und daß es den wirklich „großen Fisch" Franz Stangl, der zu dieser Zeit im landesgerichtlichen Gefangenenhaus, also unter dem gleichen Dach, seit längerem einsaß, nicht einmal als Zeugen vorlud.

Der Prozeß begann am Dienstag, den 25. November 1947, um 8.30 Uhr. Die Anklage gegen die acht aus der Untersuchungshaft vorgeführten Angeklagten trug Staatsanwalt Dr. Linko vor, basierend auf einer Anklageschrift, die sein Kollege Dr. Staffelmayr verfaßt hatte. Den Vorsitz führte Richter Dr. Niederhuber, unterstützt von Richter Dr. Mittermayr und den Schöffen Fritz Angermayr, Rosa Kogler und Heinrich Starzengruber. Verteidigt wurden die Beschuldigten von den Rechtsanwälten Dr. Keppler, Dr. Traxlmayr, Dr. Zamponi und Dr. Mayr.

Staatsanwalt Linko warf allen acht Angeklagten das Verbrechen der Mitschuld am Mord vor, in Tateinheit mit dem Verbrechen der Mitschuld an Quälereien und Mißhandlungen. Helene Hintersteiner und Franz Hödl, den beiden altgedienten Nazis, die schon vor dem Anschluß NS-Mitglieder waren, warf er auch das Verbrechen des Hochverrates nach dem neuen Verbotsgesetz vor. Sämtliche Beschuldigte hätten „auf eine entfernte Art zur Ausübung der von Dr. Lonauer und anderen an zahllosen Geisteskranken, Fürsorgepfleglingen und sonstigen Personen begangenen Morde und in der Zeit der nationalsozialistischen Gewaltherrschaft durch Dr. Lonauer und andere unter Ausnützung dienstlicher Gewalt bewirkten Versetzung der in die Vernichtungsanstalt geschafften Personen in einen qualvollen Zustand Hilfe geleistet und zur sicheren Vollstreckung dieser Übeltaten beigetragen." Hödl und Hintersteiner hätten als „Altparteigenossen" nach Paragraph 10, Absatz 1 Verbotsgesetz „in Verbindung mit ihrer Betätigung für die NSDAP beziehungsweise die SS durch das oben angeführte Verhalten Handlungen aus besonders verwerflicher Gesinnung begangen."

Die Angeklagten bekannten sich alle als nicht schuldig. Dann wurden sie der Reihe nach angehört, und zwar nicht abgesondert. Ihre Verantwortung ähnelt in groben Zügen jener, die in den folgenden Jahrzehnten in Westdeutschland, Ostdeutschland und Österreich von allen Angeklagten in Euthanasie-Verfahren vorgebracht wird: Die wahren Verantwortlichen seien Hitler, Bouhler und Brandt gewesen (die sich durch Selbstmord der Justiz entzogen haben), man selber habe den Befehlen gehorchen müssen, sonst wäre man selbst im KZ gelandet, und es habe schließlich den Erlaß des Führers gegeben, man habe in dem Glauben gehandelt, die Euthanasie sei geltendes Recht. Und die acht Beschuldigten im ersten Linzer Hartheim-Verfahren versuchten durchwegs, die eigene Rolle herabzuspielen. Vor allem sei man in der Küche und in der Wäscherei beschäftigt gewesen, bei Aushilfsarbeiten im Schloß und in der angrenzenden Landwirtschaft. Auf die Spitze trieb das Merta: Er habe vor allem als Heizer der Waschküche gearbeitet, bei Reparaturen auf dem Dach und die meiste Zeit im Garten. Das Beweisverfahren ergab aber, daß es von 1940 bis Ende 1944 beim Schloß gar keinen Garten gab. Merta bekannte schließlich ein, daß er ganz am Schluß, vor dem Einrücken zum Militär im Herbst 1943, drei Wochen lang bei der Vergasung und Verbrennung der KZler mitgewirkt habe.

Die jungen Schwestern aus Ybbs, jetzt auch schon alle verheiratete Frauen um die dreißig, berufen sich konsequent auf die Kriegsdienstverpflichtung. Man habe sie nicht gefragt, ob sie nach Hartheim wollten, sondern ihnen einfach mitgeteilt, daß sie versetzt würden. Jeweils am folgenden Tag seien sie nach Hartheim gefahren worden, und dort erst habe man ihnen gesagt, was sie zu tun hätten. „Wir haben viel geweint", das erzählten alle fünf Ybbserinnen übereinstimmend den Richtern. Ansonsten seien sie vorwiegend mit Waschen und Putzen beschäftigt gewesen, sagten sie, die Begleitung der Transporte sei nur ausnahmsweise verlangt worden. Helene Hintersteiner und ein paar der Pflegerinnen formulierten jene Sichtweise der Ereignisse, die auch in den Wirtshäusern von Alkoven und der Nachbarorte bis heute bevorzugt wird: Die Täter im Schloß Hartheim, die wirklich üblen Typen, das seien die Reichsdeutschen gewesen. Sie, die Österreicher, hätten die Drecksarbeiten machen müssen.

Anschließend marschierten acht ihrer einstigen Kolleginnen und Kollegen als Zeugen auf: Elisabeth Lego, Maria Hirsch, Siegfriede Muckenhuber, Emil Reisenberger, Margit Troller, Gertraud Dirnberger, Anneliese Gindl und Karoline Burner. Die früheren Büro- und Schreibkräfte bestätigten die Angaben der Angeklagten: „Alle, auch Helene Hintersteiner (die nach dem Krieg noch monatelang im Schloß blieb), haben sich gegen ihre Verwendung gesträubt, aber ein Wegkommen von Hartheim war unmöglich."

Zwei Zeugen und die Verlesung der Aussage eines weiteren Zeugen, der nicht persönlich anwesend war, widerlegten dies: Margit Troller, die eine Zeitlang die fingierten Todesnachrichten an die Angehörigen der T4-Opfer geschrieben hatte, schilderte den Richtern, wie sie sich bemüht hatte, von Hartheim wegzukommen, als sie draufgekommen war, „was hier überhaupt vorgeht". Sie meldete sich freiwillig zum Reichsarbeitsdienst und wurde auch tatsächlich wegversetzt vom Schloß. Irgendwelche Sanktionen und Nachteile hatte sie nicht erlebt. Emil Reisenberger, jener SS-Mann, der Weihnachten 1942 Strafdienst leisten mußte und dabei einem Bekannten, der ihn besucht hatte, die Gaskammer zeigte, berichtete ähnliches. Nach einem Selbstmordversuch wegen dieses Vorfalls und halbjährigem Krankenstand sei er von Hartheim weggekommen. Primar Lonauer persönlich habe sich dafür verwendet, daß er, Reisenberger, deswegen nicht ins KZ gekommen war.

Verlesen wurde dann das Protokoll einer Einvernahme des Ybbser Pflegers Franz Sitter. Der war ebenfalls von Ybbs nach Hartheim dienstverpflichtet worden. Nachdem er einen Transport

Diese Auskunft über den Tod Vinzenz Nohels holte das Landesgericht Linz 1947 ein. Aus dem Sterbebuch-Auszug des Standesamtes Landsberg am Lech geht nicht hervor, daß der Hartheimer „Brenner" hingerichtet wurde.

von Graz-Feldhof nach Linz begleitet hatte und mitbekam, daß die Pfleglinge ermordet wurden, hatte er die sofortige Enthebung von der Dienstverpflichtung verlangt. Nach neun Tagen hatte ihm dies Lonauer tatsächlich gewährt, und Sitter kam zurück nach Ybbs, das mittlerweile als Lazarett fungierte. Irgendwelche Probleme habe er deshalb nicht bekommen, die Einberufung zur Wehrmacht einige Monate später sei mit seiner Weigerung, in Hartheim zu arbeiten, in keinem Zusammenhang gestanden.

Ebenfalls verlesen wurde die ausführliche Aussage von Vinzenz Nohel, die er am 4. September 1945 vor den Linzer Kriminalbeamten Breitschopf und Haas getätigt hatte. Nohel war vom Gericht als Zeuge geladen worden. Richter Dr. Mittermayr trug eine Auskunft aus Deutschland vor: „Laut Sterbeurkunde des Standesamtes Landsberg am Lech vom 18. 8. 1947 ist der Zeuge Vinzenz Nohel am 27. 5. 1947 gestorben." Also las der Richter Nohels Angaben vor. Wie das Publikum reagierte beim Hören solcher Gräßlichkeiten, wie die Beschuldigten, das ist nicht überliefert. Mittermayr las mit trockener Stimme, wie Nohel das Entkleiden der Menschen schilderte, das Schleifen der Leichen über den nassen Fliesenboden in den Totenraum, das Ausbrechen der Goldzähne, sein eigenes Mißgeschick, als ihm einmal ein Goldzahn in den Schlund einer Leiche rutschte, und den enormen Arbeitsanfall, wenn so viele Menschen umgebracht wurden, daß der Ofen zu klein wurde und die Leichen im Totenraum zu verwesen begannen. Er las Passagen wie diese: „Weil ich gerade von den Frauen spreche, möchte ich erwähnen, daß diese leichter zu verbrennen waren als die Männer. Ich glaube, das ist deshalb möglich, weil sie mehr Fettstoff haben als die Männer. Auch haben die Frauen ein leichteres Knochengerüst." Es muß sehr still gewesen sein im Verhandlungssaal.

Am 26. November 1947 verkündete Vorsitzender Richter Dr. Niederhuber die Urteile: Es haben Franz Hödl und Hermann Merta das Verbrechen der Mitschuld am Mord in Tateinheit mit dem Verbrechen der Quälereien und Mißhandlungen begangen. Es hat Franz Hödl das Verbrechen des Hochverrates in der Fassung der Paragraphen 10 und 11 des Verbotsgesetzes begangen. In der Urteilsbegründung heißt es von Hödl und Merta: „Sie haben in der Massenvernichtungsanstalt Hartheim die Transporte der zur Tötung bestimmten Personen geführt oder begleitet. Merta habe außerdem beim Auskleiden dieser Personen zur Vorbereitung der Tötung geholfen und sei als Heizer im Krematorium und bei der Verbringung der Leichen aus der Gaskammer in den Verbrennungsraum tätig gewesen. Sie haben dadurch auf eine entfernte Art zur Ausübung der von Dr. Lonauer und anderen an zahlreichen geisteskranken Fürsorgepfleglingen und sonstigen Personen begangenen Morde und zu der Zeit der nationalsozialistischen Gewaltherrschaft durch Dr. Lonauer und andere unter Ausnützung dienstlicher Gewalt bewirkten Versetzung der in die Vernichtungsanstalt geschafften Personen in einen qualvollen Zustand Hilfe geleistet und zur sicheren Vollstreckung dieser Übeltat beigetragen." Bei Hödl wurde als erschwerend gewertet, daß er – als alter Nazi – diese Taten aus „besonders verwerflicher Gesinnung" begangen habe. Als mildernde Umstände wurde beiden Unbescholtenheit, guter Leumund, Sorgepflicht für eine schuldlose Familie und „eine gewisse Zwangslage" zugestanden, bei Hödl kam hier noch das volle Geständnis dazu, bei Merta ein teilweises Geständnis und die „geistige Schwerfälligkeit".

Franz Hödl wurde zu dreieinhalb Jahren schweren Kerker verurteilt, verschärft durch einen Fasttag und ein hartes Lager halbjährlich. Hermann Merta wurde zu zweieinhalb Jahren schweren Kerker verurteilt, verschärft durch einen Fasttag und ein hartes Lager halbjährlich. Das gesamte Vermögen beider Verurteilter wurde für verfallen erklärt.

Anna Griessenberger, Hermine Gruber, Maria Hammelsböck, Maria Raab, Maria Wittmann und Helene Hintersteiner wurden freigesprochen. Das Gericht glaubte ihnen zwar nicht, daß sie nur mit Waschen und Putzen und gelegentlichen Transportbegleitungen beschäftigt gewesen seien, wie sie ausgesagt hatten. Das Gericht bejahte auch ohne Zweifel, daß die Frauen „wenn auch auf eine entfernte Art zu den Verbrechen Hilfe geleistet und beigetragen haben." Allerdings gestand man ihnen so etwas wie Befehlsnotstand zu, mit folgender Begründung: Das Gericht habe als bestätigt gefunden, daß sie notdienstverpflichtet waren und sich vergeblich bemüht hätten, von Hartheim wegzukommen. Wörtlich heißt es: „Es ist auch gerichtsbekannt, welche Folgen eine Person, die sich einer Notdienstverpflichtung entzogen hat, zu erwarten hatte, und daß eine Verfolgung durch die Geheime Staatspolizei und die Abgabe in ein KZ in einem solchen Fall die Regel war. Im übrigen erschien dem Gericht auch die Behauptung, daß ein Wegkommen von Hartheim schwer möglich gewesen sei, schon mit Bedachtnahme darauf vollkommen glaubwürdig, daß es sich bei der Hartheimer Vernichtungsanstalt um eine geheime Reichssache gehandelt hat, deren Geheimhaltung aber durch einen zu häufigen Wechsel des dort beschäftigten Personals ohne Zweifel gefährdet gewesen wäre ...

Die Angeklagten Griessenberger, Gruber, Hammelsböck, Raab und Wittmann haben sich sohin in einem Notstand befunden, in dem ihnen ein anderes als das gezeigte Verhalten nicht mehr zugemutet werden konnte. Das Gericht hat deshalb das Vorliegen des Schuldausschließungsgrundes des unwiderstehlichen Zwanges bei allen genannten Angeklagten nach reiflicher Überlegung bejaht. Gezeichnet: Dr. Niederhuber, 26. 11. 47"

Daß Sitter, Troller und Reisenberger sich der Notdienstverpflichtung und/oder der Arbeit in Hartheim entziehen konnten, ohne daß sie ins KZ kamen oder irgendwelche Schwierigkeiten deswegen hatten, das scheint in der „reiflichen Überlegung" dieses Gerichts keine Rolle gespielt zu haben.

Aus dem Abstand von einem halben Jahrhundert betrachtet fallen bei diesem Verfahren aus dem November 1947 zahlreiche Ungereimtheiten auf. Es drängt sich vor allem die Frage auf, warum sich dieses Gericht so offensichtlich überhaupt nicht interessiert hat für die Euthanasie generell, sondern sich wie mit Scheuklappen ausschließlich auf Hartheim konzentriert hat. Es sind keinerlei Anstrengungen erkennbar, die Organisation, die bürokratische Abwicklung oder gar die Einbettung in das politische und gesellschaftliche Umfeld aufzuhellen. Daß die angeklagten sechs Frauen und zwei Männer und ihre nicht greifbaren Vorgesetzten Lonauer und Renno nicht aus eigenem Antrieb und auf eigene Faust darangegangen sind, zehntausende Behinderte umzubringen, wird in der gerade fünf Seiten langen Anklageschrift mit nur einem Satz erwähnt. Da heißt es: „In den Jahren 1939 und 1940 wurde im Schloß Hartheim in Alkoven über Auftrag von Berlin eine Massenvernichtungsanstalt für Geisteskranke, Geistesschwache und Fürsorgepfleglinge errichtet." Das ist alles, was jenes Gericht an Konnex zwischen Massenvernichtung „lebensunwerten" Lebens und nationalsozialistischer Ethik herzustellen vermochte, alles, was ihm zur Frage der Verantwortlichkeit der Politik, der Ärzteschaft und der Justiz einfiel. Dabei wirkt diese Floskel, als ob sie noch aus der Zeit von vor dem Mai 1945 stammte, als der Stehsatz „über Auftrag von Berlin" alles weitere Nachfragen und Nachdenken erübrigte und man einfach tat, was einem von „Berlin" befohlen wurde.

Irritierend auch, daß in jenem Verfahren das Thema des T4-Einsatzes im Osten überhaupt nicht zur Sprache kam, obwohl die Pflegerinnen Raab und Hammelsböck dezidiert erzählt hatten, daß sie auch in Minsk im Einsatz waren, und obwohl Hödl doch als Fahrer Franz Stangl in den Vernichtungslagern des Ostens und dann auch in Istrien, in San Saba begleitet hatte. Obwohl Treblinka bis zum Jahr 1947 wiederholt bei den Nürnberger Prozessen erwähnt wurde. Und obwohl man den Treblinka-Kommandanten

Stangl im eigenen Haus in Haft hatte. Wie dieses Gericht mit Stangl umging, irritiert ganz besonders. Es sieht aus, als hätte es ihm gegenüber außerordentliche Rücksichtnahmen gegeben oder irgendwelche Absprachen mit den Justizbehörden. Möglicherweise hatte er Freunde im Polizei- und Justizapparat, Freunde von früher, aus der Nazizeit. Die Art, wie er schließlich aus dem Linzer landesgerichtlichen Gefangenenhaus geflohen ist, macht diesen Schluß geradezu zwingend.

Da wundern einen kleinere Ungereimtheiten fast schon nicht mehr. Etwa daß Staatsanwalt Dr. Staffelmayr in seiner Anklage vom 28. Juli 1947 beantragte, den „hier in Haft befindlichen Vinzenz Nohel" zwecks Einvernahme vorzuführen. Tatsächlich stand Nohel seit spätestens 29. März 1946 in Dachau vor einem amerikanischen Militärgericht – und war zum Zeitpunkt von Staffelmayrs Antrag bereits seit zwei Monaten tot. Denkbar auch, daß das Volksgericht unter Richter Dr. Niederhuber – eineinhalb Jahre nach dem Ende des Dritten Reiches – einfach heillos überfordert war. Es hinterließ jedenfalls eine Palette von Fragen, die nie mehr beantwortet werden.

Das Urteil gegen Hödl und Merta ließ Ende 1947 bei der Frau des früheren Hartheimer Büroleiters und Kommandanten von Sobibor und Treblinka, Franz Stangl, alle Alarmglocken läuten. Theresa Stangl lebte mit den drei Töchtern in Wels – mit einem ungarischen Hausmädchen, das im KZ Mauthausen gewesen war. In der Zeitung las sie einen Vorbericht vom Prozeß, in dem geschrieben wurde, daß Stangl der Polizeichef von Hartheim gewesen war. Nach Theresa Stangls eigener Schilderung hatte sie bis dahin – 1947! – nicht gewußt, daß ihr Mann im Schloß gearbeitet hatte, und auch nicht, was dort vorgefallen war. Mit der Zeitung in der Hand ging sie zu ihrem Mann in das Gefängnis.

Es muß eine äußerst seltsame Untersuchungshaft gewesen sein, die der Nazi-Großverbrecher Stangl in Linz absaß. Theresa Stangl nannte es ein „offenes Gefängnis". Franz Stangl hatte eine Einzelzelle, und er arbeitete in einer Baueinheit. Seine Frau konnte ihn besuchen, wann sie wollte, und sie konnte so lange bleiben, wie sie wollte. Die beiden konnten auch ungehindert im Haus spazierengehen und „alles Mögliche tun", so Theresa Stangl. Nach ihrer Erinnerung hätte Paul, wie sie ihn damals nannte, "jederzeit einfach herausmarschieren können, wann immer er es wollte."

Theresa zeigte Paul/Franz Stangl die Zeitung und fragte: "Ist das wahr? Aber dann, warum hast du mir nichts gesagt? Wußtest du nicht, daß ich dir beigestanden wäre?"

Franz Stangl: "Ich wollte dich damit nicht belasten."

Dann erzählte er ihr von den Opfern von Hartheim, daß sie schwerkrank waren, daß niemand ohne die Bescheinigungen von vier Ärzten getötet werden konnte. Theresa Stangl erklärte später, bei den Gedanken an die Menschen, die in Sobibor und Treblinka getötet wurden, habe sie "fürchterlich gelitten", aber über Hartheim fühle sie nicht dasselbe. Sie habe auch keine Vorstellung gehabt, wie "der Tötungsprozeß" in Polen und Hartheim vor sich ging: "Ich stellte mir irgendwie vor, daß sie die Menschen auf einem Platz versammelten und dann eine Gasbombe explodieren ließen. Und ich dachte, daß die Menschen in Hartheim Spritzen bekamen. Nein, in aller Aufrichtigkeit muß ich gestehen, daß ich Hartheim nicht so arg fand."

Theresa Stangl ging zum Hartheim-Prozeß und hörte, wie Franz Hödl, der Chef der Hartheimer Busfahrer und Fahrer Stangls in Polen und Istrien, einvernommen wurde. Über Stangl sagte Hödl auf Fragen des Anklägers: "Stangl hatte nichts mit dem Töten zu tun. Er war nur für Polizeiangelegenheiten verantwortlich." Da war Stangls Frau "sehr erleichtert".

Sie eilte wieder ins Gefängnis und sagte zu Franz Stangl: "Wenn dieser Fahrer schon vier Jahre kriegt, was wirst du kriegen als früherer Polizeivorstand von diesem Ding?" Franz/Paul müsse weg, und zwar sofort, sagte Theresa, sie werde ihm Geld bringen, und ihren Schmuck, sie sprach von einem Cousin in Meran, und von einem früheren Arbeitgeber in Florenz, den Duca di Corsini, die würden ihm helfen.

Franz Stangl zögerte und zauderte. Er wollte bleiben. Offensichtlich dachte er wirklich, mit einer milden oder gar keiner Bestrafung davonzukommen. Schließlich hatte er persönlich nie einen Menschen angerührt oder gar getötet, er war nur für Verwaltungssachen zuständig gewesen. Theresa Stangl sagte schließlich, daß sie es nicht mehr aushalte. Wenn er nicht fliehen, sich im Ausland eine Arbeit suchen und Geld zum Leben schicken würde, würden sie und die Kinder sterben. „Ich bin am Ende meiner Kräfte", sagte sie. Ende Mai 1948 war Stangl umgestimmt. Er floh am 30. Mai aus dem landesgerichtlichen Gefangenenhaus.

Nach den Darstellungen des Ehepaares Stangl ist Franz damals einfach mit einem zweiten Häftling, einem gewissen Hans Steiner, aus dem Gefängnis hinausspaziert, mit Rucksäcken voll Proviant umgehängt, in den Taschen 500 Schilling, die Ersparnisse Theresa Stangls, eine wertvolle Uhr, einen goldenen Ring und eine Kette, ein Erbstück von Theresas Großmutter. Tags darauf kam ein österreichischer Polizist in Theresas Wohnung und fragte, ob ihr Mann daheim sei. Theresa verneinte und forderte den Beamten auf, die Wohnung zu durchsuchen. Der Polizist winkte höflich ab und ging wieder. Sonst erkundigte sich niemand mehr nach Franz Stangl, weder österreichische noch amerikanische Beamte und auch keine Zeitungsleute.

Stangl und Steiner gingen zu Fuß nach Graz. Sie kamen an einem Haus vorbei, das gerade abgerissen wurde. Einer von den Arbeitern kam auf sie zugerannt, er rief: „Herr Hauptsturmführer!" Es war Gustav Wagner, der SS-Kamerad Stangls aus Hartheim und Istrien. Wagner bat inständig, mitgenommen zu werden, Stangl willigte ein. Zu Fuß schlugen sie sich nach Meran durch, fanden den Cousin von Stangls Frau nicht. Ein Carabinieri nahm Stangl auf der Straße fest, ohne besonderen Grund. Der holte ein Bild seiner Frau und der Kinder aus der Tasche, klagte, wie arm die Familie sei und wie sehr sie ihn bräuchten, um sie zu ernähren. Der Italiener ließ ihn laufen.

Die Schilderung Stangls, er sei einfach aus dem Gefängnis in Linz hinausspaziert und dann durch ganz Österreich und halb Italien marschiert, wurde von Simon Wiesenthal stark angezweifelt. Ohne Papiere und als flüchtiger Strafgefangener hätte Stangl nicht so ohne weiteres Grenzen überschreiten können, meint Wiesenthal. Er ist der Ansicht, daß Stangl die ganze Zeit über Helfer hatte, daß er mit Geld und falschen Papieren versorgt wurde und daß die Flucht bestens organisiert war von einer Gruppe wie der Organisation „Odessa". Ob dem wirklich so war, läßt sich weder belegen noch widerlegen. Selbst die Existenz von Nazi-Fluchthelfer-Gruppen wie „Odessa", „Kreis Rudel" oder „Kameradschaftswerk" läßt sich nicht zweifelsfrei nachweisen.

Stangl, Steiner und Wagner marschierten nach Florenz, doch die Verwandten seiner Frau waren nicht anwesend, also gingen die drei Österreicher weiter bis nach Rom. Dort half man ihnen – im Vatikan. Stangl hatte gehört, daß ein Bischof Hudal katholischen SS-Offizieren Unterstützung gewährte. Jener Alois Hudal stammte aus Graz; der einstige Professor für alttestamentliche Bibelwissenschaften hatte es dank seiner Mithilfe bei den Konkordatsverhandlungen von 1933 zum deutschen Bischof gebracht. 1937 hatte er in Deutschland ein Werk namens „Die Grundlagen des Nationalsozialismus – eine ideengeschichtliche Untersuchung" publiziert. Darin lieferte er folgende Einschätzung der Nazis: „Niemand im katholischen Lager leugnet das Positive, Große und Bleibende, das in dieser Bewegung gelegen ist." 1948, im Jahr von Stangls Flucht, war Hudal Rektor des Priesterkollegs Santa Maria del Anima und Beichtvater der deutschen Gemeinde in Rom. Das Kollegicum Germanicum des Priesterseminars verschaffte Stangl einen Posten, wo er bis zur Weiterreise arbeiten konnte.

Hudal half etlichen Nazi-Größen bei der Flucht. Daraus abzuleiten, „der Vatikan" habe Nazi-Mörder unterstützt und geschützt, scheint allerdings ein unzulässiger Kurzschluß zu sein. Denn Hudal hatte wegen seines Engagements für die NS-Schergen im Vatikan selbst sehr viele Gegner, und dieses Engagement war auch der Grund, warum er 1952 von der römischen Kurie abgesetzt und aus dem Anima-Rektorsposten entlassen wurde. Auch bei der Bewertung von Hudals Motiven muß man vorsichtig sein. So hat er sich etwa 1943 in Rom für die Juden eingesetzt, als die Nazis nach der Besetzung Roms mit Verhaftungen und Abtransporten begannen. In seiner Autobiographie „Römische Tagebücher", die 1976 in Graz erschien, wertete Hudal den Zweiten Weltkrieg als eine Form der Rivalität wirtschaftlicher Großkomplexe, als Köder für die Massen seien hiefür „Demokratie, Rasse, Religionsfreiheit und Christentum" mißbraucht worden. Und er schrieb: „Diese Erfahrungen haben mich schließlich veranlaßt, nach 1945 meine ganze karitative Arbeit in erster Linie den früheren Angehörigen des NS und Faschismus, besonders den sogenannten ‚Kriegsverbrechern' zu weihen, die von Kommunisten und ‚christlichen' Demokraten verfolgt wurden ... obwohl diese Angeklagten vielfach persönlich ganz schuldlos ... und so das Sühneopfer für große Fehlentwicklungen des Systems waren." In seinen Memoiren klagte er den Heiligen Stuhl an: „Über diese letzte geleistete Hilfe, die mir bald an der römischen Kurie den Titel eines nazistischen, faschistischen Bischofs eintrug ..., bin ich schließlich als untragbar für die Vatikanpolitik gefallen."

Die genauen Umstände, wie Hudal und der Vatikan Stangl, Steiner und Wagner zur Flucht verhalfen, wie sie die SSler mit Geld und Papieren ausstatteten, sind unbekannt. Anscheinend bekam der einstige Hartheimer Büroleiter und Treblinka-Kommandant einen Rot-Kreuz-Paß, lautend auf den Namen Paul Franz Stangl, Staatsbürgerschaft österreichisch, der auch die Daten seiner Frau Theresa und seiner Kinder Gitta, Renate und Isolde enthielt. Unter diesem Namen – Paul Stangl – lebte er in der Folgezeit. Stangl gelangte jedenfalls unbehelligt nach Syrien. Etwa ein Jahr später ließ er Frau und Kinder nachkommen. Die Familie wohnte bis 1951 in Damaskus. Das Leben war angenehm, die Stangls waren bald der gesellschaftliche Mittelpunkt der kleinen deutschen Gemeinde. Theresa Stangl unternahm kulturhistorische Reisen, unter anderem besuchte sie Ausgrabungen in Mesopotamien. Dann aber gab es ein Problem: Der Besitzer des Hauses, in dem sie lebten, ein alter Mann, der pensionierte Polizeipräsident von Damaskus, begann Stangls mittlerer Tochter Renate, gerade 14 Jahre alt, blond und hübsch, nachzustellen.

Die Familie beschloß, nach Südamerika auszuwandern. Da es in Damaskus keine südamerikanischen Konsulate gab, fuhr Theresa Stangl nach Beirut und klapperte die Botschaften ab. Schon bei der zweiten Vorsprache, es war im brasilianischen Konsulat, hatte sie Erfolg. Der brasilianische Konsul war erfreut, als er hörte, daß Stangl Maschinenbauingenieur von Beruf sei. Innerhalb eines Monates bekam die Familie Visa. Per Schiff reisten sie über Genua nach Sao Paulo. Zuerst lebten die Stangls in einer Pension. Paul/Franz fand sofort Arbeit, zuerst bei der Textilfirma Sutema, nach ein paar Jahren bei der brasilianischen Volkswagen-Niederlassung. Die Stangls bauten ein wenig außerhalb von Sao Paulo, in Sao

Bernardo do Campo, ein kleines Haus. 1955 begann Paul/Franz Stangl zu kränkeln, wahrscheinlich waren es schon damals Probleme mit dem Herzen, die aber nicht erkannt wurden, bis er 1966 einen Herzanfall erlitt.

1954 meldeten sie sich unter dem eigenen Namen, Stangl, beim österreichischen Botschafter Otto Heller in Sao Paulo an. Auch 1957 und 1958, als Stangls Töchter heirateten und Abschriften der Papiere ihres Vaters brauchten, wurden ihnen diese – auf den Namen Stangl – ohne jegliche Probleme und ohne Nachfragen ausgestellt. Stangls Anwesenheit in Sao Paulo war also der österreichischen Botschaft bekannt. Dennoch blieb er unbehelligt, als sein Name 1961 (13 Jahre nach der Flucht aus dem Linzer Gefängnis!) erstmals auf der offiziellen Fahndungsliste des Staates Österreich stand, die an alle Botschaften und Konsulate geht. Stangls Nummer auf dieser Liste: „34/34 Mord: Tatbestand Treblinka". Möglicherweise ist der Grund, warum Stangl weitere sechs Jahre in Brasilien leben konnte, ohne von Fahndern belästigt zu werden, einfach nur österreichische Schlamperei gewesen. Immerhin stand sein Name auch noch 1971 auf dieser Fahndungsliste, die jährlich erneuert wird. 1971 aber war Stangl bereits angeklagt, abgeurteilt und gestorben.

Zurück ins Jahr 1948. Am 27. April erhob der Linzer Staatsanwalt Wilhelm Größwang formell Anklage gegen Franz Stangl, die Niedernharter Pfleger Karl Harrer und Leopold Lang und den Hartheimer Busfahrer Franz Mayrhuber. Harrer war der pflegerische Leiter von Lonauers Todes-Station V in Niedernhart gewesen, Lang sein Gehilfe. Stangl, Harrer und Lang hätten „in bewußt gemeinsamen Zusammenwirken mit Dr. Lonauer und Dr. Reno (so steht der Name in der Anklageschrift) gegen eine Anzahl von Heil- und Fürsorgepfleglingen in der Absicht, sie zu töten, auf eine solche Art gehandelt, daß deren Tod erfolgte, und zwar Stangl als organisatorischer Leiter der Massenvernichtungsanstalt Hartheim, Harrer und Lang durch tätige Mitwirkung an den von Dr. Lonauer und Dr. Reno an Anstaltspfleglingen vorgenommenen tödlichen Injektionen. Mayrhuber habe als Lenker der Autobusse der zur Vergasung bestimmten Personen durch die Transporte dieser Personen auf eine entfernte Art zur Ausübung der von Dr. Lonauer und anderen an geisteskranken Fürsorgepfleglingen und anderen Personen begangenen Morde und zu der in der Zeit der NS-Gewaltherrschaft durch Dr. Lonauer und andere durch Ausnützung dienstlicher Gewalt bewirkten Versetzung in einen qualvollen Zustand und deren empfindlicher Mißhandlung Hilfe geleistet und zur sicheren Vollstreckung dieser Übeltaten beigetragen." Den alten Nazis Stangl und Mayrhuber warf die Staatsanwaltschaft auch Hochverrat nach dem NS-Verbotsgesetz vor.

Staatsanwalt Größwang hat in seiner Anklageschrift den organisatorischen und bürokratischen Ablauf der Euthanasie, die er als „Aktion Brak" bezeichnet (Gemeint: Hauptamtsleiter Victor Brack aus der Kanzlei des Führers; A.d.V.), bereits ausführlich und detailliert beschrieben. Er schildert die Einbettung in höchste politische Verwaltungsstellen, den Ablauf der Kranken-Erfassungen, die Tätigkeit der Gutachter, das System der Durchschleuse-Anstalten, die Abwicklung des Mordens inklusive letzter Scheinuntersuchung in den Vernichtungsanstalten selbst und die Abwicklung der Todesfall-Beurkundungen mit falschen Todesursachen und falschen Sterbeorten. Und er widmet auch den Ereignissen in Niedernhart, dem Morden mittels Spritzen im Zuge der „wilden" Euthanasie, breiten Raum.

Die Rolle Stangls schätzte der Staatsanwalt so ein: „Sein Anteil an dem Massenmord in Hartheim war darin gelegen, daß er das reibungslose Funktionieren der Mordmaschine gewährleistete. Durch seine Tätigkeit an leitender Stelle schuf er erst die Voraussetzungen, die es Dr. Lonauer und Dr. Reno ermöglichten, ihre Massenvernichtung durchzuführen. Mit Rücksicht auf seine Verwendung muß er als einer der leitenden Köpfe dieser Vernichtungsanstalt betrachtet werden und hat daher als Mittäter alle jene Morde und Quälereien zu verantworten, zu denen er die Voraussetzungen schuf, selbst dann, wenn er an der letzten technischen Durchführung der Morde nicht persönlich Anteil genommen hat." Über Stangls Wirken in Sobibor, Treblinka und San Saba wird in der Linzer Anklage kein Wort verloren.

Am 30. Mai 1948 floh Stangl aus dem Linzer Gefangenenhaus. Einen Monat später begann der Prozeß gegen Harrer, Lang und Mayrhuber. Daß Stangl geflohen war, schien den damaligen Medien keinerlei Relevanz zu besitzen, es hatte offensichtlich kein Journalist davon erfahren und es interessierte wahrscheinlich auch keinen. Denn nur so ist jene Meldung in den Oberösterreichischen Nachrichten vom 2. Juli zu verstehen, also dem Tag, an dem der Prozeß gegen Haller, Lang und Mayrhuber begann: „Die Verbrechen in Schloß Hartheim. Linz. Heute beginnt vor einem Linzer Volksgerichtssenat ein neuer Prozeß, der die Massenmorde im Schloß Hartheim bei Alkoven in Oberösterreich zum Gegenstand hat. Die Opfer dieser Morde waren Geistesschwache und Fürsorgezöglinge, die entweder massenweise vergast oder mittels Injektionen ins Jenseits befördert wurden. Angeklagt sind der organisatorische Leiter dieser Mordanstalt, der 40jährige frühere Kriminalbeamte Franz Stangl aus Wels, die Pfleger Karl Harrer aus Alharting und Leopold Lang aus Linz sowie der Kraftfahrer Franz Mayrhuber aus Neumarkt ..." Daß Stangl schon vor Wochen ausgebrochen war, scheint weder jener Kraft beim Landesgericht bekannt gewesen zu sein, welche die Gerichtstermine an die Zeitungen übermittelte, noch dürfte ein Journalist davon gehört haben.

Der Prozeß begann am 2. Juli, einem Freitag, morgens um halb neun, den Vorsitz führte Dr. Bierleutgeb, Richter war Dr. Hofer, als Schöffen nahmen Heinrich Putscher, Otto Hartmann und Johann Michetschläger teil, als Verteidiger trat Dr. Hirnschall für Harrer auf, Dr. Soche von der Kanzlei Zamponi vertrat Lang und Mayrhuber. Geladen waren zehn Zeugen – Pflegerinnen und Pfleger aus Gschwendt, Hartheim und Niedernhart sowie drei Ärztekollegen Lonauers, darunter sein Vorgänger als Direktor, Dr. Josef Böhm. Dieses Verfahren war noch kürzer als das im Jahr davor, es ging in eineinhalb Tagen über die Bühne.

Lang hatte bei den Polizeiverhören in den Monaten vorher noch zugegeben, bei etwa 200 Pfleglingen die Arme abgebunden zu haben, denen dann Lonauer die Todesspritze verabreicht hatte. Vor Gericht war seine Erinnerung daran plötzlich geschwunden. Er konnte sich nur noch an höchstens zehn Fälle erinnern. Harrer gab zu, bei etwa 100 Injektionen anwesend gewesen zu sein – allerdings sei er nie informiert gewesen, ob es sich dabei jetzt um eine tödliche Spritze handle, oder ob der Herr Primar vielleicht aus medizinischen Gründen eine Injektion verabreichte, was auch oft vorgekommen sei. Immerhin seien bei weitem nicht immer alle Leute gestorben, die Lonauer gespritzt hatte. Daß die Abteilungen V und VIII Todesstationen waren, erzählte er detailliert – wohl auch, weil dies praktisch alle Zeugen aussagten, die zum Bereich Niedernhart gefragt wurden. Seine Arbeit in Hartheim schilderte Harrer überwiegend als Ausüben von untergeordneten Hilfsdiensten.

Franz Mayrhuber legte seine Verantwortung als Fahrer der grauen Todesbusse so ab: Er habe sich zu dieser Arbeit nicht freiwillig gemeldet, sondern sei dienstverpflichtet worden. Er habe sich wiederholt bemüht, von Hartheim wegzukommen, erzählte er, sei aber vom Polizeichef Wirth unter schärfsten Drohungen davon abgehalten worden. Was die Anklage wegen Hochverrats betraf – also die Mitgliedschaft bei der NSDAP während der Zeit, als diese Partei verboten war – bestritt Mayrhuber die Vorwürfe. Er sei nicht aus Sympathie für die Nazis im Jahr 1934 nach Deutschland emigriert, sondern weil er in Österreich keine Arbeit mehr gefunden habe. Und er sei damals Mitglied bei keiner Partei gewesen, auch nicht der NSDAP. Erst 1941 sei er der Partei beigetreten, seine Mitgliedsnummer liege über acht Millionen. Zur Österreichischen Legion sei er gleichsam unfreiwillig gekommen, man habe alle Österreicher ohne Papiere – und damit ohne Schutz durch die österreichische Botschaft – in die Legion eingereiht.

Am ersten Verhandlungstag wurden alle drei Angeklagten gehört, und es wurden die zehn Zeugen einvernommen. Dann wurde noch die ausführliche Darstellung der Vorgänge in Hartheim verlesen, die Vinzenz Nohel zu Protokoll gegeben hatte.

Die Oberösterreichischen Nachrichten berichteten am 3. Juli vom ersten Verhandlungstag in einer einspaltigen Meldung, die 35 Zeilen zählte. Daß sie einen Tag davor noch geschrieben hatten, auch Stangl werde vor den Richter geführt, korrigierte die Zeitung mit keinem Wort. Aus heutiger Sicht erscheint es höchst seltsam, wenn Journalisten nichts darüber schreiben, daß bei einem Prozeß einer der Angeklagten abhanden gekommen ist, und daß dies durch Flucht geschehen ist. Dies verstärkt den Verdacht, daß Stangl neben Fluchthelfern aus sehr einflußreichen Kreisen auch überall in der Linzer Gesellschaft alte Freunde gehabt hat, die für Stillschweigen um seine Person sorgten. Bemerkenswert erscheint den Oberösterreichischen Nachrichten ein anderes Detail: „Geradezu grotesk erschien die Mitteilung, daß die Ermordeten sauber gewaschen, gekleidet und aufgebahrt worden waren."

Am 3. Juli 1948 – das Volksgericht verhandelte auch am Samstag – hielten Staatsanwalt und Verteidiger die Plädoyers. Dr. Größwang bezeichnete die Vorgänge in Niedernhart und Hartheim als „organisierte Menschenschlächterei", und er versuchte zumindest, das wahre Ausmaß dieses Verbrechens anzudeuten. Allerdings war der Ermittlungsstand der Justiz – drei Jahre nach Kriegsende – äußerst dürftig: Staatsanwalt Größwang konnte nur vage schätzen, daß während des Krieges „im Großdeutschen Reich fünf oder sechs Massenvernichtungsanstalten wie Hartheim" bestanden. Die Verteidiger plädierten auf nicht schuldig und forderten Freisprüche für ihre Mandanten. Schließlich hätten Harrer, Lang und Mayrhuber die Euthanasie ja für eine rechtmäßige Sache gehalten, und als solche sei sie ihnen von Berlin auch befohlen worden.

Der Vorsitzende Richter Dr. Bierleutgeb erhob sich um elf Uhr vormittags, setzte sein Barett auf und verkündete die Urteilssprüche: „Karl Harrer und Leopold Lang sind schuldig, sie haben in Niedernhart bei Linz zwischen 1940 und 1943 bei den von Dr. Lonauer an zahlreichen Pfleglingen in Tötungsabsicht und mit Tötungserfolg durchgeführten Injektionen, ohne unmittelbar selbst Hand anzulegen und auf eine tätige Weise mitzuwirken, auf eine andere, entferntere Art zur Tat beigetragen. Sie haben hiedurch das Verbrechen der entfernten Mitschuld am Mord begangen." Karl Harrer, Lonauers Chef-Pfleger auf der Niedernharter Todesstation, faßte fünfeinhalb Jahre schweren Kerker aus, Leopold Lang, sein Gehilfe, wurde zu drei Jahren schweren Kerker verurteilt, für beide verschärft durch ein hartes Lager vierteljährlich. Franz Mayrhuber, der altgediente Nazi und Hartheimer Busfahrer, wurde sowohl vom Vorwurf der Beihilfe zu Lonauers Untaten freigesprochen, als auch vom Vorwurf des Hochverrates als illegaler Nazi.

Vor allem die Begründung von Richter Bierleutgeb für den Freispruch Mayrhubers ist ein exemplarisches Beispiel dafür, wie sehr offensichtlich die Gesellschaft schon daran interessiert war, die alten Angelegenheiten ruhen zu lassen und die Täter zu ent-schuldigen, weil sie einerseits unter Befehlsnotstand gestanden hätten und andererseits doch nur die kleinen Räder im Getriebe gewesen waren und nicht die Betreiber und wahren Initiatoren der Verbrechen – welche leider meist nicht greifbar waren.

Zu Mayrhubers Tätigkeit als Fahrer der grauen Gekrat-Busse ließ sich Richter Bierleutgeb folgendermaßen aus: „Es ist zwar zweifellos richtig, daß auch Mayrhuber bei der Vollbringung der in Hartheim geschehenen Verbrechen mitgeholfen hat, allein nicht jede noch so weit entfernte Hilfeleistung bei einem Verbrechen stellt sich bereits als eine nach Paragraph 5 StG. zu beurteilende Beihilfe dar. Im philosophischen Sinne hat er zweifellos mitgeholfen und ist seine Handlungsweise eine der Bedingungen des Verbrechens gewesen. Aber genau so wie in der Frage der Kausalität zwischen philosophischem und juristischem Umfang dieses Begriffs ein Unterschied besteht, insoferne, als nicht jede Bedingung des Verbrechens einen juristischen Kausalzusammenhang herstellt, sondern es immer im Einzelfall auf das gesunde Rechtsempfinden ankommt, welche Ereignisse einen Kausalzusammenhang im juristischen Sinne begründen, genau so kann von einer Beihilfe im strafrechtlichen Sinne nur dann gesprochen werden, wenn die Hilfeleistung nach gesundem Rechtsempfinden in irgendeine unmittelbare Verbindung mit der Haupttat gebracht werden kann."

Die sprachliche Monströsität dieses Satzes lenkt leicht von der Fragwürdigkeit seines Inhalts ab. Denn Richter Bierleutgeb vermittelt den Eindruck, als folge er dem System, das die Nazi-Ideologen erfunden hatten, um den tatsächlichen Tätern die Skrupel zu nehmen: Der eine rührt keinen Menschen an, er erledigt nur den Papierkram. Der andere dreht am Gashahn, aber er erfüllt damit nur einen Befehl zu einer Sache, für die andere, Ärzte sogar, die Verantwortung übernommen haben. Der andere wieder sieht nur zu und sagt dem Helfer, wann er die Gaszufuhr stoppen soll, aber er tötet keinen Menschen persönlich. Und der nächste beseitigt nur die Leichen, hat aber mit dem Morden nichts zu tun. Und so weiter und so weiter, bis schließlich eine Reihe von Menschen dasteht, von denen jeder einzelne Handlungen gesetzt hat, die in der Bierleutgebschen Diktion zwar eine „Bedingung des Verbrechens" waren, aber deshalb muß es noch lange keinen „juristischen

Kausalzusammenhang" – sprich strafrechtliche Verantwortung – geben. Darüber hat dann ein nicht näher definiertes „gesundes Rechtsempfinden" zu befinden – bei Nazitätern tat es dies oft genug zugunsten der Verdächtigen.

Doch weiter in der genau genommen ungeheuerlichen Urteilsbegründung von Dr. Bierleutgeb: „Genau so wenig könnte der Eisenbahner oder Lokführer, wenn diese Transporte nach Hartheim per Bahn durchgeführt worden wären, oder der Mann wegen Mitschuld am Morde belangt werden, der beispielsweise das Gas zur Vergasung oder Kohle zur Veraschung der Leichen lieferte. Alle diese Personen haben zwar auch bei den in Hartheim begangenen Verbrechen mitgeholfen, ohne ihre Tätigkeit hätten die Verbrechen nicht, oder nicht so, wie sie erfolgt sind, durchgeführt werden können, allein ihre Hilfestellung steht nicht in unmittelbarem Zusammenhang mit der Ermordung selbst, sodaß es nach Ansicht des Gerichtes dem gesunden Volksempfinden widerstrebt, sie als Gehilfen des Mörders zu bestrafen. Das gleiche trifft aber auch für den Autobuslenker zu, der die Opfer nach Hartheim brachte." Die Helfer, die Handlanger, die Lieferanten des Gases zur Verantwortung ziehen – das widerstrebte schon 1948 dem „gesunden Volksempfinden"!

Das Schreckliche daran: Richter Bierleutgeb hat, verfolgt man alle wahrnehmbaren öffentlichen Reaktionen auf diesen Prozeß, wahrscheinlich das „gesunde Volksempfinden" richtig eingeschätzt. Und bei einer Abstimmung würde er womöglich auch heute noch immer – oder schon wieder – eine Mehrheit für seine Ansicht finden.

In der Causa von Mayrhubers illegaler NS-Mitgliedschaft saßen Richter und Schöffen schlicht den Lügen des Angeklagten auf, die sie bei etwas sorgfältigerer und aufwendigerer Beschaffung von Beweismitteln leicht widerlegen hätten können. Man glaubte Mayrhuber einfach, als er sagte, er sei ja gar kein Nazi gewesen. Und in der „bloßen Tatsache der Legionszugehörigkeit" erblickte das Gericht keine besonders verwerfliche Handlungsweise: „Ein Eintritt in die Legion kann nur dann als besonders verwerflich gewertet werden, wenn er aus politischen Gründen erfolgte und in der bloßen Zugehörigkeit zur Legion kann diese besondere Verwerflichkeit ... nicht erblickt werden."

Bierleutgeb vermittelt in seiner Urteilsbegründung den Eindruck, als ob er an der Euthanasie an sich nichts wirklich Verwerfliches gefunden hätte, ihr Manko sei es gewesen, daß sie nicht „ausschließlich auf Grund eines ordnungsgemäßen Gesetzes" durchgeführt wurde. Er schreibt: „Es ist ... nicht richtig, daß die Tötung von unheilbaren Geisteskranken typisches NS-Gedankengut darstellte, da auch in verschiedenen anderen Staaten (Teilstaaten der USA und teilweise die skandinavischen Länder) diese sogenannte Euthanasie gesetzlich verankert ist und auch tatsächlich durchgeführt wird."

Damit war die oberösterreichische Justiz mit der Causa Hartheim fertig, in Folge waren die Greueltaten im Schloß bei Alkoven und in der Pflegeanstalt Niedernhart in Linz nie wieder Gegenstand eines Strafverfahrens auf dem Boden des einstigen Gaus Oberdonau. Die Sache wurde zu den Akten gelegt, und zwar mit besonderen Vorkehrungen, damit sie dort auch bleibe. Die Prozeßakten der beiden Hartheimer Volksgerichtsprozesse wurden auf 50 Jahre gesperrt, nur besonders ausgewiesene Historiker durften Einsicht nehmen, nur dann, wenn sie sich verpflichteten, die Daten und Informationen nicht personenbezogen zu verwerten. Sprich: Wenn sie keine Namen, von Tätern oder Opfern, nannten.

Und die diversen Bestandsakten, Krankengeschichten, Aufnahme- und Abgangsbücher der einstigen Euthanasie-Anstalt Niedernhart sind noch massiver vor jedem Einblick Neugieriger geschützt: Die Dokumente und Akten, die im Archiv des jetzigen Wagner-Jauregg-Krankenhauses lagern, werden erst 100 Jahre nach den Ereignissen, also im Sommer 2045, wieder zugänglich. Daß Krankengeschichten besonderen Schutzes bedürfen, liegt auf der Hand. Daß man aber diese speziellen Akten auch heute noch, wo praktisch niemand mehr vom damaligen Personal lebt, derart massiv unter Verschluß hält, nährt natürlich den Verdacht, daß diese Schriftstücke brisant sind. Wahrscheinlich, so mutmaßen Historiker, könnte man bei entsprechendem Arbeitsaufwand und medizinischer Fachkenntnis anhand der Krankengeschichten in jedem einzelnen Niedernharter Todesfall genau feststellen, ob die von Lonauer angegebene Todesursache medizinisch überhaupt möglich ist. Wahrscheinlich, so schätzen Historiker, käme dann die

Tatsache, daß es sich um Morde handelt, in hunderten, ja, in tausend oder mehr Fällen derart deutlich ans Tageslicht, daß Angehörige und/oder Versicherungsanstalten bei Gericht mit Klagen gegen die Rechtsnachfolger der Pflegeanstalt Niedernhart durchkämen.

Jedenfalls schien an jenem 3. Juli 1948 nicht nur die Justiz froh zu sein, das Kapitel Hartheim erledigt zu haben. Auch die Medien wandten sich sichtlich erleichtert ab. Der Bericht der Oberösterreichischen Nachrichten über das Urteil etwa, erschienen am Montag, dem 5. Juli, umfaßte nur noch dürre 19 Zeilen – bei einem Fall, in dem es um 20.000 oder 30.000 Tote in Hartheim und mindestens 1000 Morde in einem der größten Krankenhäuser der Landeshauptstadt Linz ging.

Zumindest mit seiner Verharmlosung der Nazi-Vergangenheit des Hartheimer Busfahrers Franz Mayrhuber kam Richter Dr. Bierleutgeb nicht durch. Er hatte bereits in mehreren Verfahren nach dem neuen Verbotsgesetz zugunsten alter Nazis entschieden, und zwar immer mit der gleichen Begründung, daß die Legionszugehörigkeit von aus Österreich ins Reich geflüchteten „Illegalen" noch keinen strafbaren Tatbestand darstelle, wenn der Eintritt in die Legion nicht „aus politischen Gründen" erfolgte. Selbstverständlich sagten viele Alt-Nazis, daß sie nicht aus ideologischer Überzeugung in die Legion eingetreten seien, sondern daß man damals eben alle Österreicher in Deutschland zusammengezogen habe, ob sie wollten oder nicht. Was Bierleutgeb genügte für Freisprüche. Der Oberste Gerichtshof hob jedoch alle diese Freisprüche wieder auf.

Dies geschah auch im Fall von Franz Mayrhuber. Am 6. November 1948 hob der Oberste Gerichtshof das Linzer Urteil auf und verwies es zur neuerlichen Behandlung an den Volksgerichtshof Graz. Oberstrichter Dr. Peither rügte die Linzer Kollegen ziemlich unverhohlen: Durch den Freispruch sei das Verbotsgesetz zum Vorteil des Angeklagten verletzt worden. Und weiter: „Das Urteil hat völlig außer Acht gelassen, daß der Angeklagte Franz Mayrhuber nach der Auskunft der Generaldirektion für die öffentliche Sicherheit der SA bereits seit dem Jahre 1933 angehörte und SA-Mann unter der Nummer 3089 war, ferner, daß er seit März 1933 Mitglied der NSDAP war. Daraus geht also hervor, daß der Angeklagte bereits vor dem Verbot der Partei (das in Österreich 1934 ausgesprochen wurde; A.d.V.) mit dieser und der SA verbunden war und daß daher, als er im Jahre 1934 nach Deutschland flüchtete, auch politische Motive vorgelegen sein müssen."

Über den Freispruch für Mayrhuber im Tatbestand der Beihilfe zum Mord als Fahrer der Hartheimer Todesbusse verlor der Oberste Gerichtshof kein Wort. Fragen wie die folgende beschäftigen offensichtlich nur juristische Laien und nicht Richter: Wieso bekam der Hartheimer Kraftfahrer Franz Hödl beim Prozeß im November 1947 dreieinhalb Jahre schweren Kerker aufgebrummt, während der Hartheimer Kraftfahrer Franz Mayrhuber beim Prozeß im Juli 1948 freigesprochen wurde? Zahllose solche Fragen tauchen beim Blick auf den Umgang der Justiz mit der Euthanasie auf. Die Maßstäbe, mit denen die Täter gemessen wurden, waren unterschiedlich, und sie wurden immer günstiger für die Angeklagten, je mehr Zeit zwischen Delikt und Prozeß lag. Das springt beispielsweise massiv ins Auge, wenn man sich vergegenwärtigt, daß der Hartheimer Brenner Hermann Merta im November 1947 von einem Linzer Volksgericht zu zweieinhalb Jahren schweren Kerker verurteilt wurde, und wenn man vergleicht, welche Strafe der Hartheimer Brenner Vinzenz Nohel eineinhalb Jahre davor ausfaßte. Wobei die Unterschiedlichkeit der Maßstäbe wohl in erster Linie damit zu tun hat, daß Nohels Richter keine Österreicher, sondern amerikanische Militärs waren.

Nohel ist in der Rechtssprechung über die Euthanasie eine prominente Person. Seine ausführliche Schilderung der Abläufe beim Verhör vor den Linzer Kriminalbeamten Haas und Breitschopf am 4. September 1945 wurde in praktisch allen T4-Prozessen verlesen. Nohel, leicht behindert und etwas gelähmt von dem Ast, der im Jahr 1919 beim Heimweg von der Arbeit seinen Kopf getroffen hatte, war auch eher behäbig im Denken und von sehr einfacher Wesensart. Wohl deshalb, und wahrscheinlich auch, weil er sich gar nicht des Unrechts bewußt war, das in Hartheim geschah, beschrieb er vertrauensselig den beiden Kriminalbeamten seine eigene Rolle im Mordgeschehen sehr detailliert. Wie er die mit Kot beschmutzten, ineinander verkrampften Leichen auseinanderzerrte, wie die Goldzähne ausgebrochen wurden, wie sehr die Brenner soffen, um den schlimmen Träumen zu entkommen.

Mit diesen seinen Aussagen, welche die Qualität eines Geständnisses haben, geriet Nohel auf die erste Liste von Kriegsverbrechern, die von einem US-Militärgericht angeklagt wurden. Möglicherweise spielte auch eine Rolle, daß er der Bruder eines prominenten und hochrangigen Nazis war. Jedenfalls steht Nohels Name als Nummer 46 auf einer Anklageschrift vom 7. März 1946 des Military Government Court (Militärgericht) Dachau. Die Liste, später überschrieben mit „United States versus Hans Altfuldisch et al; Case No. 000.50.5" (Die Vereinigten Staaten gegen Hans Altfuldisch und andere; Fall 000.50.5), umfaßt 61 Männer, durchwegs SS-Angehörige aus dem KZ Mauthausen und seinen Nebenlagern, und sie weist prominente Angeklagte auf. Der höchstrangige ist die Nummer 13: August Eigruber, einstiger Gauleiter von Oberdonau. Der SS-Mann Altfuldisch steht voran, weil sein Name der erste in alphabetischer Reihung ist.

Die Anklage ist sehr kurz. Nach Aufzählung der Namen von Altfuldisch bis Zoller, Viktor, heißt es (im Original auf englisch): „... sind hiermit wegen der folgenden strafbaren Handlungen angeklagt: Verletzung der Gesetze und Gebräuche des Krieges. Einzelheiten: Dadurch, daß ...(es folgt eine erneute Aufzählung aller 61 Namen) deutsche Staatsangehörige oder Personen, die mit deutschen Staatsangehörigen zusammenwirkten, in Verfolgung eines gemeinschaftlichen Vorhabens handelten, um Personen, die hierin später beschrieben werden, Tötungen, Prügelungen, Verhungerungen, tätlichen Übergriffen und Erniedrigungen auszusetzen, im oder in der Umgebung von Konzentrationslager Mauthausen, in Schloß Hartheim, und in oder in der Umgebung der Mauthausener Außenlager Ebensee, Großraming, Gunskirchen, Gusen, Hinterbrühl, Lambach, Linz, Loiblpass, Melk, Schwechat, St. Georgen, St. Lambrecht, St. Valentin, Steyr, Wien, Wiener Neudorf, alle in Österreich zu verschiedentlichen und verschiedenen Zeiten zwischen dem 1. 1. 1942 und dem 15. 5. 1945 absichtlich, vorsätzlich und rechtswidrig dazu angestiftet, dabei geholfen, darin unterstützt und daran teilgenommen haben, daß Polen, Franzosen, Griechen, Jugoslawen, Staatsangehörige der Sowjetunion, Norweger, Dänen,

III. FINDINGS AND SENTENCES:

The Court found each accused guilty and sentenced them as follows: (The numbers preceeding the names are those assigned by the Court to the respective accused. These numbers will be used hereinafter to facilitate reference to the various accused.)

1.	Altfuldisch, Hans	To death by hanging
2.	Barczay, Stefan	To death by hanging
3.	Bruenning, Willy	To death by hanging

...

38.	Ludolf, Julius	To death by hanging
39.	Mayer, Josef	To imprisonment for life
40.	Mack, Wilhelm	To death by hanging
41.	Miessner, Erich	To death by hanging
42.	Mueller, Emil	To death by hanging
43.	Mueller, Wilhelm	To death by hanging
44.	Mynzak, Rudolf	To death by hanging
45.	Neidermayer, Josef	To death by hanging
46.	Nohel, Vinzenz	To death by hanging
47.	Pribyll, Herman	To death by hanging
48.	Priebel, Theophil	To death by hanging
49.	Riegler, Josef	To death by hanging
50.	Rutka, Adolf	To death by hanging

Das Todesurteil gegen Vinzenz Nohel und den Großteil seiner Mitangeklagten im sogenannten ersten Dachauer Kriegsverbrecher-Prozeß

Belgier, Bürger der Niederlande, Bürger des Großherzogtums Luxemburg, Türken, Britische Untertanen, staatenlose Personen, Tschechen, Chinesen, Bürger der Vereinigten Staaten von Amerika und andere nicht reichsdeutsche Staatsangehörige, die zu dieser Zeit und an diesem Orte sich im Gewahrsam des damaligen Deutschen Reiches befanden sowie Angehörige von Streitkräften von Nationen, die damals im Kriege mit dem damaligen Deutschen Reiche waren, und die damals und dort als ergebene und unbewaffnete Kriegsgefangene im Gewahrsam des damaligen Deutschen Reiches sich befanden, Grausamkeiten, Prügelungen, Folterungen, Verhungerungen, tätlichen Übergriffen und Erniedrigungen ausgesetzt wurden, deren genaue Namen und deren Zahl nicht bekannt ist, aber viele Tausende beträgt. Gezeichnet: Francis F. Fainter, Colonel Infantry."

Dieser erste Dachauer Kriegsverbrecherprozeß der US-Armee begann am Freitag, den 29. März 1946, er dauerte bis zum 13. Mai 1946. Das Gericht übernahm die Anklage von Colonel Fainter wortwörtlich, mit einer kleinen Ausnahme: Das Ende des Zeitraums, in dem die Beschuldigten ihre Taten gesetzt haben sollen, wurde geändert von 15. 5. 1945 auf 5. 5. 1945. Alle 61 Angeklagten bekannten sich nicht schuldig. Dann wurde gegen einen nach dem anderen verhandelt. Bei fast allen wurden mehrere Zeugen aufgerufen, meist ehemalige KZ-Häftlinge, die Augenzeugen von Mißhandlungen, Quälereien und Morden gewesen waren.

Vinzenz Nohel plädierte auf Unzurechnungsfähigkeit. Wegen „insanity", heißt es im Prozeßbericht – Geisteskrankheit. Das Militärgericht ließ ihn von einer Psychiater- und Ärztekommission untersuchen. Deren Gutachten: Der Beschuldigte verfüge zwar über eine unterdurchschnittliche Geisteskraft („subnormal mentality"), aber er könne Recht von Unrecht unterscheiden und sei verantwortlich für seine Taten. Als Zeuge trat Bruder Gustav Nohel auf, der einstige SA-Chef und Reichstagsabgeordnete. Er bestätigte Vinzenz' Identität und gab an, dieser habe 1942 und 1943 im Schloß Hartheim gearbeitet als Heizer („stoker"). Nohel selbst gab an, von 1942 bis 1945 im Schloß gearbeitet zu haben.

Seine Aufgaben seien es gewesen, bei der Ankunft der zur Vergasung Bestimmten dafür zu sorgen, daß niemand weglief, Menschen vieler Nationalitäten für die Vergasungen „vorzubereiten", etwa durch Helfen beim Entkleiden, und anschließend die Leichen zu verbrennen. Manchmal habe man ihn auch zu reinen Putz- und Aufräumarbeiten herangezogen. Nohel betonte mehrmals, daß er wegen seiner Kopfverletzung Probleme mit dem „Denken, Lesen und Schreiben" habe. Das Gericht fragte nach, ob ihm bewußt gewesen sei, daß die Arbeit, die er in Hartheim verrichtet hatte, unrecht war. Nohel bejahte.

Ein Ex-Kollege, dessen Name in den in Österreich zugänglichen Protokollen von diesem Prozeß nicht erwähnt wird, versuchte Vinzenz Nohel zu entlasten: Der SS-Mann, der in Hartheim bei den Wachmannschaften war, sagte aus, Nohel habe von 1941 bis 1945 nichts anderes getan als die Feuerung des Krematoriums betreut und überwacht. Ins Kreuzverhör genommen, gab dieser Zeuge aber schließlich zu, ab dem Ende der „offiziellen" Euthanasie, also Mitte 1941, nicht mehr in Hartheim stationiert gewesen zu sein.

Am Montag, den 13. Mai 1946, verkündete das amerikanische Militärgericht die Urteile. Das Gericht befand alle 61 Angeklagten für schuldig. Mit Ausnahme von drei Männern wurden alle zum Tode durch den Strang verurteilt. Auch bei Vinzenz Nohel lautet die entsprechende Rubrik im Prozeßbericht: „Sentence: Death by hanging." In der Begründung heißt es, daß die Umstände, Lebensbedingungen und die Natur Mauthausens und seiner Nebenlager (Hartheim wird bis in die zeitgenössische Literatur herauf gelegentlich als Mauthausener Nebenlager geführt; A.d.V.) so beschaffen waren, daß jeder dort als Zivilist, Verwaltungskraft oder SS-Angehöriger Beschäftigte als kriminell und strafbar anzusehen sei, und daß dies jedem bewußt gewesen sei. Und weiter heißt es: „Das Gericht erklärt hiermit: Daß jeder und jede Offizielle, Verwaltungsangehörige, Militärperson, Zivilist, ob er nun Angehöriger der Waffen-SS oder der Allgemeinen SS war, oder jeder zivile Angestellte, der in irgendeiner Weise zu Überwachung von Mauthausen und seiner Nebenlager eingesetzt war oder dort stationiert oder in irgendeiner Weise am Betrieb des Konzentrationslagers beteiligt war, schuldig ist eines Verbrechens gegen die anerkannten Gesetze, Gebräuche und Praktiken von zivilisierten Nationen und gegen Buchstaben und Geist der Gesetze und Gebräuche des Krieges, und aus diesem Grund zu bestrafen ist."

Wie Vinzenz Nohel auf diesen Urteilsspruch reagiert hat, ist nicht bekannt. Sein Schwager Josef Derntl hat am 10. Juli 1946 ein Gnadengesuch an die US Army gerichtet. Den Heiligen Abend 1946, zugleich seinen 44. Geburtstag, beging Nohel in einer Todeszelle in Landsberg. Seine Frau Juliane reichte am 1. Jänner 1947 ebenfalls ein Gnadengesuch ein – ergebnislos. General Clay, Commander in Chief, European Command, bestätigte am 30. April 1947 das Todesurteil gegen Vinzenz Nohel, das damit rechtskräftig wurde. Für neun der 58 zum Tode verurteilten Kriegsverbrecher ließ Clay Gnade vor Recht ergehen, er wandelte ihre Strafen in lebenslängliche Haft um.

Die Todesurteile wurden in Landsberg am Lech vollstreckt. Jenem Städtchen, in dem Adolf Hitler nach dem gescheiterten Münchner Putsch in Festungshaft gesessen war und „Mein Kampf" geschrieben hatte. Jenem Städtchen, das nach der Machtübernahme der Nazis eine Außenstelle des Konzentrationslagers Dachau beherbergte. Daß die Amerikaner ausgerechnet Landsberg für die Exekutionen wählten, war wohl kein Zufall.

Am 27. Mai 1947, einem Dienstag, starb Vinzenz Nohel, vierundvierzigeinhalb Jahre alt, sieben Minuten nach elf Uhr vormittags am Strick des amerikanischen Henkers.

Es existiert ein Foto von Vinzenz Nohel, das aus dem Spätherbst 1940 stammen muß. Das Bild ist anläßlich eines Betriebsausfluges des Hartheimer Personals entstanden. Sie sind mit einem der Busse unterwegs, in denen sonst die Todeskandidaten transportiert werden. Irgendwo auf einer Landstraße hat der Bus angehalten, offensichtlich nur, um diese Aufnahme zu machen. Links und rechts der Straße sind abgeerntete Felder zu sehen, eine baumlose Gegend, um eine Pause zum Wasserabschlagen kann es sich nicht gehandelt haben. Die Gruppe von Männern und Frauen, den Frisuren nach SS-Angehörige in Zivil und eher kräftig gebaute Pflegerinnen, hat sich vor dem Bus postiert. Ganz rechts außen, von der Kamera her gesehen, steht Vinzenz Nohel, die Hände in den Manteltaschen, schon einen Meter weg von der Straße, fast drin im Stoppelfeld. Er schaut mürrisch in die Kamera, als ob er nicht dazugehörte. Ein Mann, der möglicherweise fünf Jahre früher Vinzenz Nohel zugesehen hat, wie er das Gas in die Kammer einließ, wie er die Leichen herausschaffte und in den Ofen schob, starb gemeinsam mit ihm: August Eigruber, einst Gauleiter von Oberdonau, der sich mindestens einmal, wahrscheinlich aber öfters, die Vergasungsprozedur in Hartheim demonstrieren lassen hatte, wurde ebenfalls in Landsberg am Lech gehängt.

Nohel, der Heizer, hat das höchste Strafausmaß von allen bekommen, die jemals im Euthanasie-Schloß Hartheim gearbeitet haben. Von den Haupttätern, den Hartheimer Chefs, waren Lonauer, Wirth und Reichleitner nicht mehr am Leben. Vor Richtern standen nur zwei der einstmals Verantwortlichen: Franz Stangl und Georg Renno.

Im April 1964 merkte Stangl im brasilianischen Sao Bernardo do Campo zum ersten Mal, daß nach ihm gesucht wurde. Sein

Vinzenz Nohel, der Hartheimer Brenner (ganz rechts), während eines „Betriebsausflugs" der T4-Belegschaft

Schwiegersohn Herbert Havel, Ehemann von Stangls mittlerer Tochter Renate, kam ihn besuchen. Havel brachte eine Zeitung aus Wien, in der stand, daß Simon Wiesenthal auf der Suche nach dem Kommandanten von Treblinka war. Renate Stangl hatte Herbert Havel gerade verlassen. Havel drohte Franz Stangl, wenn er Renate nicht dazu brächte, zu ihm zurückzukehren, würde er die ganze Familie vernichten.

Stangl glaubte daraufhin bis an sein Lebensende, daß ihn Havel an Wiesenthal verraten hatte, ein Eindruck, der auch im Jahr 1970, zur Zeit von Stangls Prozeß in Düsseldorf, durch mißverständliche Presseberichte verstärkt wurde. Angeblich habe Stangls Schwiegersohn für die Information über Stangls Aufenthaltsort von Wiesenthal 3000 britische Pfund oder 7000 US-Dollar erhalten, schrieben die Zeitungen. Wiesenthal hat diese Version mehrmals öffentlich als falsch bezeichnet, und er schreibt auch in seinem Buch „Die Mörder sind unter uns", daß die 7000 Dollar für Informationen über Stangl an einen „schäbigen Typen" gezahlt wurden, einen ehemaligen Gestapomann, der Wiesenthal in seinem Wiener Büro besucht hatte.

1965 übersiedelte die Familie Stangl in ein größeres Haus in der Ortschaft Brooklin, ebenfalls bei Sao Paulo. Vor diesem Haus wurde Franz Stangl am Abend des 28. Februar 1967 verhaftet. Eine Menge Autos waren links und rechts der Zufahrtsstraße geparkt. Franz Stangl kam mit dem Wagen, begleitet von seiner jüngsten Tochter Isolde. Wie Gitta und Renate arbeitete auch sie bei der brasilianischen Volkswagen S.A., deren damaliger Direktor Schulz-Wenk im Ruf stand, frühere Nazis zu unterstützen. Franz und Isolde Stangl hatten nach der Arbeit noch ein Bier in einer Bar getrunken. Nun blockierten Polizeiautos ihren Weg, Beamte sprangen zu Stangls Fahrzeug, legten ihm noch im Auto Handschellen an, zerrten ihn in ein Polizeiauto, das sofort wegfuhr.

Stangl wurde zuerst in einem Gefängnis der DOPS, der brasilianischen Fremdenpolizei, inhaftiert. Im Mai überstellte man ihn in ein Militärgefängnis der Hauptstadt Brasilia. Am 22. Juni 1967 wurde er an die Bundesrepublik Deutschland ausgeliefert. Seine Familie verließ das Haus in Brooklin und zog zurück in das kleinere in Sao Bernardo do Campo. Das größere Haus wurde vermietet – von diesen Einnahmen sollte Stangls Verteidigung finanziert werden. Alle einstigen Bekannten der Familie Stangl – meist ungarische, holländische und brasilianische VW-Kollegen – brachen die Kontakte ab.

Ihre Jobs bei VW konnten die drei Stangl-Töchter dank Direktor Schulz-Wenk behalten, der meinte: „Die Mädchen haben damit nichts zu tun."

Im Jahr 1970 begann vor dem Landesgericht Düsseldorf der Prozeß gegen Franz Stangl. In diesem Verfahren ging es vor allem um Stangls Rolle im Zuge der „Aktion Reinhard", durchleuchtet wurde seine Zeit als Kommandant von Sobibor und Treblinka. Die Zahl der Todesopfer der Aktion wurde beziffert mit rund 900.000 Menschen. Das Düsseldorfer Gericht arbeitete in einem aufwendigen Verfahren heraus, daß die Errichtung der drei Lager der „Aktion Reinhard" der Auftakt zur „Endlösung", also der physischen Vernichtung der europäischen Juden war, und daß in Belzec, Sobibor und Treblinka die polnischen Juden umgebracht wurden, während die Juden aus Deutschland, Frankreich, Belgien, Holland, dem Protektorat Böhmen und Mähren, der Slowakei, Griechenland,

Norwegen, Bulgarien und Ungarn in Auschwitz-Birkenau ermordet wurden.

Hartheim kam dabei als „Mörderschule" zur Sprache. Ein naheliegender Konnex, haben doch alle drei Kommandanten der reinen Vernichtungslager Belzec, Sobibor und Treblinka – Wirth, Reichleitner und Stangl – ihre Laufbahnen als Polizei-Chefs im Euthanasieschloß Hartheim begonnen. In der Urteilsbegründung des Stangl-Verfahrens heißt es: „Der Beginn der ‚Endlösung' und die Beendigung der Euthanasieaktion fielen in der zweiten Jahreshälfte 1941 zeitlich in etwa zusammen. Das nicht mehr benötigte Personal der Euthanasieanstalten, an der Spitze zum Teil aus Angehörigen der Kriminalpolizei bestehend, im übrigen teils aus ehemaligen Krankenpflegern und notdienstverpflichteten Angehörigen verschiedener handwerklicher Berufe zusammengesetzt, war bereits bei einer geheim durchgeführten Tötungsaktion großen Stils erprobt und an systematische Massenvernichtungen gewöhnt. Es schien daher besonders geeignet, bei Durchführung der ‚Endlösung' verwendet zu werden. Die Kanzlei des Führers stellte in der Folgezeit nach und nach 92 Angehörige des Euthanasieprogramms dem SS- und Polizeiführer Globocnik für die ‚Aktion Reinhard' zur Verfügung." (Mittlerweile sind Dokumente aufgetaucht, aus denen sich die Teilnahme von mehr als 100 T4-Mitarbeitern an der Judenvernichtung im Osten belegen läßt; A.d.V.)

Am 22. Dezember 1970 wurde der ehemalige Linzer Kriminalbeamte, Gestapomann, Hartheimer Büroleiter, KZ-Kommandant und VW-Arbeiter Franz Stangl vom Landesgericht Düsseldorf wegen gemeinschaftlich begangenen Mordes an mindestens 400.000 Juden zu lebenslanger Freiheitsstrafe verurteilt. Stangl legte Berufung gegen das Urteil ein. Bevor die nächste Instanz eine Entscheidung treffen konnte, starb Franz Stangl am Montag, dem 28. Juni 1971, im Gefangenenhaus.

In den Wochen davor hatte er der amerikanischen Journalistin Gitta Sereny in einer Serie von Interviews Rede und Antwort gestanden. Was für einen Sinn er in all den grauenhaften Dingen sehe, die im Dritten Reich den Juden angetan wurden, fragte die Journalistin. Stangl: „Ich bin sicher, daß es gewollt war. Vielleicht brauchten die Juden diesen enormen Ruck, um sie zusammenzubringen, um ein wirkliches Volk zu gründen, um sich miteinander zu identifizieren."

Frage: „Glauben Sie, daß Sie aus dieser Zeit in Polen etwas gelernt haben?"

Stangl: „Ja – daß alles Menschliche seinen Ursprung in menschlicher Schwäche hat." Dann sagte er, daß er Gott gemeint hatte, als er vom „gewollten Ruck für die Juden" gesprochen hatte.

Frage: „War Gott in Treblinka?"

Stangl: „Ja. Wie hätte es sonst geschehen können."

Frage: „Aber ist Gott nicht gut?"

Stangl: „Nein, das würde ich nicht sagen. Er ist gut und böse. Und dann, Gesetze werden von Menschen gemacht; und auch der Glaube an Gott hängt von Menschen ab, also beweist das nicht sehr viel, nicht? Wenn ein Mensch ein Ziel hat, das Gott heißt, was kann er tun, um es zu erreichen? Wissen Sie das?"

Die Journalistin: „In Ihrem Fall – könnte es das Suchen nach der Wahrheit sein? Nach Sich-Bekennen?"

Daraufhin sagte Stangl mit langen Pausen zwischen jedem Satz: „Mein Gewissen ist rein für das, was ich selbst getan habe. – Ich selbst habe nie absichtlich jemandem weh getan. – Aber ich war dabei. – Also ja, in Wirklichkeit bin ich mitschuldig."

Und nach einer sehr langen Pause: „Meine Schuld – ist, daß ich noch da bin. Das ist meine Schuld. Ich hätte sterben sollen. Das war meine Schuld." Neunzehn Stunden später, um die Mittagszeit des 28. Juni 1971, starb Franz Stangl im Alter von 63 Jahren an einem Herzinfarkt.

Noch am Leben war bei Drucklegung dieses Buches Dr. Georg Renno, Stellvertreter des ärztlichen Leiters von Hartheim und Niedernhart, Rudolf Lonauer. Rund 15 Jahre lang hatte er nach dem Krieg in Bockenheim im Raum Frankfurt völlig unbehelligt leben können, zuerst unter dem Falschnamen Reinig, dann sogar unter seinem eigenen Namen. Als Führungskraft bereiste er für den Pharma-Großkonzern Schering die Kliniken Mitteldeutschlands. Anfang der 60er Jahre wurde gegen ihn Anzeige erstattet, er verbrachte immer wieder längere Zeitspannen in Untersuchungshaft. Am 20. August 1969 begann vor dem Frankfurter Schwurgericht der Prozeß gegen den Vergasungsarzt von Hartheim. Renno war nicht allein, neben ihm saß ein alter Kollege aus dem Schloß Hartheim auf der Anklagebank: Hans-Joachim Becker, der „Millionen-Becker", Leiter der T4-Zentraldienststelle, die gegen Kriegsende in Hartheim stationiert gewesen war, jener Mann, der der Aktion T4 Millionengewinne verschafft hatte, indem er von den Kostenträgern über Monate die Pflegekosten für längst getötete Patienten kassierte.

Als dritter Angeklagter stand Friedrich Lorent vor dem Richter, ab 1942 der Leiter der Hauptwirtschaftsabteilung in der Tiergartenstraße.

Die Verteidiger der drei Euthanasie-Täter forderten zum Auftakt die Einstellung des Verfahrens, da den Angeklagten das Bewußtsein der Rechtswidrigkeit ihrer Tat ebenso gefehlt habe wie dem ehemaligen deutschen Bundeskanzler Kiesinger während der Nazizeit, dem ja auch kein Prozeß gemacht worden sei. Das Gericht lehnte ab.

Seine Auslassungen über die Vorgänge in Hartheim, die mehr als ein halbes Hundert Protokollseiten umfassen, hatte Renno vor allem bei Verhören in der Untersuchungshaft in den Jahren 1960, 1961 und 1965 getätigt. Dabei schilderte er relativ freimütig den Ablauf der Euthanasie in den Jahren 1940 und 1941. Die Teilnahme an der Vergasung und Verbrennung von KZ-Häftlingen oder von Juden bestritt er. Anfangs sagte er, von KZ-Transporten nach Hartheim gar nichts mitbekommen zu haben, nach Vorhalt zahlreicher Zeugenaussagen lenkte er mehr und mehr ein und räumte schließlich ein, zumindest davon gewußt zu haben. Auch seine Teilnahme an der Kinder-Euthanasie – immerhin war er Leiter der betreffenden Fachabteilung in der Anstalt Waldniel – bestritt er: Er sei nur kurze Zeit der Chef von Waldniel gewesen, in dieser Phase sei die Abteilung erst aufgebaut worden, Kinder seien da noch nicht getötet worden.

Im Frankfurter Verfahren ging es, was Renno betrifft, weniger um das detaillierte Aufhellen seiner Rolle in der Aktion T4 und seiner Taten in Hartheim und Waldniel, sondern vor allem um einen ständigen Kampf zwischen Gericht und Rennos Verteidigern um die Verhandlungsfähigkeit des damals 62jährigen Arztes. Ärztekollegen stellten immer neue Gutachten bei, denen zufolge Renno – wegen seines uralten Lungenleidens, wegen Augentuberkulose und wegen Herzrhythmusstörungen und cerebraler Beinträchtigungen – aus gesundheitlichen Gründen nicht in der Lage sei, einen Prozeß durchzustehen. Anfang April 1970 schließlich waren die Gutachten der Ärztekollegen so eindringlich, daß das Schwurgericht das Verfahren gegen Renno einstellte. Seit damals lebt der T4-Arzt wieder in der Reihenhaussiedlung in Bockenheim.

Bei seinen Einvernahmen wurde Renno mehrmals gefragt, ob er keine Gefühlsregungen, Mitleid oder Schuldgefühle bei den Vergasungen gehabt hatte. Seine Antworten machen schaudern ob ihrer Kälte:

Frage: „Fühlen Sie sich schuldig, nachdem Sie im Laufe dieser Vernehmung zugegeben haben, daß Sie an der Tötung der Geisteskranken in Hartheim beteiligt gewesen sind?"

Renno: „Ich habe daran geglaubt, daß ein Euthanasie-Gesetz bestand. Einstellungsmäßig war ich der Euthanasie gegenüber nicht abgeneigt."

Frage: „Haben Sie sich keine Gedanken darüber gemacht, daß auch der Inhalt eines Gesetzes rechtswidrig sein könnte?"

Renno: „Ich habe die Euthanasie als Wohltat für die Kranken angesehen. Die Vorstellung, daß ein Staat ein Gesetz erlassen konnte, das gesetzwidrig war, war meiner Vorstellung völlig fremd."

Frage: „Die Euthanasie dürfte doch im allgemeinen nicht eine Wohltat für die Kranken gewesen sein, da sie sich ihres Zustandes doch nur in wenigen Fällen bewußt waren?"

Renno: „Richtig ist, daß ein ausgesprochener Idiot kein Existenzbewußtsein hat. Bei den Schizophrenen kann das sicher nicht in jedem Fall gesagt werden. Dasselbe gilt auch für schwere Epileptiker."

Frage: „Welche Gedanken machten Sie sich, beziehungsweise welche Empfindungen hatten Sie bei der Durchführung der Vergasungen?"

Renno: „Etwas Fürchterliches habe ich bei der Tötung nicht empfunden, weil ich der Auffassung war, daß der Tod für die Betreffenden eine Erlösung darstellte und weil ihnen durch die Durchführung ein sanfter Tod bereitet wurde."

Dr. Georg Renno im Sommer 1997 in der Rehabilitationsklinik Mettlach.

Zum Abschluß einer dieser Vernehmungen kam Renno noch einmal von selbst darauf zu sprechen: „Es ist oben an mich die Frage gerichtet worden, welche Empfindungen ich bei den Vergasungen in Hartheim gehabt habe. Ich möchte zusätzlich noch folgendes sagen: Gestört hat mich, daß die Tötungen in solchen großen Gruppen von etwa 40 Personen stattfanden. Ich hätte es für angebrachter gehalten, wenn in den Vergasungsraum jeweils nur zwei oder drei Personen hereingekommen wären. Ich hatte, bevor ich nach Hartheim kam, die Vorstellung, daß zwei bis drei Kranke in dem Gasraum auf Liegestätten lagen, und daß man dann das Gas einleitete. Für überflüssig habe ich auch die Anbringung der Duschvorrichtung gehalten."

Im Jahr 1988 versuchten österreichische Filmemacher mit Renno zu sprechen, er verweigerte aber jegliche öffentliche Äußerung. Im Film „Sterben und Leben im Schloß" von Andreas Gruber und anderen, ausgestrahlt vom ORF auf FS 1 am 2. November 1988, wimmelt Renno die Neugierigen ab: „Also, das ist jetzt so lange her, ... also, einmal muß man ja doch einen Strich darunter machen ... Also, aber ich habe ein wirklich kaputtes Herz und bin 81 Jahre alt. Ich kann mich mit den Sachen nicht mehr befassen ... Vierzig Jahre geht das da alles immer weiter und weiter und weiter ... für was also ... ich meine, man hat andere Sorgen heute."

Im Juni 1997 absolvierte Renno nach einer Hüftgelenksoperation eine Kur im saarländischen Städtchen Mettlach. Dort gab er dem Verfasser dieser Zeilen ein längeres Interview. Auf die Frage, ob er Schuldgefühle habe, sagte der einstige Hartheimer T4-Arzt Renno:

„Also in Gut und Böse möchte ich das nicht einordnen. Aber in was für Kategorien man das einordnet, ändert sich mit dem Lebensalter. Also ich würde heute mich noch mehr wehren, zu so was zu kommen. Nicht wegen Gut und Böse, sondern weil es einfach unklar ist: Liegen wir richtig, oder liegen wir falsch. Und in der Medizin ändert sich so vieles – was heute noch als negativ bezeichnet wird, ist morgen positiv. Ich selbst habe ein ruhiges Gewissen. Ich fühle mich nicht schuldig, in dem Sinne wie – ja, wie einer, der jemanden erschossen hat oder irgendwas. Nachdem ich ja gesehen habe, wie die Leute gestorben sind, muß ich mir sagen, das war keine Qual für die, ich möchte eher sagen, in Anführungszeichen: Es war eine Erlösung. Es haben sich Fehler natürlich eingeschlichen, die kennen Sie ja, was da alles passieren kann. Aber absichtlich habe ich nichts gewollt, was zum Nachteil der Kranken gewesen wäre. Was soll ich sonst noch sagen. Ich gehe getrost ein in die Ewigkeit. Es regt mich nichts auf."

Dann zitierte er ein Gedicht von Wilhelm Busch, das den Weg des Menschen aus dem Nichts in das Nichts beschreibt und so endet: „Und vor mir dehnt sich lang und breit, wie ehedem die Ewigkeit." Renno: „Mit diesem Gefühl gehe ich einmal von hier fort. Ich gehe wieder zurück in die Ewigkeit, wo ich hergekommen bin. Alles andere ist nicht gewesen." Rennos letzter Satz zum Interviewer: „Grüßen Sie mir Oberösterreich!"

Rennos Frankfurter Mitangeklagte Hans Joachim Becker und Friedrich Lorent wurden am 8. Mai 1970 schuldig gesprochen. Becker wurde wegen Beihilfe zum Massenmord zu zehn Jahren Zuchthaus verurteilt, Lorent faßte wegen des gleichen Delikts sieben Jahre Zuchthaus aus.

Der deutsche Arzt Hans-Bodo Gorgaß, der zur Ausbildung ein paar Wochen lang bei Lonauer in Hartheim stationiert war, ehe er ab 18. Juni 1941 in Hadamar als Euthanasie-Arzt tätig war, danach ab Anfang 1942 „wilde" Euthanasie in der Psychiatrie-Anstalt Eichberg bei Frankfurt betrieb und bei den T4-Einsätzen im Osten dabei war, stand ab März 1947 in Frankfurt vor Gericht. Die 4. Strafkammer des Landgerichtes verhandelte gegen insgesamt 25 Ärzte und Pfleger der Anstalt Hadamar. Gorgaß und der zweite T4-Arzt von Eichberg, Dr. Adolf Wahlmann, wurden zum Tod verurteilt. Die Berufungen wurden verworfen. Gorgaß wurde allerdings nicht hingerichtet, sondern nach Umwandlung des Urteils in eine Haftstrafe bereits im Jänner 1958 begnadigt und freigelassen. Von da an lebte er als wissenschaftlicher Mitarbeiter einer pharmazeutischen Firma in Gadderbaum bei Bielefeld. Von den 23 Leuten des Pflegepersonals wurden neun zu Haftstrafen zwischen zweieinhalb und acht Jahren verurteilt.

Ein weiterer Hartheimer T4-Mann, dessen Karriere eng mit den Chefs Reichleitner und Stangl verbunden war, blieb straffrei: Gustav Wagner vom Hartheimer Wachpersonal, in Sobibor Spieß von Kommandant Franz Reichleitner, dann Begleiter von Franz Stangl bei der „Aktion Pöll" in Istrien. Wie erinnerlich, traf Wagner Stangl auf dessen Flucht in Graz und schloß sich ihm an. Auch Wagner setzte sich nach Brasilien ab. Sein Name tauchte ebenfalls Mitte der 60er Jahre auf internationalen Fahndungslisten auf. Erst 1978 wurde Gustav Wagner in Sao Paulo verhaftet. In der Haft unternahm er mehrere Selbstmordversuche und wurde deshalb in eine geschlossene Nervenheilanstalt in Brasilia überstellt. Im Juni 1979 entschied die brasilianische Regierung gegen die Auslieferung Wagners an Deutschland, der einstige SS-Mann lebte auf freiem Fuß in Brasilien.

Und so endeten die Bonzen der Aktion T4: Reichsleiter Philipp Bouhler, Chef der Kanzlei des Führers, hat es allem Anschein nach vorgezogen, wie der oberste Euthanasie-Verantwortliche Adolf Hitler dem Leben von eigener Hand ein Ende zu setzen. Genau sind die Umstände seines Todes nicht geklärt. Bouhler wurde von den Amerikanern gefangengenommen und in einem Lager in Emmerich in Bayern inhaftiert. Dort ist er zwischen dem 18. und 21. Mai gestorben, und zwar höchstwahrscheinlich durch Selbstmord. Die Todesurkunde gibt dazu nur unklar Auskunft. Anderen Quellen zufolge soll sich Bouhler bereits am 10. Mai 1945 auf Hermann Görings Landsitz Karinhall umgebracht haben.

Ministerialrat Herbert Linden, der Euthanasie-Verantwortliche im Reichsinnenministerium und Reichsbeauftragte für die Heil- und Pflegeanstalten, nahm sich bereits am 27. April 1945 das Leben. Sein Vorgesetzter Leonardo Conti, einst Reichsärzteführer, dann Staatssekretär im Innenministerium, wurde von den Alliierten in Nürnberg inhaftiert, er erhängte sich im Oktober 1945 in seiner Zelle.

Karl Brandt, der Leibarzt des Führers, Reichskommissar für das Sanitäts- und Gesundheitswesen und zweiter Euthanasie-Bevollmächtigter neben Bouhler, wurde ebenfalls im Mai 1945 von den Westalliierten festgenommen, und zwar gemeinsam mit Victor Brack, dem Leiter des für die Euthanasie zuständigen Hauptamtes II der Kanzlei des Führers, und Werner Heyde, einem der beiden Obergutachter von T4. Der zweite Obergutachter, Paul Nitsche, wurde bereits im Frühjahr 1945 von den Sowjets in seiner Wohnung in Sebnitz bei Pirna festgenommen.

Brandt und Brack wurden im sogenannten „Ärzte-Prozeß" vor dem amerikanischen Militärgerichtshof 1 in Nürnberg zusammen mit 20 anderen Medizinern angeklagt. In der Anklage hieß es über die Euthanasie: „Ein deutsches Gesetz, das Gnadentod zuläßt, wurde nie verabschiedet. Hitlers Memorandum an Brandt und Bouhler war kein Gesetz, nicht einmal ein Nazigesetz. Es war nicht als Gesetz gedacht und nicht einmal von den höchsten Nazibeamten als solches betrachtet. Aus diesem Grund wurde das Programm unter äußerster Geheimhaltung durchgeführt. Die dafür Verantwortlichen wußten, daß das Programm vollkommen illegal war, sie wußten, daß es glatter Mord war."

Brandt sagte während seiner Anhörung unter anderem: „Ich fühle mich durch die Euthanasie nicht belastet. Ich habe die Vorstellung und die Überzeugung, daß ich das, was ich in diesem Zusammenhang getan habe, vor mir selbst verantworten kann. Es war getragen von einem absolut menschlichen Empfinden, ich habe nie etwas anderes beabsichtigt und nie etwas anderes geglaubt, als daß diesen armseligen Wesen das qualvolle Dasein abgekürzt wird." Bracks Rechtfertigung: „Ich möchte den erlebt haben, der zu dieser Zeit gegen ein Schriftstück Einwand erhoben hätte, wo Adolf Hitler drunterstand, ganz gleich, wie die äußere Form dieses Schriftstückes war."

Der Prozeß dauerte 133 Verhandlungstage, von November 1946 bis Ende August 1947. Karl Brandt und Victor Brack wurden neben fünf anderen Angeklagten zum Tod durch Erhängen verurteilt. Die Todesurteile wurden in Landsberg am Lech vollstreckt.

Werner Blankenburg, Leiter des Amtes IIa in der Kanzlei des Führers, Bracks Stellvertreter, zuständig für das nicht-ärztliche Personal und für die Büroorganisation, überstand das Kriegsende unbeschadet. Er legte sich den Falschnamen Bielecke zu und lebte damit unbehelligt in Westdeutschland. Er starb im Jahr 1957 in Stuttgart.

Paul Nitsche wurde von den Sowjets im Juni 1946 den ostdeutschen Justizbehörden übergeben. Ein Jahr später begann vor dem Schwurgericht in Dresden gegen Nitsche und 14 weitere T4-Täter das Verfahren. Der Vorwurf lautete auf Begehung eines Verbrechens gegen die Menschlichkeit, in der Anklageschrift gegen Nitsche und andere heißt es: „Sie hatten das Maß und das Gefühl für wahre, echte Humanität verloren und alle Mahnungen von außen in den Wind geschlagen. Sie konnten nicht frei kommen von dem Glauben an die Unfehlbarkeit des Führers und hielten seine Entscheidungen für unantastbar. Sie verwarfen daher alle Bedenken und gehorchten blind."

Nitsche verzichtete auf jegliches Schlußwort. Am 7. Juli 1947 wurden Nitsche und drei weitere Ärzte und Pfleger zum Tod verurteilt, bis auf drei Freisprüche gab es für die anderen Haftstrafen zwischen lebenslänglich und drei Jahren. Nitsche legte Berufung ein, die im September 1947 verworfen wurde. Am 25. März 1948 wurde der T4-Chefgutachter Paul Nitsche mit dem Fallbeil hingerichtet.

Der zweite Chef-Gutachter, Werner Heyde, der im Dezember 1941 die Leitung von T4 wegen interner Reibereien zurückgelegt hatte, fiel Ende Mai 1945 den Engländern in die Hände. Die übergaben ihn den Amerikanern, als diese den Nürnberger „Ärzte-Prozeß" vorbereiteten, die wiederum überstellten ihn nach Frankfurt, wo das deutsche Landgericht Anklage gegen ihn erhoben hatte wegen seiner T4-Zeit. Heyde trat im Nürnberger Prozeß als Zeuge auf. Nach dem Ende der Einvernahme wurde er zurück nach Frankfurt transportiert. Während dieses Transports gelang Heyde in Würzburg die Flucht – er sprang einfach vom Lastwagen und tauchte in der Stadt unter, in der er lange als Psychiater gelebt hatte. 12 Jahre lang blieb er verschollen. Sein Schicksal ist geeignet, grelle Lichter darauf zu werfen, wie auch in der Bundesrepublik die Gesellschaft noch Jahrzehnte nach dem Krieg unter dem Einfluß von Nazi-Seilschaften stand.

Heyde verschaffte sich falsche Papiere auf den Namen Fritz Sawade und lebte eine Zeitlang im Untergrund. 1949 offenbarte er dem Bürgermeister von Flensburg seine wahre Identität und bewarb sich als Sportarzt. Er bekam die Stelle, bald schon war er auch für das Oberversicherungsamt als Gutachter tätig – alles als Dr. Sawade. Der frühere T4-Gutachter bezog ein gutes Einkommen als neurologischer Gutachter, und seine Frau steuerte ein Zubrot bei: 1952 wurde Werner Heyde für tot erklärt, die „Witwe" erhielt Witwenpension und Waisengeld für die Kinder.

Zahlreiche hochrangige Vertreter von Politik und Justiz des Bundeslandes Schleswig-Holstein wußten, wer dieser Dr. Sawade wirklich war, aber sie hielten alle dicht. Es ist zu vermuten, daß Heyde mit Enthüllungen über Ärzte, Staatsanwälte und Richter gedroht hatte, die in die Aktion T4 verwickelt waren und in der Nachkriegsgesellschaft erneut hochrangige Posten bekleideten.

Als die bundesdeutsche Justiz die Fahndung nach Nazitätern aber zunehmend intensivierte, wurde es für Heyde/Sawade immer enger. Am 12. November 1959 stellte er sich in Frankfurt und kam in Untersuchungshaft. Im Sog der Heyde-Ermittlungen wurde auch Gerhard Bohne festgenommen, der ehemalige Leiter der „Reichsarbeitsgemeinschaft Heil- und Pflegeanstalten". Und Hans Hefelmann, der Leiter des Amtes IIb in der Kanzlei des Führers und unter anderem zuständig für die Kinder-Euthanasie, stellte sich im Sommer 1960 in München, um im Verfahren gegen Heyde „aufklärend und informierend verfügbar zu sein". Es existierte jedoch seit sechs Wochen ein Haftbefehl gegen ihn, er blieb gleich in Haft.

1962 war die Anklageschrift gegen Heyde, Bohne, Hefelmann und Friedrich Tillmann, Bohnes Nachfolger in der Büroabteilung der Zentraldienststelle T4, fertig. Ein Anstaltsarzt bescheinigte Bohne, haftunfähig zu sein. Sobald der frühere Hitler-Jurist in Freiheit war, setzte er sich nach Argentinien ab. Noch vor der Verhandlung versuchten Nazi-Kreise, Heyde die Flucht zu ermöglichen – weil man fürchtete, in einem Prozeß könnten alte Nazis belastet werden, die mittlerweile wieder zu honorigen Bürgern mutiert waren. Ein Mithäftling namens Götz Wicke leitete im Limburger Gefängnis, wo Heyde saß, alles in die Wege. Wicke sprang aber im letzten Augenblick aus Angst vor dem Nazi-Untergrund ab: „Ich war im Begriff, für eine hervorragend organisierte Untergrundgruppe zu arbeiten, die belastete Nazis ins Ausland schleust. Solche Leute schrecken vor nichts zurück, wenn ein Mitwisser beseitigt werden muß ..."

Der Coup flog auf, am 21. August 1963 wurde Heyde in die Haftanstalt Butzbach verlegt. Am 18. Februar 1964 sollte der Prozeß gegen Heyde, Tillmann und Hefelmann in Limburg beginnen. Sechs Tage davor starb Tillmann, der auf freiem Fuß angeklagt war: Er stürzte unter ungeklärten Umständen aus dem achten Stock eines Kölner Hochhauses. 24 Stunden später war auch Heyde tot: Der erste ärztliche Chef der Aktion T4 hatte sich mit einem Ledergürtel an einem Heizkörper in seiner Zelle erhängt. In seinem Abschiedsbrief schrieb er, er habe diese Tat aus „Selbstachtung und Protest" gesetzt.

Hans Hefelmann, dem die Anklage die Verantwortung für die Ermordung von 70.000 Erwachsenen und mindestens 3000 Kindern vorwarf, als einziger der Angeklagten noch greifbar, verblieb dem Limburger Gericht auch nicht lange: Ärzte und Psychiater bescheinigten ihm mehrfach Verhandlungsunfähigkeit. Das Verfahren wurde auf unbestimmte Zeit ausgesetzt, im September 1964 vorläufig und sechs Jahre später auf Dauer eingestellt. Die einzige Sanktion, die Hefelmann aus diesem Strafverfahren erwuchs: Wegen seines angegriffenen Gesundheitszustandes – Erkrankung des Zentralnervensystems – wurde ihm der Führerschein entzogen.

Der Euthanasie-Jurist Gerhard Bohne wurde am 11. November 1966 von der argentinischen Regierung an die BRD ausgeliefert. Er hatte sich 1967 vor einem Frankfurter Schwurgericht zu verantworten, und zwar zusammen mit drei anderen T4-Größen: Dietrich Allers, Bohnes Nachfolger als Leiter der Zentraldienststelle T4, Reinhold Vorberg, Chef der Transportabteilung und Adolf Gustav Kaufmann, den Leiter der Inspektionsabteilung, der einst Vinzenz Nohel und die anderen im Linzer Landhaus für die Arbeit in Hartheim angeworben hatte. Kaufmann schaffte es nach dem Krieg zunächst, unterzutauchen. Er fand eine Arbeit bei BMW in München. Am 21. Juli 1965 wurde er verhaftet und saß fast zwei Jahre in Untersuchungshaft. Vorberg war mit dem Großteil des Personals der Kanzlei des Führers kurz vor Kriegsende nach Bayern ausgeflogen worden. Im Raum Salzburg geriet er – mit falschem Soldbuch – in amerikanische Gefangenschaft, aus der er bald entlassen wurde. Nach der Festnahme Bracks kam er noch einmal in ein Internierungslager, konnte sich aber falsche Papiere (auf den Namen Heinz Vorberg) verschaffen und lebte bis 1961 als Waldarbeiter, Angestellter und Fabriksdirektor in Deutschland. Nach Heydes Verhaftung floh er nach Spanien, wo er 1962 gefangengenommen und im März 1963 an Deutschland ausgeliefert wurde. Allers war im April 1948 von den amerikanischen Besatzungsbehörden festgenommen und nach einem Monat den deutschen Behörden übergeben worden. Bis September 1949 blieb er in Untersuchungshaft, dann wurde er gegen Erstellung einer Kaution von 3000 Mark – in Form einer Sparkassen-Bürgschaft – auf freien Fuß gesetzt. In Folge lebte er unbehelligt bis zum Sommer 1962, wo er wegen des „Verdachts der Beteiligung an der Massentötung von Geisteskranken, Konzentrationslagerinsassen und Juden" verhaftet wurde.

Am 25. April 1967 begann die Schwurgerichtsverhandlung gegen die vier T4-Bonzen wegen Beihilfe zum vieltausendfachen Mord. Kaufmann wurde kurz nach Verhandlungsbeginn krank, ebenso wie Gerhard Bohne, erster T4-Geschäftsführer und Leiter der Euthanasie-Tarnfirma „Reichsarbeitsgemeinschaft Heil- und Pflegeanstalten" und somit Herr aller innerbetrieblichen Geschäfte in der Tiergartenstraße. Ärzte stellten bei beiden Verhandlungsunfähigkeit fest, die Verfahren wurden zunächst abgetrennt, dann eingestellt. Vorberg und Allers wurden als Euthanasie-Schreibtischtäter vom deutschen Gericht am 20. Dezember 1968 verurteilt, und zwar zu zehn beziehungsweise acht Jahren Zuchthaus.

Sowohl die deutsche wie auch die österreichische Justiz haben die Euthanasie nicht wirklich bewältigt. Schon relativ bald nahmen Gerichte den Angeklagten die Behauptungen ab, sie hätten an die Existenz eines Euthanasie-Gesetzes und damit an die Rechtmäßigkeit ihres Tuns geglaubt. Viele der Ärzte, die als Gutachter für T4 gearbeitet hatten, blieben daher straffrei, beziehungsweise konnten nach Verbüßung relativ milder Strafen danach im Arztberuf die Karrieren fortsetzen. Schon 1949 etwa setzte das Landgericht Hamburg 20 wegen der Kinder-Euthanasie Angeklagte außer Verfolgung, darunter auch den prominenten Professor Werner Catel. In der Begründung heißt es unter anderem: „Die Strafkammer ist nicht der Meinung, daß die Vernichtung geistig völlig Toter und ‚leerer Menschenhülsen', wie sie Hoche genannt hat, absolut und a priori unmoralisch ist. Man kann über diese Frage äußerst verschiedener Meinung sein. Dem klassischen Altertum war die Beseitigung lebensunwerten Lebens eine völlige Selbstverständlichkeit."

Jener Professor der Universitätskinderklinik Leipzig, Catel, war es gewesen, der die Anstoßhandlung zur Euthanasie gesetzt hatte, indem er Anfang 1939 den Fall „Kind Knauer" ins Rollen gebracht hatte, und der möglicherweise eigenhändig dem ersten nazideutschen Euthanasieopfer, eben diesem Kind Knauer, eine Giftspritze verabreicht hatte. Mit Werner Catel hatte die deutsche Medizinerschaft noch lange ihre Probleme. Er publizierte auch nach dem Krieg zum Thema Euthanasie (die er nach wie vor bejahte). Nach seinem Tod Anfang der 80er Jahre hinterließ er der Universität Kiel eine halbe Million Mark. Bedingung: Die Universität müsse eine „Werner-Catel-Stiftung" und einen „Werner-Catel-Preis" für herausragende Leistungen in medizinischer und naturwissenschaftlicher Forschung einrichten. Es bedurfte massiver Proteste, damit diese Stiftung nicht entstand.

In der Verfolgung der Euthanasie-Täter in Deutschland kam es zu Merkwürdigkeiten wie jener Formulierung eines Frankfurter Gerichtes vom 23. Mai 1967, derzufolge „die Tötung durch Kohlenmonoxid eine der humansten Tötungsarten ist. Da die Tötung in den Gaskammern durch chemisch reines Kohlenmonoxid erfolgte, sind den Opfern keinerlei körperliche Schmerzen oder Qualen zugefügt worden ..." Von diesem Gericht waren Aquillin Ullrich (Euthanasie-Arzt in Brandenburg, anschließend im Planungsstab von T4) und Heinrich Bunke (Euthanasie-Arzt in Brandenburg und Bernburg) freigesprochen worden: Beide hätten „nicht schuldhaft gehandelt", weil sie das Unerlaubte ihres Tuns nicht erkannt hätten. Das Publikum im Hamburger Gerichtssaal applaudierte. Erst 1987 wurde das skandalöse Urteil bei einem Prozeß in Frankfurt revidiert. Ullrich und Bunke kamen dennoch glimpflich davon: Sie erhielten jeweils vier Jahre Haft, obwohl sie der Beihilfe zum Mord in 4500 beziehungsweise 11.000 Fällen schuldig gesprochen wurden. Als strafmildernd wurde die lange Verfahrensdauer gewertet.

Auch Kurt Borm, Euthanasie-Arzt der Anstalt Sonnenstein, wurde am 21. März 1974 vom Bundesgerichtshof freigesprochen, da er „nicht aus niedrigen Beweggründen" gehandelt habe.

In Österreich gab es relativ wenige Euthanasie-Prozesse. Die Volksgerichtsverfahren in Linz wurden bereits erwähnt. In Wien standen Ärzte und Pfleger der Euthanasie-Kinderfachabteilung „Am Spiegelgrund" in der Anstalt Steinhof und der niederösterreichischen Anstalten Gugging und Mauer-Öhling vor Volksgerichten. Vor dem Volksgericht Graz verhandelte ein Klagenfurter Senat gegen den Leiter der Klagenfurter Anstalt, Dr. Niedermoser, und einige seiner Helfer. Gegen vier Personen wurden Todesurteile gefällt, jedoch nur in einem Fall auch vollstreckt: Dr. Niedermoser wurde hingerichtet. In Österreich wurde nur ein zweiter Euthanasie-Täter mit dem Tode bestraft, und zwar Ernst Illing, der ab 1942 als Nachfolger von Dr. Erwin Jekelius die „Kinderfachabteilung" in Steinhof geleitet hatte.

In Tirol hatte sich der Gauamtsleiter des Gauamtes für Volksgesundheit, Hans Czermak, wegen des Verbrechens der Mitschuld an Verbrechen des Meuchelmordes und Verbrechen des Hochverrates vor Gericht zu verantworten. Jener Czermak also, der den „lieben Kameraden" Lonauer in Briefen angefleht hatte, doch endlich auch in der Anstalt Hall die Euthanasie betreiben zu dürfen. Czermak wurde am 1. Dezember 1949 zu acht Jahren schwerem Kerker verurteilt, bei einem harten Lager vierteljährlich. Er habe, so der Schuldspruch, „auf entfernte Art, ohne selbst Hand anzulegen", dazu beigetragen, daß im ehemaligen Gau Tirol-Vorarlberg 707 Personen gesammelt und nach Hartheim überstellt worden waren.

Josef Vonbun hingegen, der Leiter der Vorarlberger Irrenanstalt Valduna, der nach Aussagen Rennos mehrfach gedrängt hatte, im eigenen Haus die Euthanasie betreiben zu können, und den seine Kollegen wegen seiner „Reichsstraßensammlung" verspotteten, wenn er mit dem eigenen Auto die Armen- und Siechenhäuser im Bregenzer Wald abklapperte, um Kandidaten für die Transporte nach Hartheim zu sammeln, fand sehr milde Ankläger: Das Verfahren gegen ihn wurde am 21. Juni 1966 von der Staatsanwaltschaft Konstanz eingestellt. Die Begründung: „Eine Beihilfe war anzunehmen, aber Vonbun steht eventuell Nötigungsnotstand zu. Es gibt keine hinreichenden Feststellungen, daß Vonbun in seiner Umgebung etwa ein Verhalten gezeigt habe, das ihn als Förderer der Euthanasie kennzeichnen würde."

Dr. Emil Gelny, der sadistische Mörder aus Gugging und Mauer-Öhling, der einen eigenen Starkstrom-Apparat für seine Morde konstruiert hatte, floh nach dem Krieg nach Syrien, wo er 1961 starb. Dr. Erwin Jekelius, der erste Chef der Kinder-Euthanasie-Station „Am Spiegelgrund" kam in sowjetische Kriegsgefangenschaft, er starb 1952 in einem Lager. Die Prozesse gegen die Anstaltsleiter von Steinhof und Gugging, Alfred Maucka und Josef Schicker, wurden eingestellt. Michael Scharpf, der Direktor von Mauer-Öhling, starb vor Beginn seines Prozesses. Den Spiegelgrund-Arzt Dr. Heinrich Gross hatte das Wiener Landesgericht im Jahr 1950 wegen „Mitschuld am Totschlag" schuldig gesprochen und zu zwei Jahren schwerem Kerker verurteilt. Das Urteil wurde aber 1951 vom Obersten Gerichtshof aufgehoben und an das Landesgericht rückverwiesen. Danach stellte die Staatsanwaltschaft Wien das Verfahren mehrmals zurück. Gross, in der Euthanasie-Ära Leiter der Abteilung Säuglinge und Kleinkinder in der Fachabteilung am Spiegelgrund, machte danach in seinem angestammten Beruf Kariere: Er wurde Primar am Steinhof und Leiter des Ludwig-Boltzmann-Instituts für Neurobiologie. Und er amtierte bis 1997 als Gerichtsgutachter an verschiedenen Landesgerichten – in einem Ausmaß, daß die jährlichen Honorare zuletzt rund eine halbe Million Schilling betrugen. Im Frühjahr 1997 zeigte das Dokumentationsarchiv des Österreichischen Widferstandes Gross erneut an: Laut neu aufgetauchten Dokumenten stimme es zwar, daß Gross 1943 zur Wehrmacht gegangen sei (er selbst behauptet, dies getan zu haben, weil er ein Gegner der Euthanasie war; A.d.V.) Allerdings habe er während eines Heimaturlaubes für einen Monat stellvertretend die Leitung des „Euthanasie-Pavillons" übernommen. Es gibt ein Schreiben des Klinikleiters Illing an den „Reichsausschuß" in Berlin, in dem deswegen für Gross eine Sonderprämie erbeten wird. Nach einer parlamentarischen Anfrage durch den grünen Nationalratsabgeordneten Karl Öllinger wurde bekannt, daß die Staatsanwaltschaft Wien vorhatte, auch diese DÖW-Anzeige gegen Gross zurückzulegen. Diesmal schaltete sich aber Justizminister Nikolaus Michalek ein: Er ordnete die Vornahme weiterer Erhebungen an. Das Justizministerium kündigte die Vornahme einer „neuen rechtlichen Qualifikation von Gross' Tätigkeit" an, und wies darauf hin, daß es bei Mordverdacht keine Verjährung gebe.

In der Steiermark hatte es ebenfalls massive Verwicklungen in die Euthanasie gegeben. In der Anstalt Feldhof in Graz sind wahrscheinlich hunderte Patienten der „wilden" Euthanasie zum Opfer gefallen, sprich, sie wurden zu Tode gespritzt oder man ließ sie verhungern. An die 1500 Feldhof-Pfleglinge wurden nach Hartheim abtransportiert, wo sie in der Gaskammer endeten. Nur ein einziger Beteiligter zog Konsequenzen: Primar Dr. Sorger floh kurz nach dem Krieg aus Graz und brachte sich dann selbst um. Alle anderen Feldhofer Ärzte, Pfleger und Oberpfleger der NS-Zeit wurden nach einem kurzen politischen und dienstrechtlichen Gerangel wieder in Dienst gestellt. Prozesse wegen der T4-Verwicklung der Anstalt Feldhof hat es keine gegeben. Ähnlich wie im Linzer Wagner-Jauregg-Krankenhaus, der Nachfolge-Anstalt von Niedernhart, sind auch im LNKH Graz die alten Feldhof-Akten und Unterlagen unter besonders restriktiven Schutzbestimmungen gelagert.

Den Abschluß dieses Kapitels über den Umgang der Justiz mit der Euthanasie bildet zugleich das Ende der Geschichte des Hartheim-Chefs Rudolf Lonauer. Zu berichten ist von einem seltsamen Prozeß, der am 22. November 1954 am Linzer Landesgericht stattfand. Um 8.45 Uhr begann an diesem Montagmorgen Staatsanwalt Johann Krieger sein Ansinnen vorzutragen: Die Republik Österreich beantragt den Ausspruch des Gerichtes über den Verfall des gesamten Vermögens des Angeklagten. 35 Minuten später verkündete Richter Hermann Schützenberger das Urteil: Das gesamte Vermögen des Dr. Rudolf Lonauer wird als verfallen erklärt. Weil er illegaler Nazi war, Alter Kämpfer und SS-Hauptsturmführer. Weil er in den Heil- und Pflegeanstalten Niedernhart, Hartheim und Gschwendt bei Neuhofen, deren Leiter er von 1940 bis 1944 gewesen sei (hier irrt das Gericht, aber im Vergleich zu seinen Vorgängern in den Jahren 1945 bis 1947 vermag es wenigstens Lonauers Namen richtig zu schreiben), sich vielfacher Verbrechen schuldig gemacht habe: „Dr. Lonauer hatte die Aufgabe, die Todeswürdigkeit dieser Personen nach den damaligen Maßnahmen der nationalsozialistischen Gewaltherrschaft zu prüfen und die Tötung dieser Menschen anzuordnen."

Wie hoch das Vermögen Lonauers war, und woraus es bestand, ist nicht übermittelt. Es gibt lediglich eine amtliche Auskunft des Linzer Kriminalrevierinspektors Haas vom 5. Juli 1946, die besagt, daß Lonauers Besitz unmittelbar nach seinem Selbstmord in Lining (in der Prozeßmitschrift falsch geschrieben als „Linning") bei Neuhofen an der Krems „teils von den Amerikanern an sich genommen, teils von der Gemeinde Neuhofen beschlagnahmt" wurde.

Makaber an dieser Kurzveranstaltung an der Linzer Museumsstraße ist das Protokoll der Hauptverhandlung. Es handelt sich um einen Vordruck. Der erste Satz ist nicht durchgestrichen. Er lautet: „Der vorsitzende Richter ermahnt den Angeklagten zur Aufmerksamkeit." Dann steht in Maschinschrift, daß der Angeklagte nicht persönlich erschienen ist, da er am 5. Mai 1945 gestorben ist.

XVI. Wunden, die nicht heilen

„Ich habe zwei Enkelkinder", sagt der Mann, „eines 13, eines 14 Jahre alt. Die wissen schon, was mit meinem Vater passiert ist, weil in der Familie immer darüber gesprochen wird. Wenn die in 20, 30 Jahren nach Hartheim kommen –"

Seine Stimme bricht, er macht eine kurze Pause, schluckt zweimal, dann spricht er sehr leise weiter. „Ob das alles wahr ist, was man über Hartheim erzählt, werden sie sich fragen. Ich frage mich, ob man das sehen wird, wenn man vor dem Schloß steht, hineingeht. Ich will, daß was erhalten bleibt, Dokumentation oder Gedenkstätte oder was weiß ich."

Wieder eine Pause. Um dies gehe es ihm, sagt er schließlich: „Daß die Opfer nicht vergessen werden. Je früher man die Opfer vergißt, desto früher passiert so etwas wieder. Das ist meine Anschauung."

Der Mann heißt Ignaz Z. Er ist der Sohn von Anton Z., dem burgenländischen Viehhändler, Vizebürgermeister und Feuerwehrhauptmann, der am 27. Februar 1941 in der Hartheimer Gaskammer gestorben ist. Ignaz Z. ist heute 68 Jahre alt. Als sein Vater starb, war er noch keine elf Jahre alt. Die Kindheit hat er dann bei einer Ziehmutter verbracht, einer Schwester der Frau des in Hartheim Ermordeten. Gelebt hat er in Stinatz, jenem Ort, dessen angesehener Bürger Anton Z. war, in dessen Heimatbüchern Anton Z. abgebildet ist. Jener Ort aber auch, der Anton Z. nicht mehr kannte, als er im Narrenhaus war, und schon gar nicht mehr, als die Todesmeldung kam. Auch die Familie redete nie über den Toten. „Nur die Ziehmutter", sagt Ignaz, „die hat sehr viel gelitten an dem, was meinem Vater zugestoßen ist. Bis in ihr Grab hat sie gelitten."

Ignaz Z. hat selbst fast ein halbes Jahrhundert lang die Erinnerung an seinen Vater nicht hochkommen lassen. Um sich zu schützen, wahrscheinlich. In seinen Worten: „Es ist zuerst verdrängt worden, und dann kam die Zeit mit dem Etwas-Schaffen-Müssen, und dem Etwas-Aufbauen. Da ist die Erinnerung vernachlässigt worden." Lange Pause. „Da ist er vergessen worden. Aber dann, wie ich es meinen Kindern erzählt habe, da ist es ihnen gekommen: Vater!"

An dieser Stelle bricht Ignaz Z.s Stimme, er holt tief Luft, als ob er seufzen möchte, zu einem unendlich langen Seufzen setzt er an, läßt es aber nicht heraus. Dann sagt er: „Das hat mich in den letzten zehn Jahren – nicht wahr – da ist es mir praktisch wieder eingefallen." Seine eigenen Kinder haben die alten Geschichten hören wollen, als sie erwachsen geworden sind. „Wir müssen den Weg des Großvaters finden. Das war der Anstoß", sagt Ignaz Z., „daß ich den Leidensweg meines Vaters suchte." Mit der älteren Tochter Regina, Hebamme in Wien, war er zweimal in Graz. In der Pflegeanstalt Kainbach, bei den Barmherzigen Brüdern, finden sie die Spur des Vaters. Es ist aufgeschrieben und bestätigt, daß Anton Z. hier als Pflegling war, und daß er im Winter 1941 nach Feldhof verlegt worden ist. In Feldhof selbst hat Ignaz weniger Glück. Ein Arzt der Anstalt hilft ihm zwar, und Ignaz Z. erfährt, daß sein Vater hier war, und daß er am 13. Februar 1941 wegverlegt worden ist. Mehr könne er ihm nicht sagen.

Ignaz Z. will offiziell Einblick in die Akten seines Vaters in Feldhof, in die Krankengeschichte, in die Ausgangsbücher. Nein, Sie dürfen das nicht sehen, sagt man ihm. Der Sohn des Hartheim-Opfers holt sich Rechtsbeistand, als Angehöriger hat er das Recht, die Dokumente zu sehen, sagt man ihm. Er kommt erneut nach Feldhof, diesmal in Begleitung eines Rechtsanwalts.

Ignaz Z.: „Da haben die den Spieß umgedreht und haben jetzt gesagt – tut uns leid – es gibt nichts über Ihren Vater. Verstehen Sie: Zuerst sagen die mir, ich darf das nicht sehen, und als ich damit komme, daß ich es sehr wohl sehen darf, sagen sie einfach, es gibt nichts."

Ignaz Z. wird zornig: „Ein schlechtes Gewissen haben die. Und wissen Sie warum? Der hilfreiche Arzt in Feldhof hat mir gesagt: Weil die Krankenanstalten und psychiatrischen Kliniken und Pflegeanstalten haben damals Sachen gemacht, die nicht in Ordnung waren. Und deshalb haben sie Angst, daß die Angehörigen Klagen gegen die Krankenhäuser erheben. Wegen Zwangssterilisierungen und so. Und wenn das alles zu dokumentieren wäre und es Beweise gäbe, dann könnte man ja klagen. Ich selbst habe noch nie eine Klage erwogen. Überhaupt nicht. Ich habe auch gar kein Interesse. Mir geht es nur um eines: Mich interessiert, ob meine Enkerl noch sagen werden dürfen, daß ihr Urgroßvater in Hartheim vergast worden ist. Um das geht es mir. Daß der Verein Schloß Hartheim etwas zustandebringt, wo man auch nach der Jahrtausendwende noch sagen kann: Ja, da ist dieser Greuel passiert. Ich habe zwei Enkel, einer 13, einer 14, die wissen schon, was mit meinem Vater passiert ist, weil in ihrer Familie immer darüber gesprochen wurde. Und die fragen. Und wenn die in 20, 30 Jahren nach Hartheim hinkommen –"

Seine Stimme bricht, aber er redet weiter: „– und schauen, ob das wahr ist – ich will, daß was erhalten bleibt, Dokumentation oder was weiß ich. Um das geht es mir. Daß die Opfer nicht vergessen werden. Je früher man die Opfer vergißt, desto früher passiert so etwas wieder. Das ist meine Anschauung. Das ist das, was ich befürchte: Nicht zu sagen, daß es passiert ist. Weil 50 Jahre haben wir geschwiegen. Aus Scham und Angst. Zuerst aus Angst, dann aus Scham. Aus Angst vor Verachtung. Das ist ja klar: Mein Vater war von 1909 bis 1931 Feuerwehrhauptmann im Ort, war Vizebürgermeister, war angesehener Viehhändler. Geistig zusammengebrochen – und dann ist er – dann ist er –"

Seine Stimme wird sehr leise, ist kaum zu verstehen, „ah", seufzt er, und dann flüstert er: „– ins Narrenhaus gekommen."

Wie das für ihn war als Kind, gerade 12 Jahre alt, das erzählt er schnell und leise: „Wie die Verständigung gekommen ist, damals, in der Verwandtschaft, da haben es ja alle gewußt. Man hat gewußt, wenn es heißt, man kommt nach Hartheim, ist das ein Todesurteil. Man hat gewußt, daß dort mein Vater vergast worden ist, das haben die ganzen Verwandten gewußt. Nur: Niemand hat sich getraut, das zu sagen. Nach dem Krieg haben wir andere Sorgen gehabt, als der Sache nachzugehen, ganz brutal ausgesprochen. Ein bewußter Verdrängungsprozeß, damit man überhaupt leben kann, ist das nicht gewesen. Nein, nein. Es ist mir – ich bin in dem Fall weich, mir kommen eher die Tränen, als daß ich laut werde. Ich habe mich immer geduckt. Warum? Weil es eine Schande war! Während des Krieges war die Meinung: Alle, die vergast worden sind, die haben ja weg gehört. Bei der Bevölkerung, oder einem Teil der Bevölkerung – kein Mitleid! Nach dem Krieg – im Narrenhaus war er. Und dann –"

Hier wird seine Stimme noch leiser und gepreßt: „– hätt'st du dich genieren müssen. Weinen hab ich noch nicht gekonnt, aber mir hat es weh getan. Es ging nicht. Erst als Erwachsener. Heute ist es einfacher. Heute trau ich mich am Biertisch sagen, wenn sie dasitzen und das NS-Regime preisen: ‚Wenn Sie, oder wenn du als Zwölfjähriger erfahren hättest müssen, daß dein Vater vergast worden ist, da redest du nicht so über das Regime!' Situationen, wo ich mit Menschen beisammen bin, die die Nazizeit preisen, gibt es oft genug. Mit Leuten, die sagen, der Hitler hat was Gutes auch gehabt. Und noch mehr. Also, da ist eine Grenze. Das Gute, das hat nicht so viel – und wenn ich dann damit komme, dann sind sie meistens stumm."

Ignaz Z. schwankt in seinem Erzählen hin und her zwischen nüchtern-sachlichem Schildern der Lebensdaten seines Vaters und einer verhaltenen Wut, die ganz offensichtlich von einer unendlich tiefen Trauer genährt wird. Wenn er sich über etwas aufregen kann, scheint es ihm leichter zu gehen. Etwa wenn er über den Hugo spricht, den Sohn eines Mitschülers aus der Volksschule in Stinatz, der Anfang der 90er Jahre dort Gemeindesekretär war. Zu dem ist eine von Ignaz´ Töchtern gefahren und hat gefragt, ob sie eine Kopie der Eintragung im Sterbebuch der Gemeinde haben kann, die ihren Großvater betrifft. Der Beamte sagt ihr: Ja, während der Besatzungszeit, und schon während des Krieges, da sind alle Dokumente kaputtgegangen durch die Russen.

Ignaz Z. glaubt das nicht, er fährt selbst nach Stinatz. Er erkennt den Gemeindesekretär: Ja, Hugo, du bist das. Und er fragt: „Sag mir, warum ihr da nichts habt? Meine Mutter ist im 37er Jahr gestorben, die ist im Sterbebuch drin. Meine Schwester ist am 12. April 1941 gestorben, die ist auch drin. Mein Vater aber nicht?"

Der Hugo: „Ja, aber er ist ja nicht da in Stinatz gestorben."

Ignaz Z.: „Hugo, das gilt für alle, die in Rußland oder in Frankreich gefallen sind. Die hast im Sterbebuch drinnen, meinen Vater aber nicht. Warum?" Dann hat er zu schreien begonnen: „Lauter Ehemalige seids ihr. A Nazigemeinde seid's ihr. Seid's ja alle in Glasenbach gesessen."

„Wer hat das nicht eingetragen", fragt Ignaz Z. im Herbst 1996 beim Interview. „Scheint gar nicht auf. Ist gar nicht hineingekommen. Damit ist für die Gemeinde mein Vater gar nicht gestorben." Er lacht bitter, es klingt mehr wie ein Schluchzen. „Für den Gemeindesekretär ist das damit eine Privatsache."

Wie trauert man als Sohn um ein Euthanasieopfer? Ignaz Z. weiß es nicht: „Jahrzehntelang war die Geschichte weggeschoben. Ganz am Anfang, da haben die Verwandten in Stinatz gesagt: Bete für den Vater. Waren lauter sehr religiöse Menschen. Aber für mich, aufwachsen ohne Vater, ohne Mutter, und dann sich durch die Welt durchkämpfen!"

Er verstummt, denkt sehr lange nach. Dann sagt er mit Bestimmtheit: „Aber es vergeht kein Tag, daß mir nicht irgendetwas unterkommt vom Vater, und je älter ich werde, umso mehr. Umso öfter kommt mir die Frage unter, was das eigentlich ist. Ich weiß es nicht."

Irgendwann während des Gesprächs droht das Interview abzubrechen. Ignaz Z. schildert noch einmal, wie sich seine Kinder mit dem Großvater beschäftigten, als sie erwachsen wurden, und wie dann der Vater auf einmal wieder in das Leben des Sohnes zu wirken begonnen hat. Er beschreibt, wie eine seiner Töchter sieben Jahre Sonderschullehrerin in Hartheim war, und eine andere Kindergärtnerin in Hartheim bei Direktor Florian Zehethofer.

Er erzählt: „Ich war bei einem Vortrag in Hartheim, eines Abends einmal, meine Frau war auch mit – ah da kommen mir schon die Tränen, das ist schmerzhaft. Genauso war es, wie ich mir einen Film angeschaut habe im bayrischen Fernsehen, da ist es um die Euthanasieopfer gegangen. Da kommen mir auch die Tränen. Das schmerzt. Das schmerzt richtig und innerlich. Wenn man sich dann vorstellt, genau so, was die da an Bildern zeigen, oder was die erklären, ist meinem Papa passiert. Wie lange er da drüben am Linzer Bahnhof gestanden ist, bis sie ihn dann ins Auto gebracht haben, das weiß keiner."

Das Interview findet in dem kleinen schäbigen Park vis-à-vis des Haupteingangs zum Linzer Hauptbahnhof statt. Während Ignaz Z. das Obige erzählt, ertönt durch die Lautsprecher drüben am Bahnhof die Stimme einer Frau, die eine Zugsankunft verlautbart, dazu mischt sich ein metallisches Geräusch, dürfte von einer Straßenbahngarnitur sein. Da hört Ignaz Z. zu reden auf, sieht aus, als ob er endgültig schweigen möchte. Die Vorstellung von

Waggons voll alter, kranker, schmerzgeplagter, geängstigter Menschen, die Stunden um Stunden im Abteil hocken müssen, materialisiert sich beinahe an diesem Sonnentag im Park. Die Hälfte der Opfer ist sofort in Busse geschafft worden, die zweite Hälfte wartet, bis die Busse wieder kommen, manche ahnen vielleicht, daß es in den Tod geht, die Qual der Warterei ohne Essen und Trinken ist das eine, das andere die Hoffnung, es möge dauern, möge unendlich lange dauern, der Bus mit den graugestrichenen Fenstern möge bitte bitte nie kommen, und wenn, dann soll es nicht wahr sein, was erzählt wird: Daß sie in Hartheim Engerl machen aus den Depperln.

Es tut so weh, weil diese greifbare Vorstellung die Mauer der Abgrenzung bricht. Weil es etwas Nachvollziehbares ist, etwas, das jeder kennt, worüber sich jeder schon einmal geärgert hat, wenn er warten mußte, in einem Zug, der auf der Westbahnstrecke zehn Minuten wegen Gleisbauarbeiten anhielt. Wie unerträglich müssen diese Stunden im Zug am Linzer Hauptbahnhof erst gewesen sein für die 20.000 oder 30.000 Menschen, die auf ihrem Weg in das Renaissanceschloß hier durchgekommen sind. Ignaz Z. entschließt sich irgendwann, das Gespräch doch fortzusetzen, er fährt fort in dem Gedanken, der ihn beinahe aussteigen ließ aus der Geschichte: „Bis er wirklich hingekommen ist. Nach Hartheim."

Was er haben will, ist ein Zeichen, eine dinglich gewordene Erinnerung an seinen Vater, an das, was seinem Vater geschehen ist. Etwas wie ein amtlich beglaubigtes Schriftstück stellt er sich vor, aus dem zweifelsfrei hervorgeht, daß Anton Z. ermordet worden ist. So, wie es jetzt ist, wo nur die Tatsache aktenkundig ist, daß sein Vater von Graz nach Niedernhart geschafft worden ist, und daß er 14 Tage später gestorben ist, das quält ihn. Weil nicht wirklich sicher ist, daß sein Vater Opfer einer Gewalttat war. Weil zumindest die Denkmöglichkeit besteht, daß er in dieser Zeit eines natürlichen Todes gestorben ist. Wenn die Akten der T4-Bürokratie doch noch auftauchen würden, die Listen mit den Namen der 70.273 Toten, die von den Nazis penibel erfaßt und fotografiert wurden. „Wenn ich wüßte, wie man an solche Unterlagen herankann", seufzt Ignaz Z., und sagt dann: „Ich weiß ja nicht, wie lange meine Gesundheit noch mitmacht."

Und noch einen Wunsch hat er: „Daß in Hartheim im Schloß etwas hergestellt wird, daß sie sagen können, ja, da in dem Raum sind Menschen vergast worden. Warum? Weil ich habe nur eine Angst: Wir vergessen das wieder, wir sterben aus, und die nächste Generation und die übernächste wird das ableugnen. Und je früher das vergessen wird, umso früher passiert das wieder. Das, was jetzt in Hartheim ist, ist mir zuwenig. Da ist am wenigsten von der Euthanasie, am wenigsten von der Beseitigung der geistig Behinderten die Rede. (Ignaz Z. sagte das im Herbst 1996; A.d.V.) Aber es ist eh etwas geplant."

Zum Schluß des Gesprächs kommt er noch einmal darauf, daß es für die Euthanasietoten keine wirkliche Anerkennung als NS-Opfer gibt: „Ist amtliche Anerkennung für alle notwendig? Für alle, die nirgendwo als Ermordete tatsächlich aufscheinen? (lange Nachdenkpause) Für mich ist es klar, daß die dort umgebracht und verbrannt worden sind. Das ist mir während des Krieges schon klar gewesen. Aber schriftlich habe ich es nicht. Und das wäre für mich maßgebend. Da wäre mir leichter. Wenn ich sagen könnte, ja, da ist es dokumentiert. Daß die Leute in Hartheim vergast worden sind."

An den Gedanken, daß sein Vater vielleicht doch eines natürlichen Todes gestorben ist, will er sich gar nicht klammern, sagt er. In seiner Familie rede man davon nicht: „Das wäre uns überhaupt keine Erleichterung." Dann setzt er aber doch dazu: „Außer man könnte herauskriegen, daß er wirklich eines natürlichen Todes gestorben ist."

Er braucht einen langen Anlauf, bis er die letzte Bitte äußert: Daß man den Familiennamen nicht ausschreibt. „Ich weiß ja nicht, wo das Buch überall hinkommt, nach Stinatz oder wo. Ich weiß ja nicht, wie das ausgeschlachtet wird, wenn der Name drinsteht."

Der Musiker Herwig S. ist schlank, beinahe drahtig. Seine Tante Emilie S., die Mila, ist im Jänner 1941 in Hartheim vergast worden. Hungerödeme soll sie gehabt haben, hieß es in der Benachrichtigung aus der Vernichtungsanstalt. Herwig S. schüttelt den Kopf. Laut Krankenakt aus Mauer-Öhling, wo sie bis 14 Tage vor ihrem Tod gelebt hatte, war sie übergewichtig. Herwig S.: „Also, es entspricht nicht dem Akt, die offizielle Version entspricht nicht dem Akt. Und da ist mir wichtig, den Schwindel, den Betrug aufzudekken, daß sie also rein körperlich kräftig war und am Leben hätte bleiben können, daß ihr aber aus dem Grund das Leben abgesprochen worden ist, weil sie verrückt geworden ist. Sie ist ver-rückt. In einem Zustand, den sie persönlich nicht mehr geschafft hat. Sie hat ihre Lebenssituation nicht mehr bewältigt. Und das war ihr Todesurteil."

Das Interview ist schon eine Weile im Gange, aber er nennt jetzt erstmals ihren Namen: „Emilie ist also –" er hält gleich wieder inne, fährt mit einem Wort fort: „– 1941 –" seine Stimme wird nun trocken, metallisch, modulationslos, als er das sagt: „– in Hartheim vergast worden."

Leid, Schmerz, Trauer, Vorwurf, Angst, Haß, Angst vor dem Haß klingen mit in seiner Stimme während dieser wenigen Worte, Nicht-Wissen, wie er dazu stehen soll. Die Täter einfach hassen und Mordbestien nennen, wäre einfach, aber ihm zu einfach, er will ja leben, er will ja Liebe leben, nicht Haß. Aber ihn knebelt diese schreckliche Verwirrung, die unser Jahrhundert fest im Griff hat, die die Generationen so sehr voneinander entfernt hält und sie gleichzeitig stumm verbissen eisern aneinanderkettet, diese Schuld, die ihre fürchterliche Macht behält, solange sie geleugnet wird, solange sie nicht ausgesprochen wird, und auch dann noch, wenn sie Gegenstand von Klage, von Anklage ist. Diese Schuld verlöre ihre Macht vielleicht, wenn sie eingestanden und bereut, und wenn sie vergeben wird. Aber wen soll man fragen, im Falle Hartheim, ob er etwas einzugestehen hat, ob er bereut? Wem soll man vergeben? Das ist es, was Herwig S.s Stimme tonlos macht. Sein Leben lang versucht er mit seiner Arbeit, mit der Musik, diesen Ausgleich zustande zu bringen, die Nachkommen der Täter mit den Opfern und deren Nachkommen zusammenzubringen, sie dazu zu bringen, daß sie miteinander reden und einander als Menschen erkennen. Aber wenn er von der in Hartheim ermordeten Mila erzählt, kommt diese schwere, rachedunstende Dumpfheit wieder hoch in ihm, raubt ihm die Stimme.

Er sagt es nun laut und in einem Zug: „Emilie ist also 1941 in Hartheim vergast worden, oder mit Spritzen ins Jenseits geschafft worden." Der Zwischenfrager lenkt ab und fragt, ob man Genaueres erfahren kann aus den Akten. „Das ist unerheblich", sagt Herwig S.: „Es ist eigentlich genug Aussage, daß der Arzt sagt, sie war körperlich fit und durchaus gesund. Und kurze Zeit später war sie tot. Wo sie genau hingekommen ist von Mauer-Öhling weg, ist nicht eruierbar. Das ist für mich auch absolut unerheblich."

Warum will Herwig S. das alles wissen, was veranlaßt ihn, in der Vergangenheit herumzugraben? Seine Antwort: „Es ist eine ganz merkwürdige Geschichte, die mich dazu gebracht hat, zu bohren, herausfinden zu wollen. Mein Vater ist 1983 gestorben, hat massiv gemauert, und die Mutter war also – immer sehr versteckt. Sie war eine von diesen Frauen, die sehr gut in das Nazi-Ideal gepaßt haben, unheimlich mütterlich, sehr liebevoll, aber keine Gedanken dafür, was ein Kind eigentlich braucht. Das ist diese Brutalität. Ich bin einmal mit ihr, das war 1991, durch Linz gegangen, da haben wir fünf Leute getroffen, davon waren zufällig drei Juden. Ich sagte: Die wären alle umgekommen in der Zeit, wo mein Vater so gegen die Juden war. Sie: Hätte ich gar nicht gedacht, haben gar nicht ausgeschaut wie Juden. So ist es gegangen, die sind verschwunden, die Menschen, die sind umgebracht worden, und die anderen haben –."

Er legt immer wieder lange Nachdenkpausen ein, ehe er weiterspricht: „Man kann sich dem unbewußt nähern, also, seelische Arbeit geschieht ja im Hintergrund, im Unbewußten, aber man kann dann bewußt hinschauen. Ein Teil des Geheimnisses bleibt ja übrig, alles kann ich nicht wissen, warum ich das tue, warum ich jiddische Musik mache, warum ich nach Polen fahre und eine CD in einer Synagoge aufnehme. Es hat zwei Strömungen: Ich nähere mich dem unbewußt, und schaue dann bewußt, was ist der Hintergrund. Ich habe Begründungen dafür, ein Teil ist sicher, um zu reparieren, das ist ja verständlich, daß ich das tue. Das ist halt meine Fähigkeit, daß ich Geige spiele."

Zwischenruf: „Das ist doch eine sehr schöne Fähigkeit."

Herwig S.: „Ja, das ist mein Ding. Ich muß es einfach tun. Das ist die Art von Pflichterfüllung, wie ich sie mir vorstelle. Mein Pflichtbewußtsein. Das habe ich in der Zeit auch mitbekommen, wie ich halt ausgeschert bin, wie ich mitbekommen habe, wie ich bemerkt habe, da ist Inhalt dahinter, da geht es um Gerechtigkeit dahinter, da geht es um die Familie. Um die Familiengeschichte."

Also um die Mila?

Er will noch von sich und seinem Vater reden und geht auf die Zwischenfrage nicht ein: „Also mein persönlicher Weg, um darauf wieder zu kommen, war über Therapien. Wo ich nicht gewußt habe, wer ich bin. Hat mit Fehlern zu tun, mit Dingen, wo ich nicht weiß, warum ich sie tue, Situationen, wo andere darüber erschrecken, und so weiter. Einen Teil dessen habe ich erfahren, einen Teil werde ich nicht erfahren. Es beginnt mit der Zeit, wo mein Vater nach dem Krieg wieder heimgekommen ist. Er war als Nazi zwei Jahre eingesperrt in Glasenbach, ist dann nicht als Lehrer eingestellt worden, hat in der Voest als Hilfsarbeiter gearbeitet. Er ist massiv eingebrochen in die Familie, hat sehr viel gedroschen, mich speziell, weil ich war der Lieblingssohn der Mutter. Die andere Seite davon: Er hat uns, er hat mich mit Musik bekannt gemacht. Es gibt in seine Richtung also eine Menge zu verdanken und eine Menge vorzuwerfen. Er war ein Mensch, der diesen Wahnsinnskrieg an vorderster Front miterlebt hat, ich kann jetzt erst ein bißchen mehr verstehen, wenn ich das sehe und höre, diese Märsche, dieser Wahnsinn. Ich habe vor kurzem erst mit einem alten Mann gesprochen, der sagt: Ich kann keine Trauer mehr empfinden. Was wir alles erlebt haben – also, ich kann keine Trauer mehr fühlen. Dann ist er zusammengebrochen. Diesen Zusammenbruch hat mein Vater, auf Grund dessen, daß er durchgehalten hat und weil die Familie da war, nie zugelassen. Er hat ihn dann erlebt, als es ans Sterben ging. Da war er für mich eigentlich schon lange – weg."

Er hält ein und redet leiser weiter: „Wir, die zweite Generation, tragen sicher einen Haufen von der Geschichte mit. Die Täterschaft beginnt ja schon im Denken. Daß ich ein Denksystem unterstütze, und daß ich es möglich mache."

Er gibt sich einen Ruck. Es kommt der Teil seiner Geschichte, den er manchmal bei seinen Auftritten vor Publikum erzählt. Es fällt ihm leichter, einer größeren Zahl von Menschen zu erklären, warum er als Nicht-Jude jüdische Musik spielt, als es einem einzelnen Zuhörer auf ein Tonband zu sprechen. Wenn er vor Schulklassen auftritt, dann erzählt er es so: „Mit 20 Jahren bin ich mit einem Mädchen zusammengezogen. Die hat gesagt, ich mag jiddische Musik, denn ich bin Jüdin. Mein Vater hat mich vor die Wahl gestellt: Du kannst dich entscheiden zwischen unserer Sippe und diesem Judenstämmling. Ich habe mich von dem Mädchen getrennt. 16 Jahre später habe ich sie zufällig getroffen und da sprachen wir über die Geschichte. Sie sagte: Es war doch nur ein Witz. Ich bin keine Jüdin."

„Die hatte in meiner Familie keinen Platz", murmelt er im Interview auf das Tonband. Und: „Das ist eine schuldhafte Handlung meines Vaters am Sohn, und an der Frau. Das ist eine Denkhaltung, und eine Geisteshaltung, die sehr ausgrenzend ist, die zur Verachtung führt, ist eine verachtende menschliche Haltung. Das ist sehr schlimm. Wie sich dann nach Jahren und Jahren herausgestellt hat, daß sie keine Jüdin ist – für mich war das der Witz der Geschichte. Das hat mich in Gang gesetzt. Diese Geschichte hat mich zur jiddischen Musik gebracht, und sie hat mich dazugebracht, mich mit meiner Familie zu konfrontieren."

Sein Vater hat der Familie dieses Mädchens damals einen Brief geschrieben, erzählt Herwig S., mit dem Inhalt, daß ein Judenstämmling in der Familie S. nichts zu suchen hätte. Er lacht bitter: „Ich entscheide mich gegen die Frau, und dann stellt sich heraus, das sie gar keine Jüdin ist! Sondern daß sie selbst aus einer Nazifamilie ist, und daß sie sagt, sie sei Jüdin, weil sie aus einer Nazifamilie ist. Das ist ein klassisches Drama! Dann schreibt der noch dazu – mein Vater schreibt der Familie dieses angeblich jüdischen Mädchens, das damals vielleicht schwanger war: Ein Judenbankert kommt niemals in unsere Sippe! Da kriegt eine Nazifamilie von einer anderen Nazifamilie so einen Brief! Vielleicht haben sie beide nichts kapiert. Mein Vater sicher nicht, das weiß ich. Ich habe viel später einmal mit meinem Vater über die Geschichte diskutiert, habe ihm gesagt, daß sie keine Jüdin war. Da sagt er: Warum macht sie solche Witze? Warum sagt sie, sie ist eine Jüdin? Warum?"

Herwig S. lacht krampfhaft, denkt nach, sagt: „Ich denk mir, daß wir mit dieser Schuld nicht geboren worden sind, aber daß wir drinstehen in einer Zeit, und aus der heraus haben wir zu finden – Gefühle – bestimmte Gefühle –" Er bricht ab, kann den Gedanken nicht zu Ende denken.

Aber die Mila. Was ist mit der Mila?

Er ist ganz eng mit ihr verbunden, das ist zu spüren, auch wenn er es nicht ausdrückt. Mit Familienrekonstruktionen nach Hellinger hat er versucht, ihr Wirken in sein Leben zu verstehen. Die Lehren daraus: „Es ist so, daß alle einen Anteil haben an dem, was geschehen ist, aber mit Grübeln und Nachdenken allein kommt man nicht hin. Bei uns ist immer einer ausgeschlossen worden aus der Familie, und das zieht sich durch. Das erlebe ich jetzt wieder. Ratsch! Ich habe gedacht, ich habe es meinen Söhnen erspart, aber: Ich sehe, daß ich es genau so mache. Und weiß doch nicht – wie habe ich es gemacht. Wie habe ich das angestellt. Es ist mir super gelungen. Man ist wie ein Kanal, der das weitergibt, und da braucht man nichts reden. Das funktioniert. Ausschluß."

Die Mila und ihre Geschichte sind jetzt beinahe mit Händen zu greifen, als er weiterspricht: „Meine Urgroßmutter hat da eine wichtige Rolle, das ist so eine Ausschlußgeschichte. Und ich denke, daß die Mila, von der wir geredet haben, genau diese Art von Opfer war. In jeder Familie, in jeder Generation wird irgendeiner herausgepickt: Du bist das Opfer, du wirst geschlachtet. Ich war in meiner Familie das schwarze Schaf, der, den man ewig beschuldigen kann, und die Mila war es zu ihrer Zeit. Das führt auf eine ganz irre Geschichte zurück:

Meine Großmutter hat auf dem Totenbett damals ihre unverheirateten Kinder zusammengerufen und gesagt: Versprecht mir, daß ihr nicht heiratet. Und immer zusammenhaltet. Schlechte Zeiten kommen, weißt es eh. Wahnsinnig, ja. Die haben alle das versprochen, außer meinem untreuen Großvater. Großvater Anton S., der Vater von meinem Vater, und Vater der in Hartheim umgekommenen Mila. Dieser Anton hat dann ein Mädchen genommen und geheiratet, dann waren ein Haufen Kinder da. Die anderen haben ihr Versprechen gehalten, haben alle nicht geheiratet, ein Leben lang wirklich nicht geheiratet – mit der brutalen Auswirkung, daß sie den einen Bruder, der geheiratet hat, ein Leben lang geschnitten haben, nichts mehr geredet haben mit ihm, bis zu seinem Tod. Haben ihn totgeschwiegen. Seine Kinder waren dann nicht mehr ausgestoßen, aber ihn haben sie gestrichen. Er hat ein lediges Mädchen gehabt, meine Großmutter. Diese Ausschlußgeschichte, die ist ein Thema, das Thema in meiner Familie. Daß immer einer draußen war. Aber wie kann man das brechen? Wie kann man es unterbrechen? Das ist für mich eine Frage, die ich lange, lange nicht beantworten kann."

Pause.

Dann: „Gerade die Mila verstehe ich natürlich schon besonders. Die Leute, die ausgeschlossen waren. Was haben sie für Muster eingebracht, um sich zum Opfer zu machen? Weil, ich kenne ja mein Muster genau. Sie hat sich sozusagen einem Mann, mit dem die Ehe schiefgehen muß, an den Hals geworfen, hält dann das nicht aus, wird vielleicht wahnsinnig, sie kommt in diese ganze Mühle hinein und wird vernichtet. Ich weiß nicht, wenn das System anders gelaufen wäre, wenn die Bedingungen anders gewesen wären, vielleicht hätten sie mich auch nach Hartheim –. Der spinnt, gelt? Aber das wäre ja durchaus möglich, wenn du einmal durchdrehst, das genügt. Und das Irrationale, das ist so um mich eingeimpft. Da stehen wir an, an diesem Punkt."

Es ist ihm schwergefallen, das zu erzählen. Wie wenn er es sich selbst leichter machen möchte, redet er nun von den Handlungen, die er gesetzt hat, um etwas von Mila zu erfahren. Herwig S. begann im Frühjahr 1995 mit Ingeborg zu telefonieren, der Tochter Milas. Ingeborg lebt in Breitenfurt bei Wien, sehr zurückgezogen, allein in einem Haus mit großem Garten.

Herwig S. hat mitgeschnitten, als ihn Ingeborg im Mai 1995 anrief und lange auf seinen Anrufbeantworter sprach: „Grüß dich Herwig, ich bin die Inge. Danke dir herzlich für den Brief. Ich will dir nur eines sagen. Daß du es weißt: Niemals habe ich von meiner Mutter jemals ein verwirrtes Wort gehört. Das wurde alles künstlich erzeugt. In früheren Zeiten war es so, daß Ehebrüche gerichtlich geahndet wurden. Das durfte natürlich nicht sein, da mußte erst jemand – ah – äh – auf die Seite geschafft werden. Ich weiß genau Einzelheiten, aber das nützt dir heute nichts, wer zurückschaut, ist nicht reif für das Reich Gottes. Traurig nur, daß sich gewisse Berufssparten immer wieder in die Fäden der Unterwelt – äh – sich selbst hilfreich der Unterwelt zur Verfügung stellen mit ihren sehr gefährlichen Mitteln. Das ist alles, was ich dazu sage. Ich hoffe, daß es heutigen Tages nicht mehr so ist. Heute aber werde ich dagegen kämpfen, natürlich. Ich hoffe, daß du aufrechte Gesinnung hast. Ich kann nur von mir selbst sagen, daß ich sehr unterdrückt wurde mein Leben lang, bis ich endlich draufgekommen bin, wo diese ganzen Fäden gesponnen werden. Und Christus sagt, es wird alles so fein in der Heimlichkeit gesponnen, und es wird von den Dächern ausgerufen werden in aller Deutlichkeit, was da so fein gesponnen wird."

Herwig S. hat das Band oft gehört, aber er wird jedesmal nachdenklich. Er sagt: „Ich finde, die Katastrophe ist an ihr wieder ermeßbar. Die Frau ist wirklich – wahnsinnig geworden über das Schicksal ihrer Mutter. Ihre Version ist, daß die Mutter nie verwirrt war, ich glaube das nicht ganz, ich glaube, die Mila war in einer seelischen Depression oder einer schizophrenen Lage, wie sie mit der Situation umgehen soll."

Bei einem anderen Anruf Ingeborgs hat Herwig ebenfalls das Tonband laufen lassen und dann ihre Angaben zu Mila S. auf große A3-Bögen weißen Kartons geschrieben. Er liest laut vor, was Ingeborg sagte: „Sie war ein wunderbarer Mensch, ein ganz großartiger Mensch, mit feinen Gefühlen, eine äußerst liebe Mutter, mit zwei Kindern, gebildet. Vom Ehebruch meines Vaters mit einer Todsünde kommen noch tausend andere dazu. Vater ist immer gekommen, Koffer ausgepackt, Wäsche gewechselt, und war dann immer wieder wochenlang fort. Er war ein fähiger Mensch. Ich war ein aufgewecktes Mädchen. Bevor er fortgefahren ist, hat er gesagt: Wenn deiner Mutter was passiert, ruf Herrn Tremmel, den Arzt an, der wird alles übrige machen. Kurz vorher war Mutter mit einem Schulausflug von mir mit, hatte tolle Unterhaltung mit einem Deutschprofessor, Mutter war ein bißchen elegant, gut und schön. Also sagte Vater: In zwei Tagen, wenn Mutter nicht aufstehen kann, Herrn Tremmel anrufen! Er fuhr fort, und tatsächlich liegt sie darnieder. Hat den kleinen Bruder im Bett. Ich hab den Mann nicht angerufen, was Böses vermutet und geahnt. Die Mutter konnte sich nicht erheben und alle waren plötzlich da. Wie das jetzt war, habe ich vergessen."

An dieser Stelle schaut Herwig S. hoch vom Karton und kommentiert sachlich: „Das ist für mich auch so typisch, daß eigentlich an der dramatischen Wende bei ihr dann die Erinnerung aussetzt.

Das ist bei mir auch so gewesen, daß ich also meine Kindheit vergessen habe."

Dann liest er weiter Ingeborgs Text vor: „Die Sache hat ihren Lauf genommen. Ich dachte mir: Was ist mit meiner Mutter? Vater sagte, um die brauchst du dir keine Angst zu machen, die sitzt im Spital wie ein Stück Holz. Mutter hatte einen Detektiv beauftragt wegen der Untreue des Vaters. Großmutter sagte, das ist nicht mit rechten Dingen zugegangen."

„Jetzt aufpassen", sagt Herwig, „denn an dieser Stelle sagt Inge unvermittelt, ohne erkennbaren Übergang, in unverändertem Tonfall: Ich habe die Meute hinter mir, ich fühle mich bedroht durch Psychologen." Er läßt das Blatt sinken, sagt zu sich selbst: „Das ist, was sie jetzt so erlebt, die Tochter Inge, die jetzt ungefähr 75 Jahre alt ist."

In der Mitschrift des Telefonats kommt jetzt eine Frage Herwigs: „Wer hat dir geholfen?"

Inge: „Franz, mein Mann, war zur Stelle."

Dann erzählt sie die Geschichte, wie Mila, ihre Mutter, nach Österreich kam, wie sie in Deutschland arbeiten mußte, dauernd Infektionen hatte, und wie sie dann zur Großmutter nach Wiener Neustadt fuhr, um die Mutter zu sehen, aber die war schon in Mauer-Öhling, weil sie in den Baum geklettert und nicht mehr zum Herabkommen zu bewegen gewesen war. Sie schildert Einzelheiten: „Ich sagte zur Oma, bitte, nimm sie doch, Großmutter. Oma: Nein, ich kann es nicht. Mutter ist einmal auf den Baum geklettert. Ich dachte, je länger sie dieses schreckliche Medikament nimmt, desto ärger wird es. Gleich nach dem Besuch von Oma in Mauer-Öhling bekamen wir die Urne. Todesnachricht. Todeskrankheit war angeblich irgendwas mit der Bauchspeicheldrüse. Dann haben wir die Asche gekriegt. Ich kämpfe für das Recht der Frauen und den Schutz der Tiere. 1941 wurde sie in Hartheim verbrannt."

An dieser Stelle bricht Herwig S. wieder ab und sagt: „Ich finde das so interessant, wie sie da so einen Satz einschiebt, der überhaupt nichts mit der Geschichte zu tun hat, wie sie versucht, irgendwie die Dinge ins Lot zu bringen."

Könnte man sagen, daß diese Sequenz zeigt, wie die Nachkommen der Opfer kämpfen, um nicht verrückt zu werden, fragt der

Interviewer. Herwig nickt stumm und liest weiter vor: „Das darf man nicht mal sagen, daß sie verbrannt wurde, Beweise fehlen mir, ich bin in Beweisnotstand."

Herwig schiebt einen Kommentar ein: „Das ist irgendwie auch eine Tragödie, oder, daß sie eigentlich so wenig weiß über den wirklichen Hergang."

Weiter in Ingeborgs Text: „Eine Freundin sagte: Deine Schutzlosigkeit fordert die Bosheit der Menschen heraus. Ich habe mich mein ganzes Leben so eingesetzt für meine Schüler, in der ersten Klasse hatte ich 60 Kinder. Menschen sind böse zu Schutzlosen. Ich schick dir Material von armen Tieren. Wenn mir was passiert, ich habe es in meinem Testament aufgeschrieben, die Hausnummer, von wo mir immer wieder Elektroschläge übergezogen werden."

„Also, sie hat einen wirklichen Verfolger", seufzt Herwig S., meint damit Verfolgungswahn. „Und hier brach das Gespräch ab", sagt er, „weil Inge das Geld für den Telefonmünzer ausging."

Ein weiterer Cousin, Albert J. aus Wiener Neustadt, wird in die Geschichte einbezogen. Cousin Herwig fragt Cousin Albert über die Vergangenheit der Familie. Albert schreibt einen Brief: „Dank dir für deinen Brief. Ich habe schon gehört, daß die Veranstaltung im Sparkassensaal gut war (Herwig hatte kurz zuvor ein Konzert in Wiener Neustadt gegeben; A.d.V.). Um auf deinen Wunsch zu kommen: Die S. waren zwar ein eigentümliches Volk, aber nicht alle lauter Nazis. Inge nicht, der Großvater nicht. Sie wurden von der Emilie, der Großmutter, auf Vordermann gebracht. Meine Mutter nicht, wenn sie überhaupt etwas war, dann ständig liebesbereit. Um der Liebe willen hat sie sogar die Uniform des August, nämlich ihres zweiten Mannes, Stiefvater von Albert, akzeptiert, und da gabs schon Sentimentalitäten. Großvater war eigentlich ein Liberaler, dem Wesen nach aber eher apolitisch. Die Sache mit der Ermordung Milas auf der Euthanasiestation verhielt sich ungefähr so: Sie wurde nach ihrer höllischen Ehe in ihr Elternhaus verbracht, nach einer umfassenden Behandlung ihrer Nerven. Als sie dann vollständig von der Schizophrenie befallen war, kam sie nach Mauer-Öhling bei Amstetten und schließlich auf die Euthanasiestation."

Herwig kommentiert den Brief des Cousins: „Wo das war, schreibt er nicht."

Weiter in Alberts Brief: „Das übrige ist bekannt. Interessant ist hier ebenfalls die Tatsache, daß unsere gemeinsame Großmutter dann trotz der schockartigen Erlebnisse mit Mila alles dransetzte, um das Mutterkreuz zu bekommen. Sie mußte acht Kinder dafür ‚zusammenkratzen', was ihr durch Hinzuzählen von drei Fehlgeburten tatsächlich gelang. Daß Großvater dann von den Nazis nichts mehr wissen wollte, weiß ich effektiv, aber er war ein lehrreiches Beispiel dafür, daß Güte allein nichts hilft, wenn sie nicht mit Stärke verbunden ist. Er war schon aufgrund seiner Herzkrankheit völlig von Emilie, der Großmutter, abhängig. Aber es liegt mir fern, über sie alle, die wir in unseren Ahnenreihen haben, zu urteilen. Es waren kritische Spötter darunter, die sich jedoch nie zu ernsthafter Widerständigkeit aufrafften. Es war die Tragödie dieser Familie, daß sie aus lauter ausgeprägten Individuen bestand, die zwar Urteilsfähigkeit, aber keine Konsequenz besaßen. Es war teilweise wie eine klassische Tragödie. Ich hoffe, Dir irgendwie gedient zu haben, und grüße Dich auch in Gretels Namen recht herzlich, Albert, Wiener Neustadt, 1995."

Herwig schüttelt den Kopf. Es ist, als ob er eine Passage dieses Briefes zum ersten Mal gelesen hätte: „Dransetzte! Ich habe schon gewußt, daß sie das Mutterkreuz bekommen hat, aber daß sie sich so sehr darum bemüht hat. Das hab ich nicht gewußt."

Herwig versucht im Sommer 1995 mit Ingeborg zu sprechen, er fährt nach Wiener Neustadt, läutet am Gartentor. Ingeborg kommt nach einiger Zeit aus dem Haus, er ruft ihr von weitem zu, wer er ist, ein Cousin, Cousin Herwig, und daß er mit ihr wegen der Mila reden will. Mit gezierter Stimme ruft Ingeborg: „Ich lasse keine Männer herein in meinen Garten, bleib draußen vor dem Gartentürl!"

Herwig steht am Türl auf der Straßenseite, sie kommt näher, sie unterhält sich mit ihm, über ihre Zeit als Lehrerin, über ihre Liebe zu Tieren. Allmählich faßt sie Vertrauen in ihn, sie öffnet das Tor und läßt ihn herein in den Garten. Sie schlendern unter den Obstbäumen, weit voneinander entfernt, näher als zwei Armeslängen läßt sie ihn nicht an sich heran. Sie fragt ihn, ob er ihr nicht helfen kann, sie fühlt sich bedroht von Punks. Er kenne doch den Simon Wiesenthal, ob er den nicht um Hilfe bitten könnte. Über die Mila, ihre Mutter, sagt sie nur wenig, nichts, was Herwig nicht schon am Telefon von ihr gehört hat. Ihr Mißtrauen gegen Männer ist so stark, daß sie ihn nicht in das Haus läßt. Nach einiger Zeit bedankt sich Herwig und geht.

Zuhause in Linz versucht der, seine Gedanken zu sammeln. Er schreibt sie auf ein Blatt Papier, es wird ein Brief daraus, den er der Ingeborg schickt:

„31.7.95. Liebe Ingeborg. Dem Schicksal Deiner lieben Mutter nachzugehen hat mich sehr berührt, denn sie war in mehrfacher Hinsicht Opfer. Bis zur bittersten Konsequenz. In gewisser Weise ist sie es geworden durch die Denk- und Fühlweise ihrer Herkunftsfamilie, der ich auch bewußt und in vielem unbewußt verbunden bin. In dieser Familie gab es Konstellationen, die Opfer erzeugten, und Menschen, die sich der Rolle annahmen. Da finden sich aber auch Familienmitglieder, die als Täter auffallen, wenn sie auch Züge von Opfern, Opfern in anderer Hinsicht tragen. In zweiter Hinsicht war Mila auch in ihrer Zeit und durch ihre Ideologie von Menschenkategorisierung und -verachtung in das Räderwerk ihrer Vernichtung geraten."

Fast zwei Jahre später, als er dem Interviewer eine Kopie seines eigenen Briefes vorliest, lacht er an dieser Stelle: „Komischer Satz!"

Weiter im Brief: „All dies ist persönlich eine Katastrophe und historisch eine der nachweisbaren Tragödien, welche den systematischen Wahnsinn erhellt. Ich weiß nicht, ob Du mir bis hierher folgst. Nun, dem wollte ich tiefer auf die Spur kommen. Teilweise benutze ich dazu Deine Kenntnisse, und Dein Wissen, vermute ich, von Milas Zuständen und Umständen. Aber auch, um mehr zu erfahren von ihrer vertrackten Familie. Zwei Informationen auf Anrufbeantwortern, ein langes Telefonat und dann mein überraschender Vormittagsbesuch bei dir vor zwei Wochen haben mir die Ursprungsgeschichte, aber auch die Begegnung mit Dir enthüllt. Der Besuch bei Dir hat mich, darf ich offen sein, verwirrt zurückgelassen. Auch Dein Anruf aufs Band und mein Rückruf, wo Du meinst, ich sollte gegen die Punks und mit Hilfe Dr. Wiesenthals etwas unternehmen, weil Du Dich bedroht fühlst. Fühltest. Beim Besuch erlebte ich schon am Zaun, und dann mehrfach während des Gesprächs, daß Deine Mutter unter ihrem Mann gelitten und mit dem Tod bezahlt hat, und Du, ohne jemals Vertrauen zu erhalten, enttäuscht über die große Gemeinheit der Männer am Ende deines Lebens stehst. Es war für mich als Mann schwer zu ertragen, Dich pauschal über alles Männliche herfallen, zu erleben. Es tut mir leid für Dich, daß Du nicht das Liebevolle, zu dem Frauen wie Männer fähig sind ebenso wie zum Bösen und zum Zerstören, erkennen und erleben konntest. Du wiesest mich bereits beim Eintreffen am Tor zurück, dann beim Eintreten in den Garten und ins Haus, immer wieder mit dem Hinweis, daß Du allen Männern nicht trautest. Diese fatale Situation verhindert gerade das, daß ich mich Dir mit meiner Geschichte anvertrauen konnte. Weil Du drei Stunden mit Abwehr zu tun hattest, und ich vermute, viel Energie während Deines Lebens damit vergeudet hast. Andererseits habe ich von Dir so viel Liebevolles verstanden. Deine Liebe zu Höherem, zur Religion, Dein Engagement für Tiere, zeitlebens und insbesondere für Schulkinder; Deine Kinder, Pflegekinder, denen Du einen Weg ins Leben ermöglicht hast; Deine Kunst, die Bilder, ihre Gedanken, Farben, Stimmungen sind ein wunderbares Zeichen Deiner Liebesbereitschaft. Ich habe dies alles wahrgenommen. Bei Dir war ich aber ziemlich blockiert wegen Deiner massiven Abwehr, sodaß ich auch verwirrt war und nicht konstruktiv weiter arbeiten kann an meiner Idee, ein musikalisches Werk über Hartheim zu entwerfen. Ich bin nun froh, daß wir telefoniert haben, weil der Fluß Deiner Gefühle damit wieder in Bewegung geriet. Vorgestern rief mich dann ein Behinderter an, der Gedichte schrieb, und sie mir lang vorsprach. Bis zum 13. August bin ich nun unterwegs, wenn Du willst, schreib mir vorher oder nachher. Würde mich freuen, vielleicht kommen wir in unserer Familiengeschichte weiter, und uns voll Vertrauen etwas näher. Keine Angst vor mir, liebe Emilie, alles Liebe, Herwig."

„Ist nur so ein Fetzen", sagt er leise, als er den Brief weglegt. Dann schweigt er lange. Bei einem zweiten Interview am 9. September 1996 versucht er, herauszufinden, was mit ihm los ist und was die in Hartheim ermordete Mila damit zu tun hat.

Frage: Was suchst du eigentlich in dieser alten Geschichte?

Herwig S.: Was mich wirklich interessiert, ist die Frage: Wie geht es weiter? Wie geht es in der nächsten Generation weiter? Von uns Söhnen, die also miterlebt haben – da ist der Vater im Krieg gewesen, da ist die eine Tante in Hartheim umgekommen, da hat eine andere Tante den jüdischen Freund verloren, der hat sich aufhängen müssen in Linz. Ihr Mann, der ist irgendwie in Ebensee Prokurist bei der Solvay gewesen, ist im KZ gewesen, der hat sich erschossen. Das sind also Dinge, die – was haben die mit unserem jetzigen Leben zu tun, frage ich mich. Und dennoch: Die Leute leben als Erinnerung weiter, als Code auch, als Informationen, die wir nicht verstehen und bewußt oder unbewußt in unser Leben hineinziehen.

Ich bin überzeugt, daß wir uns dagegen überhaupt nicht wehren können, das sind einfach Denkweisen, die mitgehen, sind Gefühlshaltungen, Urteile, Vorurteile, und und und. So vieles, was wir gar nicht wissen. Ich bin überzeugt, daß wir unserer Geschichte nicht auskommen, und wer sagt, es ist vergessen und aus, vorbei, jetzt leben wir, der beschäftigt sich nicht mit sich selbst. Denn in uns sind die ganzen Dinge wieder da, und so schauen dann auch die Beziehungen aus. Auf der Beziehungsebene wird das immer sichtbar, erkennbar: Wer wird dein Partner. Welche Partnerinnen suchen wir uns. Ein solches Vorurteil, das absolut transportiert worden ist in meiner Familie: Die Ehefrauen sollten möglichst Matura haben, sollten möglichst Lehrerinnen sein, weil ihr seid's auch Lehrer. Und die meisten meiner Brüder haben es auch erfüllt, irgendwann einmal.

Ungefragt redet er jetzt von sich, es ist sichtlich schmerzhaft für ihn, weil er gerade von seiner Lebensgefährtin verlassen wurde, und schmerzhaft für den Zuhörer, der hin und her gerissen ist: Er will das hören, weil es etwas darüber sagt, wie die alten Verwundungen heute noch da sind und weh tun, aber zugleich ist es so, daß diese Neugier mit eingeschaltetem Tonband Grenzen verletzt. Die Neugier überwiegt.

Herwig S. fährt fort: Ich habe vier Brüder, jetzt auch schon fast vor der Pension, der älteste ist Hauptschullehrer, Professor, hat eine Lehrerin geheiratet, der nächste ist Lehrer, Direktor einer Mittelschule in Linz, hinten und vorne Opfer seiner unbewußten Handlungen, fast am meisten, was ich bedaure, weil er ein sehr liebenswürdiger Mensch ist, aber auch eine gebrochene Persönlichkeit. Der nächste bin ich, das dritte Kind dieser Familie. Im Grund eine Menge Brüche in meiner Biographie. Es ist schwer darüber zu reden, weil es mich selbst betrifft. Über die anderen kann ich leichter reden. Manchmal nützt ja die Selbsterkenntnis nichts, weil da wieder die Realität ist, und die konfrontiert mich mit einer Menge Druck. Gerade jetzt mit dieser Trennung. Weil ich Beziehungen eingehe, die den Bruch schon in sich haben, als Keim in sich haben. Ich war mit einer Lehrerin verheiratet. Und auch der vierte Sohn ist mit einer Lehrerin verheiratet gewesen, geschieden. Jetzt ist er Direktor in P., in einer Handelsschule.

Nächstes Vorurteil in meiner Familie: Man muß musikalisch sein, sonst kann man nicht leben. Also, man muß Musik betreiben. Und das ist mir richtig hineingedrückt worden – seine Stimme wird sehr hart und laut – einerseits schon mit Liebe zur Musik, andererseits auch mit Druck. Ich kann gar nicht sagen, wie kann man da – wie tut man richtig überhaupt, ein Kind zu erziehen. Ich selber habe es dann auch nicht gewußt. Meine Kinder habe ich auch genötigt zur Musik, die haben alle aufgehört damit. Ob das gut ist, weiß ich nicht. Ich bedaure es einerseits, aber es ist die Konsequenz von dem, was ich selber lebe. Weil ich nicht gewußt habe, wie soll ich leben. Gebrochene Beziehungen jede Menge, jede Menge. Wobei ich nicht weiß, ob die Modelle, die wir haben von Beziehungen im westlichen christlichen Denken, überhaupt angebracht sind für einen Menschen. Das ist die andere Seite.

Frage: Wie siehst du die Täter? Ist das für dich ein Thema, beschäftigst du dich damit?

Herwig S.: Absolut, ja.

Frage: Stellst du dir die vor, wie die waren, wer die waren.

Herwig S.: Also das ist eine sehr komplexe Geschichte mit Tätern und Opfern. Ich glaube, daß wir grundsätzlich als Menschen beides sein können. Daß wir uns manchmal zu Opfern machen, und dann halt aussteigen können. Man muß sehr genau schauen, wenn jemand Opfer wird: Wie macht er das, daß er zum Opfer wird. Es gibt wahrscheinlich mehrere Arten von Opfern, solche, die wirklich unschuldig zum Handkuß kommen, und solche, die sich bewußt oder unbewußt – dabei lacht er – in diese Rolle hineinbegeben und dann halt diese Opferrolle wirklich ausschlachten. Ich denke da wirklich nicht an diese jüdische nationalsozialistische Geschichte. Das ist eine grundsätzliche Geschichte, die läuft.

Frage: Wie kann man aus der Opferrolle raus?

Herwig S.: Das ist auch jetzt meine Situation: Meine Freundin geht weg, ich bin also das Opfer. Bin ich jetzt das Opfer? Oder ist sie das Opfer? Wer ist der Täter? Wer hat die Tat gesetzt? Das ist viel zu komplex, und da hat wahrscheinlich jeder, bei solchen Täter-Opfer-Geschichten, einen Anteil von 100 Prozent. Damit wir das nicht auseinanderdividieren können. Ich glaube, es ist einfach so: Täter/Opfer sind die zwei Seiten einer Geschichte. Und es kann sich so ganz plötzlich umkehren, daß plötzlich der als Opfer Leidende auch zugleich die Macht hat, den anderen zu tyrannisieren, also damit eigentlich auch zum Täter wird. Also, das ist sehr vielschichtig. Das sind die Dinge, wo wir, wenn wir von der Demokratie reden, dauernd dahintersein müssen, daß da keine strukturellen Benachteiligungen passieren. Die sind aber, auch in unserem Land, jetzt schon massiv da. Ich erlebe es einfach als Verschlechterung, und damit kann man ganz leicht diese Täter-Opfer-Rolle schaffen, kann also Feindbilder schaffen. Das ist alles irrsinnig komplex.

Frage: In deinem konkreten Fall – interessiert dich das überhaupt, wer das war, wer die Täter waren?

Herwig S.: Mich interessiert es vom Detail her nicht mehr so, muß ich ehrlich sagen. Mich interessiert viel mehr: Was kann ich in der jetzigen Zeit machen. Wo ich merke, das ist auch sehr sehr begrenzt. Ich kann sehr viel einbringen mit Musik, als meinem Medium, und kann Leute innerlich bewegen, vielleicht ein bissel weicher zu sein und ein bissel nicht nur auf die eigenen Vorteile und auf den eigenen Profit und auf das eigene Fortkommen zu schauen, sondern zu sehen: Mensch, da gibt es ja Begeisterungswertes. Sich mehr Zeit nehmen, und und und. Ich denke, da gibt es viel, wo wir aufmachen können. Das heißt also: dem Harten, dem reinen Nützlichkeitsdenken entgegensteuern.

Frage: Spielt bei deiner Annäherung an die Geschichte Milas eigentlich die Idee der Vergebung eine Rolle?

Herwig S.: Absolut. Ich hab ein irrsinnig schönes Erlebnis gehabt mit einem Überlebenden von fünf KZs, mit dem ich zusammengearbeitet habe, bei der Produktion einer CD in Krakau. Der Mann war dann da in Linz. Ich habe ein langes Interview mit ihm gemacht. Für mich war die zentrale Aussage, die ich verstanden habe, seine Antwort auf die Frage, ob er ein Opfer ist. Er hat gesagt: Ich bin kein Opfer. Keines mehr. Ich bin ein Mensch, der jetzt sein Leben anschaut und schaut, wie kann ich die einzelnen Situationen gut und sinnvoll bewältigen. Darauf ist mein Leben eigentlich aus. I´m in to explore it. Ich bin also dabei, das was passiert, zu erobern oder zu verstehen. Das Wesentlichste ist: Wie geh ich mit dir um, wie gehst du mit mir um. Also an den kleinen Dingen arbeiten, das ist es.

Frage: Das heißt, bevor man versöhnt sein kann, muß man die Sachen angeschaut haben?

Herwig S.: Ja, man muß sie aufdecken, und sagen: Was ist denn meine Geschichte dazu? Es ist ein Einzelschicksal, das die Mila gehabt hat. Aber ich glaube, daß die ganzen Leute, in dem Haus dort drüben, in jeder Wohnung, wenn man genau zum Schauen anfangt, dann kommst du drauf. So viele Kleiderschränke gibt es nicht, was es da Skelette gibt. Die niemand anrühren will. Ja, an dem Punkt stehe ich, und ich denke, da bin ich schon sehr vereinzelt. Klarerweise. Er redet langsam und leise. Nein, ich fühle mich echt – echt einsam. In diesem Punkt.

Frage: Vielleicht, weil das Skelett in deinem Schrank ein besonders extremes Skelett ist, das nicht jeder hat?

Herwig S.: Du meinst also, daß mein Skelett ein besonderes Skelett ist!

Antwort: Ja.

Herwig S. wird nachdenklich. Das Gespräch ist zu Ende. Mit einem Ruck setzt er sich gerade und spricht laut: „Aber es gibt wahrscheinlich Brücken, die führen dich zurück zum Leben. Für mich ist das die Musik. Und da können wir jetzt mit dem Interview aufhören."

Okay, sagt der Interviewer erleichtert auflachend, und schaltet das Band ab.

„Meine Jugendzeit ist im Krieg verloren gegangen", sagt Theresia Korb, die Tochter von Anton Panz, heute. Aber ihre Stimme klingt dabei nicht bitter oder anklagend, sie konstatiert das einfach.

Der gewaltsame Tod ihres Vaters hat ihr zugesetzt, aber jetzt hat sie ihren Frieden. „Damals, als wir jung waren, da war alles nur ein Kampf ums Überleben." Die Tränen und den Schmerz und das Leiden hat man wegsperren müssen. Und mit den Jahren ist das alles verblaßt, ein wenig ist aus dem lebendigen Menschen Anton Panz, der im Verfolgungswahn eine Gewalttat gesetzt hat und der durch eine viel grausigere Gewalttat ausgelöscht wurde, im Kopf seiner erstgeborenen Tochter eine Erinnerung geworden, eine Kunstfigur, etwas, das sich mit ein paar Worten oder Sätzen beschreiben läßt, von dem man reden kann, das aber als einst lebendiges Wesen nicht greifbar wird.

Erst nach Theresias 70. Geburtstag bekommt die blasse, schemenhafte Erinnerung an ihren Vater plötzlich Kontur, bekommt Fleisch und Saft und Leben. Es ist ein großes Geburtstagsfest, 25 Leute sind anwesend, vor allem die Kinder und Enkelkinder dringen in die Jubilarin, doch von früher zu erzählen. Es wird eine endlos lange Geschichte von heute nicht mehr vorstellbaren Zuständen, von Wohnverhältnissen, die einem keiner glaubt, von Entbehrungen und Leiden, aber auch von Gottvertrauen und kleinen verschämten Gesten der Zuneigung und Liebe.

Das muß man doch aufschreiben, sagen die Enkelkinder. Und Theresias Tochter Anni überredet die Mutter, tatsächlich ihre Erinnerungen niederzuschreiben. In sehr schöner gleichmäßiger Kurrentschrift fängt sie ihre Notizen an: „Es waren schwere Zeiten damals in den zwanziger und dreißiger Jahren …" Und plötzlich taucht alles wieder auf, die Mutter Barbara, die Schwester Wabi, die toten Geschwister als blasse magere Säuglinge in ihren Körben auf dem Brett hinter dem Kachelofen. Und der Vater. Die stille Freude, die dieser Mann in den ersten Jahren seiner Ehe an seiner Familie hatte, der Stolz, mit dem er die guten Schulnoten seiner Stieftochter Wabi sah. Und die stumme Verzweiflung, als er die Bücher für die Kremsmünsterer Bürgerschule nicht mehr kaufen konnte. Die Nacht vor dem Aschermittwoch, als die Mutter draußen schrie und hinüber zum Müller lief. Der Tag, als die Metallkapsel aus Grafeneck kam, die wie eine langgezogene Kugel aussah.

Der Amtsarzt in Steyr, zu dem sie vorgeladen wird, noch während der Nazizeit. Als Theresia Panz das erste Mal heiratet, muß sie zur Gesundheitsbehörde nach Steyr, wegen der Krankheit des Vaters und wegen eines Ariernachweises, sagt sie heute. Wahrscheinlich hatte man sie aber vor ein Erbgesundheitsgericht geladen. Dem Arzt, der sie untersuchte, brauchte sie auf die Frage nach dem Verbleib des Vaters nur zu sagen: „Grafeneck", da wußte dieser gleich Bescheid. Noch heute ist Frau Korb stolz, wenn sie die abschließende Diagnose dieses Arztes zitiert, mit der ihr die Eheschließung erlaubt wird: „Na, so gute Leute wie Sie bräuchten wir mehr!"

Beim Kramen in den Erinnerungen spricht Theresia selbst ein heikles Thema an: Wie der Pfarrer damals schon gewarnt hat, daß die Geisteskranken in Gefahr seien. Es gab damals eine Familie in Pfarrkirchen, die hatte ein Mädchen in Niedernhart. Die holten ihr Kind aus der Anstalt, drängten auf Entlassung und schafften es auch. Die geistig Behinderte lebte dann bei denen im Haus, und zwar noch lange Jahre nach dem Krieg. Ungefragt sagt Theresia Korb nach einer kleinen Pause: „Aber Vater war ja durch seinen Verfolgungswahn eine Gefahr. Wir hätten ihn nicht heimholen können. Und er hätte ja nirgends arbeiten können, weil ihn jedes Geräusch erregte."

Der Glaube an Gott, Beten, die Religion, Marienverehrung – das sind die Dinge, die Theresia Korb, geborene Panz, die Kraft gegeben haben, um die Prüfungen ihres Lebens auszuhalten. Als sie ein Kind war, drängte die Mutter: Jeden Sonntag in die Frühmesse, am Nachmittag in den Segen. Jeweils im Mai ordnet der Kaplan im Religionsunterricht an, daß die Schüler täglich in die Schulmesse kommen. Theresia ist wie alle Kinder unwillig, es ist ihr eine Last. Und die Erstkommunion ist ihr vor allem in Erinnerung, weil sie so große Angst hatte vor der Beichte und weil es so armselig war, wie später dann auch die Firmung. Als sie 14 wird und beginnt, bei den Bauern zu arbeiten, da ist sie schon die fleißigste Beterin. Vor und nach dem Essen werden Gebete heruntergerasselt, so schnell, daß kein Wort zu verstehen ist. Theresia muß sich an ihrer ersten Arbeitsstelle immer die Sonntagspredigt des Pfarrers merken: Die alte Bäurin kann nicht mehr in den Gottesdienst gehen, und sie läßt sich die Worte des Pfarrers von der jungen Dirn erzählen. Im Mai und Oktober, an den Goldenen Samstagen, geht sie mit auf Wallfahrt nach Adlwang. Damals gab es noch sogenannte Bauernfeiertage, an denen der Kirchenbesuch nicht vorgeschrieben, sondern eine freiwillige Sache war. Da war immer die Theresia jene, die in die Kirche ging, die anderen sagten: Unsere Resl geht eh und betet für uns alle.

In der Pfarre und in kirchlichen Organisationen wie der Frauenbewegung findet Theresia Korb ihr Selbstbewußtsein, sie steigt auf in diverse Ämter und Funktionen, was sie mit Stolz erfüllt. Heute sagt sie: „Mein Leitspruch war schon damals: Was kann ich helfen, und nicht: Wer hilft mir."

Einmal, im Stift Kremsmünster, sieht sie etwas. Es muß etwas wie eine Marienerscheinung gewesen sein, während mehrtägiger Exerzitien. Theresia Korb redet kaum darüber, sagt nur vage: „So viel Glück und Freude innerlich. Es hätte mich nicht erschreckt, sterben zu müssen. Eine Ahnung, wie es sein würde, wenn Leid oder Tränen nicht mehr existieren. Ein unendliches Gefühl von Sicherheit, daß es Gott gibt, trotz allen Leides." Anfangs hat sie Angst gehabt, sie könnte verrückt geworden sein: „Mein erster Gedanke war, ich hätte etwas von Vaters Krankheit." Der Pater, den sie um eine Aussprache bat, sagte zu ihr: „Wenn man so viel mitmacht, können einmal die Nerven durchgehen."

Theresia Korb beschließt zu schweigen. Sie weiß: „Die Gnade Gottes ist ein Geschenk. Und so bin ich alt geworden damit und stark im Glauben."

Was immer es ist, was sie gesehen hat – es hat ihr die Kraft gegeben, trotz allem ein zufriedenes Leben zu führen. Ja, mehr: Ihre Gegenwart strahlt Ruhe aus, sie hat das Vermögen, anderen Menschen Zuversicht zu geben. Dabei sagt sie doch nur einfache Sätze wie: „Ich habe gelernt, in großer Demut zu leben und immer im Hintergrund zu bleiben. Ich war Dienstmagd in meinem Leben und besonders in dieser Sache."

Zurück zu ihrem Vater, Anton Panz. „Ich stelle mir immer vor, daß es nicht unsere Ärzte waren, die ihn umgebracht haben, sondern solche aus Deutschland. Warum hätten sie ihn denn sonst nach Grafeneck gebracht?" So fragt sie, im April 1997. Was soll man da antworten. Den vorsichtigen Hinweis, daß die Nazis die Akten austauschten, daß für die in Brandenburg oder Sonnenstein Ermordeten die Todesurkunden in Hartheim ausgestellt wurden, und daß umgekehrt die Todesurkunden jener, die in Hartheim umkamen, von Grafeneck oder Sonnenstein an die Angehörigen geschickt wurden, nimmt Theresia Korb mit gelassenem Interesse auf. „So", sagt sie fragend. Daß dies bedeutet, daß ihr Vater in Hartheim gestorben ist, kommentiert sie nicht weiter.

Mit Glauben und schwerer Arbeit bei guten Bauern in guten Häusern haben wir uns herausgearbeitet, sagt sie jetzt, im Frühjahr 1997. Und: „Heute sinkt der Glaube ja. Aber ohne diese große Kraft hätten wir es nicht geschafft. Es ist so, wie meine Mutter immer sagte: Mehr, als man tragen kann, schickt Gott nicht."

Am Ende wird Theresia Korb, geborene Panz, sehr leise. Sie murmelt: „Jeder in der Familie hat jetzt ein großes Andenken an ihn. An Anton Panz. Und heute sagen wir: Der Vater war ein armer Mensch."

Hans Schneider, der Ministrant im Schloß Hartheim, der Nachbar der Vernichtungsanstalt, der Fotograf des rauchenden Kamins, der mit Kerker bestrafte Widerstandskämpfer, lebt heute nicht mehr in Hartheim.

Gleich nach dem Krieg war er Leiter der Lebensmittelkartenabteilung in Alkoven, später, aushilfsweise, für ein halbes Jahr in Aistersheim. In Alkoven gab es Intriganten, erzählt Hans Schneider: „Die haben mich und meinen Vater nicht gewollt. Mir haben sie sogar angedichtet, ich hätte eine Schreibmaschine verschwinden lassen. Ehrlich gesagt: Die Nazis haben damals noch soviel Macht gehabt. Die haben sich nicht mehr Nazis genannt, die waren halt bei irgendeiner Partei, haben sich dort breit gemacht, aber in Wirklichkeit haben sie dort weiter gewirtschaftet nach der alten Fasson. Da habe ich mir gedacht, das mache ich nicht mehr mit. Und bin gegangen. Ich war eine Zeitlang zuhause, habe mich in anderen Orten beworben, ich war in der Landwirtschaft, auf einmal kommt ein Brief vom Bezirkshauptmann aus Grieskirchen, ob ich nicht nach Aistersheim kommen möchte, weil der Leiter ins Spital muß. Als Vertretung auf ein paar Wochen."

Aus den Wochen ist ein halbes Jahr geworden. Dort lernte er seine Frau kennen, die Tochter eines Schmiedemeisters. Er volontierte eine Zeitlang beim Vater seiner späteren Frau, versuchte aber gleichzeitig, eine Stelle bei der Finanzlandesdirektion in Linz zu bekommen. Schließlich wurde er „bei der Finanz" aufgenommen, im kleinen Finanzamt einer Bezirksstadt.

Die Hartheim-Prozesse in Linz hat er nicht mitverfolgt: „Nein, da war ich ja weg, eigentlich bin ich nicht mehr so oft runtergekommen nach Alkoven." Manchmal kommt er noch hin, wenn er Verwandte besucht. Manchmal wollen Journalisten und Historiker seine Geschichte hören. Wieder und wieder erzählt er die eine Passage: „Den Ortsbewohnern ist es natürlich aufgefallen, daß Leute immer nur in das Schloß, nie aber welche weggebracht wurden. Das Schloß hätte also nach kurzer Zeit überfüllt sein müssen. Doch davon merkte man nichts. Etwas anderes merkte man aber von Anfang an: Ungefähr eine Stunde nach Ankunft eines Transportes konnte man eine große, schwarze Rauchwolke beobachten, die aus einem Kamin des Schlosses kam. Bei Niederdruckwetter wurde der Rauch zu Boden gedrückt. Der bestialische Gestank nach verbranntem Fleisch und Haaren nahm uns den Appetit, wenn wir hungrig von der Feldarbeit nach Hause kamen."

Sein Reden vom Verteilen der Flugblätter in Linz und Eferding hinterläßt einen seltsamen Eindruck. Kurz angebunden erzählt er davon, Details sind ihm nicht mehr gewärtig. Die anderen Erinnerungen, von Stalingrad, von der Heimkehr, von der Zeit im Gefängnis und von den Turbulenzen der letzten Kriegstage, hat er dagegen bis in alle Einzelheiten parat.

Der Nachmittag vor dem Tonbandgerät hat ihn angestrengt. Er schaut hinaus durch das große Fenster seines Einfamilienhauses, irgendwo im Voralpenland. Die Sonne scheint. Schneider beginnt an seiner Wange und rund um die Augen mit Daumen und Zeigefinger herumzureiben, dann wischt er ein paarmal hastig über ein Auge. Sein Gesicht wird immer röter, doch es kommen keine Tränen aus seinen Augen, er wischt in den Augenwinkeln, es ist nicht Feuchtes zu sehen. Ein kleines schwarzes Stück Gries erscheint unter dem Augenwinkel links, sieht aus wie die steinharte schwarze Spitze eines Eiterpickels, doch Eiter ist nicht zu sehen. Es ist ein schwarzes Stück Metall. Der Rest eines Granatsplitters, einer von Dutzenden, die in den letzten 50 Jahren nach und nach an die Oberfläche gekommen sind. Und wie wohl noch Dutzende kommen werden, er weiß es nicht, auch die Ärzte können es ihm nicht sagen, wieviel Metall noch in seinem Körper steckt, die Stahlspäne sind zu klein, um beim Röntgen eindeutig identifiziert zu werden.

Er steht auf. Die ganze Zeit über ist er gesessen, aber jetzt, im Stehen, sagt er es: „Ich tue es, weil ich es meinem Bruder schuldig bin. Ich erzähle das alles, weil ich es meinem Bruder schuldig bin." Jetzt fängt seine Frau zu erzählen an, sie hat auch ein Leben gehabt, sie hat auch ein Schicksal gehabt. Aber von sich selbst und ihrer Kindheit zu reden hört sie gleich wieder auf.

Sie schildert die demütigenden und erniedrigenden Erfahrungen, die sie im Grauen Haus in Wien gemacht haben, als sie die Hinrichtungsstätte besuchen wollten, die Gedenkstätte, wo auf einer Marmortafel der Name seines Bruders steht. Ignaz Schneider. Man wollte sie nicht hineinlassen. Da können Sie nicht einfach so hinein, sagt ein Beamter. Hans Schneider hat die ganze Zeit zu Boden geblickt. Jetzt schaut er auf, Zorn in den Augen, sieht den Uniformierten an. Er kramt mit zitternden Fingern in seiner Tasche, holt Papiere heraus. Er hält dem Beamten den Entlassungsschein aus diesem Gefängnis hin, schüttelt ihn, dann wedelt er mit seinem Ausweis vor dem Gesicht des nervös werdenden Mannes. Da, sagt er, lesen Sie den Namen. Schneider! Und wenn Sie selbst schon einmal die Gedenkstätte gesehen haben, dann werden Sie ja wissen, daß dieser Name auch auf der Marmortafel steht! Ich verlange, die Gedenkstätte zu sehen.

Das geht nicht. Da können Sie nicht einfach so hinein, zuerst müssen Sie mit dem Präsidenten sprechen, beharrt der Beamte. Herr und Frau Schneider sind sprachlos und wütend. So könne man sie doch nicht behandeln, die Angehörigen eines Opfers, hier herinnen sei er, Hans, im Nazikerker eingesperrt gewesen, und Ignaz, der Bruder, sei hier umgebracht worden von den Nazis, und jetzt käme man ihnen mit solchen Schikanen. Da genügt es auf einmal, daß ein blutjunges Mädchen, kann noch nicht mehr sein als Lehrling, in irgendeinen Raum rennt, gleich wieder herauskommt und sagt: Ja, natürlich dürfen Sie hingehen.

Man führt sie durch den Gefängnistrakt. Vor ihnen werden Türen aufgeschlossen, hinter ihnen wieder zugeschlossen. Wie man sich da vorkommt, sagt Frau Schneider. Hans Schneider hat Verständnis dafür. So gehört es sich in einem Gefängnis.

Die Stelle ist noch da, wo das Schafott stand. Der Abfluß, wo das Blut hineingeronnen ist. Die Guillotine selbst ist nicht mehr da, nur die fast lebensgroße Reproduktion eines Fotos an der Wand. Und die Namen auf der Marmortafel. Lange stehen sie da, starren auf den Betonboden, den groben Raster der Fotografie.

Am Zentralfriedhof das nächste Mahnmal. Hans Schneider fragt einen Mann im grauen Anzug. Das Verständigungsschreiben, das damals die Mutter erhalten hat, an dem hält er sich fest, er schaut auch hinein, aber er braucht es nicht wirklich, er weiß genau, was draufsteht. Die sterblichen Überreste ihres Sohnes Ignaz Schneider liegen in Reihe Soundso, auf Platz Soundso. Das stimmt sicher nicht, sagt der Friedhofsbedienstete, ein älterer Herr. Und erzählt von früher, wie er noch jung war und gerade angefangen hat, hier zu arbeiten, was ihm da die älteren Kollegen erzählt haben von der Kriegszeit. Wie sie immer die Särge mit den Hingerichteten bekommen haben. Wie einer von der Bestattung neugierig war und wissen wollte, ob die den Kopf annähen oder ihn einfach zwischen die Füße legen. Wie die anderen ihn angefeuert haben, daß er einmal den Deckel von einem Sarg hochwuchten soll. Die Nägel haben gekreischt in dem billigen Holz. Die Männer waren stumm vor Schreck und haben den Sarg gleich wieder zugenagelt und jahrelang kein Wort zu irgendjemandem verloren darüber, was sie gesehen haben. Da war kein vollständiger Leichnam drin, und auch kein kopfloser. Es waren nur Köpfe drin.

Frau Schneider ekelt es an dieser Stelle der Erinnerungen. Herr Schneider sagt, man weiß ja gar nicht, wer oder was da wirklich drinnen ist unter den angegebenen Nummern. Die haben sicher alle zusammen in ein Massengrab geschmissen. Vielleicht liegt zumindest der Kopf in Reihe Soundso, Nummer Soundso.

Auf die Frage, ob er sich als Widerstandskämpfer sieht, wie die Geschwister Scholl, da seufzt Hans Schneider tief. Er sagt nach einigem Nachdenken: „Ja, was soll ich da sagen. Ich bin bei keinem Verein, bei keiner Partei, außer Musikverein und Kirchenchor, aber nicht bei Heimkehrerverbänden oder Kriegsopferverbänden. Ich wäre ja ein Kriegsopfer. Ich will mit denen nichts zu tun haben. Weil es hat einmal geheißen, nicht so direkt, aber indirekt, hinten herum, hat es geheißen, daß wir Widerstandskämpfer den Soldaten in den Rücken gefallen sind. Dabei ist erwiesen, daß es auch in der Wehrmacht Widerstandsgruppen gegeben hat, und die haben vielen deutschen Soldaten geholfen, daß sie nicht noch im letzten Augenblick ihr Leben lassen müssen. Es hat mehrere solche Gruppen gegeben. Weil, wenn man ehrlich ist, war es so, daß die österreichischen Soldaten erst dann, wie die Russen herinnen waren, die Heimat verteidigt haben. Aber warum mußten sie sie verteidigen? Wer ist denn der Aggressor gewesen? Wir haben ja zuerst die überfallen. Die haben ihre Heimat verteidigt. Wir haben das dann notgedrungen getan, am Rückzug, nicht wahr."

Er atmet tief, bevor er weiterredet: „So ist eben das mit den ehemaligen Nazis. Die wollen ja heute noch nicht wahrhaben, was damals alles war. Die gibts ja immer noch. Ich bin bei keinem politischen Verein oder was."

Es gibt eine Episode mit den alten Kameraden von früher, die schmerzt ihn sichtlich: „Der Pfarrer Dr. Alois Beck, der war bei unserer Division, der hat einige Male Divisionstreffen veranstaltet. Zweimal in Wien, zweimal in Neusiedl am See, weil dort ist unsere Division aufgestellt worden vor dem Rußlandfeldzug, und einige Male in Deutschland, weil die Leute sind ja von überall her gekommen. Ich war einmal in Wien dabei und zweimal in Neusiedl am See. Vor dem zweiten Mal hat dieser Pfarrer eine Liste herausgegeben von all jenen, die noch gelebt haben. Da habe ich gesehen, daß mein einstiger Chef noch lebt in Deutschland. Ich habe diesem Hauptmann dann geschrieben, aber ich habe keine Antwort bekommen. Dieser Offizier war beim Wiener Treffen und beim ersten Neusiedler Treffen nicht dabei. Beim zweiten Neusiedler Treffen ist er dagewesen mit seiner Gattin und anderen Kameraden von draußen. Ich bin dann zu ihm hingegangen, der Pfarrer Beck hat ihn mir gezeigt."

Hans Schneider hält noch einmal inne. Dann spricht er, wird dabei auf eine hilflose Art wütend: „Ich bin ja nicht so für den Krieg, aber wenn man mit Leuten in der Gefahr beisammen war, dann hat man doch noch immer eine gewisse Verbindung. Ich bin also hingegangen zu meinem früheren Hauptmann und habe mich vorgestellt, er hat ein paar Worte gewechselt, aber ich habe gemerkt, der will nicht mit mir reden. Der hat mich geschnitten. Und zwar wahrscheinlich aus dem Grund, weil damals von der Gestapo aus zur Division geschrieben worden ist, und das hat er bestimmt noch gewußt. Und dadurch – der war ja ein verbissener Nazi, und da hab ich genau gemerkt, der will nichts zu tun haben mit mir. Ich meine, wenn sonst ein ehemaliger Chef einen trifft, der sein Untergebener war, ich meine, sollte man meinen, daß er da ein bißchen – nicht wahr –"

Schneider bricht ab. Dieser Vorfall, wo ihn die alten Kameraden geschnitten haben, weil er 1944 Flugblätter gegen das Hitlerregime verteilt hat, geschah im Jahr 1992. Schneiders Frau und Sohn waren mit bei dem Treffen, sie schauten sich in der Zwischenzeit den Ort an. Schneider versuchte, mit ein paar anderen der alten Männer zu reden, es ging nicht. Fluchtartig verließ er den Saal und suchte seine Familie in Neusiedl. Er fand sie, packte sie ins Auto, verließ die Gegend. In Gols kehrten sie bei einem Weinbauern ein, dann ging es heim. Jetzt, 1996, lacht seine Frau krampfhaft und sagt: „Da ist ja sehr viel Intelligenz dabei." Schneider stottert: „Der hat das gewußt, daß ich ein Gegner geworden bin, und darum hat er mich menschlich so – ja – behandelt, ja."

Er will nicht mehr reden. Das ist das Ende der Befragung. Er habe jetzt genug erzählt, sagt Hans Schneider.

Hans Schneider heißt nicht Hans Schneider. Der Mann, der als Kind im Schloß Hartheim ministriert hatte, als noch der Landeswohltätigkeitsverein die Behinderten pflegte, der mit den „Idioten" aus der Anstalt, die vom Institut für Feldarbeiten an die Bauern gleichsam ausgeliehen wurden, mit unbefangener Selbstverständlichkeit auf den Feldern in Hartheim oder Gstocket arbeitete, den viele der Pfleglinge mit Namen kannten, Schneider, den die verwirrten Kinder im Schloß am Sonntag mit aufgeregter Freude begrüßten, wenn er zum Ministrieren kam, dieser Hans Schneider ist wegen Hartheim im Gefängnis gesessen. Er hatte einer Widerstandsgruppe angehört, die 1944 eine eher tolpatschige Flugzettelaktion veranstaltete. Sein Bruder und ein Freund wurden enthauptet, ein weiterer Freund zu lebenslangem Kerker verurteilt. Hans Schneider hat sich im Sommer 1996 für dieses Buch zu einem ausgiebigen Interview zur Verfügung gestellt. Er hat in groben Zügen und mit einem seltsamen Unwillen seine Geschichte erzählt. Dann war er fertig. Aber es war mit Händen zu greifen, daß er noch etwas sagen wollte, aber nicht wußte, wie er damit herauskommen sollte. Seine Frau, die während des Gesprächs meistens anwesend war, sprang helfend ein. Sie beide bäten darum, sagte sie leise, daß man den Namen ihres Mannes in einem Buch oder Zeitungsartikel womöglich nicht erwähne. An dieser Stelle machte Hans Schneider den Mund auf: Man wisse ja nicht, ob man, wenn der Name und der Wohnort abgedruckt würden, eines Tages vielleicht eine Briefbombe im Postkasten vorfinde.

Die Geschichte des Mannes, der nicht Hans Schneider heißt, und die Geschichte über den Widerstand von Hartheimern gegen die Mordanstalt mitten in ihrem Ort ist eine Geschichte vom Mut einiger weniger. Weil der Mann, der damals laut Nein zur Euthanasieanstalt Hartheim gesagt hat, heute noch immer oder schon wieder Angst hat wegen seiner Tat, ist dies aber auch eine Geschichte zum Schämen.

XVII. Epilog

Mit Darwin schließt sich am Ende der Kreis. Aber nicht mit Charles Darwin, dessen Thesen von Zuchtwahl und Artenauslese von den NS-Eugenikern so extrem mißbraucht wurden, sondern mit der australischen Stadt Darwin, Hauptstadt des Bundesstaates Northern Territory. In dieser Stadt trat mit 1. Juli 1996 ein Gesetz in Kraft, das die Euthanasie bei todkranken Patienten zuließ. Dr. Philip Nitschke in Melbourne hat dazu einen Selbstmord-Computer entwickelt. Der Kandidat ist über Kanüle und Verbindungsschlauch mit Infusionsflaschen verbunden, dazwischen geschaltet ist ein Notebook. Auf dessen Festplatte läuft das Euthanasieprogramm ab. Der Kandidat wird dreimal gefragt, ob er weiß, was er tut und ob er wirklich sterben will. Unter dem Stichwort „Erlösung" erscheint auf dem Laptop die ultimative Botschaft: „Wenn Sie ‚Yes' drücken, werden Sie in dreißig Sekunden eine tödliche Injektion auslösen und sterben. Yes or No." Wenn der Patient jeweils das Antwortfeld „Yes" anklickt und mit Enter bestätigt, geht es weiter. Nach dem dritten und letzten „Yes" beginnt die Maschinerie mit einer Infusion zu laufen, zuerst kommt ein starkes Schlafmittel, dann das Gift Nembutal.

Mehr als ein Dutzend solcher Anlagen ist verkauft worden. Eine der ersten Kundinnen war die 51jährige Krankenschwester Jan Culhane aus Südaustralien, die seit fünf Jahren an Krebs leidet. In einem Interview sagte sie nachdrücklich, sie wolle ihren 52. Geburtstag nicht mehr erleben: Sie leide zwar nicht an völlig außergewöhnlichen Schmerzen, dennoch seien diese auf Dauer für sie nicht akzeptabel. Gleiches gelte für ihre Furcht vor der Zukunft, unter der sie ebenso leide wie unter den Schmerzen. Um mit Nitschkes Todes-Laptop sterben zu können, ist Jan Culhane über den Kontinent hinweg umgezogen, vom Südosten hinauf an die Nordküste, nach Darwin.

Der Zugang zum Euthanasie-Computer ist nicht einfach, drei Ärzte, darunter ein Psychiater, müssen bestätigen, daß der Interessent unheilbar krank ist und unmenschlich starke Schmerzen erleidet. Dann wird nach einer Woche Bedenkzeit noch einmal gefragt, ob der Interessent den Computer wirklich haben will. Dr. Philip Nitschke, der Entwickler des Euthanasie-Computers: „Es mag ein Killercomputer sein, aber die Leute wollen ja auch sterben. Wenn sie die Knöpfe nicht drücken, passiert auch nichts. Die Maschine ist wirklich nur für Menschen, die sich den Tod wünschen."

Er sieht seine Arbeit als menschlichere Variante der aktiven Sterbehilfe durch einen Mediziner: „Die Patienten sind froh, wenn der Arzt möglichst nichts damit zu tun hat. Anstelle des Doktors, der einem mit einer riesigen Giftspritze die Todesinjektion verabreicht, läßt es der Computer zu, den Todeszeitpunkt selbst zu bestimmen. Der Arzt muß sich gar nicht in der Nähe aufhalten, dafür können Menschen in der Nähe sein, die den Patienten lieben. Und natürlich ist es auch für die Ärzte besser, weil diese sich nicht wie Exekutoren vorkommen müssen."

Es ist ein höchst problematisches Unterfangen, die aktuelle Debatte um die Euthanasie – Stichwort: Peter Singer – mit dem zu vergleichen, was die Nazis „Euthanasie" nannten. Die Kriterien und Charakteristika der NS-Euthanasieaktion waren so, daß sie wohl kein noch so vehementer Befürworter der aktiven Sterbehilfe vertreten wird. Die Bejaher der „Tötung auf Verlangen der Betroffenen durch medizinische Experten" betonen, daß eben dieses Verlangen wiederholt und ausdrücklich geäußert werden muß.

Gerade hier liegt das Dilemma. Es gibt Befragungen von Menschen im Endstadium tödlicher Krankheiten, die unter unerträglichen Schmerzen litten und mehrfach verlangten, daß man ihrem Leben auf sanfte Art ein Ende setzen möge. De fakto hundert Prozent dieser Todgeweihten sagten: Wenn die Schmerzen weg wären, und wenn jemand meine Hand hielte, möchte ich leben, so lange es möglich ist. Also: Soziale Kontakte und Schmerzfreiheit sind die Kriterien, die das Verlangen nach Sterben sofort verschwinden lassen. Ein weiteres Dilemma: Bei der – vor allem in England und Holland propagierten – passiven Sterbehilfe für Neugeborene mit schwersten Mißbildungen und Behinderungen (Wasserkopf, außenliegende Gedärme oder offenes Rückenmark) besteht die Möglichkeit nicht, die Zustimmung der Betroffenen einzuholen.

Daß das Erstellen von Prognosen für schwerst mißgebildete Neugeborene medizinisches Fachwissen überfordert, brachten zwei

Leipziger Ärzte bereits 1982 bei einer Fachtagung der Österreichischen Kinderchirurgie in Obergurgl zur Sprache. Sie berichteten über Lebensumstände und Gesundheitszustand von 92 zehnjährigen Kindern, die mit schwersten Gehirn- oder Rückenmarksschäden auf die Welt gekommen waren. Sechs führten ein vollkommen normales Leben. 39 lebten mit leichten Behinderungen, 28 mit schweren. Lediglich bei 19 Kindern war von einem bloßen Existieren mit schwersten Behinderungen zu sprechen.

Dieser Kongreß in Obergurgl muß eine seltsame Veranstaltung gewesen sein, bei der etliche Kinderärzte ganz offen über die Notwendigkeit der „Selektion" von behinderten Kindern sprachen. Zumindest gibt es in den – schwer zugänglichen – Kongreßberichten einige Zitate. Wie etwa dieses: „Während das Selektionsprinzip in Großbritannien stärkeren Anklang findet, stieß es in Skandinavien auf heftigen Widerstand des Pflegepersonals und blieb in Österreich, der Schweiz und der Bundesrepublik Deutschland auf Einzelfälle beschränkt."

Es tauchten bei der Tagung Begriffe wie Low Calory Diet oder Hypocalic Diet auf, die beide das gleiche besagen: Den Patienten wird eine Lösung zugeführt, die keine oder nur Spuren von Nährmitteln enthält. Das Ergebnis ist das Ableben der Patienten durch Verhungern. Ein Prof. Dr. Höpner äußerte in Obergurgl dazu Bedenken: „Die Selektion mit Hypocalic Diet ist auch problematisch, weil die Kinder nicht an ihrer Erkrankung, sondern an Unterernährung sterben."

Im Herbst 1991 fand in Linz ein Kinderchirurgisches Symposion statt, bei dem ähnliche Töne zu hören waren, wenn auch der belastete Begriff Selektion nicht fiel. Der Kinderchirurg Michael Engels gab ein ORF-Interview, in dem er meinte, bei schwerst fehlgebildeten Neugeborenen sei die sogenannte Minimaltherapie gerechtfertigt, auch wenn man mit dieser Einstellung in die Nähe der passiven Euthanasie komme. Minimaltherapie heißt, daß die Säuglinge gefüttert und gepflegt, aber nicht medizinisch behandelt werden. Zum Thema äußerte sich damals in einer Fernsehdiskussion auch der Wiener Moraltheologe Andreas Laun, mittlerweile Bischof in Salzburg. Er sagte: „Wenn der Arzt vor der Entscheidung steht und sagt, dieses Kind ist schwerstbehindert, es ist auch geistig schwerstbehindert, was könnte ich vielleicht erreichen? Einen Dauerpflegefall, der nur apathisch im Bett liegt und nur gepflegt werden muß und viel mehr ist bei aller Wahrscheinlichkeit nicht zu erwarten, dann sollte man sagen, lassen wir den Menschen in Frieden sterben."

Es geht – wieder, oder noch immer? – um die Frage: Dürfen Menschen, Ärzte, Juristen, Priester, Eltern oder Bürokraten, sich die Kompetenz nehmen, über den Wert des Lebens eines anderen zu entscheiden? Es gibt in der Jetztzeit genügend Beispiele, wo sie es tun. Ein prominenter Fall: Anfang 1997 gerieten Roger Nelson und seine Frau Maite in einen schlimmen Verdacht: Gregory, der schwerstbehinderte Sohn der beiden, starb im Säuglingsalter. Eine Hausangestellte behauptete, Nelson selbst habe angeordnet, daß man die Beatmungsmaschine abschalten solle, an die Gregory angeschlossen war. Der Fall brachte die Debatten über die aktive Sterbehilfe, die auch in den USA verboten ist, in eine Diskussion, die von Boulevardmedien geführt wurde. Kein Wunder – Roger Nelson ist weltweit bekannt als Popstar Prince oder Love Symbol, wie er sich seit einiger Zeit nennt.

Die Rechtsphilosophie beschäftigte kürzlich ein Fall in England: Das Kleinkind Thomas Creedon war hirngeschädigt, blind und litt ständig an Krämpfen. Seine Mutter Fiona sagte im Fernsehen: „Die Ärzte sind sich einig, ihn bei einer Infektion nicht zu behandeln und der Natur ihren Lauf zu lassen. Wir finden das barbarisch. Sie hätten unseren kleinen Jungen erst gar nicht künstlich am Leben erhalten sollen." Und der Vater Con Creedon: „Thomas lebt nicht wirklich. Er hat nicht wirklich ein Leben. Er wartet. Er schläft. Ansonsten besteht sein Leben nur aus Qualen." „Constant discomfort", so sagte er wörtlich. Die Eltern des kleinen Thomas zogen vor Gericht, um das Recht zu erstreiten, die künstliche Ernährung des Kindes einstellen zu dürfen. Sprich: Ihn verhungern zu lassen.

Der deutsche Rechtsphilosoph Norbert Hoerster von der Universität Mainz argumentierte für den Standpunkt der Eltern und wollte es nicht verstehen, „wenn man mal die Entscheidung getroffen hat – es ist im wohlverstandenen Interesse dieses betroffenen Wesens zu sterben – daß man dann nicht auch sagt, es ist in seinem Interesse, möglichst gar nicht mehr zu leiden und möglichst bald zu sterben, und da eben auch dann den Schritt tut und eine aktive direkte Sterbehilfe, etwa durch eine Überdosis Morphium, zuläßt!" Das erinnert fatal an Alfred Plötz, den Universitätsprofessor, Erfinder des Begriffs Rassenhygiene, Gründer der „Berliner Gesellschaft für Rassenhygiene" und Vordenker der NS-Euthanasie von 1905, und seine „kleine Dosis Morphium" für nicht lebensfähige Neugeborene. Thomas Creedon starb übrigens eines natürlichen Todes, bevor die Gerichte entschieden.

Ebenfalls aus dem Frühjahr 1997 datieren TV-Interviews der Eltern der 15jährigen Andrea Blenk, die seit einem akuten Sauerstoffmangel bei der Geburt blind, gelähmt und rund um die Uhr pflegebedürftig ist. Damals hatte die Apparatemedizin ihr ganzes Arsenal an lebenserhaltenden Maßnahmen eingesetzt und das Überleben des Kindes gerettet, wenn auch mit schwerster Behinderung. Die Mutter Christel Blenk sagte vor laufenden Kameras: „Also, wenn man ganz ehrlich ist: Das ist der Fluch der modernen Medizin. Weil medizinisch alles – vieles – machbar ist, die Menschen am Leben zu erhalten. Ob das dann sinnvoll ist, das ist für mich die große Frage." Vater Josef Blenk: „ Wenn mich der Arzt damals aufgeklärt hätte –" an dieser Stelle sah er sein Kind an, Tränen unterbrachen seine Rede, dann sprach er leise weiter: „– also, so gern wie ich die Andrea habe, ich hätte wahrscheinlich die Entscheidung getroffen, daß man nicht mehr weiter medizinisch behandelt hätte."

Ärzte stehen vor der Entscheidung, wie sie mit Frühgeburten umgehen sollen, die man zwar mittels modernster Lebenserhaltungsmaschinerie retten kann, allerdings um den Preis möglicher schwerster Behinderungen. Dr. Orsolya Genzel vom Klinikum München-Großhadern schilderte so einen Fall: Die Ärzte hatten eine Frühgeburt aufgegeben und die Beatmungsmaschine abgeschaltet. Sie gaben das winzige Stück Mensch der Mutter an die Brust, damit es „in Frieden sterben" könne. An die warme Mutterbrust geschmiegt, entwickelte das „Frühchen" aber einen derartigen Lebenswillen und erholte sich so gut, daß es die Mediziner schließlich wieder an die Geräte anhängten.

In Holland passiert schon heute, 1997, jeder 20. Todesfall mittels „Sterbehilfe". Das Einverständnis dessen, dem zum Sterben verholfen wird, ist dabei zwingend vorgeschrieben. Ob in allen Fällen aber den unheilbar kranken und schmerzgepeinigten Menschen alle möglichen Schmerztherapien und Betreuungshilfen angeboten wurden und werden, ist fraglich.

Der Fall des „Frühchens" aus dem Klinikum München-Großhadern ist vor allem ein Beleg dafür, daß passive Euthanasie stillschweigend praktiziert wird: Mediziner schätzen offensichtlich die Lebens-Chancen von Menschen ein – möglicherweise mit dem Gedanken an die enormen Kosten im Hinterkopf – und entscheiden dann über Leben und Tod. Und sie tun dies ohne jede juristische Basis, ohne Regelung, ohne gesamtgesellschaftlich diskutierte und akzeptierte Normen. Wie hieß das bei Bouhler und Brandt – „Ärzte unter Verantwortung" ...

Der Wert des menschlichen Lebens wird wieder gemessen. Und ernsthafte Wissenschafter sehen den Wert von Menschen schon wieder/noch immer in Abhängigkeit von Merkmalen wie der Rasse. Die amerikanischen Wissenschafter Michael Levin, Charles Murray und Richard Herrnstein behaupten, daß Schwarze weniger intelligent seien als Weiße, und zwar aus genetischen Gründen: Die Intelligenz sei erblich, so ihre These. Die Psychologen und Politologen und vor allem ihre Anhänger aus rechtskonservativen Kreisen leiten daraus Forderungen ab wie die Streichung der Sozialhilfe für Schwarze. Gefördert werden solche Anliegen unter anderem vom „Pioneer Fund", der sich laut Satzung der „Rassenverbesserung, speziell in den USA" verschrieben hat. Die populäre Forderung nach einem Wohlfahrtsstop nach dem Motto „Warum sollen wir hart Arbeitenden die unehelichen Kinder irgendwelcher Leute unterstützen" läuft im Grunde auf eine neue Eugenik hinaus. Der Gen-Pool Amerikas soll vom Erbmaterial der Schwarzen, Armen, Kriminellen „gesäubert" werden. In diese Richtung laufen Gesetzesentwürfe in Florida und Tennessee: Sozialhilfeempfängerinnen, die sich ein Langzeit-Verhütungsmittel einpflanzen lassen, sollen Sonderunterstützungen bekommen. Und Männer, deren Einkommen unter der Armutsgrenze liegt, bekommen 500 Dollar, wenn sie sich sterilisieren lassen. In Colorado gibt es Pläne, Strafgefangene vorzeitig zu entlassen, wenn sie sich sterilisieren lassen.

Der New Yorker Philosoph Levin fordert: „Stoppt den Geldfluß aufgrund von Schuldgefühlen!" Denn Leistungsschwäche und niedrigere Intelligenz von Schwarzen seien nicht das Erbe von Sklaverei und jahrhundertelanger Diskriminierung, sondern lägen an deren Genen. Der Soziologe Robert Gordon von der Hopkins-Universität in Baltimore hat sich schon den Kopf zerbrochen über konkrete Programme. Einstellung der Sozialhilfe brächte nur eine Welle des Mitgefühls, wenn die Schwarzen und ihre Kinder verhungerten: „Wir würden es jeden Abend im Fernsehen serviert bekommen, wie damals den Vietnamkrieg." Er plädiert für „Norplant" – eine in den Oberarm von Frauen implantierte Kapsel, die fünf Jahre lang die Empfängnis verhindert.

Auch die Frage der Kosten von medizinischer Betreuung schleicht sich unmerklich wieder in das Denken der Menschen. In Großbritannien gibt es ein Gesundheits- und Versicherungssystem, das Kranke und Behinderte einstuft. Therapie und Pflege sollen möglichst nutzbringend verteilt werden. Der „Lebenswert" von Patienten wird nach einem Punktesystem gemessen, Hilfe bekommen nur die Lebenswerten.

Wie eine Drohung hing lange Zeit im Foyer des Linzer Wagner-Jauregg-Krankenhauses ein großes Plakat der Gebietskrankenkasse. Darin wurde penibel vorgerechnet, daß jeder Mensch den Großteil der Mittel von der Allgemeinheit zwecks medizinischer Versorgung in seinen letzten paar Lebensjahren verbraucht. Die Tendenz geht in die Richtung, daß der durchschnittliche Patient in seinem letzten halben Lebensjahr Behandlung, Apparateeinsatz, Medikamente und Pflege benötigt, die teurer sind als alle in seinem ganzen vorherigen Leben beanspruchten medizinischen Leistungen. Der Umkehrschluß stand nicht auf den Plakaten, aber er drängt sich auf: Wie viel wäre einzusparen, wie leicht wäre das finanziell kollabierende Gesundheitssystem zu sanieren, wenn man diese Ausgaben im letzten halben Jahr einsparen könnte! Makabre Gedankengänge – aber sie sind nicht neu in diesem Haus, das einmal Heilanstalt Niedernhart hieß.

Daß Kostenträger im österreichischen Gesundheitswesen auf Ärzte Druck machen, bei Patienten mit geringer Lebenserwartung nicht immer die teuersten Medikamente und Behandlungsformen einzusetzen, ist ein durch keine Belege zu beweisendes Gerücht. In anderen Ländern wird solches offen gehandhabt. In den USA ist eine Computer-Software namens Apache im Einsatz. Das Programm berechnet die Wahrscheinlichkeit, daß ein Patient das Krankenhaus lebend verläßt. Es informiert die behandelnden Ärzte – und die Spitals-Kostenrechner –, für welchen Kranken welche medizinische Behandlung finanziell noch vertretbar ist. Einer der Entwickler von Apache, William Knaus von der George-Washington-Universität, sagte dazu: „In dem Maße, in dem der zu erwartende Nutzen einer Behandlung sinkt oder die Behandlungskosten steigen, sollte der Zugang zur Behandlung erschwert werden. Schließlich verursachen nur fünf Prozent der Amerikaner 50 Prozent der Kosten im Gesundheitswesen."

Einen Schritt in Richtung Bewertung von Leben stellt die aufkommende Praxis dar, bereits die Gene Ungeborener im Mutterleib zu testen, um damit mögliche Erbkrankheiten schon vor der Geburt zu finden. Der logische Schluß: Ein Fötus, dessen Gen-Konstellation spätere schwere Krankheiten erwarten läßt, wird abgetrieben. Einige Lebens- und Krankenversicherungen in Großbritannien und den USA kalkulieren ihre Prämien bereits auf der Basis von Uterus-Gen-Tests. Aus den USA ist ein Fall bekannt, wo eine Gesellschaft es ablehnte, einen Säugling zu versichern, dessen Gen-Test Hinweise auf eine Erbkrankheit erbracht hatte. Das Argument der Versicherung: Die Eltern hätten ja abtreiben lassen können. Ein Wiener Versicherungsfachmann sagte dazu im Fernsehen: „Menschen mit gutem Gen-Material sollten weniger Prämien zahlen. Warum sollen sie das finanzieren, daß Menschen mit schlechtem Gen-Material öfter krank sind?"

Die teuren und aufwendigen Mittel und Methoden der Medizin ausschließlich für jene einzusetzen, die davon wirklich profitieren, die durch die Behandlung wieder gesunde und leistungsfähige Mitglieder der Gemeinschaft werden – das ist ein Gedanke, der vor mehr als einem halben Jahrhundert in die Tat umgesetzt wurde. Einer der Akteure dieser Umsetzung, T4-Chefgutachter Professor Paul Nitsche, bejubelte dies damals gegenüber Georg Andreae, Dezernent für die Pflegeanstalten der Provinzialverwaltung Hannover: „Es ist doch herrlich, wenn wir den Ballast in den Heil- und

Pflegeanstalten los werden. Endlich können wir Therapie treiben!"
Wie gesagt: Ideologische Verbindungslinien zwischen den heutigen Euthanasie-Befürwortern und der NS-Euthanasie herzustellen, ist eine problematische Sache. Daß es Parallelen gibt, daß manche heutige Töne verdächtig ähnlich den alten Klängen klingen, ist aber nicht zu übersehen.

Der Todescomputer des australischen Euthanasie-Arztes Dr. Philip Nitschke wurde übrigens mittlerweile wieder verboten. Das australische Parlament hat das weltweit freizügigste Gesetz zur aktiven Sterbehilfe, daß der Bundesstaat Nothern Territories erlassen hatte, im März 1997 aufgehoben. Bis zu diesem Zeitpunkt hatten sich vier Menschen an die computergesteuerten Kanülen angehängt und ihr Leben vom Computer beenden lassen. Nitschkes Kommentar zur Gesetzesaufhebung: „Der Senat begeht mit diesem Beschluß Verrat an den todkranken Menschen!"

Carmen Spada, eine krebskranke Frau aus Perth in Australien, war eine der ersten, die den Todes-Computer von Dr. Nitschke gekauft hatte. Am 9. Mai 1996 sagte sie im Fernsehen: „Die Menschen, die gegen Euthanasie sind, wissen nicht, was Schmerzen sind. Wenn Sie einen Hund haben, der unheilbar krank ist, lassen Sie ihn ja auch einschläfern. Ich sehe da keinen Unterschied." In ihrer Sprache: „I see no difference."

Die Gefahr solcher Denkungsart ist, daß nicht nur der unheilbar Kranke selbst keinen Unterschied zwischen sich und einem todgeweihten Hund sieht, sondern daß jene diesen Unterschied nicht mehr wahrnehmen, die für die Kosten der Lebenserhaltung aufkommen und die Entscheidungsgewalt haben.

Am Ende dieses Epilogs soll Hildegard Jungmayr stehen. Die 70jährige Frau geht im Mai 1997 in den Arkadenhof von Schloß Hartheim, jenen Platz, wo sie vor 60 Jahren so schreckliche Angst gehabt hat vor den „Depperln" hinter den Bretterverschlägen. Vorsichtig steigt sie über den Kachelboden des Hauptzugangs, dann hinein auf den unebenen Betonboden des Innenhofs. Bleibt stehen, als ob jemand sie aufhalten würde, schaut hinauf zu den Arkaden. Sie geht ein paar kleine Runden im Zentrum des Hofes, mustert

Hildegard Jungmayr im Mai 1997: Zum ersten Mal seit 60 Jahren wieder im Innenhof von Schloß Hartheim.

die verrottenden Sgraffitobilder auf dem abbröckelnden dunkelgelben Verputz.

„Da war das", sagt sie, weist unbestimmt nach oben.

Das: Damit meint sie ihre Kindheit. Als sie zehn Jahre alt war. „Da oben sind die gestanden und haben geschrien", sagt sie leise, „und ich habe mich gefürchtet. Obwohl die eh hinter den Verschlägen waren." Das Schloß sieht kleiner aus, als sie es in Erinnerung hat, murmelt sie. Es ist das erste Mal seit damals, daß sie hier ist. „Das war vor 60 Jahren", fällt ihr ein, sie setzt zu einem kleinen Kichern an, hört aber gleich wieder auf. Der Beton und der schmutzige Verputz und die altersmodrigen Türen strahlen etwas aus. Nicht ihre kindliche Angst vor den Behinderten. Mord. Es ist eine Stätte des Mordens. Sie weiß nicht recht, wie sie das ausdrücken soll. Für ein Foto stellt sie sich in eine Ecke des Innenhofes, wo das Licht günstig ist. Hier, zwischen diesen drei Säulen im südöstlichen Eck, war der Kamin, sagt ihr Begleiter, man sieht es noch oben beim Dach, in dieser Ecke fehlt der kupferne Wasserspeier. Hildegard macht zwei, drei hastige Schritte weg von dieser Ecke.

Draußen, auf dem Weg zum Auto, fallen ihr die Worte zu ihrem Unbehagen ein. „Ich könnte hier nicht wohnen. In einem Haus, wo sie so viele Leute umgebracht haben", sagt sie. Dann schweigt Hildegard.

Quellen

Literatur
Czerwenka, Kurt. Die Fahne ist mehr als der Tod. Erziehung und Schule in „Oberdonau" 1938 – 1945. Edition Geschichte der Heimat, Grünbach 1996

Evangelisches Diakoniewerk Gallneukirchen. Gnadentod 1941. Eine Denkschrift. Sonderausgabe von: Der Gallneukirchner Bote. Gallneukirchen 1961.

Gäbler, Gerhard, u. Klösch, Andrea (Hg). Verlegt und ermordet. Behinderte Menschen als Opfer der Euthanasie im Dritten Reich. Eine Dokumentation des Evangelischen Diakoniewerkes Gallneukirchen. Gallneukirchen 1991.

Hitler, Adolf. Mein Kampf. Zentralverlag der NSDAP/Franz Eher Nachf., München 1925 (Zitate aus der 390. Auflage 1939)

Kaul, Friedrich Karl. Die Psychiatrie im Strudel der „Euthanasie". Europäische Verlagsanstalt, Frankfurt a. M. 1979. (Erstausgabe unter dem Titel: Nazimordaktion T4, VEB Verlag Volk und Gesundheit, Berlin 1973)

Klee, Ernst (Hg). Dokumente zur „Euthanasie". Fischer Taschenbuchverlag GmbH, Frankfurt a. M. 1985.

Klee, Ernst. „Euthanasie" im NS-Staat. Fischer Taschenbuchverlag GmbH, Frankfurt a. M. 1985.

Langbein, Hermann. Im Namen des deutschen Volkes. Zwischenbilanz der Prozesse wegen nationalsozialistischer Verbrechen. Europa-Verlag, Wien 1963.

Marckhgott, Gerhard. Euthanasie in Oberdonau. In: Zeitgeschichte 5-6/21. Jahrgang, 1994.

Marsalek, Hans. Die Geschichte des Konzentrationslagers Mauthausen. Österreichische Lagergemeinschaft Mauthausen, Wien, 1974.

Neuhauser, Johannes u. Pfaffenwimmer, Michaela (Hg). Hartheim wohin unbekannt. Bibliothek der Provinz; Weitra, kein Erscheinungsjahr angegeben.

Neugebauer, Wolfgang. Zur Psychiatrie in Österreich 1938 bis

1945 – „Euthanasie" und Sterilisierung. In: Justiz und Zeitgeschichte, Ludwig-Boltzmann-Institut für Zeitgeschichte. Wien 1983.

Olbrich, Bert, und Özer, Selin. Linz 1938. Studien zur Geschichte und Politik in Oberösterreich, Bd 1. Institut für Wissenschaft und Kunst Oberösterreich, Linz 1988.

Oppitz, Ulrich-Dieter. Strafverfahren und Strafvollstreckung bei NS-Gewaltverbrechen. Braunland-Verlag, Ulm 1976.

Rabitsch, Gisela. Konzentrationslager in Österreich (1939-1945), Überblick und Geschehen. Disseration. Universität Wien, 1967.

Reschreiter, Walter. Anna Bertha Königsegg – die Proteste der Visitatorin der Barmherzigen Schwestern vom Hl. Vinzenz von Paul gegen die „NS-Euthanasie". In: Dokumentationsarchiv des österreichischen Widerstandes, Jahrbuch 1991, Wien 1991.

Röder, Thomas u. Kubillus, Volker. Die Männer hinter Hitler. Pi-Verlag für Politik und Gesellschaft, Malters, 1990.

Rosenberg, Alfred. Mythus des 20. Jahrhunderts. München 1930 (Zitate aus der 177. Auflage, Hocheneichen-Verlag, 1941)

Rückerl, Adalbert. NS-Verbrechen vor Gericht. C.F. Müller Juristischer Verlag GmbH, Heidelberg 1982.

Sereny, Gitta. Am Abgrund. Ullstein Sachbuch, Frankfurt a. M., 1980.

Slapnicka, Harry. Oberösterreich – als es „Oberdonau" hieß. Oberösterreichischer Landesverlag. Linz 1978.

Stadler, Christian. Sterbehilfe – gestern und heute. Werkstattschriften zur Sozialpsychiatrie, Bd. 49, Psychiatrie-Verlag, Bonn 1991.

Steinmaßl, Franz. Das Hakenkreuz im Hügelland. Nationalsozialismus, Widerstand und Verfolgung im Bezirk Freistadt. Edition Geschichte der Heimat, Grünbach 1988.

Steinmaßl, Franz. Todesfälle in der Landes-Heil- und Pflegeanstalt Niedernhart, Linz, 1938 bis 1945. Sterbescheine aus dem Archiv der Stadt Linz, Gesundheitsamt. Auswertung für das Dokumentationsarchiv des Österreichischen Widerstandes. Grünbach/Wien, 1988.

Steinmaßl, Franz. Trauriger Fasching – Blutige Ostern. Kriminalität zwischen Inn und Traun von der Jahrhundertwende bis 1938. Edition Geschichte der Heimat, Grünbach 1994.

Trybek, Sieglinde. Endstation Hartheim. Das Schloß als NS-Vernichtungsanstalt. Diplomarbeit, Universität Wien. Wien 1988.
Widerstand und Verfolgung in Oberösterreich. Band II. Dokumentensammlung. Herausgeber: Dokumentationsarchiv des Österreichischen Widerstandes. Österreichischer Bundesverlag Wien, Jugend und Volk Wien – München, Oberösterreichischer Landesverlag Linz; 1982.
Widerstand und Verfolgung in Niederösterreich. Band III. Dokumentensammlung. Herausgeber: Dokumentationsarchiv des Österreichischen Widerstandes. Österreichischer Bundesverlag Wien, Jugend und Volk, Wien 1987.
Zehethofer, Florian. Die Abläufe im Schloß Hartheim 1938 – 1945. Hausarbeit zur 2. Diplomprüfung aus Soziologie; Institut für Neuere Geschichte und Zeitgeschichte, Kepleruniversität Linz. Undatiert.

Medien

Allgemeine jüdische Wochenzeitung; Bonn
Der Spiegel; Hamburg
Der Standard; Wien
Die Presse; Wien
Die Zeit; Hamburg
GEO. Das neue Bild der Erde; Hamburg
Kurier; Wien
Neues Deutschland; Berlin
Neues Volksblatt; Linz
Neue Zeit; Hamburg
Oberösterreichische Nachrichten; Linz
ORF; Zeit im Bild, ZIB 2, Club 2
profil; Wien
RTL; Spiegel TV, Magazin
Salzburger Nachrichten; Salzburg
Tagblatt; Linz
The Guardian; London
Volksstimme; Wien

Archive
Archiv der Stadt Linz, Linz
Dokumentationsarchiv des Österreichischen Widerstands, Wien
Landsberger Stadtarchiv, Landsberg am Lech
Oberösterreichisches Landesarchiv, Linz

Film
Gruber, Andreas u. Humer, Egon u. Neuhauser, Johannes. Sterben und Leben im Schloß. Film, ausgestrahlt vom ORF auf FS 1 am 2. November 1988.

Verehrte Leserin, geschätzter Leser!
Ich hoffe, Sie haben mit großem Interesse dieses Buch aus der Edition
Geschichte der Heimat gelesen.
Auf den nachfolgenden Seiten
finden Sie weitere interessante Bücher
aus dem Mühlviertler Kleinverlag.
Sie können sämtliche Titel über den Buchhandel
oder direkt vom Verlag, A-4264 Grünbach, beziehen.

Zeitgeschichte
in der Edition Geschichte der Heimat

Erna Putz
Franz Jägerstätter
Besser die Hände als der Wille gefesselt
gebunden, 330 Seiten, S 298,–

Der Innviertler Bauer und Mesner Fran Jägerstätter verweigerte den Nationalsozialisten den Wehrdienst und wurde 1943 hingerichtet. Seine Person und sein Handeln werden nach wie vor kntroversell diskutiert. Die vorliegende Biographie zeichnet ein differenziertes Bild und basiert auf Materialien und Briefen, die die noch lebende Witwe Franz Jägerstätters der Autorin zur Verfügung gestellt hat.

Christian Topf
Auf den Spuren der Partisanen
Zeitgeschichtliche Wanderungen im Salzkammergut
Taschenbuch im handlichen Einsteck-Format,
250 Seiten, S 248,–.

Das Salzkammergut war eine der regionalen Hochburgen des antifaschistischen Widerstandes, in dem sich 1945 sogar eine regelrechte Partisanenbewegung bildete. Unter Führung des legendären Ex-Spanien-Kämpfers Sepp Plieseis hatten sich zahlreiche politisch Verfolgte und Deserteure in die unwegsame Bergwelt zwischen Dachstein und Totem Gebirge zurückgezogen, um von dort aus den Nationalsozialismus zu bekämpfen.

Brigitte Kepplinger, Reinhard Kannonier (Hg.)
Irritationen
Die Wehrmachtsausstellung in Linz
gebunden, ca. 200 Seiten mit zahlr. Abb., S 298,-.

Wo immer sie gezeigt wird, verursacht die Ausstellung „Vernichtungskrieg. Die Verbrechen der Wehrmacht" heftige öffentliche Kontroversen. Exemplarisch dokumentiert dieses Buch die politischen und medialen Auseinandersetzungen bei der Linzer Schau im Frühjahr 1996, gibt die Eröffnungsreden wieder und berichtet vom wissenschaftlichen und kulturellen Rahmenprogramm.

Fritz Fellner (Hg.)
Passierschein und Butterschmalz
1945 – Zeitzeugen erinnern sich an Kriegsende und Befreiung
gebunden, 190 Seiten, mit zahlreichen Fotos, öS 298,–

Diese Sammlung von Zeitzeugenberichten geht auf einen Aufruf österreichischer Kirchenzeitungen an ihre Leser zurück, Erlebnisse des Umbruchsjahres 1945 aufzuzeichnen. In ihrer Gesamtheit geben die Berichte ein plastisches Bild dieses Jahres der Zeitenwende und sind ein lebendiger Beitrag zur „Geschichte von unten".

Zeitgeschichte
in der Edition Geschichte der Heimat

Kurt Cerwenka
„Die Fahne ist mehr als der Tod"
Erziehung und Schule in „Oberdonau" 1938 bis 1945
120 Seiten, mit zahlreichen Abbildungen, S 148,–
In dieser für Oberösterreich einmaligen Dokumentation belegt der Autor eindringlich die Bemühungen der Nationalsozialisten, die Jugend nicht bloß zum Krieg, sondern auch zu einem grausamen Herrenmenschentum zu erziehen.

Thomas Karny
Die Hatz
Bilder zur Mühlviertler „Hasenjagd"
gebunden, 150 Seiten, S 240,–
Minutiös erzählt Karny die Geschichte der Opfer und Täter, aber auch jener Frauen und Männer, die inmitten der Barberei ihre Menschlichkeit nicht vergessen haben.

Herbert Friedl (Hg.)
Niemand wollte es getan haben ...
Texte und Bilder zur „Mühlviertler Hasenjagd"
gebunden, 80 Seiten, S 198,–
Das Mühlviertel: Inmitten einer Hügellandschaft von verhaltener Schönheit der weltberühmte Kefermarkter Flügelaltar, und auf der anderen Seite das weltbekannte ehemalige KZ-Mauthausen als Zeichen gnadenloser Menschenverachtung. Schönen, stimmungsvollen Fotos der Mühlviertler Lanschaften stehen harte, suggestive Holzschnitten entgegen, die auf die berüchtigte Mühlviertler ‚Hasenjagd' verweisen.

Fritz Fellner
Das Mühlviertel 1945
Eine Chronik – Tag für Tag
hart gebunden, 400 Seiten, S 390,–.
Die letzten Kriegsmonate und das Näherrücken der Front – die Verbrechen fanatischer Naionalsozialisten – Not und Chaos der Umbruchszeit – mühsame Schritte zur Normalität. Die Chronik berichtet Tag für Tag von den kleinen und großen Ereignissen im Mühlviertel.

Zeitgeschichte in der Edition Geschichte der Heimat

Thomas Karny / Heimo Halbrainer
Geleugnete Verantwortung
Der „Henker von Theresienstadt" vor Gericht
gebunden, 210 Seiten, S 298,–

1963 ging in Graz einer der spektakulärsten NS-Verbrecherprozesse seit Ende des 2. Weltkrieges über die Bühne. Auf der Anklagebank saß der 53jährige Expeditarbeiter und frühere Mesner Stefan Rojko. Dem ehemaligen Aufseher im Gestapo-Gefängnis Theresienstadt wurden 200 Morde zur Last gelegt.

Franz Steinmaßl
Das Hakenkreuz im Hügelland
Nationalsozialismus, Widerstand und Verfolgung
im Bezirk Freistadt 1938–1945.
370 Seiten, S 290,–

Dieses Buch ist die ausführlichste Darstellung eines oberösterreichischen Bezirkes für die NS-Zeit. Der Autor hat aus Archivmaterial, Zeitungsberichten und Pfarr- und Gemeindechroniken eine packende Dokumentation erstellt.

Franz Steinmaßl
Arsen im Mohnknödl
Kriminalität im Mühlviertel
von der Jahrhundertwende bis 1938
gebunden, 350 Seiten, S 390,–

Über die ausführliche Darstellung der großen Verbrechen hinaus bietet dieses Buch mit seiner detaillierten Beschreibung der Kleinkriminalität einen überraschenden Einblick in die Alltagsgeschichte des Mühlviertels.
„Ich habe mich selbst immer wieder gewundert, wie viele sozialgeschichtliche Einzelheiten uns diese alten Geschichten erzählen können."

Franz Steinmaßl
Trauriger Fasching – Blutige Ostern
Kriminalität zwischen Inn und Traun
von der Jahrhundertwende bis 1938
gebunden, 400 Seiten, S 390,–

Nach seinem großen Erfolg „Arsen im Mohnknödl" wendet sich Franz Steinmaßl jetzt dem Inn- und Hausruckviertel zu. Neben den großen, aufsehenerregenden Kapitalverbrechen, die das Kernstück des Buches bilden, beschreibt der Autor auch andere größere und kleinere Delikte, die in ihrer Summe ein Stück Sozial- und Kulturgeschichte der Region ergeben.

Literatur
in der Edition Geschichte der Heimat

Friedrich Ch. Zauners großer Romanzyklus
„Das Ende der Ewigkeit"

Friedrich Ch. Zauners vierbändiges Monumentalwerk „Das Ende der Ewigkeit" erzählt die Geschichte der ersten vier Jahrzehnte unseres Jahrhunderts aus der Perspektive eines kleinen, abseitigen Dorfes und seiner Bewohner. Bevor Sie dieses Werk zur Hand nehmen, vergessen Sie am besten alles, was Sie bisher zum Thema „Heimat" und „Heimatliteratur" gehört und selber vertreten haben. Denn Zauner, dieser völlig uneitle Erzähler, stellt die Heimat derart auf den Kopf, daß sie wieder auf ihren Füßen zu stehen kommt.

Band I
Im Schatten der Maulwurfshügel

Band II
Und die Fische sind stumm

Band III
Früchte vom Taubenbaum

Band IV
Heiser wie Dohlen

Jeder Band hart gebunden, 250 Seiten, S 330,-.

Alltagsgeschichte in der Edition Geschichte der Heimat

Maria Hauser
Der erste Schrei
Aus den Erinnerungen der Mühlviertler Hebamme Rosina Riepl
gebunden, ca. 160 Seiten, mit zahlreichen Fotos und Abb., S 248,–
Neben dem Arzt und dem Priester hat die Hebamme den intimsten Einblick in das Leben der Menschen. Die Erinnerungen der bereits zu ihren Lebzeiten legendären Geburtshelferin Rosina Riepl sind deshalb auch ein wertvolles Stück Alltagsgeschichte.

Maria Hauser
Gras zwischen den Steinen
Geschichten aus dem Mühlviertel
gebunden, 120 Seiten, S 198,–
Zäher Lebens- und Überlebenswille unter widrigen Umständen ist das gemeinsame Thema von Maria Hausers Mühlviertler Geschichten. Sie erzählen von Knechten und Mägden, ledigen Kindern und armen Keuschlern – und von dem mühevollen Ringen dieser Menschen auf dem kargen Boden. Ihre warmherzige, aber unsentimentale Schilderung menschlicher Schicksale gibt uns einen Einblick in das Leben in unserer Heimat, wie es vor 50 Jahren noch alltäglich war.

Maria Hauser
Nur eine kleine Weile ...
Erzählungen
gebunden, S 248,-
In ihrem zweiten Erzählband nach „Gras zwischen den Steinen" versammelt Maria Hauser wieder die Unscheinbaren, die Vergessenen, die Knechte und Mägde, zusammengenommen: die einfachen Leut', um ihnen ein kleines Denkmal der Erinnerung zu setzen. Ihre prägnanten und berührenden Geschichten bestätigen einmal mehr Maria Hausers literarisches Profil: eine liebevolle Erzählerin mit großem soziale Gespür.

Johanna Schobesberger
Wer schützt die dünne Haut?
Von einem einfachen Leben, das gar nicht so einfach ist
Gebunden, 125 Seiten, S 228,–
„Die Angstzustände kommen wieder. Nach drei Stunden Schlaf werde ich jede Nacht wach. Ich will in die Nervenheilanstalt. Mein Mann fährt mich ins Krankenhaus. Ein zehnminütiges Aufnahmegespräch. Hellgraue Augen blicken kalt, uninteressiert, gelangweilt, abweisend.
Wieder so eine, die mit dem Leben nicht zurecht kommt. Es gibt zu viele von ihnen. Sie sind uninteressant, gänzlich uninteressant."

Alltagsgeschichte
in der Edition Geschichte der Heimat

Walter Kohl
Spuren in der Haut
Eine Expedition nach Gestern, *gebunden, 148 Seiten, S 248,–*

Eine Expedition, das ist eine Reise mit vollem körperlichem, geistigem und seelischem Einsatz. Eine solche Reise zurück in das Leben seines Vaters, der heute als alter Mann im Rollstuhl sitzt, hat Walter Kohl geleistet. In tagelangen Interviews hat er das Leben eines ledigen Kindes einer Bauernmagd erkundet und hatte dabei sein Schlüsselerlebnis: Für den, der genau hinschaut und mitleidend nachfragt, stimmt bald keines der Bilder mehr, die er sich selber von der Vergangenheit gemacht hat.

Lois Günterseder
Bergwärts - talwärts
Ein Pöstlingberger erinnert sich
gebunden, ca. 280 Seiten mit zahlr. Abb., S 298,–.

Diese Erinnerungen an Kindheit und Jugend am Pöstlingberg umfassen die Zeit der späten Zwanzigerjahre bis kurz nach dem II. Weltkrieg. Wie ein Schwamm saugte der junge Loisl die Eindrücke aus seiner Umgebung auf, beinahe wie ein Computer speicherte er die Erlebnisse seiner jungen Jahre. So entstand ein packendes Buch über das Leben der einfachen Leute in einer bewegten Zeit.

Gerald Rettenegger
Holzknecht
Das Leben der Hinterwäldler / Dokumentarische Erzählung
*gebunden, 200 Seiten,
zahlreiche Fotos und Abbildungen, S 390,–*

In einem Seitengraben des oberösterreichischen Ennstales, dort wo der Most schon nach Schatten schmeckt, leben noch ehemalige Holzknechte. In langen Gesprächen mit dem Autor haben sie ihr Leben vor seinen und der Leser Augen wieder auferstehen lassen. Eine ausführliche Fotodokumentation ergänzt diese wertvollen Überlieferungen.

Otto Milfait
Das Mühlviertel, Sprache, Brauch, Spruch
2 Bände, gebunden, je Band S 398,–

Mit seinem jetzt zweibändigen Werk macht Otto Milfait seiner Heimat, dem Mühlviertel, ein grandioses Geschenk. Es wird wohl kaum noch wo eine Region geben, deren Mundart auf fast tausend Seiten in über 12.000 Eintragungen dargestellt ist. Daß der Autor seine Erzählungen nicht knochentrocken, sondern mit Geschichten und Geschichterln gewürzt hat, macht sein großes Werk weit über das Mühlviertel hinaus zu einem heiter-informativen Lesebuch.